Hans-Joachim Kracht

LEIDENSCHAFT FÜR DIE MENSCHEN

Margaretha Rosa Flesch – Leben und Wirken

FÜR URSULA, NINA UND HANNO

Hans-Joachim Kracht

LEIDENSCHAFT FÜR DIE MENSCHEN

Margaretha Rosa Flesch – Leben und Wirken

Impressum
Die Deutsche Bibliothek – CIP-Einheitsaufnahme
Die Deutsche Bibliothek verzeichnet diese Publikation in der Deutschen Nationalbibliografie; detaillierte bibliografische Angaben/Daten sind im Internet unter http://dnb.ddb.de abrufbar.

Medienhaus im Bistum Trier
1. Auflage 2005
Konzeption & Umschlaggestaltung: Adriana Walther
Satz: Hans Werner Fischer
Druck und Buchbinderei: Schmid, Kaisheim

Abbildung Umschlag: Mutter Rosa, gemalt von Octavie de Lasalle
Öl auf Zinkblech, 1866
Bildrechte: Zentrales Ordensarchiv
der Franziskanerinnen BMVA von Waldbreitbach
ISBN 3-7902-0332-7
www.paulinus.de

INHALTSVERZEICHNIS

DAS HAUS, AUF FELS GEBAUT

Vorwort zum Buch von Hans-Joachim Kracht, Leidenschaft für die Menschen Margaretha Rosa Flesch – Leben und Wirken

Der Blick in das zeitliche Umfeld von Ordensgründerinnen und Ordensgründern des 19. Jahrhunderts kann uns helfen, auch heute auf eine gute Zukunft des Glaubens und der Kirche zu hoffen. Am Ende des 18. Jahrhunderts hatte die katholische Kirche im Gefolge der Aufklärung und der Französischen Revolution an Ausstrahlungskraft eingebüßt. Doch wo Gefahr ist, wächst das Rettende auch! Die Kirche erwachte zu neuem Leben. Soweit es Deutschland betrifft, machen Kenner der Kirchengeschichte zwei Phänomene für diesen Wiederaufstieg verantwortlich: die Caritas und das öffentliche Glaubensbekenntnis. Die Kirche war nach dem Reichsdeputationshauptschluss vom 26. Februar 1803 all ihrer Güter und vor allem ihrer Stiftungen beraubt und völlig verarmt und daher nicht mehr in der Lage, aufkommende Not wirksam zu lindern. Zusätzlich spürten die Katholiken in Deutschland den zunehmenden politischen Druck der protestantischen Preußen. Da schlug die Stunde der Laien. Besonders von Koblenz und von Trier gingen mächtige Impulse zur Wiederbelebung des katholischen Selbstbewusstseins aus.

1817 entstand anlässlich einer Hungersnot der Koblenzer Caritaskreis, dem so bedeutende katholische Persönlichkeiten wie Joseph Görres und Clemens von Brentano angehörten. In der Folge bildeten sich zahlreiche Gruppen von jungen Frauen und jungen Männern, die aus ihrem christlichen Glauben heraus Menschen in Krankheit, Armut und Not entschlossen und uneigennützig halfen. Es entstanden neue Ordensgemeinschaften. Die Rückbesinnung auf den karitativen Dienst, herausgefordert von der vielfältigen Not und von der Krise in Gesellschaft und Kirche, führte im 19. Jahrhundert zu einer überraschenden katholischen Blüteperiode.

Die effektive karitative Hilfe ging einher mit der Wiederbelebung des kirchlichen Bekenntnisses. Gerade die Bedrängnis und zeitweilige Verfolgung der katholischen Kirche ließen ihr Männer und Frauen zuwachsen, die ungerechte Angriffe tapfer abwiesen und sich nachdrücklich und öffentlich zur Kirche bekannten. Es gab eine wahre Konversionsbewegung zur katholischen Kirche. Vor allem ist hier Joseph Görres zu nennen, der nicht nur tapfer, sondern auch gekonnt die katholische Sache in der Öffentlichkeit vertrat. Seine Publikationen gaben den Katholiken wieder ein Selbstbewusstsein, das zum Wiedererwachen beitrug. Eine geradezu unglaubliche Demonstration des neuen Rückhalts der katholischen Kirche wurde die Wallfahrt zum Heiligen Rock nach Trier im Jahre 1844. Mehr als eine Million Katholiken fanden sich ein – bei viel geringerer Bevölkerungszahl als heute und noch ohne Verkehrsmittel, wie sie uns heute zur Verfügung stehen.

Die Wiederbelebung der Caritas und des Bekenntnisses hat die dramatische Krise der katholischen Kirche in Deutschland überwinden helfen. In diesem kirchlichen und kulturellen Umfeld lebte Mutter Rosa, die Gründerin der Waldbreitbacher Franziskanerinnen.

Schon mit acht Jahren erfuhr sie ihre Berufung, »schlicht und einfach unter den Menschen zu leben«. Sie wollte Ordensschwester werden. Ihre Geduld wurde auf eine harte Probe gestellt. Als sie zum ersten Mal die Gelübde ablegte, war sie bereits 37 Jahre alt. Schon viel früher hat sie sich der Ärmsten der Armen im Wiedtal angenommen. Inzwischen haben sich ihr zwei junge Frauen zugesellt, die von ihrem Ideal beseelt waren, besonders die Hilfsbedürftigen die Liebe Christi spüren zu lassen und ihnen beizustehen. Die Gemeinschaft wuchs, und die Rufe um Hilfe verstummten nicht. Was Mutter Rosa als Wille Gottes erkannte, löste sie ein. Sie baute ihr Haus auf Fels. Was auf dem Felsen von Waldbreitbach grundgelegt wurde, währt bis heute. Nach einer grandiosen Blütezeit ist der Nachwuchs seit den 70er Jahren des vergangenen Jahrhunderts stark zurückgegangen. Dennoch hat sich die Ordensgemeinschaft entschieden, weiterhin das Gesundheitssystem mitzugestalten und mitzuprägen. Ihre Gemeinschaft hat ihre sozial-karitativen Einrichtungen zusammengefasst und Rechtsformen gefunden, die kompetenten Frauen und Männern ein großes Mitspracherecht einräumen. Diese zeichnen sich durch hohe

Fachkompetenz aus, aber wie steht es um die reflektierte Gläubigkeit und um die Kunst, auch den beruflichen Alltag in der Kraft des Geistes Jesu Christi zu durchdringen und kreativ zu gestalten? Wie ist das Glaubenswissen zu gewinnen und die Caritas zeitgemäß und glaubwürdig umzusetzen, dass sie den Funken des Glaubens auch auf Mitarbeiterinnen und Mitarbeiter überspringen lässt, die den christlichen Glauben nicht (mehr) teilen? Diese Fragen stellen sich heute mit besonderer Dringlichkeit. Hinweise auf eine Antwort können sich dem erschließen, der den Quellen nachgeht, aus denen Mutter Rosa gelebt hat.

Sie lebte in einer selbstverständlichen Gegenwart Jesu, und ihr inständiges Gebet hat die Brücke von der unheilen Welt zum Himmel geschlagen. Ihre innige Freundschaft mit Jesus Christus und ihr kindliches Vertrauen in die Hilfsbereitschaft Mariens haben sie zur verlässlichen »Schwester« der Kranken, Armen und Behinderten gemacht. An ihr bestätigt sich das Wort: »Wer in Gott eintaucht, taucht neben den Menschen, vorab neben den Armen auf.« Der Blick auf Jesus ist für Mutter Rosa Orientierung und Halt. Der Weg Jesu, sein Wort und sein Verhalten, sein Leben und sein Leiden erschließen ihr das innere Herz der Caritas: »Gott ist Liebe« (1 Joh 4,16). Die Herzmitte der Caritas ist Jesus selbst. Diese Caritas verbindet ihn mit seinem Vater und zugleich mit den Menschen. Die Berufungsgeschichte Mutter Rosas bestätigt eindrucksvoll, wie Gottes- und Nächstenliebe sich wechselseitig durchwirken, und Christus selbst in den Ärmsten der Armen »präsent« ist.

Es ist dem Autor gelungen, die Konturen des spirituellen Lebens und sozialen Engagements von Mutter Rosa herauszuarbeiten. Besonders beeindruckt die Darstellung der letzten Lebensphase, die von bitterem Leid geprägt war. Still und ergeben geht Mutter Rosa ihren Leidensweg, nachdem sie durch die unlauteren Machenschaften des damaligen Rektors nicht mehr in ihrem Amt bestätigt wurde und die Erinnerung an sie aus der Geschichte der Ordensgründung getilgt werden sollte. Mutter Rosa hat auch dieser dunklen Phase ihres Lebens im Blick auf den Gekreuzigten einen Sinn abgewonnen und mit ihrem Leiden die spirituellen Fundamente für das segensreiche Wirken ihrer Gemeinschaft gelegt. Das geduldige und demütige Gehen mit Jesus, Schritt für Schritt, hat sie reifen lassen. Jetzt, hundert Jahre nach ihrem Tod, ist es an der Zeit, ihre Größe von neuem aufstrahlen zu lassen und Gott zu danken für das Leben und Wirken dieser außergewöhnlichen Ordensfrau.

Trier, im September 2005

Dr. Reinhard Marx
Bischof von Trier

GELEITWORT

Am 25. März 2006 wird es 100 Jahre her sein, dass Mutter M. Rosa, die Gründerin der Waldbreitbacher Franziskanerinnen, heimgerufen wurde. Schon mehrere Autoren haben ihr Leben gewürdigt.

Das vorliegende Buch ist das Werk eines Kirchenhistorikers, der allen verfügbaren Quellen nachgegangen ist und hier bis ins kleinste Detail dokumentiert.

Wir danken dem Verfasser, dass er die besondere Berufung und charismatische Kraft der Gründerin in neuen Farben aufleuchten lässt. Dieser Verdienst des Autors ist umso höher zu werten, als viele wichtige schriftliche Dokumente verloren gegangen bzw. bewusst vernichtet wurden.

Das Werk bestätigt ihre geistlichen Grundhaltungen, Glaube, Hoffnung und Liebe, die Fundament ihrer Gründung, ihrer Lebens- und Leidenszeit waren.

Auf eindrucksvolle Weise hat sich hier das Gesetz des Weizenkorns verwirklicht, wie es in dem Schriftwort Johannes 12,24 heißt: »Wenn das Weizenkorn nicht in die Erde fällt und stirbt, bleibt es allein. Wenn es aber stirbt, bringt es reiche Frucht.«

Auf diesem Hintergrund dürfen wir das Leiden und die Verdemütigungen deuten als eine Zeit, in der Mutter Rosa die spirituellen Grundlagen für die Kongregation gelegt hat und zum Segen geworden ist für ihre Zeit und darüber hinaus. Kraft für ihren Weg schöpfte sie aus dem Gebet. Sie war eine unermüdliche Beterin und hat viel gearbeitet. Mit ihrer kernigen Frömmigkeit, die sie seit ihrer Jugend geprägt hatte, eröffnete Mutter Rosa sich und anderen neue Perspektiven: die Verbindung zu Gott und die sich daraus ergebenden Pflichten in dieser Welt. Sie kannte nicht die Trennung von Arbeit und Spiritualität. Den Schwestern hat sie die Freiheit vorgelebt, die aus Gottes Geist kommt. »Löscht den Geist nicht aus!« (1 Thessalonischer 5,19)

Nicht Buchstaben und Schablonen waren für die Stifterin maßgebend, sondern der wahre innere Geist. Wenn der Autor dieser Dokumentation treffend in der heutigen Sprache formuliert: Zu den Eckpfeilern ihres Handelns als Ordensfrau gehörten darum Personalität, Subsidiarität, Solidarität, Gemeinwohl und Nachhaltigkeit, so ist uns dies ein Vermächtnis.

Ihr Erbe ist uns anvertraut. Der Blick auf ihr Leben ermutigt uns auch für die Gegenwart, entschieden den Notleidenden heute beizustehen und Zeichen zu setzen, dass Gott die Liebe ist (1 Johannes 4,16).
Wir leben in einer anderen Zeit und dennoch sind Themen und Felder, die die Gründerin vor 100 Jahren aufgegriffen hat, auch heute noch aktuell und für uns Verpflichtung:

- Solidarität für die Armen
- Schaffung von Arbeitsplätzen
- Förderung von Frauen
- Liebe zur Schöpfung

Und dies alles im Bewusstsein, das es *einen* höchsten absoluten Wert gibt, der bezeugt: »Nur in der Bezogenheit auf Gott hat der Mensch Gewähr für ein Leben in Fülle.«

Sr. M. Basina Kloos
Generaloberin

VORWORT

Die Kirche des ausgehenden 20. Jahrhunderts in Deutschland hat eine enge Beziehung und eine gute Verbindung zu den großen Ordensgründern und geistlichen Führungspersönlichkeiten früherer Jahrhunderte. Das gilt ganz besonders für Gestalten des frühen und hohen Mittelalters sowie der frühen Neuzeit. Als Beispiele seien Männer und Frauen wie die hll. Benedikt, Dominikus, Franziskus, Ignatius, Vincenz von Paul, Klara, Elisabeth, Katharina von Siena und Teresa von Avila genannt. Auch Menschen der Kirche im letzten Jahrhundert wie Charles de Foucauld, Maximilian Kolbe und Edith Stein – ganz zu schweigen von Papst Johannes XXIII. und Mutter Teresa – sind weiteren Kreisen bekannt.
Was aber das 19. Jahrhundert angeht, gibt es bei vielen Menschen – mit Ausnahme persönlicher Beziehungen wie etwa zur »kleinen« Theresia und zu Adolph Kolping – eine auffällige Bildungslücke und eine existentielle Bindungssperre.

Beides wird häufig pauschal vorverurteilt und damit entschuldigt, daß im vergangenen Jahrhundert in deutschsprachigen Raum karitative Genossenschaften in größerer Zahl entstanden seien. Ihre Gründer und Stifterinnen werden spirituell, pastoral und theologisch gelegentlich als recht einfältig eingestuft. Diese Einrichtungen – oft von ihren Initiatoren als »Gottes Werk« bezeichnet – werden als Gemeinschaften für berufliche Sozialarbeit im pädagogischen oder medizinischen Bereich eingeordnet, die zwar religiös motiviert, aber inhaltlich eher kleinkariert, und für die Kirche unserer Tage unbedeutend seien. Eine Beschäftigung mit diesen Frauen und Männern des 19. Jahrhunderts sei ergiebig allenfalls für diese Gründungen selbst, die daran interessiert seien, ihre Gründer und Stifterinnen zur Ehre der Altäre zu erheben. Aber aufgeschlossene Christen des ausgehenden 20. Jahrhunderts könnten sich von ihnen kaum begeistern lassen. Es geht sogar soweit, daß der heutige Nachwuchsmangel dieser Genossenschaften mit ihrer spirituellen und theologischen Unattraktivität begründet wird.

Wer sich um Vorurteile dieser und ähnlicher Art nicht kümmert und sich einmal genauer mit den Quellen zu Leben und Werk einer solchen geistlichen Persönlichkeit des 19. Jahrhunderts befaßt, kommt bald zu einem erstaunlichen Ergebnis, das in vielen Fällen sogar echte Betroffenheit auslöst.

Da sind Männer und Frauen, die als einzelne unter unerhörten Opfern und unglaublichen Bedrängnissen – sei es von Seiten des Staates, sei es von Repräsentanten der Kirche selbst – in ihrem Leben und Werk von der Frohen Botschaft des Evangeliums ergriffen, vom Geist Jesu Christi geprägt und vom Heiligen Geist in Dienst genommen waren. Als überzeugte Christen und Menschen der Kirche lebten sie die Nachfolge Christi im »Einsatz Gottes« (H. U. V. BALTHASAR) für die Menschen, traten ein, sei es gelegen oder ungelegen, für die Schwachen, Kranken, für die Sünder und für die Ungerechten. Als Beispiele, die über den deutschsprachigen Raum hinaus Bedeutung erlangten, seien Adolph Kolping (∗ 1813 – † 1865) und Anna Maria Tauscher (∗ 1855 – † 1938) genannt.

Zu den vorbildlichen Christen dieser Prägung gehört auch Margaretha Rosa Flesch (∗ 1826 – † 1906), die Gründerin der »Franziskanerinnen der allerseligsten Jungfrau Maria von den Engeln« (FBMVA) von Waldbreitbach. Die vorliegende Studie will die bisher unbekannten, z. T. verschwiegenen und sogar unterschlagenen Quellen vorstellen, auswerten und damit ein realistischeres Bild dieser einfachen und großen Frau zu zeichnen versuchen. Dabei wird – wegen fehlendem persönlichen Schrifttum – ganz besonderer Wert auf ihre persönlichen Kontakte zu Frauen und Männern aus ihrem sozialen Umfeld gelegt.

Ohne gründliche Vorarbeiten wäre das nicht möglich gewesen, obwohl die nachgenannten Autoren nicht alle noch vorhandenen Quellen benutzen konnten und auch anderen Sanktionen ausgesetzt waren. Der Kirchenhistoriker FRIEDRICH ALBERT GROETEKEN (∗ 1878 – † 1961), die Ordensfrau MAURA BOECKELER OSB (∗ 1890 – † 1971) und der Spiritual der Genossenschaft, der geistliche Rektor JAKOB ALBERT BACKES (∗ 1910 – † 1988) haben mit ihren Werken Quellen zusammengetragen, Fakten erhellt und Akzente gesetzt, die ein Fertigstellen dieser Arbeit in einem überschaubaren Zeitraum ermöglichten.

Die Arbeit erscheint in zwei Bänden. Der erste Band umfaßt die Darstellung des Lebens und Wirkens von Margaretha Rosa Flesch. Schwerpunktmäßig ist die Darstellung auf ihre persönlichen Beziehungen angelegt, weil echte Primärquellen rar sind. Der besseren Lesbarkeit wegen wird auf Anmerkungen verzichtet. Am Ende eines Abschnitts werden die Belege für Zitate sowie ergänzende und vertiefende Literatur genannt.

Der zweite Band enthält u. a. die von Schwester M. MARZELLA SCHUMANN (∗1859 – 1881 Eintritt – †1927) zusammengestellten [Auto]-Biographien von Rosa Flesch Nr. 1 und Nr. 7 – wegen beabsichtigter Übersetzungen – in moderner Transkription mit ausführlichen Anmerkungen und Gesamtregister. Er soll in Jahresfrist erscheinen.

Dank schulde ich dem Generalrelator der Kongregation für Selig- und Heiligsprechungen P. PROF. DR. AMBROSIUS ESZER OP / Città del Vaticano für Hinweise auf biographische Arbeiten über Ordensgründerinnen des 19. Jahrhunderts.

Der Generaloberin der »Franziskanerinnen der allerseligsten Jungfrau Maria von den Engeln«, Schwester M. BASINA KLOOS FBMVA gilt Dank für ihre ermutigende Unterstützung in Wort und Tat sowie ihre Hilfe bei Überwindung mancher Schwierigkeiten. Dankbar denke ich auch an die gründliche Einführung in Leben und Wirken von Margaretha Rosa Flesch durch Schwester M. MATRONA SIMON FBMVA (∗1922 – 1946 Eintritt – †2002). Die Leiterin des »Sekretariates Mutter Rosa«, Schwester M. ENGELTRAUD BERGMANN FBMVA, gab nicht zu unterschätzende wertvolle Hilfestellung in wichtigen Detailfragen. Der Leiter des Zentralen Ordensarchivs der »Franziskanerinnen der allerseligsten Jungfrau Maria von den Engeln« (FBMVA) von Waldbreitbach, Herr WOLFGANG W. SCHERER, scheute weder Zeit noch Mühen, mir die (Irr)-Wege durch die zum großen Teil nicht verzeichneten Bestände zu verkürzen und die Arbeit kritisch zu begleiten. Seine Mitarbeiterin Frau ULRIKE KLAES las mit erprobter Sorgfalt die Korrekturen. Ihnen allen danke ich sehr herzlich.

Die Herren PROF. DR. HEINZ FINGER, Direktor der Erzbischöflichen Diözesan- und Dombibliothek in Köln und Archivdirektor DR. MARTIN PERSCH / Trier sowie ihre Mitarbeiter[innen] beantworteten gern und zügig alle Fragen nach einschlägigen Akten und abgelegener Literatur.

Auch all den vielen, die durch wertvolle Hinweise geholfen haben und hier nicht genannt werden können, gilt mein aufrichtiger Dank.
Herzlich danke ich auch dem Paulinus-Verlag in Trier für die reibungslose Zusammenarbeit und die ansprechende Gestaltung.

ROM / CHIUSI , den 20.9.2005

DR. HANS-JOACHIM KRACHT

EINLEITUNG – LEBEN UND WERK

Das Leben von Margaretha Rosa Flesch – der Gründerin der Kongregation der »Franziskanerinnen der allerseligsten Jungfrau Maria von den Engeln« (FBMVA) – umfaßte fast das ganze 19. Jahrhundert. Die Lebensformen dieser Zeit waren nicht nur im Wiedbachtal noch mehr denen des Mittelalters verbunden als den heutigen. Darum soll zunächst ein knappes Bild dieser Zeit und der besonderen Lebensumstände skizziert werden, mit denen Margaretha in Berührung kam und von denen sie geprägt wurde.

Das 19. Jahrhundert ist ohne die Umwälzungen der Französischen Revolution nicht zu verstehen. Mit ihren Forderungen Freiheit, Gleichheit und Brüderlichkeit löste sie nicht nur einen geistesgeschichtlichen, sondern auch einen politischen Umbruch mit schwerwiegenden Folgen aus. Auch die Heimat von Margaretha Flesch und das spätere Lebensumfeld blieben von diesen weitreichenden Veränderungen nicht verschont.
Der »Reichsdeputationshauptschluß« und die Säkularisation bedeuteten für das Gebiet des ehemaligen deutschen Reiches das Ende der konfessionell einheitlichen Staaten. Fürstbistümer wurden aufgehoben bzw. enteignet. Das Vermögen aufgelöster Klöster und Stifte fiel an den Staat. Die Befreiungskriege und der Wiener Kongreß brachten die politische Neuordnung Europas.

Im Oktober 1813 mußte Napoleon I. in der Völkerschlacht bei Leipzig die entscheidende Niederlage hinnehmen. Frankreich kapitulierte, und der Kaiser wurde nach Elba verbannt. Der Wiener Kongreß hatte das Rheinland Preußen zugesprochen. Der damals gegründete Deutsche Bund, ein loser Zusammenschluß von mehr als dreißig Staaten, war kein wirkungsvoller Ersatz für eine angestrebte nationale Einheit. Am 5. April 1815 nahm König Friedrich Wilhelm III. das Gebiet, das vom Niederrhein bis an die Saar reichte und dessen Bevölkerung überwiegend katholisch war, in preußischen Besitz.
In Aachen bzw. Düsseldorf residierte der Oberpräsident der Provinz Jülich-Kleve-Berg, Johann August Sack (* 1764 – † 1831), in Koblenz ver-

waltete als Oberpräsident Friedrich Christian Ludwig Graf zu Solms-Laubach (* 1769 – † 1822) die Regierungsbezirke Koblenz und Trier. Der protestantische Regent sicherte seinen neuen Untertanen schützendes Militär, ordentliche Verwaltung und geordnete Rechtsprechung zu und forderte dafür den geschuldeten staatsbürgerlichen Gehorsam. Die Rheinländer nahmen die neue Regierung mit gemischten Gefühlen auf. Zurückhaltung und Skepsis überwogen. Aber man arrangierte sich.

Die folgende Epoche stand ganz im Zeichen der Restauration, des fragwürdigen Versuchs, die politischen und geistig-kulturellen Zustände vor der Napoleonischen Ära wiederherzustellen. Restaurative und fortschrittliche Kräfte rangen in allen Bereichen miteinander um die Gestaltung der Zukunft.
Seit der Wiedererrichtung des Erzbistums Köln im Jahre 1821 hatten im Rheinland »ultramontane« Kleriker und Laien im Katholizismus durch neue Formen und Inhalte der Frömmigkeit und durch sozial-karitative Aktivitäten zunehmend Einfluß unter der rheinischen Bevölkerung gewinnen können. Im rheinischen »Ultramontanismus« entwickelte sich aus vielerlei Gründen eine spürbare, aber noch nicht offen zu Tage tretende Abneigung gegen Preußen. In der Rheinprovinz herrschte zunächst Verstimmung über die Protektion protestantischer Nichtrheinländer bei der Besetzung höherer Stellen in Verwaltung und Militär. Neid und Mißgunst entstanden gegenüber protestantischen Unternehmern, die sich auch in überwiegend katholischen Städten und Gemeinden niederlassen konnten und bald zu wirtschaftlichem Wohlstand und gesellschaftlichem Einfluß gelangten.

Schon lange vor der Geburt von Margaretha Flesch hatten sich wirtschaftliche Veränderungen angekündigt. Sie führten im Verlauf des 19. Jahrhunderts in Europa und besonders auch in Deutschland zu weit verbreiteten neuen Produktionsformen und damit zu stark veränderten Lebensbedingungen für die Menschen. Die Nutzung der Dampfkraft machte das Jahrhundert zum Zeitalter der Maschinen und Fabriken. Industrialisierung und Wirtschaftsliberalismus brachten strukturelle Veränderungen mit sich, die sich auf den Lebensalltag der Menschen massiv auswirkten.

War das Privatleben bisher überwiegend nach persönlichen Bedürfnissen eingerichtet – Arbeitsplatz und Wohnung waren identisch oder zumindest räumlich überschaubar – so setzten sich in diesem Bereich besonders einschneidende Änderungen durch. Rasches Bevölkerungswachstum, Landflucht und Mißernten förderten Arbeitslosigkeit und Verelendung besonders der unteren Bevölkerungsschichten. Berufliche Mobilität brachte räumliche Trennung von Familiengemeinschaft und angestammtem Lebensraum mit sich. Die kulturelle Umwelt wird mit der romantisierenden Bezeichnung »Biedermeier« belegt. Nach Goethes Tod und dem Ende der Romantik ist es die Zeit des Übergangs zu einer realistischen Bürgerkultur. Auch in Dichtung und Kunst ist die Zeit gekennzeichnet durch einen Rückbezug auf Sicherheit und Ordnung, Haus und Herd. Es entstand eine Haus- und Familienkultur, die – in Bild und Wort des »Biedermeier« als »Idylle« dargestellt – auch das Bildungswesen im 19. Jahrhundert beeinflußte. Die gewaltigen Veränderungen, von denen auch der katholisch geprägte ländliche Raum nach und nach betroffen wurde, sollten den wechselvollen Verlauf des 19. Jahrhunderts mitbestimmen.

Auch Margaretha Flesch konnte sich diesen Veränderungen nicht entziehen. Zwar hatte sie zumindest in ihrer Kindheit noch eine halbwegs heile Welt erlebt. Ihr engeres Lebensumfeld war aber noch bzw. schon wieder überwiegend von Armut, Hunger, Krankheit und sozialem Elend geprägt.

1. KINDHEIT

In den ersten Lebensjahren bestand bei Margaretha Flesch eine enge und intensive Beziehung zur Mutter als Hauptbezugsperson. Ihre Entwicklung in Bewegungsdrang und Wortschatz war stark vom sozialen Umfeld geprägt. Erlebte Beachtung und Liebe wiesen bereits auf Anfänge einer Sozialbezogenheit hin. Früh entwickelte sich ihr Wunsch nach Selbständigkeit. Ihr kindliches Denken wurde anschaulicher und phantasievoller, das Spiel vorrangiges Handeln. Gemeinschaftserlebnisse mit Gleichaltrigen förderten die Leistungswilligkeit. Im Schuleintrittsalter machten abstraktes und schlußfolgerndes Denken beachtliche Fortschritte. Das Kind versuchte, in Bereiche der Natur und Technik vorzustoßen. Es begann eine am elterlichen Verhalten orientierte Experimentier- und Sammelphase. Das Loslösen aus ihrer Fürsorge – durch nachfolgende Geschwister bereits früh eingeleitet, ließ ihre Einsicht in soziale Aufgaben in Familie, Nachbarschaft und Gesellschaft schnell wachsen und umsetzen.

1.1. Heimat – Vallendar-Schönstatt

Die Heimat Margarethas Vallendar ist wohl schon im 9. Jahrhundert Pfarrei gewesen, als Erzbischof Hetti am 2. Juni 836 in Vallendar eine Basilika zu Ehren der hll. Marzellinus und Petrus konsekrierte. Die älteste Kirche bestand bis ca. 1200. Dann wurde eine dreischiffige Basilika in romanischem Stil mit niedrigen Seitenschiffen gebaut, die bis 1836 bestand. Nur der spätgotische Turm blieb erhalten. Die heutige Pfarrkirche ist ein romanisierender Hallenbau. Das Gebiet gehörte überwiegend den Grafen von Sayn, erst kurz vor dem Untergang von Kurtrier kam es in ihren alleinigen Besitz. Das Besetzen der Pfarrstelle erfolgte seit 1464 abwechselnd von Trier und Sayn-Wittgenstein, seit 1791 nur noch von Kurtrier. Patrone der Kirche sind seit 836 bis heute die hll. römischen Märtyrer Marzellinus und Petrus. *[Handbuch des Bistums Trier, Trier 1952, 824f.]*.

Im Jahre 1815 kam auch die Geburtsstadt von Margaretha Flesch zu Preußen. Vallendar hatte um das Jahr 1822 etwa 2600 Einwohner, von

denen 47 evangelisch waren. Zehn Jahre später [1832] waren es 2800 Einwohner, 81 Evangelische. Das Verhältnis zwischen Katholiken und Protestanten war gut. *[ENGELBERT, Vallendar, 58.]*. 1834 gab es unter 694 katholischen Schulkindern 2 evangelische und 15 jüdische. *[ENGELBERT, Vallendar, 63.]*.
Das Kloster Schönstatt hatten seit 1136 Augustinerinnen besiedelt. 1567 verlegten sie den Konvent nach Koblenz. Südlich des alten Klosters lag die »Klostermühle«. Sie überstand die Wirren der Zeit. Seit 1825 war sie im Besitz von Peter Demond, eines Verwandten der Familie Flesch-Breitbach. Nach mehrfachem Besitzerwechsel erwarben schließlich 1901 die Pallottiner den gesamten Komplex.

Familie Flesch-Breitbach

Margaretha Flesch erblickte als erstes Kind der Eheleute Johann Georg Flesch und Agnes Breitbach in der »Klostermühle« von Schönstatt bei Vallendar das Licht der Welt.
Johann Georg Flesch war Ölmüller von Beruf und am 11. März 1793 in Urbar/Niederberg geboren. Agnes Breitbach entstammte einer Schifferfamilie und kam am 26. Februar 1797 in Vallendar zur Welt. Die Eltern hatten bei dieser Klostermühle einen Arbeitsplatz und ihren Wohnsitz gefunden. Sie waren rechtschaffene Leute und nicht mit irdischen Gütern gesegnet. Am 22. November 1825 traute der Pfarrer von Vallendar Johann Wilhelm Reuter (∗ 1752 – † 1831) die nicht mehr ganz jungen Leute in der Pfarrkirche.
Die Zeit drängte: Am 24. Februar 1826 erblickte die erste Tochter das Licht der Welt. Bei der Taufe erhielt sie den Namen Margaretha. Ihre Namenspatronin war die seit dem Mittelalter besonders bei der Landbevölkerung hochverehrte Märtyrerin von Antiochien und zählte zum Kreis der Vierzehn Nothelfer. Der Name bedeutet »Perle«. Die marianische Symbolik der Perle beinhaltet: Maria ist die Hüterin der kostbaren Perle Christus; sie ist wegen ihrer Reinheit und Schönheit selbst eine Perle. Die Entstehung der Perle ist Sinnbild der jungfräulichen Mutterschaft.
Taufpaten waren Margaretha Holzinger-Breitbach (∗ 1813 – † 1890) und Peter Demond, der als Verwandter den Eltern auch die Mühle verpachtet

hatte. Auf schulische oder berufliche Ausbildung der Eltern finden sich keine Hinweise. Das Ehepaar verdiente seinen Lebensunterhalt in der Landwirtschaft. Vater und Mutter mußten hart arbeiten, um den Lebensunterhalt für die wachsende Familie aufzubringen. Die Situation in der Landwirtschaft war in dieser Zeit nicht einfach. Oft kam es zu erheblichen Versorgungsschwierigkeiten für die Bevölkerung. Ursachen dafür waren wachsende Bevölkerung auf dem Lande und sinkende Preise für die Agrarprodukte. Ölmühlen machten sich gegenseitig Konkurrenz. Dem Beruf des Vaters war keine große Zukunft mehr beschieden.
Der Vater war ein ruhiger, arbeitsamer Mann. Die nicht ganz gesunde Mutter zeichnete sich durch Frömmigkeit und Gottvertrauen aus. Sie zehrte sich auf im Dienst an der Familie. Ihre kleine Tochter war gesundheitlich und ernährungsbedingt schwach. Der fleißige und strebsame Vater nahm später jede sich bietende Gelegenheit wahr, um für sich und seine Familie durch selbständige Arbeit das tägliche Brot zu verdienen. Die Familiensituation war schwierig.

Geschwister – Maria Anna und Christine

Margaretha blieb nicht das einzige Kind. 1827 kam ihre Schwester Maria Anna zur Welt, zwei Jahre später die Schwester Christine. Die Älteste überlebte ihre leiblichen Geschwister.
Mit ihren Schwestern Anna Maria und Christine wuchs Margaretha in einer geordneten Familie, aber in schwierigem sozialen Umfeld auf. Armut, Einfachheit, Fleiß, Hunger und Sparsamkeit gehörten zu den gemeinsamen Alltagserfahrungen.
Die Eltern hatten trotz harter Arbeit Zeit für ihre Kinder. Die Älteste stellte ihnen Fragen – vor allem dem Vater – über die Natur, den Sternenhimmel und sie bedrängende Fragen. Margaretha durfte ihre Eltern zur Kirche begleiten. Einmal stand sie gar nachts auf, um in Vallendar zur Heiligen Messe zu gehen. Weil die Kirche noch verschlossen war, ging sie zu Bekannten, die ihr Aufnahme gewährten. Es wird auch berichtet, sie sei einmal in einen Weiher gefallen und wunderbar gerettet worden.
Vater und Mutter blieben Margaretha zeitlebens in guter Erinnerung als prägende Kräfte eines harmonischen Familienlebens. Dazu trugen bei ihr

auch andere Erfahrungen bei: Häufiger Streit bei Nachbarn ließ sie erkennen, daß Familienfriede keine Selbstverständlichkeit ist, sondern persönlichen Einsatz erfordert.
Gefühls- und Herzensbildung hatten in der Familie einen hohen Stellenwert. Die Gründe dafür waren sicher vielschichtig. Sie lagen wohl auch in der fehlenden Schulausbildung der Eltern und den sich daraus ergebenden bescheidenen Bildungsangeboten. Gesprochenes Wort und gelebter Glaube bildeten die Basis der Erziehung der Kinder im Hause Flesch.

1.2. Unkel – Orsbachsmühle

Im Jahre 1831 verlegte Müllermeister Flesch Arbeitsplatz und Wohnsitz der Familie zur Orsbachs-Mühle bei Unkel am Rhein. Der geschäftstüchtige Tabakfabrikant Franz Vogts (* 1757 – † 1841) hatte diese renovierte Mühle 1802 für 1323 Reichstaler erworben. Die Pfarrkirche im Ortszentrum lag etwa eine halbe Stunde Fußweg entfernt.

Pfarrei St. Pantaleon

Nahe am Rhein steht die 1502 fertigestellte Unkeler Pfarrkirche St. Pantaleon. Der Hochaltar aus dem Jahre 1705 ist dem Kirchenpatron geweiht. Die Pfarrkirche birgt als kostbaren Schatz eine nach 1650 geschaffene silberne Reliquienbüste des hl. Pantaleon.
Der hl. Pantaleon, dessen Fest die Kirche am 28. Juli feiert, starb nach der legendären Passio als Märtyrer in der Verfolgung durch Kaiser Maximian um 305 zu Nikomedien in Kleinasien. Die kultische Verehrung als Märtyrer ist sei dem 4./5. Jh. nachweisbar. Die Griechen verehrten ihn als »Megalomartyr« und »Thaumatourgos« und zählten ihn zu den »Hagioi anargyroi« [Heilige, die unentgeltlich Hilfe bringen]. Sein Kult ist schon im 4./5. Jh. auch in Rom bezeugt. Der hl. Pantaleon gehört wie die Namenspatronin Margarethas zu den Vierzehn Nothelfern.
Die Legenden berichten von Leiden und Sterben, von Kampf und Sieg jener Männer und Frauen, »die der stärksten äußeren Macht gegenüber... die Freiheit des inneren Menschen behaupteten und für ihre Glaubens-

überzeugung in den Tod gingen. Die Freiheit der in Gott gegründeten geistig-sittlichen Persönlichkeit ist aber aller menschlichen Kultur höchstes Ziel.« *[A. EHRHARD, Griechische Martyrien, Strassburg 1907, 20]*.
Die beeindruckenden Lebens- und Wunderbeschreibungen des heiligen Arztes Pantaleon bekunden so Zusammenhänge zwischen physischer Krankheit und Heilung sowie psychischem Leiden und Erlösung.
Der Pfarrpatron wurde in vornehmer Kleidung, mit beiden Händen über dem Kopf an einem Ölbaum angenagelt oder einer Palme gebunden, mit Arzneifläschchen, mit Schwert oder Löwen dargestellt. Der hl. Pantaleon ist Patron der Ärzte, Ammen, Hebammen und Haustiere. Die Gläubigen riefen seine Fürsprache an gegen Kopfleiden und Auszehrung, gegen Heuschreckenplagen und bei Viehkrankheiten.
Den Marienaltar im südlichen Seitenschiff zierte eine schöne Madonna. Im linken Seitenschiff befand sich der Kreuzaltar von 1630 mit einer älteren Kreuzigungsgruppe aus Holz.

Pfarrer der Gemeinde war seit 1828 der gebürtige Unkeler Gottfried Strauß (∗ 1794 – † 1862). Er wurde ein Jahr später bereits Dechant von Unkel, des flächenmäßig größten Dekanates des Erzbistums Köln. Im Jahre 1844 erfolgte seine Berufung ins Kölner Domkapitel. Durch frühere Lehrerfahrung hatte er die Fähigkeit, Kindern die Kunstschätze der Pfarrkirche zu erklären und damit auch Grundlagen für eine heilsgeschichtliche Sichtweise des eigenen Lebens zu vermitteln.

Erinnerung an Franziskusbild

Margaretha erinnerte sich später, in einer Kirche habe eine Darstellung des hl. Franziskus von Assisi (∗ um 1181/82 – † 1226) – des »seraphischen Heiligen« – und seiner Wundmale sie besonders beeindruckt. »Sie erzählte ihrem Vater, was sie gesehen hatte, mit der Frage – in ihrer kindlichen Art – sie war noch nicht sechs Jahre alt – was das für ein Mann gewesen sei und was das Kruzifix mit den Flügeln bei ihm gemacht habe. Der Vater erzählte ihr die Lebensgeschichte vom hl. Franziskus und erklärte ihr die Lebensziele dieses Mannes. Diese Begebenheit blieb ihrer Seele eingeprägt«. *[Vgl. ZOAWBB. 1 M 1f.; NR. 2.]*

Franziskus wurde um 1181/82 zu Assisi als Sohn reicher Eltern geboren. In seiner Jugend lebenslustig, erfuhr Franziskus nach Haft und Krankheit eine geistige Wandlung und entschloß sich, in der Nachfolge Christi in Armut und Gebet zu leben. Bald fand er Gefährten, für die er eine kurze Regel entwarf, die 1209/10 Papst Innozenz III. bestätigte. Schnell verbreiteten sich die Brüder im Abendland. 1212 entstand der Klarissenorden. Für die, die in der Welt ein Leben der Vollkommenheit führen wollten, rief Franz 1221 den Dritten Orden [Terziaren] ins Leben. 1223 bestätigte Papst Honorius III. eine neue Regel. Franziskus unternahm Predigt- und Missionsreisen im westlichen Mittelmeerraum. Seine enge Verbindung mit Christus wurde 1224 durch die geschichtlich sicher bezeugte Stigmatisation besiegelt [der »seraphische Heilige«]. Franziskus starb am 3. Oktober 1226 zu Assisi. Seine Gebeine ruhen in der dortigen Kirche San Francesco. Die Heiligsprechung erfolgte 1228. Franziskus wird im grob gewebten Habit mit Kruzifix, Totenkopf, Wundmalen, Seraph, Erdkugel sowie mit zahlreichen Begebenheiten aus seinem Leben dargestellt. Er ist der Patron der Armen, der Weber, Tuchhändler und Schneider. Kaufleute, Flachs- und Tapetenhändler, Sozialarbeiter und Umweltschützer rufen seine Fürsprache an. Auch bei Kopfschmerzen und Pest wandten Gläubige sich an ihn und erbaten seine Vermittlung um Hilfe.

Diese Begebenheit blieb ihrer Seele eingeprägt und war Veranlassung, bei ihrer Gründung Ideal und Regel des hl. Franziskus einzuführen. Sie forschte danach, dessen Leben besser kennen zu lernen, und mühte sich, es nachzuahmen. »Der Büßer von Assisi wurde ihr Vorbild«. *[ZOAWBB. 1 M 1f.; NR. 2].*

Das aufgeweckte Kind verfügte über klaren Verstand, überdurchschnittliche Lernbereitschaft und über eine erstaunliche emotionale Intelligenz. Die erste harte Schule war ständige Armut, die ersten Aufgaben tägliches Entbehren von Lebensnotwendigem.

Tod der Mutter

Der 3. April 1832 blieb Margaretha Flesch für ihr ganzes Leben in steter Erinnerung. Am Vormittag dieses Tages war ihre geliebte Mutter gestärkt durch den Empfang der Sakramente im Alter von nur 35 Jahren verstorben. Tiefe Trauer erfüllte die ganze Familie, besonders aber die älteste Tochter. Der Vater konnte es kaum fassen. Die beiden jüngeren Schwestern verstanden erst nach und nach das für sie so tragische Ereignis. Zwei Tage später feierte man das Totenamt in der Kirche und bestattete die so jung verstorbene Frau und Mutter auf dem bei der Pfarrkirche St. Pantaleon gelegenen Friedhof in Unkel. »Der Tod der Mutter war der erste Ring in der langen Kette schwerer Leiden, die sich durch ihr ganzes Leben hindurchzog.« *[ZOAWBB. 1 M 2, NR 3.].*

Großeltern sowie Onkel und Tanten lebten bereits nicht mehr oder wohnten weit entfernt. Nachbarn, die den Witwer mit drei kleinen Töchtern hätten unterstützen oder in einem Notfall einspringen können, gab es wegen der Entfernung vom Ort nur ganz wenige. Es wäre auf Dauer auch keine Lösung gewesen.

Die drei Mädchen waren nun viel sich selbst überlassen. So entschloß der Vater sich, wieder zu heiraten.

Als Greisin erinnerte sich die Gründerin an ihre Kindheit: »Im ehemaligen Kloster Schönstatt bei Vallendar bin ich geboren. Ein Verwandter war damals im Besitz desselben. Mein Vater war Müllermeister: als solcher übernahm er die Stelle eines Müllermeisters in einer Mühle bei Unkel am Rhein; dort starb meine Mutter im Jahre 1832; nun war ich mit meinen zwei jüngern Schwestern mutterlose Waise. Da der Vater seinem Gewerbe nachgehen mußte, waren wir Kinder meistens auf uns selbst angewiesen, da zu der Zeit wenig Verdienst war, auch im Gewerbe litten wir Mangel. Oft liefen wir dem Vater weinend nach, wenn er seinen Berufsarbeiten nachging. Mitleidige Leute gaben uns ab und zu, zu essen. Unter diesen Umständen sah der Vater sich veranlaßt, wieder zu heiraten, damit wieder die Verhältnisse geordnet würden«. *[ZOAWBB. 7 M ORIG. 76f.; NR. 283].*

Wiederheirat des Vaters in Erpel

Am 21. November 1832 trat der Vater mit der Witwe Anna Helene Richarz, geb. Fuchs wieder vor den Traualtar. Die zweite Frau war am 10. März 1798 in Orsberg/Erpel geboren. Der Pfarrer von Erpel, Josef Clemens Th. Prinz (∗ 1783 – 1828 – † 1840) traute das Paar in der Pfarrkirche St. Seve-

rinus. Trauzeugen waren die aus Orsberg stammenden Angehörigen der Braut: Peter Josef Fuchs und Anton Pertzborn. Die Analphabetin brachte nach ebenfalls kurzer Eheerfahrung einen Sohn in die neue Lebensgemeinschaft mit: den 6-jährigen Peter Richarz. Er war also etwa im gleichen Alter wie seine älteste neue Stiefschwester Margaretha.
In der Pfarrkirche St. Severin bestand bereits seit 1747 eine Stiftung für das tägliche Rosenkranzgebet. *[J. TORSY, Wegweiser durch die Akten der alten Christianität Siegburg im Archiv des Erzbistum Köln, in: Heimatblätter des Siegkreises 66 (1953) 4–93, hier 80.]*. Es wäre also nicht ganz unwahrscheinlich, wenn Margaretha spätestens hier von der wenig gebildeten Stiefmutter zumindest mit dem Gebet des Rosenkranzes, der in einfachen Familien selbstverständlicher Volksbrauch war, vertraut gemacht wurde.

Wohnsitz der vergrößerten Familie blieb zunächst die Urbachs-Mühle bei Unkel. Die für die meisten Familienmitglieder angestammte Umgebung machte das gemeinsame Sich-Anpassen nicht unbedingt leichter. Die Mühle mit den für die drei Mädchen traurigen Erinnerungen blieb aber nicht mehr lange das arme, aber traute Heim. Die neue Situation hatte »unsägliche Leiden für sie zur Folge ... eine Stiefmutter verbitterte ihr von da an das Leben«. *[ZOAWBB. 1 M 2, NR 3.]*. Konflikte zwischen ältester Stieftochter und Stiefmutter waren auch keine Seltenheit. Die 34-jährige war mit der neuen Situation fraglos überfordert. Aber Margaretha ging gestärkt aus diesem wohl etwas übertriebenen Leiden hervor. Das beweisen vor allem die Bewältigungen späterer Konfliktsituationen mit ihrer Stiefmutter.

1.3. Linz – Linzhausen

Zu den vier Kindern aus den beiden Vorehen wurden dem Ehepaar Flesch-Richarz noch zwei weitere Jungen geboren. Offensichtlich notwendig gewordene Wechsel der Arbeitstellen des Vaters ließen sich aus den verschiedenen Geburtsorten der beiden Söhne benennen. Im Jahre 1834 wohnte die Familie in Linzhausen am Rhein. Der Ort lag rheinabwärts zwischen Erpel im Norden und Linz im Süden. Er gehört heute zur Stadt

Linz, das damals etwa 2.100 katholische Einwohner hatte. Dazu kamen etwa 50 protestantische und 100 jüdische Mitbürger.

Am 7. Februar 1834 wurde in Linzhausen Ägidius Johann Flesch geboren, dem wir noch häufiger im Leben Margarethas begegnen werden. Der Ortspfarrer, der ihm in der Linzer Pfarrkirche St. Martin die Taufe spendete. war der gebildete gebürtige Linzer Johann Heinrich Josef Nolden [OP] (∗ 1763 – 1811 – † 1834). Durch die Säkularisation zum Ex-Dominikaner und Weltpriester geworden hatte er seit 1811 das Pfarramt in seiner Heimatstadt Linz und seit 1831 auch das Amt des Kreisschulinspektors übernommen. Sein Vater war früher Müller der Ölmühle gewesen. Er selbst hatte als Professor in Soest und Halberstadt gelehrt. Als Taufpaten fungierten Johannes Ägidius Bagrath und Gertrud Stoffels. *[STALINZ, Kb 14, 51. – Handbuch des Bistums Trier, Trier 1952, 518.].*

Religiöses Erleben

Für Margaretha veränderte sich außer der Geburt des kleinen Stiefbruders, der später einer ihrer großen Helfer werden sollte noch viel mehr: »Im Alter von 8 Jahren führte ihr Schutzengel sie an den Rand der Hölle, wo sie abscheuliche und jammernde Gestalten im Halbdunkel erblickte! Der Schutzengel entfernte sich; voll Angst wendete sich Margaretha nach der Seite um, wohin der Engel sich entfernt hatte, mit den Worten: ›Führe mich heraus; ich will keine weltlichen Freuden‹. Nach einer Weile sich wieder umwendend, sagte sie: ›Führe mich heraus; ich will Jungfrau bleiben‹. Zum dritten Mal sich nach der Seite wendend, wo der Engel verschwunden, sprach sie: ›Führe mich heraus; ich will, schlicht und einfach unter den Menschen leben‹. Darauf erschien der Schutzengel wieder an ihrer Seite und flehte sie von diesem schauerlichen Orte hinweg. Von nun an liebte und suchte Margaretha die Einsamkeit und übte das betrachtende Gebet. Die Gnade Gottes hatte ihr Herz ergriffen. Liebe zum Leiden erfüllte ihre Seele, und mit Geduld, ja mit Freuden ertrug sie von nun an die harte Behandlung der Pflegemutter«. *[ZOAWBB. 1 M 1, NR. 4. – Vgl. ZOAWBB. 2 M 3, 3 M 3; 4 M 3; 5 M3; 6 M 3. – BACKES, Flesch – Spruch und Bild. 1. Relief.].*

In der nahe am Rhein gelegenen Kapelle St. Simeon in Linzhausen beeindruckte Margaretha eine bekannte 75 Zentimeter große Skulptur des »Schmerzensmannes« aus dem 18. Jh. Sie blickte den leidenden Herrn ernst und tiefsinnig an. Diese Statue stand vorher in der 1715 erbauten und nach 1905 abgerissenen Kapelle am Rhein. Dieses Erlebnis ging ihr so zu Herzen, daß sie längere Zeit traurig war. Die Eltern konnten sich nicht erklären, warum das lebhafte Kind sich so geändert hatte. *[Vgl. dazu: ZOAWBB. 1 M 1, NR. 1. – Fotos von Kapelle und Schmerzensmann: BACKES, Flesch – Testament – 16f., 32f. – BACKES, Flesch – Worte, 6. – Zur Ikonograhie des Schmerzensmannes siehe: W. MERSMANN, in: LCI 4 (1972) 87–95. (LIT.). – Zur Ikonograhie der Pietà oder des Vesperbildes siehe: J. H. EMMINGHAUS, in: LCI 4 (1972) 450–455. (LIT.)].* Margaretha hatte die Erfahrung gemacht, daß angenommenes Leiden Segen für die Seele mit sich bringen kann. Darum begann sie, Gott um Kreuz und Leid für ihr Leben zu bitten.

Wollendorf – Irlich

Gut drei Jahre später war die Familie in die »Fahrer-Mühle« bei Wollendorf in der Pfarrei Irlich umgezogen. Der Ort zählte nur wenige Häuser. Dort erblickte dann am 3. Juni 1837 der jüngste Sohn Johann das Licht der Welt. Auch diesem Halbbruder hatte Margaretha auf ihrem Lebensweg viel zu verdanken. Taufpriester von Johann Flesch war der auch für Wollendorf zuständige Pfarrer vom zwei Kilometer entfernten Irlich, Johann Peter Thiel (∗ 1802 – † 1876).
Eine 155 cm hohe Holzfigur des hl. Franziskus aus dem 17. Jhdt. stand an einer Wand der Pfarrkirche St. Peter und Paul zu Irlich.
[Handbuch des Bistums Trier, Trier 1952, 313. – NEU/WEIGERT, Kunstdenkmäler Neuwied, 184.]. Es wird auch berichtet, Margaretha habe mit ihrer Stiefmutter gelegentlich Wallfahrten zur Schmerzhaften Mutter nach Bruchhausen unternommen.

Volksschule Linz

Die Franzosen hatten im Rheinland dem Bildungswesen – besonders den Elementarschulen – keine besondere Beachtung geschenkt. Bei der Übernahme der Rheinlande durch Preußen waren nahezu 75 Prozent der Bewohner Analphabeten. Die von Friedrich Wilhelm III. am 14. Mai 1825 eingeführte Schulpflicht galt auch für Margaretha und ihre Geschwister.

Aber auch nach diesem Erlaß war regelmäßiger Schulbesuch noch keineswegs Selbstverständlichkeit. Gründe für das Fernbleiben von der Schule waren in der Regel Mitarbeit in der Landwirtschaft, schlechter Gesundheitszustand, große Entfernung vom Elternhaus und fehlende Finanzmittel der Eltern. Auch Margarethas Eltern mußten ein monatliches Schulgeld als Beitrag für den Unterhalt des Lehrers zahlen.

Beim Aufbau eines flächendeckenden Schulwesens hatte sich die preußische Regierung besonders hervorgetan und auch die Lehrerbildung nach Kräften gefördert. Verantwortung für das Schulwesen übernahm in weiten Bereichen wieder der Klerus.

Margaretha besuchte in Linz und später in Niederbreitbach eine einklassige Volksschule, die der Aufsicht des jeweiligen Ortspfarrers unterstand. Für sie begann im Jahr 1834 der pflichtmäßige Schulbesuch in Linz. Über die Schule in Linz ist wenig bekannt. Als Lehrer wirkten Peter Josef Klug (1831–1851) und Johann Jakobs aus Horchheim (1831–1861). *[Freundl. Auskunft, STALINZ, Frau ANDREA RÖNZ M.A., 25.1.2005.]*

BELEGE UND LITERATUR:

Bei im Text genannten Personen sind die Lebensdaten häufig in Klammern angegeben. Die mittlere Zahl bedeutet entweder: Priesterweihe, Ordenseintritt oder Amtsantritt.

1. KINDHEIT

Zur Situation im Rheinland:

HUBER, Verfassungsgeschichte seit 1789, Bd. 3: Bismarck und das Reich, Bd. 4: Struktur und Krise des Kaiserreichs; Bd. 5: Weltkrieg, Revolution und Reichserneuerung 1914–1919. – PETRI / DROEGE (HGG.), Rheinische Geschichte, Bd. 2: Neuzeit; Bd. 3: Wirtschaft und Kultur im 19. und 20. Jahrhundert. – E. HEGEL, Die katholische Kirche in den Rheinlanden 1815 bis 1945, in: PETRI / DROEGE (HGG.), Rheinische Geschichte, Bd. 3: Wirtschaft und Kultur im 19. und 20. Jahrhundert, 329–412. – Handbuch der Kirchengeschichte, hg. v. H. JEDIN, (BD. VII: U. K. REPGEN), Bd. VI/2: Die Kirche zwischen Anpassung und Widerstand (1878 bis 1914); Bd. VII: Die Weltkirche im 20. Jahrhundert, Freiburg-Basel-Wien 1973 u. 1979. – PERSCH / SCHNEIDER (HGG.), Geschichte des Bistums Trier, Bd. 4. (REG./LIT.).

Zu Heimat:

ZOAWBB. Chroniken – Akten – Festschriften – Personalunterlagen. – ZOAWBB. 7 M ORIG. 1–7; NR. 19–43. –
ZOAWBB. Akten – Personalunterlagen. – ZOAWBB. 7 M ORIG. 2, 76f.; NR. 24ff., 283. – Handbuch des Erzbistums Köln 1966, Bd. 1, 256. – NEU / WEIGERT, Kunstdenkmäler Neuwied, 430–434. – LORENZI, PHILIPP DE, Beiträge zur Geschichte sämtlicher Pfarreien der Diözese Trier, Bd. 1, Regierungsbezirk Trier; Bd. 2, Regierungsbezirk Koblenz, Trier 1887. – DEHIO / GALL (HGG.), Kunstdenkmäler. Rheinland Pfalz. Saarland, 947ff. – PETRY (HG), Historische Stätten, Bd. 5, 340f. – [F. H. KEMP], 750 Jahre St. Pantaleon Unkel am Rhein, Unkel (1952). – H. VOGTS / F. H. KEMP, Unkel am Rhein, (Rheinische Kunststätten), Neuss, 3. Aufl. 1974. (LIT.). – Kath. Pfarrgemeinde St. Pantaleon Unkel, (HG.), St. Pantaleon Unkel 1991. – HOFFMANN, Land an der Wied, 88–92. – HARDT, Land an der Wied. – GÖTZ VON OLENHUSEN (HG.), Wunderbare Erscheinungen. – BECKER, KURT (HG.), Heimatchronik des Kreises Neuwied. (Heimatchroniken der Städte und Kreise des Bundesgebietes Bd. 31), Köln 1966. – VOLLMER, RUDOLF (HG.), Unkel am Rhein. Chronik einer Stadt, Unkel 1995. – GATZ, ERWIN, Rheinische Volksmission im 19. Jahrhundert. Dargestellt am Beispiel des Erzbistums Köln, (Studien zur Kölner Kirchengeschichte Bd. 7), Düsseldorf 1963. – BECKER, KURT (HG.), Heimatchronik des Kreises Neuwied. (Heimatchroniken der Städte und Kreise des Bundesgebietes Bd. 31), Köln 1966.

Zu Familie Flesch-Breitbach:
Flesch, Johann Georg
Vater von Margarete Flesch-Ölmüller –
∗ 11.3.1793 Urbar / Niederberg – † 2.4.1842 Waldbreitbach –
1. oo 22.11.1825 Agnes Breitbach in Vallendar –
Traupriester: Pfarrer von Vallendar Johann Wilhelm Reuter (1752–1831) –
1825 Pacht der Klostermühle von Schönstatt / Vallendar –
24.2.1826 Tochter: Margareta Flesch in Schönstatt / Vallendar –
1827 Tochter: Maria Anna Flesch in Schönstatt / Vallendar –
1829 Tochter: Christine Flesch in Schönstatt / Vallendar –
1831 Müllermeister der Orsbachs-Mühle bei Unkel –
2. oo 21.11.1832 Anna Helene Richarz in Erpel, St. Severinus –
Trauzeugen: Peter Joseph Fuchs und Anton Pertzborn aus Orsberg –
7.2.1834 Sohn: Ägidius Flesch in Linzenhausen –
3.6.1837 Sohn: Johann in Wollendorf / Irlich – »Fahrer Mühle« –
1838 Pächter der Keltermühle im Fockenbachtal.
ZOAWBB. Personalunterlagen. – ZOAWBB. Stammbaum Familie Flesch. – PA ERPEL, St. Severinus Trauregister. – ZOAWBB. 2 M 1; 4 M 1; 5 M 1; 6 M1; 7 M ORIG. 1; NR. 19f. – GROETEKEN, Schatten, 9–14, 269. – BÖCKELER, Macht, 24f. – BACKES, Lebensbild, 9f. – KRACHT / SCHERER (HGG.), Flesch – Dokumente, REG.

Flesch-Breitbach, Agnes
Mutter von Margarete Flesch – Hausfrau –
∗ 26.2.1797 Vallendar – † 3.4.1832 Orsbachs-Mühle – anders: Unkel – 5.4.1832 Beerdigung – Friedhof Unkel bei St. Pantaleon –
oo 22.11.1825 Johann Georg Flesch in Vallendar –
Traupriester: Pfarrer von Vallendar Johann Wilhelm Reuter (1752–1831) –
1825 Einzug in die Klostermühle von Schönstatt / Vallendar –
24.2.1826 Geburt der Tochter Margareta Flesch in Schönstatt / Vallendar –
1827 Geburt der Tochter Maria Anna Flesch in Schönstatt / Vallendar –
1829 Geburt der Tochter Christine Flesch in Schönstatt / Vallendar –
1831 Umzug in die Orsbachs-Mühle bei Unkel –
ZOAWBB. Personalunterlagen. – ZOAWbb. Stammbaum Familie Flesch. – PA ERPEL, St. Severinus Trauregister. – PA UNKEL, St. Pantaleon Sterberegister, 1832, Nr. 8. – ZOAWBB. 1 M 1f.; 2 M 1; 4 M 1; 5 M 1; 6 M1; 7 M ORIG. 1; NR. 19f. – GROETEKEN, Schatten, 9ff., 269. – BÖCKELER, Macht, 25f. – BACKES, Lebensbild, 9f. – KRACHT / SCHERER (HGG.), Flesch – Dokumente, REG.

Zu Geschwister Maria Anna und Christine:

Flesch, Anna Maria

Schwester von Margarete Flesch – * 1827 Schönstatt / Vallendar – † 31.3.1862 Keltermühle / Fockenbachtal / Waldbreitbach – [Epilepsie] – seit 1841 physisch und psychisch krank – 9. 7.1844 Firmung gemeinsam mit Margaretha – lebte anfangs mit in der Kreuzkapelle – kehrte dann aber zur Stiefmutter in die Keltermühle zurück.

ZOAWBB. Personalunterlagen. – ZOAWBB. Stammbaum Familie Flesch. – ZOAWBB. 7 M ORIG. 2, 6f., 12ff. 17, 137; NR. 25ff., 42, 66, 68, 81, 533. – GROETEKEN, Schatten, 10. – Siehe auch: 6. Türbild von Prof. Unverzagt, in: SIMON, Felsgrund wird Quellgrund, 38. – KRACHT / SCHERER (HGG.), Flesch – Dokumente, REG.

Flesch-Hertling, Christine

Schwester von Margarete Flesch – * 1829 Schönstatt / Vallendar – † 3.9.1864 Duisburg-Meiderich / Pfr. Hamborn –

9. 7.1844 Firmung gemeinsam mit Margaretha – oo 28.11.1854 in Waldbreitbach mit Wilhelm Hertling (30 Jahre alt) aus Kurtscheid – gemeinsamer Wohnsitz Meiderich / Pfr. Hamborn –

* 22.10.1855 Sohn: Peter – † [???] – Patin: Margarete Flesch –

* 1858 Sohn: Josef – † 1921 Trier –

* 10.7.1861 Sohn: Johann – † 27.9.1959 Waldbreitbach –

ZOAWBB. Personalunterlagen. – ZOAWBB. Stammbaum Familie Flesch. – ZOAWBB. 7 M ORIG. 2, 6f.; NR. 25ff., 42. – GROETEKEN, Schatten, 10, 55, 79, 97, 110f. – KRACHT / SCHERER (HGG.), Flesch – Dokumente, REG.

Zu Unkel:

NEU / WEIGERT, Kunstdenkmäler Neuwied, 397–425. (LIT.). – Handbuch des Erzbistums Köln 1966, Bd. 1, 256. (LIT.). – H. VOGTS/ F. H. KEMP, Unkel am Rhein, (Rheinische Kunststätten), Neuss, 3. Aufl. 1974. (LIT.). – [F. H. KEMP], 750 Jahre St. Pantaleon Unkel am Rhein, Unkel [1952]. – Kath. Pfarrgemeinde St. Pantaleon Unkel (HG.), St. Pantaleon Unkel 1991.

Zum Hl. Pantaleon:

J.M. SAUGET / A.M. RAGGI, in: BSS 10 (1968) 108–118. – K. WELKER, in: LCI 8 (1976) 112–115. – WIMMER-MELZER, 634. – H. R. SEELIGER, Pantaleon, in: LTHK 7 (3. Aufl. 1998) 1317. – St. Samerski, Die Kölner Pantaleonsverehrung (Forschungen zur Volkskunde H. 51), Norderstedt 2005.

Zum Hl. Franziskus von Assisi:
A. POMPEI / L. DI FONZO, in: BSS 5 (1964) 1052–1150. – O. SCHMUCKI / GERLACH VAN'S-HERTOGENBOSCH, in: LCI 6 (1974) 260–315; bes. 271ff. (LIT.). – WIMMER-MELZER, 286ff. – J. LANG, Franziskus, in: LTHK 4 (3. Aufl. 1995) 44–47. (LIT.). – Zu seinen Werken und zur Ikonographie: W. TH. ELWERT / J. POESCHKE, in: LMA 4 (1989) 833ff. – Umfassendste Darstellung: FELD, Franziskus – Bewegung, Darmstadt 1994. – Siehe auch: 1. Türbild von Prof. UNVERZAGT, in: SIMON, Felsgrund wird Quellgrund, 33.

Zur Kindheit:
ZOAWBB. Akten – Personalunterlagen. – ZOAWBB. 7 M ORIG. 1f., 76f.; NR. 19–23, 283. – Vgl. ZOAWBB. 2 M 2; 4 M 1; 6 M 1. – LEMMENS, Festschrift, 11f. – GROETEKEN, Schatten, 9–11. – BÖCKELER, Macht, 24ff. – BACKES, Lebensbild, 9–11. – KRACHT / SCHERER (HGG.), Flesch – Dokumente, REG. – ARIÈS, Geschichte der Kindheit.

Zur Trauung:
A. HEINZ, in: PERSCH / SCHNEIDER (HGG.), Geschichte des Bistums Trier, Bd. 4, 272ff.

Zum Namen Margaretha und zum Spenden der Taufe:
J. M. SUGET / M.C. CELLETTI, in: BSS 8 (1967) 1150–1165. – S. KIMPEL, in: LCI 7 (1974) 494–500. – WIMMER-MELZER, 542. – TH. BECKER, Margaretha, in: LTHK 6 (3. Aufl. 1997) 1311f. – G. NITZ: Perle, in: ML 6 (1994) 867. (LIT.). – A. HEINZ, in: PERSCH / SCHNEIDER, (HGG.), Geschichte des Bistums Trier, Bd. 4, 263ff.

Zu Vallendar-Schönstatt:
DEHIO / GALL (HGG.), Kunstdenkmäler. Rheinland Pfalz. Saarland, 951ff. – PETRY (HG), Historische Stätten, Bd. 5, 303, 342f. – H. E. KUSCH / F. MICHEL / H. SCHNITZLER, Die Kunstdenkmäler des Landkreises Koblenz, (P. CLEMEN / W. ZIMMERMANN (HGG.), Die Kunstdenkmäler der Rheinprovinz, Bd. 16), Düsseldorf 1944, 348–380. – Handbuch des Erzbistums Köln 1966, Bd. 1. – GESCHICHTLICHE BESCHREIBUNG DER PFARRKIRCHE ZU VALLENDAR von ihrer ersten Entstehung im 9. Jahrhundert bis zu ihrer 2. Einweihung am 9. September 1841, Koblenz 1841. – P. PICK, Vallendar und seine Umgebung in Geschichte und Sage. – A. KOHL, Schönstatt, das alte Kloster zu Vallendar. – ENGELBERT, Vallendar.

Zu Wiederheirat des Vaters in Erpel:
Flesch, Anna Helene, geb. Fuchs, verw. Richarz,
Stiefmutter von Margaretha Flesch –

∗ 10.3.1798 Orsberg / Erpel – † 9.12.1877 Waldbreitbach / Marienhaus –
Analphabetin – Witwe von Johann Richarz († 5.1.1832) –
1. oo 30.8.1824 Johann Richarz aus Brinkhausen in Erpel, St. Severinus –
2. oo 21.11.1832 Johann Georg Flesch in Erpel, St. Severinus –
Trauzeugen: Peter Joseph Fuchs und Anton Pertzborn aus Orsberg –
brachte den 6jährigen Sohn Peter Richarz mit in die Ehe –
5.2.1834 Sohn: Ägidius Flesch in Linzenhausen –
3.6.1837 Sohn: Johann in Wollendorf / Irlich –
1838 Einzug in die Keltermühle im Fockenbachtal –
8.6.1842 Unterstützungsgesuch um Armenhilfe abgelehnt – 1.4.1844 Geburt der unehelichen Tochter: Elisabeth Fuchs – Vater: Jakob Jakobs, jüdischer Metzger und Kaufmann –
30.5.1853 Kauf der Keltermühle im Fockenbachtal – Preis: 103 Taler u. 10 Silbergroschen –
seit 1868/69 lebte sie im Marienhaus und kümmerte sich als »Großmutter« um die kleinen Waisenkinder.
ZOAWBB. Personalunterlagen. – ZOAWBB. Stammbaum Familie Flesch. – PA Erpel, St. Severinus Trauregister. – LHAKOBLENZ, Abt. 600, 2, Nr. 757, Bll. 951–958. – ZOAWBB. FRÖBUS, Erinnerungen, 63, 69. – GROETEKEN, 12, 200f., 269. – Siehe auch: 13. Türbild von Prof, Unverzagt, in: SIMON, Felsgrund wird Quellgrund, 45. – KRACHT / SCHERER (HGG.), Flesch – Dokumente, REG.

Zu Linz – Linzhausen:
– ZOAWBB. Akten – Personalunterlagen. – ZOAWBB. 7 M ORIG. 2ff.; NR. 27–32. – Handbuch des Erzbistums Köln 1966, Bd. 1, 251f. –
K. RICHTER, Neuwied am Rhein, gegründet 1653, Koblenz 2003.
– NEU / WEIGERT, Kunstdenkmäler Neuwied, 430–434. – LORENZI, PHILIPP DE, Beiträge zur Geschichte sämtlicher Pfarreien der Diözese Trier, Bd. 1, Regierungsbezirk Trier; Bd. 2, Regierungsbezirk Koblenz, Trier 1887. – DEHIO / GALL (HGG.), Kunstdenkmäler. Rheinland Pfalz. Saarland, 468–473. – PETRY (HG.), Historische Stätten, Bd. 5, 185. – A. N. SCHMITZ, Die klösterlichen Niederlassungen in Linz, in: PETRI (HG.), 1100 Jahre Linz, 175–182. – HOFFMANN, Land an der Wied, 88–92. – BECKER, KURT (HG.), Heimatchronik des Kreises Neuwied. (Heimatchroniken der Städte und Kreise des Bundesgebietes Bd. 31), Köln 1966. – GROETEKEN, Schatten, 14. – BÖCKELER, Macht, 31. – BACKES, Lebensbild, 9–11. – Siehe auch: 3. Türbild von Prof. UNVERZAGT, in: SIMON, Felsgrund wird Quellgrund, 35. – KRACHT / SCHERER (HGG.), Flesch – Dokumente, REG.

Zum Volkschulwesen:
W. ZIMMERMANN, Die Anfänge und der Aufbau des Lehrerbildungs- und Volksschulwesens am Rhein, Bd. 3: Der Aufbau des Lehrerbildungs- und Volksschulwesens unter der preußischen Verwaltung 1814–1840 (1846), Köln 1963.

Zu Bruchhausen:
NEU / WEIGERT, Kunstdenkmäler Neuwied, 71. – Handbuch des Erzbistums Köln 1966, Bd. 1, 251.

Zu Erpel:
DEHIO / GALL (HGG.), Kunstdenkmäler. Rheinland Pfalz. Saarland, 223ff. – PETRY (HG.), Historische Stätten, Bd. 5, 85. – H. SIEVEKING, Die rheinischen Gemeinden Erpel und Unkel, (Leipziger Studien II, 2), Leipzig 1896. – NEU / WEIGERT, Kunstdenkmäler Neuwied, 129–141. – Handbuch des Erzbistums Köln 1966, Bd. 1, 251f.

Zu Irlich:
NEU / WEIGERT, Kunstdenkmäler Neuwied, 181–185.

Zu Wollendorf:
NEU / WEIGERT, Kunstdenkmäler Neuwied, 437f.

2. JUGEND WALDBREITBACH

»Waldumzäunet, bergumschlossen
Liegt Waldbreitbach tief im Tal,
Welches, von der Wied durchflossen,
Schönes bietet ohne Zahl.«

Ob Margaretha Flesch von diesem »Volkslied«, dessen Text Peter Steinlein (∗ 1825 – † 1892) – von 1850–1853 Kaplan in Waldbreitbach – schrieb, je eine Strophe gehört oder gesungen hat, ist nicht bekannt. Für sie hatte Waldbreitbach jedenfalls neben dieser romantischen Seite überwiegend bittere und härtere Außenseiten.

2.1. Neuerburger Land – Waldbreitbach

Die faßbare Geschichte von Waldbreitbach reicht bis ins 13. Jahrhundert zurück. Mechtildis von Sayn, die bereits 1219 dem Kloster Sayn den Zehnten im Dorfe Breitbach geschenkt hatte, übergab 1250 dieses Dorf und die Neuerburg dem Erzstift Köln.

In Waldbreitbach und Umgebung bestimmte wirtschaftliche Not den Lebensalltag der Menschen.

Im Jahre 1838 ergab sich für Familie Flesch mit inzwischen sechs Kindern die Möglichkeit für eine neue Existenzgrundlage in Waldbreitbach. Ein weiterer Umzug in ein völlig unbekanntes Umfeld stand an. Die Eltern zeigten sich mutig und voller Hoffnung, wenn auch die Arbeitssituation miserabel war.

In den Jahren 1846/47 war die Ernte besonders schlecht. Die Regierung in Koblenz unterstützte die Gemeinden mit Krediten bzw. Vorschüssen.

Zum 1. November 1851 ist im Protokollbuch von Niederbreitbach zu lesen, die Gemeinde sei die ärmste in der gesamten Gegend und bestehe zu 30 Prozent aus Bettlern. Reiche Leute fehlten ganz und andere Bürger haben Not und Sorge zur Genüge, um die eigenen Angehörigen durchzubringen. *[GAAMT NEUERBURG. Protokollbuch, Bl. 57r.]*

Im Protokollbuch von Niederbreitbach 1846 wird von 18 Waisenkindern berichtet, die gegen Gebot an Familien vermittelt wurden. Wer das geringste Kostgeld von der Kommune forderte, erhielt den Zuschlag.

Margaretha Flesch hatte bereits auf ihre Art reagiert: »Doch bald entdeckte sie die Schäden, woran die Wiedbewohner damals litten ... nämlich wegen Mangels an Priestern an Unwissenheit und Rohheit und wegen Mangels an Verdienst an Armut und Not. Sie sann nach, wie dem abzuhelfen wäre. ... Ihre Gottes- und Nächstenliebe betätigte sie in treuer Pflichterfüllung im Kreise der Familie, in Gebet und Werken der Nächstenliebe, durch Krankenpflege«. *[ZOAWBB. 1 M 3, Nr. 5f.]*.
Im Winter konnte man der Witterung wegen oft nicht zu Fuß durchs Tal nach Neuwied gehen. Man mußte den Weg über die Höhen nehmen, um zunächst Linz zu erreichen.
Erst im Jahre 1852 konnte man den Bau der Wiedbachstraße in Angriff nehmen und immerhin bis 1865 zu Ende bringen.
Ein anderes Projekt an der Kreuzkapelle mißlang erst einmal:
Im Mai 1879 begann man mit dem Bau einer steinernen Brücke über die Wied. Im Februar des Folgejahres stürzte sie bereits ein. Für fünf Jahre begnügte sich man mit einem Notsteg aus Holz, bis 1885 eine neue Brücke mit öffentlichen Mitteln gebaut wurde. Sie kostete 22.000 Mark. Seit 1881 war auch die Straße verbreitert worden.
Die Menschenbrücke der jungen Ordensgemeinschaften hatte sich zu diesem Zeitpunkt bereits als langlebiger erwiesen.

Zwar gab es seit 1855 tägliche Postzustellung, ab 1861 sogar einen Briefkasten und einen Postbeamten. Davon konnten Jakobus Wirth und Rosa Flesch schon zum 11. November des Jahres 1864 profitieren. »Als sie mit der Schrift fertig waren, war es bereits Mitternacht. Sie brachten sie nach Waldbreitbach zur Post, das heißt in jenes Haus, wo die Postsachen niedergelegt wurden. Ein Bote oder Botin brachte sie von hier zur Post, da in Waldbreitbach damals noch keine war«. *[GAAMT NEUERBURG, Gemeindeakten Nr. 521, l. 65. – ZOAWBB.7 M ORIG. 36; NR. 152.]*.
Erst seit dem 7. März 1892 gab es zwischen Waldbreitbach täglich eine Postverbindung auch für Personen. Die Abfahrt erfolgte abends um 18.00 Uhr in Neuwied. Die Ankunft war für morgens 9.00 Uhr in Waldbreitbach vorgesehen.

Am 1. Februar 1868 bildete sich nach langen Vorbereitungen ein Darlehensverein nach dem Modell von Friedrich Wilhelm Raiffeisen (* 1818 – † 1888), der für Finanzierungen bereitstand. Hinzu kam ein landwirtschaftliches »Casino«, das »reichen Segen« für die Menschen brachte. Rosa Flesch hat von diesen Einrichtungen sicher erfahren, sie aber nachweislich nicht benutzt.
Einen jähen Einbruch brachte der 16. Juli 1870, Tag der Mobilmachung für den deutsch-französischen Krieg, der auch im Wiedtal seine deutlichen Spuren hinterließ.
Selbst die Lehrer gaben sich bald preußisch. Vaterlandsliebe wurde ganz groß geschrieben. Gehorchen wurde höchstes Lernziel in Schule und Gesellschaft. Freilich nicht immer in der gewünschten Richtung: Im Jahre 1893 stellte Bürgermeister Goldmann fest, die Bevölkerung sei es gewohnt, »ihrem geistlichen Oberhaupt auf einen Wink hin, durch Dick und Dünn zu folgen«. Eine schlichte, wenig aussagekräftige Namensliste der Bürgermeister von Waldbreitbach bietet der Heimatforscher Albert Hardt. *[HARDT, Land an der Wied, 137.]*. Leider war wegen der ungünstigen Quellenlage über die Waldbreitbacher Bürgermeister wenig mehr als Namen und Amtsdaten in Erfahrung zu bringen.

Volksschule

Noch im Jahre 1836 fehlte bei etwa 140 schulpflichtigen Kindern in Waldbreitbach selbst eine richtige Volksschule. Die Gründe waren sicher vielschichtig. Kinder im schulpflichtigen Alter wurden zur Mitarbeit in der Landwirtschaft herangezogen. Den Eltern – meist selbst ohne Schulbildung – fehlte meist außer dem Geld auch das Vertrauen in eine Einrichtung, die ihre Kinder »überlegen« machen würde.
Erst seit 1847 wirkte eine Jungfrau Katharina Ernst als Lehrerin für ein Jahresgehalt von 50 Talern. Von 1855 bis 1898 leitete sie die Mädchenschule. Von ihrer bescheidenen Pension hatte sie nicht viel, sie starb bereits 1901.
Seit dem 19. März 1838 bereits unterrichtete ihr männlicher Kollege Apollinarius Wolff. Er war 1815 in Dernau bei Altenahr geboren und hatte schon in Bachem praktische Lehrerfahrung gesammelt. Im Jahre 1855

übernahm er die Leitung der Knabenschule mit einem Jahresgehalt von 186 Talern. Er verdiente also mehr als das Dreifache als seine Kollegin. *[ZOAWBB. Personalunterlagen. – HARDT, Land an der Wied, 291f.].*

Gesundheitswesen

Allerlei Brauchtum war in Mode [Gesundbeten], um das Los der Kranken zu lindern und Krankheiten zu heilen. Ein Arzt kam nur selten vom Rhein hierher. Heimische Kräuter und selbstzubereiteter Tee waren bekannte und beliebte Heilmittel. Die allgemeine Lebenserwartung lag bei 50 Jahren. Um 1839 ließ sich ein Arzt Friedrich Bausch nieder, blieb aber nicht lange. Im Folgejahr 1840 baute man eine Apotheke, die ein Apotheker namens Hörder übernahm. Seit 1852 gab es einen vom Bürgermeister angestellten Arzt, der seinen Wohnsitz im Ort nehmen mußte. Alle Berufenen blieben aber nie länger, obwohl sie mit 240 Talern jährlich ein ordentliches Einkommen hatten. Ihre Arbeit war eintönig, das zu betreuende Gebiet riesig. Die Patienten waren arm und wenig gebildet. Hygiene und Gesundheitserziehung blieben lange Fremdworte. Alkoholismus, Lungenkrankheiten und Pocken sowie deren Folgen waren weit verbreitet.

Der erste seit 1859 in Waldbreitbach niedergelassene Arzt Johann Heinrich Franz Gummich, am 7. Juni 1812 in Essen an der Ruhr geboren, starb am 6. August 1875 in Waldbreitbach. Er war der Großvater der späteren Schwester M. Arminia Kloke (∗ 1887 – 1910 Eintritt – † 1966). Die Familie wohnte zunächst in der alten Kommende und kaufte später das Haus Hasbach. Außer den Einheimischen zählten zu den Patienten des beliebten Arztes Brüder vom Josefshaus in Hausen und Schwestern vom Marienhaus. Einzige namentlich bekannte Patientin war Schwester M. Hyazinta Müller (∗ 1848–1871 Eintritt – † 1911). *[GAWBB. NR. 193 Bl. 53. – ZOAWBB. Personalunterlagen. – ZOAWBB. Chronik Antoniushaus. – HARDT, Land an der Wied, 132f. – N. FREYTAG, Zauber-, Wunder-, Geister- und sonstiger Aberglauben. Preußen und seine Rheinprovinz zwischen Tradition und Moderne (1815–1918), phil. Diss. masch. schrftl., Trier 1991.].*

Evangelische Gemeinde

Die Mehrheit der Einwohner von Waldbreitbach war katholisch. Das Verhältnis zu den im Jahre 1844 gut fünfzig Protestanten – davon 5 Kinder – war eher eine Nicht-Beziehung. Im selben Jahr wurde ein Gebetsraum in der Nähe der Apotheke eingerichtet. Daß der katholische Pfarrer Heinrich Scheffer (* 1797 – 1830 – † 1880) zur Eröffnung erschien, löste bei seinen Pfarrkindern jedenfalls keine Begeisterung aus. Von 1848 bis 1870 hatte die kleine evangelische Gemeinde unter dem Namen »Gustav-Adolph-Verein« einen Betsaal im alten Kommendegebäude.

Jüdische Mitbürger

Seit 1823 ist eine Synagoge in Waldbreitbach nachzuweisen. Das stark auf die Landwirtschaft ausgerichtete Wiedbachtal bot Juden Gelegenheit, sich als Viehhändler ihr Brot zu verdienen. Im Jahre 1843 lebten in Waldbreitbach 25 jüdische Einwohner, in Niederbreitbach 15. In den folgenden Jahren veränderten sich diese Zahlen nur geringfügig. Einem Bericht von 1851 ist zu entnehmen, daß der jüdische Gemeindevorsteher Margaretha Flesch für ihren Einstand in der Kreuzkapelle einen Ofen und einen Kochtopf vermachte. *[HARDT, Jüdisches Leben im Breitbacher Land, in: Hardt, Land an der Wied, 107–131; hier, 108–111.]*.

Pfarrei »Aufnahme Mariens in den Himmel«

Das Patronat über die Kirche verlieh die Gräfin Mechthild von Sayn 1260 dem Deutschen Orden, dessen Mitglieder seitdem auch die Verwaltung der Pfarrei übernahmen. Landesherr blieb bis zur Umwälzung der Erzbischof von Köln, Diözesanoberer war stets der Erzbischof bzw. Bischof von Trier. Die Zugehörigkeit der Pfarrei zu Kurköln ließ sie in der Reformationszeit den überlieferten Glauben bewahren. Das Patrozinium der Kirche »Beatissima virgo Maria in coeles assumpta« – »Aufnahme der allerseligsten Jungfrau Maria in den Himmel« – volkstümlich: »Maria Himmelfahrt« ist für diese Zeit nicht eben häufig. Der Glaubensinhalt dieses Marienfestes wurde erst im Jahre 1954 von Papst Pius XII.

dogmatisiert. Als zweiten Patron nannte man Johannes den Täufer. Das Chor der alten Kirche, ehemals Oratorium der Deutschordensfratres, stammte aus dem 13. Jahrhundert. Das Schiff fügte man erst später hinzu. Zwischen Chor und Schiff befand sich als ältester Teil des Bauwerkes [11. Jhdt.] der noch heute bestehende Turm, an den 1876/78 unter Pfarrer Heinrich Jakob Hermes (∗ 1841 – 1867 – † 1891) die jetzige Pfarrkirche angebaut wurde.

Seit dem 29. Oktober 1829 hatte der Fürst von Wied das Patronatsrecht über die Pfarre. Er hatte darum bei Baulasten den Hauptanteil zu leisten. Dafür hatte er auch ein Mitspracherecht bei der Ernennung des Pfarrers. Diese Pflichten und Rechte wurden am 27. September 1872 durch die Fürstliche Verwaltung durch Zahlung von 22.000 Talern an die Kirchengemeinde aufgegeben.

Die Pfarrei war sehr weit ausgedehnt und die Gläubigen hatten weite Wege zum Gottesdienst zurückzulegen. Wohl auch aus diesem Grunde hatte diese flächenmäßig große Landpfarrei im Jahre 1767 schon 9 Filialkapellen.

Bekannt waren die im 13. Jahrhundert erbaute Kapelle in Bierscheid und die Wallfahrtskapelle in Verscheid. Das nach 1400 entstandene Gnadenbild von Verscheid stellt die trauernde Gottesmutter dar. Sie hält den vom Kreuz abgenommenen Christus auf dem Schoß. Die Kapelle in Niederbreitbach zu Ehren der hll. Nikolaus und Laurentius mit romanischem Chor stammt aus dem 11. Jahrhundert. Keine war jedoch bei der Bevölkerung so beliebt wie die viel besuchte, aus der Mitte des 17. Jahrhunderts stammende und dem Hl. Kreuz geweihte Kapelle zwischen Waldbreitbach und Hausen an der Wied gelegen.

Die Pfarrei zählte 1862 3.352 Katholiken, 5 Jahre später waren es etwa 300 mehr. Davon lebten aber nur 708 in Waldbreitbach. Seit 1864 zählte man jährlich 130–150 Sterbefälle, davon ca. 40–50 Erwachsene. Die Kindersterblichkeit war also enorm. Im Jahr 1866 gehörten 4000 Seelen in 60 Ortschaften und Höfen zur Pfarrei, die z. T. über eine Stunde Fußweg vom Pfarrsitz entfernt waren. *[BATRIER. ABT. R 1100,6 – NR. 18. – Visitationsprotokoll, 17.6.1867. – Handbuch des Bistums Trier, Trier 1952, 319ff. – KATHOLISCHE PFARRGEMEINDE WALDBREITBACH (HG.), 750 Jahre »Maria Himmelfahrt« Waldbreitbach, hier, 25. – HARDT, Land an der Wied, 284.].*

Die Seelsorgsbedingungen im Wiedtal waren schwierig und zeitaufwendig. Der Pfarrer hatte – in der Regel ohne Kaplan – eine verhältnismäßig große Zahl von Gläubigen in dem weitem Umkreis und zudem in unwegsamem Gelände zu betreuen. Sonntags war nur eine Heilige Messe in der Pfarrkirche oder in der Kreuzkapelle. Am Nachmittag folgte dann eine Andacht mit Katechese.
Der erste Pfarrer, den Familie Flesch und als älteste Tochter Margaretha kennenlernte, war Heinrich Scheffer (∗ 1797 – 1830 – † 1880). Er stammte aus Ahrweiler und empfing erst mit 31 Jahren in Trier die Priesterweihe. Auf den eifrigen Seelsorger folgten in den Jahren 1848 bis 1850 zwei Pfarrverwalter, die schon wegen ihrer sehr kurzen Amtszeit keine bleibenden Spuren zurückließen: Der 43-jährige Paderborner Diözesanpriester Franz Stratmann (∗ 1805 – 1849 – † 1878) blieb nur knapp vier Monate. Pfarrverwalter Stratmann kannte Margaretha Flesch und ihr Anliegen in Umrissen. Er wollte ihr schon Geld für eine Kloster-Gründung auf dem Kapellenberg geben, dann wurde er versetzt und Margaretha lehnte das Angebot ganz entschieden ab. Sein Nachfolger, der gebürtige Trierer Matthias Artmann (∗ 1818 – 1850 – † 1867) blieb auch nur zehn Monate. Erst mit dem Amtsantritt von Pfarrer Jakob Gomm im Jahre 1850 und seinen Nachfolgern, von denen noch zu berichten sein wird, kann man wieder von einer ordentlichen Pfarrseelsorge in Waldbreitbach sprechen.

Als im Jahre 1867 dem 26-jährigen Jungpriester Heinrich Jakob Hermes die Verwaltung der Pfarrei Waldbreitbach übertragen wurde, holte er sich bei Mutter Rosa Informationen über die Mentalität seiner neuen Pfarrkinder ein. Er hielt die Ordensfrau wegen ihres Berufes und ihrer langjährigen Tätigkeit für kompetent und mit Sitten und Gebräuchen des Volkes bestens vertraut. Mutter Rosa antwortete ihm in ihrer einfachen Art mit einer kleinen Geschichte: »Das will ich Ihnen sagen Hochwürden, wenn ein Italiener mit einem Dudelsack [Musikinstrument] durch die Straßen zieht, dann laufen die Einwohner von Waldbreitbach lachend hinterher; folgt diesem alsdann einer, der ein Trauerspiel aufführt, dann folgen sie diesem und weinen! So ist es in Waldbreitbach. Auf den Dörfern ist es nicht so. Diese Leute haben einen festeren Charakter«. Zweifelnd erwiderte der Priester: »Oh, das wird doch nicht so sein!« Darauf erwiderte die Gründerin: »Sie werden es erfahren«. Nach einiger Zeit gestand er, daß sie recht gehabt habe.« *[ZOAWBB. 7 M ORIG. 61; NR. 237.].* Mehrmals fungierte Pfarrer Hermes als Beisitzer bei den Generalkapiteln. Mutter Rosa schenkte ihm ein 1876 entstandenes Bild »Jesus am Ölberg«. *[ZOAWBB. Bildersammlung. B 9.].* Bei der Konsekration der Klosterkirche am 21. September 1887 hielt er die Festpredigt, nannte Pfarrer Gomm den Gründer der Gemeinschaft und erwähnte Mutter Rosa mit keinem Wort.

Außerordentlicher Seelsorger

Seit 1867 war die Waldbreitbacher Pfarrseelsorge vom Trierer Generalvikariat ferngesteuert. Als einem »Überpfarrer« oder einer »grauen Eminenz« entging dem gebürtigen Stopperich Ägidius I. Ditscheid im kirchlichen Leben von Waldbreitbach so gut wie nichts. Über seine zahlreichen Zuträger von Informationen und seine von vorauseilendem Gehorsam getriebenen Erfüllungsgehilfen wird an anderen Stellen zu berichten sein. Am 19. Juli 1840 in dem kleinen Ort Stopperich geboren, gefördert von Pfarrer Gomm, empfing er am 1. April 1865 in Trier die Priesterweihe. Nach gut zwei Kaplansjahren in der Bischofsstadt berief Bischof Matthias Eberhard den jungen Priester zu seinem Geheimsekretär. Ein Jahr später war er zusätzlich Apostolischer Notar und beglaubigte bereits die bischöfliche Bestätigung der »STATUTEN DER FRANCISCANER-TERTIARIER-SCHWESTERN VON WALDBREITBACH«. Während des Kulturkampfes verbrachte er mit Bischof Matthias Eberhard knapp neun Monate im Gefängnis. Von 1881 bis 1885 diente er dann Bischof Michael Felix Korum (*1840 – 1881 Bischof – † 1921) wiederum als Geheimsekretär. Der vielseitig Begabte verfaßte denn auch eine Biographie seines früheren Vorgesetzten: »Matthias Eberhard, Bischof von Trier im Kulturkampf, Trier 1900«. Er starb am 30. Dezember 1914 als Domkapitular und Dompfarrer in Trier. *[Vgl. M. PERSCH, in: H. MONZ (HG.), Trierer Lexikon, 83f. LIT.].*

2.2. Fleschmühle im Fockenbachtal

Zum Amt Neuerburg zählten Waldbreitbach, Niederbreitbach und mehrere andere Gemeinden, Ortschaften und Einzelhöfe. Auch die abseits gelegene Mühle im Fockenbachtal gehörte dazu.

Im Jahre 1836 hatte oberhalb von Niederbreitbach ein Matheis Böckling unter widrigsten Umständen im idyllischen Fockenbachtal unterhalb des Kelterhofes eine kleine Ölmühle erbaut. Die Lage »in der Weyerwiese« in geringem Abstand zum schlecht ausgebautem Weg war nicht der einzige Grund für Proteste der anliegenden Grundstückseigner.

Der zweite Besitzer Simon Eul aus Kurtscheid verpachtete bereits 1838 die Mühle an Johann Georg Flesch. Bald hieß sie in der näheren Umgebung schon die »Flesch-Mühle«. Das sollte über Jahrzehnte so bleiben. Die Familie konnte die Taxe zum Erwerb des Bürgerrechtes nicht bezahlen. Damit gehörte sie zu den vielen Armen der Gemeinde. *[HARDT, Die Fleschmühle bei Niederbreitbach, in: HARDT, Land an der Wied, 190ff.].*

Von großem Optimismus getragen und voller Hoffnung auf bessere Zeiten hatte der inzwischen 45 Jahre alte, erfahrene Müllermeister mit seiner zweiten Frau und sechs Kindern aus zwei Ehen die neue Wohn- und Arbeitsstätte bezogen.

Margarethas »Sehnsucht nach Einsamkeit wurde gestillt, als die Vorsehung sie mit Eltern und Geschwistern im Jahre 1838 in das Wiedtal bei Waldbreitbach führte .... Hier in stiller Abgeschiedenheit, wo die Natur ihre Schönheit entfaltete, fand sie, wonach sie sich sehnte«. *[ZOAWbb. 1 M 3, Nr. 5f.].*

Für die sechs Kinder – Margaretha Flesch und Peter Richarz mit 12 Jahren die ältesten, Maria Anna mit 11, Christine mit 9 Jahren, sowie die kleinen 4- und 1-jährigen Brüder Ägidius und Johann – war die neue Umgebung ein kleines Paradies. Freilich sehr bescheiden und nur für kurze Zeit.

»Wenn man in das elterliche Haus der Mutter Rosa eintrat, kam man in die Küche; aus der Küche in ein großes Zimmer und aus dem Zimmer in das Schlafzimmer. Der Stall war daneben. Das Haus hatte nur ein Strohdach. Nebenan waren zwei Felder, ein Kartoffelfeld, ein Kornfeld und eine Wiese«. *[ZOAWBB. AGNES FRÖBUS, Erinnerungen, 81, 87.].*

Die Mühlen machten sich gegenseitig mehr und mehr Konkurrenz. Eine eigene Kuh und das wenige Land allein reichten zum Ausgleich nicht aus. Andere Erwerbsmöglichkeiten gab es nicht. Bald war »Schmal-Hans« wieder Küchenmeister im Hause Flesch. Die Mutter, des Lesens und Schreibens unkundig, fühlte sich überfordert und war es auch: mit der kranken Elfjährigen und mit den beiden Kleinen. Margaretha und Peter hatten noch zwei Jahre Schulzeit in Niederbreitbach vor sich.

Volksschule Niederbreitbach

Die Volksschule in Niederbreitbach, die zu den Privaträumen des am 5. Januar 1834 verstorbenen Lehrers Bertram Steiner gehörte, hatte zu dieser Zeit etwa 100 Schüler. Der Schulbesuch für die acht- bis vierzehnjährigen Kinder war Pflicht. Außerdem war die äußerst bescheidene Bildungseinrichtung auch noch kostenpflichtig.
Auch wegen der finanziellen Belastung achteten die Eltern von Margaretha trotz des weiten Weges besonders auf den regelmäßigen Schulbesuch ihrer Kinder. Die Überzeugung, daß schulische Ausbildung die Lebenschancen der Kinder verbesserten, wird jedoch überwogen haben.

Lehrer Johann Peter Andries

Die Niederbreitbacher Schule erreichte ein Leistungsniveau, das dem damaligen Durchschnitt entsprach. In der einklassigen koedukativen Schule erteilte der pädagogisch begabte Lehrer Peter Andries Unterricht in Religion, biblischer Geschichte, Schön- und Rechtschreiben sowie Rechnen. Zur Schuldisziplin trug der gezielte und differenzierte Einsatz von Belohnungen und Strafen bei.

Als Nachfolger Steiners hatte sich der vom ihm ausgebildete und aus Niederbreitbach stammende Johann Peter Andries (* 1796 – † 1867) gemeldet. Er hatte Heimvorteile: 1817 vertrat er seinen Ausbilder und Vorgänger für ein Jahr. Der 38-jährige verfügte über zwanzig Jahre Berufserfahrung an verschiedenen Schulen der Umgebung – zuletzt in Roßbach. Die Stelle war ihm sicher.

Aber der Anfang war schwer. In der Schulwohnung blieb die Lehrerswitwe, weil er sie »aus Mitleid« nicht auf die Straße setzen konnte. Weder die Räume noch der Schulhof reichten für die »gegenwärtig 96 schulpflichtigen Kinder« aus. Das Steinersche »Lehrzimmer« war nur 18 Fuß lang, 10 Fuß breit und sechs Fuß hoch. Ein Fuß sind 31 Zentimeter. Nach heutigen Maßen also: gut 20 Quadratmeter.
Neue Geräte mußten beschafft werden. Größtes Verdienst des Pädagogen: Im Jahre 1837 begann man einen Neubau. Zwei Jahre später konnten in der fertig gestellten heutigen »Alten Schule« sich Lehrer und Schüler besser entfalten. Fünf Jahre später bezog der Lehrer ein festes Jahresgehalt von 150 Talern.
Einmal jährlich suchte er die Eltern seiner knapp 100 Schüler auf, um das Schulgeld für die Gemeindekasse einzutreiben: 1 Taler und zehn Silbergroschen pro Kind. Zusätzlich mußten die Kinder im Winter täglich einen Scheit Holz für die Heizung mitbringen. Das Strafgeld, das Eltern für ihre nicht krankheitsbedingt fehlenden Kinder zahlen mußten, nutzte der Lehrer, um arme und fleißige Schüler zu unterstützen.
Ob davon auch Margaretha Flesch und ihr Stiefbruder Peter Richarz profitierten, ist nicht sicher auszumachen.
Sicher ist aber, daß die beiden aus dem Fockenbachtal mit dem späteren Ordensgründer Peter Wirth (* 1830 – † 1871) gemeinsam die Schulbank drückten. Sein Elternhaus stand in Schulnähe. Als Waise wohnte der Neffe des Lehrers Andries in dessen Familie. Ihre Wege sollten sich im Leben noch mehrfach kreuzen. Ihr Schulkamerad aus Niederbreitbach gründete später als Bruder Jakobus die »Franziskanerbrüder vom Heiligen Kreuz« [FFSC].

Neben der Familie prägte diese Dorfschule des Lehrers Andries die Entwicklung der jungen Margaretha in besonderer Weise. Sie war eine strebsame Schülerin, eine Freude für ihren Lehrer. Wirken und Ausstrahlungskraft dieses Mannes mögen sie mehr beeinflußt haben, als die Quellen aussagen. Die Liebe zum Vater und die Verbundenheit mit der Natur waren formende Kräfte in Margarethas Jugend. Auf dem Schulweg pflegte sie Wiesenblumen und Kräuter zu pflücken. Die Blumen dienten ihr dann in der knappen Freizeit als Stickmuster. Die Heilkräuter verkaufte sie zur Zubereitung von Tee. In beiden Tätigkeiten erreichte sie mehr und mehr überdurchschnittliche Professionalität.

Erste Hl. Kommunion

Gegen Ende ihrer Schulzeit im Jahre 1840 ging Margaretha in ihrer Heimatpfarrei Waldbreitbach zur Erstkommunion. Die selbstverständliche religiöse Grundeinstellung durch das Elternhaus läßt keine Zweifel an der Überlieferung aufkommen, Margaretha sei im Kommunionunterricht dem Pfarrer keine Antwort schuldig geblieben. »Ihre hervorragenden Kenntnisse in der Religion schöpfte sie aus einer besonderen Erleuchtung.« *[ZOAWBB. 7 M ORIG. 6; NR. 38.].*

Wohl nicht nur aus diesem Grund machte Pfarrer Heinrich Scheffer ihr zu diesem Tage ein ganz außergewöhnliches Geschenk: Nichts Frommes – sondern ein hübsches Kleid.

Margaretha erinnerte sich an dieses Fest, das im Leben junger Menschen große Bedeutung hat, mit innerer Bewegung.

Eine persönlich gestaltete Feier in der Familie fand wegen der Krankheiten nicht statt. Niemand konnte Margaretha zur Kirche begleiten. Sie verbrachte den Tag bis nach der Dankandacht in Waldbreitbach und kehrte erst am Abend voller Glück und Zufriedenheit zurück. Und doch kann man sicher annehmen, daß sie einen Menschen besonders vermißt hatte, den erkrankten Vater.

Krankheiten in der Familie

Im folgenden Jahr hielt Typhus Einzug in die kleine Mühle. Alle Familienmitglieder außer Margaretha waren betroffen. »Niemand betrat wegen Furcht vor Ansteckung das Haus«. *[ZOAWbb. 1 M 3; Nr. 7].* Margaretha mußte nicht nur Pflege und Versorgung übernehmen, sondern auch noch den Lebensunterhalt beschaffen. Organisierte Krankenpflege oder einen Arzt gab es weit und breit nicht. Auch die allernächsten Nachbarn waren zu weit entfernt, um direkt helfend eingreifen zu können. »Da sank sie eines Tages als ihre Eltern und Geschwister sich auf Besserung befanden bei Besorgung der Wäsche auf der Wiese bewußtlos nieder, und mußte sechzehn Wochen das Bett hüten«. [*ZOAWbb. 1 M 3; Nr.7*].

Lektüre und religiöses Leben

Neben Gebetbuch waren Heiligenlegenden wohl die einzige regelmäßige Lektüre. So war »die Lebenswelt des in sich geschlossenen häuslichen Kreises [...] als Erlebniswelt durch christliche Sitte und christliches Brauchtum bestimmt, [...] da die unangefochtene Welt des überkommenen Hauses neben dem häuslich-ständischen nur den geistig-kirchlichen, aber keinen geistig-kulturellen Bereich« kannte.

In der Bibliothek des Generalates in Waldbreitbach sind vorhanden:

MARTIN VON COCHEM, Leben und Leiden unseres Herrn Jesus Christus, bearb. von V. KLEYBOLDT, Mainz 1875.

LUDWIG DE PONTE, Leiden und Sterben unseres lieben Herrn Jesus Christus, bearb. V. A. ETZINGER, o. O. 1854; 1861.

ALFONS MARIA V. LIGUORI, Das bittere Leiden und Sterben des Herrn Jesus Christi, übers. u. hg. v. einem Priester der Congregation des allerheiligsten Erlösers, Regensburg 1858.

Die Vermittlung solch ausgewählter Schriften verdankte Margaretha wohl dem Vikar und Pfarrverwalter von Waldbreitbach Franz Stratmann (∗ 1805 – 1849 – † 1878).

Eines Tages »erschien an ihrer Seite der göttliche Heiland, griff mit der rechten Hand in den Busen und nahm von seinem Herzen ein Päckchen blendend weißes Linnen im Format eines Buches. Auf seiner flachen Hand bildet sich daraus allmählich ein kleiner Hügel, dann ein Klösterchen mit anstoßendem Kirchlein, das mit einem kleinen Turm versehen war. Begeistert greift sie mit beiden Händen danach, und die Erscheinung verschwand«. *[ZOAWBB. 1 M 4; Nr. 9. – Siehe auch: 4. Türbild von Prof. UNVERZAGT, in: SIMON, Felsgrund wird Quellgrund, 36.].*

Erster Kapellenbau im Garten

Die Naturbetrachtung, die Wunder der Schöpfung und der Glaube an das Walten der göttlichen Vorsehung – auch in Schmerz und Leid – boten ihr

Wege zu Gott und Freundschaft mit ihm an. Trotz des weiten Weges zur Pfarrkirche in Waldbreitbach ca. 4 km ging sie täglich zur Heiligen Messe. *[Vgl. ZOAWBB. 7 M ORIG. 7; NR. 45.].*

Sie wollte mehr von Gottes Anziehungskraft erfahren. Darum ließ Margaretha sich neben dem Haus eine kleine Kapelle errichten. »Von Maurermeister Röder in Niederbreitbach ließ sie in den Feierabendstunden damals ein Klösterchen mit anstoßendem Betzimmerchen erbauen, wozu sie und ihr Bruder das Material zur Stelle trugen; es war ähnlich dem, das sie in der Vision geschaut hatte. Meister Röder erhielt als Bezahlung das Buch »Leben und Leiden Christi«, weil ihr kein Geld zur Verfügung stand. Da sie keinen Dachdecker bezahlen konnte, blieb es unvollendet. Dort verlebte sie selige Stunden in Gebet und Handarbeit«. *[ZOAWBB. 1 M 4; Nr 10.].*

Frieden und Ruhe, Stille und Besinnlichkeit hatte sie gesucht und gefunden. »Margaretha sah die Sehnsucht ihres Herzens gestillt. Sie fand hier was sie suchte, und zugleich senkte sich ein tiefer Friede in ihr Herz. Das schöne Grün der mit Blumen bedeckten Wiesen, die auf beiden Seiten hochaufsteigenden Berge, die herrliche umgebende Waldung mit den gefiederten Sängern, der Fockenbach mit seinen Forellen: dies alles hob ihr Herz zu dem empor, der die Natur mit so großen Reizen ausschmückte. Wie jubelte ihm ihr Herz entgegen, wenn sie am späten Abend dem Schlag der Nachtigallen lauschte! Oh, wie erhaben ist der Genuß eines unschuldigen, vom Gifthauch der Welt unberührten Herzens! Welch ein Unterschied zwischen den reinen ungefälschten Freuden, die es der Schöpfung abgewinnt, und den verdorbenen Genüssen der Weltkinder, da die Welt nie ein Menschenherz befriedigen kann, das Gott für sich erschaffen hat!« *[ZOAWBB. 7 M ORIG. 5; NR. 37.].*

Aber schon bald wurde sie wieder gefordert. Wieder stand sie vor einem Abgrund und einer Grenze, die zu nehmen waren.

Tod des Vaters

Im Frühjahr 1842 lag der Vater auf dem Sterbebett. Seine Kräfte waren aufgezehrt von Arbeit und Armut. Ein aussagekräftiges Gebet Margarethas aus diesem Anlaß ist überliefert:

»Mein Gott, du weißt wie sehr ich den guten Vater liebe, weißt auch wie notwendig er uns ist als Ernährer und Erzieher. Du siehst die Tränen der Mutter, deren Schultern zu schwach sind, die Last allein zu tragen, hörst das Weinen der unmündigen Geschwister. Ohne ihn sind wir rat- und schutzlos. ... Solltest du es aber in deinem unerforschlichen Ratschluß anders beschlossen haben, so geschehe dein hl. Wille«. *[Vgl. ZOAWBB. 7 M ORIG. 7; NR. 42.]*.
Der Vater hatte eine schwere Lungenentzündung. Er starb am 2. April 1842. Drei Tage später wurde er auf dem Friedhof von Waldbreitbach beerdigt.

Die sechzehn Jahre alte Margaretha und ihre zwei jüngeren Schwestern, waren Waisen geworden. Die Witwe mit ihren beiden Söhnen, ihren Halbbrüdern und ihrem Stiefbruder Peter Richarz waren alle zumindest einer moralischen Stütze beraubt. Der Tod hatte eine unersetzliche Lücke in die Familie gerissen.
Als älteste Tochter hatte sie nach dem Tode des Vaters mit der Mutter die Sorge für die jüngeren Geschwister zu tragen. Ihren Bruder Ägidius nahm sie oft mit zum Kräutersammeln. Dabei betete Margaretha den Rosenkranz – oft so lange, daß der jüngere Bruder streikte. *[Vgl. BACKES, Flesch – Spruch und Bild. 2. Relief.]*. Einen Teil des Lebensunterhaltes für die Familie sicherte sie durch den Verkauf von Heilkräutern an Privatleute und an den Apotheker von Waldbreitbach. Ihre fachliche Kompetenz für Heilmittel der Natur belegt auch ein Teerezept gegen Asthma, das sie später ihrer Freundin Octavie de Lasalle zukommen läßt.
Die Armut der Familie nahm noch weiter zu. Ein Unterstützungsgesuch der 7-köpfigen Familie vom 8. Juni 1842 wurde abschlägig beschieden. *[PAWBB. Acta Spezialia – Armenwesen]*. Margaretha hatte schon bitter erfahren, mutterlose Waise zu sein. Dann kam die Verlassenheit in schwerer Krankheit. Beim Tod des Vaters war sie zum zweitenmal verwaist. Dazu trug sie in Not und Armut, die Sorge für den Unterhalt der Familie. Menschliches Elend hatte sie von frühester Jugend an empfunden. So »reifte in ihr der Entschluß, ihr Leben dem Dienste der leidenden Menschheit zu widmen«. *[ZOAWBB. 1 M 3f.; Nr. 7.]*. Verantwortung – in welcher Form auch immer – blieb für Margaretha zeitlebens kein Fremdwort.

Auch dann war sie zur Stelle, wenn es galt, in menschlich schwierigen Situationen anderen helfend zur Seite zu stehen. Diese erste Prüfung ließ nicht lange auf sich warten. Der jüdische Metzger und Kaufmann Jakob Jakob kam aus beruflichen Gründen regelmäßig aus Niederbreisig nach Kurtenacker ins Fockenbachtal. Er verkehrte seit 1843 auch im Hause Flesch-Richarz. Zwischen Margarethas Stiefmutter Anna Helene Flesch-Richarz geb. Fuchs und diesem Mann entwickelte sich eine Beziehung, deren Hintergründe nicht bekannt sind. Am 1. April 1844 brachte die Stiefmutter eine Tochter zur Welt, die den Namen Elisabeth Fuchs erhielt. *[GAAmt Neuerburg Gemeindeakten Nr, 101].* Das brachte für die gesamte Familie neue erhebliche Belastungen und Probleme mit sich. Was Margaretha praktisch wie theoretisch zur Lösung beitragen konnte, wird später zu berichten sein.

Margaretha Flesch berichtete über ihre Jugend im Fockenbachtal später reichlich verkürzt:
»Im Jahre 1837 kaufte mein Vater die Mühle im Fockenbachtal. Da wurden wir sehr mit Krankheiten heimgesucht. Unter anderem wurden meine Eltern und Geschwister vom Nervenfieber ergriffen. Ich allein mußte die Pflege übernehmen, da niemand unser Haus aus Furcht vor Ansteckung betrat und als meine Eltern und Geschwister soweit wieder hergestellt waren, da brach ich eines Tages, als ich eben mit der Wäsche auf der Wiese beschäftigt war, ohnmächtig zusammen. Auch ich war von dieser Krankheit befallen. Man brachte mich zu Bett, das ich nun sechzehn Wochen hüten mußte. Zwei Jahre später erkrankte mein Vater an einer Lungenentzündung und starb in einigen Tagen; jetzt waren wir zum zweitenmal Waisen und mit vier Geschwister ohne Ernährer«. *[VGL. ZOAWBB.7 M ORIG. 76f.; NR. 283].*
Der Vater hatte die Mühle im Fockenbachtal zunächst gepachtet und nicht wie Margaretha berichtete gekauft. Erst am 30. Mai 1853 konnte die Stiefmutter Anna Helene Flesch – nach dem Auszug Margarethas aber mit ihrer finanziellen Unterstützung – die Mühle von den Erben Eul für 103 Taler und 10 Silbergroschen erwerben. *[LHAKOBLENZ, Abt. 600, 2, Nr. 757, Bll. 951–958].*

Als ihre Stiefmutter auf den Berg ins Mutterhaus zog, sandte Margaretha zwei Schwestern zur Mühle, die sie in Stand hielten und vom Ertrag der Wiese zwei Kühe unterhielten. Sie haben die Kranken in der Gegend gepflegt. In späteren Jahren rühmte man noch die Gastfreundschaft, weshalb Schwestern des Marienhauses immer wieder gern dort einkehrten. *[Vgl. ZOAWBB. 7 M ORIG. 64; NR. 243f.]*. Am 10. Mai 1878 ging die elterliche – die verfallene, ihnen liebgewordene »Flesch«-Mühle – für 2000 Mark in den Besitz der von Wied'schen Güterverwaltung über. Der neue Besitzer verlangte zudem den Abriß der Mühle. Einziges erhaltenes Erinnerungsstück: Der alte Mühlstein hat die Stürme der Zeit überdauert. Er ist 29 cm hoch, hat einen Durchmesser von 140 cm. Nach 1917 kam er durch eine Initiative von Schwester M. Valentia Diederichs (∗ 1869 – 1893 Eintritt – † 1934) auf den Klosterberg. *[ZOAWBB. AGNES FRÖBUS, Erinnerungen, 83, 89.]*. Bis heute wird er dort als kostbares Erinnerungsstück in Ehren gehalten. Im Sommer 2003 ließ die Ordensgemeinschaft einen Teil der Grundmauern der alten Mühle freilegen. Im Oktober 2004 errichtete man an dieser Stelle eine kleine Gedenkstätte.

Die Erfahrung einer zufriedenen Familie und das Erlebnis eines bescheidenen armen Elternhauses in einer überschaubar dörflichen Umgebung haben Margaretha nachhaltig geprägt. Daß »Familie« später auch in ihrem pädagogischen Denken eine so zentrale Rolle spielte, wurde im Fockenbachtal grundgelegt. Natur- und Umweltschutz im Denken von Margaretha Flesch wurde in diesem idyllischen Naturgebiet gefördert, ohne daß sie sich für irgendwelche politischen Zwecke hätte vereinnahmen lassen.

Die drei Charakteristika, von denen Mutter Rosa in der Erinnerung an ihr Elternhaus und ihre Jugend immer wieder sprach und die für sie lebensprägend wurden, waren die selbstverständliche religiöse Grundhaltung, die harte körperliche Arbeit und ihre zielstrebige Lernbereitschaft.

Firmung

Am 9. Juli 1844 hielt der zwei Jahre zuvor durch Apostolisches Breve zum Bischof von Trier ernannte Wilhelm Arnoldi Visitation in Waldbreitbach. Wie bei diesen Pfarreibesuchen üblich, erteilte der 46-jährige Oberhirte

den von Pfarrer Heinrich Scheffer vorbereiteten Jugendlichen das Sakrament der Firmung. *[ZOAWBB. Beglaubigter Auszug aus dem Verzeichnis der Firmlinge 1844, Nr. 337.].* Außer Margaretha empfingen in dieser heiligen Handlung ihre Schwestern Anna Maria und Christine, ihr Stiefbruder Peter Richarz sowie Petrus Wirth die besonderen Gaben des Hl. Geistes. Der Firmspender konnte damals nicht ahnen, daß er knapp zwanzig Jahre später zweien seiner Firmlinge die Gründung eigener religiöser Genossenschaften genehmigen würde.
Wilhelm Arnoldi, am 4. Januar 1798 in Badem / Bitburg geboren, empfing am 17. März 1821 die Priesterweihe in Metz. Bereits seit 1821 wirkte er als Professor der Literatur, der orientalischen Sprachen und der biblischen Archäologie am Priesterseminar in Trier. Nach Seelsorgstätigkeit als Pfarrer in Laufeld und Wittlich erteilte der Erzbischof-Koadjutor von Köln, Johannes von Geissel, nach einem Streit um das Wahlrecht des Kapitels dem Ernannten am 17. September 1842 im Trierer Dom die Bischofsweihe. Zwei Jahre später veranstaltete er die Hl. Rock-Wallfahrt nach Trier, die zu einer Massenbewegung des wiedererstarkten Katholizismus aber auch zu Belastungen in der konfessionellen Zusammenarbeit führte. In den Jahren 1852 und 1860 unternahm er die für Bischöfe vorgesehenen Romreisen und wurde 1860 von Papst Pius IX. zum Päpstlichen Thronassistenten ernannt. Bischof Arnoldi starb am 7. Januar 1864 in Trier und fand seine letzte Ruhestätte in Dom.

Von Verehrern umworben

Margaretha Flesch hatte in Waldbreitbach einen guten Ruf. Gutsituierte und ernstzunehmende Bewerber machten – wohl nach der Trierer Wallfahrt – der hübschen jungen Frau den Hof.
Ihre Einfachheit, ihre Familienbindung und ihr Sozialverhalten in der Gemeinde machten sie als künftige Ehefrau und Mutter attraktiv. *[Vgl. ZOAWBB. 3 M 5; 5 M 6; 6 M 24f. – BÖCKELER, Macht, 47.].*
»Wohlhabende Jünglinge warben um ihre Hand. Von allen Seiten gedrängt, durch Zusage der Not ihrer Angehörigen abzuhelfen, bat sie eines Tages auf den Knien liegend inständig den göttlichen Heiland um Hilfe in der Versuchung mit den Worten: ›Rette meine Jungfrauschaft, rette meine

Jungfrauschaft‹«. *[ZOAWBB. 1 M 4, NR. 9. – Vgl. ZOAWBB. 7 M ORIG. 8; NR. 47.].*
Ihre Stiefmutter förderte diese Gesuche, weil sie sich davon auch wirtschaftliche Vorteile und sozialen Aufstieg versprach. Margaretha hatte aber ihre Entscheidung gefällt: Christus als Jungfrau nachzufolgen. Octavie von Lasalle hielt später diese Situation im Bild fest. Junge Verehrer und ihre Stiefmutter standen zwischen Margaretha und Christus. Auch in der Berufungsgeschichte der sel. Ordensgründerin Pauline von Mallinckrodt (∗ 1817 – † 1881) spielte der Kampf um den Verzicht auf Ehe und Familie eine prägende Rolle. *[C. LÜCKING-MICHEL, Mallinckrodt, in: LTHK 6 (1997) 1250. (LIT.)].*

Heilig-Rock-Wallfahrt

Seit 1841 war öffentlicher Schiffsverkehr auf der Mosel von Koblenz bis Trier eröffnet. So ergab sich auch für Margaretha Gelegenheit zu einer Wallfahrt in die Bischofsstadt.
»Im Jahre 1844 wurde in der altehrwürdigen Bischofsstadt Trier der ungenähte Rock unseres Herrn Jesu Christi zur Verehrung ausgestellt. Viele Wallfahrer trafen in Trier ein.« *[ZOAWBB. 7 M ORIG. 9f.; NR. 54.].* Bischof Wilhelm Arnoldi hatte mit dieser Heilig-Rock-Wallfahrt nach Trier vom 18. August 1844 bis zum 6. Oktober 1844 der kirchlich-religiösen Erneuerung nachhaltige Impulse vermittelt. Es waren im Laufe dieser Zeit etwa 1,1 Millionen Pilger in die Stadt an der Mosel gekommen. *[BATrier Abt. 70, Nr. 6649, Bl. 113rv – Kopien ZOAWBB.].* Die Verehrung des Heiligen Rockes ist unabhängig von der Frage nach der Echtheit. Wie beim Heiligen Kreuz gilt die Verehrung dem hinter dem Zeichen stehenden Christus.
An der Kreuzkapelle begann auch die Wallfahrt der Pfarrgemeinde Waldbreitbach zum Heiligen Rock nach Trier, an der auch Margaretha Flesch teilnahm. *[BATRIER. Abt. 70, Nr. 6649, Bl. 113.].* So machte sie ihre erste größere über mehrere Tage dauernde Reise.
Es gibt eine ausführliche aktenmäßige Darstellung wunderbarer Geschehen und Ereignisse, die sich bei der Ausstellung des Heiligen Rockes zu Trier in diesem Jahr ereigneten. Nach authentischen Urkunden an Ort und Stelle aufgenommene Berichte von Pfarrern und Ärzten, auch mit

medizinischen Bemerkungen, wurden dem Bischof Dr. Arnoldi eingereicht und im folgenden Jahre veröffentlicht. Dort findet sich u. a. auch ein Bericht über die Wunderheilung der Gräfin Johanna von Droste Vischering. *[V. HANSEN, Aktenmäßige Darstellung wunderbarer Heilungen welche bei der Ausstellung des h. Rockes zu Trier im Jahr 1844 sich ereignet ..., Trier 1845.]*.

Das tief emotionale Erlebnis der 18-jährigen Margaretha aber blieb lange ihr persönliches Geheimnis:

»In St. Gangolf empfing sie die hl. Sakramente. Bei dieser Gelegenheit teilte sie beim Empfang des Bußsakramentes aus innerem Antrieb dem Priester das Ereignis mit, das sich im Alter von acht Jahren mit ihr zugetragen hatte, und zwar als Traum. Dieser, von Gott hierüber erleuchtet, erklärte ihn: ›Kind, was dir da begegnet, war kein Traum; Gott hat besondere Absichten mit dir; du hast damals die hl. Gelübde der Armut, der Keuschheit und des Gehorsams abgelegt: Mit den Worten ›Ich will keine weltlichen Freuden‹, die Hingabe an Gott, das Gelübde des Gehorsams; mit den Worten ›Ich will Jungfrau bleiben‹, das Gelübde der Keuschheit und mit den Worten ›Ich will schlicht und einfach unter den Menschen leben‹ das der Armut. Was du damals versprochen [hast], bist du verpflichtet zu halten; wenn du bis jetzt nicht entschlossen warst, dies zu halten, dann mußt du es mir hier versprechen, damit Gottes Absichten mit dir erfüllt werden.« Er entließ sie mit der Mahnung, sich der Führung Gottes vollständig zu überlassen, ihr keine Hindernisse in den Weg zu legen«. *[ZOAWBB. 1 M 5; Nr. 12. – Vgl. ZOAWBB. 7 M ORIG. 9f.; NR. 54.]*.

Pfarrer von St. Gangolf war seit dem 18. März des Jahres Johann Adolf Schué (∗ 1800 – 1844 – † 1879).

Eine Erinnerung an dieses für sie wichtige persönliche Heilsereignis bewahrte sie in ihrem Brevier auf, das für keinen anderen in seiner Bedeutsamkeit erkennbar war: Ein kleines seidenes Wallfahrtsandenken (ca. 5 cm breit und 8 cm hoch, mit der Beschriftung »Der h. Rock Christi zu Trier. Gezeigt und Angerührt 1844.« *[ZOAWBB. Personalunterlagen.]*.

Der aus Koblenz stammende bedeutende Philosoph und Publizist Johann Josef von Görres (∗ 1776 – † 1848) hatte entscheidende Impulse für eine katholische Neubesinnung gegeben.

Sein Lebenswerk zeigt, daß er sich für christlich-konservative politische

Grundsätze engagierte und sie vehement verteidigte. Diese Anliegen prägten auch Methodik und Didaktik seiner Reden und Schriften und scheuten darum vor Polemik nicht zurück. Bei einer solch faszinierenden Persönlichkeit lag es für viele nahe, diese Inhalte aufzunehmen, die im Einzelnen schwer oder gar nicht nachweisbar sind.
Anregungen von Görres und aus dem Münchener Kreis blieben für das Wirken in Seelsorge und Caritas prägend. Hier kamen Hinweise auf Verknüpfung und Abhängigkeit von Religion und Volkstum, von Kirche und Staat, von Arbeit, Leben und Frömmigkeit. »Die christliche Mystik«, in der Görres Gegensätze von Naturwissenschaft und Theologie durch eine Lehre von leiblich-geistiger Harmonie aufzulösen versuchte, hat Zeitgenossen wie Ketteler, Kolping, und viele andere begeistert und mitgerissen.
Viele Jahre später war Mutter Rosa noch einmal in der alten Römerstadt. Als der Heilige Rock in Trier [1891] von Bischof Felix Michael Korum wieder zur Verehrung der Gläubigen ausgestellt war, blieb sie einige Zeit dort. Die Zahl der Pilger hatte sich gegenüber dem Jahre 1844 fast verdoppelt. Sie bemerkte, daß die Schwestern nach den Anstrengungen, die ihnen dieses Ereignis abforderte, eine Erholung brauchten. Darum befürwortete sie, diesen Schwestern im Mutterhaus einige Zeit zu gewähren, um neue Kräfte zu sammeln. *[Vgl. ZOAWBB. 7 M ORIG. 112f.; NR. 438.].*

Pius IX. – Ein schwieriges Pontifikat

Als im Jahre 1846 Pius IX. den Stuhl Petri bestieg, erkannte Margaretha, daß dieser Papst viel leiden müsse. »Er ist ein Kreuzespapst« *[ZOAWBB. 7 M ORIG. 10; NR. 55.]* sagte sie und bat den Herrn, einen Teil seiner Leiden auf ihre Schultern zu legen. Gott nahm das Opfer an, wie die Geschichte zeigen wird. Margaretha betete und litt für die Kirche sowie für ihre Mitmenschen. »Von Jugend auf von regem Interesse für das Wohl und Wehe der Kirche beseelt, hatte sie sich im Alter von 20 Jahren für sie dem lieben Gott zum Opfer gebracht, bereit, alle Leiden mit der Gnade Gottes in dieser Absicht anzunehmen, und der Herr hatte ihr Opfer nach der Wahl Pius IX. für diesen angenommen«. *[ZOAWBB. 1 M 16; NR. 42f. – Vgl. ZOAWBB. 7 M ORIG. 70; NR. 262.].*

Giovanni Maria Mastai Ferretti wurde am 13. Mai 1792 in Senigallia geboren. Am 10. April 1819 empfing er die Priesterweihe. Bereits seit 1815 hatte er mit Jugendlichen in einem Hospiz zusammengearbeitet, dessen Rektor er später wurde. Papst Pius VII. lernte den jungen Mastai während seines römischen Aufenthaltes kennen. Im Jahre 1823 sandte er ihn als »Auditor« nach Chile. Nach Italien zurückgekehrt, ernannte Papst Leo XII. ihn zum Bischof.

Am 24. Mai 1827 empfing Mastai Ferretti in »San Pietro in Vincoli« die Bischofsweihe. Der Papst sah in ihm einen »Mann von Ernsthaftigkeit und Umsicht, einen Mann der Lehre und der Sittlichkeit und einen Mann von großer Erfahrung«.

Die Leitung der Diözese Spoleto übernahm der neue Bischof mit großem Eifer. Er reformierte Bildungsanstalten und förderte durch geistliche Exerzitien den Klerus. Von Papst Gregor XVI. zur Leitung der Diözese Imola berufen, war Bischof Mastai Ferretti in kurzer Zeit beim Volk beliebt und beim Apostolischen Stuhl geachtet. Am 14. Dezember 1840 wurde er ins Kardinalskollegium berufen.

Die Kardinäle wählten ihn nach 4 Skrutinien am 16. Juni 1846 zum Papst. Er nahm den Namen Pius IX. an. Als Papst war ihm besonders die Förderung kirchlicher Studien ein Anliegen. Bereits zwei Jahre vor der Veröffentlichung des Kommunistischen Manifestes hatte Pius IX. in der Enzyklika QUI PLURIBUS vom 9. November 1846 Kommunismus und Liberalismus verurteilt. *[Pii IX. Pontificis maximi Acta, 7 Bde., Roma 1854–1875, hier Bd. 1, 4–24.]*.

Das Jahr 1848 brachte für Papst und Kirchenstaat tiefgreifende Veränderungen. Das selbstgewählte Exil in Gaeta ging für Pius IX. erst zu Ende, als Rom von französischen Truppen eingenommen war.

Das gesamte Pontifikat von Pius IX. war durch die Betonung vom Vorrang des Übernatürlichen vor Rationalismus, Liberalismus und Naturalismus geprägt. Bereits im Jahre 1853 warnte der Papst vor den Folgen moderner Irrtümer, und 1862 legte er den Bischöfen der Weltkirche eine Reihe von Propositionen vor, die in der Enzyklika *Quanta cura* verurteilt wurden. Die gelegentlich vertretene Meinung, das Gegenteil dieser Sätze des Syllabus sei nun verbindliches Glaubensgut, ist schlicht irrig. Die Definition des Dogmas von der Unbefleckten Empfängnis Mariens am 8. Dezember 1854

ist gleichzeitig eine Feststellung des Vorrangs des Übernatürlichen. Dieses Dogma hat die fundamentale Bedeutung, den Menschen aufzurufen, die eigenen Grenzen zu bedenken.
Schließlich berief Papst Pius IX. das I. Vatikanische Konzil ein (1869–1870). Es sollte der Aufwertung des pastoralen und spirituellen Auftrags der römischen Kirche dienen und die überlieferte Lehre bestätigen. Die Definition des Dogmas der päpstlichen Unfehlbarkeit in Fragen der Glaubens- und Sittenlehre am 18. Juli 1870 markierte denn auch den lehramtlichen Höhepunkt seines Pontifikates.
Pius IX. nahm zahlreiche Selig- und Heiligsprechungen vor, unter denen die vom hl. Paul vom Kreuz (* 1694 – † 1775) hervorzuheben ist. Drei große Bischöfe der Kirche, Hilarius von Poitiers (* 315 – † 367), Franz von Sales (* 1567 – † 1610) und Alfons Maria von Liguori (* 1696 – † 1787), erhob er zu »Kirchenlehrern«. Der Papst erklärte den hl. Josef zum Universalpatron der Kirche und förderte damit entscheidend die christliche Volksfrömmigkeit.
Am 7. Februar 1878 starb Pius IX. nach über dreißigjährigem Pontifikat. Auf seinen Wunsch wurde er in der Basilika San Lorenzo vor den Mauern bestattet.
In seinem Pontifikat erfuhr die Kirche eine ungeahnte Ausbreitung. Pius IX. errichtete das lateinische Patriarchat von Jerusalem und stellte die kirchliche Hierarchie in England und Holland wieder her. Ganz besonders lag ihm die Mission am Herzen. Er kreierte den ersten Kardinal von Nordamerika und förderte Traditionen und Riten der Katholischen Ostkirchen.
Quelle für das Wirken des Papstes ist seine geistliche Lebensführung. Als Neupriester hatte er sich vorgenommen: »All mein Handeln in Gott, mit Gott und für Gott«, bzw. »keinen Millimeter will ich vom göttlichen Willen abrücken« *[A. SERAFINI, Pio IX, Città del Vaticano 1958,1682].* Er folgte konsequent dem Weg, den ihm sein Amt vorgab.
Pius IX. stand bereits zu Lebzeiten im Ruf der Heiligkeit. Johannes Paul II. konnte am 3. September 2000 die Seligsprechung vornehmen.
Margaretha entwickelte eine besondere Gebets-Beziehung für die Päpste ihrer Zeit. »Einst bat sie den Herrn, er möge sie den Weg der Demütigung und Verachtung führen. Gott hatte ihre Bitte erhört. Von nun an sollte sie

diese Leiden in vollem Maße verkosten, und zwar ohne inneren Trost, der ihr bis dahin zuweilen in Überfluß zuteil wurde, so daß sie den lieben Gott manchmal bat, er möge einhalten, da sie so viel nicht ertragen könne. Als Pius IX. den Päpstlichen Stuhl bestieg, erkannte sie, daß er ein Leidenspapst sei, und bat den lieben Gott, einen Teil seiner Leiden auf sie zu legen. Als dessen Nachfolger im Jahre 1878 den Stuhl Petri einnahm, erkannte sie, daß auch ihm, Leo XIII. die Leiden in der Regierung nicht erspart blieben ... und klagte bei dieser Gelegenheit dem Herrn, daß sie zu schwach sei, für Seine Heiligkeit so viel zu übernehmen, wie bei dem Pontifikat Pius IX.«. *[ZOAWBB. 1 M 18; Nr. 47. – Vgl. ZOAWBB. 7 M ORIG. 10; NR. 55.]*.

Das Jahr 1848

Von den drei in diesem Jahre für die Kirche so wichtigen Ereignissen berichtete Margaretha nur von den Folgen der Revolution. Der erste Katholikentag in Mainz und die erste Bischofskonferenz in Würzburg fanden wohl auch deshalb nicht ihr Interesse, weil sie mit »wichtigeren« Alltagsfragen befaßt war. Zudem betrafen diese Versammlungen die junge Frau nicht direkt. Informationen über breit gestreute Medien gab es noch nicht.

Der Sturz des französischen Bürgerkönigs am 24. Februar 1848 motivierte auch liberale politische Strömungen in den deutschen Staaten. In Preußen verlangte das Volk verfassungsmäßige Rechte. Drei Tage später kam es zu einem blutigen Aufruhr. In der Rheinprovinz engagierten sich Liberale, Demokraten und Sozialisten gegen den preußischen Obrigkeitsstaat und die Berliner Regierungsbürokratie. Zur Wiederherstellung von Ruhe und Ordnung mußte der König dem Willen des liberalen Bürgertums nachgeben. Die Frankfurter Nationalversammlung entschied sich bei einer Verfassungsberatung für die »kleindeutsche Lösung« [Deutscher Bundesstaat ohne Österreich].

Verschärfend zur politischen kam die wirtschaftliche Lage hinzu. Die große Hungerkrise des Winters 1846/47, ausgelöst durch eine verheerende Mißernte, wirkte vor allem in sozialen Bereichen verschärfend. Dazu kam eine Krise im gewerblichen Bereich. Traditionelle Strukturen in

Gewerbe und Handwerk lösten sich mehr und mehr auf. Lohnarbeiter ohne Aufstiegschancen und ungelernte Arbeiter drohten vor allem in Städten in proletarische Existenzen abzugleiten.
Die zivilisierte Welt geriet in Bedrängnis. Pius IX. flüchtete nach Gaeta. Revolutionäre ermordeten Priester und Ordensleute. Überall in Europa – selbst in Dörfern – traten Revolutionäre auf, die durch Zerstörungswut die Menschen in Angst und Schrecken versetzten, ihr Hab und Gut beschädigten oder zerstörten. Mißernten und Preissteigerungen trugen zu weiterem Elend bei. Die Ereignisse des Jahres 1848 brachten es mit sich, daß Preußen auch in Waldbreitbach bald das Kommando übernahm.
Aber die Konsequenzen für die weitere wirtschaftliche Entwicklung waren schwerwiegender. Im Saarland erhielt die Industrialisierung durch den Bergbau deutlich wichtigeren Einfluß als an der Wied. Landwirtschaft als Nebenerwerb spielte weiterhin eine große Rolle.
Margaretha erzählte »der jüngeren Generation öfters von den Schrecknissen dieser Zeit. Selbst Waldbreitbach dieses kleine, damals unbedeutende, weltentlegene Dorf blieb nicht verschont«. *[ZOAWbb. 7 M ORIG. 10f.; NR. 58.].*

Katholikentag Mainz

Zwei für die Kirche bedeutende Ereignisse fielen in dieses Jahr 1848. Die erste Versammlung des katholischen Vereins Deutschlands fand vom 3. bis 6. Oktober 1848 in Mainz statt. Sie war aus Initiativen des Mainzer »Pius-Vereins für religiöse Freiheit« – benannt nach Papst Pius IX. – entstanden. Präsident dieses Treffens war Franz Joseph Ritter von Buß (∗ 1803 – † 1878), der sich durch seine erste sozialpolitische Rede im badischen Parlament bereits profiliert hatte.
Die Vertreter der Lokal-Vereine waren bemüht, die Interessen der Kirche gegenüber dem Staat zu vertreten und auch Einfluß auf die politische und soziale Entwicklung in Deutschland zu nehmen.
Der Abgeordnete und spätere Bischof Wilhelm Emmanuel von Ketteler (∗ 1811 – 1850 Bischof – † 1877) sprach »Über die Freiheit der Kirche«: Er begann seine Rede: »Wie die Religion der Freiheit bedarf, so bedarf auch die Freiheit der Religion ... wenn das Volk nicht zur Religion zurückkehrt,

dann kann es keine Freiheit ertragen. Nur die Kirche, das Christentum, befähigt den Menschen zur vollen Freiheit«. Anknüpfend an dieses Thema fuhr er fort: »Die schwerste Frage, die bei allen gesetzlichen Bestimmungen, bei allen Staatsformen noch nicht gelöst ist, das ist die soziale Frage. Ich kann es mit aller Wahrheit aussprechen: die Schwierigkeit, die Größe, die Dringlichkeit dieser Aufgabe erfüllt mich mit der größten Freude ... Es wird sich zeigen, daß der katholischen Kirche die endliche Lösung der sozialen Frage vorbehalten ist: denn der Staat, mag er Bestimmungen treffen, welche er will, hat dazu nicht die Kraft«.
In den folgenden Jahren wurden diese Treffen regelmäßig durchgeführt, um die für Katholiken besonders brennenden Fragen in einem größeren und vielfältig zusammengesetzten Gremium zu beraten. Die Katholikentage waren »ein Ringen um das Selbstverständnis des katholischen Menschen in der neuen politischen und sozialen Umwelt sowie der Kampf um die Berechtigung und Zuverlässigkeit katholischen Denkens und Lebens in einer vom Liberalismus und vom Staatskirchentum beherrschten und vom Sozialismus bedrohten Welt«. *[J. KARD. HÖFFNER].*
Zwei Jahre nach der Waldbreitbacher Ordensgründung fand das Katholikentreffen 1865 in der Bischofsstadt Trier statt.

Bischofskonferenz Würzburg

Die deutschen Bischöfe versammelten sich zum ersten Mal zu einer Konferenz in Würzburg vom 23. Oktober bis 16. November 1848. Die Konferenz wählte Erzbischof Johannes von Geissel (∗ 1796 – 1837 Bischof Speyer – 1845 Erzbischof Köln – † 1864) zu ihrem Vorsitzenden. Die Bischöfe verlangten Freiheit im Verkehr mit dem Papst, freie Besetzung der Bistümer ungeachtet des staatlichen Patronats, Freiheit in der Priesterausbildung, in der kirchlichen Vermögensverwaltung und in der Gerichtsbarkeit. Ebenso forderten sie Freiheit für die Orden und das Recht auf katholische Schulen. Seit dieser Würzburger Bischofskonferenz war der energische Geissel die unbestrittene Führergestalt unter den deutschen Bischöfen. Diesen Forderungen wurde in der revidierten preußischen Verfassung von 1850 – bis auf Bischofsernennungen und Schulhoheit – weitgehend entsprochen.

BELEGE UND LITERATUR:

2. JUGEND WALDBREITBACH

Zu Jugend Waldbreitbach:

ZOAWBB. Chroniken – Akten – Festschriften – Personalunterlagen. – GAWBB. Bürgermeisterei Neuerburg – Ortschronik Blatt 2v. – DEETERS, D. E., Sie lebten mit uns. Zur Geschichte der Wied-Neuwiedschen Landjuden ... dargestellt an Dorf und Synagogenbezirk Oberbieber, Neuwied 1983. – HARDT, Land an der Wied, passim. – HOFFMANN, Land an der Wied, 88–92. – TH. BOHN, Gräfin Mechthild von Sayn (1200/03–1285). Eine Studie zur rheinischen Geschichte und Kultur, (Rheinisches Archiv Bd. 140), Köln / Weimar Wien 2002. – KRACHT / SCHERER (HGG.), Flesch – Dokumente, REG.

Zur Pfarrei Waldbreitbach:

ZOAWBB. Chroniken – Akten – Festschriften – Personalunterlagen. – G. MEIßNER, Die Geschichte der Deutschordenskommende Waldbreitbach im Verbund der Ballei Koblenz 1602–1809. Dargestellt anhand der Visitationsakten der Ballei Koblenz im Landeshauptarchiv Koblenz, Typoskript Bonn 1989. [GAWaldbreitbach. Kopie.]. – BACKES, Lebensbild, 12. – NEU / WEIGERT, Kunstdenkmäler Neuwied, 430–434. – HOFFMANN, Land an der Wied, 88–92. – HARDT, Land an der Wied, passim. – K. BECKER (HG.), Heimatchronik des Kreises Neuwied. – SCHUG, Dekanat Engers, 114–132. (LIT.). – Handbuch des Bistums Trier, Trier 1952, 319ff. – TH. BOHN, Gräfin Mechthild von Sayn (1200/03–1285). Eine Studie zur rheinischen Geschichte und Kultur, (Rheinisches Archiv Bd. 140), Köln / Weimar Wien 2002. – KATHOLISCHE PFARRGEMEINDE WALDBREITBACH (HG.), 750 Jahre »Maria Himmelfahrt« Waldbreitbach, hier, 5–11. – KRACHT / SCHERER (HGG.), Flesch – Dokumente, REG.

Zum Patrozinium:

A. ZIEGENAUS / H. BÜRKLE / TH. MAAS-EWERD / A. MASSER / U. LIEBL, Himmelfahrt Mariae, in: ML 3 (1991) 199–208. (LIT.).

Zu Verscheid:

NEU / WEIGERT, Kunstdenkmäler Neuwied, 428f. – HARDT, Land an der Wied, 430ff. – M. PERSCH, in: ML 6 (1994) 469. (LIT.). – A. HOFFMANN / R. SCHICKER, Die Wallfahrtskapelle in Verscheid, in: KATHOLISCHE PFARRGEMEINDE WALDBREITBACH (HG.), 750 Jahre »Maria Himmelfahrt« Waldbreitbach, 19.

Zu Schule Niederbreitbach:

BATRIER. Visitationsprotokoll Waldbreitbach – undatiert [ca. 1844/45] Abt. 40,

Nr. 132, 315–341, hier 340f. – GAWBB. Gemeindeakten Nr. 336, Bl. 32 Nr. 609, Bl. 4. – ZOAWBB. Akten – Personalunterlagen. – ZOAWBB. 7 M ORIG. 5f.; NR. 38ff. – ZIMMERMANN, Volksschulwesen. – GROETEKEN, Schatten, 15. – BÖCKELER, Macht, 35f. – BACKES, Lebensbild, 12. – BACKES, Armut – Leben, 8, 92f., A. 12. – HARDT, Schule, in: HARDT, Land an der Wied, 167–172; hier 169. – KRACHT / SCHERER (HGG.), Flesch – Dokumente, REG.

Zu Erste Hl. Kommunion:
ZOAWBB. 7 M ORIG. 6; NR. 38. – Vor 1871 sind keine Originalunterlagen über Erstkommunikanten im PAWBB. vorhanden.

Zur Lektüre:
W. ROESSLER, Die Entstehung des modernen Erziehungswesens in Deutschland, Stuttgart 1961, 36. – R. SCHENDA, Volk ohne Buch. Studien zur Sozialgeschichte populärer Lesestoffe 1770–1910, Frankfurt 1970. –
Zu Martin von Cochem (1634–1712):
K. KÜPPERS, Martin von Cochem, in: LTHK 6 (3. Aufl. 1997) 1423f. (LIT.). – Ferner: A. SCHMITT, Die deutsche Heiligenlegende von Martin von Cochem bis Alban Stolz, Freiburg 1932.
Zum aszetischen Schriftsteller Ludwig De Ponte SJ (1554–1624):
[L. KOCH], De Ponte, in: LTHK 6 (1. Aufl. 1936) 1423f. (LIT.). –
Zu Anna Katharina Emmerick (1774–1824):
Siehe : A. PASTURAL (BEARB.), Die heilige Chronik oder das Leben und Leiden unsers Herrn Jesu Christi und der seligsten Jungfrau Maria. Ein Hausbuch für christliche Familien. Nach den Mittheilungen der gottseligen Anna Katharina Emmerick, Augustinerin des Klosters Agnetenberg in Dülmen. Bearbeitet mit Berücksichtigung der Heiligen Schrift und den Werken....neueste, sehr vermehrte und verbesserte Auflage, Regensburg [1871]. – J. J. SELLER / I. M. DIETZ, in: ML 2 (1989) 335f. (LIT.). – C. ENGLING, in: LTHK 3 (3. Aufl. 1995) 629. (LIT.). – Neuestens dazu: M. BANGERT / C. ENGLING / H. FLOHKÖTTER (HGG.), Anna Katharina Emmerick. Passio, Compassio, Mystik. Dokumentation des Emmerick-Symposions an der Päpstlichen Universität Gregoriana, Münster 2000.

Zu Fleschmühle im Fockenbachtal:
ZOAWBB. Chroniken – Akten – Festschriften – Personalunterlagen. – GAWBB. Wegebau-Akten Blatt 161. – GAWBB. Nr. 141 Keltermühle – LHAKOBLENZ. BEST. 602, 3 NR. 17 – 15.3.1838 – Mühle an Eul. – LHAKOBLENZ. BEST. 602, 2 NR. 757 – 30.5.1853 – Mühle an Flesch – [Kaufpreis 103 Taler – 10 Silbergroschen.]. – LHAKOBLENZ, Abteilung 600, 2, NR. 168, Bll. 262ff. – FÜRSTL. WIED'SCHES ARCHIV,

SCHRANK 2, FACH 13, FASC. 3, NR. 10 – ZOAWBB. 7 M ORIG. 64f.; NR. 245. – ZOAWBB. AGNES FRÖBUS, Erinnerungen, 81, 87.– Ein Lageplan der Mühle von 1906 befindet sich in: HARDT, Land an der Wied, 148. – HARDT, Die Fleschmühle bei Niederbreitbach, in: HARDT, Land an der Wied, 190ff. – GROETEKEN, Schatten, 13–38, 201, 229, 231. – BÖCKELER, Macht, 35f. – BACKES, Lebensbild, 11–15. – Siehe auch: 2. Türbild von Prof. UNVERZAGT, in: SIMON, Felsgrund wird Quellgrund, 34. – ENGEL, Fockenbachtal, 123–126. – GÖTZ VON OLENHUSEN (HG.), Wunderbare Erscheinungen. – BOLLNOW, Mensch und Raum. – KRACHT / SCHERER (HGG.), Flesch – Dokumente, REG.

Zur Firmung:
ZOAWBB. Beglaubigter Auszug aus dem Verzeichnis der Firmlinge 1844, Nr. 337. – A. HEINZ, in: PERSCH / SCHNEIDER (HGG.), Geschichte des Bistums Trier, Bd. 4., Bd. 4, 265f.

Zu Bischof Wilhelm Arnoldi:
H. J. HEYEN, Arnoldi, in: LTHK 1 (1993) 1026. – A. THOMAS, in: GATZ, Bischöfe 1785/1803 bis 1945, 13–15. [LIT. / FOTO]. – B. SCHNEIDER, in: PERSCH / SCHNEIDER (HGG.), Geschichte des Bistums Trier, Bd. 4, 76–85. (LIT.). – M. PERSCH / M. EMBACH (HGG.), Bischöfe von Trier seit 1803, Trier 1996. – FESTSCHRIFT – 75 Jahre, 12. – GROETEKEN, Schatten, 105f.

Zur Heilig-Rock-Wallfahrt Trier:
ZOAWBB. Akten – BATRIER, Abt. 70, Nr. 6649, Bl. 113. – ZOAWBB. 7 M ORIG. 9f.; NR. 54. – F. RONIG, Heilig-Rock, in: LTHK 4 (1995) 1318f. (LIT.). – M. EMBACH / B. SCHNEIDER, in: PERSCH / SCHNEIDER, (HGG.), Geschichte des Bistums Trier, Bd. 4, 493ff., 569ff. – J. V. GÖRRES, Die Wallfahrt nach Trier, Trier 1845. – CLEMENS, FRANZ JOSEPH Der heilige Rock zu Trier und die protestantische Kritik. Zur Würdigung der Schrift: Der heilige Rock zu Trier und die anderen zwanzig heiligen ungenähten Röcke. Eine historische Untersuchuung von J. Gildemeister und H. v. Sybel, Koblenz 1845. – HANSEN, V., Aktenmäßige Darstellung wunderbarer Heilungen welche bei der Ausstellung des h. Rockes zu Trier im Jahr 1844 sich ereignet. Nach authentischen Urkunden, die von dem Verfasser selbst theils an Ort und Stelle aufgenommen, theils ihm direkt durch die H. Pfarrer, Aerzte, usw. eingeschickt, großentheils aber dem Bischofe Dr. Arnoldi eingereicht und von diesem dem Verfasser behufs der Herausgabe übergeben wurden... auch mit medizinischen Bemerkungen begleitet, Trier 1845. – J. Hulley, Kurze Geschichte der Wallfahrt zum hl. Rock im Jahre 1891, Trier 1891. – W. SCHIEDER, Kirche und Revolution. Sozialgeschichtliche Aspekte der Trierer Wallfahrt von 1844, in: Archiv für

Sozialgeschichte 14 (1974) 419–455. – J. HULLEY, Kurze Geschichte der Wallfahrt zum hl. Rock im Jahre 1891, Trier 1891.]. – KRACHT / SCHERER (HGG.), Flesch – Dokumente, REG.

Zu Johann Joseph von Görres:
H. RAAB, (HG.), Joseph Görres. Ein Leben für Freiheit und Recht. Auswahl aus seinem Werk, Paderborn 1978. (LIT.). – J. V. GÖRRES, Ausgewählte Werke, 2 Bde., hg. von W. FRÜHWALD, Freiburg/Basel/Wien 1978. (LIT.). – Ferner: R. MORSEY, Joseph Görres (1776–1848), in: Zeitgeschichte in Lebensbildern, Bd. 3, 26–35 und 282.

Zu Pius IX.:
R. AUBERT, Pius IX., in: LThK 8 (31999) 330. (LIT.). – G. MARTINA: EP III, 560–575. (LIT.). – [R. AUBERT]: NCE 11 (2003) 384–387. (LIT./FOTO). – ZOAWbb. 1 M 18; Nr. 47. – ZOAWBB. 7 M ORIG. 10; NR. 55. – WEBER, Kardinäle II, 482. (LIT.). – SCHATZ, Vaticanum I, I/II, REG. – JEDIN (HG.), HKG VI/1 477–796 u. REG. – SCHWAIGER, Papsttum, 36–44. – BACKES, Lasalle, 111–114 – R. ZINNHOBLER, Pius IX. in der katholischen Literatur seiner Zeit, in: G. SCHWAIGER (HG.), Konzil und Papst. Festgabe H. TÜCHLE, München 1975, 387–432. – KRACHT / SCHERER (HGG.), Flesch – Dokumente, REG.

Zu 1848:
ZOAWBB. 7 M ORIG. 10; NR. 57. – K. REPGEN, Märzbewegung und Maiwahlen des Revolutionsjahres 1848 im Rheinland (Bonner Historische Forschungen 4), Bonn 1955. – H. FENSKE (HG.), Vormärz und Revolution 1840–1849, Darmstadt 1991. – JEDIN (HG.), Handbuch der Kirchengeschichte, VI/1, 493–499 u. REG. – E. HEINEN, in: PERSCH / SCHNEIDER (HGG.), Geschichte des Bistums Trier, Bd. 4, 531–549. – KRACHT / SCHERER (HGG.), Flesch – Dokumente, REG.

Zu Katholikentagen:
L. LENHART, Idee, Gestalt und Gestalter des ersten deutschen Katholikentages in Mainz 1848. Ein Gedenkbuch zum Zentenar-Katholikentag in Mainz 1948, Mainz 1948. – J. B. KISSLING, Geschichte der deutschen Katholikentage, 2 Bde., Münster 1920–1923. – E. FILTHAUT, Deutsche Katholikentage 1849–1958 und die soziale Frage, Essen 1960. – JEDIN (HG.), Handbuch der Kirchengeschichte, VI/1, 493–499 u. REG. – TH. GROSSMANN, Katholikentage, in: LTHK 5 (3. Aufl. 1996) 1339–1345. (LIT.).

Zu Bischofskonferenzen:
R. LILL, Die ersten deutschen Bischofskonferenzen, Freiburg 1964, 14–56. – JEDIN

(HG.), Handbuch der Kirchengeschichte, VI/1, 493–499 u. REG. – E. GATZ (HG.), Akten der Fuldaer Bischofskonferenz, I: 1871–1887 (= Veröffentlichung der Kommission für Zeitgeschichte, Reihe A: Quellen, Bd. 27), Mainz 1971; Die Akten der Fuldaer Bischofskonferenz, II: 1888–1899, (Veröffentlichungen der Kommission für Zeitgeschichte, Reihe A: Quellen, Bd. 27), Mainz 1979. – E. GATZ / H.-J. POTTMEYER / W. POTTMEYER, Bischofskonferenz. in: LTHK 2 (3. Aufl. 1994) 466–499. (LIT.).

3. ANFÄNGE DER GEMEINSCHAFT

Ende Oktober 1851 verließ Margaretha Flesch die idyllisch gelegene Mühle im Fockenbachtal. »Ihre Sehnsucht nach etwas, das ihr nicht recht klar war, wurde immer größer. Die Not hier zu lindern, drängte sie immer mehr, so daß sie schließlich im Frühjahr 1851 ihre geliebte Einsamkeit im Fockenbachtal mit blutendem Herzen verließ und sich, um ihre Tränen zu verbergen, am Abend auf den Weg nach ihrem Geburtsort Vallendar begab, zu ihren Verwandten dort, um Ruhe und Frieden zu suchen.« *[ZOAWBB. 1 M 6f.; Nr. 14].*

Vergeblich. Darum kehrte sie schon bald nach Waldbreitbach zurück: »Ihr Sehnen blieb ungestillt, so daß ein Priester ... ihr den Rat erteilt, wieder nach Waldbreitbach zurückzugehen. Daraufhin kehrte sie zurück, aber nicht zu den Ihrigen, sondern ließ sich mit ihrer Schwester in den Klausen der Kreuzkapelle nieder«. *[ZOAWBB. 1 M 7, Nr. 15.].*

Mit Genehmigung der Behörden zog sie mit ihrer Schwester Maria Anna in eine der beiden Klausen an der Kreuzkapelle am Ufer der Wied.

Dieser Umzug war für Margaretha nicht nur ein geographischer Ortwechsel oder ein mehr oder weniger emotionaler Abschied von Familienangehörigen. Es war vielmehr ein »geistlicher Grenzübergang« vom freien Naturraum zum unbegrenzten Sakralraum.

3.1. Kreuzkapelle

Die Kreuzkapelle bei Waldbreitbach im Tal der Wied verdankt ihr Entstehen einem in einer Felsnische vielverehrten Kruzifix aus dem 15. Jahrhundert. Ein Frevler hatte Anstoß daran genommen und es in die Wied geworfen. Nach einem wundersamen Bericht fand man nach Jahren das Kreuz wieder und brachte es an seinen angestammten Ort zurück.

Bald darauf griff der Pfarrer von Waldbreitbach Bartholomäus Friderici (1683–1699) die an dieser Stelle wieder aufblühende Verehrung auf und ließ eine Kapelle errichten. *[PAWBB. Kreuzkapelle, 8v-9r. – FRENZ, Kapelle zum Heiligen Kreuz 6f.].*

Diese Gedenkstätte und ihre Klausen zog seit ihrem Entstehen immer wieder Eremiten an. Zu der um 1700 erweiterten Kapelle gehörte eine Vikarswohnung und eine Eremitenklause. Zur Lebenserfahrung besonders von Christen gehört es, daß es mit dem Leben »ein Kreuz« ist, jeder »sein Kreuz« zu tragen hat. Eine Lebensrichtung kann »durchkreuzt« werden. Zum Kreuz gehört die Erfahrung des Leidens und des Scheiterns. Dazu kommt die Erfahrung, daß mit dem Scheitern – auch eigene – Grenzen zu überwinden sind. Das Kreuz »ist das Zeichen des Alls, und das Zeichen der Erlösung«... »Dann umfaßt es dein ganzes Wesen, Gestalt und Seele, deinen Gedanken und deinen Willen, Sinn und Gemüt, Tun und Lassen, und alles wird darin gestärkt...in der Kraft Christi«. [*R. GUARDINI, Von heiligen Zeichen, Mainz 1927 u. ö., 11*].

Nach den Wirren der französischen Revolution lebte dort bis 1834 der aus Luxemburg stammende Priester Paul Heinen (∗1791 – 1826 – † 1877), der als Frühmesser wirkte. Der Waldbreitbacher Pfarrer Heinrich Scheffer hatte nach dessen Weggang festgelegt, nach 1837 dort wieder regelmäßig wenigstens einmal wöchentlich Gottesdienst zu halten. Auf sein Betreiben übernahm 1847 – nach dem Tod der Vorgängerin – Anna Maria Kopp mit ihrem »lahmen« Sohn, den Dienst an der Kapelle. Margaretha bezog die kleine Vikarswohnung in der Kapelle. *[GAWBB AMT NEUERBURG, NR. 366 BL. 18. – PA Waldbreitbach.]*

Neben dem wundertätigen Kreuz hatten für Margaretha weitere Bilder in dieser Kapelle tiefere Bedeutung: das Bild des Seitenaltares von der Engelkönigin. Es erinnerte an Portiunkula. Zwei von Pfarrer Gomm im Querschiff errichtete Gedenkstätten vom »Heiligen Grab« und »Jesus am Ölberg« zogen Margaretha in ihren Bann. Wegen starker Schäden entfernte man 1991 diese beiden Plastiken.
So wollte sie der Verwirklichung ihres Lebensideals einen Schritt näherkommen. Die mittellose 25-Jährige aus der Fleschmühle kannte man in Pfarr- und Zivilgemeinde wegen ihrer materiellen Anspruchslosigkeit und grenzenlosen Hilfsbereitschaft.

Am 31. Oktober hielt sie ihren Einzug in die Klause. Der Winter stand unmittelbar bevor. So hatten die jungen Frauen sehr unter der Kälte zu leiden. Es gab weder Ofen noch Brennholz. Alles fehlte. Zudem hatte Margaretha auch keine Kundschaft für Handarbeiten. Ein Israelit aus Waldbreitbach, namens Raphael Levi erschien eines Tages bei den Klausen und schenkte ihnen einen Ofen und einen Topf zum Kochen. Das nötige Holz sammelten sie im Wald. Als eine dichte Schneedecke die Erde bedeckte, fehlte das Material zum Heizen. Margaretha betete in dieser Meinung vertrauensvoll zu Gott. Da erblickte sie einen mit Holz beladenen Wagen in der Nähe der Kreuzkapelle. Margaretha begab sich zu dem Fuhrmann und kaufte das Holz für einen Taler. *[Vgl. ZOAWBB. 7 M ORIG. 13; NR. 67.]*.

Mit scharfer Beobachtungsgabe und offenem Herzen hatte sie früh die Nöte und Sorgen von Armen, Alten, Kranken und Waisen auch in der eigenen Familie erfahren und deren Wirkungen auf das gesellschaftliche Leben erfaßt.
Das Gebet hatte nicht nur darum im Tagesablauf hohen Stellenwert. Den Lebensunterhalt für ihre schwer kranke Schwester und sich selbst verdiente sie durch Nähen und Flicken, Kräutersammeln sowie Waisen- und ambulante Krankenpflege. Die Erfahrungen von schweren Krankheiten und frühen Todesfällen von Mutter, Vater und der Schwester Anna Maria dürften Margaretha Flesch auf die Tätigkeit der Krankenpflege hingewiesen haben. Sie spendete Trost und leistete »Erste Hilfe«, als noch keiner davon sprach.
Die knappe Freizeit widmete sie der Lektüre. Wenn auch Bücher nicht die Quellen ihrer »Lebensphilosophie« waren, las sie doch die Moraltheologie des hl. Alfons Maria von Liguori, »des hervorragendsten und mildesten unter den Moraltheologen« *[Leo XIII., 8.12.1902]* mit Verständnis und regte ihren Geist an mit Schriften von Heiligen, besonders der Ordensstifter. *[ZOAWBB. 7 M ORIG. 60; NR. 234.]*.

Begegnungen

Menschliche Begegnungen waren ihr wichtiger. Sicher hatte sie Kontakte zu den ersten Mitgliedern des Dritten Ordens vom hl. Franziskus. Denn am 21. Juni 1854 zahlte deren Kasse für zwei Kränze zum Schmuck des

Tabernakels und der Franziskusstatue in der Kreuzkapelle an die Näherin Margaretha Flesch zwei Taler. Der Förderer des Dritten Ordens in Waldbreitbach, der Hochscheider Lehrer Peter Scherer (* 1813 – † 1888) war ihr gut bekannt, weil er seit 1842 mit der von der Fockenbachmühle stammenden Gertrud Buhr verheiratet war. Der Dritte Orden des hl. Franziskus und seine Sympathie für das am 8. Dezember 1854 verkündete Dogma der »Unbefleckten Empfängnis Mariens« waren gleichzeitig Inhalte und Medien für eine geistliche Kommunikationsbasis.

Zwei weitere Lehrpersonen kannte sie ebenfalls nicht nur dem Namen nach: Katharina Ernst, seit 1847 Lehrerin und seit 1855 Leiterin der Mädchenschule sowie deren Kollegen Apollinaris Wolff, Leiter der Knabenschule in Waldbreitbach. Der 45-jährige gebürtige Dernauer war Pate von Maria Bonner und kommt so als Vermittler der beiden ersten Gefährtinnen aus seiner Heimat an Margaretha Flesch in Frage.

Unterstützung erhielt Margaretha Flesch von mehreren Familien in Waldbreitbach und Umgebung.

Mit einer nicht näher genannten Margaretha Zimmermann aus Niederbreitbach sowie mit Katharina Gomm, der Schwester des Pfarrers, war Margaretha befreundet. Gleiche Gesinnungen und Eifer für Gott und seine Sache beseelten die drei Frauen und führten ihre Herzen zusammen. Die beiden halfen bei der Vorbereitung auf das Profeßfest. *[ZOAWBB. 7 M ORIG. 29; NR. 124.].* Dankbar erinnerte sie sich auch an die Förderung durch die Familie des Rentmeisters Peter Leonhard Wiegand († 1888). *[ZOAWBB. 7 M ORIG. 86f.; NR. 323ff.].*

Kreuzweg

Von der Kreuzkapelle im Wiedtal zieht sich ein schmaler Wald- und Felsweg zur Berghöhe, im Volksmund »Kapellenberg« genannt. Dieser Kreuzweg auf den »Klosterberg« ist seit 1759 nachweisbar. Er muß aber schon früher bestanden haben. Nach Renovierung im Jahre 1854 zieren ihn die 14 in Stein kunstvoll gemeißelten Stationen. Pfarrer Gomm konnte das Werk am 19. Oktober 1856 einweihen. *[FRENZ, Kreuzkapelle, 30f.].* Im Jahre 1865 war es »noch ein ganz schmaler Weg ... man konnte kaum zu zweit gehen«. *[ZOAWBB. AGNES FRÖBUS, Erinnerungen, XIII, 1f.].* Der

Zahn der Zeit forderte immer wieder seinen Tribut. Am 1. August 1870 – dem Tag des Kriegsbeginns – wurde der Kreuzweg erneut geweiht. *[PAWBB. Kapellenbau].* Bruder Antonius Weber erhielt den Pfad über viele Jahre in begehbarem Zustand. *[Vgl. ZOAWBB. 7 M ORIG. 12f.; NR. 66.].* Witterungs- und Kriegsschäden machten seit 1959 eine weitere Erneuerung erforderlich. Der Bildhauer Helmut Rams (* 1924 – † 1975) aus Niederbreitbach schuf 1959 die erste, zweite und zehnte Station. Sein Sohn Hans Rams (* 1952) brachte die Arbeit des Vaters nach 1979 zum Abschluß.

Die Andachtsform des Kreuzweges ist das Abschreiten des Leidensweges Jesu. Aus dem 15. Jahrhundert stammt die Bezeichnung »Station« für die Stätten, an denen die Beter auf dem Weg in Betrachtung und Gebet innehalten. Seit etwa 1625 haben sich 14 Stationen durchgesetzt. Der hl. Leonhard von Porto Maurizio OFM (* 1676 – † 1751) verschaffte dem Kreuzweg weltweite Anerkennung.

Meistens gingen die Schwestern von Waldbreitbach an der Kreuzkapelle vorbei über den Kreuzweg nach Hause und haben die Stationen gebetet. »Auf den Kreuzweg war Mutter Rosa wie versessen«. *[ZOAWBB. AGNES FRÖBUS, Erinnerungen, 6.].* Auch in der ersten bescheidenen späteren Hauskapelle der Schwestern befand sich ein Kreuzweg. So konnten sie diese Frömmigkeitsform weniger beschwerlich und witterungsunabhängig pflegen. Octavie de Lasalle hatte für die erste Hauskapelle Mutter Rosa 14 Kreuzwegstationen geschenkt. *[BACKES, Lasalle, 68.].*

Die Thematik des Leidensweges Christi mit dem Gedanken der Nachfolge kehrt in den späteren Handarbeiten von Mutter Rosa »Jesus am Ölberg« wieder. So verwundert es auch nicht, daß im Ordensgebetbuch eine Kreuzweg-Andacht gebührende Berücksichtigung fand. *[WEILER, »So sollt ihr beten!«, 247–251.].* »Das christliche Beten folgt im Kreuzweg gern dem Erlöser nach, ...der durch sein heiliges Kreuz die Welt erlöst hat«. *[KKK, 670 Nr. 2669.].*

Erste Gefährtinnen

»Es kommen gleichgesinnte Jungfrauen, die sie aber wieder verlassen. Ihre Verhältnisse entsprechen nicht der Not, die sie lindern, den Bedürfnissen, die sie befriedigen möchte. Sie wendet sich an Herrn Gomm mit der Bitte, ein Haus für alte und pflegebedürftige Personen und Waisenkinder erbauen zu dürfen, wird aber immer wieder mit dem Hinweis auf ihre Mittellosigkeit abgewiesen«. *[ZOAWBB. 1 M 7, Nr. 17.].*

Margaretha Maria Bonner aus Dernau, war 25 Jahre alt, als sie am 1. November 1856 in die Kreuzkapelle kam. Gertrud Beissel ebenfalls aus Dernau, sieben Jahre jünger als Margaretha Flesch, ein »gutes Geschöpf« *[ZOAWBB. LASALLE, Tagebuch, 7.2.1865]* kam am 9. Februar 1858 – nach anderen Quellen 1859 – zur Kreuzkapelle. Beide zeigten Beharrungsvermögen, überwanden Beschwerden und Hindernisse, teilten Kummer und Sorgen, Freud und Leid und auch den nicht ausbleibenden Spott mit der ihnen zunächst ja noch fremden Frau. *[ZOAWBB. 7 M ORIG. 14f.; NR. 71.].* Wie viele vorher schon mit gutem Willen gekommen und frustriert wieder abgezogen waren, ist nicht bekannt. Man kann daraus jedenfalls entnehmen, »daß Margaretha Flesch ihren Gefährtinnen gegenüber eine Aufgabe zu lösen hatte, die sie wegen ihrer Armut und all der Schwierigkeiten, die sich ihr entgegenstellten, noch nicht zu lösen vermochte«. *[ZOAWBB. 7 M ORIG. 15; NR. 72.].*

Stille und Einsamkeit sowie Zeit für die Begegnung mit ihrem Herrn und Schöpfer im Gebet hatten die jungen Frauen gesucht und fürs erste auch gefunden. Das empfanden sie als solide Basis und tragfähiges Fundament für ihr produktives Arbeiten und karitatives Wirken. Denn Kranken- und Waisenpflege wollten sie unentgeltlich leisten. *[Vgl. BACKES, Flesch – Spruch und Bild. 5. Relief.].*

Ein schwerer Schlag

Im Oktober 1860 traf Margaretha und ihre Gefährtinnen zu allen bisher geleisteten Entbehrungen ein weiterer harter Schlag. Pfarrer Gomm drängte sie, die ihnen lieb gewordene Kreuzkapelle der entstehenden Gemeinschaft an Peter Wirth und Anton Weber als Herberge zu überlassen. Die beiden jungen Männer hatten ein erstes Ziel erreicht. Am 8. Mai zogen sie ein. Im Jahre 1862 erfolgte die Gründung der »Franziskanerbrüder vom Heiligen Kreuz« [FFSC].

»Mit ihren zwei Gefährtinnen, die sich ihr ... zugesellt hatten, siedelte sie ins Dorf Hausen über, wo sie eine Mietwohnung ... in Besitz nahm«. *[Vgl. ZOAWBB. 1 M 10, Nr. 25.]*. Man vermittelte den jungen Frauen noch im Jahre 1860 den Umzug in das Haus der Witwe Lay im Nachbarort. Ihnen blieb keine Wahl: Sie hatten ein gemeinsames Ziel. Um es zu erreichen, brauchten sie den Pfarrer noch. Der Einzug mit der kranken Schwester erschreckte die Vermieterin. Maria Anna mußte in die Mühle zur Stiefmutter zurückkehren. Der Schreck für die neuen Mieterinnen war größer. Die Wohnung war in miserablem Zustand, das Dach beschädigt, die Wände gerissen. Schnee, Regen, Kälte und Feuchtigkeit bestimmten das Raumklima. *[Vgl. ZOAWBB. 1 M 10, Nr. 25.]*. Dazu kam, daß Interessentinnen sich abwandten und die verbliebenen ihrer Leiterin auch Unzufriedenheit über nicht klar absehbare Perspektiven bekundeten.
Pfarrer und Kirchenvorstand – von den Leistungen der jungen Frauen für das Gemeinwohl überzeugt – hatten ein Einsehen. Aber mangels konkreter Angebote, zeichnete sich erst langsam eine Lösung ab, von der nur eine geträumt hatte: Margaretha Flesch.
Margaretha wandte sich in ihrem Anliegen wieder an den Pfarrer und erhielt die Antwort, sie habe noch zehn Jahre Zeit. Unter diesen Umständen – gedrängt von innen und außen – wurde sie krank und mußte sechs Wochen das Bett hüten. Der erfahrene Arzt erkannte Seelenleiden als Ursache der Krankheit. Als Pfarrer Gomm sie besuchte und ihr erklärte, es werde nichts aus der Sache, »brachte der feste Entschluß, Gottes Werk auszuführen, wenn auch alle Menschen und die ganze Hölle es zu verhindern suchten, fast augenblicklich die Genesung. Am folgenden Tage konnte sie ihre Berufspflichten wieder erfüllen«. *[Vgl. ZOAWBB. 1 M 9; Nr. 23f.]*.

Handarbeitsunterricht

Im Jahre 1852 wurde in den Volksschulen des Wiedbachtales Handarbeitsunterricht für die Mädchen eingeführt. Er war als kostengünstiger und wirksamer Beitrag der Gemeinden zur Selbsthilfe und Arbeitsbeschaffung gedacht. Flicken, Nähen und Sticken standen auf dem Lehrplan. Bereits nach einem Jahr war der Unterricht obligatorisch. In Waldbreitbach erteilte ihn seit 1852 Lehrerin Ernst. Ausgebildetes Lehrpersonal gab es nicht. Leute, die dieses »Handwerk« verstanden, waren knapp. Die einfache Bevölkerung war von diesem bescheidenen Bildungsangebot bald überzeugt, weil der zu erwartende und zügig sichtbare Lernerfolg praktischen Nutzen mit sich brachte.
Margaretha Flesch übernahm auf Bitten öffentlicher Träger den Unterricht im Handarbeiten an verschiedenen Schulen in der näheren Umgebung. »Auch wurde ihr der Handarbeitsunterricht in den Elementarschulen der Pfarrei übertragen, dessen Einkommen ihr den nötigen Lebensunterhalt bot«. *[ZOAWBB. 1 M 7; NR. 16 – 7 M ORIG. 77f.; NR. 283.].*

Seit dem 6. März 1854 lehrte sie in der Schule zu Bremscheid – pro Jahr für 12 Taler. Hinzu kam im folgenden Jahr Niederbreitbach mit einem Jahreshonorar von 10 Talern. Am 10. Januar 1856 schlossen sich auch die Schulen in Breitscheid und Goldscheid für 15 Taler pro Jahr an. Im August folgte Kurtscheid mit einen Salär von ebenfalls 15 Talern sowie am 23. Juni 1858 schließlich Roßbach für 408 Silbergroschen jährlich. Das ergab eine Wochenstundenzahl von 20 Stunden ohne die Wegzeiten.
Mit dieser Lehrtätigkeit, die der 28-Jährigen auf den Leib geschrieben war, erzielte sie ein Jahres-Einkommen von etwa 50 Talern. Dazu kamen pädagogischer Einfluß und bescheidener sozialer Aufstieg. *[Vgl. BACKES, Flesch – Spruch und Bild. 6. Relief.].* Man stelle sich nur vor: In Niederbreitbach unterrichtete sie die Töchter ihrer früheren Mitschülerinnen und war Kollegin ihres früheren Lehrers Andries.

Nach zehn Jahren gab sie im Herbst 1864 diese mit beschwerlichen Fußwegen verbundene, aufreibende und zeitaufwendige Arbeit auf. Andere Lehrpersonen mit neuen Verträgen übernahmen diese Aufgabe.

Sie selbst mußte sich nun auch mit ganzer Kraft ihrer Neugründung widmen.

3.2. Franziskus-Verehrung und Nachfolge

Schritt für Schritt ging sie zielstrebig ihrem Ziele entgegen. Es wurde ihr mehr und mehr klar, daß der hl. Franziskus von Assisi Ideal und Vorbild ihrer Lebensaufgabe werden sollte. Er zeigte ihr den rechten Weg zu Armut, Keuschheit und Gehorsam. Dann erschien ihr Christus mit einem Kloster und zwar zu einer Zeit, als die Umwelt alles aufbot, um sie ihrem Beruf zu entfremden. *[Vgl. ZOAWBB. 7 M ORIG. 20; NR. 92.].*

In mindestens fünf Gemeinschaften von den 23 in den Jahren 1803 bis 1872 in Preußen gegründeten Frauenkongregationen war der hl. Franziskus erwählter Schutzpatron, sicher in drei weiteren förderten ihre Mitglieder die Verehrung des »Poverello von Assisi«. *[Vgl. MEIWES, »Arbeiterinnen des Herrn«, 228. – SCHAMONI (HG.), Ordensstifterinnen, PASSIM.].*

Mutter Rosa hatte bereits seit ihrer Kindheit eine emotionale Beziehung zum hl. Franziskus und kannte wichtige Geschehnisse aus dem Leben des Heiligen. Seit 1853 kamen engere Kontakte zum dritten Orden des Hl. Franzikus an der Kreuzkapelle hinzu. Sie wurde mehr und mehr eine Schülerin des hl. Franziskus. Der Heilige von Assisi war für sie Vorbild in der Liebe zu Christus und seiner Kirche. Ihr Glaube wirkte überzeugend, ihre Nächstenliebe ansteckend. Ihre unerschütterliche Hoffnung grenzte – wie noch deutlich wird – an Naivität – »Torheit des Kreuzes« – *[1. KORINTHER, 1, 21; GALATER, 5, 11; vgl. PASCAL, Gedanken, 298, NR. 5605].* Mit ihrer mütterlichen Liebe feuerte sie maßvoll ihre Schwestern – sowohl die übereifrigen als auch die unklugen – mehr zum Mittun als zur Nachfolge an.

Wer sich mit dem Ideengut des hl. Franziskus beschäftigte und hineinfand – wie Margaretha Flesch –, machte im 19. Jahrhundert vielschichtige Erfahrungen. Es galt, Überliefertes zu prüfen und entsprechend zu bewahren, ebenso aber Neues zu entfalten und weiter zu führen. Dabei ließen sich Tugend und Weisheit des rechten Maßes erfahren und übernehmen. Die fruchtbare Verbindung und das ausgewogene Verhältnis der Lebensweisen von »Actio« und »Contemplatio«, von Gebet und Arbeit, von Individualität und Sozialität, von Einsamkeit und Gemeinschaft, von Entschiedenheit und Offenheit, von Beständigkeit und Flexibilität, von Weltentsagung und Lebensfreude boten eine große Vielfalt an. Das rechte Maß aber war entscheidend und immer wieder neu zu finden.

Bei ihrer Verehrung für den hl. Franziskus war es nur »logisch«, daß eine Litanei vom hl. Franziskus und einige Gebete zu diesem so beliebten Heiligen Aufnahme ins Ordensgebetbuch fanden. *[WEILER, »So sollt ihr beten!«, 280ff.].* Am Feste des hl. Franziskus, dem 4. Oktober, wurde später in der Kirche des Mutterhauses mit bischöflicher Genehmigung das Hochwürdigste Gut zur stillen Verehrung für die Schwestern ausgesetzt. *[Vgl. ZOAWBB 7 M ORIG., 100; NR. 379.].*

Erste Profeß

In der katholischen Kirche kannte man unterschiedliche Formen von Vereinsgründungen. Bis zum Jahre 1848 gab es zwar nur wenige Laieninitiativen – sozusagen als Zusammenschluß »von unten«. Vereine wurden meist von kirchlichen Amtsträgern angeregt, vorgestellt und schließlich gestiftet. Laienvereinigungen auf kirchlichem Boden ohne überwiegend kirchliche Aufgabenstellung jedoch waren etwas völlig Neues und auch im gültigen Kirchenrecht nicht vorgesehen.

Es zeigte sich auch schon sehr bald, daß Pfarrer Gomm das Vorhaben der jungen Leute nicht einsehen konnte oder – was wahrscheinlicher ist – nicht verstehen wollte: Sie planten nämlich etwas Neues, das auch viele Mitglieder der Pfarrgemeinde als Abenteuer ansahen.
Mit überdurchschnittlich religiöser Motivation, professionell wachsendem Einsatz und ohne jede finanzielle Grundlage oder Unterstützung von außen wollten sie lebens- und arbeitsfähige Gemeinschaften aufbauen.

Die Kreuzkapelle im Wiedbachtal sollte bald zur Geburtstätte – zur »Portiunkula« von Waldbreitbach – zweier neuer Franziskaner[innen]-Genossenschaften werden. Sie folgten dem religiösen Ideal des hl. Franziskus von Assisi, Christus am Kreuz nachzufolgen im Dienst an Armen, Kranken und Leidenden. Ihre späteren Zentren liegen nicht weit entfernt: das Josefshaus der Brüder-Gemeinschaft im Westen auf einer kleinen Anhöhe und das Marienhaus der Schwestern-Gemeinschaft östlich auf einer Bergkuppe mit steilem Felsabhang.
Vor dem Hochaltar dieses Kreuzheiligtums legten am 12. Juni 1862 zwei junge Männer und am 13. März des folgenden Jahres drei junge Frauen vor dem Ortspfarrer die Gelübde der Armut, der Keuschheit und des Gehorsams ab.

Peter Wirth und Anton Weber hatten ihr Ziel bereits erreicht. Dafür hatten die Jungfrauen im Jahre 1860 die Klausen in der Kreuzkapelle verlassen müssen. Im Jahre 1862 erfolgte die Gründung der franziskanischen Brüdergemeinschaft.
Da die anfänglichen Existenz- und Wohnungsfragen bei den jungen Frauen jetzt überwunden waren, bat Margaretha, ermutigt durch die Gründung der Brüdergenossenschaft, den Pfarrer ebenfalls um die Genehmigung zur Gründung einer religiösen Gemeinschaft.
Pfarrer Gomm lehnte immer wieder die Bitte Margarethas mit der Begründung ab, daß sie auch ohne Ordenskleid Gutes tun könnten. Margaretha berief sich jedoch darauf, daß sie und ihre Gefährtinnen Werke verrichteten wie Ordensfrauen und gab mit ihrem Drängen nicht nach.
Die wirtschaftliche Sicherung des Hauses seit 1862 dürfte die Zustimmung erleichtert haben. Denn in seinem Gesuch für die Brüder, in dem er an erster Stelle mit Zahlen nachwies, daß die jungen Männer sich eine gesicherte Grundlage geschaffen hatten, wird die durch das kirchliche Gesetz gebotene Vorsicht erkennbar. Erst auf wiederholte Anfrage Margarethas reichte der Pfarrer am 11. Januar 1863 das Gesuch beim Bischof von Trier ein. »Sie wiederholte ihre Bitte, bis er schließlich ihrem Wunsch willfahrte und um die Genehmigung nachsuchte, die er auch mit Freuden erhielt. Das bischöfliche Schreiben wurde in der Kirche am Sonntag unter

großem Jubel der Pfarrei vorgelesen. Der begleitende Glückwunsch ›Möge das Senfkörnlein, das in der Kreuzkapelle so unscheinbar aufgesprosst ist, seine Zweige über die ganze Diözese ausbreiten, ja, die ganze Welt beschatten!‹ ist bis jetzt in Erfüllung gegangen«. *[ZOAWBB. 1 M 13; NR. 33f.]*.

Schon am 17. Januar 1863 erteilte Bischof Wilhelm Arnoldi (* 1798 – 1842 Bischof Trier – † 1864) die Genehmigung zur Gründung der Genossenschaft und zum Ablegen der Gelübde. Er schrieb: »Ich bitte Gott, daß dieses Liebeswerk aufblühen und reiche Früchte der leiblichen und geistlichen Werke der Barmherzigkeit bringen möge«. *[OAWBB. FRANZISKANER V. HL. KREUZ., 17.1.1863: Bischof Arnoldi an Pfarrer Gomm]*. Das war nicht nur ein üblicher frommer Segenswunsch sondern eine ganz konkrete Aufgabenbeschreibung für die junge Gemeinschaft. Der Bischof erteilte die kirchliche Genehmigung zum Ablegen der Gelübde auf 3 oder 5 Jahre. Danach gestattete er auch die ewigen Gelübde.

Margaretha Flesch und ihre beiden ersten Gefährtinnen hatten ein Noviziat eigener Art gemacht, wie es in kirchlichen Satzungen nicht vorkommt. Gut sechs Jahre: Wohnung in einer ehemaligen Einsiedelei, Not und Nächstenliebe in Gemeinschaft sowie Caritas und soziale Verantwortung in der Gemeinde. Die jungen Leute verfolgten ganz konkrete Ziele, ohne großes Aufsehen zu erregen. Seit Jahren hatten sie sich ernsthaft und sorgfältig auf diesen Schritt vorbereitet. Die Tragweite ihres Entschlusses glaubten sie übersehen zu können. Zwischen Jakobus Wirth und Margaretha Flesch, beide einfache, gläubige, demütige und doch zupackende junge Leute, bestanden unausgesprochen – auf jeden Fall nicht überlieferte – Wechselwirkungen in ihrem jeweiligen religiösen Empfinden, ihrem Tatendrang, ihrem Wirken und ihren Gründungen.

13. März 1863 – ein großer Tag

Auf Wunsch von Margaretha Flesch war der 19. März – Fest des hl. Josef – zur Einkleidung und Profeßablegung vorgesehen. Da der Pfarrer an diesem Tag verhindert war, wurde die Feier auf den 13. März festgesetzt.

Am 13. März 1863, dem Freitag nach dem Dritten Fastensonntag, nahm Pfarrer Gomm in der Kreuzkapelle den drei Schwestern die für fünf Jahre geltenden drei Gelübde ab und überreichte ihnen das Ordenskleid des hl. Franziskus. Bischof Arnoldi hatte sie vom Noviziat befreit, weil sie ihre Standhaftigkeit im Glauben, ihre Willensstärke und Opferbereitschaft schon in der Kreuzkapelle unter Beweis gestellt hatten.
Zwei junge Männer aus der Pfarrei erhielten ebenfalls das Ordenskleid der im Jahr zuvor gegründeten Franziskanerbrüder: Lorenz Kröll aus Hausen als Bruder Joseph und Johann Zimmermann aus Niederbreitbach als Bruder Aloysius. Ob Christina Kröll, Katharina Andres und Elisabeth Becker als Postulantinnen teilnahmen, bleibt fraglich und ist nicht zu belegen. *[LEMMENS, Festschrift, 20.].*
Die Tagesliturgie war geprägt vom Evangelium des »lebendigen Wassers« nach dem *Johannesevangelium 4, 5–42.* Pfarrer Gomm hatte mit anderen Gemeindemitgliedern dafür gesorgt, daß die drei jungen Frauen, die nicht mit Wiedbach-Wasser getauft waren, ganz im Mittelpunkt dieser kirchlichen Feier standen.

Am Festtag versammelte sich eine zahlreiche Gemeinde an der Kreuzkapelle. Sie konnte bei weitem nicht alle Gäste fassen. Über den Kreuzweg, der von dem kleinen Ordenshaus herunterführt, erreichte eine Prozession die Kapelle. Die Waisenkinder – Knaben mit Fähnchen in den Händen und weißgekleidete Mädchen – geleiteten die drei mit Myrtenkränzchen geschmückten Jungfrauen. Ihnen schlossen sich die übrigen Hausbewohner an. In der dicht besetzten Kapelle nahmen sie ihre reservierten Plätze ein. Mehrere Priester aus anderen Pfarreien erhöhten durch ihre Mitfeier das Fest.
Ein vom Kirchenchor eigens eingeübter Gesang eröffnete die Feier. Dann traten die Jungfrauen an die Kommunionbank. Pfarrer Gomm als Bischöflicher Beauftragter überreichte ihnen unter Gebet das Ordenskleid: Habit, Schleier, Gürtel und eine brennende Kerze »zum Zeichen, daß sie in der Finsternis, die bösen Werke verabscheuen wollen« sowie das Kreuz Christi »zum Zeichen , daß sie den Weg des Kreuzes wandeln und sich selbst verleugnen und abtöten wollen«. *[OAWBB. FRANZISKANER V. HL. KREUZ. Pfarrer Gomm, Predigt, 13.3.1863.].* Der Pfarrer stellte

den drei Jungfrauen die Frage: »Was ist Euer Begehren?« *[Vgl. WEILER, »So sollt ihr beten!«, 309ff.; hier: 310.]*. Darauf baten sie um Zulassung zu den hl. Gelübden.
Dann begann das feierliche Hochamt.
Der Pfarrer hielt die Festpredigt mit einer Begeisterung, die ein so erhabenes Fest hervorruft. Der mit seltenem Rednertalent begabte Priester erklärte die Bedeutung dieser Feier für die Jungfrauen und für die Welt. Unter anderem nahm er Gedanken des Gamaliel *[Apostelgeschichte 5, 38f.]* auf und sagte: »Ist ihr Unternehmen bloß Menschenwerk, so wird es von selbst zerfallen. Ist es aber Gottes Werk, so werdet ihr es nicht unterdrücken können«. *[OAWBB. FRANZISKANER V. HL. KREUZ. Pfarrer Gomm, Predigt, 13.3.1863.]*. Dieser Topos »Gottes Werk« findet sich übrigens auch für andere kirchliche Gründungen dieser Zeit.
Der Priester reichte den jungen Frauen die hl. Kommunion und richtete an jede die Frage: »Ist es Dein freier wohlbedachter Wille, vor dieser hl. Hostie zu geloben freiwillige Armut, beständige Keuschheit und vollkommenen Gehorsam nach der Regel ... des klösterlich regulierten Dritten Ordens des hl. Franziskus und den besonderen Statuten Eurer Genossenschaft?«. Sie antworteten mit klarer Stimme: »Ja, ich gelobe es«. Darauf bekräftigte der Priester: »So vermähle ich Dich mit Deinem Heiland, der Dich unbefleckt erhalten wolle, damit, wenn Du ihm hier treu gedient hast, Du ewig gekrönt werdest«. *[Vgl. ZOAWBB. 7 M ORIG. 30; NR. 131. – Vgl. WEILER, »So sollt ihr beten!«, 309ff.; hier: 311.]*.
Ein feierliches »Tedeum« schloß die erhebende Feier. Die anwesenden Gläubigen waren vor Rührung ergriffen. Selbst alte Waldbreitbacher Bürger konnten sich eines so festlichen kirchlichen Ereignisses nicht mehr erinnern.
In froher Stimmung schritten die Ordensfrauen mit ihren Waisen und Schutzbefohlenen durch die Menge und kehrten den steilen Berg hinauf in ihr kleines Kloster zurück.
Die Menschen, die von nah und fern erschienen waren, entfernten sich betroffen und still. Es tauchten aber bald allerlei Gerüchte auf: ein Mann dieser Gegend erzählte, daß er vor vielen Jahren den Wald passiert habe und in der Gegend, wo jetzt das Kloster steht, Ordensfrauen in derselben Tracht gesehen habe, wie jene dieser drei Jungfrauen. Andere wollten sie

ebenfalls lange vorher am unweit gelegenen Brunnen Wasser schöpfend gesehen haben. Ob diese Aussagen Trugbilder der Phantasie waren, mag dahin gestellt bleiben. *[Vgl. ZOAWBB. 7 M ORIG. 30; NR. 133.]*.
Die »Betschwestern« mit ihrem »verrückten Kram« hatten sich jedenfalls zielstrebig durchgesetzt und einen ersten schwierigen Kampf gewonnen. *[Vgl. LEMMENS, Festschrift, 18.]*.

Ordensnamen

Margaretha Flesch wählte zu ihrer Patronin die hl. Rosa von Viterbo (∗ um 1233 – † 1252). Die italienische Franziskaner-Terziarin hatte ein von Armut und Frömmigkeit gekennzeichnetes Leben geführt. Margaretha suchte sich nach ihrer bisherigen Lebenserfahrung gerade diese jugendliche Heilige der Armut zum geistlichen Vorbild aus. *[ZOAWBB. 1 M 14; NR. 35.]*. Und aus besonderer Verehrung zum hl. Josef ließ sie sich von der Kirche den Namen Schwester Maria Rosa vom hI. Josef beigeben. *[Vgl. ZOAWBB. 7 M ORIG. 30f.; NR. 132.]*. Eine seltene Unterschrift mit diesem vollen Ordensnamen befindet sich in den Protokollen der Ratssitzungen. *[ZOAWBB. Beschlüsse des Generalrates, Bd. 1, 1869–1896, 12.11.1874.]*.
Maria Bonner (∗ 1831– 1856 Eintritt – † 1897) wählte den hl. Franziskus von Assisi und den hl. Aloysius zu ihren Patronen und führte den Namen »Schwester Maria Franziska vom hl. Aloysius«.
Gertrud Beissel (∗ 1833 – 1859 Eintritt – † um 1889) wählte die hl. große Ordensstifterin Theresia und den hl. Franziskus von Assisi zu ihren Patronen und ließ sich Schwester Theresia vom hl. Franziskus nennen. *[Vgl. ZOAWBB. 7 M ORIG. 30f.; NR. 132.]*.

Im Normalfall wurde ein gewählter Ordensname nur einmal vergeben. Im Fall von Mutter Rosa war es anders. Als am 10. Mai 1863 – also knapp zwei Monate nach der Gründung – Elisabeth Becker (∗ 1833 – † 1889) aus Stopperich, einem Nachbarort von Waldbreitbach, eintrat, erhielt sie den Namen Schwester M. Rosa II. Ihre Patronin war aber nicht die hl. Rosa von Viterbo. Die sich später daraus ergebenden Verwechslungen waren – wie sich zeigen sollte – beabsichtigt. *[Vgl. ZOAWBB. 7 M ORIG. 103f., 151f.; NR. 393, 395, 573f.]*. Nach deren Tod erhielt die 1892 eingetretene, spätere

Novizenmeisterin Agnes Woelke (∗ 1873 – † 1948) ebenfalls den Namen Schwester M. Rosa. Von diesen beiden Schwestern wird noch in anderen Zusammenhängen zu berichten sein.

Gelübde

Das Armutsgelübde, das Verzicht auf selbständige Nutzung und Verwaltung persönlichen Eigentums forderte, war für die jungen Ordensleute keine besondere Leistung. Von ihrer eigenen oft bitteren Lebenserfahrung erkannten sie ohnehin das Existenzminimum schon fast als Luxus.

Für die fast alle über Dreißigjährigen war es auch aus gesellschaftlicher Sicht keine persönliche Tragödie, das Gelübde der Keuschheit und damit das Versprechen der Ehelosigkeit abzulegen. Einige hatten frühere Möglichkeiten zur Hochzeit ausgeschlagen. Andere hatten sich mit der unabänderlichen Tatsache abgefunden, daß der örtliche Heiratsmarkt für über Dreißigjährige ohnehin stark eingeschränkt war.

Das Gelübde des geistlichen Gehorsams gegenüber kirchlichen Vorgesetzten – damals sehr viel enger ausgelegt als heute – war da schon deutlich schwieriger. Es ging nämlich an die eigene Existenz. Dieses Versprechen erforderte eine menschliche Reife, eine ganz ordentliche Portion persönlicher Disziplin und Selbstaufgabe. »Um dieses vorzüglichste der Ordensgelübde treu zu beobachten, soll die Schwester nach dem Vorbild des göttlichen Heilandes den Gehorsam lieben. Sie soll sich bestreben, nicht nur ihren eigenen Wünschen, sondern auch ihrem eigenen Urteil bereitwillig zu entsagen, um in Allem stets mit Pünktlichkeit und in wahrer Demut den Befehlen ihrer Vorgesetzten, die sie als Gottes Stellvertreter ansieht, nachzukommen«. *[REGEL UND STATUTEN 1894, 20; GELÜBDE UND ORDENS-GELÜBDE, 16–20].* Dazu war eine fast grenzenlose Risikobereitschaft gefordert, was die eigene persönliche Lebensgestaltung anging.

Noch konnte keiner der Festteilnehmer ahnen, daß dies eine »historische Stunde« werden sollte – nicht nur für die jungen Ordensleute persönlich. Gemeinde, Pfarrei, Nachbarortschaften sowie die gesamte Diözese wurden mehr und mehr betroffen. Zunächst machte sich Hilflosigkeit und

Ungewißheit breit. Aber schon bald folgten erste kleine Ansätze von »sozialen Erfolgen« und gezielter »religiöser Basiserneuerung«. Hier entstand der Ausgangspunkt einer innerkirchlichen, kritischen Bewegung, die im Geiste des hl. Franziskus ohne separatistische Tendenzen ihren Beitrag zu einer praxisnahen Verkündigung des Evangeliums leisten wollte: Kleine Taten statt großer Worte!

Kosten und Finanzierung

Die Quellenlage zu den Finanzen von Mutter Rosa und der jungen Gemeinschaft ist so dürftig wie das – aus diesem Grund – nur schwierig zu ermittelnde Einkommen.

Ihr erstes Geld verdiente Margaretha Flesch durch Anfertigen von Westen, »wie sie damals von der Männerwelt getragen wurden. Täglich verfertigte sie eine Weste, wofür sie einen Taler als Lohn erhielt, zu der Zeit ein rentabler Verdienst ... Außerdem sammelte sie ... Tee, den sie in der Apotheke zu Waldbreitbach verkaufte.« *[Vgl. ZOAWBB.7 M ORIG. 7.; NR. 44.].*

Von 1852 bis 1863 hatte Margaretha Flesch bescheidene Einkünfte aus dem Handarbeitsunterricht und von privat angefertigten Handarbeiten, die sie verkaufte. Das erbrachte ein durchschnittliches Jahreseinkommen von über 50 Talern.
Bei einem Verhör während des Kulturkampfes erinnerte die Gründerin sich: »Wie Sie wissen, Herr Landrat, haben Sie mir, als ich an der Kreuzkapelle wohnte, den Handarbeitsunterricht in den Schulen der Bürgermeisterei hierselbst übertragen. Von dem Gehalt, das ich dafür erhielt, habe ich soviel erübrigt, daß ich dieses Grundstück zu kaufen imstande war und noch eine Summe ersparte. Diese genügte für den Bau anzufangen. Dann lieh ich 200 Taler an der Kirche zu Kurtscheid und als das Haus im Rohbau stand, ließ ich eine Hypothek auf dasselbe aufnehmen, die 800 Taler zur Verfügung stellte«. *[Vgl. ZOAWBB.7 M ORIG. 26, 77f.; NR. 114, 283.].* An anderer Stelle wird berichtet, die Vikarie Kurtscheid habe ihr ein Darlehen von 300 Talern zu 4 Prozent angeboten. *[VGL. ZOAWBB. 7 M ORIG. 27; NR. 118.].*

Die ambulante Krankenpflege wurde unentgeltlich geübt. Die einzigen unregelmäßigen und nicht näher zu beziffernden Einkünfte kamen aus Tagelohn und Handarbeiten. Seit 1863 nahm die Gemeinschaft dann weitere bescheidene Barmittel durch die Mitgift der eintretenden Schwestern ein. Als Einkünfte aus der Mitgift der Schwestern waren bis 1875 zu verzeichnen 20.107 Taler. Aber nicht alle konnten zahlen. Der Durchschnittsbetrag lag bei 200–300 Talern. *[ZOAWBB. Mitgiftbuch, 183f. – ZOAWBB. AGATHA SIMONS, Aufzeichnungen ... , 48. – BATRIER. AKTEN FBMVA – BRIEF GOMM, 2.10.1869.]*. Dazu kamen kurzfristig nicht überprüfbare Einnahmen aus Kollekten, die Schwestern – ganz besonders M. Theresia Beissel und M. Aloysia Meckel – in den Jahren 1869/70 sammelten. Am 26. Oktober 1871 verbot der Bischof in einem Brief an Pfarrer Gomm diese Kollekten. *[ZOAWBB. Bischof an Pfarrer Gomm, 26.10.1871.]*.

Am 19. Dezember 1861 lieh sich Margaretha beim Küstereifonds Waldbreitbach 250 Taler, die auch im Grundbuch eingetragen wurden. *[ZOAWBB. Schuldverschreibung, 19.12.1861 – Küsterfonds Waldbreitbach. – LHAKOBLENZ, Abt. 600, 2, NR. 26. – BATRIER, Abt. 70, Nr. 6649, Bll. 335ff. – Katasteramt Neuwied Grundbuch Nr. 268, Bl. 78r.]*.

Im Sommer 1862 sollten die Zimmereiarbeiten im Rohbau auf dem Berg beginnen Es fehlte wieder Geld. Auf dem Bau lastete bereits eine Hypothek von 600 Talern. Von der Vikarie Kurtscheid lieh Margaretha 200 Taler. Als wieder Geldmangel herrschte, machte sie sich eines Tages auf den Weg nach Linz, um dort von Bekannten 300 Taler zu leihen. Auf dem Wege kam ihr der Gedanke, diese Summe sei für ihr Unternehmen in der Pfarrei Waldbreitbach zu erlangen. Sie kehrte zurück.
Schwester Marzella berichtet weiter: »Herrn Gomm erzählt sie den Vorfall. Schweigend schreitet dieser im Zimmer auf und ab. Dann wendet er sich zu ihr mit den Worten: ›Nun, was Gott dir geoffenbart hat, das kann ich dir nicht verschweigen‹. Herr Gomm erzählte ihr, daß am vorhergehenden Abend Geschwister Kröll von Hausen – Margaretha hatte ihm gesagt, daß sie dort die betreffende Summe erhalte – im Pfarrhaus gewesen sind«. Sie hätten ihm unter dem Siegel der Verschwiegenheit mitgeteilt, zwei wollten sich Margaretha anschließen, wenn das Haus fertig

wäre. »Damit sie rascher vorankomme, würden sie 300 Taler vorstrecken. ›Nun gehe, fuhr er fort, zu Geschwister Kröll und sage ihnen, wie du die Sache erfahren hast‹«. [*ZOAWBB. 1 M 12; NR. 31. – VGL. ZOAWBB. 7 M ORIG. 26; NR. 118.*]. Im Personalbuch sind beide für den 12. Mai als eingetreten und dem 6. Oktober als eingekleidet vermerkt. *[ZOAWBB. Personalienbuch A / 0016 u. A / 0021.]*. Im Hypotheken- und Grundbuch sind nur 250 Taler eingetragen. *[Kirchenfonds Waldbreitbach.]*.

Einmal begleitete Pfarrer Gomm Margaretha wirklich auf den steilen Berg an die Stelle, die als Bauplatz dienen sollte. Sie lag mitten in der Wildnis. Dort angekommen, stellte der Pfarrer erneut die alte Frage: »Womit willst du denn bauen?« Er erinnerte sie abermals an ihre Mittellosigkeit und Margaretha erwiderte: »Für den Anfang habe ich eine Summe erspart; für das Weitere wird Gott und der hl. Josef sorgen«. *[Vgl. ZOAWBB. 7 M ORIG. 24; NR. 109.]*.

»Eines Tages erhielt die Stifterin eine Sandrechnung von 200 Talern. Schon war mit Klage gedroht. Im Gebete wendete sie sich mit ihren Töchtern vertrauensvoll an den hl. Josef um Hilfe«. Einen Tag vor Ablauf der Frist wird sie ins Pfarrhaus bestellt, »wo man ihr 200 Taler übergibt, die ein Unbekannter per Post für sie dorthin geschickt hatte; der Wohltäter wurde niemals ermittelt«. *[ZOAWBB. 1 M 15; NR. 9.]*

Am 17. September 1868 verkaufte man das Haus Kröll in Stopperich an Peter Wirth. Mutter M. Rosa als Erbin von Schwester M. Agnes Kröll und Schwester M. Clara Kröll erhielten je 290 Taler – also 580 Taler. Am selben Tag kaufte Peter Wirth Land aus dem Eigentum von Muter Rosa für 623 Taler und Schwester M. Clara Kröll für 427 Taler. Es wurde Ratenzahlung über 1630 Taler vereinbart bis zum 1. Januar 1873. *[BACKES, Aus der Armut – Leben, 102, Anm. 275.]*.

Nachweislich brachte Mutter Rosa für die Erweiterungsbauten für Waisen, Kranke und das dritte Verbindungshaus 21.580 Taler oder 64.740 Mark auf. *[ZOAWBB. AGATHA SIMONS, Aufzeichnungen ... , 48.]*. Beim Ausscheiden von Mutter Rosa aus dem Amt soll noch eine Restschuld an

Hypotheken von 2000 Talern bestanden haben. Sie waren aber durch Besitz und Rücklagen im Mutterhaus und Filialen gedeckt und konnten nach 1881 getilgt werden. *[Amtsgericht Neuwied, Katastergemeinde Waldbreitbach, Grundakte 268. – Grundbuch Neuwied: 250 Taler Hypothek zu Lasten von Mutter Rosa, 19.12.1861 – 2000 Taler Hypothek zu Lasten von Mutter Rosa, 25.11.1869.]*

Gründerin

Der Weg von Margaretha Flesch zur Aufgabe und zum Amt als Gründerin war weder mit Empfehlungen geebnet noch gezielt angestrebt. Es war der Weg einer gewachsenen und im wahrsten Sinne des Wortes erlittenen Berufung.
Schwester Marzella erinnerte daran: »Scheinbar vom Ziele entfernt, dazu die Unzufriedenheit ihrer Gefährtinnen bemerkend, wird sie mutlos und faßte den festen Entschluß, in ein Kloster einzutreten. Zu diesem Zweck unternahm sie eine Wallfahrt nach Bornhofen, um auf dem Wege dorthin Aufnahme in ein Kloster zu erbitten. Herr Pater Brauweiler, der inzwischen von Linz am Rhein nach Bornhofen versetzt worden war, begegnete ihr wie zufällig und fragte, was sie dorthin führe. Sie entdeckte ihm ihr Vorhaben, worauf er sie auch diesmal veranlaßte, wieder in ihre Verhältnisse zurückzugehen und Herrn Gomm zu bitten, er möge ihr voranhelfen, da die Sache von Gott komme, andernfalls würde er, Pater Brauweiler, sie in die Hand nehmen; denn Herr Gomm habe ihre Jugend schon zu lange hingehalten«. *[ZOAWBB. 1 M 10, Nr. 26.].* Die Behauptung *[LEMMENS, Festschrift, 10.],* Margaretha habe sich vergebens um den Eintritt in ein anderes Kloster bemüht, ist nicht zu belegen.

Mit der Übergabe des Ordenskleides, dem Ablegen der Gelübde von Armut, Keuschheit und Gehorsam und der Annahme des Ordensnamens vor Pfarrer Gomm in der Kreuzkapelle waren die Gründung der Ordensgemeinschaft und der Anschluß an den Franziskanerorden formell abgeschlossen. Die Gründerin und erste Generaloberin konnte nun endlich »ihrem inneren Antrieb, die Not der Wiedbewohner zu lindern, ... besser folgen. Die Schwestern konnten Arbeiter beschäftigen und damit

Familienvätern Gelegenheit zum Verdienst bieten, sie konnten Kranke pflegen und bei Armen für das Notwendige sorgen. Hinterließ eine verstorbene Mutter kleine Kinder, nahmen sie die kleinsten ins Kloster zur Erziehung. Handarbeitsunterricht bot Gelegenheit, an der Verbesserung der Jugend zu arbeiten«. *[ZOAWBB. 1 M 14; NR. 37.].*

Im Auftrag des Bischofs hatte Pfarrer Gomm Schwester Rosa als Oberin eingesetzt, mit dem Recht, neue Mitglieder aufzunehmen und sie für ihr Ordensideal heranzubilden. Sie erhielt den Titel »Mutter«. Das langersehnte Ziel war erreicht, die Genossenschaft gegründet. Die Gemeinschaft trug zunächst den Namen »Franziskaner-Tertiarier-Schwestern von Waldbreitbach«.

Die Aufgabenbeschreibung für die Gemeinschaft in den vorläufigen Statuten geht wohl auf Mutter Rosa zurück. Sie lauteten in der von Rektor Weiler überlieferten vorläufigen Fassung: »Die Genossenschaft befolgt die Regel des Papstes Leos X. für klaustrarische Tertiarier. Zweck ist unsere Selbstheiligung, Muster der Arbeitsamkeit und Zufriedenheit in der Arbeit zu sein, Werke der Nächstenliebe:
1. arme, verlassene Kinder, soweit tunlich, unentgeltlich zu erziehen und auch nach Entlassung aus der Schule in weiblichen Handarbeiten zu tugendhaften, arbeitsamen Menschen heranzubilden.
2. Arme Kranke und alte verlassene Personen unentgeltlich zu pflegen in und außer dem Hause.« *[LEMMENS, Festschrift, 26. – GROETEKEN, Schatten 154. – BÖCKELER, Macht 117.].*
Am 16. September 1869 genehmigte Bischof Matthias Eberhard die »Statuten der Franziscaner-Tertiarier-Schwestern von Waldbreitbach«.

An dieser Stelle kann nur eine sehr geraffte Zusammenfassung der Tätigkeit von Mutter Rosa als Generaloberin gegeben werden. Margaretha Flesch war bei der Gründung der Gemeinschaft 37 Jahre alt. Gut fünf Jahre später – am 19. Juni 1868 – legte sie zusammen mit Schwester M. Franziska Bonner und Schwester M. Theresia Beissel die Ewige Profeß ab.
Sehen wir uns die Schwestern, die mit Mutter Rosa am selben Tag ihre Erste Profeß ablegten oder das Ordenskleid empfingen, etwas näher an:

Drei Schwestern machten die Erste Profeß: Schwester M. Gonzaga Klein (* 1844 – 1867 Eintritt – † 1901), Schwester M. Josepha Thelen (* 1842 – 1866 Eintritt – † 1876) und Schwester M. Arsenia Fuchs (* 1844 – 1867 Eintritt – † 1904), die Stiefschwester von Mutter Rosa. Sie verließ im Jahre 1870 nachts ohne Wissen der Vorgesetzten das Kloster aus Anhänglichkeit an eine Schwester, die entlassen war.
Fünf weitere Schwestern erhielten an diesem Tag das Habit der Franziskanerinnen: Nur zwei von ihnen blieben: Schwester M. Sabina Thonnia (* 1849 – 1868 Eintritt – † 1883) und Schwester M. Timothea Schmitt (* 1832 – 1868 Eintritt – † 1873), Gründungsoberin von Trier – St. Paulin. Drei traten aus oder wurden entlassen: Schwester M. Monika Ruhlofs (* 1843 – 1868 Eintritt – 1881 entlassen – † ???), Schwester M. Zitta Graf (* 1838 – 1868 Eintritt – 1870 ausgetreten – † ???) und Schwester M. Eulalia Küpper (* 1830 –1866 Eintritt –1872 entlassen – † ???). Schwester M. Eulalia ließ man wegen Untauglichkeit für den Beruf 1869 nicht zur Profeß zu. Toleranz wurde auch bei solch problematischen Personalentscheidungen an den Tag gelegt. So vermerkt das Protokollbuch des Generalrates für das Jahr 1869: »Schwester Eulalia, geborene Christine Küpper von Leuscheid, kann wegen Untauchlichkeit [!] für den Beruf nicht zur Profeß zugelassen werden; jedoch ist das Kloster bereit, sie zu unterhalten mit der Bedingung, daß sie nach ihren Kräften für dasselbe arbeitet.« *[ZOAWBB. Protokollbuch des Generalrates für das Jahr 1869, 7].* Drei Jahre später wurde sie entlassen, weil sie dem Haus zuviel Unannehmlichkeiten bereitete. Insgesamt war das keine ermutigende Bilanz. Das Fehlen einer anerkannten Satzung mag zu solchen Erfahrungen beigetragen haben.

Bis zum ersten Generalkapitel leitete Mutter Rosa die Gemeinschaft ohne Statuten und ohne Wahlen. Bis 1869 hatte sie als Generaloberin nur eine Stellvertreterin, die ihr in der Leitung der Schwestern und des Hauses zur Hand ging.
Von 1863–1865 war es Schwester M. Agnes Kröll aus Hausen. Nach deren Versetzung übernahm 1865 Schwester M. Agatha Simons aus Stopperich das Amt der Stellvertreterin der Generaloberin.
Mit der Annahme der Satzung im Jahre 1869 änderte sich einiges. Seit

dem 21. Oktober 1869 war Mutter Rosa die erste gewählte Generaloberin der von ihr gegründeten Genossenschaft. Bei der ersten Wahl auf dem ersten Generalkapitel am 21. Oktober 1869 waren 77 Schwestern stimmberechtigt. Bei 5 ungültigen Stimmen erhielt Mutter Rosa alle 72 gültigen Stimmen. Am 2. November 1869 bestätigte Bischof Matthias Eberhard die Wahl. Der Bischöfliche Kommissar Gomm nahm die kirchliche Einsetzung vor. Die Gründerin legte dabei das Glaubensbekenntnis ab. Später war der Amtsantritt der Generaloberin jeweils am 1. Oktober.

Von den Wahlen beim zweiten Generalkapitel Anfang September 1872 gibt es keine Unterlagen. Es waren 93 Profeßschwestern stimmberechtigt. Mutter Rosa wurde einstimmig wiedergewählt. Die Stimmenzahl teilte nur Schwester M. Agatha mit. Über die Einstimmigkeit informierte nur Schwester Marzella.

Beim dritten Generalkapitel am 3. August 1875 waren bei der Wahl 86 Stimmen abzugeben. Von den 86 abgegebenen Stimmen fielen 85 auf Mutter Rosa Flesch. Sie erhielt – eine einzige ungültige ausgenommen – alle Stimmen.

Solche überwältigenden Mehrheiten konnte keine ihrer Nachfolgerinnen je erreichen.

Über die Begegnungen Mutter Rosas mit Priestern wie Pater Brauweiler, Rektor Weiler, Pfarrer Gomm, Rektor Probst und weiteren ist an anderer Stelle zu berichten. Die korrekten Beziehungen von Schwestern in der externen Krankenpflege lagen der Gründerin – wegen übler Nachrede – ganz besonders am Herzen. Sie wünschte, »daß die Schwestern sich so viel wie möglich von den Geistlichen fernhalten sollten. Einen geistlichen Herrn dürfe man nur kennen am Altar, auf dem Predigtstuhl und im Beichtstuhl. Sonst wären sie Menschen wie wir. Wir sollten wohl Achtung und Ehrfurcht vor ihnen haben«. *[Vgl. ZOAWBB. AGNES FRÖBUS, Erinnerungen, 44, 50.]*.

Hier sei nur auf den ersten Bischofsbesuch hingewiesen. Im Jahre 1872 kam – wegen der Sedisvakanz – Johann Jakob Kraft (∗ 1808 – † 1884), seit 1868 Weihbischof in Trier, zu einem Besuch nach Waldbreitbach, der aber keine tiefergehenden Spuren hinterließ. Schwester M. Agnes Fröbus berichtete dazu: »Am Brunnen haben wir ihn abgeholt ... Er hat Schwester M. Agnes [Fröbus] und Schwester M. Philomena [Höllen] im Schleier ge-

firmt«. *[ZOAWBB. AGNES FRÖBUS, Erinnerungen, 39, 45.].*
Das Visitationsprotokoll vom 1. Juli 1875 erwähnte Mutter Rosa nicht. Im Jahr 1878 wurde sie in die außerhalb der Diözese Trier gelegene Filiale Niederwenigern versetzt.
Danach hat Mutter Rosa sich nie wieder zur Wahl aufstellen lassen. Sie erbat auch keine Sondergenehmigung zur Wiederwahl, obwohl es für Gründungsoberinnen durchaus üblich war. Ein Beispiel: Mutter Maria Kaspar von den Dernbacher Schwestern war auf Antrag vom Bischof Blum im Vorjahr noch lebenslänglich bestätigt worden. In Trier aber war der Bischofsstuhl vakant. Kommissar Gomm kannte die Position von Ägidius Ditscheid, Geheimsekretär des verstorbenen Bischofs und wußte um dessen Freundschaft zu Rektor Probst.
Mutter Rosa hatte heimliche Feinde und erklärte Gegner. Die miteinander verwandten Geschwister Simons und Kröll – als Schwestern: Agatha – Augustina – Agnes und Clara – hielten auch als Ordensschwestern eng zusammen. Sie gewannen zunehmend einen wenig positiven Einfluß in der Gemeinschaft. Dabei wiesen sie gelegentlich überdeutlich auf ihre ins Kloster mitgebrachten Vermögenswerte (Geld und Grundstücke) hin. An der Gründung hatten diese Schwestern keinen Anteil.
Drei Persönlichkeiten, die sich in Waldbreitbach für wichtig hielten, der bischöfliche Geheimsekretär Ägidius Ditscheid, der von ihm geförderte Rektor Konrad Probst und Schwester M. Agatha Simons, eine Kusine des Erstgenannten, verbündeten sich gegen Mutter Rosa über deren Tod hinaus. Dieser Drei-Bund löste sich erst im Jahre 1915 auf.
Nach 15-jähriger harter Aufbauarbeit wurde die 52-jährige Gründerin im Jahre 1878 für den »Rest« ihres Lebens von der Leitung des Ordens ausgeschlossen. Die folgenden Jahre in der »Isolation« haben sie nicht gerade verwöhnt. Aber sie hat diese Zeit für sich und die ihr Anvertrauten geistlich überaus fruchtbar gemacht. Übermütig zu werden, verbot sie sich selbst. Die Frage, warum Mutter Rosa nicht mehr im Generalrat tätig wurde, ist nicht eindeutig zu beantworten. Schwester Agnes Fröbus gab die in der Gemeinschaft herrschenden Ansichten wieder. »Die einen sagen, sie habe nicht gewollt. Mutter Agatha hätte gesagt, ›wir können sie nicht gebrauchen‹. Mutter Rosa hat darauf geantwortet, ›es ist besser, wenn man so ist, wenn man nichts mehr zu sagen hat. Da hat nicht einer dran gear-

beitet, sondern viele‹«. *[ZOAWBB. AGNES FRÖBUS, Erinnerungen, 68f., 74f. – Siehe auch: 15. Türbild von Prof. UNVERZAGT, in: SIMON, Felsgrund wird Quellgrund, 47.].*

Bilanz

Die Entwicklung der Gemeinschaft von 1863 bis 1878 bestimmte Mutter Rosa weit mehr als die äußeren Fakten damals erkennen ließen. Ihr wacher Geist, ihre Frömmigkeit und ihre praktizierte Überzeugung, daß nur gelebte Ideen begeistern und mitreißen können, hatten ihre Mitschwestern überzeugt.

Es waren 177 Eintritte in die Gemeinschaft zu verzeichnen. Dieser Zahl standen in der Amtszeit von Mutter Rosa 19 Austritte gegenüber. Davon hatten elf die Erste Profeß, zwei [Schwester M. Dominika Brück (1873) und Schwester M. Christina Ewen (1874)] schon die Ewige Profeß abgelegt. 15 Entlassungen wurden vorgenommen. Davon hatten zwei bereits [Schwester M. Ignatia Jansen (1868) und Schwester M. Eleonora Hoff (1869)] die Erste Profeß abgelegt. Entlassungen und Austritte sind aber nicht immer klar zu unterscheiden. Sie waren bei Angaben von Zeit, Gründen bzw. Motiven nicht immer eindeutig. Ein Beispiel:

Schwester M. Adelgundis Bonn (∗ 1844 – 1868 Eintritt – † ???) wurde 1870 entlassen, weil die Mutter niemand zur Unterstützung hatte, trat im folgenden Jahr mit deren Einwilligung wieder ein, ging dann aber doch wieder.

36 Todesfälle waren zu beklagen. Häufigste Todesursachen waren Tuberkulose (18), Pocken (4), Nervenfieber (4) und Wassersucht (2).

Bei ihrer Amtsniederlegung 1878 zählte die Genossenschaft 107 Mitglieder in 21 Filialen.

Die Bautätigkeit von Mutterhaus und in Filialen z. B. Adenau verlangte großen Aufwand an Kraft und Zeit und wird darum später noch ausführlicher darzustellen sein. Das gilt auch für ihre weiteren Aktivitäten: Als geistige Anregungen legte sie großen Wert auf Vorträge zur Ordensregel und regelmäßige Exerzitien. Ihre Mitarbeit an den genehmigten Konstitutionen und der Satzung sowie des ordenseigenes Gebetbuches kann hier nicht unerwähnt bleiben.

BELEGE UND LITERATUR:

3. ANFÄNGE DER GEMEINSCHAFT

Zu Kreuzkapelle:

ZOAWBB. Chroniken – Akten – Festschriften – Personalunterlagen. – F. NASSEN, Die Kreuzkapelle bei Waldbreitbach an der Wied. Einiges über die Entstehung und Ausbreitung der beiden Franziskaner-Terziarier-Genossenschaften von Waldbreitbach. Mit zwei Abbildungen, Koblenz 1898. – LEMMENS, Festschrift, 13ff. – ZOAWBB. AGNES FRÖBUS, Erinnerungen, 95f., 101f. – NEU / WEIGERT, Kunstdenkmäler Neuwied, 432. – HARDT, Land an der Wied. – H. FRENZ OFM, Die Kapelle zum Heiligen Kreuz bei Waldbreitbach an der Wied, [Neuwied 1928.]. – J. A. BACKES, Die Kreuzkapelle, Werl 1969. – KATHOLISCHE PFARRGEMEINDE WALDBREITBACH (HG.), 750 Jahre »Maria Himmelfahrt« Waldbreitbach, 30. – W. HOPPE, Die Kreuzkapelle an der Wied. (SCHNELL, Kunstführer Nr. 2169), Regensburg 1994. – KRACHT / SCHERER (HGG.), Flesch – Dokumente, REG.

Zu Kreuzweg:

ZOAWBB. Chroniken – Akten – Festschriften – Personalunterlagen. – R. HAAS, Leonhard von Porto Maurizio, in: LThK 6 (3. Aufl. 1997) 836. (LIT.). – H. HOLLERWEGER U. A., Kreuzweg, in: LThK 6 (1997) 466. (LIT.). – G. B. WINKLER / U. REHM, Kreuzweg, in: ML 3 (1991) 669ff. (LIT.). – ZOAWBB. 7 M ORIG. 12f.; NR. 66. – BÖCKELER, Macht, 105. – BACKES, Lebensbild, 18–29, 68. – BACKES, Lasalle, 68. – WEILER, »So sollt ihr beten!«, 247–251. – KRACHT / SCHERER (HGG.), Flesch – Dokumente, REG.

Zu Erste Gefährtinnen:

ZOAWBB. Chroniken – Akten – Festschriften – Personalunterlagen. – GAWBB. Gemeindeakten Nr. 336, Bl. 32. – Protokollbuch 1867, Blatt 54 r/v. – ZOAWBB. 7 M ORIG. 60; NR. 234. – LEMMENS, Festschrift, 13–16. – GROETEKEN, Schatten, 39–60. – BÖCKELER, Macht, 60–65, 70. – BACKES, Lebensbild, 18–29. – GATZ (HG.), Caritas und soziale Dienste. – BOLLNOW, Mensch und Raum. – BISCHOFF, CLAUDIA, Frauen in der Krankenpflege. Zur Entwicklung von Frauenrolle und Frauenberufstätigkeit im 19. und 20. Jahrhundert, 3. überarb. Neuausgabe, Frankfurt/New York 1997. – KRACHT / SCHERER (HGG.), Flesch – Dokumente, REG.

Zu Handarbeitsunterricht:

ZOAWBB. Chroniken – Akten – Festschriften – Personalunterlagen. – ZOAWBB. 1 M 7; NR. 16 – ZOAWBB. 7 M ORIG. 77f.; NR. 283. – GAWBB. NR. 309 – 1854–1860. – ZOAWBB. Aktenkopien Gemeinde Waldbreitbach. – BÖCKELER, Macht, 60. –

BACKES, Lebensbild, 19f. – HARDT, Land an der Wied. – KRACHT / SCHERER (HGG.), Flesch – Dokumente, REG.

Zu Franziskus-Verehrung und Nachfolge:
ZOAWBB. Chroniken – Akten – Festschriften – Personalunterlagen. – WEILER, »So sollt ihr beten!«, 280ff. – A. POMPEI / L. DI FONZO, in: BSS 5 (1964) 1052–1150. – O. SCHMUCKI / GERLACH VAN'S-HERTOGENBOSCH, in: LCI 6 (1974) 260–315. – WIMMER-MELZER, 286ff. – J. LANG, in: LTHK 4 (3. Aufl. 1995) 44–47. (LIT.). – Zu seinen Werken und zur Ikonographie: FRANZISKANISCHE QUELLENSCHRIFTEN Bd. 1ff, Werl 1994ff. – W. TH. ELWERT/J. POESCHKE, in: LMA, Bd. 4, München/Zürich 1989, 833ff. – Umfassendste Darstellung: FEND, Franziskus – Bewegung, Darmstadt 1994. – KRACHT / SCHERER (HGG.), Flesch – Dokumente, REG. –

Zu Portiunkula:
J. LANG, Portiunkula, in: LTHK 8 (3. Aufl. 1999) 434f. (LIT.). – S. HEYM, Portiunkula, in: ML 1 (1988) 253. (LIT.).

Zum Wirken der Franziskaner im Bistum Trier im 19. Jhdt.:
FLECKENSTEIN, Die Franziskaner im Rheinland 1875–1918. – W. SEIBRICH, in: PERSCH / SCHNEIDER, (HGG.), Geschichte des Bistums Trier, Bd. 4, 241ff. – MEIWES, »Arbeiterinnen des Herrn«, 228. – SCHAMONI (HG.), Ordensstifterinnen, PASSIM.

Zu Erste Profeß und Gelübde:
OAWBB. FRANZISKANER V. HL. KREUZ. Bischof Arnoldi an Pfarrer Gomm, 17.1.1863. – OAWBB. FRANZISKANER V. HL. KREUZ. Pfarrer Gomm, Predigt 13.3.1863 – ZOAWBB. 1 M 13; NR. 33f. – ZOAWBB. 7 M ORIG. 29f.; NR. 125–133.
Es sind verschiedene Fassungen überliefert:
»Ist ihr Unternehmen bloß Menschenwerk, so wird es von selbst zerfallen. Ist es aber Gottes Werk, so werdet ihr es nicht unterdrücken können«. [OAWBB. FRANZISKANER V. HL. KREUZ. Pfarrer Gomm, Predigt, 13.3.1863 – Kopie ZOAWBB.].
»Ist das, was wir hier ausführen – ›Menschenwerk‹ darin wird es wieder zerfallen; ist es aber Gotteswerk, dann wird es wachsen und gedeihen.« [Vgl. ZOAWBB. 7 M ORIG. 30; NR. 130.].
»Ist das Werk, das hier seinen Anfang nimmt, Menschenwerk, so wird es wieder zerfallen; ist es aber Gotteswerk, dann wird es wachsen und gedeihen«. [LEMMENS, Festschrift, 19.]. – »Die Stiftung des Gesellen-Vereins ist keines Menschen Werk, sondern Gottes Werk«. [A. KOLPING, DER Gesellenverein, in: KOLPING, Schriften,

Bd. 3, Köln 1985, 44 – 68, hier: 56. – LÜTTGEN, Kolping – Katholikentage – REGEL UND STATUTEN 1894. – GELÜBDE UND ORDENS-GELÜBDE, 1870. – WEILER, »So sollt ihr beten!«, 309ff. – LEMMENS, Festschrift, 19f. – BACKES, Flesch – Spruch und Bild. 11. Relief. – KRACHT / SCHERER (HGG.), Flesch – Dokumente, REG.

Zu Rosa von Viterbo (ca. 1233–1252):
C. D. FONSECCA, Rosa von Viterbo, in: LTHK 8 (1999) 1297f. (LIT.). – Ferner: E. M. PIACENTINI, Santa Rosa da Viterbo (Biografia critica), Viterbo 1983.

Zur Verehrung des hl. Joseph:
J. SEITZ, Die Verehrung des hl. Joseph in ihrer geschichtlichen Entwicklung, Freiburg 1908.

Zu Weihbischof Johann Jakob Kraft:
ZOAWBB. Personalunterlagen. – A. THOMAS, in: GATZ (HG.), Bischöfe 1785/1803 bis 1945, 411. (LIT.). – M. PERSCH, in: PERSCH / SCHNEIDER (HGG.), Geschichte des Bistums Trier, Bd. 4, Auf dem Weg in die Moderne 1802–1880, 109f. (REG. / LIT.). – M. PERSCH, in: MONZ (HG.), Trierer Lexikon, 234f. (LIT.).

Zu Kosten und Finanzierung:
ZOAWBB. Personalunterlagen. – ZOAWBB. Personalienbuch A / 0016 u. A / 0021. – ZOAWBB. Mitgiftbuch. – ZOAWBB. Bischof an Pfarrer Gomm, 26.10.1871. – ZOAWBB. Schuldverschreibung, 19.12.1861 – Küsterfonds Waldbreitbach – LHA-KOBLENZ, Abt. 600, 2, NR. 26. – BATRIER, Abt. 70, Nr. 6649, Bll. 335ff. – Katasteramt Neuwied Grundbuch Nr 268, Bl. 78r. – Amtsgericht Neuwied, Katastergemeinde Waldbreitbach, Grundakte 268. – Grundbuch Neuwied: 250 Taler Hypothek zu Lasten von Mutter Rosa, 19.12.1861 – 2000 Taler Hypothek zu Lasten von Mutter Rosa, 25.11.1869. – ZOAWBB. AGATHA SIMONS, Aufzeichnungen ... 48. – ZOAWBB. 1 M 12, 15; NR. 9, 31. – ZOAWBB.7 M ORIG. 7, 26f., 77f. ; NR. 44, 114, 118. 283. – GELÜBDE UND ORDENS-GELÜBDE. – STATUTEN 1869. – REGEL UND STATUTEN, 1894. – LEMMENS, Festschrift, 17–19, 20f. – FESTSCHRIFT. 100 Jahre, 33. – GROETEKEN, Schatten, 107. – BÖCKELER, Macht, 87, 104. – BACKES, Aus der Armut – Leben, 102, Anm. 275. – KRACHT / SCHERER (HGG.), Flesch – Dokumente, REG.

Zu Gründerin:
ZOAWBB. Personalunterlagen. – ZOAWBB. Personalienbuch B / 0001–1. – ZOAWBB. Originalunterlagen über Erste und Ewige Profeß von Mutter Rosa fehlen. – ZOAWBB. AGATHA SIMONS, Aufzeichnungen ... , 47a. – ZOAWBB. 7 M ORIG. 108;

NR. 416. – LEMMENS, Festschrift, 11–20, 26, 37–56, 67–74. – GROETEKEN, Schatten, 154, 171ff.; 174 u. passim. – GATZ, Krankenpflege, 425–428. – GELÜBDE UND ORDENS-GELÜBDE, 1870. – STATUTEN 1869. – ZOAWBB. AGATHA SIMONS, Aufzeichnungen ..., 47. – REGEL UND STATUTEN.– Festschrift 100 Jahre. ZOAWBB. Chroniken – Akten – Festschriften – Personalunterlagen. – Handbuch des Bistums Trier 1906: Statistik der Genossenschaft der Franziskanerinnen von Waldbreitbach beim Tod von Mutter Rosa Flesch, 89–292. – LEMMENS, Festschrift 45. – Anhang Nr. 1–21. – FESTSCHRIFT – 75 Jahre. – K. S. FRANK, Generaloberin, in: LTHK 4 (3. Aufl. 1995) 447f. (LIT.). – BÖCKELER, Macht, 117 u. passim. – BACKES, Lebensbild, passim. – GATZ, Krankenpflege, 425–428. – KRACHT / SCHERER (HGG.), Flesch – Dokumente, REG. – LEMMENS, Festschrift, 26. – GROETEKEN, Schatten, 154.

Schwestern unter Mutter Rosa – Zahlen – Unterlagen ZOAWBB

Jahr	Eintritt	Austritt	Entlassung	Tod	IST
1863	10	–	–	–	10
1864	4	–	–	–	14
1865	12	–	–	–	26
1866	18	–	–	–	44
1867	39	–	–	3	80
1868	30	6	1	3	100
1869	22	0	5	1	116
1870	9	3	0	7	115
1871	7	3	2	7	110
1872	10	1	1	3	115
1873	3	1	1	1	115
1874	3	1	5	3	109
1875	3	2	0	3	107
1876	1	1	0	1	106
1877	3	1	0	1	107
1878	3	0	0	3	107
Total	177	19	15	36	

4. VORBILDER UND WEGGENOSSEN

Herkunft, Charakter und persönliche Beziehungen bestimmen Handlungsweisen und Verhaltensmuster eines Menschen oft mehr als schulische Bildung und institutionelle Bezüge.
Auch eine starke Persönlichkeit wie Mutter Rosa ist weder in ihrem So- und nicht Anders-Sein noch in ihrem Handeln zu verstehen, ohne die Menschen, die sie umgaben und mit denen sie auf ganz unterschiedliche Weise Kommunikation betrieb. Dazu gehörten außer ihren Familienangehörigen Mitarbeiter, Freunde, Vorgesetzte und Gegner.

4.1. Petrus Wirth-Bruder Jakobus FFSC

Als Margaretha Flesch in der Niederbreitbacher Volksschule ihren gut vier Jahre jüngeren Klassenkameraden Petrus Wirth kennenlernte, wußte sie zunächst nicht viel mehr von ihrem Mitschüler, als daß er Patenkind und Neffe ihres Klassenlehrers Peter Andries war und in dessen Familie lebte.
Er war ein echtes Niederbreitbacher Kind. Am 15. Oktober 1830 als jüngstes von vier noch lebenden Kindern des Schafhirten Theodor Wirth und der Gastwirtin Anna Katharina Andries geboren, verlor er im Alter von neun Jahren den Vater, der an Brustfieber starb. Seine älteren Geschwister verließen das Elternhaus, weil die Mutter sie nicht mehr ernähren konnte. Nicht mehr lange genoß er die mütterliche Geborgenheit. Die gute Frau starb im Alter von 51 Jahren am 5. Mai 1840.

Bedürftiger Vollwaise

Noch im schulpflichtigen Alter fand Peter Aufnahme in der Familie seines Paten und Lehrers. Das große Glück hat er dort nicht gefunden. Zwei Stiefgeschwister, die vierjährige Elisabeth und die zweijährige Johanna beanspruchten die letzten Kräfte der schwerkranken Frau des Lehrers. Sie starb erst 34 Jahre alt am 9. August 1841. So stand Peter im Alter von 11 Jahren wieder allein mit einem 45-jährigen Mann, der ihm mehr Lehrer als Vater war. Der Pflegevater faßte Peter nicht mit Samthandschuhen an.

Es gab mehr tägliche Arbeit als tägliches Brot. Ein wahrer Lichtblick war für Peter der 7. Juli 1844, der Tag der ersten Heiligen Kommunion, die er aus den Händen des Waldbreitbacher Pfarrers Heinrich Scheffer empfing. Zwei Tage später wurde er von Bischof Wilhelm Arnoldi gefirmt.
Zu den Firmlingen gehörte auch Margaretha, die zu dieser Zeit wohl schon von diesem sozialen Härtefall in Niederbreitbach wußte. Sie hat diese bittere Erfahrung sicher noch reifer und verständnisvoller für die Nöte anderer werden lassen. Eine ähnliche Kindheitsgeschichte – voller Arbeit, Armut, Opfer und Verzicht –, eine gemeinsame Schulerfahrung und der sonntägliche Gottesdienstbesuch als Gemeinschaftserlebnis bildeten wohl auch Grundlagen für ähnliche Lebensentwürfe.
Der Pflegevater hätte gern gesehen, wenn Peter den Lehrerberuf ergriffen hätte. Peter selbst dachte daran, mit der Hilfe eines Stipendiums Priester zu werden. Beides zerschlug sich wegen Geldmangel.

Berufsausbildung und Ordensgründung

So begann der junge Mann um das Jahr 1847 eine Schuhmacherlehre. Sein Lehrherr Johann Schmitz hatte 1833 Peters Tante Anna Maria Andries geheiratet. Nach zwei Jahren erbrachte der Neffe bereits beachtliche Leistungen im erlernten Handwerk. Mit dem Amtsantritt von Pfarrer Gomm in Waldbreitbach änderte sich auch Peters Lebensperspektive. Er wählte den neuen Pfarrer zum Beichtvater und Seelenführer. Am 9. März 1854 legte Peter Wirth mit finanzieller Unterstützung des Pfarrers in Koblenz die Meisterprüfung ab und kehrte nach Waldbreitbach zurück. Seine bereits am 10. April 1853 in Koblenz auf Vermittlung des Hochscheider Lehrers Peter Scherer vollzogene Aufnahme in den Dritten Orden des hl. Franziskus ließ ihn an die Gründung einer Vereinigung von Handwerkern denken. Diese Idee fand in Pfarrer Gomm einen begeisterten Förderer.
Aber auch Wallfahrten zur Schmerzhaften Mutter nach Bornhofen brachten Peter Wirth nicht das gewünschte Ergebnis einer Klärung. Im Jahre 1854 machte er sich in einem Zimmer des Hauses seines Patenonkels als Schuhmachermeister selbständig. Aber es war noch ein dornenvoller Weg mit vielen Rückschlägen. Ein Jahr später zog er mit den ersten

Gefährten – unter ihnen auch Anton Weber (∗ 1829 – † 1910) – nach Waldbreitbach in das Haus des Juden Levi ein. Sie wollten sich im Geiste des hl. Franziskus der beruflichen Bildung von Waisen und der Pflege von Kranken widmen.

Erst am 12. Juni 1862 konnte Pfarrer Gomm in der Kreuzkapelle Peter Wirth als Bruder Jakobus und Anton Weber als Bruder Antonius die Ersten Gelübde in der von ihnen gegründeten Ordensgemeinschaft der »Franziskanerbrüder vom Heiligen Kreuz« [FFSC] entgegennehmen. In das Jahr 1866 fiel die Ersterrichtung des St. Josefshauses in Hausen bei Waldbreitbach. Am 2. Juli 1867 legten die beiden am gleichen Ort die Ewigen Gelübde ab.

Schwierigkeiten und Lösungsversuch

Aber nach dem Weggang von Pfarrer Gomm nach Engers, der auch Bischöflicher Kommissar der Brüdergemeinschaft war, traten unter Pfarrverwalter Hormisch als dem »Regelpater« des Dritten Ordens in Waldbreitbach massive Schwierigkeiten auf.

Mutter Rosa, die schon viele Hindernisse und Schwierigkeiten überwunden hatte, fand auch hier Mittel und Wege die Neugründungen der Gefahr des Untergangs zu entziehen. Sie machte Bruder Jakobus Wirth, dem Oberen des St. Josefshauses in Hausen, den Vorschlag, der Bischöflichen Behörde in Trier ein gemeinsames Gesuch mit der Bitte vorzulegen, dem nach Engers versetzten Pfarrer Gomm die Oberleitung der beiden Klöster zu übertragen. Bruder Jakobus ging darauf ein. Man traf sich am Abend des 11. November 1864 in den Klausen der Kreuzkapelle, um das Gesuch auszufertigen. Mutter Rosa Flesch diktierte es und Bruder Jakobus mit seiner schöneren Handschrift schrieb es nieder. *[Vgl. ZOAWbb. 7 M ORIG. 35; NR. 150.].*

Um Unannehmlichkeiten zu vermeiden, die das Gesuch unausbleiblich hervorrufen würde, wenn der Pfarrverwalter Hormisch vorzeitig Kenntnis davon erhielt, bat Mutter Rosa Bruder Jakobus, das Unternehmen geheim zu halten, was er ihr auch zusagte. Doch teilte er in seiner Einfalt Herrn Hormisch die Sache mit, was für die Stifterin erhebliche und unangenehme Folgen mit sich bringen sollte. *[Vgl. ZOAWBB. 7 M ORIG. 36; NR. 153.].*

Ein erster – früher von Petrus Wirth mühsam in der Kreuzkapelle verfaßter – Entwurf für eigene Konstitutionen der Gemeinschaft war im Pfarrhaus, als er Pfarrer Gomm das Papier zur Durchsicht vorgelegt hatte, verloren gegangen. In den Jahren 1868 und 1869 beteiligte Bruder Jakobus Wirth sich eifrig an den Beratungen über eine Regel und trug mit seinen Gründererfahrungen zum Entwurf der Statuten maßgeblich bei.
Nach der bischöflichen Bestätigung der Regel wählten seine Mitbrüder im Jahre 1869 Bruder Jakobus zum ersten Generaloberen der Gemeinschaft. Der zeitlebens nicht ganz gesunde Peter Wirth, ein Mann von echter Demut und aufrichtiger Frömmigkeit, erlag nach kurzem Wirken als Oberer der »Franziskanerbrüder vom Heiligen Kreuz« [FFSC] am 28. März 1871 der Pockenkrankheit. Er fand in der Hausener Klosterkirche seine letzte Ruhestätte.

4.2. Heinrich Scheffer

Am 16. März 1797 in Ahrweiler geboren, gehörte Heinrich Scheffer bei seiner Weihe am 22. März 1828 mit über dreißig Jahren schon nicht mehr zu den ganz jungen Priestern.
Nach knapp zwei Kaplansjahren in St. Katharinen bei Linz kam er am 8. April 1830 als Pfarrer nach Waldbreitbach. Seine Kontaktfreudigkeit zur Bevölkerung und seine ungewohnte Offenheit brachten ihm nicht nur Freunde ein. Er besuchte bei Volksfesten gar den Tanzboden und wußte »nicht die strenge Linie zwischen Katholizismus und Protestantismus zu wahren«. *[SCHUG, Engers, 137, Anm. 10].* Von seiner Teilnahme an der Eröffnung des evangelischen Betsaales wurde schon berichtet. Seine priesterlichen Aufgaben erfüllte er sehr gewissenhaft. Seit dem 12. April 1837 hielt er wieder regelmäßig Gottesdienst in der Kreuzkapelle.
Im Jahre 1840 führte er Margaretha Flesch zur Erstkommunion und machte ihr zu diesem Festtag ein ganz besonderes Geschenk – ein Kleid. Vier Jahre später bereitete er sie auf die Firmung vor. Er hat dem jungen Mädchen damit geholfen, sich selbst solide Grundlagen für ein eigenständiges religiöses Leben zu erarbeiten. Er leitete auch die Planungen für den

Neubau der Waldbreitbacher Pfarrkirche ein. Gegen Ende des Jahres 1848 ernannte die bischöfliche Behörde ihn zum Pfarrer in Westum. Am 1. Juli 1852 übernahm der volksnahe Seelsorger die Pfarrei Büdlich. Am 8. Februar 1859 wechselte er dann noch einmal als Pfarrer nach Burg. Dort starb er nach segensreichem Wirken am 13. Februar 1880.

4.3. Johann Wilhelm Brauweiler CSSR

Johann Wilhelm Brauweiler, am 26. November 1809 in Ludendorf bei Odendorf geboren, war gut fünfundzwanzig Jahre alt, als er am 28. Mai 1836 in Trier die Priesterweihe empfing. Von 1836 bis 1842 war der Neupriester Kaplan in Linz am Rhein später zur Aushilfe in Polch. Es ist nicht unwahrscheinlich, daß Margaretha dem gewissenhaften Priester und Seelsorger dort zum ersten Mal begegnete. Von 1834 bis 1838 wohnte Familie Flesch-Richarz bei Linz am Rhein. Margaretha besuchte pflichtgemäß die dortige Volksschule.

Der junge Priester konnte gut zuhören, war vorsichtig in seinem Reden, zurückhaltend im Urteil über andere und fürchtete sich, gegen die jedem schuldige Gerechtigkeit zu verfehlen. Ein hervorstechender Zug seines Charakters war die Achtung und Hochachtung des Autoritätsprinzips. *[Vgl. BACKES, Testament, 102f.].* Sein geistliches Vorbild, der bedeutende Seelsorger und aszetische Schriftsteller Alfons Maria von Ligouri (∗ 1696 – † 1787) war am 26. Mai 1839 – also drei Jahre nach der Priesterweihe und elf Jahre vor dem Ordenseintritt Brauweilers – heilig gesprochen worden. *[B. HÄRING, Alfons Maria von Ligouri, in: LThK 1 (3. Aufl. 1999) 387. (LIT.).].*

Redemptorist und Volksseelsorger

Nach mehrjähriger Tätigkeit in der Hospitalseelsorge und der Priesterbildung legte er 1851 in St. Nicolaus du Port im Elsaß Profeß in der »Kongregation des allerheiligsten Erlösers« – [Redemptoristen] ab. Im Jahre 1847 hatte er einen ersten Anlauf dazu genommen, war aber 1848 wegen der Revolution aus dem Elsaß in die Diözese Trier zurückgekehrt. Gediegene Lebenserfahrung im Umgang mit jungen, alten und kranken Menschen und eine erneuerte Spiritualität aus dem Geiste seines

Ordensgründers, des hl. Alfons Maria von Ligouri, befähigten den Redemptoristenpater zum einsichtigen Beichtvater, erfahrenen Seelenführer und geschätzten Wallfahrtsseelsorger. In den Jahren 1857 bis 1871 wirkte Pater Brauweiler als Volksmissionar und Gastpater in Bornhofen. Margarethas mehrfach überlieferter Bericht ist in die Zeit um 1860 zu datieren:

»Eines Tages offenbarte sie sich ... dem Redemptoristen Pater Brauweiler. Diesem erleuchteten, in den Wegen Gottes erfahrenen Priester teilte sie die Gefühle ihres Herzens mit, sowie die Erscheinung, deren der göttliche Heiland sie gewürdigt hatte. Dieser gab ihr die Weisung, die Fügung Gottes an dem Orte und in den Verhältnissen, worin sie sich befinde abzuwarten und der Gnade kein Hindernis in den Weg zu legen. Der Herr habe besondere Absichten mit ihr. Dann fuhr er fort: ›Wie hat der liebe Gott dich mit Gnaden überschüttet und du weißt es nicht.‹ Er erhob die Hand, um seinen Worten Nachdruck zu verleihen und sprach:

›Kind, Kind! Was wirst du noch leiden müssen bis du tauglich bist zu dem, was Gott mit dir vorhat; wie das Linnen, das der Heiland von seinem Herzen nahm, woraus das Klösterchen entstand, tüchtig bearbeitet wurde, um ihm die Feinheit und blendende Weiße zu geben, so wirst auch du von dem lieben Gott durch Leiden und Trübsale für deinen Beruf herangebildet werden.‹ Ein andermal sagte er ihr in nachdrucksvollen feierlichen Tone: ›Wie viele und große Gnaden hat der liebe Gott dir gegeben, er hat dich mit Gnaden überschüttet und du weißt es nicht«. [*ZOAWBB. 7 M ORIG. 9; NR. 53.*]

Margarethas erster geistlicher Berater

Für Margaretha war der Rat nicht einfach zu beherzigen. Die Schwierigkeiten mit Pfarrer Gomm konnte sie nicht allein lösen. Um ihren Seelenfrieden zu finden, wollte sie in ein schon bestehendes Kloster eintreten. Aber Pater Brauweiler legte ihr dringend nahe, in ihrer Umgebung zu bleiben und das Wirken der Vorsehung abzuwarten. Ihre Unausgeglichenheit blieb.

Darum machte sie eine Wallfahrt nach Bornhofen. Herr Pater Brauweiler, inzwischen von Linz am Rhein nach Bornhofen versetzt, begegnete ihr zufällig und fragte, was sie dorthin führe. Er riet Margaretha erneut, zurückzukehren und den Pfarrer zu bitten, er möge ihr weiterhelfen, da die Sache von Gott komme. Andernfalls würde er sich dieser Angelegenheit annehmen, denn Pfarrer Gomm habe sie schon viel zu lange hingehalten. *[Vgl. ZOAWBB. 1 M 10, NR. 26].*

Pater Brauweiler hatte Margaretha vielleicht schon früher empfohlen, zur Schmerzhaften Mutter nach Bornhofen zu pilgern und sich dem auch in Waldbreitbach gepflegten Brauch anzuschließen. *[GAWBB. NR. 398.].* Die Marienwallfahrt nach Bornhofen am Rhein – seit 1311 bezeugt und im Jahre 1691 wieder belebt – galt einer wundertätigen Pietà aus der 2. Hälfte des 15. Jhdts. Als Pilger kamen viele Gläubige aus den Diözesen Limburg, Trier und mit Schiffswallfahrten sogar aus Köln.

In der Möglichkeit, ihr angestrebtes Ziel – wenn auch unter großen Schwierigkeiten und mit physischen Schmerzen und psychischen Qualen – zu erreichen, hat der Redemptorist Margaretha immer wieder bestärkt. Dazu haben wohl sein eigener Berufungsweg und seine sicher ansteckend wirkende Überzeugung beigetragen, der Eintritt in ein anderes Kloster komme für Margaretha nicht in Frage.

Seine letzten Lebensjahre verbrachte Pater Brauweiler – vertrieben durch den Kulturkampf – in Holland. Er starb am 30. September 1884 in Vaals.

4.4. Jakob Gomm

Jakob Gomm wurde am 22. Juli 1819 in Alsfassen bei St. Wendel geboren. Nach seiner Priesterweihe in Trier am 1. Juni 1844 wirkte er als Kaplan in Schweich, bis er zu Anfang des Jahres 1850 als Pfarrer nach Waldbreitbach kam.

»Margaretha stand diesem seeleneifrigen Priester treu zur Seite, besonders bei den Kranken und solchen, die ihre Christenpflicht nicht erfüllten. Wenn Kranke mit den hl. Sakramenten versehen wurden, traf sie die äußern Vorbereitungen dazu. Daß hier etwas Besonderes zur Besserung geschehen müsse, sah Herr Gomm ein; jedoch ging er auf den Vorschlag Margarethas, die ihm ihre ... Gedanken und Sorgen entdeckte, nicht ein. Ihr Plan, ein Haus zu gründen, wo sie sich mit Gefährtinnen Werken der Nächstenliebe widmen würde, widersprach seinen Ansichten«. *[ZOAWBB. 1 M 6; NR. 13.].* Die Tatsache, daß Pfarrer Gomm seit 1853 als »Regelpater« der Drittordensgemeinschaft von Waldbreitbach fungierte, führte gelegentlich zu der gezielt verbreiteten irrigen Behauptung, er sei der eigentliche »Stifter«.

Mehrmals hatte Margaretha ihren Pfarrer um die Erlaubnis gebeten, ein Haus bauen und dort mit ihren Gefährtinnen ein religiöses Leben führen zu dürfen. Pfarrer Gomm lehnte jedesmal ab. Er erkannte reichlich spät, daß seine eigenen Vorstellungen nicht zu verwirklichen waren und trug schließlich Bischof Arnoldi den Plan einer Klostergründung vor. Der Bischof genehmigte das Vorhaben für die jungen Männer am 28. März 1862 »mit herzlicher Freude«. So war auch für Margaretha Flesch – wie schon berichtet – der Weg leichter geworden.

Mit ihrer Analyse und ihren Plänen für die Sanierung der ländlichen Gemeinde hatten Pfarrer Gomm und Margaretha Flesch beide absolutes kirchliches Neuland betreten. Der dreißig Jahre alte ordentlich ausgebildete Priester mit sechsjähriger Seelsorgserfahrung als Kaplan und die aufgeweckte, durchsetzungsfähige 24-jährige junge Frau waren völlig ungleiche Partner – jedenfalls verstanden sie sich gegenseitig so. Dabei wurden die beiden sich mehr und mehr bewußt, daß einer ohne oder gegen den anderen nicht viel erreichen würde. Das manchmal durch den Pfarrer ausgelöste kleinkarierte Kompetenzgerangel und das mit den mystischen Erfahrungen Margarethas improvisierte Rollenspiel um das Durchsetzen fast gemeinsamer religiöser und sozialer Ziele mit unterschiedlichen Prioritäten nahmen darum zwischen den beiden auch nicht den Charakter einer wirklichen Konfrontation an. Kurz formuliert: Es war eine wohlwollende Distanz. Weder Pfarrer Gomm noch Mutter Rosa hatten Diplomatenblut in den Adern. So blieb ihnen in der Kirche nur eine Möglichkeit: Sich im Schatten des Allerhöchsten mit Feingefühl und Respekt zu arrangieren.

In seiner Abschiedsrede von Waldbreitbach gab Pfarrer Gomm einen Rückblick und wagte auch einen Blick in die Zukunft:
»Die Art und Weise, wie ich es ausführen wollte, war nicht die richtige; sie

war zu menschlich. Ich sehe es jetzt selbst ein: es mußte anders kommen. Es mußte so kommen, wie es die göttliche Vorsehung jetzt gefügt hat. Diese beiden Anstalten werden noch viel zu kämpfen haben und zu leiden haben«. *[OA Franziskanerbrüder vom Heiligen Kreuz. – ZAOWBB. Kopie.].*

Am 15. September 1863 übernahm Pfarrer Jakob Gomm die Leitung der bedeutenderen Gemeinde Engers bei Neuwied. Von den vielfältigen in Waldbreitbach gewonnenen Erfahrungen des Priesters mit »unkonventionellen«, selbstbewußten Laienkräften konnte die neu übernommene Pfarrei nur profitieren. Pfarrer Gomm starb am 31. März 1885 tief betrauert von seiner Pfarrgemeinde in Engers.

Daß drei seiner Pfarrkinder später einmal in die Schwesterngemeinschaft von Waldbreitbach eintreten würden, konnte Pfarrer Gomm sicher nicht ahnen: 1871 Schwester M. Adela Winnen (* 1842 – † 1878), 1881 Schwester M. Marzella Schumann, die spätere enge Vertraute von Mutter Rosa, und 1883 Willibrord Schuhmann (* 1856 – † 1939). Es ist aber anzunehmen, daß er die Aufmerksamkeit der jungen Frauen auf die Franziskanerinnen von Waldbreitbach lenkte.

Bischöflicher Kommissar

Der von Bischof Wilhelm Arnoldi am 17. Januar 1863 Pfarrer Jakob Gomm gegenüber geäußerte Wunsch, nach dessen Weggang von der Pfarrei, mögen die jungen Ordensleute »einen Seelsorger finden, der in Ihrem Geiste fortwirkt und der es versteht solche Anstalten zu leiten« *[ZOAWBB. Bischof Arnoldi an Pfarrer Gomm, 17.1.1863 – Abschrift.]*, ging mit seinem Nachfolger Gerhard Hormisch gründlich daneben.
Im 11. November 1864 wandten sich Bruder Jakobus und Mutter Rosa an das Generalvikariat in Trier und baten darum Pfarrer Gomm, »der durch seine Charakterfestigkeit, Tugend und Frömmigkeit, durch seine wissenschaftliche und asketische Bildung sowohl als auch durch seine praktische Erfahrung geeignet ist, die Anstalten im richtigen Geiste zu leiten, die Oberleitung unserer Genossenschaft gütigst zu übertragen«. *[BA-TRIER. Akten. Franziskanerbrüder vom Heiligen Kreuz, 11.11.1864.].* General-

vikar Matthias Martini (* 1797 – † 1868) reagierte prompt und ernannte den Pfarrer von Engers am 18. November 1864 zum Bischöflichen Kommissar der beiden Gemeinschaften.
Dafür brachte später der erste eigene Rektor Martin Weiler den beiden Gemeinschaften weit mehr als den bischöflich erbetenen Segen.

Mutter Rosa war bei weitem nicht mit allen Maßnahmen des Pfarrers und Kommissars einverstanden. Sie fällte aber keine wichtigen Entscheidungen, ohne ihn um Rat zu fragen. Für sie blieb er gleichzeitig geistlicher Förderer und organisatorischer Zögerer.
Mehrfach vermied er es, sich eindeutig hinter Mutter Rosa und ihr späteres Werk zu stellen und beide zu schützen und zu stützen. Dafür drei eklatante Beispiele: Die Berufung der ihm ergebenen Schwester M. Augustina Simons (* 1842 – 1865 Eintritt – † 1883) als Gründungsoberin der Niederlassung Engers, die nur als »Verbannung« zu bezeichnende Versetzung von Mutter Rosa nach Niederwenigern und sein diplomatisches »Abtauchen« während des Kulturkampfes erscheinen als deutliche Zeichen eines Zauderers, sich auf keinen Fall klar festzulegen.

Unbestritten bleibt er aber der erste – mehr erzwungene als freiwillige – Förderer der »Franziskanerterziarinnen von der allerseligsten Jungfrau Maria von den Engeln« – FBMVA. Seine bereitwillige Mitarbeit an den STATUTEN und die nicht immer kompetent und glanzvoll geleiteten Wahlen bei den Generalversammlungen belegen das klar und deutlich.
Am 21. November 1869 und am 3. August 1875 unterzeichnete er die Wahlprotokolle von Mutter Rosa zur Generaloberin. Auf eine Anfrage des Päpstlichen Delegaten und späteren Generalvikars Peter Alexander Reuß (* 1844 – † 1912) vom 17. November 1877 nach der Handhabung der Staatsgesetzte im Kulturkampf antwortete Kommissar Gomm, es würden keine Versetzungen vorgenommen, um nicht in Gewissenskonflikte zu kommen. *[BATRIER. Korum-Akten.]*. Von den von Gomm als Kommissar unterzeichneten Wahlprotokollen der Jahre 1878 und 1881 von Schwester M. Agatha Simons zur Generaloberin wird in anderem Zusammenhang zu berichten sein.

Zusammenfassend ist festzuhalten: Pfarrer Jakob Gomm hatte andere pastorale Vorstellungen – wohl beeinflußt von der Gründung des Katholischen Gesellenvereins in Neuwied im Jahre 1860 – von Caritas- und Sozialarbeit in seiner Gemeinde als die beiden Gründerpersönlichkeiten Petrus Wirth und Margaretha Flesch. Auf deren gemeinsames hartnäckiges Drängen gab er schließlich seine häufig wechselnden Widerstände gegen die Gründungen auf und wandelte sich zum Förderer der Genossenschaften. Der skeptische Taktierer war zum toleranten Befürworter der jungen Gemeinschaft der Franziskanerterziarinnen von der allerseligsten Jungfrau Maria von den Engeln FBMVA geworden.

Ihre aufrichtige Dankbarkeit gegenüber Pfarrer Gomm drückte Mutter Rosa nicht nur durch ihre Anerkennung und ihren Respekt vor seinen seelsorglichen Leistungen sowie seinem priesterlichen Wirken aus. Sie schenkte ihm drei selbst gestickte Bilder mit religiöser Thematik, von denen noch zu sprechen sein wird: 1. einen hl. Josef als »Muster der Liebe«, 2. eine »Himmelfahrt Mariens« und 3. »Das Opfer der armen Witwe im Tempel«.

4.5. Margaretha Maria Bonner – Schwester M. Franziska vom hl. Aloysius

Am 25. März 1831 in Dernau / Krs. Ahrweiler geboren kam sie wohl Anfang November 1856 [anders – wohl irrig: 1860] zu Margaretha in die Kreuzkapelle. Sie trug mit ihr die Enge der bescheidenen Behausung, machte den von Pfarrer Gomm verfügten Umzug nach Hausen mit und half unter vielen Mühen und Beschwerden beim Bau des ersten Hauses auf dem Kapellenberg, um das am 11. November bezogene Kloster zu errichten.
Die Einkleidung und Erste Profeß am 13. März 1863, die Ewige Profeß am 19. Juni 1868 und das Silberne Ordensjubiläum am 13. März 1888 konnte sie jeweils mit Mutter Rosa zusammen feiern. 25 gemeinsame Ordensjahre verbinden. Schwester M. Franziska ist deshalb zu Recht als Mitgründerin der Gemeinschaft zu bezeichnen.

Schwester M. Franziska holte auch die spätere Schwester M. Agnes Fröbus als Waisenkind aus Oberhammerstein nach Waldbreitbach. Als Profeßschwester kam sie am 3. Mai 1865 nach Niederzissen. Von dort wurde sie von ihren Vorgesetzten »wegen Mangel an entschiedenem Charakter« abberufen. Ob dabei auch emotionale Differenzen mit den aus dem Ort stammenden Geschwistern Jeup, die zeitweise Mitschwestern waren, eine Rolle spielten, ist nicht sicher auszumachen. Es ist wohl nicht ganz unwahrscheinlich, daß die dortige 2. Oberin Sr. M Agnes Kröll (1865–1866) dabei ihre Hand im Spiel hatte. Sie wollte eine loyale Mutter-Rosa-Anhängerin wohl nicht dulden. Auffällig ist jedoch die spätere Präsenz von Schwester M. Franziska Bonner von Oktober 1872 bis Mai 1874 als 4. Oberin in Niederzissen. Sie starb am 21. Juli 1897 im Marienhaus in Waldbreitbach an einem Schlaganfall.

Schwester M. Franziska Bonner war jedenfalls die erste Gefährtin, die soviel Opfersinn und Durchhaltekraft aufbrachte, daß sie blieb und zwar für immer. *[ZOAWBB. 7 M ORIG. 14f.; NR. 71.]*. Sie erzählte später den jüngeren Schwesterngenerationen, daß sie ihrem Seelsorger gesagt habe »Sie wolle in ein Kloster gehen«. Dieser habe sie zu Margaretha Flesch in die Klausen der Kreuzkapelle geschickt. »Das war doch kein Kloster«, meinte sie! *[ZOAWBB. 7 M ORIG. 15; NR. 72.]*.

4.6. Gertrud Beissel – Schwester M. Theresia vom hl. Franziskus

Ebenfalls aus Dernau / Krs. Ahrweiler stammte die am 13. September 1833 geborene Gertrud Beissel. Als früheres Dienstmädchen bei Lehrer Wolf kannte sie sich im Ort bereits aus. Sie fand sich am 9. Februar 1859 bei Margaretha in der Kreuzkapelle ein und teilte mit ihr und der bereits anwesenden Schwester M. Franziska Bonner die ersten überaus harten Jahre in Arbeit und Gebet. Sie war für den Außenverkehr zuständig: Sie holte die Kinder ab, machte die notwendigen Einkäufe, trieb bei den Gemeinden das Geld für die Kinder ein. *[ZOAWBB. AGNES FRÖBUS, Erinnerungen, 62, 68.]*. Einkleidung, Erste Profeß am 13. März 1863 und die Ewige Profeß am 19. Juni 1868 feierte sie als Schwester M. Theresia mit Mutter Rosa

und Schwester M. Franziska Bonner zusammen. Am 4. Oktober 1881 verließ sie aus Protest gegen die Wahl von 1881 die Gemeinschaft, die zu ihrem äußeren Lebensinhalt geworden war. Mehr als 18 gemeinsame Ordensjahre verbanden Mutter Rosa mit Schwester M. Theresia besonders eng.
Bereits im April des Jahres 1863 kurz nach der Ersten Profeß ging sie als Gründungsoberin nach Adenau. Knapp zwei Jahre später vermittelte Pfarrer Johann Hippolyth Parsch (∗ 1822 – † 1900) sie in gleicher Funktion für mehr als ein Jahr nach Wadern. Octavie Maria Elisabeth de Lasalle von Louisenthal bezeichnete die Gründungsoberin als »gutes Geschöpf« *[ZOWBB. LASALLE. Tagebuch, 7.2.1865].* Anfang März leitete sie für einige Monate die Neugründung Bendorf. Zu Jahresbeginn 1867 wechselte sie wiederum als Gründungsoberin nach Bendorf. Zum Jahresende 1867 ging sie in gleicher Eigenschaft nach Andernach bis sie im April 1870 in den Kriegseinsatz nach Homburg und Zweibrücken zog. In die Andernacher Jahre von 1869/70 fielen auch zahlreiche Reisen, um für den Krankenhausbau in Waldbreitbach nicht zu quantifizierende Geldmittel zu kollektieren. Den Amtsantritt des ihr schon von Adenau bekannten Pfarrers Parsch in Andernach zu Beginn des Jahres 1870 hatte sie also wohl noch miterlebt.

Fassen wir zusammen: Beim Klosterbau auf dem Kapellenberg hatte Schwester M. Theresia sich unter großen Opfern bewährt. In vier – das sind knapp 20 Prozent – zu Mutter Rosas Regierungszeit entstanden Niederlassungen war sie die erste Gründungsoberin. Zudem schaffte sie noch dringend benötigte Geldmittel für den Krankenhausbau heran.
Sie hatte gute Eigenschaften und ausgezeichnete Talente, die später der Genossenschaft noch sehr zu statten kamen. Die ihr jedoch zugemuteten Demütigungen überstiegen ihre moralischen Kräfte und veranlaßten sie nach der Wahl von 1881 zu dem allerseits beklagten Austritt. Neben diesen Vorzügen hatte sie eine gewisse Neigung zum Stolz. Mutter Rosa erkannte diese schwache Seite und behandelte sie entsprechend. Sie tolerierte die menschliche Schwäche und übte kluge Nachsicht. In der Welt führte sie bis zu ihrem Tode ein zurückgezogenes Leben. In ihrer letzten Krankheit bat sie brieflich die Genossenschaft um Verzeihung wegen des

durch ihren Austritt gegebenen Ärgernisses. *[Vgl. ZOAWBB. 7 M ORIG. 96; NR. 364].* Sie starb um 1889 wohl in ihrem Heimatort.

4.7. Gerhard Hormisch

Gerhard Hormisch, am 30. Juni 1828 in Erdorf geboren – also knapp zwei Jahre jünger als Mutter Rosa – hatte am 30. August 1862 die Priesterweihe empfangen und kam – wohl weil er sich literarisch in der Priesterausbildung betätigte – auf Ersuchen von Pfarrer Gomm als Hilfsgeistlicher nach Waldbreitbach. Kurz nach der Ordensgründung ernannte ihn die geistliche Behörde in Trier am 8. Oktober 1863 zum Kaplan und Pfarrverwalter in Waldbreitbach. Am 1. April 1864 übernahm er auch das Amt des »Regelpaters« des Dritten Ordens. In dieser Zeit verweigerte er auch Mutter Rosa die heilige Kommunion. Dieser versuchten religiös-sozialen Demontage begegnete Mutter Rosa mit den ihr eigenen Mitteln: Sie ging jetzt drei Wochen nach Neuwied oder Engers zum Empfang der Sakramente. Nachts um zwei Uhr machte sie sich auf den Weg, feierte dort die Heilige Messe mit und kommunizierte. Danach trat sie den Heimweg an und kehrte gegen elf Uhr vormittags ins Marienhaus zurück. Die stille Demonstration verfehlte ihre publizistische Wirkung schon deshalb nicht, weil sowohl der Pfarrverwalter als auch der ehemalige Pfarrer Gomm davon erfahren mußten. *[Vgl. ZOAWBB. 7 M ORIG. 36f.; NR. 154.].*

Der Pfarrverwalter schickte Novizinnen weg, verweigerte Schwestern die Kommunion und stellte ihnen die junge Kommunität als nicht attraktiv und aussichtreich dar. Eines Tages kam er sogar ungebeten ins Marienhaus und verbot sämtlichen Schwestern mit der Generaloberin zu sprechen. *[Vgl. ZOAWBB. 7 M ORIG. 36; NR. 153.].* Damit hatte er wohl den Bogen überspannt: Der Fürst von Wied als Patronatsherr versagte seine Zustimmung zur Ernennung zum Pfarrer, und so war Hormisch gezwungen, am 4. Juni 1867 die Pfarrei Spiesen zu übernehmen. Er wechselte aber schon ein knappes Jahr später nach Bettingen. Seit 1886 wirkte er als Rektor im Kloster Ebernach und starb dort am 8. August 1892 nach dreißig Priesterjahren.

Wie schon berichtet wandten sich Mutter Rosa und Bruder Jakobus am 11. November 1864 schriftlich an die Bischöfliche Behörde und baten um eine korrekte Lösung der bestehenden Schwierigkeiten. Im Auszug lautet der Text, der in der Waldbreitbacher Gemeinde eine mittlere Revolution auslöste: »Weil aber der Hochwürdige Herr Hormisch nur Pfarrverwalter ist ... auch weil nicht jeder Priester geeignet ist, Institute zu leiten und da unsere Institute noch neu sind und deshalb einer besonders guten Pflege bedürfen, so wagen wir es im Interesse der guten Sache, an ein Hochwürdiges Kapitularisches Generalvikariat die untertänigste Bitte zu stellen, dem Stifter und Gründer dieser beiden Institute, Herrn Pastor Gomm in Engers, welcher nicht weit von hier entfernt ist, und der durch seine Charakterfestigkeit, Tugend und Frömmigkeit, durch seine wissenschaftliche und asketische Bildung sowohl als auch durch seine praktische Erfahrung geeignet ist, die Anstalten im richtigen Geiste zu leiten, die Oberleitung unserer Genossenschaft gütigst zu übertragen und ihm die Befugnis zu erteilen, zu jeder ihm beliebigen Zeit des Jahres hierhin kommen zu dürfen, um diese beiden Institute zu visitieren und nachzusehen, ob alles nach dem richtigen Geiste und nach der Regel und den Statuten der Genossenschaft gehandelt werde und ihm auch die Erlaubnis zu erteilen, die zur Handhabung und Regierung der Genossenschaft erforderlichen kirchlichen Funktionen hier verrichten zu dürfen«. *[BATRIER. Akten. Franziskanerbrüder vom Heiligen Kreuz, 11.11.1864.].*
Generalvikar Matthias Martini reagierte als Behördenleiter überraschend schnell und ernannte Pfarrer Gomm schon am 18. November 1864 zum Bischöflichen Kommissar der beiden Gemeinschaften. Der Pfarrverwalter von Waldbreitbach Gerhard Hormisch war damit diplomatisch abgestraft: Er hatte für die Zukunft keinen Einfluß mehr auf die Brüder und Schwestern.

Auch unter Berücksichtigung der Tatsache, daß der junge und in der praktischen Seelsorge wenig erfahrene Priester in einem schwierigen Umfeld sein Wirken aufnahm, ist festzuhalten: Er machte ganz entscheidende pastorale Fehler durch seine Unbesonnenheit wie durch seine Überheblichkeit und mischte sich ohne jede kirchenrechtliche Legitimation in interne Angelegenheiten der Pfarrgemeinde und der Schwesterngemeinschaft ein.

4.8. Martin Weiler

Die Zahl der Mitglieder der jungen Gemeinschaften war gewachsen und machte einen eigenen Geistlichen als Seelsorger und Ausbilder für den Nachwuchs für sie dringend erforderlich. Pfarrverwalter Gerhard Hormisch war bei seiner Persönlichkeitsstruktur und der großen Ausdehnung der Pfarrei den vielfältigen Arbeitsbereichen nicht gewachsen. »Nun wurde durch das errichtete Rektorat der Priestermangel in etwa behoben. In Rektor Weiler erhielt der Seelsorger der Pfarrei Waldbreitbach«, Pfarrverwalter Heinrich Jakob Hermes, der erst im September des Jahres 1867 seinen Dienst antrat, einen »ebenso gelehrten, als eifrigen tatkräftigen Mitarbeiter«. *[Vgl. ZOAWBB. 7 M ORIG. 45; NR. 179.].* Bereits im April 1867 hatte die bischöfliche Behörde in Trier den Kaplan Martin Weiler als Rektor für die beiden Klöster nach Waldbreitbach geschickt. Dieser erste »eigene« Priester für die Schwestern und Brüder im Wiedbachtal war personalpolitisch ein ausgesprochener Glückstreffer.
Am 21. Oktober 1842 in Oberwesel am Rhein geboren, empfing Martin Weiler – noch nicht einmal 23 Jahre alt – am 1. April 1865 in Trier die Priesterweihe. Da er noch nicht das kanonisch vorgeschriebene Weihealter hatte, war zur Weihe eine besondere Erlaubnis nötig. Sie wurde in der Regel erteilt, wenn der Kandidat besondere Studienleistungen nachweisen konnte und über die charakterliche Reife verfügte. Nach gut zwei Kaplansjahren in Heimbach-Weis trat der hoch motivierte junge Priester sein neues Amt als Rektor an. Ob der frühere Waldbreitbacher Pfarrer Gomm – erst kurz Pfarrer in Engers – der seinen Nachbar-Kaplan in Heimbach sicher kannte, bei dieser Ernennung »empfehlend« eingegriffen hat? Auszuschließen ist es nicht, denn Gomm war sicher zu Ohren gekommen, welche Schwierigkeiten seit seinem Weggang Kaplan Hormisch auch in der Gemeinde hatte.

Dienste und Wohnung

Die Tätigkeit des Rektors umfaßte den priesterlichen Dienst in den Klöstern, in Seelsorge und Gottesdienst, im Katechismus-Unterricht für die Ordensleute, in der asketischen Ausbildung und geistlichen Betreuung der Brüder und Schwestern im Noviziat und schließlich auch in der Seelsorge für die Gemeinde. Das war ein immenses Arbeitsgebiet, vor allem bei den weiten Wegen.

Der Rektor hatte seine bescheidene Wohnung bei den »Franziskanerbrüdern vom Heiligen Kreuz« [FFSC] in Hausen genommen. In der ersten Zeit zelebrierte er die Heilige Messe in der Kreuzkapelle. Später war Rektor Weiler an drei Tagen der Woche zum Gottesdienst bei den Brüdern. An den übrigen Tagen feierte er den Dienst im Marienhaus. »An Sonn- und Feiertagen war für beide Klöster Gottesdienst in der Kreuzkapelle, vormittags Hochamt mit Predigt, nachmittags Unterricht und Segensandacht«. *[ZOAWBB. 7 M ORIG. 44; NR. 178.].*

Seine geistige Verbundenheit zu den Ordensleuten hatte der neue Rektor durch seinen Eintritt in den Dritten Orden des hl. Franziskus bei den Kapuzinern zu Ehrenbreitstein zum Ausdruck gebracht.

Ratgeber Mutter Rosas

Mutter Rosa fand in dem jungen Priester Martin Weiler eine große Stütze. Im November 1869 hatte er das Protokoll der Wahl von Mutter Rosa bereits mitunterzeichnet. »So entfaltete Rektor Weiler eine segensreiche Wirksamkeit in der Genossenschaft. Die Stifterin schätzte sich glücklich, einen so eifrigen Mitarbeiter in dem gelehrten und erleuchteten Priester gefunden zu haben. Seine Tätigkeit beschränkte sich nicht bloß aufs Mutterhaus. Sie erstreckte sich auch auf Filialen, indem er diese besuchte und durch Rat und Tat beistand, Mitglieder in neu zu besetzende Niederlassungen einführte und so weiter«. *[ZOAWBB. 7 M ORIG. 49; NR. 195.].*

Mit seiner unermüdlichen Hilfe verbesserte Mutter Rosa auf Anfrage des Trierer Generalvikariats die vorläufig nur grob skizzierten Statuten. Die Regel war eine Umstellung der franziskanischen Weltterziaren – Regel auf klösterliche Gemeinschaften. Gestützt auf jahrelange praktische

Erfahrungen entwarfen Mutter Rosa und Rektor Weiler die Statuten und unterbreiteten sie der bischöflichen Behörde in Trier zur Bestätigung.
Die Regel sollte die gleiche bleiben. Zu den einzelnen Bestimmungen sollten jedoch nähere Erläuterungen hinzugefügt werden. Seit dem Gründungstag befolgte die Genossenschaft die Regel von Papst Leo X. (∗ 1475 – 1513 Papst – † 1521).
Neben Rektor Weiler, Kommissar Gomm und Peter Wirth hat an den Vorlagen wohl auch der Franziskaner-Provinzial Gregorius Theodor Janknecht OFM (∗ 1829 – † 1896) mitgearbeitet.
Auch Schwester M. Agatha Simons erinnerte sich daran, allerdings vertauschte sie die Positionen der Beteiligten: In den Jahren 1868 und 1869 haben der Herr Kommissar Gomm und Rektor Weiler eine Regel entworfen mit Beratung der Mutter Rosa und Bruder Jakobus, dem Oberen der Brüder. *[Vgl. ZOAWBB. AGATHA SIMONS, Aufzeichnungen ..., 47.].*

Pädagogisches und schriftstellerisches Wirken

Rektor Weiler »hatte eine Anzahl Schwestern in den Elementarfächern unterrichtet. Nur noch ein paar Monate zur Vorbereitung auf ihr Examen waren vorgesehen, als er abreiste. Durch diese Unterbrechung trat eine ... Verzögerung ein und ungünstige Zeitverhältnisse wie Krieg und Kulturkampf verhinderten die Ausübung dieser Tätigkeit, die die Stifterin in der Genossenschaft einführen wollte. In den Statuten heißt es unter anderem ›Unterricht in den Elementarfächern kann erteilt werden‹. Aus diesem Grunde unterblieben die Examen. Die Vervollkommnung der Kenntnisse, die sie durch Unterricht während der drei Jahre seiner Wirksamkeit als Rektor sich erworben hatten, gereichten der Genossenschaft zum Vorteil«. *[ZOAWBB. 7 M ORIG. 49; NR. 196.].* Der begnadete Erzieher hatte schnell erkannt, wie wichtig es für die oft nur bescheiden ausgebildeten Schwestern war, das Lernen erst einmal zu lernen. Sein Nachfolger hatte zum Verfolgen dieses Zieles weder die fachliche Qualifikation noch den bildungspolitischen Willen.
Die praktischen Seelsorgserfahrungen, die der Rektor in Gottesdiensten, im Unterrichten der Ordensleute, in ihrem geistlichen Leben und als ordentlicher Beichtvater gemacht hatte, vermochte er trotz ihrer zeitlichen

Beanspruchung, auch noch schriftlich niederzulegen, zu bearbeiten und schließlich zu veröffentlichen. Unter dem Titel »SO SOLLT IHR BETEN!« verfaßte er das für Brüder und Schwestern des Dritten Ordens des hl. Vaters Franziskus aus der Genossenschaft von Waldbreitbach bestimmte Gebetbuch. Es erschien als Manuskript gedruckt erstmals 1869 in Linz und hatte über 300 Seiten. Unter dem veränderten Titel »LOBE DEN HERRN, MEINE SEELE!« erlebte es eine zweite Auflage. Die vom Rektor redigierten »STATUTEN DER FRANZISCANER-TERTIARIER-SCHWESTERN VON WALDBREITBACH« erschienen im selben Jahr in Linz. Ein Jahr später gelangte ein kleineres Werk von 20 Seiten über »GELÜBDE UND ORDENS-GELÜBDE. IHR WESEN UND INHALT« ebenfalls in Linz am Rhein zum Druck. Kurz formuliert kann man die Zielsetzung der Schriften beschreiben: Aus der Seelsorgs-Praxis für die Praxis der Seelsorge.

Schwerer Abschied

Auf den kulturell und spirituell interessierten Rektor ging auch die Bekanntschaft von Mutter Rosa mit der Freifrau Octavie Maria Elisabeth de Lasalle von Louisenthal zurück. Sie malte ein ausdrucksvolles Portrait (21 cm x 30 cm) in Öl auf Zink von Martin Weiler, das sie allerdings erst am 2. Mai 1876 vollendete. *[BACKES, Lasalle, 156. – MOLZ, Lasalle, Teil 2., 171, 176.]*. Mutter Rosa hatte dem schwerkranken ersten Rektor Martin Weiler als Dank für seinen Einsatz und Erinnerung an die Schwestern ein von ihr gesticktes kleines Bild »Ecce Homo« geschenkt.

Am 29. Juli 1870 wurde Rektor Weiler wegen eines Lungenleidens nach Kreuzweiler/Saarburg versetzt. Der junge und theologisch überdurchschnittlich gebildete Priester hatte die lernwilligen Schwestern und Brüder während seines knapp dreijährigen Rektorates mit großer Umsicht beraten und geführt. Die pädagogische Begabung, gediegene Frömmigkeit und unermüdliche Einsatzbereitschaft des Mitzwanzigers wirkten mitreißend. Die jungen Ordensleute und ihre Oberen hatten seinen geraden, offenen Sinn und seinen freundlichen, gütigen Charakter zu schätzen gewußt. Für die beiden Klöster in Waldbreitbach war seine Versetzung und noch mehr sein allzu früher Tod am 17. November 1871 in Kreuzweiler ein herber Verlust. Schwester M. Agatha bedauerte pflichtgemäß, er habe »dem Kloster so viel getan ... das war wohl hart für die Schwestern«. *[Vgl. ZOAWBB. AGATHA SIMONS, Aufzeichnungen ..., 48.].*

4.9. Octavie Maria Elisabeth de Lasalle von Louisenthal

Octavie Maria Elisabeth de Lasalle von Louisenthal erblickte am 16. Dezember 1811 als 8. Kind und 5. Tochter in einer adeligen Familie zu Metz, die dem bayrischen Königshaus eng verbunden war, das Licht der Welt.
Die junge Adlige – in München bis zum Jahre 1836 aufgewachsen – war gebildet, trat sicher und selbstbewußt auf und galt als besonders gutaussehend. Ihre kulturelle Bildung – französisch grundgelegt – war später geistig vom Görres-Kreis, von der Münchener Romantik und künstlerisch von der dortigen Malerschule beeinflußt. Auch ihre soziale Einstellung verdankte sie dem Münchener Ambiente sowie dem Mainzer Kreis. Octavie beschäftigte sich überwiegend – wie es sich für adlige Damen gehörte – mit Musik und bildender Kunst. Ihr großes Vorbild blieb zeitlebens Friedrich Overbeck (∗ 1789 – † 1869). Im eigenen Atelier auf Schloß Dagstuhl malte sie vornehmlich religiöse Motive, die sie gelegentlich mit einem »Rotkehlchen« oder mit dem Kürzel »OvLL« signierte. *[MOLZ, Lasalle, Teil 2., 169.].* Mit ihrer persönlichen Eitelkeit überwand sie aber gelegentlich auch künstlerische Grenzen. Davon zeugen mehrere Selbstporträts der schönen wohlhabenden Frau. *[FOTO: BACKES, Lasalle, 64. – MOLZ, Lasalle, Teil 2., Titelbild u. 169ff.].* Ihre Gemälde – ganz im Stil der Neuromantiker und der Nazarener der Münchener und Düsseldorfer Malerschule – erlangten in ihrem sozialen Umfeld sowie in Kirchen und Klöstern eine gewisse regional begrenzte Beliebtheit. Ihre dichterischen Ergüsse blieben weniger überzeugend.

Octavie Maria Elisabeth de Lasalle von Louisenthal lebte seit 1836 überwiegend auf dem im Jahre 1807 von ihrer Familie erworbenen Schloß Dagstuhl bei Wadern. Es wurde zwischen 1760 / 1762 am Fuße der gleichnamigen Burg errichtet und wechselte mehrfach den Besitzer.
Zu diesem Gut, das bis 1957 im Familienbesitz blieb, gehörten 1500 Morgen Land. In der 1763 im Spätbarock gebauten Schloßkapelle schuf

die »Malergräfin« Szenen aus dem Marienleben und einen bekannten Kreuzweg. *[FOTO: BACKES, Lasalle, 16].*

Aus einer Liebesbeziehung mit einem General [dem späteren Wilhelm I. von Preußen] hatte die knapp Dreißigjährige seit Mai 1840 einen unehelichen Sohn. Eine Heirat war wohl aus Standesgründen nicht möglich. Den Sohn übergab sie einer Amme. Diese Frau ließ das Kind am 7. Mai 1840 in Trier als ihren Sohn Johann Matthias Klasen ins Geburtsregister eingetragen. *[BACKES, Lasalle, 16, 166, A. 50.].* Dem widersprach für die damalige Zeit nicht, daß sie am 31. Juli 1842 durch König Ludwig I. die Aufnahme als Ehrenstiftsdame des Münchener Damenstiftes St. Anna erhielt. *[BACKES, Lasalle, 11f., 147f., A. 21f.].*

Es ist nicht ganz unwahrscheinlich, daß ihre Bekehrung um das Jahr 1843 auf die Beschäftigung mit dem Gedankengut des französischen Religionsphilosophen Blaise Pascal (∗ 1623 – † 1662) zurückgeht. *[LASALLE, Erinnerungen, 4: BACKES, Lasalle, 31,57f.].*
»Die christliche Religion ist die poetischste, menschlichste, die der Freiheit der Künste und der Wissenschaften gewogenste. Die moderne Welt verdankt ihr alles. ... Es ist in keiner Weise Schande, mit Newton, Bossuet, Pascal und Racine zu glauben.« *[LASALLE, Erinnerungen, 34: BACKES, Lasalle, 33f.].*
So hatte die gebildete Künstlerin bald keine Probleme mehr, die Ansichten des großen Philosophen auch zu verinnerlichen.
»Der Gott der Christen ist ein Gott, der die Seele[n] fühlen läßt, daß er ihr einziges Gut ist; daß ihre ganze Ruhe in ihm ist, daß sie keine Freude haben wird, als ihn zu lieben, und ein Gott. der sie zu gleicher Zeit die Hindernisse verabscheuen läßt, ... Gott aus allen ihren Kräften zu lieben. ... Dieser Gott läßt sie fühlen, daß sie eine solche Menge an Eigenliebe hat, die sie zugrunde richtet, und die er allein heilen kann.« *[PASCAL, Gedanken, 284, NR. 575].*
Octavie Maria Elisabeth de Lasalle von Louisenthal starb am 25. Februar 1890 auf dem ihr so ans Herz gewachsenen Schloß Dagstuhl bei Wadern. *[BACKES, Lasalle,51.].*

Persönliche Begegnungen

Im April 1865 kam die Generaloberin Mutter Rosa das erste Mal nach Wadern, um die Neugründung zu besuchen. In den folgenden Jahren von 1865–1876 war sie mit Ausnahme von 1867 und 1874 regelmäßig einmal jährlich zur kirchlichen Visitation in Wadern und natürlich auch in Schloß Dagstuhl. Im Jahre 1871 war sie gleich zweimal – nämlich im September und im Oktober in der von ihr so geschätzten Filiale. Bei ihren Besuchen besprach sie nicht nur dienstliche Fragen mit Oberinnen und Schwestern. Auch private Kontakte mit der Familie Lasalle und besonders intensive Gespräche mit der »Malergräfin« standen auf dem Programm.

Tagebücher

Im Stil der Zeit verfaßte Octavie durchaus aussagekräftige Tagebücher in französischer Sprache. Es waren persönlich gehaltene Eintragungen in gebundenen Jahreskalendern. Ihr jüngerer Bruder Rudolf Johann Peter Freiherr de Lasalle von Louisenthal (∗ 1816 – † 1892), von 1868–1875 Landrat des Kreises Merzig *[ROMEYK, Verwaltungsbeamte, 596.]*, schenkte seiner Schwester die »Landwirtschaftlichen Frauenkalender« der Jahre 1863–1889 jeweils zu ihrem Geburtstag am 16. Dezember. *[ZOAWBB. LASALLE, Tagebuch = Tagebuchnotizen Octavie de Lasalle von Louisenthal, in: »Landwirtschaftlicher Frauenkalender« der Jahre 1863–1889].* Dieser »Landwirtschaftliche Frauenkalender« erschien bei Paul Parey in Berlin im Format 8,5 cm x 13,6 cm. Octavie von Lasalle besaß die Exemplare der Jahre 1863 bis 1889. Der Erhalt dieser Tagebücher ist Schwester M. Jucunda Schwarz (∗ 1879 – 1907 Eintritt – † 1959) zu verdanken, die sie bei ihren Recherchen 1936/37 auf Schloß Dagstuhl fand. *[ZOAWBB. Personalienbuch B 0469 – 2,].* Die Eintragungen über Mutter Rosa verdienen mehr wegen ihrer Qualität Beachtung als durch ihre Quantität. Eine kurze Auswahl soll das wenigstens verdeutlichen.

Die erste zutreffende Bemerkung über Mutter Rosas Charakter notierte Octavie zum 29. April 1865: »Heute kam die Generaloberin von Waldbreitbach hierher – einfach und schlicht«. *[ZOAWBB. LASALLE, Tagebuch,*

29.4.1865. – BACKES, Lasalle, 55.]. Zum 11. April 1866 vermerkte die Gastgeberin: »Die Generaloberin kam zur heiligen Kommunion – ›es ist das beste, was die Erkenntlichkeit bieten kann‹. – Ich dankte ihr. Sie frühstückte, gab ihre Ratschläge, machte ihr Geldangebot, dann brach sie mit der Postkutsche auf; die beiden Schwestern [Theresia Beissel und Anastasia Diestelrath] brachen in Tränen aus«. Octavie kommentierte weiter: »Schöne klare Seele – Mutter Maria Rosa«. *[ZOAWBB. LASALLE, Tagebuch, 11.4.1866. – BACKES, Lasalle, 63.].* Zehn Jahre später charakterisierte Octavie ihre Freundin im Tagebuch zum 3. August 1876 kurz und einfühlsam: »Esprit lucide, coeur chaud et prieux«. [»Leuchtender Geist, warmes frommes Herz]«. *[ZOAWBB. LASALLE, Tagebuch, 3.8.1876 – BACKES, Lasalle, 123, 224].*

Octavie lernte ihre Freundin Mutter Rosa aber auch als entschlossene Frau kennen, wenn es um die Regel ihrer Gründung ging. Sie notierte zum 22. Juni 1870: »Ich habe die Generaloberin im Hospiz besucht. Sie ist sehr unzufrieden mit Schwester M. Anastasia wegen des Verweilens der Köchin mit ihrem Kinde im Hospiz, weil sie mit den Schwestern zusammen speiste«. *[ZOAWBB. LASALLE, Tagebuch, 22.6.1870. – BACKES, Lasalle, 68.].* Als äußeres Zeichen für die Anteilnahme an ihrem physischen Wohlergehen verwahrte sich Octavie ein Rezept von Mutter Rosa aus dem Jahre 1871 für ein Mittel gegen Asthma: »1 Groschen Isländisch Moos, 1 Groschen Althee, 6 Pfennig Fenchel, 6 Pfennig Rote Kornblume, 1/4 Pfund Korinthen, 1/4 Pfund Rosinen, 1/4 Pfund Feigen, von 4–3 Maas verkocht, auspressen – 1 Pfund brauner Kandiszucker, täglich 1/2 Tasse einnehmen, mit etwas Hafer- oder Gerstenschleim vermengt – 8 Tage.« *[ZOAWBB. – Notiz LASALLE, Tagebuch, 1871].*

Im September 1871 kam die Generaloberin wieder nach Wadern zur Visitation. Freiin Lasalle notierte: »Kommunion der Generaloberin von Waldbreitbach und der Schwester M. Bibiana [Stuppertz] und Frühstück und Besuch im Atelier. Vertraulichkeiten.« *[ZOAWBB. LASALLE, Tagebuch, 7.9.1871].*
Im Mai 1872 besuchte Octavie auf der Reise nach Waldbreitbach das Grab der an den Pocken verstorbenen Schwester M. Anastasia Diestelrath, die

sich um die Gründung der Niederlassung Wadern besonders verdient gemacht hatte. Der Besuch war wohl auch der Anlaß für die beiden Aquarellbilder der Kreuzkapelle. *[ZOAWBB. LASALLE, Tagebuch, 12.5.1872. – BACKES, Lasalle, 126.].* Am 3. August 1875 visitierte Mutter Rosa wiederum die Filiale Wadern. Freiin Lasalle notierte: »Heilige Messe. Besuch der Generaloberin von Waldbreitbach. Interessanter Bericht über ihr Verhör durch den Landrat und Bürgermeister, ihre Antworten«. *[ZOAWBB. LASALLE, Tagebuch, 3.8.1876 – BACKES, Lasalle, 123, 224.].*

Vom 21. bis 24. September 1878 reiste Mutter Rosa dann noch einmal nach Wadern und Schloß Dagstuhl. Sie besuchte wie so oft die Heilige Messe in der Schloßkapelle. Die beiden Freundinnen plauderten und verabschiedeten sich, wohl kaum ahnend, daß es die letzte persönliche Begegnung war. *[ZOAWBB. LASALLE, Tagebuch, 21.–24.9.1876 – BACKES, Lasalle, 126f.].*

Gemälde

Ein Teil der qualitativ unterschiedlichen Aquarell- und Ölgemälde der Künstlerin aus dem Adelsstand thematisieren in Auszügen das Leben der einfachen Mutter Rosa Flesch und ihrer Gründung. Sie bieten erstaunliche Einblicke, wie die der Kirche verbundene Malerin versucht, die Berufungsgeschichte eines Mädchens vom Lande in Ereignissen, Gebäuden, durch nahe- und fernstehende Personen sowie persönlich geschilderte mystische Erfahrungen zu erfassen.
Darum seien die wichtigsten bekannten Gemälde hier wenigstens aufgeführt und kurz skizziert:

Octavie de Lasalle hatte bereits im Jahre 1866 ein Porträt von Mutter Rosa in Ölfarbe auf Zinkblech (21 cm x 30 cm) gemalt. Über das Gemälde, das sich heute im Mutterhaus befindet, wird in anderem Zusammenhang ausführlicher zu berichten sein. *[BACKES, Lasalle, 208 – MOLZ, Lasalle, Teil 2., 171.].*

1. Am 11. Februar [Jahrestag der Erscheinung in Lourdes !] 1866 hatte

Mutter Rosa ihre Künstlerfreundin Octavie brieflich gebeten, ein Bild der Gottesmutter zu malen. Octavie hatte diesen Wunsch zum 3. September bereits erfüllt und notierte in ihrem Tagebuch, Mutter Rosa zeigte sich »so dankbar für ›die Jungfrau‹, die ich ihr geschickt habe«. Das Bild sollte zunächst nach Adenau kommen; doch wurde es für die erste Kapelle des Mutterhauses bestimmt. *[BACKES, Lasalle, 64f., 181].* »Ein vergleichender Blick auf das von Octavie gemachte Foto von Mutter Rosa, die beiden gemalten Herz-Jesu-Visionen und das spätere Ölgemälde ... sowie auf das Marienbild legt den Gedanken nahe, daß die Porträtistin Mutter Rosa als Modell für dieses Bild genommen hat«. [*BACKES, Lasalle, 64f. – Vgl. BACKES, Flesch – Spruch und Bild. 20. Relief.].*

2. Kreuzweg für die Kapelle von Waldbreitbach – 14 Stationen – 1870 in Öl auf Zink – in Originalrahmen (20 cm x 25 cm). Octavie von Lasalle vermerkte in ihrem Tagebuch zum 22. Juni 1870: »Die Schwestern Anastasia und Alphonsa fahren nach Waldbreitbach. Ich habe die 14 Stationen [des Kreuzweges], die für die Generaloberin gemalt worden sind, mitgegeben«. *[ZOAWBB. LASALLE, Tagebuch, 22.6.1870. – BACKES, Lasalle, 67f. – MOLZ, Lasalle, Teil 2., 170, 182.].* Acht Monate hatte die Künstlerin an diesen in Öl auf Zink gemalten und in Originalrahmen gefaßten Bildern gearbeitet.

3. Mutter Rosa und die Erscheinung des heiligsten Herzen Jesu. *[ZOAWBB. LASALLE, Tagebuch, 1.4.1871. – BACKES, Lasalle, 80. – MOLZ, Lasalle, Teil 2., 171.].* Mutter Rosa hatte der Freundin wohl von ihrem Lebensideal als Jungfrau und von der Erscheinung des heiligsten Herzen Jesu erzählt. Der Herr habe ihr das Modell eines Klosters reichen wollen. Als sie es annehmen wollte, sei die Erscheinung zu Ende gewesen. *[ZOAWBB. LASALLE, Tagebuch, 1.4.1871. – BACKES, Lasalle, 80. – MOLZ, Lasalle, Teil 2., 171.].* Bereits am 1. April 1871 hatte die Künstlerin in ihren Kalender eingetragen: »Eine mystische Erscheinung malen für die Oberin von Waldbreitbach«. *[ZOAWBB. LASALLE, Tagebuch, 1.4.1871 – MOLZ, Lasalle, Teil 2., 171.].*
Ende Oktober desselben Jahres war Mutter Rosa wieder in Wadern. Lasalle erinnerte sich: »Nach der Messe mit der Generaloberin von Waldbreitbach. Sie blieb, um mit der Familie zu speisen....«. *[ZOAWBB. LASALLE,*

Tagebuch, 27.10.1871]. Am folgenden Tag, dem 28. Oktober 1871 waren die beiden Bilder fertig. Die Künstlerin schenkte der Generaloberin M. Rosa Flesch diese kleinen Ölbilder, die eine Herz-Jesu-Vision der Gründerin in unterschiedlicher Darstellung wiedergaben. Die beiden Bilder unterschieden sich: eines zeigt die Innenansicht des Hauses, das andere die Außenansicht. Auf einem sind drei männliche Personen und eine Frau erkennbar – die Stiefmutter mit Verehrern Margarethas. Mutter Rosa verschenkte sie an ihre Halbbrüder Johann und Ägidius.
Ein am 27. Dezember 1944 zerstörtes Ölgemälde auf Zink (21 cm x 30 cm) von Octavie von Lasalle stellte den Herrn dar, wie er Margaretha ein kleines Kloster reicht. Zwischen Christus und Margaretha waren eine Frau und drei Männer zu erkennen. Ein Foto des Bildes ist erhalten. *[MOLZ, Lasalle, Teil 2., Foto: 138, 171.].*

4. Kreuzkapelle und Prozession der Franziskanerinnen – Aquarell vom 14. Mai 1872. *[BACKES, Kreuzkapelle, 41.].*

5. Kreuzkapelle – Aquarell vom 24. September 1872. *[BACKES, Lasalle, 158. – MOLZ, Lasalle, Teil 2., 178.].*

6. Allegorie-Vision: Ereignisse des Kulturkampfes in der Vorausschau der Mutter Rosa – 1873 Aquarell (18 cm x 24 cm). *[MOLZ, Lasalle, Teil 2., 171, 176.].* Im Tagebuch der Malerin sind dazu folgende Eintragungen zu finden:
7. November 1873: »Nach der Messe Plauderei im Atelier« ... »Lesungen« ... »Allegorie-Vision der Generaloberin«; 9. November 1873: »Diese Vision beschäftigte mich die ganze Nacht« *[BACKES, Lasalle, 95, 222.]*; 19. Dezember 1873: »Skizzieren eines Sinnbildes, Vision für die Mutter von Waldbreitbach« – «Esquisser emblème vision pour la Mère de Waldbreitbach« *[BACKES, Lasalle, 116, 222.]*; 29. Dezember 1873: »Dessin d'une vision pour la Supérieure de Waldbreitbach« *[BACKES, Lasalle, 116, 222.]*; 30. Dezember 1873: »Envoyé le dessin vision á la Supérieure de Waldbreitbach« – »Die Zeichnung, Vision an die Superiorin von Waldbreitbach geschickt.« *[BACKES, Lasalle, 116, 222.]* und am 13. Januar 1874: »Lettre de Waldbreitbach. La Supérieure est satisfaite du tableau vision«.

»Brief aus Waldbreitbach. Die Superiorin ist mit dem Bilde ›Vision‹ zufrieden«. *[BACKES, Lasalle, 116, 222.]*,
Dieses nach Angaben von Mutter Rosa über eine Vision gestaltete Bild ist eine allegorische Darstellung. Im Vordergrund ist der gefesselte Bischof Matthias Eberhard zu sehen. Auch Otto von Bismarck und Kultusminister Falk sind deutlich zu erkennen. Am 6. März 1874 wurde der Bischof verhaftet. Octavie de Lasalle hatte diese Vision aber bereits 1873/74 im Bilde festgehalten. *[BACKES, Lasalle, 97f.]*. Das Aquarell-Bild (18 cm x 24 cm) befindet sich im Mutterhaus. *[FOTOAUSSCHNITTE: BACKES, Lasalle, 160f.]*. Das Spruchband auf dem Bild weist auf eine Vision von 1848 hin: »Wehe! Dreimal wehe der bejammernden Welt!!!« *[BACKES, Testament, 132.]*.
Der Erhalt dieses bedeutsamen Gemäldes ist Schwester M. Mirjam Kreidt (*1891 – 1914 Eintritt – † 1968) zu verdanken, die es bei ihren Recherchen am 16. September 1951 auf Schloß Dagstuhl fand. *[ZOAWBB. Personalunterlagen. – BACKES, Lasalle, 221f.]*.

7. Rektor Martin Weiler von Waldbreitbach – 2. Mai 1876 Portrait Öl auf Zink (21 cm x 30 cm). *[BACKES, Lasalle, 156. – MOLZ, Lasalle, Teil 2., 171, 176.]*.

8. Mutter Rosa Flesch – um 1880. *[BACKES, Kreuzkapelle, 40.]*.

9. Kreuzweg für das Hospiz in Wadern – Beginn 5. März 1879 bis 24. März 1880 – Übergabe 15. Juli 1880 Waldbreitbacher Franziskanerinnen. *[MOLZ, Lasalle, Teil 2., 182.]*.

Führen wir uns noch einmal vor Augen: Größer als zwischen Octavie de Lasalle und Rosa Flesch konnten soziale Unterschiede in einer Freundschaft kaum sein. Stark religiös geprägtes Denken, eine innige und vertrauensvolle Beziehung sowie das gemeinsame Interesse an Caritas und Kunst im Dienst der Verkündigung haben sie diese Unterschiede nicht als trennend empfinden lassen. Die fromme adlige Künstlerin und die einfache schlichte Ordensfrau haben sie gewiß mehr durch gemeinsames Beten und Meditieren als durch intellektuelle Diskussionen überwunden.

4.10. Konrad Probst

An Stelle des beliebten Rektors Weiler sandte die bischöfliche Behörde im September 1870 Konrad Probst als neuen Rektor ins Marienhaus. Der 26-jährige Priester stellte sich der zwanzig Jahre älteren Gründerin Mutter Rosa, die im Lazarett in der Kriegskrankenpflege in Trier tätig war, und den dortigen Schwestern als zukünftiger Rektor des Marienhauses vor. *[Vgl. ZOAWBB. 7 M ORIG. 71f.; NR. 264.].*

Konrad Probst, am 14. Juli 1844 als Sohn eines Schuhmachermeisters in Koblenz geboren und vom späteren Philipp Kardinal Krementz gefördert, empfing am 6. Dezember 1866 die Priesterweihe. Er wirkte vier Jahre als Kaplan an St. Paulin in Trier. Bischof Matthias Eberhard übertrug dem jungen Priester am 10. September 1870 das Amt des Rektors »der Kapellen der Brüder und Schwestern« von Waldbreitbach. *[ZOAWBB. 10.9.1870, Ernennungsurkunde von Bischof Matthias Eberhard für Konrad Probst zum Rektor.].* Wenige Monate nach seinem 27. Geburtstag trat der Neuernannte am 17. September 1870 seinen Dienst in Waldbreitbach an. Von 1871 bis 1890 wirkte er neben seinen anderen Tätigkeiten auch als ordentlicher Beichtvater der Schwestern.

Diese problematische Personalentscheidung hatte eine ungeheure Tragweite. Ihre Folgen waren für keinen der Beteiligten absehbar. Der bischöfliche Geheimsekretär Ägidius Ditscheid (∗ 1840 – † 1914), Studiengenosse und kurze Zeit Mit-Kaplan von Probst, hatte wohl die bischöfliche Entscheidung mit vorbereitet. Der Sekretär stammte aus einer alteingesessenen Familie im nahe beim Kloster gelegenen Stopperich und hatte sich dem Bischof wohl auch als Kenner der »Waldbreitbacher Szene« empfohlen.

Die Ernennung von Rektor Probst prägte die Geschichte der Genossenschaft nachhaltig über viele Jahrzehnte. Der neue geistliche Rektor hielt sich weder an den erteilten Auftrag noch an die Statuten, die forderten, »einen Geistlichen [zu] haben, der ihnen zu bestimmten Tagen das Wort Gottes vorhalte, auch zur Buße und den Tugenden sie anleite«. *[STATUTEN 1869, 4. Kap., 12.].*

Mit dem Amtsantritt von Rektor Probst am 17. September 1870 begann eine Zeit, die sich aus den Beständen des Klosterarchivs nur schwer darstellen läßt. Die Unterlagen sind unvollständig, gefälscht, fehlen oder wurden systematisch vernichtet. Als Hauptverantwortliche für den mangelhaften Aktenbestand kommen – wie im Folgendem noch deutlich wird – zunächst Rektor Probst selbst, dann Schwester M. Agatha Simons und wohl auch Schwester Rosa II Becker in Betracht. Eine auf Grund der Quellenlage nicht eindeutig zu klärende Position nahm auch der Franziskanerpater Ambrosius Dreimüller (∗ 1825 – † 1896) ein. Nach 1885 leitete Rektor Probst zusammen mit Mutter Agatha die Sekretärin Schwester M. Rosa II. Becker an, das Schwesternbuch zu fälschen und Namen und Daten von Mutter Rosa Flesch daraus zu tilgen. *[Vgl. ZOAWBB. 7 M ORIG., 103, Nr. 393.]*.

Eine wichtige Quelle zu Leben und Wirken des Rektors und zur Geschichte der Genossenschaft der Jahre 1884 bis 1893 hat als verschollen zu gelten. Das mit mehr als 440 Seiten sehr umfangreiche persönliche Tagebuch des Rektors wurde noch von dem Franziskanerpater Leonhard Lemmens (∗ 1864 – † 1929) für seine einseitige Geschichte der Genossenschaft benutzt. *[Vgl. LEMMENS, Festschrift, 63 u. 66.]*. Seit 1913 tauchte es nicht wieder auf. Gezielte Anfragen ergaben keinen Bescheid.

Konrad Probst wohnte anfangs wie sein Vorgänger bei den »Franziskanerbrüder vom Heiligen Kreuz« [FFSC] im nahegelegenen Hausen. Dreimal wöchentlich zelebrierte er die Heilige Messe bei den Brüdern, dreimal bei den Schwestern auf dem Berg und jeweils am Samstag in der Kreuzkapelle. Dazu kamen das Beichthören, das Erteilen des Unterrichts für Noviziats- und Profeßvorbereitung sowie die jährlichen Exerzitien in beiden Gemeinschaften. Sonntags hielt er auch in der Pfarrkirche Gottesdienst. Dort mußte er ebenfalls beim Beichthören aushelfen. *[Vgl. ZOAWBB. AGATHA SIMONS, Aufzeichnungen …, 48.]*.
Es sollte aber alles in eine ganz andere Richtung gehen, als Bischof und Ordensleitungen es geplant hatten. »Rektor Probst war nicht mit der

Leitung der Genossenschaft und der Wahrnehmung zeitlicher Geschäfte ... beauftragt worden; bischöflicher Vertreter war und blieb Kommissar Gomm zu Engers. Dieser bediente sich aber immer seiner Vertretung«. *[LEMMENS, Festschrift, 58.].* Der noch junge und wenig erfahrene Rektor »handelte als erste Autorität in der Genossenschaft. Im Mutterhaus standen ihm alle Räume offen. Oft erschien er ganz unerwartet im Refektorium ... Er beobachtete die Tische beim Essen und wenn er glaubte an einem Ende sei etwas besseres als am anderen, dann mahnte er, dies zu vermeiden. Auch in der Küche überraschte er die Köchin, wenn sie in der Mittagszeit die Speisen bereitete und sorgte für Einheitlichkeit, die Kranken ausgenommen«. *[Vgl. ZOAWBB. 7 M ORIG. 145; NR. 557.].*
Schwester M. Agnes Fröbus, ehemaliges Waisenkind und gute Kennerin der Klosterszene erinnerte sich: »Rektor Probst hat fast in alles eingegriffen. Er war immer dabei, auch bei Abstimmungen, oben im Rat«. *[ZOAWBB. AGNES FRÖBUS, Erinnerungen, 8, 122.].*
Ein krasses Beispiel für einen ernsten Konflikt bei einer seiner Kompetenzüberschreitungen:
Der Rektor entschied ohne Rücksprache mit der Generaloberin Mutter Rosa und dem Rat, daß obwohl alles für die Erste Profeß von Schwester M. Agnes Fröbus am 18. Dezember 1873 vorbereitet und Kommissar Gomm aus Engers bereits angereist war, diese diesmal noch nicht zur Profeß zugelassen werde. Ob es »objektive« Gründe gab oder er nur die Einkleidung seiner leiblichen Schwester Margaretha Probst als M. Modesta (∗ 1856 – 1872 Eintritt – † 1887) vorziehen wollte, ist nicht sicher zu klären, aber wahrscheinlich. Um für die beteiligten Führungskräfte diese peinliche Angelegenheit nicht zur öffentlichen Blamage aufzubauschen, mußten eben beide Schwestern auf einen späteren Termin warten. *[Vgl. ZOAWBB. AGNES FRÖBUS, Erinnerungen, 8, 122.].*

Für Predigten und Unterweisungen benutzte der Rektor vornehmlich französische theologische Literatur. Vor allem schätzte er das ihm wichtig erscheinende Werk: »Compendium theologiae moralis« [Kompendium der Moraltheologie] des französischen Moraltheologen Jean Pierre Gury SJ (∗ 1801 – † 1866). Das kasuistische Lehrbuch war in über zwanzig Auflagen und seit 1854 in Regensburg auch in deutscher Sprache erschienen. und zeichnete sich durch Kürze, Klarheit und klare Anordnung aus. Darüber hinaus bot das Werk knappe und genaue Begriffe, die wichtigsten Lösungen für Gewissensfälle sowie für einzelne besonders umstrittene geistliche und praktische Problemstellungen. Seelenführer hielten ihre Beichtkinder schon einmal von der Kommunion fern, um ihren Gehorsam und ihre Demut zu prüfen oder aus einem anderen vernünftigen Grund. *[Vgl. ST. FELDHAUS, Pierre Gury, in: LTHK 4 (3. Aufl. 1995) 1111. (LIT.)].* Vom franziskanischen Ideengut und der Spiritualität des hl. Franziskus hatte Rektor Probst aber nur etwa soviel erfaßt wie Mutter Rosa von kirchenrechtlichen Fachdiskussionen.

Schon bald nach 1875 hatte der ehrgeizige Priester sein länger angestrebtes erstes Ziel erreicht: Statt als geistlicher Rektor zu wirken, machte er sich mehr und mehr zum Direktor der beiden Genossenschaften von Waldbreitbach. Das erleichterten natürlich die für ihn günstigen Umstände: die Vakanz des Bischöflichen Stuhles in Trier (1876–1881), die Unentschiedenheit und das Ausweichen bei Konflikten von Pfarrer Gomm († 1885), die häufig dienstlich bedingte Abwesenheit von Mutter Rosa sowie ihre wenig loyalen Mitschwestern – allen voran Schwester M. Agatha Simons.

Im Jahre 1879 kam ein junger Priester als geistlicher Rektor zu den Brüdern. Von da an zelebrierte Rektor Probst täglich bei den Schwestern die Heilige Messe. *[Vgl. ZOAWBB. AGATHA SIMONS, Aufzeichnungen ..., 49/50.].* Damit hatte er ein zweites Ziel erreicht: Seine ständige Präsenz auf dem Kapellenberg und seine Kompetenzüberschreitungen in fast allen Bereichen des Kommunitätslebens ließen ihn nach außen hin als »Kleinbischof« oder »Superpfarrer« von Waldbreitbach erscheinen.

Diesen Zustand nutzte der Rektor auch im Jahre 1886, sich als »Bischöflicher Kommissar« der Brüder aufzuspielen und in die Ausbildung der dortigen Novizen einzugreifen. Die Beschwerde der Brüder, wohl unterstützt von Pater Ferdinand Kohlschreiber SJ (* 1823 – † 1898) – brachten dem Rektor eine Zurechtweisung des Bischofs ein. *[BOECKELER, Macht, 309.].*

Mitarbeit bei den Generalkapiteln

Zu den Pflichten des Rektors gehörte auch die Teilnahme als Beisitzer und Protokollführer an den Generalkapiteln und bei den Wahlen. War der Bischöfliche Kommissar verhindert oder das Amt nicht mehr besetzt, führte er sogar den Wahlvorsitz.

So unterzeichnete er am 3. August 1875 als Sekretär und Protokollführer das Protokoll der Wahl von Mutter Rosa zur Generaloberin, am 16. August 1878 und am 12. Juli 1881 als Sekretär und Protokollführer die Wahlprotokolle von Schwester M. Agatha Simons zur Generaloberin. Am 22. September 1887 unterschrieb er wegen der Anwesenheit von Bischof Korum nur als Beisitzer das Wahlprotokoll von Schwester M. Veronika Heinen zur Generaloberin.

Am 22. September 1890, am 28. September 1893 sowie am 22. September 1899 amtierte der geistliche Rektor bereits als unumschränkter Vorsitzender bei den Wahlen von Schwester M. Agatha Simons zur Generaloberin.

Am 6. September 1905 war er wegen der Anwesenheit von Bischof Korum wieder nur Beisitzer bei der Wahl von Schwester M. Aquilina Lermen zur Generaloberin.

Neue Regel

Im Jahre 1893 wurde auf energisches Betreiben von Rektor Probst eine von ihm geänderte Fassung: »REGEL UND STATUTEN DER SCHWESTERN DES III. ORDENS DES HL. FRANZISKUS ZU MARIENHAUS BEI WALDBREITBACH IN DER DIÖZESE TRIER« erarbeitet. Diese Neufassung der Regel von 1894 trägt überdeutlich die Handschrift des Rektors. Ein Beispiel: »Die Schwestern sollen die heilige Kommunion nur im Gehorsam gegen ihren Beichtvater empfangen, und im Falle, daß derselbe einer Schwester die heilige Kommunion nicht gestattet, soll dieselbe sich seinem Urteile demütig unterwerfen und bestrebt sein, mit Gottes Gnade durch Besserung des Lebens sich dieser Gnade würdig zu machen«. *[REGEL UND STATUTEN, 28.].* Aber nur bis zum Dekret von Papst Leo XIII. vom 17. Dezember 1890 war der öftere Kommunionempfang von der Genehmigung des Beichtvaters abhängig.

Als im Januar 1874 das zweite Krankenhaus auf dem Kapellenberg fertig war, zog Rektor Probst von Hausen zu den Schwestern, ohne das bischöfliche Generalvikariat in Trier zu informieren. Er ging dann vom Berg dreimal in der Woche zu den Brüdern herunter, um die Heilige Messe zu feiern. Außer seinem Vater, den er schon ins Hausener Kloster mitgebracht hatte, kamen zu den Schwestern nach Waldbreitbach sein elf Jahre jüngerer Bruder Aloys († 1898) sowie zwei jüngere Mädchen mit, von denen später zumindest eine in die Gemeinschaft eintrat. Margaretha Probst (∗ 1856 – 1872 Eintritt – † 1887) trat als Schwester M. Modesta ein. *[ZOAWBB. Personalienbuch B / 0073 – 1 [A / 0158].* Eine Maria Probst (∗ 1880 – 1902 Eintritt – † 1949) wählte den Namen Schwester M. Valeria. *[ZOAWBB. Personalienbuch B / 0295–2.].* Ob sie eine Verwandte des Rektors war, ließ sich aus den Quellen nicht ermitteln. Schließlich mußten gar seine künftige Schwägerin im Mutterhaus und seine leibliche Schwester Katharina [»Katchen«] in Oberwesel die Haushaltsführung erlernen und übernehmen. *[Vgl. ZOAWBB. AGATHA SIMONS, Aufzeichnungen ..., 47a/b, 48. – ZOAWBB. AGNES FRÖBUS, Erinnerungen, 9, 36, 43,123.].*

Auffallend gern und häufig richtete der Rektor Feste auf dem Berg aus. Regelmäßige Gäste bei diesen geselligen Anlässen waren die Verwandten von Schwester M. Agatha Simons sowie Mitglieder der Familien Ditscheid und Kröll – offen gesagt: Die elitäre Mehrheit der Bewohner des kleinen Ortes Stopperich. »Rektor Probst hat alles aufgeboten, wenn Besuch kam und Schwester M. Agatha hat es immer begünstigt. ... Das war auch der Grund, warum sie so früh ans Ruder kam«. *[ZOAWBB. AGNES FRÖBUS, Erinnerungen, 9, 36, 43,123.].*

Zu den Festen, die im Klosterbereich jährlich gefeiert wurden, gehörte nach gutem katholischen Brauch auch der Namenstag des Rektors. Am 26. November 1881 feierte er seinen Ehrentag in besonderer Weise. Der Gesellenverein von Waldbreitbach, dessen Präses er war, brachte ihm wie üblich an diesem Tag ein Ständchen. Um die Feier zu erhöhen feuerte Ägidius Flesch, ein Stiefbruder der Gründerin, bei dieser Gelegenheit im

Einvernehmen des Verwalters Stümper, Schüsse ab. Da er die Kraft des ihm vom Verwalter überlassenen Schießpulvers nicht kannte, zertrümmerten einige Schüsse mehr als zwanzig Fensterscheiben. Man unterstellte dem Bruder vorsätzliche Sachbeschädigung, nahm die Angelegenheit tragisch auf und unterschob dem Bruder der Stifterin eine Absicht bei diesem Vorfall. Als Folge dieser falschen Anschuldigung verließ dieser seinen langjährigen Wirkungskreis. *[Vgl. ZOAWBB. 7 M ORIG. 137f.; NR. 535.].* Keiner der Anwesenden – erst recht nicht Rektor Probst – versuchten den »Mobbing«-Vorfall korrekt aufzuklären.

Beziehungen zu Mutter Rosa und Mutter Agatha

Alle persönlichen Aufzeichnungen von Mutter Rosa zu ihrem Leben, zum Werden und Wachsen der Gemeinschaft ließ Rektor Probst vernichten. *[BÖCKELER, 50. Todestag Mutter M. Rosa Flesch, Anmerkungen].*

Als Mutter Rosa von der Kriegskrankenpflege ins Mutterhaus zurückkam, kam es wegen der Leitung ihres Werkes zwischen ihr und dem jungen Rektor zu Meinungsverschiedenheiten. Das zwischen dem Rektor und Schwester Agatha gute Einvernehmen – entstanden in Abwesenheit der Gründerin – richtete sich nun gegen Mutter Rosa. *[Vgl. ZOAWBB. 7 M ORIG. 71; NR. 266.].* Sie verkehrte mit dem Rektor und suchte ihn durch ihre reichen Erfahrungen mit Rat und Tat zu unterstützen. In jedem Priester ehrte sie die hohe Würde, die ihm dieser Stand verleiht. Dazu verfügte Mutter Rosa über gute Menschenkenntnis. Sie wußte, daß der Irrende in der Regel nicht böswillig sondern aus Unwissenheit handelte. Dieses Wissen rief mehr ihr Mitleid als ihren Zorn hervor. *[Vgl. ZOAWBB. 7 M ORIG. 72f. ; NR. 268.].*
Auch dem Fehlverhalten, das der jugendliche, in der Leitung der Gemeinschaft noch unerfahrene Rektor aus Unwissenheit an den Tag legte, trat sie entschieden entgegen. Er glaubte aber sein Recht behaupten zu müssen und Mutter Rosa wollte auf keinen Fall ihr im Auftrag Gottes mühsam gegründetes Werk der Gefahr der Vernichtung aussetzen. So kam es zu unliebsamen Auseinandersetzungen. Beide beharrten auf ihrem Recht. Eine gewisse Spannung, unter der Mutter Rosa mehr zu

leiden hatte als der Rektor, war unter diesen Umständen unvermeidlich. *[Vgl. ZOAWBB. 7 M ORIG. 72f. ; NR. 267.].*

Der Widerstand, den Mutter Rosa ihm entgegensetzte, betraf allein dessen materielle Eingriffe in das Leben der Genossenschaft und bezog sich nie auf dessen Pflichten in der geistlichen Leitung. Als gehorsame Ordensfrau unterwarf sie sich den Geboten der Kirche. Sie hätte sich unberufene Eingriffe niemals erlaubt und lebte streng nach dem Glauben. *[Vgl. ZOAWBB. 7 M ORIG. 73f.; NR. 270.].* Wenn es zu unangenehmen Auftritten zwischen der Gründerin und dem Rektor kam, war es doch keine persönliche Abneigung. Es waren Auseinandersetzungen um die gute Sache. Mutter Rosa lebte nach den Geboten des Evangeliums. Sie ließ feindliche Gesinnungen gegen andere in sich nicht aufkommen. Das galt selbst für diejenigen, die ihr gegenüber keine aufrichtige oder wohlwollende Gesinnung zeigten. *[Vgl. ZOAWBB. 7 M ORIG. 72f.; NR. 268.].*

In der Gemeinschaft hatte sich bald die allgemeine und wohl auch bewußt verbreitete Meinung durchgesetzt, die Gründerin sei mit dem Rektor nicht zurechtgekommen und habe mit ihm nicht auf gutem Fuß gestanden. Diese Auffassung fand darin ihre Gründe, daß Mutter Rosa bis zu ihrem Lebensende unter einem Druck stand, den der Rektor auf sie ausübte. Ohne jede Beachtung und ohne Amt ertrug sie dieses Verhalten heldenmütig. Sie hegte keinen Groll und konnte ertragen und verzeihen. Mutter Rosa hatte solche Situationen nicht gesucht. Denn mit Kommissar Gomm und Rektor Weiler stand sie in gutem Einvernehmen bei der Zusammenarbeit in der Leitung der Gemeinschaft. Auch die Schwestern des Mutterhauses und der Filialen verwies sie in manchen Anliegen an den Rektor oder den Bischöflichen Kommissar. Zwischen der Gründerin und der geistlichen Leitung bestand ein Einvernehmen. Mutter Rosa hatte das Wohl ihrer Gründung in ihrem Tun und Lassen im Blick. Um dieses Wohl zu fördern, nutzte sie ohne Rücksicht auf ihre Person jede Gelegenheit. Ebenso entschieden und selbstlos trat sie aber allem und jedem entgegen, was der Gründung zum Schaden gereichen konnte. *[Vgl. ZOAWBB. 7 M ORIG. 72f. ; NR. 269.].*

Daß Mutter Rosa keine persönliche Abneigung gegen Rektor Probst hegte, ist mehrfach zu belegen. Hier genügt allein der Hinweis, daß sie als während des Kulturkampfes die weltliche Behörde ihn wegen gesetzwidriger Handlungen belästigte, dessen Position sicherte und für ihn Stellung bezog. *[Vgl. ZOAWBB. 7 M ORIG. 73f. ; NR. 271.].*

Diese Fakten wirkten noch schwerwiegender dadurch, daß Schwester M. Agatha, als junge Schwester über das Ordensleben noch nicht hinreichend orientiert, gegen Mutter Rosa auf Seiten des Rektors stand. Dazu kam noch, daß die sehr junge Genossenschaft durch Fehlverhalten eine Auflösung zu befürchten hatte. Diese Gefahr war Mutter Rosa ganz klar und die Geschichte bestätigte es. *[Vgl. ZOAWBB. 7 M ORIG. 72f. ; NR. 267.].*

Die gelegentlich schon peinlich wirkende Vertrautheit zwischen Rektor Probst und Mutter Agatha Simons beruhte auf Gegenseitigkeit. Als Bischof Korum den Rektor nach dem Kulturkampf versetzen wollte, nutzte Mutter Agatha ihren Einfluß, ihn dem Marienhaus zu erhalten. Sie bat Bischof Korum, »Hochwürden zu belassen, da er mit der Genossenschaft verwachsen sei«. *[ZOAWBB. 7 M ORIG. 144f.; NR. 556.].*

Ganz unverständlich bleibt die wenig priesterliche Haltung von Rektor Probst während der Krankheit der Gründerin. Offensichtlich konnte der seine persönliche Abneigung gegen die Gründerin oder seine jahrelang gepflegten Komplexe ihr gegenüber nur schwer überwinden. »Der Rektor brachte der Schwerkranken die heilige Kommunion nur an Sonn- und Feiertagen. Man benachrichtigte ihn, er möge ihr die heilige Wegzehrung spenden... ›Nur Sonntags!‹ hatte er festgesetzt. Er überlegte. Es war Samstag. ›Morgen früh‹, lautete seine Entscheidung, ›wenn sie noch lebt‹«. *[BOECKELER, Macht, 322f.].*

Tod und Beisetzung

Rektor Konrad Probst starb am 8. Mai 1915 im Marienhaus zu Waldbreitbach und fand auf dem Friedhof der Klostergemeinschaft seine letzte Ruhestätte. Unter den Schwestern hatte sich schon bald nach dem Tod von Schwester M. Agatha am 12. März 1915 die Meinung verbreitet: »Jetzt kann [Rektor Probst] ohne Mutter Agatha nicht mehr leben«. *[ZOAWBB. AGNES FRÖBUS, Erinnerungen, 8, 122.].* Tatsächlich schlug gut zwei Monate später auch seine letzte Stunde.

Am späten Vormittag hatte der schwerkranke Rektor den Ortsvorsteher Max Zimmermann von Waldbreitbach sowie als Zeugen Dr. Johannes Schulten (* 1869 – † 1928), Arzt am Marienhaus und Subrektor Hugo Sabel (* 1882 – † 1934), den er auch zum Testamentsvollstrecker bestimmte, an sein Krankenbett gebeten, um ein formgerechtes Testament zu machen. »Dem Marienhaus, Kranken- und Pflegeanstalt, Gesellschaft mit beschränkter Haftung zu Marienhaus bei Waldbreitbach vermache ich die mir von dieser Gesellschaft geschuldete Summe von fünfzehntausendfünfhundert Mark«, ferner den Kaufpreis einer Wiese in Waldbreitbach sowie meine Möbel, meine Bücher, meinen Kelch und meine Kleider. Mein übriges Vermögen vermache ich ebenfalls der Gesellschaft »mit der Bestimmung, es für katholische Waisenkinder zu verwenden«.
Seine Schwester Katharina sollte 8000 Mark, seine Nichte Agnes 500 Mark und das »Silberzeug« erhalten. 400 Mark waren als Seelen-Meßstipendien für ihn an Subrektor Sabel zu zahlen. *[ZOAWBB. 8.5.1915. Abschrift des Testamentes von Rektor Probst.].*
Versuchen wir eine Zusammenfassung: »Und in der Tat widmete Rektor Probst fast sein ganzes Priesterleben 45 Jahre dem Wohl der Genossenschaft. Er war bemüht den einfach, schlichten, demütigen Geist der Stifterin, wie er ihn beim Antritt seiner Wirksamkeit in der Genossenschaft vorfand, zu erhalten und zu pflegen. Zu diesem Zwecke ergriff er jede Gelegenheit, die sich ihm darbot, die Schwestern zu verdemütigen«. *[ZOAWBB. 7 M ORIG. 145.; NR. 556.].* Die überlieferten Unterlagen seiner amtlichen Tätigkeit und seiner seelsorglichen Aktivitäten sind im Verhältnis zu ihrer Dauer eher bescheiden. Auch war weder seine theologische Qualifikation noch seine spirituelle Kompetenz mit der seines Vorgängers nur annähernd vergleichbar. Kompensation war also von ihm gefordert. Und die beherrschte er brilliant. Sein Temperament war eine seltsame Mischung von Choleriker und Phlegmatiker. *[Vgl. BOECKELER, Macht, 162.].* Wollte er auch »fortschrittlicher« sein als sein Vorgänger?

Darüber hinaus belegen seine amtlichen Tätigkeit und sein persönliches Auftreten eine Einstellung, die überdeutlich macht, daß priesterlicher und seelsorglicher Dienst durchaus Möglichkeiten beinhalten, kirchenpolitisch in einem Sinne aktiv zu werden, der weder mit der Berufung zum Priestertum noch mit der Tätigkeit eines geistlichen Rektor vereinbar war. Anders formuliert: Als Priester hat Probst – auch als Folge seiner einseitigen theologischen Bildung – die ihm übertragene überzeitliche Vollmacht zur Sakramentenspendung von Beichte und Kommunion umfunktioniert – oder mißbraucht – zur zeitlichen Macht über Menschen und Sachen. Kurz zusammengefaßt: Seine Einbildung übertraf seine Bildung bei weitem.
Ob die Inschrift auf der weißen Marmortafel in der Nähe seines Grabes »Wie ein Vater hat er 45 Jahre segensreich in unserer Gemeinschaft gewirkt« *[BOECKELER, Macht, 329.]* dem Urteil der Geschichte standhält oder ein frommes überzogenes Gedenken seiner Anhängerinnen bleibt, wird die Geschichte zeigen.

4.11. Anton Weber – Bruder Anton FFSC

Manche Gemeinsamkeiten im Leben des am 30. Juli 1829 in Roßbach an der Wied geborenen Anton Weber und der drei Jahre älteren Margaretha Flesch ließen nach und nach eine Freundschaft wachsen. Anton Weber verlor in seiner Jugend ähnlich wie Margaretha beide Eltern und erlernte das Schneiderhandwerk. Im Alter von 33 Jahren legte er 1852 in Linz die Meisterprüfung ab.
Auch er fühlte sich zum geistlichen Leben berufen und wählte Pfarrer Gomm zu seinem Seelenführer. Ein Leben als Ordensbruder erschien ihm durchaus als realistische Möglichkeit. Eine Wallfahrt zur Schmerzhaften Mutter nach Bornhofen sollte diese Frage klären.

Suche nach dem Lebensziel

Bruder Antonius hatte Immobilien und zweitausend Taler geerbt. Am Fest des hl. Josef, dem 19. März 1857, verkaufte er sein Elternhaus und ihm gehörende Liegenschaften. Er wollte sie zu guten Zwecken verwenden,

wußte aber nicht recht auf welche Weise. Eines Tages tauchte ein Herr in Waldbreitbach auf, der sich als Priester ausgab, sich aber weder auswies noch eine Heilige Messe las. Anton Weber wurde mit ihm bekannt, der ihn beredete, ihm sein Geld zu geben und mit ihm in ein fremdes Land zu reisen. Er ging in seiner Einfalt auf diesen Vorschlag ein. Am festgesetzten Tage wohnte Anton Weber der Heiligen Messe bei, um danach mit dem Unbekannten abzureisen. Mutter Rosa erfuhr im letzten Moment davon, ging ins Pfarrhaus und meldete das Vorhaben Pfarrer Gomm. Dieser ließ den jungen Mann zu sich kommen und untersagte ihm die Abreise. Was wäre aus ihm geworden, wenn Mutter Rosa die Reise nicht vereitelt hätte! *[Vgl. ZOAWBB. 4 M 26. – BACKES, Armut – Leben, 43.].*
Schließlich zahlte er seinen Bruder aus und brachte seine Anteile in die entstehende Gemeinschaft der Brüder unter Leitung von Peter Wirth ein. Der Schneidermeister schloß sich der franziskanisch ausgerichteten Handwerkervereinigung in Waldbreitbach an und wurde durch seinen Eintritt am 28. März 1862 zum Mitgründer der »Franziskanerbrüder vom Heiligen Kreuz« [FFSC]. Am 12. Juni 1862 übergab Pfarrer Gomm Peter Wirth als Bruder Jakobus und ihm, der seinen zivilen Vornamen als Bruder Antonius behielt, das Ordenskleid des hl. Franziskus. Gleichzeitig legten die beiden in der Kreuzkapelle die Ersten Gelübde ab. Am 2. Juli 1867 – nach anderen Angaben am 8. Oktober 1872 – machte der Schneidermeister in der von ihm mitgegründeten Ordensgemeinschaft in der Kreuzkapelle die Ewige Profeß.
Neben seiner Tätigkeit als Schneidermeister und als Berater der Schwestern, die sich in den Handarbeiten fortbildeten, hatte Bruder Antonius sich zur Aufgabe gemacht, den teilweise zerstörten und verwilderten Pfad, der vom Wiedtal über Felsen als Kreuzweg auf den Kapellenberg führt, in begehbaren Zustand zu erhalten. Nach seinem Tod wurde er nicht mehr ausgebessert und allmählich unpassierbar. *[Vgl. ZOAWBB. 7 M ORIG. 12f.; NR. 66.].*

Geistliche Freundschaft

Das lange Freundschaftsverhältnis zwischen Anton Weber und Margaretha Flesch war auf ähnlichen beruflichen und religiösen Interessenlagen begründet. Darum gestaltete es sich auch weniger »Wir«-bezogen

als gemeinschaftsfördernd. Bruder Antonius suchte als ehrwürdiger Greis die ehemalige Generaloberin gelegentlich in ihrer Zelle auf, um sich in religiösen Gesprächen gegenseitig zu erbauen und die Erinnerung an vergangene Zeiten wach zu rufen: Gleiche Ziele hatten sie verbunden, nämlich die Ehre Gottes und das Wohl des Nächsten zu fördern. *[ZOAWBB. 7 M ORIG. 135; NR. 525.].*
In den letzten Lebensjahren Mutter Rosas verbot man Bruder Anton Weber seine trostspendenden Besuche bei der Schwerkranken mit der Begründung der Eintritt in die Klausur sei nicht mehr gestattet. Diese in Gott begründete geistliche Freundschaft der beiden Ordensleute dauerte bis zum Tod, ja ging über das Grab hinaus. Denn nach dem Begräbnis Mutter Rosas sah man häufiger den Achtzigjährigen an ihrem Grab in stillem Gebet versunken. Bruder Anton überlebte Mutter Rosa um vier Jahre und starb am 19. Oktober 1910 in Hausen.

4.12. Johanna Margaretha Schumann – Schwester M. Marzella

Johanna Margaretha Schumann wurde am 20. Oktober 1859 in Engers geboren. Ihr Vater war Ökonom bzw. Ackerer. Nach dem frühen Tod eines Bruders war sie die Älteste von zehn Geschwistern. Zwei Brüder wurden später Priester. Im Jahre 1864 wurde der Bischöfliche Kommissar der Waldbreitbacher Schwestern Jakob Gomm ihr Pfarrer, der ihr für den Eintritt in die Waldbreitbacher Neugründung ein Empfehlungsschreiben gab. Ob auch die deutlich ältere Katharina Winnen, die Nachbarin der Familie Schumann in Engers war und als Schwester M. Adela am 30. März 1878 im Alter von 35 Jahren dort starb, sie zum Ordenseintritt motivierte, läßt sich nicht belegen. *[ZOAWBB. Personalienbuch A / 0143.].*

Belegen läßt sich aber, daß sie zwei Monate nach Schwester M. Aquilina Lermen am 25. August 1881 in die Gemeinschaft eintrat und gemeinsam mit der späteren Generaloberin am 28. August 1882 das Ordenskleid erhielt. Sie nahm den Ordensnamen M. Marzella an. Nach Stationen in Trier, Waldbreitbach und Cochem begann sie unter der Leitung der zehn Jahre älteren Schwester M. Creszentia Bruch (∗ 1848 – 1879 Eintritt –

† 1909) im März 1884 das Noviziat in Waldbreitbach und legte am 28. April 1885 die Erste Profeß ab. Sie wirkte jeweils kurzfristig in den Filialen Hillesheim/Eifel, Saarlouis, Cochem, Bitburg, Andernach, im Mutterhaus Waldbreitbach, Zeltingen, Trier, Gelsdorf und Adenau. Die möglichen gesundheitlichen Gründe für den häufigen Wechsel sind nicht zu belegen, aber auch nicht auszuschließen. Schwestern, die sich während der Amtszeiten der Nachfolgerinnen von Mutter Rosa für die Geschichte der Gemeinschaft interessierten, waren nicht gern gesehen. Man nahm sie einfach nicht ernst und belegte sie zum Teil auch mit Sanktionen.
Am 22. Oktober 1891 machte Schwester M. Marzella mit einem Jahr »Verspätung« Ewige Profeß und war seit dem 23. Oktober 1896 bis 1921 Pfortenschwester im Marienhaus in Waldbreitbach. In dieser Zeit lernte sie Mutter Rosa näher kennen. Sie las ihr gelegentlich an ihren Bruder Johannes (* 1879 – † 1914) gerichtete Briefe vor, der in Khartum / Sudan als Missionar wirkte. So entstand langsam ein engeres Vertrauensverhältnis. Mutter Rosa gewann Einblick in Denken und Fühlen der Schwester und erzählte Marzella Schumann die Gründungsgeschichte der Gemeinschaft. Ihr intelligentes Fragen veranlaßte Mutter Rosa nach einer schweren Erkrankung, Schwester M. Marzella ihre Erinnerungen zu diktieren.

Ordensgeschichte und »Heilsgeschichte«

Die einfühlsame Schwester schrieb diese Texte und besprach die ersten drei Manuskripte mit der Autorin. Sie sind in sieben zu unterschiedlichen Anlässen und Zeiten entstandenen Fassungen erhalten. *[BÖCKELER, 50. Todestag Rosa Flesch].* Über ihre sicher vielschichtige Motivation teilte sie selbst mit: »Hier ereigneten sich wunderbare Tatsachen, die ich jedoch in diesen Blättern nicht alle ausführen will, sondern nur was zweckentsprechend und direkt auf die Gründung Bezug hat«. *[ZOAWBB. 1 M 1, 7].* Später wurde sie noch deutlicher: »Die übernatürlichen Ereignisse gab mir die Stifterin aus Bescheidenheit als Träume an. Was sie nicht als solche erzählte, faßte ich so auf. In meiner Antipathie gegen derartiges schrieb ich diese Vorkommnisse mit innerem Widerstreben und war versucht, einige Tatsachen zu übergehen; doch die Stifterin bestand darauf, daß sie niedergeschrieben würden. ... Ihre ungekünstelte, schlichte, einfache Redeweise dabei ist klarer Beweis, daß die Tatsachen auf Wahrheit beruhen. Sie wies alle Ehre von sich, indem sie sich nur als armseliges Werkzeug in Gottes Hand betrachtete«. *[ZOAWBB. 4 M III].* Schwester M. Marzella stand übrigens als einzige »einfache« Schwester am 25. März 1906 mit tiefer Betroffenheit am Sterbebett von Mutter Rosa.

Unerwünschte Zuverlässigkeit

Nach dem Tod von Rektor Probst und Mutter Agatha Simons faßte sie als erstes Mitglied der Gemeinschaft einen folgenschweren Entschluß: am 28. Februar 1918 richtete sie an Bischof Michael Felix Korum die Bitte, »ein wahrheitsgetreues Lebensbild der Stifterin« zu veranlassen. M. Mathildis Schneider (∗ 1867– 1894 Eintritt – † 1933), Generaloberin von 1911 bis 1924 und Schwester M. Menna Schäfer (∗ 1880 – 1900 Eintritt – † 1944), von 1915 bis1924 Novizenmeisterin und spätere Generaloberin, boykottierten das legitime Anliegen und bezeichneten Schwester M. Marzella als »anormal«. Ob die dreimonatige stationäre Behandlung in der hauseigenen Nervenklinik St. Antoniushaus im Jahre 1920 damit in Zusammenhang steht, bleibt eine offene Frage. Für die ermittelte Diagnose »Melancholie« fand sich jedenfalls eine plausible Erklärung: Heimlich entwendete Aufzeichnungen und Manuskripte von Schwester M. Marzella übergab Schwester M. Mathildis Schneider an Pfarrer Jakob Treitz (∗ 1872 – † 1939).

Bischof Franz Rudolf Bornewasser (∗ 1866 – 1922 Bischof Trier – † 1951) hatte mehr Verständnis für das berechtigte Anliegen von Schwester M. Marzella. Er stellte ihre Kompetenz nicht in Frage. Im Gegenteil: Er bat sie am 3. Februar 1927, dafür Sorge zu tragen, ihm »alles Material, das existiert ... für die Herausgabe einer Schrift, die Mutter Rosa gerecht wird« zukommen zu lassen. Doch am 13. September 1927 starb die mutige, um die Ordensgeschichte hochverdiente Schwester M. Marzella Schumann während der Exerzitien im Mutterhaus Waldbreitbach. Generaloberin Schwester M. Menna Schäfer teilte dem Bischof am 19. September den Tod der Schwester mit. Sie fügte hinzu: »Ihre Aufzeichnungen über das Leben unserer ehrwürdigen Stifterin Mutter Maria Rosa Flesch überlassen wir vertrauensvoll dem klugen Ermessen Euer bischöflichen Gnaden«. Die Generaloberin schien zu ahnen: In diesen Manuskripten blieben Fehlerquoten bei Daten und Zeitangaben sowie Ungenauigkeiten bei aus dem Gedächtnis wiedergegebenen Zitaten im Normbereich. An der Authentizität der Texte gab es keine begründeten Zweifel.

Marzellas Manuskripte

Schwester M. Marzella hat nach Diktaten und Berichten von Mutter Rosa geschrieben. Zugang zu Quellen [Statuten, Personalienbuch, Wahlprotokolle, Akten, Kassenbücher oder andere Schriften] hatte sie nicht. Darum gibt es einige Fehler und Ungenauigkeiten, die aber im Norm-Bereich bleiben.

Die Dokumente Marzellas – nach Art ihrer literarischen Gattung zu Recht unterschiedlich bewertet – bieten ein klares Bild vom Lebensweg und vom geistlichen Reifungsprozeß von Mutter Rosa. Darüber hinaus bilden sie gleichsam eine ordensgeschichtliche Quellensammlung »sui generis« sowie eine fundierte Einführung in die Geschichte »einer Seele«.

Glaubwürdigkeit und Seriosität der Dokumente sind – auch unter Berücksichtigung der Tatsache, daß ein Teil der Quellen zur Vita wegen der gemeinsamen Ordenszugehörigkeit nicht unabhängig oder apologetisch sein könnte – nicht ernsthaft in Frage zu stellen. Daten und Fakten sind auch durch vergleichende Dokumente und Hinweise hinreichend gedeckt.

Die darum auch in dieser Arbeit zitierten aber leider nicht immer leicht verständlichen Texte geben einen gründlichen Einblick in das geistliche Leben und die sich daraus ergebende konsequente Übung der Tugenden durch Mutter Rosa Flesch. Vor allem ist als gelungen zu bezeichnen, daß an die nicht immer korrekt zitierten Quellen keine Fragen gestellt wurden, die sich dem persönlichen Denken Marzellas stellen. Das historische Bewußtsein, das in den Niederschriften unschwer zu erkennen ist, wird wohltuend ergänzt durch die gelungene Darstellung von Aspekten und Fragestellungen, die über die Ordensgeschichte der »Franziskanerinnen der allerseligsten Jungfrau Maria von den Engeln« (FBMVA) von Waldbreitbach hinausgehen.

BELEGE UND LITERATUR:

4. VORBILDER UND WEGGENOSSEN

ZOAWBB. Chroniken – Akten – Festschriften – Personalunterlagen. –

Zu Petrus Wirth-Bruder Jakobus FFSC:

BATRIER Visitationsprotokoll Waldbreitbach 29.8.1870 – Abt. 40, Nr. 225, 819v. – Visitationsprotokoll Waldbreitbach 4.9.1871 – Abt. 40, Nr. 226, 1049v. Visitationsprotokoll Waldbreitbach 19.8.1872 – Abt. 40, Nr. 233, 873. – BATRIER. Akten. Franziskanerbrüder vom Heiligen Kreuz Waldbreitbach. – BATRIER. Vikar Hormisch an Generalvikariat, 1.4.1863. – BATRIER. Akten. Franziskanerbrüder vom Heiligen Kreuz Waldbreitbach, 11.11.1864. – OAWBB. FRANZISKANER V. HL. KREUZ. Personalunterlagen. – Frdl. Mitteilung von BR. CASSIUS MEYER FFSC vom 5.2.2005. – OAWBB. FRANZISKANER V. HL. KREUZ. Ansprache Pfarrer Gomm, 13.3.1863. – ZOAWBB. 7 M ORIG. 35f.; NR. 150, 153. – ZOAWBB. AGATHA SIMONS, Aufzeichnungen ... , 47. – ZOAWBB. Akten – Festschriften – Personalunterlagen. – ZOAWBB. AGNES FRÖBUS, Erinnerungen, 2. – KIRCHNER, Ein Leben der Liebe – Bruder Jakobus Wirth. Als Manuskript gedruckt, Hausen 1952. – BACKES, Armut – Leben, passim. – BACKES, Bruder Jakobus Wirth, passim. – W. SEIBRICH, in: PERSCH / SCHNEIDER, (HGG.), Geschichte des Bistums Trier, Bd. 4, 227, 409. – GROETEKEN, Schatten, 201f. – GATZ, Krankenpflege, 429f. – KRACHT / SCHERER (HGG.), Flesch – Dokumente, REG.

Zu Heinrich Scheffer:

BATRIER. Visitationsprotokoll Waldbreitbach undatiert [ca. 1844/45], Abt. 40, Nr. 132, 315–341, hier 315f. – GAWBB. Gemeindeakten – Protokollbuch Blatt 21v. – ZOAWBB. Personalunterlagen. – ZOAWBB. 7 M ORIG. 5f.; NR. 38. – THOMAS, Weltklerus, 292. – FRENZ, Kreuz-Kapelle, 59. – HARDT, Land an der Wied, 281ff. [Text der Eidesleistung von 1830]. – SCHUG, Engers, 137, Anm. 10. – BACKES, Lebensbild, 12. – BACKES, Kreuzkapelle, 67. – KRACHT / SCHERER (HGG.), Flesch – Dokumente, REG.

Zu Johann Wilhelm Brauweiler CSSR:

ZOAWBB. Personalunterlagen. – HAEKÖLN, Totenzettel. – ZOAWBB. 1 M 4f., 10; NR. 11, 26; 7 M ORIG. 9, 12, 22, 62; NR. 53, 64, 100f., 239. – GAWBB. NR. 398. – THOMAS, Weltklerus, 5, 66. – GROETEKEN, Volksmissionen, passim. – GATZ, Volksmission, REG. – B. SCHOLTEN, Die Volksmission der Redemptoristen vor dem Kulturkampf im Raum der niederdeutschen Ordensprovinz. Ein Beitrag zur Geschichte der Seelsorge im 19. Jahrhundert, Bonn 1976, 258–265. – PERSCH / SCHNEIDER, (HGG.), Geschichte des Bistums Trier, Bd. 4, 114, 190, 237ff. – Backes, Testament,

102f. – Siehe auch: 8. Türbild von Prof. UNVERZAGT, in: SIMON, Felsgrund wird Quellgrund, 40. – KRACHT / SCHERER (HGG.), Flesch – Dokumente, REG.

Zu Bornhofen:
L. BÖER, Bornhofen, in: LTHK 2 (3. Aufl. 1994) 596f. (LIT.). – D. FUCHS OFM, Bornhofen am Rhein, Fulda 1937.

Zu Jakob Gomm:
ZOAWBB. Personalunterlagen. – ZOAWBB. Bischof Arnoldi an Pfarrer Gomm, 17.1.1863 – Abschrift. – OAWBB. Franziskanerbrüder vom Heiligen Kreuz. – ZAOWBB. Kopie. – BATRIER. Korum-Akten. – BATRIER. Akten. Franziskanerbrüder vom Heiligen Kreuz, 11.11.1864. – BATRIER. Visitationsprotokoll Waldbreitbach 29.8.1870 – Abt. 40, Nr. 225, 819v. – 4.9.1871 – Abt. 40, Nr. 226, 1049v. – 19.8.1872 – Abt. 40, Nr. 233, 873. – 18.7.1873 – Abt. 40, Nr. 235, 53. – 1.7.1875 – Abt. 40, Nr. 243, 380. – 16.6.1882 – Abt. 40, Nr. 249, 239. – 17.8.1885 – Abt. 40, Nr. 260, 365. – ZOAWBB. 1 M 6, 12f.; NR. 13, 31f. – ZOAWBB. 7 M ORIG. 11f., 17ff., 34–37, 41f., 45, 51f., 74f., 95; NR. 60–64, 83ff., 89, 147–154, 176f., 180, 206, 278f., 361. – ZOAWBB. AGNES FRÖBUS, Erinnerungen, 52, 58. – THOMAS, Weltklerus, 134. [Mit anderen Daten]. – SCHUG, Engers, 130f., 133 u. 138. – LEMMENS, Festschrift, 20–23. [Foto]. – GROETEKEN, Schatten, 104f., 238. – BÖCKELER, Macht, 51f., 60 u. passim. – BACKES, Lebensbild, 17f. – BACKES, Testament, 42, 109. – H.-J. KRACHT, Adolph Kolping. Priester, Pädagoge, Publizist im Dienst christlicher Sozialreform, Freiburg 1993, 448ff., 535. – LÜTTGEN, Kolping – Katholikentage. – PERSCH / SCHNEIDER (HGG.), Geschichte des Bistums Trier, Bd. 4, 222, 226f., 409. – KRACHT / SCHERER (HGG.), Flesch – Dokumente, REG.

Zu Schwester M. Franziska Bonner:
ZOAWBB. Personalunterlagen. – ZOAWBB. Personalienbuch B / 0002 – 1 – [A / 0003]. – ZOAWBB. 7 M ORIG. 14f., 50, 108; NR. 71f., 200, 416. – ZOAWBB. AGNES FRÖBUS, Erinnerungen, 1f. – LEMMENS, Festschrift, Anhang Nr. 2. – KRACHT / SCHERER (HGG.), Flesch – Dokumente, REG.

Zu Schwester M. Theresia Beissel:
ZOAWBB. Personalunterlagen. – ZOAWBB. Personalienbuch A / 0005. – ZOAWBB. AGATHA SIMONS, Aufzeichnungen ..., 48. – ZOA WBB. 7 M ORIG. 14f., 50, 95, 96f.; NR. 71, 200, 362–365. – LEMMENS, Festschrift, 30, 85ff. u. Anhang Nr. 1, 3, 6, 9. – GROETEKEN, Schatten, 96f., 174, 213. – BACKES, Lasalle, 54f. – BACKES, Lebensbild, 17f. – KRACHT / SCHERER (HGG.), Flesch – Dokumente, REG.

Zu Gerhard Hormisch:
ZOAWBB. Chroniken – Akten – Festschriften – Personalunterlagen. – BATRIER. Akten. Franziskanerbrüder vom Heiligen Kreuz, 11.11.1864. – ZOAWBB. 7 M ORIG. 34–36; NR. 148–154. – THOMAS, Weltklerus, 154. – SCHUG, Engers, 138. – ZOAWBB. AGNES FRÖBUS, Erinnerungen, 52, 58, 64, 70. – LEMMENS, Festschrift, 23. – GROETEKEN, Schatten, 104f. – BÖCKELER, Macht, 111. – BACKES, Lebensbild, 17f. – BACKES, Armut – Leben, 74ff. – PERSCH / SCHNEIDER (HGG.), Geschichte des Bistums Trier, Bd. 4, 254. – KRACHT / SCHERER (HGG.), Flesch – Dokumente, REG.

Zu Martin Weiler:
ZOAWBB. Totenzettel. – Personalunterlagen. – BATRIER. Visitationsprotokoll Waldbreitbach 29.8.1870 – Abt. 40, Nr. 225, 819v. – ZOAWBB. AGATHA SIMONS, Aufzeichnungen ..., 47f. – ZOAWBB. 1 M 14; NR. 37; 4 M 39, 41; 7 M ORIG. 44f., 49, 143; NR. 178ff., 195f., 553. – LEMMENS, Festschrift, 24–29. [Foto]. – THOMAS, Weltklerus, 366. – GROETEKEN, Schatten, 147–152, 236. – BACKES, Armut – Leben, 84f. – BACKES, Lasalle, 156. – MOLZ, Lasalle, Teil 2., 171. – FLECKENSTEIN, Franziskaner, passim. (REG./LIT.). – KRACHT / SCHERER (HGG.), Flesch – Dokumente, REG.

Zu Octavie Maria Elisabeth de Lasalle von Louisenthal:
ZOAWBB. Personalunterlagen – Bilder – Fotos – Sammelmappen. –

Zu Tagebücher:
ZOAWBB. LASALLE, Tagebuch [Tagebuchnotizen von Octavie de Lasalle von Louisenthal, in: »Landwirtschaftlicher Frauenkalender« der Jahre 1863–1889. passim.].

Zu Schwester Jucunda Schwarz:
* 22.10.1879 Gonnesweiler – † 5.2.1959 Waldbreitbach – 4.4.1907 Eintritt – 7.10.1907 Bonn – 30.4.1908 Einkleidung – 1.5.1909 Noviziat Waldbreitbach Marienhaus – 24.10.1910 Erste Profeß – 1.4.1911 Bonn – 3.12.1915 Ewige Profeß – 28.12.1920 Saarlouis – 29.10.1922 Oberin Wadern – 1922 fand sie in Schloß Dagstuhl das Ölgemälde, das Octavie Maria Elisabeth de Lasalle von Louisenthal 1866 von Mutter Rosa gemalt hatte sowie das Foto mit Rot-Kreuz-Binde, das sie 1870 aufgenommen hatte – 30.4.1927 Oberin Adenau – 30.3.1933 Oberin Völklingen – St. Josef – 29.12.1935 Oberin Völklingen – St. Michael – 1936/37 fand in Schloß Dagstuhl die Tagebücher von Oktavie Maria Elisabeth de Lasalle – 28.5.1940 Oberin Asbach – 5.7.1946 Oberin Cochem-Ebernach – 11.3.1954 Oberin Waldbreitbach – Rosa-Stift.

ZOAWBB. Personalunterlagen. – ZOAWBB. Personalienbuch B 0469 – 2. – BACKES, Lasalle, 230. –
ZOAWBB. LASALLE, Skizzenbuch. – ZOAWBB. 7 M ORIG. 43f.; NR. 176. – LASALLE, Erinnerungen – Privatbesitz: GÜNTHER MOLZ, Trier – zitiert: LASALLE, Erinnerungen: BACKES, Lasalle. –

Zur Familiengeschichte:
BACKES, Lasalle, 6, 16, 57, 63ff., 68f., 80, 160ff., 166, 181 u. passim. – ROMEYK, Verwaltungsbeamte, 596. – MOLZ, Lasalle, Teil 1. 73–112. – MOLZ, Lasalle, Teil 2., Titelbild, 129–183. – E. H. Kneschke, Neues allgemeines Deutsches Adels-Lexikon, Hildesheim / Zürich / New York 1996, Bd.5, 404f. –
GROETEKEN, Schatten, 113–126, 175, 208f. , 234. – BACKES, Lebensbild, 15f. – BACKES, Flesch – Spruch und Bild. 20. Relief.

Zu Berichten über die Vision:
ZOAWBB. 1 M 4; ZOAWBB. 3 M 5f.; ZOAWBB. 4 M 7; ZOAWBB. 5 M 6; ZOAWBB. 6 M 32f.; ZOAWBB. 7 M 8. – BACKES, Testament, 132. Siehe dazu: GÖTZ VON OLENHUSEN (HG.), Wunderbare Erscheinungen.

Zur künstlerischen Position:
J. KERN, Nazarener, in: LTHK 7 (3. Aufl. 1998) 708f. (LIT.) – Eine Übersicht über Künstler und Themen der Nazarener bietet: STAHLSTICHE DES VEREINS ZUR VERBREITUNG RELIGIÖSER BILDER IN DÜSSELDORF. 1896, in: H. DETZEL, Christliche Ikonographie. Ein Handbuch zum Verständnis der christlichen Kunst, 2 Bde, Freiburg 1896; hier: Bd. 2, 709–713. – Ferner: TRIER / WEYRES (HGG.), Kunst des 19. Jahrhunderts im Rheinland. – W. HÜTT, Die Düsseldorfer Malerschule 1819–1869, Leipzig 1995. – M. HOLLEIN / CH. STEINLE (HGG.), Religion Macht Kunst. Die Nazarener, Ausstellungskatalog Frankfurt 15.4.–24.7.2005, Köln 2005. – KRACHT / SCHERER (HGG.), Flesch – Dokumente, REG.

Zu Schwester M. Mirjam Kreidt:
* 2.2.1891 Bonn – † 12.9.1968 Bonn – Elisabeth-Krankenhaus – Kontoristin – Stenotypistin – 29.9.1914 Eintritt – 29.9.1915 Einkleidung – Noviziat Waldbreitbach – Marienhaus – 29.9.1916 Erste Profeß – 1.2.1917 Neuenahr – Maria-Hilf – 29.9.1917 Profeßerneuerung – 19.5.1920 Trier – 19.1.1922 Waldbreitbach – Marienhaus – 3.10.1922 Ewige Profeß – 5.3.1921 Trier – Krankenpflegeexamen – 1922–1924 Sekretärin Generalrat Waldbreitbach – 1.1925 Trier – 1926–1953 erfolgloser Versuch, eine Biographie über Mutter Rosa zu schreiben – weil ihr nicht alle Quellen gegeben und gesammelte Texte heimlich weggenommen wurden – 23.–26.10.1926

Stenogramm und Diktat der »Erinnerungen« von Schwester M. AGNES FRÖBUS – von ihr beglaubigt – 24.8.1928 Saarlouis – 18.10.1931 Waldbreitbach – Marienhaus – [lungenkrank] – 4.8.1937 Oberin Gerolstein – 17.6.1943 Oberin Kyllburg – 17.6.1949 Bonn – Kur – 26.8.1949 Waldbreitbach – Marienhaus – 12.1951 Manderscheid – 14.5.1952 Oberin Manderscheid – entdeckte am 16. September 1951 auf Schloß Dagstuhl das von Oktavie de Lasalle von Louisenthal (1811–1890) nach Angaben von M. Rosa Flesch geschaffene Allegorie-Gemälde, auf der der 1874 verhaftete Bischof Eberhard von Trier als Gefesselter zu sehen ist – 17.6.1958 Oberin Andernach – 18.6.1964 Bonn [krank].
ZOAWBB. Personalunterlagen. – ZOAWBB. Aussteuerbuch 1913–1932, Nr. 1300. – ZOAWBB. AGNES FRÖBUS, Erinnerungen, passim. – ZOAWBB. Persönliche Aussagen – BACKES, Lebensbild, 69. – BACKES, Testament, 132. – BACKES, Lasalle, 221f.

Zu Wadern und Schloß Dagstuhl:
DEHIO / GALL (HGG.), Kunstdenkmäler. Rheinland Pfalz. Saarland, 958. – PETRY (HG.), Historische Stätten, Bd. 5, 60f., 346.

Zu Konrad Probst:
ZOAWBB. Personalunterlagen. – ZOAWBB. 10.9.1870, Ernennungsurkunde von Bischof Matthias Eberhard für Konrad Probst zum Rektor. – ZOAWBB. 8.5.1915. Abschrift des Testamentes von Rektor Probst. – ZOAWBB.Totenzettel Rektor Probst – [Autor: Dr. Schulten]. – ZOAWBB. Personalienbuch B / 0073 – 1 [A / 0158 u. B / 0295 – 2. – ZOAWBB. REGEL UND STATUTEN. – ZOAWBB. AGATHA SIMONS, Aufzeichnungen ... , 47a–50. – ZOAWBB. Chronik Antoniushaus. – BATrier. Visitationsprotokoll Waldbreitbach 4.9.1871 – Abt. 40, Nr. 226, S. 1049v. – 19.8.1872 – Abt. 40, Nr. 233, S. 873. – 18.7.1873 – Abt. 40, Nr. 235, S. 53. – 1.7.1875 – Abt. 40, Nr. 243, S. 380. – 16.6.1882 – Abt. 40, Nr. 249, S. 239. – 17.8.1885 – Abt. 40, Nr. 260, S. 365. – 20.5.1888 – Abt. 40, Nr. 266, S. 78. – ZOAWBB. 7 M ORIG. 71–74, 144f.; NR. 264–271, 556. – ZOAWBB. AGNES FRÖBUS, Erinnerungen, 8f., 34/40, 36, 40–46, 122f. – THOMAS, Weltklerus, 267. – LEMMENS, Festschrift, 56–66. – GROETEKEN, Schatten, 193–200. – ST. FELDHAUS, Pierre Gury, in: LTHK 4 (3. Aufl. 1995) 1111. (LIT.). – BÖCKELER, Macht, 160ff., 165ff., 309, 322f. – BÖCKELER, 50. Todestag Mutter M. Rosa Flesch, Anmerkungen. – GATZ, Krankenpflege, 428. – KRACHT / SCHERER (HGG.), Flesch – Dokumente, REG.

Zu Anton Weber – Bruder Antonius FFSC:
OAWBB. FRANZISKANER V. HL. KREUZ. Personalunterlagen. – Frdl. Mitteilung von BR. CASSIUS MEYER FFSC vom 5.2.2005. – ZOAWBB. 7 M ORIG. 12f., 135; NR. 66, 525ff. – BATRIER. Akten Franziskanerbrüder Waldbreitbach. – GROETEKEN,

Schatten, 202, 256. – BÖCKELER, Macht, 310f. – BACKES, Armut – Leben, 36f. u. passim. – W. SEIBRICH, in: PERSCH / SCHNEIDER, (HGG.), Geschichte des Bistums Trier, Bd. 4, 227. – KRACHT / SCHERER (HGG.), Flesch – Dokumente, REG.

Zu Schwester M. Marzella Schumann:
ZOAWBB. Personalunterlagen. – ZOAWBB. Personalienbuch B / 0125 –1. – M. MARZELLA SCHUMANN, ZOAWBB. 1 M – 7 M; bes. ZOAWBB. 7 M ORIG. I–IV; NR. 1–18. – ZOAWBB. AGNES FRÖBUS, Erinnerungen. 114. – J. A. BACKES, Schriften – Manuskript im ZOAWBB. – BACKES, Testament, 91f. – BÖCKELER, 50. Todestag Rosa Flesch. – KRACHT / SCHERER (HGG.), Flesch – Dokumente, REG.

5. KLOSTERBAUTEN

Für das Zusammenleben von Schwestern, Waisenkindern, Kranken und Pflegebedürftigen genügten nicht nur – wie die bescheidenen Anfänge eindrucksvoll bewiesen hatten – ein theoretisches Konzept, eine Satzung für das Zusammenleben und der gute Wille aller Beteiligten. Menschen brauchen ein Heim und einen Lebensraum. Das hatte Margaretha Flesch in ihrem bisherigen Leben bis zur Genüge bitter erfahren.

5.1. Margaretha Flesch als selbständige Architektin

Im Oktober 1861 konnten Margaretha Flesch und ihre beiden Gefährtinnen mit dem Bau des ersten Hauses auf dem Kapellenberg beginnen. Bis dahin war es schon ein dornenvoller Weg. Aber weitere Schwierigkeiten blieben nicht aus.

Auf der früher erworbenen Parzelle 95 – einem verwildertem Gelände mit Gestrüpp in der Nähe eines Brunnens – baute Mutter Rosa nach eigenen Zeichnungen mit dem Maurermeister Anton Becker (* 1818 – † 1905) aus Elsaff bei Neustadt das erste Haus.

Im Skizzenbuch der Malergräfin Octavie de Lasalle befinden sich zwei kleine aussagekräftige Bleistiftzeichnungen. Die eine zeigt die junge Mutter Rosa Flesch mit einem Stift beim Zeichnen in einem kleinen Buch. Die zweite Skizze zeigt ein kleines dreistöckiges Kloster mit integrierter Kapelle und erkennbarem Innenhof. Ob die zweite Zeichnung von Mutter Rosa stammt oder die Malergräfin sie nach ihren Aussagen schuf, ist nicht sicher auszumachen, aber wahrscheinlich. *[ZOAWBB. LASALLE, Skizzenbuch. – Vgl. ZOAWBB. 1 M 4; NR. 9; 4 M 53f.; 5 M 20f.; 6 M 84; 7 M 92f.; 6 M 186. – Siehe auch: 10. Türbild von Prof. UNVERZAGT, in: SIMON, Felsgrund wird Quellgrund, 42.]*

Grundstücke

Die Satzungen der eigenen Gemeinschaft waren zwar noch nicht geschrieben, aber Mutter Rosa erprobte mit ihren Gefährtinnen bereits in der Bauphase die Voraussetzungen, die später zur Regel werden sollte.

»Zum Erwerb von Grundstücken, Belastung des Vermögens, Aufnahme von Schulden ist das Einverständnis des Bischöflichen Kommissars vorher nachzusuchen«. Ebenso muß ihm »wenigstens einmal jährlich über den Vermögenstand der ganzen Genossenschaft Rechenschaft abgelegt werden«. *[STATUTEN 1869, 33, NR. 10.].*

Am 19. März – dem Fest des hl. Josef – 1857 erwarb Margaretha Flesch einen Acker. Der Festtag dieses Heiligen war für sie kein Zufallstag. Die spätere Bauherrin kaufte das Grundstück [Flur 13, Parzelle 95 und 96] auf der Höhe des Kapellenberges vom verschuldeten Anton Eudenbach für 45 Taler. Davon war eine Teilsumme von 25 Talern sofort zu zahlen. Das Gelände lag etwa 80 Meter auf der Anhöhe über der Kreuzkapelle. *[LHA-KOBLENZ, Abt. 600, 2, NR. 173, Bl. 145ff. – Kaufvertrag. – VGL. ZOAWBB. 2 M 6ff.; 3 M 16; 4 M 23; 5 M 11; 7 M 14, 24.].*
Am gleichen Festtag erwarb sie den in der Nähe gelegenen Mertesacker [Flur 2, Parzelle 95 und 61] von den Erben des Max Josef Eul aus Kurtscheid für 13 Taler. *[ZOAWBB. Kaufvertrag mit Zahlungsvereinbarungen].* Die Grundstücke der Parzellen 95 lagen in der Nähe eines Brunnens, der auch den Bewohnern von Glockscheid das Wasser lieferte.
Bereits am 10. Juni 1857 – also knapp drei Monate später – kaufte Margaretha weiteres Land für 35 Taler [Flur 13, Parzelle 92] von den Eheleuten Raphael Levi aus Waldbreitbach. Es ist der Grund und Boden, auf dem später Kirche, Mutterhaus und Garten ihren Platz finden sollten. *[LHA-KOBLENZ, Abt. 600, 2, NR. 647. – Kaufvertrag. – ZOAWBB. Kaufvertrag mit Zahlungsvereinbarungen.].*

Offensichtlich hatte sie aber schon weitergehende Pläne, für die sie zusätzlichen Baugrund benötigte. Am 23. Mai 1860 weigerte sich die Gemeinde, der Gründerin ein nahegelegenes Waldgrundstück von 70 Ruten zu verkaufen mit Begründung: »... daß gar keine Veranlassung vorhanden ist, der Margaretha Flesch, welche nicht einmal das Bürgerrecht genießt, die beantragte Fläche von ca. 70 Ruten von dem hiesigen Gemeindewalde zu einer Baustelle abzutreten, daß es aber auch unstatthaft ist, eine so tief in das Gemeinde Eigentum eingreifende Fläche zu veräußern, daß sich an dieser Stelle der einzige Brunnen für die Bewohner des Dorfes

Glockscheid befindet, welcher durch das Bauen an dieser Stelle beeinträchtigt würde,...daß es aber polizeilich auch nicht gestattet werden kann, an einen von jedem Dorfe so entfernt liegenden einsamen Ort eine Wohnung ..., zu bauen, ... der Flesch die beantragte Fläche von dem hiesigen Gemeindewald nicht abgegeben werden kann«. [*GANEUERBURG*. Protokollbuch Gemeinde Waldbreitbach 1846–1867, *23.5.1860. – Kopie in ZOAWBB.]*.

Weit verbreitetes Mißtrauen und tiefsitzende Skepsis unter der Bevölkerung den Schwestern gegenüber hatte schon Pfarrer Gomm in seiner Predigt bei der Einkleidung abzubauen versucht: »Die aber, welche fürchten, unsere beiden Klöster möchten alles an sich kaufen und zu großen Reichtümern gelangen, kann ich eigentlich nicht beruhigen; denn wenn ich ihnen auch sage: ›Sehet, es ist kein Grund zu eurer Befürchtung vorhanden, es ergeht diesen ..., wie es uns allen ergeht: Sie müssen rastlos im Schweiße ihres Angesichtes arbeiten, um sich das tägliche Brot zu verdienen‹, so werden sie dennoch mißtrauisch und werden denken, ... sich also ihre Furcht nicht benehmen lassen. Diese beiden Klöster ... richten ihre Augen auf weitere Besitztümer und auf größere Schätze. Aber was sind das für Besitztümer und Schätze? ... Es [sind] das aber die Greise, all die Armen und Kranken, all die Witwen und Waisen. ... Diese Schätze werden sie euch nicht zukommen lassen«. *[OAFranziskanerbrüder vom Heiligen Kreuz. 13.3.1863, Predigt Gomm.]*.

Alle Grundstücke, die sie zunächst erworben hatte, ohne direkt an den Bau eines Klosters zu denken, waren schwer zugängliches überwiegend felsiges Gelände. Die steilen Pfade nach Waldbreitbach und zur Kreuzkapelle waren beschwerlich und bei schlechter Witterung fast unpassierbar. Wenn Mutter Rosa sich also doch für den Klosterbau auf der Höhe entschied, so lagen die Gründe neben den bereits getätigten Käufen auch darin, daß die Mittel fehlten, einen geeigneteren Bauplatz zu erwerben. *[Vgl. ZOAWBB. 7 M ORIG. 15; NR. 74ff.]*. Ihre schon länger gehegten Pläne für Erweitungsbauten konnte Mutter Rosa erst verwirklichen, nachdem sie von der Gemeinde nach dem 20. April 1867 für 3000 Taler 23 Morgen Waldgelände hinzugekauft und sich der zupackenden Hilfe ihrer Stiefbrüder versichert hatte. *[GAAMT NEUERBURG, Wegebauakten, Bl. 233, 248rv., 249. – LHA KOBLENZ, Abt. 600, 2, NR. 139, Bll. 247–257.].* Die Überlieferung berichtet, eine dortige Eigentümerin Traudchen Wittlich habe den Schwestern ein Waldstück geschenkt. *[ZOAWBB. AGNES FRÖBUS, Erinnerungen, 3.].*

Die Mitgift der Geschwister Kröll, zu der fruchtbare Ackergrundstücke im Wiedbachtal gehörten, kam schon wegen der Eigenversorgung mit Nahrungsmitteln als Bauland nicht in Betracht.

Im Jahre 1925 faßte die Geschäftsführerin der »Marienhaus, Kranken und Pflegeanstalt, GmbH« Schwester M. Basina Averdieck (∗ 1867 – 1894 Eintritt – † 1937) die ... Geschichte der Grundstücksverwaltung der Gemeinschaft zusammen: »In Ermangelung der Korporationsrechte und der Rechte der juristischen Person, ließen wir früher unseren Grund und Gebäudebesitz an Namen einzelner Schwestern in die Grundbücher eintragen ... Dies erwies sich, besonders bei Sterbefällen, als unpraktisch und wegen der öfteren Überschreibung als kostspielig; deshalb ließen wir später auf Pfarrgemeinden übertragen, bis wir im Jahre 1903 eine Gesellschaft mit beschränkter Haftung bildeten und diese nun als Vermögensträgerin benutzen«. *[FRIELING, H. / BERGMANN, B. / SCHULZE, A. (RED.), 100 Jahre Marienhaus GmbH Waldbreitbach, 2–12, hier, 2. – ZOAWBB. Personalienbuch B / 0488 – 1.].*

Wegebau

Von der Gemeinde kaufte die Gründerin dreißig Morgen Wald à hundert Taler. Nach anderen Quellen waren es nur 23 Morgen. Für das Holz zahlte sie weitere 700 Taler Das Kloster verfügte nämlich über keine direkte Verbindung zur Landstraße im Tal. Fuhrwerke konnten nur auf weitem Umweg über schlechte Feldwege dorthin gelangen. Darum ließ die Gründerin im Jahre 1866 einen Weg durch den Wald für Transporte zur Straße anlegen. Zu diesem Zwecke hatte sie von Privatbesitzern Buschgelände erworben, weil der von ihr erworbene Gemeindewald nicht an die Wiedtalstraße angrenzte. *[Vgl. ZOAWBB. 7 M ORIG. 37; NR. 158.].*

In den Jahren 1871/72 verlegte Mutter Rosa nach Verhandlungen mit der Gemeinde die alten Glockscheider Wege, die über Klostergelände zum Brunnen und zum Mertesacker führten. Sie gingen in Klosterbesitz über. Als Gegenleistung wurden zwei neue Wege gebaut. *[ZOAWBB. Wegebau-Akten.]*. »Die jetzigen Wege sind überaus schlecht angelegt, total zerstört, ... Die neuen projektierten Wege bieten dagegen allen Glockscheidern ... namhafte Vorteile, sie können nur froh sein, auf so billige Weise zu guten Wegen zu kommen. Daß die Klosterverwaltung solche Opfer [ca. 800–900 Taler] übernimmt, ist lediglich darin zu suchen, daß sie zwischen den Klostergebäuden keinen öffentlichen Weg mehr haben will«. *[GAWBB. Bürgermeister Reusch an Landrat von Runkel, 31.1.1872.]*.

Mutter Rosa schloß am 8. Juli 1874 mit der Gemeindeverwaltung Waldbreitbach einen Vertrag über den bereits vom Kloster begonnenen Weg von Glockscheid nach Waldbreitbach mit 15 Fuß (knapp 4,5 m) Wegbreite und einem Fuß Graben. Nach Fertigstellung ging der Weg gegen Zahlung von 500 Taler in Gemeindebesitz über. Vermessungskosten trug die Gemeinde. 200 Taler wurden für die Enteignung von Grundstücken gezahlt. Zur Verbesserung der Verkehrsstrukturen für die beteiligten Partner kam ein positiv empfundener Aspekt – die nicht zu unterschätzende Arbeitsbeschaffung für viele Familienväter.

Am unteren Ende dieses 1868/69 angelegten Fuhrweges durch den Tannenwald ließ Mutter Rosa eine Ziegelbrennerei errichten. Ein Mann namens Brenner von der Grippe [d. i. Kripp b. Remagen] war der Brennmeister. *[Vgl. GAAMT NEUERBURG, Wegebauakten, Bl. 233, 248rv., 249. – LHAKOBLENZ , Abt. 600, 2, NR. 139, Bll. 247–257. – ZOAWBB. 7 M ORIG. 37; NR. 158.]*. Mit Hilfe dieser Ziegelei konnten später die Vergrößerung des Klosters und das zweite Krankenhaus kostengünstig in Angriff genommen werden. Das übrige Baumaterial mußten die Schwestern teilweise mühsam den Berg hinauftragen. *[Vgl. ZAOWBB. AGATHA SIMONS, Aufzeichnungen ..., 48.]*.
Im Jahre 1910 erneuerte der Verschönerungsverein Waldbreitbach nach jahrelangen Sammlungen diese Verbindung zwischen Landstraße und Kloster. *[Vgl. ZOAWBB. AGNES FRÖBUS, Erinnerungen, 4]*.

Das Wasser für die Bauarbeiten und die Versorgung der Arbeiter holte man sich aus dem »Glockscheider Brunnen«. Der unmittelbar an das Marienhaus angrenzende Brunnen wurde vom Kloster und dem Dorf Glockscheid gemeinsam genutzt. Das war ein mühsames Geschäft und brachte immer wieder Probleme mit den Bewohnern des etwa einen halben Kilometer oberhalb des Klosters gelegenen Ortes.

Obwohl Margaretha mit den Baumaßnahmen viele Vorteile für die gesamte Gegend begründete, bereitete man ihr von außen zunehmend Schwierigkeiten. Wenn im Sommer nicht genügend Regen fiel, kam es natürlich zu Wassermangel. Die Einwohner von Glockscheid machten dann den Schwestern die Nutzung des Brunnens streitig. Da diese aber einstweilen noch nicht über andere Wasserquellen verfügten, waren sie zwingend auf freien Zugang zu diesem Brunnen angewiesen. *[Vgl. ZOAWBB 7 M ORIG. 55f; NR. 218. – GANEUERBURG, Samtgemeinde-Chronik, 21.1.1867. – GANEUERBURG, Wegebauakten 1872–1892, 6.11.1871. – GANEUERBURG, Nr. 207, Bl. 31: verleumderischer Artikel im »Heuserschen Blatt«.].*

Auch vor kriminellen Machenschaften und Racheakten schreckte man in der mißtrauischen oder neidischen Bevölkerung nicht zurück:
Eines Tages erkrankten alle Schwestern und Hausbewohner, die vom Brunnenwasser getrunken hatten. Mutter Rosa ahnte gleich den Grund dieser epidemischen Erkankungen. Der Bürgermeister hielt ihr nämlich ein Gefäß mit Wasser entgegen, das ein Mann aus Glockscheid überbracht hatte, um Verdacht und Schuld auf das Kloster zu lenken. Im Gegenzug überreichte die Gründerin auf der Bürgermeisterei ein mit diesem Wasser gefülltes Fläschchen und brachte die Angelegenheit zur Anzeige mit der Bitte um genauere Untersuchung. Die Behörde zog jedoch vor, um etwaige unangenehme Folgen zu vermeiden, den Fall auf sich beruhen zu lassen.
Bei dieser typhusähnlichen Massenerkrankung nahm Mutter Rosa – wie in der Not gewohnt – ihre Zuflucht zum Gebet. Täglich wallfahrteten von

der Krankheit verschont gebliebene Schwestern und Kinder zum Gnadenbild der Schmerzhaften Mutter nach Verscheid. Einige Hausbewohner erlagen der Krankheit, alle anderen genasen wieder. Mutter Rosa ließ den verschmutzten Brunnen reinigen und das Wasser war unschädlich wie zuvor. *[Vgl. ZOA WBB 7 M ORIG. 55f.; NR. 219f.].*
Von dem Brunnen führte ein schmaler Weg mit in den Felsen gehauenen Stufen zu dem Klösterchen. *[Vgl. ZOAWBB. AGNES FRÖBUS, Erinnerungen, XIII, 2].* Mutter Rosa ließ den Brunnen mit Steinen einfassen und auch eine Straße nach Glockscheid bauen. Als 1861 der Brunnen zu versiegen begann, wollten die Handwerker den Bau bereits einstellen. Auf Anweisung von Margaretha gruben sie nach Wasser und wurden trotz ihrer Skepsis fündig. Dieser eigene Klosterbrunnen liegt heute im Klosterinnenhof und damit im für die Öffentlichkeit nicht zugänglichen Klausurbereich.

Erster Hausbau 1860/61 – Marienhaus – Mutterhaus

Margarethas ständiges Drängen nervte den in anderen Dimensionen denkenden Pfarrer Gomm schon beträchtlich. Schließlich fragte er eines Tages, als sie ihre Bitte zum wiederholten Male vortrug, wo sie denn eigentlich bauen wolle. Sie erwiderte, das Gelände, das sie auf dem Kapellenberg gekauft habe, stehe zur Verfügung. Der Pfarrer gab sich geschlagen und begleitete sie dorthin. Er fragte sie nach ihrer inneren Unruhe. Darauf antworte sie: »Ach, Hochwürden, wenn sie gewußt hätten, wie ich innerlich gelitten habe, sie hätten längst meinem Wunsch willfahren«. An der Baustelle angekommen, wiederholte er die schon so oft an sie gerichtete Frage: »Womit willst du denn bauen?« Margaretha mit ihrem felsenfesten Gottvertrauen ärgerte sich über diese ständigen Äußerungen über ihre Mittellosigkeit und antwortete kurz und knapp: »Für den Anfang habe ich eine Summe erspart, für das weitere wird Gott und der hl. Josef sorgen«. *[ZOAWBB. 1 M 11; 3 M 16; 2 M 23; 5 M 19; 6 M 28; 7 M 24.].*

Mit ihren bescheidenen Ersparnissen hatte Margaretha Grundstücke für das erste »Klösterchen« erwerben können. Mit ihren Gefährtinnen trug

sie den überwiegenden Teil des Baumaterials über den Kreuzweg auf den Berg.
Man mußte die Bauleute vom gemeinsamen Einkommen der wenigen Schwestern bezahlen und sich auch fehlendes Geld leihen. So konnten sie zunächst beim besten Willen nicht alles in bar bezahlen. Es gab also für die Arbeiter auch Naturalien und natürlich die Verpflegung.
Die Arbeiten hatten aber auch eine soziale Funktion: Junge Ordensfrauen waren Arbeitgeber geworden. »Dem langjährigen inneren Triebe, die Not der Wiedbewohner zu lindern, konnte sie jetzt einigermaßen Genüge leisten. Sie ... beschäftigten Arbeiter und boten somit Familienvätern Gelegenheit zum Verdienst. *[Vgl. ZOAWBB. 1 M 14; NR. 37.].*

»Im Mai 1861 wurde der Bau begonnen. ... Als sie im Herbst ihren Einzug halten wollten, war am frühen Morgen das Dach samt Fachwerk auf unerklärliche Weise abgestürzt, so daß sie erst Martini einziehen konnten, und zwar war nur ein Zimmer bewohnbar. Alle anderen Türen und Fenster waren mit Bretterverschlägen versehen. Als sie sich mit ihren Habseligkeiten dem Hause näherten, entstieg dem Schornstein ein dicker Qualm, obschon kein Ofen geheizt war. Die Zerstörung und den Rauch hat nach ihrer Aussage der Teufel verursacht, um die Gründung zu verhindern. Schließlich floh er, was der Rauch zeigte«. *[ZOAWBB. 1 M 12, NR. 30. – Siehe auch: 11. Türbild von Prof. UNVERZAGT, in: SIMON, Felsgrund wird Quellgrund, 43.].* Zum 22. Juli 1861 berichteten auch die Gemeindeakten, daß ein Sturm viele Dächer in umliegenden Ortschaften abdeckte. *[GAWBB. NR. 210, BL. 22.].*

Auf größere Hilfe aus der Bevölkerung hatten sie nicht rechnen können. Manche halfen beim Transport des Baumaterials. Familie Stephan Rams half beim Transport von Steinen und Muttererde für einen kleinen Garten.

Das erste zweigeschossige Gebäude lag oberhalb des Kreuzweges – dort wo heute das Mutterhaus steht. Wenn man einen Schritt vor das Haus tat, war man im Hochwald. Die Front des Hauses war nach Hausen zu. Ein kleiner schon bebauter Garten auf felsigem Grund mit einem Birnbaum in der Mitte diente der Selbstversorgung. Rechts führte ein kleiner Fußpfad nach Glockscheid. *[Vgl. ZOAWBB. AGNES FRÖBUS, Erinnerungen, XIII, 2. – LEMMENS, Festschrift, 18f.].*

Am 11. November 1861 konnte Margaretha Flesch mit ihren beiden Gefährtinnen und den Waisenkindern in den ersten benutzbaren Raum des Rohbaues auf dem Berg einziehen. Nur ein Zimmer hatte bereits Fenster und Türen. Alle weiteren waren noch im Rohbau. Das zweistöckige Gebäude war 20 Fuß breit (gut 6,00 m) und 30 Fuß (ca. 9,50 m) lang – hatte also knapp 60 qm Grundfläche. Aufgesetzt war noch ein Speicher. Die Kellerräume waren aus Bruchstein. Eine Zeichnung befindet sich Im Gemeindearchiv Waldbreitbach. *[GAWBB. Wegebau-Akten – Kopie im ZOAWBB.].*
Das kleine Haus hatte im aus Sandstein gebauten Erdgeschoß 4 Zimmer: Sprechzimmer, Eßzimmer, Küche und Vorratsraum. Die erste, in Fachwerk gehaltene Etage verfügte ebenfalls über 4 Zimmer. Sie waren die Schlafräume für Schwestern und Kinder. Das Ende des Ganges vor dem Fenster diente als Betraum. Im Fenster war ein kleiner Altar. Davor standen zwei Bänke. *[Vgl. ZOAWBB. AGNES FRÖBUS, Erinnerungen, XIII, 2, 109.].*

»Im Herbst 1862 war das Innere des Hauses vollendet, so daß bezüglich des Übergangs zu einer religiösen Genossenschaft nichts mehr im Wege stand. Inzwischen stellte Margaretha an Herrn Gomm den Antrag, die kirchliche Genehmigung zum Tragen des Ordenskleides nachsuchen zu wollen. Auf dessen Weigerung hin sagte sie: ›Wir leben wie Klosterleute und verrichten Arbeiten wie diese; somit können wir auch ein Ordenskleid tragen‹. Worauf Herr Gomm erwiderte: ›Ihr könnt gute Werke verrichten, ohne ein besonderes Kleid zu tragen‹«. *[ZOAWBB. 1 M 13; NR. 32. Siehe auch: 12. Türbild von Prof. UNVERZAGT, in: SIMON, Felsgrund wird Quellgrund, 44.].*

Als im Jahre 1862 das Marienhaus auf dem Berg fertig dastand, wandelten sich auch die Ansicht der Nachbarn und die öffentliche Meinung zum Positiven. Margaretha Flesch hätte eigentlich mit guten Gründen stolz sein können: Am 21. Januar 1862 war bereits im Verzeichnis der Gemeindeverwaltung ein Haushalt mit 5 Personen eingetragen. *[GAWBB. NR. 203.]*. Ihr Halbbruder Johann Flesch übernahm am 24. August 1862 offiziell das Amt des Hausverwalters. *[GANEUERBURG, Wegebauakten, Bl. 114., 208r, 191v. – GANEUERBURG, Gemeinderolle Waldbreitbach, 1853–1892.]*.

Oberin des Marienhauses, des Mutterhauses in Waldbreitbach, war stets die jeweilige Generaloberin: also vom 13. März 1863 bis zum 1. Oktober 1878 die Gründerin Mutter Rosa Flesch. Ihre Nachfolge trat die zweite Generaloberin Schwester M. Agatha Simons an, die das Amt bis zum 1. Oktober 1887 ausübte. Darum ist es wohl kein Zufall, daß bereits zwanzig Jahre später das erste Haus einem Neubau weichen mußte. Erstmals im Jahre 1905 nahm man eine Ämtertrennung vor. Schwester M. Aloysia Meckel war die erste selbständige Hausoberin für das Marienhaus ohne andere Pflichten.

Im Todesjahr von Mutter Rosa lebten im Marienhaus 78 Profeßschwestern, 96 Novizinnen, 17 Postulantinnen sowie 63 Hausangehörige und Pfleglinge. *[Handbuch des Bistums Trier, Trier 1906, 289–292.]*.

Kapelle Mutterhaus

Im Jahre 1865 ließ Mutter Rosa das Schwesternhaus vergrößern und gleichzeitig eine kleine Hauskapelle bauen.
Die Eucharistie und der Altar waren die geistige Mitte der Gemeinschaft. *[BATRIER. Akten Franziskanerinnen BMVA, 10.10.1870. – ZOAWBB. 4 M 41.]*.
Im Jahre 1867 wurde im Anbau des Mutterhaus eine größere Kapelle eingerichtet, in der am 8. Oktober 1867 Pfarrer Gomm die erste Heilige Messe zelebrierte. Seit diesem Tag durfte auch das Allerheiligste in der Mutterhauskapelle aufbewahrt werden. Für Mutter Rosa und die Schwestern war es das schönste Geschenk und eine Bereicherung ihrer geistlichen Lebensführung. Der Generalvikar hatte dazu bereits am 19. Juli 1867 die Erlaubnis erteilt. *[BATRIER. Akten Franziskanerinnen BMVA, Bl. 208v. Bericht*

Rektor Probst. – ZOAWBB. 19.7.1867, Schreiben des Generalvikars. – ZOAWBB. AGNES FRÖBUS, Erinnerungen, 3. – BACKES, Lasalle, 67, 182.].

Bereits am 11. Februar [Jahrestag der Erscheinung in Lourdes] 1866 hatte die Generaloberin ihre Künstler-Freundin Octavie de Lasalle brieflich gebeten, ein Bild der Gottesmutter für Adenau zu malen. Octavie erfüllte diesen Wunsch bereits zum 3. September des gleichen Jahres. Sie notierte in ihrem Tagebuch, Mutter Rosa zeigte sich »so dankbar für ›die Jungfrau‹, die ich ihr geschickt habe«. Das zunächst für Adenau erbetene Bild sollte aber schon bald die Kapelle des Mutterhauses schmücken. Das Ölgemälde auf Zink stellt die »Aufnahme der Allerseligsten Jungfrau Maria in den Himmel« dar. *[ZOAWBB. 7 M Orig. 64; Nr. 176. – BACKES, Lasalle, 64f., 181].*

Am 22. Juni 1870 überbrachten Schwester M. Anastasia Diestelrath und Schwester M. Alphonsa Schmitt die von Octavie de Lasalle für die Kapelle geschaffenen 14 Kreuzwegstationen nach Waldbreitbach. *[ZOAWBB. LASALLE, Tagebuch, 22.6.1870. – BACKES, Lasalle, 67f.].*

Erweiterungsbauten

Unter unsagbaren persönlichen Mühen und Entbehrungen sowie von außen gesteuerten Widerwärtigkeiten hatte Margaretha das erste Marienhaus erbaut. Dieses kleine Haus, das sie unter den Schutz der Gottesmutter Maria gestellt hatte, war durch das Wachsen der Gemeinschaft zu klein geworden. Ein Um- bzw. Neubau war dringend erforderlich. So entstanden nach und nach Planungen und Ausführung neuer Bauten für den gesamten Klosterbereich.

Mit dem Anwachsen der Gemeinschaft entstand weiter zusätzlicher Raumbedarf. Das erste Unternehmen in den Jahren 1865/67 war ein Anbau, in dem auch eine größere Kapelle Platz fand, von der bereits berichtet wurde.
Im Westteil des Erdgeschosses entstanden in den Jahren 1865/66 ein Vieh- und Pferdestall, Werkstätten für Schreiner, Schuster, Bäcker und andere sowie Aufenthalts- und Schlafräume für das männliche Personal. Dann

ließ die Gründerin in einiger Entfernung des ersten errichteten Krankenhauses eine Waschküche, darüber eine Nähschule mit Bügelzimmer sowie einen Trockenspeicher für Wasche bauen. Schließlich verband man durch einen Zwischenbau die beiden Krankenhäuser zu einem Ganzen. Stallungen und Ökonomiegebäude waren vierzig Fuß (ca. 12,40 m) lang und fünfundzwanzig Fuß (ca. 7,80 m) breit – also knapp 97 qm. So war das Mutterhaus schon in den sechziger Jahren soweit ausgebaut, daß es einem kleinen Dorf glich. *[Vgl. ZOAWBB 7 M ORIG. 37f.; NR. 159.].*

An die Vergrößerung des ersten Hauses erinnerte sich Schwester M. Agnes Fröbus: Als ich hinkam war der erste Anbau bereits im Rohbau. Unten Refektor, darüber Kinderschlafzimmer, auf der anderen Seite waren Arbeitszimmer, darüber 6 ganze kleine Zellchen. Ein großes Kapellchen wurde darin gebaut«. *[ZOAWBB. AGNES FRÖBUS, Erinnerungen, 3.].* Mit dieser Erweiterung wurde die Grundfläche mehr als verdoppelt. Der Anbau war 22 Fuß (ca. 6,80 m) lang und ebenso breit – also knapp 47 qm.

Dazu kaufte Mutter Rosa am 18. Mai 1865 eine alte Scheune von den Eheleuten Goswin Hohn in Niederbreitbach, legte sie nieder und baute sie auf dem Berg zur Lagerung von Getreide und Kartoffeln wieder auf. *[ZOAWBB. Kaufvertrag 18.5.1865 und Foto. – ZOAWBB. AGNES FRÖBUS, Erinnerungen, 5. – Siehe dazu: HARDT, Land an der Wied, 158; Foto: 329.].*

Das kleine von Mutter M. Rosa als Generaloberin gebaute, erste Haus hatte 6.000 Mark gekostet, der Anbau 8.800 Mark, Scheune und Stall und Gartenhaus 7.240 Mark. Das erste Wohngebäude kostete 10.400 Mark, ein weiteres Haus 15.300 Mark, das vierte Wohngebäude 30.000 Mark. Für eine später niedergelegte Waschküche waren 1.800 Mark gezahlt worden. Alle diese von Mutter Rosa errichteten Bauten fielen dem späteren Neubau zum Opfer. *[Vgl. ZAOWBB. AGATHA SIMONS, Aufzeichnungen ..., 53.].* Zum Vergleich: Die Zahl der Krankenhäuser einschließlich der Heil- und Pflegeanstalten stieg in Deutschland von 1876 bis 1900 von 3.000 auf 6.300, die Bettenzahl von 140.900 auf 370.000. *[Vgl. MURKEN, Geschichte des Krankenhauses, 141.].*

Der Fürstliche Kammerdirektor Freiherr von Dungern berichtete im Jahre 1887 Mutter Rosa habe »mit großer Energie das katholische Krankenhaus ›Marienhaus‹ auf der Höhe bei Waldbreitbach gegründet«. *[Fürstl. Wiedisches Archiv, Schrank 85, Fach 9, Fasc. 8.].*

Krankenhaus St. Clara

Die Zahl der Kranken und Waisenkinder nahm stetig zu. Die Gründerin sah sich bereits 1864 veranlaßt, für sie ein besonderes Heim zu errichten. Ihre beiden Brüder Ägidius und Johann hatten durch Abtragen der tiefer gelegenen Felsen von drei bis sechs Meter Höhe über mehrere Jahre einen Bauplatz gewonnen. Hier ließ Mutter Rosa ein Haus für die ihr Anvertrauten errichten. So wurde das erste Haus frei für die neu aufzunehmenden Schwestern. *[Vgl. ZOAWBB 7 M ORIG. 37; NR. 156. – ZOAWBB. AGNES FRÖBUS, Erinnerungen, 3, 109.].*

In den Jahren 1869 und 1870 haben die Schwestern sehr viel kollektiert, um die Krankenhäuser überhaupt bauen zu können. *[Vgl. ZAOWBB. AGATHA SIMONS, Aufzeichnungen ..., 47.].*

Da der Felsen noch bis ans Haus reichte, wurde noch immer weiter Felsen gebrochen und abgetragen. Man brachte die Felsstücke an einen Abhang, um weiteres Bauland und zusätzliches Gartengelände zu gewinnen. Auch für den Bau des zweiten Krankenhauses mußte wiederum Felsen abgetragen werden. *[Vgl. ZAOWBB. AGATHA SIMONS, Aufzeichnungen ..., 47, 50/51.].*
Man errichtete zwei Krankenhäuser und einen größeren Verbindungsbau. Die beiden Krankenhäuser waren nicht sehr groß. Das erste Haus hatte im ersten Stock – noch teilweise an die Felsen angebaut – drei Zimmer, der zweite Stock vier Zimmer und der dritte fünf ziemlich kleine Zimmer und noch sechs kleine Dachzimmer. *[Vgl. ZAOWBB. AGATHA SIMONS, a.a.O.].*

In den Jahren 1870/71 waren die Schwestern dann in der Lage, das zweite Krankenhaus zu errichten. Auch wurde eine Waschküche gebaut, die

man aber später wieder abriß und durch eine größere ersetzte. *[Vgl. ZAOWBB. AGATHA SIMONS, a.a.O.].*
Im zweiten 1874 gebauten Haus unterhalb des Schwesternhauses waren im Untergeschoß Wirtschaftsräume, ein Backhaus, eine Schreinerei und ein Pferdestall untergebracht. Im ersten Stock befanden sich sechs größere und ein kleines Zimmer. Im zweiten Stock befand sich ein Saal für Exerzitien sowie vier Zimmer. Darüber befand sich der Speicher. *[ZAOWBB. AGATHA SIMONS, a.a.O.].*

Im Jahre 1875 erbaute man noch ein kleines Krankenhaus mit neun kleinen Zimmern. Dieses verband die beiden früheren Krankenhäuser miteinander. *[ZAOWBB. AGATHA SIMONS, a.a.O.].*

Seit 1873 arbeitete ein namentlich nicht genannter Doktor [Homöopath] auf dem Berg, Die Ratsschwestern begleiteten den Doktor zu den Kranken. ... Schwester Scholastika Fußmann, die gar keine Beziehung zu ihm hatte, ging schließlich mit ihm fort. *[Vgl. ZOAWBB. AGNES FRÖBUS, Erinnerungen, 35f.].*

5.2. Mutter Agatha als professionelle Bauherrin

Mit dem Amtsantritt von Mutter Agatha Simons als Generaloberin im Oktober 1878 übernahm eine Frau die Leitung der Gemeinschaft, die aus einigermaßen gesicherten Lebensumständen ihre Entscheidung zum Klostereintritt gefällt hatte. Sie kannte Waldbreitbach und das bedürftige soziale Umfeld seit ihrer Kindheit. Dabei war ihr sicher nicht entgangen, welche positiven geistlichen, kulturellen, materiellen und sozialen Wirkungen Mutter Rosa mit ihren Schwestern in der Bevölkerung erreicht hatte. Möglicherweise war ihr sogar die Erkenntnis gekommen, daß es ausgesprochen schwierig für sie war, in die Fußstapfen der Gründerin zu treten. So verlegte sie ihr Wirken auf einen anderen Arbeitsbereich. Sie betätigte sich über Jahre als unermüdliche Bauherrin. Das erbrachte ihr gesellschaftliches Ansehen und äußerlich deutlich sichtbare Erfolge. Es ehrt sie, sich den Neubau der Klosterkirche als ihr erstes Groß-Projekt vorgenommen zu haben. Es verwundert umso mehr, daß die feierliche

Einweihung der Kirche auch das Ende ihrer ersten neunjährigen Amtszeit einläutete.

Mutterhaus-Kirche

Erst in den Jahren 1886 bis 1887 konnte die Gemeinschaft der Franziskanerinnen den Bau einer Mutterhauskirche in Angriff nehmen. Als leitenden Architekten gewann man den in Düsseldorf ansässigen Baumeister Caspar Clemens Pickel (∗ 1847 – † 1939). Der bekannte Kirchenbaumeister war stark »geprägt und verhaftet in den Formen mittelalterlicher Vorbilder«. Am 19. April 1886 konnte man den Grundstein legen. Der Architekt fügte den Sakralbau aus Bruchsteinmauerwerk von 27,30 Meter Länge und 13 Meter Breite als »Krönung« in den vorhandenen und später erweiterten Klosterkomplex ein.

Am 21. September 1887 nahm Bischof Michael Felix Korum die Konsekration der Kirche und des Hochaltares – beides im neugotischen Stil – vor: auf den Titel der seligen Jungfrau Maria von den Engeln – »Beatae Mariae Virginis Angelorum«. Das Fest »Maria von den Engeln« am 2. August geht auf die lokale Tradition der Weihe der Portiunkulakirche in Assisi zurück. *[Vgl. ZOAWBB. 7 M ORIG. 107; NR. 407. – ZOAWBB. AGATHA SIMONS, Aufzeichnungen ..., 50/51.].* Das Hochamt zelebrierte der Waldbreitbacher Pfarrer Georg Baulig (∗ 1847 – † 1919). Die Festpredigt hielt sein Vorgänger Heinrich Jakob Hermes (∗ 1841 – † 1891).
Die Ausstattung der Kirche war bei der Weihe noch nicht abgeschlossen. Die neue Kapelle kostete 60.000 Mark ohne Einrichtung. Allein für den Hochaltar zahlte man 5.500 Mark, von denen 3.000 Mark gespendet waren. *[Vgl. ZOAWBB. AGATHA SIMONS, Aufzeichnungen ..., 52/53.].* Im Jahre 1887 wurde die Kirche dann auch ausgemalt. Die Kosten betrugen 5.800 Mark. *[Vgl. ZOAWBB. AGATHA SIMONS, Aufzeichnungen ..., 50/51.].*

Drei Jahre später schuf der Kölner Künstler Otto Mengelberg (∗ 1818 – † 1890) zwei Seitenaltäre, auf der rechten Seite – ganz selbstverständlich – einen Franziskus-Altar und auf der linken Seite einen Herz-Jesu-Altar. Die beiden kleinen Altäre kosteten zusammen 3000 Mark, die Kanzel 2000

Mark, wozu eine Wohltäterin 1000 Mark gespendet hatte. *[Vgl. ZOAWBB. AGATHA SIMONS, Aufzeichnungen ... , 52/53.].* Die Frömmigkeitsform der Herz-Jesu-Verehrung hatte in die Gemeinschaft schon früh Eingang gefunden.

Peinlich genau notierte Schwester M. Agatha Simons auch die Kosten der Ausstattung. Es wurden drei neue Glocken gesegnet. Davon war die erste der Gottesmutter Maria geweiht, die zweite dem hl. Franziskus und die dritte der hl. Elisabeth. Paten waren Fräulein Goth, Rektor Probst und Frau Goth. *[Vgl. ZOAWBB. AGATHA SIMONS, Aufzeichnungen ... , 50/51.].* Die neuen Glocken kosteten 1975 Mark, die Bänke zusammen 2295 Mark. *[Vgl. ZOAWBB. AGATHA SIMONS, Aufzeichnungen ... , 52/53.].*
Die 1900 angeschaffte elektrisch betriebene Orgel kostete 4762 Mark, die Orgelbühne weitere 1250 Mark. Die Kommunionbank kostete 424 Mark 75 Pfennig, das Weihwasserbecken 110 Mark, der Kredenztisch 120 Mark, der Beichtstuhl 400 Mark und die Kirchenfenster 3500 Mark. Die beiden Statuen des hl. Josef und hl. Antonius neben dem Altar kosteten zusammen 600 Mark. *[Vgl. ZOAWBB. AGATHA SIMONS, Aufzeichnungen ... , 53.].*
Als Sakristanin wirkte um 1901 wohl Schwester M. Eudoxia Kaempher (∗ 1869 – 1897 † 1948).

Das Zweite Vatikanische Konzil brachte für die Feier der Liturgie Änderungsmöglichkeiten, die in den Jahren 1979 bis 1981 auch die architektonisch neue Innenausstattung der Kirche durch den Niederbreitbacher Künstler Hans Rams (∗ 1952) beeinflußten.

Neues Mutterhaus 1887

Nach Fertigstellung der Mutterhauskirche 1887 begann man mit einem Neubau des Mutterhauses, das an die Kirche angebaut ist. Das ursprüngliche erste von Mutter Rosa errichtete Haus und das bis dahin bestehende Kloster mußte abgerissen werden, weil ein Anbau nicht möglich war. Aus dem Kostenvoranschlag des Architekten Pickel ergibt sich, daß das Baumaterial, das vor gut 25 Jahren mühsam auf den Berg geschafft wurde, nach dem Abbruch wenigstens teilweise wiederverwendet werden konnte. *[ZOAWBB. Baugenehmigung vom 31.3.1887. – ZOAWBB. Kostenvoranschlag von Architekt Pickel aus Düsseldorf. – GROETEKEN, Schatten, 219f.].*

Im Jahre 1887 wurde das jetzige Kloster begonnen, aber erst 1888 bezugsfertig. Bis dahin wohnten die Schwestern in dem zuletzt gebauten Krankenhaus und schliefen im Exerzitiensaal über der Wohnung des Rektors. *[Vgl. ZOAWBB. AGATHA SIMONS, Aufzeichnungen ..., 50.].*

Im Jahre 1888 war dieser große vierstöckige Neubau vollendet. In diesem für damalige Verhältnisse imposanten Schwesternhaus mit großen luftigen Zimmern sind heute noch die Klausurräume der Schwestern untergebracht.
Von 1900 bis 1901 erweiterte man den Komplex parallel der Kirche zum Berg hin. Das äußere Erscheinungsbild blieb trotz vielfältiger Änderungen im Innern bis heute erhalten.

Das erste 1887 erbaute Klostergebäude kostete 83.000 Mark. Dann wurde 1884 die Waschküche gebaut; darüber zwei große Zimmer zum Trocknen der Wäsche. Wenn Exerzitien waren, stellte man zusätzliche Betten für die teilnehmenden Schwestern auf. Über der Waschküche befanden sich noch das Nähzimmer, ein Mangelzimmer, ein Zimmer für den Heizer und ein Zimmer für die Waisenkinder. Die Kosten betrugen mit der Maschinenwäscherei 50.000 Mark. *[Vgl. ZOAWBB. AGATHA SIMONS, Aufzeichnungen ..., 53.].*

Noch 1899 trug man weiter Felsen ab und im Winter 1900 schachtete man den Keller für einen Anbau aus. Das 1887 erbaute Kloster war bereits übervoll belegt. Dieser Anbau wurde um 1901 vollendet. Es ist ein großer Bau mit vier Stockwerken und Mansarden. Der Bauplatz durch das Abtragen der Felsen wurde einfach zu teuer. Nach Fertigstellung des Hauses wurde eine Mauer mit eisernem Gitter aufgeführt, um den Hof, wo die Schwestern sich bewegten, für Fremde nicht mehr zugänglich zu machen. In diesem Jahr erhielt das Kloster eine Heizung. Zu diesem Zweck baute man an die Waschküche ein Kesselhaus mit einem hohen Kamin. Diese Heizung wirkte durch Hochdruck, um den Dampf durch einen Kanal ins

Kloster hochzutreiben. Im Kloster selbst lag eine Niederdruck-Dampfheizung. Diese Heizung kostete mit dem Kesselhaus 80.000 Mark. Der neue Anbau des Klosters kostete 88.000 Mark. Im Jahre 1902 wurde ein neuer großer Stall gebaut. *[Vgl. ZOAWBB. AGATHA SIMONS, Aufzeichnungen ..., 56f.].*

Ökonomie 1865/1889

Während der Amtsperioden Mutter Agathas entstanden dann noch weitere größere und kleine Gebäude: 1881 das Damenhaus, 1882 das Rektorat und das im Jahre 1894 erbaute Ökonomiegebäude.

Im Jahre 1889 vergrößerte man für 12.000 Mark die Ökonomiegebäude und errichtete geeignete Wohnungen für Handwerker und Knechte. *[Vgl. ZOAWBB. AGATHA SIMONS, Aufzeichnungen ..., 50/51].*

Im Jahre 1894 erwies sich die alte Waschküche als zu klein. Nach Abbruch errichtete man eine größere mit Dampfwäscherei und Trockenspeicher. Mit dem Bau verbunden waren ein Schlachthaus und eine Schmiede. Über der Waschküche lagen Nähzimmer, Mangelzimmer und noch drei weitere Zimmer für die Waisenkinder. Im Folgejahr schaffte man dann eine Dampfheißmangel an. *[Vgl. ZOAWBB. AGATHA SIMONS, Aufzeichnungen ..., 52.].*

Damenhaus und Rektorenwohnung

Den ersten Teil des Damenhauses bis hinter den Speisesaal hat Mutter Rosa noch gebaut mit Hilfe ihres Stiefbruders Johann. *[ZOAWBB. AGNES FRÖBUS, Erinnerungen, 6.].*
Im Jahre 1881 errichtete man für 25.000 Mark das sogenannte »Damenhaus« zur Aufnahme für ältere und pflegebedürftige Damen. *[Vgl. ZOAWBB. AGATHA SIMONS, Aufzeichnungen ..., 49/50, 53.].*

Im Jahre 1882 erhielt der geistliche Rektor eine eigene Wohnung mit drei Zimmern und Toilette, die 25.000 Mark kostete. Darüber lag ein großer

Exerzitiensaal. Das ermöglichte es, den Saal im zweiten Krankenhaus zu weiteren Zimmern umzubauen. *[Vgl. ZOAWBB. AGATHA SIMONS, Aufzeichnungen ..., 49/50, 53. – ZOAWBB. AGNES FRÖBUS, Erinnerungen, 100, 106.].*

Antoniushaus – 1891

In der Rheinprovinz waren in den Jahren 1870 bis 1880 fünf Provinzial-Irrenanstalten für etwa 1300 Kranke errichtet worden. Bis 1886 war die Patientenzahl fast um das Doppelte gestiegen. Nur mit Erweiterungsbauten der bestehenden Einrichtungen waren die Probleme nicht zu lösen. Der Landesdirektor Dr. Friedrich Wilhelm Klein (∗ 1834 – 1882 – † 1908) aus Düsseldorf *[ROMEYK, Verwaltungsbeamte, 573.]* wandte sich mit der Bitte um Hilfe an religiöse Genossenschaften, unter anderen auch an die Brüder in Hausen sowie an die Schwestern in Waldbreitbach. Am 27. Februar 1888 hatte Rektor Probst mit einem Schreiben an Landesdirektor Klein das Angebot für einen Krankenhausbau unterbreitet. *[ZOAWBB. Chronik Antoniushaus, 4.].*

Planung und Kosten

Bereits am 5. Oktober 1888 konnte der Kaufvertrag, bei dem die Reihenfolge der Unterschriften beachtenswert ist, vor dem Notar Wesener, Neuwied über die Parzelle Flur 15 Nr. 57 Größe 30,85 ar von Rektor Probst als Beauftragter von Schwester M. Veronika Heinen, Schwester M. Agatha Simons und Landeshauptmann Klein aus Düsseldorf unterzeichnet werden. *[ZOAWBB. Chronik Antoniushaus, 5f.].*
»Der Vorstand der Genossenschaft der Franziskanerinnen in Waldbreitbach verpflichtet sich ... eine Irrenanstalt behufs Unterbringung weiblicher von dem Provinzialverbande der Genossenschaft überwiesener Geisteskranker nach Maßgabe der hierselbst vorgelegten und gutgeheißenen Pläne zu erbauen«. *[ZOAWBB. Chronik Antoniushaus, 6.].*

Das zunächst notwendige Kapital von 200.000 Mark stellte die Landesbank der Rheinprovinz zu 4 Prozent Zinsen und 2 Prozent Tilgung zur Verfügung. Bei sofortiger Zahlung wurde die Tilgung erst ab Oktober 1891 fällig. Der von der Provinz zu zahlende Pflegesatz für 100 Patientinnen betrug 1,20 Mark pro Person und Tag.

Das St. Antoniushaus als »Privatpflegeanstalt für weibliche unheilbare Kranke« am 19. Februar 1891 gegründet, gehörte damit zu den frühen Einrichtungen, die gemüts- und geisteskranken Frauen angemessene Pflege oder gar Heilung zu vermitteln suchten. Die erste offizielle Genehmigung war schon fast zwanzig Jahre älter: Die auf den Namen Mutter Rosas lautende Genehmigung zur Leitung einer »Privat-, Kranken- und Irrenanstalt« vom 22. November 1873 hatte die Königliche Regierung in Koblenz am 30. Juli 1880 auf Schwester M. Agatha Simons übertragen. *[LHAKOBLENZ. BEST. 441, NR. 13393. – Bezirksregierung Koblenz – Private Heil- und Pflegeanstalt für Geistes und Gemütskranke in Waldbreitbach – Marienhaus 1873–1879 – BEST. 441, NR. 25560. – Bezirksregierung Koblenz – Private Heil- und Pflegeanstalt für Geistes und Gemütskranke in Waldbreitbach – Marienhaus 1897–1912.].*

Bau und Ausstattung

Alle Handwerker der Gemeinde Waldbreitbach fanden Arbeit bei diesem Großunternehmen. »Es war ein munteres Schaffen, das auch der einheimischen Bevölkerung Vorteil brachte«. *[ZOAWBB. Chronik Antoniushaus, 6.].* Als der Bau der Anstalt fertig war, gab es nicht ausreichend Wasser. Man suchte vergeblich in den Bergen nach Quellwasser. Da nahmen die Schwestern ihre Zuflucht zum hl. Antonius. Man entdeckte eine Quelle unter dem Haus. Diese Quelle wurde nun mit weiteren Wasservorkommen beim Antonius- und beim Mutterhaus in zwei große Tanks geleitet. Das Wasser gelangte durch Motorpumpe in die Leitungen für beide Häuser. Weil man nun Maschinenkraft nutzen mußte, gab es auch elektrisches Licht für die neue Einrichtung. *[Vgl. ZOAWBB. AGATHA SIMONS, Aufzeichnungen ..., 50/51.]*

Im Jahre 1899 baute man ein Isolierhaus mit 2 Sälen für ansteckende Kranke, ein Badezimmer, eine Teeküche, ein Operationszimmer sowie ein Zimmer für die Pflegeschwestern. Im Untergeschoß befand sich ein

Leichenzimmer und ein Bügelzimmer. Heizung und Warmwasserleitung für das gesamte Haus kosteten 19.000 Mark. *[Vgl. ZOAWBB. AGATHA SIMONS, Aufzeichnungen ..., 56.].*

Nähere Angaben über Ausstattung und Preise sind den Aufzeichnung von Mutter M. Agatha Simons zu verdanken. Aus ihren Unterlagen ist zu schließen, daß sie eine besondere Neigung an den Tag legte, sich mit Kosten und Preise zu beschäftigen. Das Antoniushaus kostete mit dem Maschinenhaus und Wasserleitung 350.000 Mark; das elektrische Licht 15.800 Mark. Das Isolier-Gebäude beim Antoniushaus kostete 15.000 Mark. *[Vgl. ZOAWBB. AGATHA SIMONS, Aufzeichnungen ... , 53.– ZOAWBB. Chronik Antoniushaus, 10.].*

Am 1. Dezember 1891 zogen die ersten sechs Schwestern unter der Gründungsoberin Schwester M. Scholastica Müller in das St. Antoniushaus ein. Ihnen folgten bald 14 weitere Schwestern. Der Anfang war mehr als einfach: »Als wir auf die Schlafzellen kamen, entbehrten wir des Allernotwendigsten. Da stand ein Bett und an der Wand hing ein Kreuz und der Weihwasserbehälter, weder Stuhl noch Schemel, noch Kleiderhaken war vorhanden«. *[ZOAWBB. Chronik Antoniushaus, 12.].* Mutter Rosa besuchte gerne mehrmals wöchentlich das Antoniushaus. *[ZOAWBB. AGNES FRÖBUS, Erinnerungen, 69, 74.].*

Erste Hausoberinnen

Zur ersten Leiterin der neuen, ausgesprochen bescheiden ausgestatteten Einrichtung des St. Antoniushauses hatte die Ordensleitung die gerade dreißigjährige, von der Mosel stammende Schwester M. Scholastica Müller (∗ 1860 – 1881 Eintritt – † 1938) ernannt. Sie übernahm formal am 9. Dezember 1891 die Leitung. Bereits seit zehn Jahren im Kloster, hatte sie in den Niederlassungen Niederwenigern, Saarlouis, Schweich und zuletzt in Adenau vielfältige Erfahrungen gesammelt und gut ein Jahr vorher die Ewige Profeß abgelegt. Zudem verfügte sie über Erfahrungen in der privaten Anstaltspflege aus Andernach. Ihre Führungstätigkeit dauerte nicht ganz drei Jahre. »Unter dem Druck der Verantwortung hatte ihre

Gesundheit sehr gelitten«. *[ZOAWBB. Chronik Antoniushaus, 17.].* Sie bat um Befreiung von den Pflichten als Oberin. Die Mühen und Lasten, die Einrichtung und Leitung einer so großen Anstalt mit sich brachten, hatte sie mit viel Geschick überwunden. Bei ihrem Abschied am 7. August 1894, der ihr nicht leicht wurde, hatte sich die Zahl der Pflegekräfte – einschließlich der Postulantinnen – von 20 auf 48 erhöht. *[Vgl. ZOAWBB. Chronik Antoniushaus, 17.].* Nach weiteren Einsätzen in Filialen wirkte sie von 1914 bis 1918 in Engers im Lazarett der Kriegsschule. Seit 1920 bis zur ihrem Tod im Jahre 1938 war Schwester M. Scholastica dann im Marienhaus in Waldbreitbach tätig. *[ZOAWBB. Personalienbuch B / 0127 – 1.].*

Ihre Nachfolgerin Schwester M. Hyazintha Müller (∗ 1848 – 1871 Eintritt – † 1911) stammte aus der Eifel. Die 52-Jährige trug zwar den gleichen Familienamen. Die beiden waren aber weder familiär noch charakterlich-geistlich verwandt. Schwester M. Hyazintha kam bereits 1891 ins St. Antoniushaus und konnte darum mit einschlägigen Vorerfahrungen – auch aus Andernach – 1894 die Anstaltsleitung übernehmen, die sie bis zu ihrem Tod im Jahre 1911 behielt. *[ZOAWBB. Personalienbuch B / 0065 – 1. – A / 0144].*

In ihrer negativen Haltung zu Mutter Rosa befolgte sie schon als Oberin von Andernach getreu die Weisung, der Gründerin die gewährten Vorrechte zu entziehen. Neben dem Amt der Leiterin des Antoniushauses war sie seit 1899 auch Ratsschwester. Als Oberin und Ratsschwester scheute sie sich auch nicht, im Jahre 1905 in diesen Funktionen nach Trier zu Bischof Korum zu reisen und ihn erfolglos zu bitten, eine erneute statutenwidrige Wiederwahl von Schwester Agatha Simons zu ermöglichen. Während ihrer fast 17-jährigen Tätigkeit im Antoniushaus war sie eifrig und mit Erfolg bemüht, die notwendigen Einrichtungen stets zu verbessern und das gute Ansehen der Anstalt weiter zu heben. *[Vgl. ZOAWBB. Chronik Antoniushaus, 18.].*

Das für das Wohlergehen der Patientinnen und die Disziplin im Haus wichtige Amt der Küchenleiterin übernahm am 16. Oktober 1891 als erste Schwester M. Magdalena Jung (∗ 1846 – 1872 Eintritt – † 1910). Sie kochte

am ersten Abend Reisbrei und zwar gleich soviel, daß er für drei Tage reichte. *[ZOAWBB. Personalienbuch B / 0072 – 1. – A / 0156. – ZOAWBB. Chronik Antoniushaus, 12.].*
Ihre Nachfolgerin wurde im gleichen Jahr Schwester M. Engratia Nonnweiler (* 1853 – 1885 Eintritt – † 1914), die das Amt aber auch nur zwei Jahre innehatte. *[ZOAWBB. Personalienbuch B / 0209 – 1. – ZOAWBB. Chronik Antoniushaus, 12.].*

Ärzte und Patientinnen

Die ärztliche Versorgung der Kranken übernahmen zunächst die in Waldbreitbach ansässigen Ärzte Dr. Freudenhammer und Dr. Gummich. Beide waren Allgemeinmediziner und keine Spezialisten für psychisch Kranke. Und so wundert es nicht, daß auf die Leitung des Antoniushauses neue Forderungen zukamen.

Im Jahre 1896 verlangte die Regierung für die Geisteskranken einen eigenen Arzt anzustellen, und zwar für je 100 Kranke einen Arzt. Da wir aber schon zweihundert Patientinnen hatten, so richteten wir ein Gesuch an den Minister in Berlin, mit nur einem Arzt arbeiten zu dürfen. Diese Bitte wurde von einem guten Freund dem Minister selbst überreicht. Man rief nun wieder den hl. Antonius an: Er möge sich einsetzen für das Genehmigen des Gesuches und für das Einstellen eines guten Arztes. Wir hatten uns schon lange um einen Arzt bemüht. Da schrieb uns ein Geistlicher aus Koblenz und schlug uns Dr. Schulten von Koblenz vor, der Assistenzarzt an einer Irrenanstalt in Bendorf war. Wir nahmen diesen Arzt. Aber es gab noch ein Hindernis: Der Arzt sollte aus einer staatlichen Anstalt kommen, und dieser war in einer Privatanstalt gewesen. Dr. Schulten ging nun selbst zur Regierung und er bekam die Erlaubnis, unsere Anstalt zu übernehmen. Von ihm und seinen Aktivitäten wird noch weiter zu sprechen sein. Auch bekamen wir von Berlin die Genehmigung, mit der Bemerkung, nicht mehr als 245 Kranke aufzunehmen; dies alles auf die Fürbitte des hl. Antonius. *[Vgl. ZOAWBB. AGATHA SIMONS, Aufzeichnungen … , 52/53.].* Das Patrozinium des hl. Antonius von Padua (* 1195 – † 1231), des berühmten Heiligen aus dem Franziskanerorden, dessen Fest die Kirche am 13. Juni feiert, ist darum wohl mit Bedacht gewählt worden.

Als erste Patientinnen kamen 17 Geisteskranke aus dem Marienhaus. Es folgten zum Jahresende 19 Kranke aus Andernach, zum Jahresanfang 1892 kamen 30 aus der Provinzial-Irrenanstalt Bonn, 25 aus Düren und zuletzt 26 Kranke aus Grafenberg und Merzig. Schon jetzt stellte sich heraus, daß die Schwestern kluge »Bauherren« waren. Sie hatten nämlich in weiser Voraussicht, das Haus so geplant und gebaut, daß man 200 Patientinnen aufnehmen konnte. *[ZOAWBB. Chronik Antoniushaus, 14.]*.
Im Jahre 1906 sorgten im Antoniushaus 48 Profeßschwestern und 15 Postulantinnen für 234 Kranke und Pflegebedürftige. *[Handbuch des Bistums Trier, Trier 1906, 289–292.]*.

Erster Facharzt Dr. Johannes Schulten

Der erste am Antoniushaus festangestellte Facharzt nahm am 1. Oktober 1896 seine Arbeit auf. Man hatte sich aus mehreren Gründen für Dr. med. Johannes Schulten entschieden.
Im Jahre 1869 in Koblenz geboren war er nach dem Medizinstudium Assistenzarzt in Bendorf an einer Privatklinik für psychisch Kranke. Bis zum 31. März 1917 wirkte er als leitender Arzt am St. Antonius-Haus. 1916 erhielt er den Titel Sanitätsrat. Dann war er als Mitglied des Geschäftsausschusses des Kassenärzte-Vereins Koblenz tätig. Dr. Schulten starb am 28. Januar 1928 in seiner Heimatstadt. Er war ein Verwandter von Schwester Romana Schulten (∗ 1881– 1901 Eintritt – †1961).
Auch als medizinischer Autor machte der Arzt sich einen Namen. Er publizierte unter anderem in der damals angesehenen Zeitschrift »SOZIALE KULTUR« Arbeiten aus seinem Spezialgebiet. So veröffentlichte der Mediziner Erfahrungen aus seiner Krankenhaustätigkeit und der ärztlichen Behandlung von überarbeiteten und erkrankten Ordensschwestern. Eine der vielen Ordensschwestern, auf deren Behandlung die Studien von Dr. Schulten basierten, war wohl auch Schwester M. Christiana Dietz (∗ 1864 – 1887 Eintritt – † 1922), die nach fast zehnjähriger Tätigkeit in Oberzissen und Waldbreitbach

als Patientin im St. Antoniushaus starb. *[ZOAWBB. Personalienbuch B/0254 – 1.].*

Im Jahre 1905 erhielt der Arzt ein eigenes Wohnhaus für 30.000 Mark. *[Vgl. ZOAWBB. AGATHA SIMONS, Aufzeichnungen ..., 56f.]*

Der ärztliche Direktor informierte eine interessierte Leserschaft über kleine Schwesternniederlassungen und ihre Bedeutung für die Gesundheit der ländlichen Bevölkerung. Mit diesen schriftstellerischen Arbeiten förderte er selbstverständlich auch die von ihm geleitete Klinik. Seine bekanntesten Arbeiten waren:

»Soziale Hygiene«. Buchrezension von ALFRED VON LINDHEIM, Saluti aegrorum – Aufgabe und Bedeutung der Krankenpflege im modernen Staate. Eine sozialstatistische Untersuchung, Leipzig 1905, in: »SOZIALE KULTUR« 25 (1905) 390–398. und »Die kleinen ländlichen Schwesternniederlassungen und ihre Bedeutung für die Volksgesundheit«, in: »SOZIALE KULTUR« 27 (1907) 504–513.

Zur Übernahme von Ehrenämtern war der nicht ganz Unbescheidene gern bereit z. B. als Pate am 10. August 1906 bei einer Glockenweihe in Hausen. Auch seine Tätigkcit als Zeuge beim Testament und als Autor des Totenzettels von Rektor Probst bereiteten dem diplomatisch-versierten Taktiker keine Schwierigkeiten.

Nachwirkungen

Am 19. Januar 1903 unterzeichneten unter der Generaloberin Agatha Simons die Schwestern M. Aquilina Lermen und M. Basina Averdieck vor dem Koblenzer Notar Dr. Karl Wilhelm Kockerols den Vertrag für die Gründung der »Marienhaus, Kranken- und Pflegeanstalt, Gesellschaft mit beschränkter Haftung«. Ihr Zweck war die »Errichtung und Verwaltung von Kranken- und sonstigen Wohltätigkeitsanstalten und Nutzbarmachung der derselben zugehörigen Immobilien um diesen Zweck erreichen können«. *[FRIELING, H. / BERGMANN, B, / SCHULZE, A. (RED.), 100 Jahre Marienhaus GmbH Waldbreitbach, 2–12, hier, 2.].*

Nach und nach war so auf dem Kapellenberg ein völlig autarkes, finanziell selbständiges Unternehmen für Gesundheitserziehung und Krankenpflege im ländlichen Raum entstanden. Die Einrichtung erzielte schon bald überregionale Wirkung und war in der Lage, weniger gut ausgestattete staatliche Provinzial-Irrenanstalten zu entlasten.

Von den von Mutter Rosa Flesch errichteten Bauten steht keiner mehr. Nicht einmal in Umrissen. Nur das von ihr und ihren Mitschwestern mühsam auf den Berg geschleppte Material konnte man bei den Neubauten verwenden. Ist auch das ein Anzeichen dafür, daß ihre Nachfolgerinnen unter allen Umständen die Erinnerung an die Gründerin auslöschen wollten? »Es fehlt den Gebäuden die Einheitlichkeit, daß sie zu verschiedenen Zeiten und nicht nach einem Plane entstanden sind. Aber gerade ihre Verschiedenheit gibt dem Marienhause das ganz eigenartige, malerische Gepräge«. *[LEMMENS, Festschrift, 66.]*.

Es hatte sich im Laufe der Jahre für jedermann erkennbar erwiesen: Nicht allein die materiellen Mittel waren das fruchtbringende Kapital für diese Einrichtungen für Kranke und Waise gewesen. Vielmehr noch garantierten eine tragfähige religiöse Motivation und selbstverständliche professionelle Einsatzbereitschaft der Schwestern und ihrer Mitarbeiter(innen) diese medizinischen, menschlichen und sozialen Erfolge. *[Siehe auch: 21. Türbild von Prof. UNVERZAGT, in: SIMON, Felsgrund wird Quellgrund, 53.]*.

BELEGE UND LITERATUR:

5. KLOSTERBAUTEN

Zu Margaretha Flesch als selbständige Architektin

Zu Klosterbauten:

ZOAWBB. Chroniken – Akten – Festschriften – Personalunterlagen. – ZOAWBB. LASALLE, Skizzenbuch. – ZOAWBB. 1 M 4; NR. 9; 4 M 53f.; 5 M 20f.; 6 M 84; 7 M 92f.; 6 M 186.

Zu Grundstücke:

ZOAWBB. Chroniken – Akten – Festschriften – Personalunterlagen. – GANEUERBURG. Protokollbuch GEMEINDE WALDBREITBACH 1846–1867, 23.5.1860. – Kopie in ZOAWBB. – GAAMT NEUERBURG, Wegebauakten, Bl. 233, 248rv., 249. – LHAKOBLENZ , Abt. 600, 2, NR. 139, Bll. 247–257. – LHAKOBLENZ, Abt. 600, 2, NR. 173, Bl. 145ff. – Kaufvertrag. –
– LHAKOBLENZ, Abt. 600, 2, NR. 647. – Kaufvertrag. – ZOAWBB. Kaufverträge mit Zahlungsvereinbarungen. – ZOAWBB. AGATHA SIMONS, Aufzeichnungen, passim. – ZOAWBB. 2 M 6ff.; 3 M 16; 4 M 23; 5 M 11; 7 M 14, 24. – ZOAWBB. 7 M ORIG. 15; NR. 74ff. – ZOAWBB. AGNES FRÖBUS, Erinnerungen, 3. – OAFranziskanerbrüder vom Heiligen Kreuz, 13.3.1863, Predigt Gomm. – STATUTEN 1869, 33, NR. 10. – GELÜBDE UND ORDENS-GELÜBDE, 1870. – REGEL UND STATUTEN 1894. – LEMMENS, Festschrift, 17f. – BACKES, Lebensbild, 33f. – FRIELING, H. / BERGMANN, B, / SCHULZE, A. (RED.), 100 Jahre Marienhaus GmbH Waldbreitbach, 2–12. – KRACHT / SCHERER (HGG.), Flesch – Dokumente, REG.

Zu Wegebau:

ZOAWBB. Chroniken – Akten – Festschriften – Personalunterlagen. – ZOAWBB. Baupläne. – ZOAWBB. Wegebau-Akten. – GAWBB. Bürgermeisterei Neuerburg – Wegebauakten 1874. – Vertrag der Gemeinde Waldbreitbach mit Margaretha Flesch vom 8.7.1874. – GAWBB. Bürgermeister Reusch an Landrat von Runkel, 31.1.1872. – GAAMT NEUERBURG, Wegebauakten, Bl. 233, 248rv., 249. – LHAKOBLENZ, Abt. 600, 2, NR. 139, Bll. 247–257. – ZOAWBB. 7 M ORIG. 37; NR. 158. – ZOAWBB. AGATHA SIMONS, Aufzeichnungen ..., 48. – ZOAWBB. 7 M ORIG. 37; NR. 158. – ZOAWBB. AGNES FRÖBUS, Erinnerungen, 2, 4. – BÖCKELER, Macht, 175. – KRACHT / SCHERER (HGG.), Flesch – Dokumente, REG.

Zu Brunnen:

ZOAWBB. Chroniken – Akten – Festschriften – Personalunterlagen. – ZOAWBB. Baupläne – GAWBB. Bürgermeisterei Neuerburg – Wegebauakten 1874. – Vertrag der Gemeinde Waldbreitbach mit Margaretha Flesch vom 8.7.1874. – GANEUER-

BURG, Samtgemeinde-Chronik, 21.1.1867. – GANEUERBURG, Wegebauakten 1872–1892, 6.11.1871. – GANEUERBURG, Nr. 207, Bl. 31: verläumderischer Artikel im »Heuserschen Blatt«. – ZOAWBB. AGATHA SIMONS, Aufzeichnungen ..., passim. – ZOAWBB. 7 M ORIG. 55f.; NR. 218–222. – ZOAWBB. AGNES FRÖBUS, Erinnerungen, III, 2, 64f.,70f. – KRACHT / SCHERER (HGG.), Flesch – Dokumente, REG.

Zu Erster Hausbau 1860/61 – Marienhaus – Mutterhaus:
ZOA WBB. Chroniken – Akten – Festschriften – Personalunterlagen. – ZOAWBB. 1 M 12ff., NR. 30, 32, 37. – ZOAWBB. 1 M 11; 3 M 16; 2 M 23; 5 M 19; 6 M 28; 7 M 24. – ZOAWBB. AGATHA SIMONS, Aufzeichnungen ..., passim. – ZOAWBB. AGNES FRÖBUS, Erinnerungen, XIII, 2, 109. – GAWBB. NR. 203. – GAWBB. NR. 210, BL. 22. – GAWBB. Wegebau-Akten – Kopie im ZOAWBB. – GANEUERBURG, Wegebauakten, Bl. 114., 208r, 191v. – GANEUERBURG, Gemeinderolle Waldbreitbach, 1853–1892. – LEMMENS, Festschrift, 17–19 u. Anhang Nr. 1. – HANDBUCH DES BISTUMS TRIER, Trier 1906, 289–292. – G. SCHÜTZ, Waldbreitbach und seine Klöster, 37. – O.V., Die Franziskanerinnen der allerseligsten Jungfrau Maria von den Engeln, St. Marienhaus bei Waldbreitbach, in: KAMMER (HG.), Bistum Trier, 116–126. – FESTSCHRIFT. 100 Jahre, 33. — GROETEKEN, Schatten, 70ff. – E. SCHNECK, in: M. PERSCH / B. SCHNEIDER, (HG.), Geschichte des Bistums Trier, Bd. 4, 409f. – KRACHT / SCHERER (HGG.), Flesch – Dokumente, REG.

Zu Kapelle Mutterhaus:
ZOAWBB. Chroniken – Akten – Festschriften – Personalunterlagen. – ZOAWBB. AGATHA SIMONS, Aufzeichnungen ... passim. – ZOAWBB. 19.7.1867, Schreiben des Generalvikars.– ZOAWBB. LASALLE, Tagebuch, 22.6.1870. – ZOAWBB. 4 M 41. – ZOAWBB. 7 M ORIG. 41, 64; NR. 175f. – ZOAWBB. AGNES FRÖBUS, Erinnerungen, 3. – BATRIER. Akten Franziskanerinnen BMVA, 10.10.1870. – BATRIER. Akten Franziskanerinnen BMVA, Bl. 208v. Bericht Rektor Probst. – GROETEKEN, Schatten, 130. – BÖCKELER, Macht, 105. – BACKES, Lasalle, 64f., 67f., 181f. – BACKES, Lebensbild, passim. – KRACHT / SCHERER (HGG.), Flesch – Dokumente, REG.

Zu Erweiterungsbauten:
ZOAWBB. Chroniken – Akten – Festschriften – Personalunterlagen. – ZOAWBB. AGATHA SIMONS, Aufzeichnungen ..., 53. – ZOAWBB 7 M ORIG. 37f.; NR. 159. – ZOAWBB. AGNES FRÖBUS, Erinnerungen, 3. – ZOAWBB. Kaufvertrag 18.5.1865 und Foto. – ZOAWBB. AGNES FRÖBUS, Erinnerungen, 5. – Fürstl. Wiedisches Archiv, Schrank 85, Fach 9, Fasc. 8. – HARDT, Land an der Wied, 158; Foto: 329. – LEMMENS, Festschrift, 17–19, 21. – FESTSCHRIFT. 100 Jahre, 33. – GROETEKEN, Schatten, 129ff. – BÖCKELER, Macht, 97f. – MURKEN, Geschichte des Krankenhauses, 141. –

KRACHT / SCHERER (HGG.), Flesch – Dokumente, REG.

Zu Krankenhaus St. Clara:
ZOAWBB. Chroniken – Akten – Festschriften – Personalunterlagen. – ZOAWBB. AGATHA SIMONS, Aufzeichnungen ..., 47, 50f. u. passim. – ZOAWBB 7 M ORIG. 37; NR. 156. – ZOAWBB. AGNES FRÖBUS, Erinnerungen, 3, 35f., 109. – GROETEKEN, Schatten, 132f. – BACKES, Lebensbild, 34. – KRACHT / SCHERER (HGG.), Flesch – Dokumente, REG.

Zu Mutterhaus–Kirche:
BATRIER. Franziskanerschwestern von Waldbreitbach, Bl. 143 u. 169. – Rektor Probst, 19.4.1886; 1.5.1890: Bitte um Grundsteinlegung – Altarweihe. – BATRIER. Korumakten. – Rektor Probst, 15.6.887: Bitte um Konsekration der Kirche. – ZOAWBB. Chroniken – Akten – Festschriften – Personalunterlagen. – ZOAWBB. 7 M ORIG. 107; NR. 409f. – ZOAWBB. AGATHA SIMONS, Aufzeichnungen ... 50–53. – ZOAWBB. 7 M ORIG. 107; NR. 407. – Bericht über die Weihe der Mutterhauskirche, in: RHEIN- UND WIED-ZEITUNG 1.10.1887. – RHEIN- UND WIED-ZEITUNG 11 (1887) 115. – BACKES, Kirche des Mutterhauses, nennt als Konsekrationstag den 1. Oktober. – SIMON, Mutterhauskirche. – H. SCHMITGES, Caspar Clemens Pickel (1847–1939). Beiträge zum Kirchenbau des 19. Jahrhunderts, Materialien zur Kunst des 19. Jahrhunderts, Bd. 3), München [1971], hier 123. – HANDBUCH DES BISTUM TRIER 1952, 20. AUSG., 320. – GROETEKEN, Schatten, 217ff. – KRACHT / SCHERER (HGG.), Flesch – Dokumente, REG.

Zu Neues Mutterhaus 1887:
ZOAWBB. Chroniken – Akten – Festschriften – Personalunterlagen. – ZOAWBB. Baugenehmigung vom 31.3.1887. – ZOAWBB. Kostenvoranschlag von Architekt Pickel aus Düsseldorf. – ZOAWBB. AGATHA SIMONS, Aufzeichnungen ..., 49/50, 53. – ZOAWBB. Chronik Antoniushaus. – GROETEKEN, Schatten, 219f. – MURKEN, Geschichte des Krankenhauses,, 141–202. – KRACHT / SCHERER (HGG.), Flesch – Dokumente, REG.

Zu Ökonomie 1865 / 1889:
ZOAWBB. Chroniken – Akten – Festschriften – Personalunterlagen. – ZOAWBB. AGATHA SIMONS, Aufzeichnungen ... passim. – GROETEKEN, Schatten, 129. – KRACHT / SCHERER (HGG.), Flesch – Dokumente, REG.

Zu Damenhaus und Rektorenwohnung:
ZOAWBB. Chroniken – Akten – Festschriften – Personalunterlagen. – ZOAWBB.

AGATHA SIMONS, Aufzeichnungen ... , 49/50, 53. – ZOAWBB. AGNES FRÖBUS, Erinnerungen, 6, 100, 106. – ZOAWBB. Chronik Antoniushaus. – KRACHT / SCHERER (HGG.), Flesch – Dokumente, REG.

Zu Antoniushaus 1891:
ZOAWBB. Chroniken – Akten – Festschriften – Personalunterlagen. – LHAKOBLENZ. BEST. 441, NR. 13393. – Bezirksregierung Koblenz – Private Heil- und Pflegeanstalt für Geistes und Gemütskranke in Waldbreitbach – Marienhaus 1873–1879 – BEST. 441, NR. 25560. – Bezirksregierung Koblenz – Private Heil- und Pflegeanstalt für Geistes- und Gemütskranke in Waldbreitbach – Marienhaus 1897–1912. – ZOAWBB. AGATHA SIMONS, Aufzeichnungen ... , 50, 51, 52, 53, 56. – ZOAWBB. AGNES FRÖBUS, Erinnerungen, 69, 74. – ZOAWBB. Personalienbuch B / 0065 – 1. – [A / 0144]. – ZOAWBB. Personalienbuch B / 0072 – 1. – [A / 0156]. – ZOAWBB. Personalienbuch B / 0127 – 1. – ZOAWBB. Personalienbuch B / 0209 – 1. – Handbuch des Bistums Trier, Trier 1906, 289–292. – ZOAWBB. Chronik Antoniushaus, 6, 10., 12ff., 17f. – LEMMENS, Festschrift, 66 u. Anhang Nr. 40. – SCHÜTZ, Waldbreitbach und seine Klöster, passim. – GROETEKEN, Schatten, 221ff. – ROMEYK, Verwaltungsbeamte, 573. – FRIELING, H. / BERGMANN, B, / SCHULZE, A. (RED.), 100 Jahre Marienhaus GmbH Waldbreitbach, 2–12, hier, 2. – KRACHT / SCHERER (HGG.), Flesch – Dokumente, REG.

Zu Erster Facharzt:
LHAKOBLENZ. BEST. 441 – Bezirksregierung Koblenz – BEST. 655,64 Bürgermeisterei und Stadt Bendorf – BEST. 708, NR. 60. – Lebensbeschreibungen [Koblenzer Generalanzeiger 30.1.1928 Nr. 24. – Koblenzer Volkszeitung 30.1.1928 Nr. 24.]. – ZOAWBB. Personalunterlagen. – ZOAWBB. AGATHA SIMONS, Aufzeichnungen ... , 52/53., 56f. – BIERBAUM, Schlichte Blätter, 21. – GROETEKEN, Schatten, 222. – ZOAWBB. Personalienbuch B / 0254 – 1.

6. KLOSTERLEBEN

Die 23 Ordensgründungen von 1808–1872 – wie die der Franziskanerinnen der allerseligsten Jungfrau Maria von den Engeln (FBMVA) – unterlagen im Normalfall einem längeren Entwicklungsprozeß. Dieser durchlief mehrere Stadien und unterschiedliche Ebenen. Zunächst handelte es sich oft um einen losen Zusammenschluß von religiös besonders Interessierten. Es dauerte oft geraume Zeit, bis man sich auf gemeinsame Inhalte verständigt hatte. Bevor es dann zu einer formalen Gründung kommen konnte, verlangten die kirchlichen Oberen – in der Regel der Diözesanbischof oder der Ordensgeneral – die Vorlage einer Satzung oder Statuten. Diese Texte mußten in kleinerem Kreis zunächst beraten und dann von den zuständigen kirchlichen Behörden approbiert werden. Die endgültige Anerkennung erfolgte oft erst nach einer Zeit der Erprobung, die auch dem gemeinsamen Kennenlernen dienen sollte. Bis zu einer Approbation war es oft – nicht nur wegen der beteiligten Partner und ihrer unterschiedlichen Interessen – ein schwieriger Weg. Von den 23 ermittelten Gründungen war die Gründung der Franziskanerinnen der allerseligsten Jungfrau Maria von den Engeln (FBMVA) zeitlich die letzte. Acht Kongregationen gingen ganz eindeutig auf die Initiative von Klerikern zurück. Bei vier Gemeinschaften waren junge Frauen, die aus den »unterbürgerlichen Schichten« stammten, die Gründerinnen. Zu ihnen gehörte auch Margaretha Flesch. Sie hatte das Durchschnittsalter ihrer 22 Kolleginnen von ca. 27 Jahren deutlich überschritten. *[Vgl. MEIWES, »Arbeiterinnen des Herrn«, 78. – SCHAMONI (HG.), Ordensstifterinnen, PASSIM.].*

Grundlagen und Ziele

Der Ordensstand ist eine vom Bischof bestätigte Lebensweise, zu der Gläubige in einer religiösen Genossenschaft »sich verpflichten, nach Vollkommenheit zu streben durch Beobachtung der drei Gelübde, der Armut, Keuschheit und Gehorsams« ... Die christliche Vollkommenheit besteht darin, »frei von unordentlicher Welt- und Selbstliebe Gott in Allem und über Alles« zu lieben. *[GELÜBDE UND ORDENS-GELÜBDE, 6f.].*

Besondere Mittel zur Vollkommenheit sind Gebet, Hören des Wortes Gottes, häufiger Empfang der Sakramente und Übung der Selbstverleugnung.
»Unser Hauptaugenmerk« – schrieb Rektor Probst an den Pfarrer von Neuenahr, Franz Maria Albert Prim (∗ 1830 – † 1894) – »richteten wir darauf, daß die Schwestern frei und selbständig sind in ihrem klösterlichen Leben, daß sie ihren Statuten gemäß ihre Tagesordnung einrichten konnten. ... Dem Mutterhaus darf die Leitung und Beaufsichtigung der dortigen Schwestern nicht erschwert werden. Ein doppeltes Regiment könnte dem klösterlichen Leben nur verderblich sein«. *[LEMMENS, Festschrift, 62.].*

Das Gebot der Gastfreundschaft gilt in allen Klöstern. »Die Gastfreundschaft und Werke der Nächstenliebe üben die Schwestern, indem sie in ihrem Hause Kinder erziehen, in und außer dem Hause Kranke pflegen«. *[STATUTEN 1869, 30, NR. 6].*
Die gewachsene Ideal-Vorstellung von Mutter Rosa, das Kloster sei die Stätte, an der man einüben kann, mit den Menschen als Freunde zusammenzuleben, mußte sie schon bald schmerzhaft in Frage stellen. »Das Gelübde des Gehorsams hat den höchsten Stellenwert, »weil es die Grundlage der Ordensgemeinschaft bildet und das Höchste, nämlich den Willen, Gott zum Opfer bringt«. *[GELÜBDE UND ORDENS-GELÜBDE, 20].*

Schon am 17. Januar 1863 schrieb Bischof Wilhelm Arnoldi: »Ich bitte Gott, daß dieses Liebeswerk aufblühen und reiche Früchte der leiblichen und geistlichen Barmherzigkeit bringen möge«. *[OAWBB. FRANZISKANER V. HL. KREUZ, 17.1.1863: Bischof Arnoldi an Pfarrer Gomm – ZOAWBB. 7 M ORIG. 32 ; NR. 139. – LEMMENS, Festschrift, 18.].* – an anderer Stelle als leicht abgeänderter Text: »der leiblichen und geistigen Barmherzigkeit« *[FESTSCHRIFT 100 JAHRE, 19 (o. S.)].* Dieser Brief war also nicht nur ein üblicher frommer Segenswunsch des Ortsbischofs sondern für die Bittsteller und Betroffenen eine ganz konkrete Aufgabenbeschreibung für die junge Gemeinschaft. Dabei ist die Motivation für dieses Handeln besonders wichtig. Schon Gregor der Große (∗ 540 – † 604) betonte: »Wenn wir den Armen das unbedingt Nötige geben, machen wir ihnen nicht freigebige persönliche Spenden, sondern geben ihnen zurück, was ihnen gehört. Wir erfüllen damit eher eine Pflicht der Gerechtigkeit, als daß wir damit eine Tat der Nächstenliebe vollziehen.« *[GREGOR D. GR., Regula pastoralis, 3, 21 – zitiert nach: KKK 616; NR. 2446.].*

Das Wirken Margarethas und ihrer Gefährtinnen an der Kreuzkapelle hatte bereits ganz intensiv dem leiblichen und geistigen Wohl des Nächsten gegolten. Die Werke der Barmherzigkeit basieren auf einem Handeln aus Liebe. Es bedeutet Hilfe für den Nächsten in seinen leiblichen und geistigen Bedürfnissen. *[ZOAWBB. 7 M ORIG. 17; NR. 82.].* Die jungen Frauen übten nach Kräften die sieben leiblichen Werken der Barmherzigkeit: 1. Hungrige speisen, [Almosen geben], 2. Durstige tränken, 3. Nackte bekleiden, 4. Fremde beherbergen, 5. Gefangene befreien, 6. Kranke besuchen, 7. Tote begraben *[Buch Jesaja 58.6–7; Buch Tobit 1, 20.; Buch Tobit 4, 5–11; Buch Jesus Sirach 17, 22; Matthäus 6. 2–4; 25, 31–46; Hebräerbrief 13,3 – Vgl. KKK, 616, NR. 2447].*
Aber noch weit mehr hatten sie sich der Übung der sieben geistlichen Werke der Barmherzigkeit verschrieben: 1. Sünder zurechtweisen, 2. Unwissende belehren, 3. Zweifelnden Rat geben, 4. Betrübte trösten, 5. Lästige geduldig ertragen, 6. gern verzeihen und 7. für Lebende und Tote beten.
»Gott verlangte etwas anderes von ihr. ... Die erwähnten Übelstände der Wiedbewohner zu deren Verbesserung sie nach Gottes Plan beitragen sollte, schwebten ihr stets vor Augen. Sie war von Gott erwählt, einen religiösen Orden, eine Genossenschaft zu gründen, deren Mitglieder durch Gebet, Beispiel und Tätigkeit auf Veredlung der Sitten wirken sollten, wo sie verlassene Waisen und pflegebedürftige Personen aufnehmen konnten«. *[ZOAWBB. 7 M ORIG. 16; NR. 77.].*

Es war das erklärte Ziel des Pfarrers und der jungen Leute, konstruktive Beiträge zur integrierten ländlichen Entwicklung zu leisten. Der ökumenische Ansatz bei der caritativen Arbeit war für die jungen Leute dabei eine Selbstverständlichkeit.

Es gibt im Leben größere Ziele, für die es sich zu leben lohnt, als Geld zu verdienen.
Es ist das anderen zu helfen. Das führt dazu, auch selbst ein »anderes« und

zufriedeneres Leben zu führen, anders formuliert, eine höhere Lebensqualität auf anderer Ebene zu erreichen.
Ein zweites kommt hinzu: Dienst an der Gemeinschaft in Gemeinschaft. Die Schwestern sind mit ihrer Überzeugung nicht allein. Sie haben das gleiche geistliche Fundament und wirken nicht als Einzelkämpferinnen.

Statuten

»Die Genossenschaft der Franziskaner-Tertiarier-Schwestern hat außer der Selbstheiligung ihrer Glieder zum Zweck, den Armen in tätiger Nächstenliebe zu helfen durch Kindererziehung und Krankenpflege. ... Die Mitglieder der Genossenschaft befolgen die von Papst Leo X. im Jahre 1521 bestätigte Regel für klaustralische Tertiarier«. *[STATUTEN 1869, 3].*

Bischof Matthias Eberhard genehmigte am 16. September 1869 die »STATUTEN DER FRANZISCANER-TERTIARIER-SCHWESTERN VON WALDBREITBACH«. Geheimsekretär Ditscheid beglaubigte die bischöfliche Ausfertigung, die mit einem Umfang von 34 Seiten in Linz gedruckt wurde.
Bis dahin war es ein weiter Weg. Es gab eine uralte Vorlage: Die von Papst Leo X. (∗ 1475 – 1513 Papst – † 1521) im Jahre 1521 bestätigte Regel für den Dritten Orden des hl. Franziskus. Die Vorstellungen der Gründerin und die Erfahrungen der ersten Mitschwestern sollten in die erste »Verfassung« der Gemeinschaft eingehen. Enger Berater war Jakobus Wirth. Dazu mußte Mutter Rosa erfahrene Mitarbeiter gewinnen. Pfarrer Gomm mußte in jedem Fall mit einbezogen werden. Ein Einzelner wäre mit den historisch, theologisch, spirituell und kirchenrechtlich zu lösenden Fragestellungen überfordert gewesen. Die Statuten sind erwachsen aus Ideen und Erfahrungen von Mutter Rosa. Rektor Martin Weiler griff sie auf und formulierte die Endfassung des Textes. Unterstützung geben konnte wohl auch eine Kandidatin, die vorher in Dernbach gewesen war. *[Vgl. ZOAWBB. 7 M ORIG., 62, NR. 239.].* Die aus Ruwer stammende Schwester M. Katharina Pelzer (∗ 1833 – 1865 Eintritt – † 1891), konnte zur Diskussion der Statuten einiges beitragen *[LEMMENS, Festschrift, 22.].* Nach neuer Quellenlage ist ihre Hilfe nicht belegbar.

Am 16. September 1869 sagte Pfarrer Gomm in seiner Rede: »Drei Jahre haben wir an dem Fundamente zu diesem geistigen Hause gelegt, und dann haben wir sieben Jahre lang an der Errichtung desselben gearbeitet. Das war eine lange Frist im Vergleich mit der Hast und Eile, womit heutzutage Pläne gefaßt und ausgeführt werden«. *[OA FRANZISKANER-BRÜDER V. HL. KREUZ, Ansprache Gomm; Druck: BACKES, Armut – Leben, 50.].*

Bei den Bemerkungen zu den eingesandten Statuten der Tertiarier-Brüder und Schwestern von Waldbreitbach erscheint die Stellungnahme von Bischof Eberhard von nicht zu überschätzender Bedeutung zu sein. Es ging ihm um die Unabhängigkeit jeder der beiden Klöster:
»1. Wenn in diesen Statuten, wie es den Anschein hat, der Generalobere an die Spitze der Kongregation für die Brüdern und Schwestern gestellt sein soll, so ist etwas derartiges als unstatthaft zu erklären. Der Generalobere soll allein die Aufsicht über die Brüder zu führen haben, die Generaloberin, ohne in irgendeinem Abhängigkeitsverhältnis zu dem Generaloberen zu stehen, die Aufsicht über die Schwestern. Damit ein einheitliches Wirken erhalten bleibe oder gefördert werde, wird der Hochwürdigste Herr Bischof Sorge tragen durch die Ernennung ein und desselben Geistlichen als Bischöflichen Kommissars für die beiden Zweige der Kongregation«.
Am Rande vermerkte der Bischof: »Ad 1. Assentio [Zustimmung] † M[attias Eberhard]«. *[BATRIER. Akten der Franziskanerinnen von ZOAWBB. – ZOAWBB. Kopie. – Druck: BACKES, Armut – Leben, 99, A. 195.].*

Die ersten Konstitutionen der Franziskanerbrüder und -schwestern sind im wesentlichen dieselben«.
Die Regel war in jeder Niederlassung jeden Monat vorzulesen. Mutter Rosa hat im Marienhaus oft eine kurze Ansprache danach gehalten.
Eine der einschneidendsten Bestimmungen der neuen Satzung lag in der Schaffung eines Rates von vier Schwestern. Diese hatten Mitentscheidungsrecht bei der Wahl der Generaloberin, der Einkleidung und Gelübdeablegung. Die Amtszeit wurde auf drei Jahre festgesetzt – mit der Möglichkeit einer zweimaligen Wiederwahl.

Und darum: Bei der Suche nach einem Leben mit Christus haben in einer geschwisterlichen Gemeinschaft, gemeinsame Riten und Symbole, gemeinsames Beten, die Beachtung von ethischen Normen und Werten, eine Weltsicht sowie ein Geschichtsverständnis mit Transzendenzbezug identitätsstiftenden Charakter. Nur so kann man der Wahrheit, dem Evangelium und damit der Kirche dienen.

Neue Statuten

Bereits knapp fünfundzwanzig Jahre später verabschiedete das 9. Generalkapitel von 1893 auf energisches Betreiben von Rektor Konrad Probst – insgesamt gesehen also die 3. Regel – eine von ihm persönlich geänderte Fassung: »REGEL UND STATUTEN DER SCHWESTERN DES III. ORDENS DES HL. FRANZISKUS ZU MARIENHAUS BEI WALDBREITBACH IN DER DIÖZESE TRIER«. Am 12. März 1894 begründete Bischof Michael Felix Korum mit seiner Bestätigung die Neufassung mit der großen Ausdehnung der Genossenschaft und mit »den Erfahrungen, die im Laufe der Zeit in der Leitung der Genossenschaft gemacht wurden.« [REGEL UND STATUTEN, *Vorwort*.]. Auch diese neue Regel war monatlich in jeder Niederlassung vorzulesen.

Im Jahre 1892 wurde die Regel neu gefaßt und einige Bestimmungen geändert. Rektor Probst arbeitete die Statuten von 1869 noch einmal um, wobei besonders die Bestimmungen des Bischofs und mittlerweile gemachte Erfahrungen berücksichtigt wurden. Eigene Ideen des Rektors kamen ebenfalls nicht zu kurz. Bischof Korum bestimmte, die Generaloberin solle auf 6 Jahre gewählt werden. An Stelle von 4 Ratsschwestern waren nun 6 vorgesehen. 3 wählten die Schwestern und 3 ernannte die Generaloberin. Diese im März 1894 vom Bischof gebilligte Regel wurde von da ab von den Schwestern befolgt. *[ZOA WBB. AGATHA SIMONS, Aufzeichnungen ..., 52/52/53.].*
Beim Generalkapitel von 1893 wurde entschieden, die neue – im wesentlichen von Rektor Probst erarbeitete und von Bischof Korum korrigierte – Fassung der neuen Regel, mit den notwendigen Anlagen zur Prüfung nach Rom zu schicken. Kardinal Krementz und Bischof Simar gaben wegen der

in ihren Bistümern gelegenen Filialen Empfehlungsschreiben. Im April 1894 schrieb Rektor Probst an Kardinal Krementz: Unsere Regel »ist zur Approbation [Genehmigung] nach Rom gesandt«. *[PROBST, Tagebuch: LEMMENS, Festschrift, 65f.].* Zu Lebzeiten von Mutter Rosa gab es darauf keine Reaktion mehr.
Auf unerklärliche Weise blieb die Angelegenheit liegen und wurde erst nach fast 20 Jahren von Mutter M. Aquilina Lermen wieder aufgenommen.

Schwester Marzella beurteilte die gesamte Entwicklung kritisch: Das Ziel, das Mutter Rosa anstrebte, legte sie in ihrer Regel nieder. Solange Herr Gomm die Genossenschaft als Bischöflicher Kommissar leitete, blieb diese Regel unverändert. Als er aber 1885 starb, veränderte man sie. Das Fundament wurde untergraben. Jeder neue Eingriff zerstörte mehr bis es schließlich in Verfall geriet, als das neue System im August 1915 in Kraft trat. *[Vgl. ZOA WBB. 7 M ORIG. 147; NR. 565.].*

6.1. Innerer Aufbau

Mutter Rosa versuchte, ihren Mitschwestern mit gutem Beispiel voranzugehen. Dazu mußte sie Zielvorgaben machen und vorleben. Das Schreiben von Konzepten lag ihr nicht. In geist– und kraftvollen Ansprachen – oft im lokalen Dialekt –, führte sie die jungen oft wenig gebildeten Ordensfrauen in das geistliche und religiöse Leben ein. Sie sprach über die anzustrebende Vollkommenheit und über das Leben der Tugenden. Sie redete nicht viel, sie handelte mehr und lebte, das, was sie sagte.
Und wenn Not und Mangel an Nahrungsmitteln sich einstellte, dann versammelte sie die Schwestern in der Kapelle. In heißen Gebeten klagten sie Gott ihre Not. Mit vielen »Vater unser« und der Bitte um das »tägliche Brot« machten sie sich wieder an die Arbeit. Gott belohnte ihr Vertrauen und ließ ihnen auf wunderbare Weise immer wieder Hilfe zukommen.
Vom hl. Geiste erleuchtet, war sie für die Schwestern eine kluge Ratgeberin. Sie hatte ein großes wohlwollendes Herz. Mit Traurigen teilte sie den Schmerz und mit Fröhlichen freute sie sich. Mit ihrer Nächstenliebe – gegründet in der Liebe zu Gott – beließ sie es nicht bei schönen Worten,

sondern reagierte mit konkretem Handeln. Ihr Wohlwollen und ihre Zuwendung waren mit Würde gepaart. So gewann sie neben der Liebe auch die Achtung der ihr Anvertrauten. Ihr menschliches Auftreten bewies so die Festigkeit und Besonnenheit ihres Charakters.

Vorgesetzte und Ämter

Das Wirken von Mutter Rosa ist von ihrem Inneren und dem Leben der Gemeinschaft bestimmt. Mit dem Ausbreiten und dem Wachsen der Gemeinschaft nahmen auch ihre Sorgen zu. Gutausgebildete Kandidatinnen und qualifizierte Fachkräfte waren unter den ersten eingetretenen Schwestern absolute Ausnahmen. Dafür waren einige hochmotivierte Naturtalente unter ihnen, die sich religiös und charakterlich als erste Oberinnen eigneten und auch als geistlich–spirituelle Führungskräfte qualifizieren konnten.

Generaloberin

In den Statuten von 1869 werden die Voraussetzungen für die Wahl der Generaloberin im 5. Kapitel »Von der Ordnung der Vorsteher und Ämter« genau beschrieben. Die Generaloberin hat ihren Sitz im Mutterhaus. Sie muß 40 Jahre alt sein und 8 Jahre Profeß abgelegt haben. Für den Fall, daß keine für das Amt geeignete Schwester mit diesen Voraussetzungen zur Verfügung steht, genügen 30 Lebens- und 5 Profeßjahre. [*STATUTEN 1869, 15, Nr. 3 u. 4.*]. Diese formalen Voraussetzungen erfüllte Mutter Rosa bei ihrem Amtsantritt nur zum Teil.

Weiterhin waren die Amtszeiten festgelegt: »Die Dauer der Amtstätigkeit der Generaloberin ist drei Jahre. Termin des Amtsantrittes und Ausscheidens aus demselben ist der erste Oktober« Weiter heißt es: »Nach Ablauf der dreijährigen Amtstätigkeit der Generaloberin kann dieselbe Schwester noch zwei Mal auf je drei Jahre wiedergewählt werden, scheidet dann für die nächste Wahl aus der Zahl der Wählbaren aus, kann aber bei der darauffolgenden Wahl wiedergewählt werden«. *[STATUTEN 1869, 17, Nr. 17 u. 18.]*.

Will die Generaloberin etwas dem Rat Entgegenstehendes ausführen, so muß sie dazu die Erlaubnis des Bischöflichen Kommissars haben. *[Vgl. STATUTEN 1869, 18, NR. 25.]*. »Die Generaloberin steht in Verbindung mit dem Rat selbständig in Verwaltung des vorhandenen Vermögens«. *[STATUTEN 1869, 33, NR. 9.]*

Ratsschwestern

Die Einrichtung der Ratsschwestern entwickelte sich – wohl auch wegen der anfangs dünnen Personaldecke – erst nach geraumer Zeit. Die ersten provisorischen Ratsschwestern übernahmen in den Jahren 1868/69 ihre Funktion. Von 1863 bis 1868 hatte die Generaloberin in Schwester M. Agnes Kröll (*??? – 1863 Eintritt – † 1867) von Hausen nur eine Stellvertreterin, die ihr in der Leitung der Schwestern und des Hauses zu Seite stand. Nach deren Versetzung nach Oberzissen übernahm Schwester M. Agatha Simons (* 1837 – 1864 Eintritt – † 1915) aus Stopperich das Amt der Stellvertreterin. *[ZAOWBB. AGATHA SIMONS, Aufzeichnungen ..., 47/47a.]*

Seit 1869, dem Jahr des Inkrafttretens der Satzung steht der Generaloberin ein Rat von vier Profeßschwestern zur Seite. Zwei werden von der Generaloberin ernannt, zwei von allen Professen der Genossenschaft gewählt. »Die Professen von Filialen schicken ihre Wahlzettel verschlossen ins Mutterhaus«. *[STATUTEN 1869, 17, NR. 20.]*. Der Rat wählt dann aus seiner Mitte eine Stellvertreterin der Generaloberin, welche diese bei Abwesenheit oder Verhinderung in allem vertritt. *[Vgl. STATUTEN 1869, 18, NR. 26.]*. Jedes Jahr am 4. Oktober scheidet eine Ratsschwester aus und an ihre Stelle wird eine andere gewählt oder ernannt. Ihre Amtsdauer ist vier Jahre. Jedes Jahr scheidet diejenige aus, deren vier Jahre abgelaufen sind. Dieselbe Schwester kann noch einmal für eine Periode gewählt oder ernannt werden, dann nicht mehr. *[Vgl. STATUTEN 1869, 17f., NR. 21.]*

»In allen die ganze Gemeinschaft betreffenden Angelegenheiten, wie Aufnahme zum Postulat, Zulassung zur Einkleidung und Profeß, Entlassung von Postulantinnen und Novizinnen, Gründung und Auflösung von Filialen, Ernennung der Filialoberin, Vermögenssachen entscheidet der Rat. Bei Stimmengleichheit gibt die Generaloberin den Ausschlag«. *[Vgl.*

STATUTEN 1869, 18, NR. 24.]. Der Rat entscheidet über unentgeltliche Aufnahme und Anzahl von Waisenkindern, Kranken und Alten. *[Vgl. STATUTEN 1869, 31, NR. 17.]*

Archiv – Registratur

»Über alle ankommende und abgehende Post soll ein Verzeichnis geführt werden«. *[STATUTEN 1869, 31, NR. 17.]*. Diese Vorgabe wurde entweder aus Zeit– oder Kostengründen nicht eingehalten. Es ist auch nicht auszuschließen, daß im Mutterhaus in der Anfangszeit keine Schwester fachlich in der Lage war, diese Aufgabe zu übernehmen. Die Ratsschwester, »die seit 1890 die schriftlichen Arbeiten des Mutterhauses verrichtete, sagte, daß alles verbrannt sei, was an Schriften vorhanden war«. *[ZOAWBB. 7 M ORIG. 152; NR. 573.]*.

Novizenmeisterinnen

Die Generaloberin bestimmte mit dem Rat eine Profeßschwester zur Novizenmeisterin. Diese konnte ihres Amtes wieder enthoben werden, wenn sie sich untauglich erwies. Sie war Mitglied des Rates bei Abstimmung über Zulassung zu Einkleidung, Profeß, Entlassung sowie bei Ernennung von Filialoberinnen. *[STATUTEN 1869, 18f., NR. 7f.]*.

Schwester M. Germana Hens (1869–1875)

Die Generaloberin Mutter Rosa ernannte am 21. November 1869 die knapp 30-jährige Jungprofesse M. Germana Hens (∗ 1839 – 1867 Eintritt – † 1915) zur Ratsschwester und ersten Novizenmeisterin der Gemeinschaft. Viele Jahre arbeitete die aus der Eifel Stammende im Rat mit. Vom Amt der Novizenmeisterin löste die Generaloberin sie nach sechs Jahren ab. Sie hatte in dieser Zeit über 50 junge Frauen betreut. *[ZOAWBB. Personalienbuch B / 0026 – 1 – (A / 0069). – Vgl. ZOAWBB. 7 M ORIG. 51; NR. 205.]*.

Schwester M. Aloysia Meckel (1875–1883)

Am 15. Oktober 1875 ernannte Mutter Rosa die aus Ruwer stammende Schwester M. Aloysia Meckel (∗ 1848 – † 1927) zur nächsten Novizenmeisterin. Die 27-jährige – seit 1866 im Kloster – hatte wegen des Kulturkampfes die Ewige Profeß noch nicht abgelegt. Dafür hatte sie Erfahrungen in der Krankenpflege in drei Filialen, im Kriegseinsatz und als Ratsschwester. Ihrem Wunsch, ins Mutterhaus zurückzukehren, hatte Mutter Rosa entsprochen. Die agile Schwester erwarb sich als Geldsammlerin für den Krankenhausbau Verdienste. Wohl auch aus diesen Gründen blieb sie unter den Nachfolgerinnen von Mutter Rosa insgesamt achtzehn Jahre in diesem wichtigen Amt für den Ordensnachwuchs. Von Schwester M. Aloysia ist in anderen Zusammenhängen noch weiter zu berichten. *[ZOAWBB. Personalienbuch B / 0010. – Vgl. ZOAWBB. 7 M ORIG. 51; NR. 204.]*.

Schwester M. Creszentia Bruch (1883–1902)

Auch die am 3. Oktober 1883 ernannte dritte Novizenmeisterin der Gemeinschaft Schwester M. Creszentia Bruch (∗ 1848 – 1879 Eintritt – † 1909) – leibliche Schwester von M. Martina Bruch (∗ 1850 – ebenfalls 1879 Eintritt – † 1924) – war fast zwanzig Jahre im Amt. Am 12. Juli 1881 wurde sie während des Kulturkampfes heimlich eingekleidet – offiziell erst 10 Monate später. Während des zu Ende gehenden Kulturkampfes nahm die Sauerländerin zusätzlich Aufgaben als Ortsoberin wahr. Zu Lebzeiten Mutter Rosas betreute sie wohl die meisten – etwas über 400 – Novizinnen ihrer Amtszeit. Sie nahm ihre Aufgabe sehr ernst. Zu ihren bedeutenden Novizinnen zählte unter anderen die spätere Generalökonomin Schwester M. Basina Averdieck (∗ 1867 – 1894 – † 1937). *[ZOAWBB. Personalienbuch B / 0488 – 1.]*. Im Jahre 1902 legte die 54-Jährige aus Gesundheitsgründen die Bildungs- und Erziehungsarbeit an der Ordensjugend nieder und wechselte als Oberin nach Trier. Sie hatte wegen ihrer Sympathie für Mutter Rosa auch den jungen Ordensfrauen den Umgang mit der Gründerin gestattet, weil sie Opferbereitschaft als wichtiges klösterliches Bildungsziel ansah. Mutter Rosa »gab ihnen jedesmal gute

Lehren fürs Leben mit aus dem reichen Schatze ihrer Erfahrungen«. *[ZOAWBB. Personalienbuch B / 0098 – 1 – (A / 0185). – ZOAWBB. 7 M ORIG. 139; NR. 539.]*

Schwester M. Rosa Woelke (1902–1915)

Die vierte – und zu Lebzeiten der Gründerin letzte – Novizenmeisterin Schwester M. Rosa Woelke (* 1873 – 1892 Eintritt – † 1948) stammte wie ihre Vorgängerin aus dem Sauerland. Als noch nicht Dreißigjährige trat sie nach Erfahrungen in der Filiale Neuenahr und zwei Jahre nach ihrer Ewigen Profeß ihren Dienst am 26. September 1902 an. Sie konnte selbstverständlich nicht ahnen, welchen bedeutsamen Beitrag sie zur Vorbereitung der Internationalisierung der Gemeinschaft leisten würde.
Unter den ihr anvertrauten Novizinnen war nämlich die spätere Gründungsoberin der ersten Niederlassung der »Franziskanerinnen der allerseligsten Jungfrau Maria von den Engeln« (FBMVA) in den Vereinigten Staaten von Amerika (USA): Schwester M. Adela Schilz (* 1880 – 1905 Eintritt – † 1926) wurde am 9. August 1923 Gründungsoberin von Nazareth–Hall. *[ZOAWBB. Personalienbuch B / 0415 – 2.]*. Eine bereits 1876 erbetene Gründung in Nordamerika war auf Betreiben von Rektor Probst nicht zustande gekommen.
Ihre Novizenmeisterin versah das verantwortungsvolle Amt in wechselvollen Zeiten weiter bis sie 1915 Hausoberin des Marienhauses wurde. Nach vielen weiteren Jahren als Oberin in Worringen, Andernach und Neuenahr starb Schwester M. Rosa Woelke am 2. April 1948 im Mutter-Rosa-Stift zu Waldbreitbach. *[ZOAWBB. Personalienbuch B / 0410 – 1.]*.

6.2. Lebensform

In der Regel trugen die jungen Frauen, die in ein Kloster eingetreten waren, als äußeres Zeichen ihrer neuen Lebensform ein besonderes Ordenskleid – auch Habit – genannt. Dieses Kleid konnte sich je nach Stand in der klösterlichen Gemeinschaft unterscheiden.

Habit

Die Schwestern trugen zunächst ein »gedrucktes Kleid, ein schwarzes Umschlagtuch und ein Tuch über den Kopf«. *[Vgl. ZOAWBB. AGNES FRÖBUS, Erinnerungen, XIII, 1f.].*

Das angestrebte Ordenskleid für ihre Gemeinschaft zu erhalten. stieß zunächst auf erheblichen Widerstand des Pfarrers. Mutter Rosa erinnerte sich:

»Als unser Haus fertig war, da ging ich eines Tages ins Pfarrhaus und bat Herrn Pastor Gomm, er möge an der kirchlichen Behörde in Trier ein Gesuch einreichen um Bewilligung, das Ordenskleid tragen zu dürfen. Da wir Werke verrichten wie Ordensleute, so könnten wir auch ein Kleid tragen wie diese«. Er erwiderte mir kurz und bestimmt: »Ihr könnt gute Werke tun, ohne besonderes Kleid ... Ich trug ihm meine Bitte noch einigemal vor, bis er endlich sagte: »Meinetwegen könnt ihr euch kleiden, wie ihr wollt«. Er reichte das Gesuch ein, und die Zusage des Bischofs erfolgte bald«. *[Vgl. 7 M ORIG. 77; NR. 285].*

Nun konnte das Ordenskleid entworfen werden: »Das Kleid ist ein brauner Habit, weißer Kragen und schwarzer Schleier«. *[STATUTEN 1869, 8, NR. 1.].* »Bei der Einkleidung bekommt die Novizin einen weißen Gürtel ohne Knoten und einen Rosenkranz«. *[STATUTEN 1869, 8, NR. 2.].* Bei der Profeßablegung erhält die Schwester drei Knoten [als Zeichen der drei Gelübde] in den Gürtel und einen schwarzen Mantel. *[Vgl. STATUTEN 1869, 9, NR. 10.].*

»Die Generaloberin kann einer Schwester zur Buße auf einige Zeit den Habit abnehmen. Jedoch muß diese Buße im Mutterhause erstanden werden«. *[STATUTEN 1869, 9, NR. 12.].* Ein Beispiel: Nach einem Ratsbeschluß von Mitte Dezember des Jahres 1869 erhielt Schwester M. Eusebia Bauer (∗ 1841 – 1867 Eintritt – † 1870) das ihr vor einem halben Jahr abgenommene Habit zurück. *[Vgl. ZOAWBB. Beschlüsse des Generalrates, Bd. 1, 9].*

»Auch sollen die Schwestern auf den Filialen ihre Kleidung sowie Schleier, Gürtel u.s.w. aus dem Mutterhaus beziehen. Vom 1. Mai bis

1. November sollen die Schwestern Tuchkleider tragen, die übrige Zeit des Jahres kann der Habit von leichtem Stoffe sein«. *[ZOAWBB. Beschlüsse des Generalrates, 9.10.1872, Bd. 1, 24.].*

Mutter Rosa erinnerte sich später, wie es zu dieser Gestaltung des Habits kam. Sie berichtete auch deshalb ausführlich darüber, um die besondere Legitimation zu unterstreichen: »Inzwischen trug sich eines Tages folgende Begebenheit zu. Nachdem sie das Sakrament der Buße empfangen hatte, sah sie sich in schneeweißem Kleide. ... Bald vernahm sie in der Ferne einen lieblichen Gesang, der näher kam. Sie verstand nur die oft wiederholten Worte: ›O Jungfrauenschaft, o Jungfrauenschaft!‹ Es war ein Lobgesang auf die Jungfräulichkeit. Sie schaute nach der Gegend, woher der Gesang ertönte. Da erblickte sie eine Gruppe ...; an der Spitze waren weißgekleidete Kinder ... mit Fähnchen, denen 3 Jungfrauen im Kleide des hl. Franziskus folgten. Sie trugen einen braunen Habit, der um die Lenden mit einem weißen Strick gehalten wurde; ein schwarzer Schleier mit weißem Stirnband umrahmte das Gesicht und wallte über den Rücken herunter; ein schwarzer Mantel, eine gute Handbreit kürzer als der Habit, vollendete die Kleidung. In diesem Bilde erkannte sie den Willen Gottes bezüglich der Ordenstracht für ihre Gründung und führte sie ein, und zwar so genau, daß sie im Laufe der Jahre nicht die kleinste Veränderung duldete ... In den letzten Jahren ihres Lebens war sie noch eifrig bemüht, die älteren Schwestern zu ermahnen, doch ja nicht zuzugeben, daß die Ordenstracht geändert wurde. ›Nach meinem Tode will man die Kleider ändern‹, sagte sie oft, ›wehrt euch; sie sind nicht von mir, sie sind von Gott‹«. *[ZOAWBB. 1 M 8f.; NR. 19ff.].* Die Vision steht für die Sakralität des Ordenskleides in dieser Form. Eine junge Frau namens Margaretha Zimmermann aus Niederbreitbach, mit der Margaretha Flesch befreundet war, half ihr dabei. Sie fertigte die Ordenskleider und betete ständig dabei. *[ZOAWBB. 7 M ORIG. 28f.; NR. 123.].*

Am 14. Mai 1872 nahm Octavie de Lasalle an einer Profeß- und Einkleidungsfeier teil. Sie hat dieses Fest mit der Prozession der Schwestern zur Kreuzkapelle im Bild nach einer Vision von Mutter Rosa festgehalten, das sich im Archiv befindet. *[ZOAWBB. LASALLE, Tagebuch 14.5.1872. –*

BACKES, Kreuzkapelle, 41.]. Es waren drei Ewige, zwei Erste Professen und zwei Einkleidungen:
Schwester M. Veronika Heinen (* 1839 – 1865 Eintritt – † 1901), die aus der Nähe von St. Wendel stammte, Schwester M. Johanna Schmitt (* 1840 – 1865 Eintritt – † 1884), seit 1872 in St. Wendel tätig, und Schwester M. Klara Kröll (* 1824 –1863 Eintritt – † 1884), feierten an diesem Tag ihre Ewige Profeß. Erste Profeß machten Schwester M. Caliopa Sommer (* 1833 – 1869 Eintritt – † 1877) und Schwester M. Paula Kaseler (* 1841 – 1870 Eintritt – † 1918). Eingekleidet wurden Schwester M. Adela Winnen (* 1852 – 1871 Eintritt – † 1878) und Schwester M. Hyazinta Müller (* 1848 – 1871 Eintritt – † 1911).

»Das Ringen um die Übereinstimmung des äußeren Habits mit der inneren Haltung wird zu einem Element der Spiritualität«. [E. V. SEVERUS]. Auch ein Mediziner, der schon genannte Dr. Johannes Schulten, äußerte sich zum Tragen des Habits im Krankendienst: »Die Ordenstracht muß man in der Tat in Hinsicht auf die Krankenpflege vielfach als unpraktisch und unbequem bezeichnen. ... Aber ich bin überzeugt, wenn die hl. Ordenstifter, ... die Fortschritte der Heilkunde und besonders der Hygiene vorausgesehen und erlebt hätten, sie hätten ihre geistlichen ... Töchter mit Rücksicht auf die Pflegenden wie auf die Kranken nicht davon ausgeschlossen«. *[J. SCHULTEN, »Soziale Hygiene«, 390–398; hier: 394f.].*

Postulat

Die Aufnahme einer Kandidatin – Postulantin genannt –, die katholisch, von jeder Bürgschaft frei und 18 Jahre alt sein mußte, gewährte die Generaloberin mit dem Rat. Konvertitinnen konnten erst drei Jahre nach der Konversion aufgenommen werden, unehelich Geborene nur mit Genehmigung des Bischofs. *[Vgl. STATUTEN 1869, 6, NR. 1–4.].*
Die Generaloberin war ermächtigt, ohne Rücksprache mit den Ratsschwestern Postulantinnen aufzunehmen. Die Kandidatin hatte 50 Taler, die vorgeschriebenen Kleidungsstücke, Bettzeug oder den entsprechenden Geldwert sowie die Kosten für die erste Einkleidung mitzubringen. *[Vgl. STATUTEN 1869, 6, NR. 5.].* Wenn die Kandidatin von der Aussteuer

ganz oder teilweise Dispens erbat, war die Generaloberin an die Zustimmung des Rates gebunden. *[Vgl. STATUTEN 1869, 6, NR. 5; 18, NR. 24 – ZOAWBB. Beschlüsse des Generalrates, 20.4.1875, Bd. 1, 29.].* Wegen der wachsenden Zahl von Filialen verbrachten sie einen Teil der Probezeit zur Aushilfe auch außerhalb des Mutterhauses. An das einjährige Postulat schloß sich mit notwendiger Zustimmung des Rates die Noviziatszeit an. Aber auch für Härtefälle fanden sich Lösungen: Am 30. April 1888 übernahm die Generaloberin Veronika Heinen die entlassene Postulantin als Magd ins Marienhaus. *[ZOAWBB. Beschlüsse des Generalrates, 30.4.1888, Bd. 1, 58.].*

Erste Einkleidungen

Die Entwicklung ging zügig voran. Viele junge Frauen baten um Aufnahme. Christina und Sophia Kröll gehörten somit zu den ersten Postulantinnen. Das korrekte Eintrittsdatum ist im Personalbuch für beide mit dem 12. Mai eingetragen. *[ZOAWBB. Personalienbuch A / 0010/0011.].*
Insgesamt traten im Gründungsjahr 1863 – außer der Gründerin und ihren beiden Gefährtinnen – 8 Jungfrauen ein, davon erhielten 5 noch im gleichen Jahr am 6. Oktober 1863 in der Kreuzkapelle das Ordenskleid: Schwester M. Magdalena Andres *[ZOAWBB. Personalienbuch B / 0001–2 – A / 0007 – A / 0075–1 gestrichen],* Schwester M. Rosa II. Becker *[ZOAWBB. Personalienbuch B / 0003–1 –A / 0009],* Schwester M. Agnes Kröll, Schwester M. Klara Kröll und Schwester M. Antonia Jung *[ZOAWBB. Personalienbuch A / 0012.],* die aber 7 Jahre später wieder austrat.
Im Jahre 1864 traten vier weitere Jungfrauen ein – darunter war auch Elisabeth Simons, die spätere Nachfolgerin von Mutter Rosa, Mutter Agatha *[ZOAWBB. Personalienbuch B / 0005 – A / 0015].* Damit erhöhte sich die Mitgliederzahl der Genossenschaft auf 14.

Noviziat

In den ersten Jahren nach der Gründung gab es noch keine Trennung von Novizinnen und Profeßschwestern. Die Gründerin selbst führte die jungen Schwestern in das Ordensleben ein und bildete Novizinnen und

Professen gemeinsam zu ihrem Beruf heran. Als das Noviziat mehr und mehr anwuchs, machte Mutter Rosa Flesch eine eigenständige Einrichtung daraus.
Ein weiterer Grund dürfte für die Generaloberin gewesen sein, daß der damalige Kaplan von Waldbreitbach Gerhard Hormisch in der Zeit von Mai 1864 bis Januar 1865 gegen seine Kompetenz ganz massiv den Eintritt von Kandidatinnen verhinderte. *[GROETEKEN, Schatten, 104f.].*

Auch das Noviziat dauerte in der Regel ein Jahr und war ganz im Mutterhaus abzuleisten. Außer der Einführung in das Gebetsleben waren die geistlichen Übungen, die vertiefende Charakterbildung und – für die spätere Berufstätigkeit – Entscheidungsbereitschaft zu fördern. In begründeten Ausnahmefällen konnte deshalb das Noviziat auch zwei Jahre dauern und eine Novizin mit bischöflicher Genehmigung in einer Filiale tätig werden. Für Schwester M. Theophila Mohr (∗ 1850 – 1874 Eintritt – † 1879) wurde die erbetene bischöfliche Dispens zur Versetzung als Novizin nach Engers offensichtlich erteilt. *[ZOAWBB. Personalienbuch A / 0164. – ZOAWBB. Beschlüsse des Generalrates, 16.10.1875, Bd. 1, 29.].* Auswärts verbrachte Zeiten wurden auf das Noviziatsjahr nicht angerechnet. Wer nach Ablauf von zwei Noviziatsjahren nicht zur Profeß zugelassen wurde, war zu entlassen. *[Vgl. STATUTEN 1869, 8, NR. 3.].* Die Schwestern sollten – falls erforderlich – in der letzten Zeit des Noviziates durch ein Testament ihre Vermögensangelegenheiten ordnen. Besaß eine Schwester mehr als 2000 Taler, konnte sie mit Erlaubnis der Generaloberin das diese Summe übersteigende Vermögen nach eigenem Willen verwenden. Sollte ein Teil des Vermögens der Schwester den Angehörigen zukommen, mußte der Rat seine Zustimmung erteilt haben. *[Vgl. STATUTEN 1869, 32, NR. 1.].* »Im Übrigen soll eine Jede in einer vor dem Gesetz gültigen Weise zu Gunsten der Genossenschaft entweder, wenn sie über dasselbe frei verfügen kann, einem Mitgliede derselben schenken, oder, wenn sie noch nicht freier Eigentümer ist, vermachen«. *[STATUTEN 1869, 32, NR. 3.].* Über einige der unter Mutter Rosa eingetretenen Novizinnen wurde schon berichtet. Weitere werden an der Seite der Gründerin später noch zu nennen sein. Aber auf eine der letzten noch unter ihrer Leitung eingetretene Schwester, die viele weitere Wirren der Ordensgeschichte miterlebte, soll hier wenigstens hingewiesen werden: Es war Schwester M. Thimothea Efkemann (* 1855 – † 1949) aus Ahaus in Westfalen. Im Jahre 1877 eingetreten, während des Kulturkampfes eingekleidet, legte sie 1884 Erste und 1890 Ewige Profeß ab. Fast 60 Jahre ihres Ordenslebens verbrachte sie in der Niederlassung Polch. *[ZOAWBB. Personalienbuch B / 0081 – 1 – [A / 0169].*

Entlassungen

Nichtzulassungen zur Profeß kamen gelegentlich vor. Die Gründe dafür waren in jedem Fall unterschiedlich. Meistens versuchte die Ordensleitung eine sozial verträgliche Lösung zu finden. Schwester M. Eulalia Küpper (* 1830 – 1866 Eintritt – 1872 entlassen – †???) konnte wegen Untauglichkeit für den Beruf 1869 keine Profeß ablegen. Jedoch war das Kloster bereit, sie wegen Armut zu unterhalten mit der Bedingung, daß die Schwester nach Kräften dafür arbeitet. Der gutgemeinte Versuch gelang nicht. Nach drei Jahren entließ man sie, weil sie dem Haus zuviel Unannehmlichkeiten bereitet hatte. *[ZOAWBB. Personalienbuch A / 0089. – ZOAWBB. Beschlüsse des Generalrates, Bd. 1, 4, 23.].*

Bei der Entlassung von Schwester M. Claudia Pees (* 1854 – 1881 Eintritt 1885 entlassen – † ???] zog Rektor Probst sogar den Bischof hinzu: »Bischöfliche Gnaden haben mit mir über die Zulassung der Schwester Novizin Claudia zur Profeß gesprochen. ... Sie ist wie es sich jetzt klar herausgestellt hat, eine integrante Person, welche nicht bei der Wahrheit bleibt, und dadurch in einem Ordenshause große Unannehmlichkeiten verursachen kann. ...Den Schwestern kann ich danach nur zustimmen, wenn sie dieselbe entlassen wollen«. *[BATRIER. Korum–Akten. Rektor Probst an Bischof Korum, 23.7.1885 – ZOAWBB. Personalienbuch B / 0118 – 1.].*

Profeß und Gelübdeablegung

Der aus der Pfarrseelsorge 1868 zum Trierer Generalvikar berufene Philipp de Lorenzi (* 1818 – † 1898) erteilte am 19. Juli 1870 der kleinen für die Waldbreitbacher Schwestern verfaßten Schrift »GELÜBDE UND

ORDENS-GELÜBDE. IHR WESEN UND INHALT« die kirchliche Druckerlaubnis. Damit war ihr Inhalt für die Gemeinschaft rechtsgültig.
»Ein Gelübde ist ein freiwilliges, Gott gemachtes Versprechen, etwas ihm Wohlgefälliges zu tun, wenn man auch sonst nicht dazu verpflichtet ist«. [»GELÜBDE UND ORDENS-GELÜBDE«, 1].
»Die feierlichen Ordens–Gelübde sind Armut, Keuschheit und Gehorsam«. [»GELÜBDE UND ORDENS-GELÜBDE, 5].

Die freiwillige Armut ist der Verzicht auf den Besitz zeitlicher Güter, um so ungestörter nach dem Ewigen zu trachten und Christus ähnlicher zu werden. *[Vgl. GELÜBDE UND ORDENS-GELÜBDE, 10].* Das Gelübde der Keuschheit verpflichtet die Ordensfrau zur Reinheit und zur Ehelosigkeit, »um einzig für Gott und seinen heiligen Dienst in jungfräulicher Reinheit zu leben«. *[GELÜBDE UND ORDENS-GELÜBDE, 13].* »Der vollkommene Gehorsam ist die gänzliche Verleugnung des eigenen Willens, um einzig dem göttlichen Willen, der durch den Willen der Vorgesetzten angedeutet wird, zu vollziehen«. *[GELÜBDE UND ORDENS-GELÜBDE, 16].*

Die Profeßformel lautete: »Ich Schwester N. verspreche Gott dem Allmächtigen, der seligsten Jungfrau Maria, unserem hl. Vater Franziskus, allen Heiligen Gottes, meinen ehrwürdigen Oberen, und Ihnen, Hochwürdiger Vater, die ganze Zeit meines Lebens die Gebote Gottes zu halten und auf 5 Jahre (für immer) die von Papst Leo X. bestätigte Regel des klösterlich regulierten dritten Ordens unseres hl. Vaters Franziskus und die besonderen Statuten unserer Genossenschaft zu beobachten oder für die Übertretungen und Vernachlässigungen nach der Bestimmung meiner Vorgesetzten genug zu tun.« *[WEILER, »So sollt ihr beten!«, 310.].*
Am 16. April jeden Jahres wird jeweils die private Profeßerneuerung gefeiert. *[STATUTEN, Einleitung u. 3.].*

»Scheidet eine Profeßschwester aus dem Orden aus, so bleibt die ... mitgebrachte Aussteuer dem Kloster. Ihr mitgebrachtes Vermögen bekommt sie ganz zurück, jedoch ohne Zinsen. Auf das während ihres Aufenthaltes im Kloster erworbene Vermögen der Gemeinschaft hat sie keinen Teil-Anspruch«. *[STATUTEN 1869, 32].*

Religiöses Leben

Dem Gottesdienst und dem täglichen Gebet allein und in Gemeinschaft kam die erste Rolle zu. Dieser Dienst machte alle anderen Dienste erst möglich. Nächstenliebe und Selbstheiligung waren die praktischen Lebensziele der Schwestern. Die verschiedenen Gebetsformen des individuellen, gemeinschaftlichen, meditativen und liturgischen Betens in ihren vielfältigen Texten waren angemessen über den Tag verteilt.

»Die Schwestern sollen einmal jede Woche beichten und kommunizieren«. *[STATUTEN 1869, 14, NR. 2.].* »Die Profeßschwestern sollen, wenn der Beichtvater es erlaubt, dreimal die Woche, außer Sonntags noch zweimal ... kommunizieren«. *[STATUTEN 1869, 14, NR. 5.].*

»Die Schwestern sollen sich, wenn sie im Kloster sind und der Beichtvater es erlaubt, einmal jede Woche freitags, geißeln«. *[STATUTEN 1869, 14, NR. 6.].* »Wenigstens alle zwei Jahre soll jede Schwester einmal Exerzitien machen«. *[STATUTEN 1869, 14, NR. 10.].* Sie dauerten in der Regel einschließlich der Reisezeit 8 Tage.

Gebet in Gemeinschaft

Die möglichst tägliche Teilnahme am vom Priester in lateinischer Sprache zelebrierten Hl. Meß-Opfer als »Erinnerung an das blutige Opfer des Kreuzes« war der Mittelpunkt und integrierender Teil des Ordenslebens. *[WEILER, »So sollt ihr beten!«, 231–244, hier 231.].*

Das gemeinsame Beten des kirchlichen Stundengebetes galt für eine geistliche Gemeinschaft als Selbstverständlichkeit. »Das Offizium muß an jedem Tag gebetet und kann nicht auf den andern Tag verschoben werden.« Die Litanei zum hl. Herzen Jesu befindet sich im Ordensgebetbuch. *[WEILER, »So sollt ihr beten!«, 2.].*

Die Schwestern hatten in der Kirche Stillschweigen zu beachten, zumal wenn die Messe gefeiert oder das Wort Gottes verkündet wurde. *[Vgl. STATUTEN 1869, 12.].* Die Gemeinschaft betete täglich die kleinen Tageszeiten von der allerseligsten Jungfrau. Wenn das nicht möglich ist, können sie auch die »Vaterunser« beten. *[Vgl. STATUTEN 1869, 13.].*

Persönliches Beten

Für das persönliche betrachtende Beten der Schwestern war das marianisch geprägte Gebet der Betrachtung des Lebens Christi tägliche Praxis. »Die Schwestern beten jeden Tag einen Rosenkranz«. *[STATUTEN 1869, 14, Nr. 8.].* »Kranke und solche, welche Kranken dienen, können ihrer Pflicht genügen, wenn sie nach Anordnung der Oberin 7 Psalmen, 7 Vaterunser und 2 Credo beten«. *[STATUTEN 1869, 14, Nr. 3.].*

Ordenseigenes Gebetbuch

Für das gemeinsame und das persönliche Gebet der Gemeinschaft und ihrer Mitglieder hatte der geistliche Rektor in Zusammenarbeit mit Brüdern und Schwestern der beiden Klöster ein eigenes Gebetbuch erstellt, das wegen seiner Schlichtheit sehr beliebt war. Es enthielt die Texte der Meßfeier, der Psalmen, mehrere Andachten, spezielle Gebete für Ordensleute und – wie es nicht anders sein konnte – einen sogenannten »Beichtspiegel«.
Der Titel lautete: MARTIN WEILER, »So sollt ihr beten!« Gebetbuch für die Brüder und Schwestern des Dritten Ordens des hl. Vaters Franziskus aus der Genossenschaft von Waldbreitbach, (Als Manuskript gedruckt), Linz am Rhein 1869, (Selbstverlag der Genossenschaft). [312 Seiten u. 2.]. Eine zweite Auflage erschien unter dem Titel: »Lobe den Herrn, meine Seele!«.

Kapitel

»Einmal jede Woche halten die Schwestern Kapitel, in welchem sie sich anzuklagen haben über die äußerlich bemerkbaren Fehler gegen Regel und Statuten. Was eine durch einer anderen Selbstanklage im Kapitel gehört ... muß strenges Stillschweigen darüber beobachtet werden«. *[STATUTEN 1869, 9f., NR. 19f.].* Diejenigen, die Fehler gemacht und menschliche Schwäche gezeigt hatten, waren zu ermahnen und mit einer Buße zu belegen. Wer demütig sein Verfehlen eingestand und um Verzeihung bat, dem wurde sie in Mitgefühl und Erbarmen gewährt. Das

Kapitel fand im Refektorium statt. Mutter Rosa fehlte nie, solange sie noch gehen konnte. *[Vgl. ZOAWBB. FRÖBUS, Erinnerungen, 68, 74.]*.

Lebens- und Arbeitsalltag

Die ersten Schwestern wohnten in einer Wildnis umgeben von Felsen und Gestrüpp. Die steilen Wege nach Waldbreitbach und zur Kreuzkapelle waren beschwerlich. Im Winter bei Eis und Schnee blieben sie oft unpassierbar. Den Lebensunterhalt erwirtschafteten sie sich durch ihrer Hände Arbeit. Brennholz fanden sie im Wald. Sie begnügten sich mit einfachster Nahrung und sparten sich jeden Bissen vom Munde ab, um die Waisenkinder nicht darben zu lassen. *[Vgl. ZOAWBB. 5 M 12.]*.

Sehen wir uns den »Durchschnittsarbeitstag« der Schwestern etwas näher an:

Die Konsequenzen der gelobten Armut waren erlebbar und klar erkennbar im Tagesverlauf: in Kleidung, Nahrung, Wohnung und Schlafstätte. Die Schwestern lebten »ihre« Armut mit innerer Freude. Ihre Bußgesinnung und ihre Opferbereitschaft waren heroisch.

Von morgens vier – im Winter fünf – Uhr bis abends neun Uhr war die Ordensfrau auf den Beinen. Nach dem Aufstehen hielt jede Schwester auf der selbst zu reinigenden Zelle ein kurzes Morgengebet. Auf ein Zeichen hin versammelte sich die Kommunität in der Kapelle zum gemeinsamen Morgengebet, zur anschließenden halbstündigen Betrachtung und zum Stundengebet der kleinen Horen sowie – falls möglich – zur Heiligen Messe.

Nach dem bescheidenen Frühstück begann die Arbeit. Die eine war in der Küche tätig, die andere am Krankenbett, in der Handarbeits- oder Kinder-Bewahrschule sowie im Garten. Sie pflegten Kranke im Kloster und in der Ambulanz, besuchten die Bedürftigen zu Hause und standen ihnen bei. Die Schwestern betreuten ihre Waisenkinder, ließen ihnen eine schulische Ausbildung zukommen und vermittelten erste Arbeitsstellen.

Nach einfachem Mittagessen und kurzer Erholung beteten die Schwestern gemeinsam Vesper und Komplet. Dann hielten sie ihre Betrachtung oder Anbetung vor dem Allerheiligsten.

Nach dem Abendessen beteten sie die Laudes und Matutin für den folgenden Tag. Ab 21 Uhr war strikte Bettruhe und Stillschweigen bis zum nächsten Morgen.

Klosterzelle

Auf den ersten kleinen Zellen waren lange, flache Öfen. Jedes Zimmer hatte einen Ring, auf denen man sich etwas warm machen konnte. Erst haben dort Schwestern geschlafen. Später schliefen die ersten Kranken dort. *[Vgl. ZOAWBB. AGNES FRÖBUS, Erinnerungen, 3.]*. Die Zellen sollen möglichst beisammen liegen. Sie sollen vom übrigen Hause abgeschlossen und Klausur sein. *[Vgl. STATUTEN 1869, 24, NR. 5.]*. Die Professen sollten, wo es möglich ist, jede eine Zelle für sich haben. *[Vgl. STATUTEN 1869, 24, NR. 1.]*. In der Zelle darf jede nur die notwendigsten Sachen haben, nichts Überflüssiges, von Kleidungsstücken, nur was jede in Gebrauch hat. Zu mehr ist die Erlaubnis der Oberin notwendig. *[Vgl. STATUTEN 1869, 24, NR. 2.]*. Das Bettzeug war einfach und bescheiden. Statt mit Federn und Flaum war das Lager mit Stroh und Spreu gefüllt. *[Vgl. STATUTEN 1869, 22f., NR. 1–14.]*.

Die Decken sollen von Wolle oder Baumwolle sein, so viel zum Schutz vor Kälte notwendig sind. *[Vgl. STATUTEN 1869, 24, NR. 6.]*. Im Notfall kann die Oberin erlauben, daß ein Ofen aufgestellt wird. *[Vgl. STATUTEN 1869, 24, NR. 3.]*. Keine Schwester darf ohne Erlaubnis oder Auftrag der Oberin die Zelle einer anderen betreten. *[Vgl. STATUTEN 1869, 24, NR. 4.]*.

»Im Zellenraum und auf den Zellen muß ebenfalls Stillschweigen beobachtet werden; hier darf nur im Notfall und dann auch nur leise gesprochen werden«. *[STATUTEN 1869, 13, NR. 2.]*.

Insbesondere sieht man seit dem Besuch des Bischofs hier in beiden Häusern das Bestreben, »auf das Gewissenhafteste das Stillschweigen zu halten«, und ... diese Übung auch auf den Filialen zu vervollkommnen«. *[BATrier, Korum Akten. 23.7.1885, Rektor Probst an Bischof Korum. Auszug].*

Mahlzeiten

Im ersten Refektorium aßen Schwestern und Kinder zusammen. Einrichtung und Ausstattung des Speiseraumes waren sehr einfach, ein langer

Tisch und Bänke, irdenes Geschirr oder Steingut. *[Vgl. ZOAWBB. AGNES FRÖBUS, Erinnerungen, XIII, 1f.].*
»Man soll vor und nach der Mahlzeit beten und während derselben Mäßigkeit ... und christlichen Anstand beobachten«. [GELÜBDE UND ORDENS-GELÜBDE, 9].
Die Mahlzeiten wurden gemeinsam im Speisesaal eingenommen: 7 Uhr Frühstück, 12 Uhr Mittagessen und 19 Uhr Abendessen. *[Vgl. STATUTEN 1869, 33, NR. 5f., 8.].* Haus- und Tischgeräte sollen einfach und arm sein, die Tischgeräte irden oder steinern. *[Vgl. STATUTEN 1869, 24, NR. 6.].* »Die Kost soll überall einfach sein, entsprechend der gewöhnlichen Kost des Mittelstandes der Gegend, in welcher das Haus liegt«. *[Vgl. STATUTEN 1869, 25, NR. 10.].* Die Mahlzeiten wurden jeweils mit einem Gebet begonnen und beendet. *[WEILER, »So sollt ihr beten!«, 187–193.].*

Gemüse, Getreide und Kartoffeln – angebaut auf dem von Schwester M. Agnes und M. Clara als Mitgift eingebrachten Feld – ebenso wie das Viehfutter mußten die Schwestern auf den Berg schaffen. *[Vgl. ZAOWBB. AGATHA SIMONS, Aufzeichnungen ..., 48.].* Fleisch gab es in der Regel nur am Sonntag. Bei der kanonischen Visitation 1887 hatte Bischof Korum erlaubt, »allen, Montags Fleisch zu essen, bis dahin hatte die Genossenschaft an diesem Tage ... Abstinenz gehalten. *[PROBST, Tagebuch: LEMMENS, Festschrift, 65.]*

Die Schwester aus einer Filiale berichtete über die Ernährung: »Die Schwestern fanden beim Einzug ein Brot, einige Kartoffeln, ein Glas Gurken und Gelee vor. In den ersten Zeiten war häufig Schmalhans Küchenmeister; Kartoffeln mit Zwiebeln kannten wir auswendig ... und wir hatten noch Freude obendrein«. *[BIERBAUM, Schlichte Blätter, 21.].*
Es gab aber Ausnahmen: Octavie de Lasalle berichtete in ihrem Tagebuch vom 7. April 1866: »Die Generaloberin von Waldbreitbach kam am Nachmittag in Wadern an. Alle ihre Schwestern tranken Kaffee« im Theatersaal von Schloß Dagstuhl. Es ging heiter zu und wurde spät. Mutter Rosa erzählte von der »Vision anläßlich des Gebäudes«. *[ZOAWBB. LASALLE, Tagebuch, 7.4.1866. – BACKES, Lasalle, 61.].*

Schwester M. Agnes Fröbus berichtet für 1875 aus St. Wendel: »Wir haben immer guten Tisch gehabt, aber um 10 Uhr nichts. Morgens belegtes Butterbrot, Bohnenkaffee. Mittags guter Tisch. Wir brauchten nicht zu kaufen, erhielten viel geschenkt, weil ›zur Miete‹ wohnend, waren wir ›arme Schwestern‹. Haben viel ins Mutterhaus geschickt«. *[Vgl. ZOAWBB. AGNES FRÖBUS, Erinnerungen, 45, 51.]*.

Fasten

»Die ... Schwestern sollen für immer am Montag, Mittwoch, Freitag und Samstag (Weihnachten ausgenommen) kein Fleisch essen. Von Allerheiligen bis Ostern sind sie gehalten jeden Mittwoch und Freitag zu fasten, desgleichen alle Freitage das ganze Jahr hindurch. Ebenso haben die Fasttage alle Tage von dem Feste des hl. Martinus an bis Weihnachten, und in der allgemeinen kirchlichen Fastenzeit vor Ostern....An den Tagen, an welchen nicht gefastet wird, sollen sie nur zweimal am Tage essen«. *[STATUTEN 1869, 10, 3. KAP.]*.

»Eine dauerndc Dispens kann nur von der General-Oberin und zwar nur für ein Jahr gegeben werden«. *[STATUTEN 1869, 11, NR. 4.]*. »Wer außerhalb des Klosters sich befindet und nicht in demselben ißt, kann essen, was ihr vorgestellt wird, muß jedoch die kirchlichen Fasten- und Abstinenzgebote beobachten«. [STATUTEN 1869, 11, NR. 5.]. »Auf Krankenpflege in Häusern von Reichen sollen sie Selbstverleugnung und Abtötung im Geiste ihres Ordens üben«. *[STATUTEN 1869, 11f., NR. 5.]*. »Diejenigen, welche während der Nacht auf Krankenpflege sind, können nach Bedürfnis essen«. *[STATUTEN 1869, 12, NR. 6.]*.

Bei der Visitation 1885 rügte Bischof Michael Felix Korum die schon übertriebene Armut: »Polizeiwidrig ist es wie die Schwestern da liegen«. *[ZOAWBB. AGATHA SIMONS, Aufzeichnungen ... , 50.]*. Nicht ausreichendes Essen und nicht genügend Schlaf beeinträchtigten das Zusammenleben. Ein Bett für zwei Schwestern biete nicht den genügenden Lebensraum. Ebenso sei das Nacheinander-Essen aus Platzmangel möglichst durch Erweiterung der Räume abzustellen.

Rektor Probst dankte dem Bischof – in einem der Gemeinschaft wohl unbekannt gebliebenen Brief – für die Visitation in so überschwänglichen Worten, die bei der gelebten Armut der Schwestern schon peinlich wirkten: »Bei Gelegenheit der Übersendung eines Exemplars der Statuten unserer Genossenschaft darf ich es nicht versäumen, Ew. Bischöfliche Gnaden im Namen der Genossenschaft und auch für mich den ehrerbietigsten und innigsten Dank auszusprechen für alle Gnaden und Segnung welche Hochdieselbe durch Ihre Visitation uns gebracht haben. Ew. Bischöflichen Gnaden kann ich auf das Bestimmteste versichern, daß dieselbe reichlichen Segen Gottes uns gebracht hat und unsere Brüder und Schwestern eine mächtige Aneiferung auf dem Wege der Vollkommenheit zu Teil geworden ist. Wir sind bestrebt, alle Mahnungen und Weisungen Bischöflicher Gnaden mit Gottes Hilfe die pünktlichste Folge zu leisten. *[BATrier, Korum Akten. 23.7.1885, Rektor Probst an Bischof Korum. Auszug].*

Arbeit und Erholung

»Man soll seine tägliche Arbeit verrichten emsig, geduldig, in der Absicht Gott zu gefallen«. *[GELÜBDE UND ORDENS-GELÜBDE, 9.].*
Die Schwestern sollen durch Arbeit ihren Lebensunterhalt verdienen. Sie übernehmen Arbeiten wie sie jedes bürgerliche Mädchen sonst verrichtet in und außer dem Hause, im Notfall – aber nicht grundsätzlich – auch im Tagelohn, jedoch dann nicht in Gemeinschaft mit anderen Personen. Sie sollen Vorbilder der Arbeitsamkeit sein und haben bei übertragenen Arbeiten die Anweisungen der Oberin zu befolgen. *[Vgl. STATUTEN 1869, 30, Nr. 37ff.].* Im Verhältnis zum Arbeitseinsatz war die Zeit der Erholung knapp bemessen.

Nach Mittag- und Abendessen gab es eine kurze Erholungszeit. »Man darf sich auch eine kleine Erholung gestatten, aber mit Mäßigung und Sittsamkeit, zur rechten Zeit und am rechten Ort«. [GELÜBDE UND ORDENS-GELÜBDE, 9.]. Die Schwestern unterbrachen zwar wenigstens alle zwei Jahre ihre anstrengende Arbeit durch geistliche Exerzitien. Aber eine jährliche wenigstens 14–tägige dringend notwendige Erholung ließ sich auch auf Anraten der Ärzte erst langsam durchsetzen. Erst auf dem Generalkapitel 1887 wurden von Bischof Michael Felix Korum fünf Ruhestunden am Tag nach der Nachtwache pflichtgemäß eingeführt.

Lektüre

Bücher hatten im Leben einer karitativ–tätigen Ordensfrau schon aus Zeitgründen keinen hohen Stellenwert. Gezielte Auswahl der Lektüre war darum auf religiös–aszetische Themen zentriert. Während des Mittagessens wurde aus Heiligenlegenden, während des Abendessens aus einem Buch nach Wahl der Oberin vorgelesen. *[Vgl. STATUTEN 1869, 23, NR. 12.].* Die Regel soll in jedem Hause einmal im Monat vorgelesen werden. *[Vgl. STATUTEN 1869, 34, NR. 2.].*

In der Bibliothek des Mutterhauses befanden sich mehrere hagiographische Werke. Zwei Beispiele:

FRIEDRICH PÖSL, Leben der Heiligen Theresa von Jesus, Regensburg 2. Aufl. 1855.

LUDWIG CLARUS, Das Leben der Heiligen Mutter Theresa von Jesus, 2 Bde., Regensburg 1851.

Für persönliche Briefe gab es strenge Beschränkungen. Alle Briefe wurden von der Oberin gelesen. »Briefe, welche als Gewissenssachen und an die Generaloberin, den Rat oder Beichtvater gehen, darf die Oberin des Hauses nicht lesen, ebenso die Generaloberin nicht solche, die vom Rat an den Bischöflichen Kommissar gehen«. *[STATUTEN 1869, 19, NR. 19.].*

Arbeitsbelastung und Krankheiten

Der leitende Arzt des St. Antonius-Krankenhauses Dr. Johannes Schulten, zu dessen Patientinnen auch die Ordensfrauen gehörten, berichtete eindrucksvoll über die Belastungen der Schwestern: »Die Zahl derer, die ... wegen Erschöpfung, Blutarmut, Tuberkulose, Nachkrankheiten nach ansteckenden Krankheiten, Herz- und Nervenleiden in meine Behandlung kam, war überraschend groß. Erklärlich aber wurde sie, wenn man von den häufig kaum glaublichen Strapazen und Entbehrungen erfuhr, denen sich diese oft wahrhaft heldenmütigen Dienerinnen und Opfer der christlichen Liebestätigkeit hatten unterziehen müssen. Um nur eines anzuführen: in weitaus den meisten Fällen wurde mir, wenn ich den Krankheitsursachen nachging, von den kranken Schwestern angegeben, daß sie im Jahre wenigstens 200 Nachtwachen gehalten hätten. Dabei konnte von ausgiebiger Erholung und Ruhe am Tage keine Rede sein«. *[J. SCHULTEN, Schwesternniederlassungen, 504–513; hier: 508.].* Beim Generalkapitel und der kanonischen Visitation 1887 hatte Bischof Korum verordnet, »daß den Schwestern, die Nachtwachen gehalten, am folgenden Tage fünf Stunden Schlaf zu gewähren seien. *[PROBST, Tagebuch: LEMMENS, Festschrift, 65.].*

Erste Opfer des Berufes

Bereits vier Jahre nach dem Einzug kam der Tod ins Haus. Im Jahre 1867 starben die ersten drei Schwestern in jugendlichem Alter an Krankheiten, mit denen sie sich wohl bei der Ausübung ihres Berufes angesteckt hatten. Die Gemeinschaft hätte auf die früh Verstorbenen wohl noch größere Erwartungen setzen können:
Schwester M. Anna Schmitz (∗ 1822 in Hillesheim/Eifel) starb am 15. August 1867 – dem Patronatsfest der Pfarrkirche – im Marienhaus Waldbreitbach an den Pocken. *[ZOAWBB. Personalienbuch A / 0025.].* Schwester M. Philomena Langen (∗ 1833) aus Oberstein fiel am 24. September 1867 im Mutterhaus Waldbreitbach der Tuberkulose zum Opfer, an der sie sich wohl in der Lazarett-Pflege zu Andernach angesteckt hatte. *[ZOAWBB. Personalienbuch A / 0034.].* Ebenfalls an Tuberkulose starb Schwester M. Agnes Kröll aus Hausen am 11. November 1867 in Oberzissen. Dieser Tod der leiblichen Schwester von Schwester M. Klara Kröll und Bruder Josef Kröll traf die junge Gemeinschaft besonders hart. Sie war nämlich seit 1863 Stellvertreterin der Generaloberin. *[ZOAWBB. Personalienbuch A / 0010.].*

Persönliches Auftreten

Die Gründerin ermahnte ihre Mitschwestern liebevoll, stets darauf bedacht zu sein, im Umgang mit der Welt gutes Beispiel zu geben. Es dürfe kein Ärgernis entstehen, was der Genossenschaft zum Schaden gereiche. Dazu lieferte die Regel feste Vorgaben:

»Die gegenseitige Anrede der Schwestern ist ›Sie‹«. *[STATUTEN 1869, 21, NR. 1.]*. »Gegen Auswärtige soll ihr Benehmen ernst und liebevoll sein. Sie sollen nicht teilnehmen an weltlichen Späßen, sich nicht abgeben mit Neuigkeiten und lieblosem Urteil über den Nebenmenschen«. *[STATUTEN 1869, 21, NR. 2.]*. Keine Schwester darf sich tadelnde Bemerkungen über Schwestern, über Einrichtungen des Hauses oder Anordnungen der Vorgesetzten erlauben. *[STATUTEN 1869, 21, NR. 3.]*. Ohne Erlaubnis oder Auftrag der Oberin darf niemand das Haus verlassen, in ein anderes gehen, noch Besuch empfangen. *[Vgl. STATUTEN 1869, 22, NR. 5.]*. Privatgespräche mit nicht zum Hause gehörenden Personen dürfen im Kloster nur in einem dazu bestimmten Zimmer geführt werden. *[Vgl. STATUTEN 1869, 22, NR. 9.]*. Im »Spiegel einer wahren Ordensperson« waren die erstrebenswerten Haltungen einprägsam im Gebetbuch aufgeführt: »Was einer guten Ordensperson ...geziemt und täglich zu tun obliegt, um zur größeren Vollkommenheit zu gelangen«. *[WEILER, »So sollt ihr beten!«, 227–231; hier 227.]*.

Bedeutsam scheint hier eine Feststellung von Dr. Johannes Schulten aus dem Jahre 1905 zur Besoldung von Krankenschwestern aus dem Ordensstand: »Da, wo man im Rheinland die Schwestern nicht ganz auf die Mildtätigkeit der Bewohner des von ihnen versorgten Bezirkes angewiesen sein läßt, entlohnt man sie mit selten mehr als 75 Mark pro Jahr. Eine Stallmagd von durchschnittlichen Eigenschaften erhält ceteris paribus das Dreifache«. *[J. SCHULTEN, »Soziale Hygiene«, 390–398; hier: 396.]*.

Waisenkinder

Das schwere Los von Waisenkindern lag Margaretha Flesch bereits seit ihrer Schulzeit in Niederbreitbach am Herzen. Die persönliche Erfahrung als Halbwaise hatte sie einfühlsam gemacht. Sie wußte, daß manches Kind an den »Versorger« vergeben wurde, der von der Gemeinde das wenigste Geld für deren Unterhalt nahm. Am 16. März 1862 hatte Pfarrer Gomm an Bischof Arnoldi berichtet: »Hier werden die Waisenkinder an

den Wenigstnehmenden öffentlich vergantet [versteigert]. Daß diese armen Kinder dadurch ... zu einem Gegenstand der Spekulation herabgewürdigt werden, läßt sich leicht denken. Geistig und körperlich vernachlässigt, wachsen sie hier auf und ... werden der Auswurf der Pfarrei«. *[OAWBB. FRANZISKANER V. HL. KREUZ. – ZOAWBB. Kopie.].*
Die Schwestern »nehmen Kinder zur Erziehung ins Haus, Knaben und Mädchen von der Geburt an bis zum Alter von 6 Jahren, über 6 Jahre nur Mädchen. Bis zum Alter von 7–8 Jahren können auch Kinder nichtkatholischer Eltern im Hause erzogen werden«. *[STATUTEN 1869, 30, NR. 7.].*
»Uns Kindern fehlte nichts, wir hatten immer Butterbrote und bekamen auch nachmittags Kaffee«. *[Vgl. ZOAWBB. AGNES FRÖBUS, Erinnerungen, 6.].*

Soweit die Mittel es gestatten werden Kinder unentgeltlich aufgenommen vor allem »die ärmsten und verlassensten Kinder... die der Verwahrlosung ausgesetzt sind«. *[STATUTEN 1869, 30f., NR. 15.].*
Die Erziehung will die Kinder zu religiösen, arbeitsamen, reinlichen Menschen bilden. Während des Schulbesuchs werden die Kinder beim Anfertigen ihrer Schulaufgaben überwacht und in der Freizeit zu kleineren ihrem Alter entsprechenden Arbeiten wie die Kinder in bürgerlichen Haushaltungen angeleitet. *[Vgl. STATUTEN 1869, 30, NR. 10.].* »Unterricht in den Elementarfächern kann erteilt werden; ebenso können Kinderbewahrschulen und Strick- und Nähschulen gehalten werden«. *[STATUTEN 1869, 30, NR. 30.].*

Nach Entlassung aus der Schule können Mädchen zum Erlernen der weiblichen Handarbeiten und Küche im Hause gehalten werden ... bis zum Alter von 16–17 Jahren. *[Vgl. STATUTEN 1869, 30, NR. 11.].* Bei allen gesetzten Regeln wollte Mutter Rosa den Kindern in ihren Häusern eine – auch geistliche – Heimat geben. Dabei war sie sich sehr wohl der Tatsache bewußt, daß auch familienähnliches Gemeinschaftsleben eine Familie nicht ersetzen kann. *[Vgl. ZOAWBB. AGNES FRÖBUS, Erinnerungen, 1.].*
»Wir hatten 15 Nähmädchen aus der Gegend. ... Die waren den ganzen Tag bei uns. Haben bei uns gegessen und geschlafen. Die Nähmädchen kamen

Montagsmorgens auf den Berg und Samstags gingen sie wieder heim. ... Sie sollten tüchtige Hausfrauen werden. *[Vgl. ZOAWBB. AGNES FRÖBUS, Erinnerungen, 46, 52.].*

Eine ungefähre praktische Vorstellung von der Erziehung der weiblichen Waisenkinder für ihr späteres berufliches und familiäres Leben vermittelt eindrucksvoll ein weitverbreitetes Buch: »Das häusliche Glück. Vollständiger Haushaltsunterricht nebst Anleitung zum Kochen für Arbeiterfrauen. Zugleich ein nützliches Hilfsbuch für alle Frauen und Mädchen, die ›billig und gut‹ haushalten lernen wollen«. 11. verbesserte Auflage, Mönchengladbach/Leipzig 1882, neu hg. von R. R. BLANK, München 1975. An dieser Publikation war der letzte Hauskaplan des Sozialpädagogen und Reformers Adolph Kolping, Heinrich Hubert Liesen (∗ 1840 – † 1896) ganz maßgeblich beteiligt.

Da die pflegebedürftigen Personen und die Waisenkinder ständig mehr wurden, sah Mutter Rosa sich veranlaßt, für diese ein besonderes Haus zu errichten. Inzwischen hatten ihre beiden Brüder Ägidius und Johann Flesch durch Abtragen der tiefer gelegenen Felsen von drei bis sechs Meter Höhe einen Bauplatz gewonnen. Hier ließ die dann ein Haus für die Pflegebedürftigen bauen. So wurde das erste Haus frei für die wachsende Zahl der Schwestern. *[ZOAWBB. 7 M ORIG. 37; NR. 156.].*

Es kamen mehr und mehr Waisenkinder und mit der Zunahme des Personals nahmen auch die Sorgen um den notwendigen Lebensunterhalt zu. Die Schwestern verfügten nur über das Einkommen, was sie mit ihrer Hände Arbeit verdienten. Dazu erhielten sie für einige Waisenkinder eine kleine Vergütung oder gelegentlich Almosen für geleistete Krankenpflege. Die Schwestern selbst litten große Not, während sie für Waisenkinder und Kranke bestens sorgten. *[ZOAWBB. 7 M ORIG. 32 f.; NR. 141.].*

Am 5. Mai 1876 betreuten die Schwestern 18 Waisenkinder. *[GAAMT NEUERBURG, Gemeindeakten NR. 378, Bl. 81, Bl. 94.].* Wenn für die Kinder nicht von Privatleuten gezahlt wurde, erhielten die Schwestern von der Gemeinde 3 Mark pro Kind und Monat. Die Versorgung der Kinder war gut. *[GAAMT NEUERBURG, Gemeindeakten NR. 378, Bl. 81, 93r., 94; NR. 391, Bll. 159f.; NR. 716, Bl. 31. – LHAKOBLENZ , Abt. 441, NR. 15218.].*

Mutter Rosa gab nicht auf, vor allem nicht ihr unerschütterliches Gottvertrauen. Eines Tages ging sie nach Waldbreitbach. Unterwegs kam ihr der Gedanke: »Ach, hätte ich doch einen Groschen um den Waisenkindern ein Brötchen kaufen zu können!« Da fand sie an der Station des Kreuzweges, an der sie vorbeikam, am Boden den ersehnten Groschen. Dankbar gegen Gott hob sie ihn auf, bedauerte aber gleich, daß sie nicht um fünf Groschen gebetet hatte, um auch den Schwestern Brot kaufen zu können. Nach Hause zurückgekehrt teilen die Schwestern ihr mit, daß gerade jemand reichlich Brot und Nahrungsmittel gebracht habe. *[ZOAWBB. 7 M ORIG. 33; NR. 142.].*

Die Schwestern brachten große persönliche Opfer, um den Kindern und Kranken einen angemessenen Lebensstil zu ermöglichen. Die Sorge für Waisenkinder blieb stetiges Anliegen.
Aber die Bürokratisierung hatte ihren Einzug auch in karitatives Wirken der Ordensgemeinschaft gehalten. So gab es am 18. Oktober 1905 einen Ratsbeschluß, einer Halbwaisen im St. Josefshaus in Mudersbach unentgeltliche Verpflegung zukommen zu lassen. *[ZOAWBB. Beschlüsse des Generalrates, 18.10.1905, Bd. 2, 52.].* Am 4. November 1905 erfolgte ein Ratsbeschluß mit Zusage für Aufnahme eines Pfleglings in Ruwer und zur unentgeltlichen Verpflegung von zwei Kindern in Oberstein. [*ZOAWBB. Beschlüsse des Generalrates, 4.11.1905, Bd. 2, 53.]*

Aufgenommene Waisenkinder

Über Namen, Werdegang und weiteren Lebensweg der betreuten Waisenkinder geben die Quellen in der Regel keine Auskunft. Nur in wenigen günstig gelagerten Fällen war es möglich, etwas Licht in die Verborgenheit der auch persönlich geförderten Waisenpflege zu bringen.

Zwei Söhne ihrer am 3. September 1864 in Duisburg-Meiderich verstorbenen Schwester Christine Hertling, nahm Mutter Rosa als Waisenkinder noch im Jahre 1864 ins Marienhaus auf. Über sie wird in anderem Zusammenhang zu berichten sein.

Auch das fünfte im Jahre 1865 im Marienhaus aufgenommene Waisenkind, Maria Fröbus (∗ 1855 – 1870 Eintritt – † 1938) aus Hammerstein bei Neuwied, erhielt von den Schwestern eine gediegene, liebevolle Erziehung. Sie besuchte die Volksschule in Waldbreitbach. Zunächst machte sie sich im Hause nützlich und erlernte den Haushalt. Im Jahre 1870 trat sie in Waldbreitbach ein und nahm den Namen Schwester M. Agnes an. Zwei Jahre später spendete ihr der Trierer Weihbischof Johann Jakob Kraft in Waldbreitbach das Sakrament der Firmung. Obwohl Rektor Probst im Dezember 1873 ihre Erste Profeß verhinderte, machte die junge Frau in der Gemeinschaft nach der Profeß im folgenden Jahr nicht nur eine geistliche Karriere. Im Alter von 31 Jahren war sie bereits Oberin in Leutesdorf. Zwölf Jahre vor ihrem Tod am 17. Februar 1938 in Waldbreitbach schrieb sie die Erinnerungen an ihr Klosterleben nieder. Darin erinnerte sie sich, ohne ins Schwärmen zu geraten: »Mutter Rosa war zu uns Kindern und den alten Leuten, die oben wohnten, sehr gut. Es ging uns am Essen nichts ab«. *[ZOAWBB. Personalienbuch B / 0061 – 1. – A / 0141. – ZOAWBB. AGNES FRÖBUS, Erinnerungen, passim.]*.

Zu den Auswirkungen des Kulturkampfes gehörte auch, die ca. 20 Waisenkinder aus dem Haus zu entlassen. Ein etwa siebenjähriges Kind wollte auf keinen Fall weg, klammerte sich an die Schwester und weinte. Zwei andere Kinder, von einem Auswanderer verlassen, nahm eine katholische Familie aus Stopperich auf. Sie erzog sie mit ihren Kindern. Die beiden Mädchen gingen später beide ins Kloster. Sie traten ins Marienhaus ein. Dort, wo sie einen Teil ihrer Kindheit verbracht hatten, wurden beide tüchtige Schwestern. Eine ist allerdings schon früh gestorben. *[Vgl. ZOAWBB. AGATHA SIMONS, Aufzeichnungen ..., 48.]*. Auch in Niederlassungen mußten Waisenkinder entlassen werden.
Seit der Zeit, als die Schwestern keine Waisenkinder mehr betreuen durften, richteten sie das frühere Haus der Waisenkinder für Kranke ein, und verlegten sich nur auf die Krankenpflege. *[Vgl. ZOAWBB. AGATHA SIMONS, Aufzeichnungen ..., 48.]*

Die Schwestern pflegten in der Regel die Kranken zu Hause unentgeltlich. Die Pflege vom Kloster aus durfte für eine Schwester nicht länger als 24 Stunden dauern. Eine ständige Pflege machte den wechselnden Einsatz von zwei Schwestern erforderlich. Wenn jemand etwas geben kann oder will, mag er das Kloster bedenken. »Die einzelne Krankenschwester darf für sich kein Geschenk annehmen«. *[STATUTEN 1869, 25, KAP. 7. – STATUTEN 1869, 31, NR. 21.].*

Bei Pflegeeinsätzen in entfernteren Orten durften die Schwestern nicht länger als 14 Tage außerhalb ihres Klosters bleiben. Etwaige Reisekosten hatten die Auftraggeber dem Kloster zu erstatten. *[Vgl. STATUTEN 1869, 31f., NR. 22ff.].*

In der Krankenpflege waren die Schwestern stark in Anspruch genommen. Ihre Kräfte reichten kaum. Nicht nur in Waldbreitbach und Umgegend, sondern auch am Rhein waren sie in Privatwohnungen in ambulanter Krankenpflege tätig. Sie forderten keine Bezahlung. Es stand jedermann frei, ein Almosen zu geben. Die Gründung von Mutter Rosa Flesch sollte besonders ein Werk sein, zur Linderung der Not der armen Bevölkerung. Vor ihrem Tod erklärte sie häufiger: »Die Genossenschaft würde nur so lange bestehen, als sie ihren ursprünglichen Zweck erfülle«. *[ZOAWBB. 7 M ORIG. 32 ; NR. 140.].* Schwester M. Agnes Fröbus faßte das so zusammen: »Mutter Rosa hat uns immer vorgehalten, den leidenden Heiland in den Kranken zu pflegen. Die Armen müßten wir bevorzugen ... Wir sind alle gern zu den armen Kranken gegangen. *[ZOAWBB. Vgl. AGNES FRÖBUS, Erinnerungen, 44, 50.].*

Für den ökumenischen Ansatz in karitativer Arbeit und Krankenpflege zwei konkrete Beispiele: Schwester M. Gertrud Rieht (∗ 1832 – 1864 Eintritt – † 1868) *[ZOAWBB. Personalienbuch A / 0016.]* übernahm bereits 1864 in Neuwied die ambulante Krankenpflege für eine Katholikin, im nahegelegenen Bieber sorgte sie sich um eine evangelische Frau. Die Dienstleistungen sprachen sich herum. *[ZOAWBB. Personalienbuch A / 0021.].* Zwei Jahre später übernahm Schwester M. Angela Plag (∗ 1832 – 1865 Eintritt – † 1882) die mehrmonatige Pflege einer jüdischen Patientin in Niederbieber.

Die Schwestern »nahmen auch Kranke ins Haus zur Pflege, ebenso altersschwache oder sonst pflegebedürftige Personen ... Von ihnen oder für sie sollen die ungefähren Auslagen als Kostgeld entrichtet werden«. *[STATUTEN 1869, 31, NR. 18.].*

Zu den im Haus betreuten Kranken gehörten auch Nervenkranke.

Nach einem Bericht vom 1. November 1873 war das Marienhaus sauber und in ordentlichem Zustand. Die Behandlung der Kranken war gut und preiswert. Mutter Rosa hatte dafür die staatliche Genehmigung erhalten. Am 14. Januar 1878 waren 16 Kranke und 22 Nervenkranke zur Betreuung bei den Schwestern im Marienhaus. *[GAAMT NEUERBURG, Gemeindeakten NR. 391, Bl. 3r., 53. – LHAKOBLENZ. BEST. 441, NR. 15169, Bl. 29.].*

Mutter Rosa hatte sich zunächst die zur Krankenpflege notwendigen Kenntnisse in jahrelanger Praxis selbst erarbeitet, sich mit dem Apotheker ausgetauscht und nur in Ausnahmefällen einen Arzt zu Rate ziehen können. Erst mit der ständigen Niederlassung eines Arztes in Waldbreitbach um die Mitte des Jahrhunderts konnte sie Fachkenntnisse der Schulmedizin direkt erfragen. Der Arzt konnte gelegentlich auch bei der Vorbereitung der Schwestern mitwirken.

Mit dem ersten eigenen Arzt im Antoniushaus konnten nach und nach weitere Fortschritte bei der fachlichen Qualifikation der Schwestern erzielt werden:

Die Krankenschwester »soll über den Bau und die Verrichtungen des gesunden menschlichen Körpers soweit unterrichtet sein, daß sie diejenigen Abweichungen, ... Krankheitszeichen, Veränderungen des Aussehens, der Haltung, der Körperwärme, des Pulses, der Atmung, der Ausscheidungen ... des Kranken kennen und zu bewerten wissen«. In Fragen der Lagerung des Kranken, des Zimmers, der Hygiene, der Blutstillung, der Desinfektion, der Kost und der Wiederbelebung muß sie solide Kenntnisse haben. Sie muß die »Magenpumpe, den Katheter, die Morphium- und Kampherspritze, den Irrigator handhaben« können. *[J. SCHULTEN, Schwesternniederlassungen, 504–513; hier: 512.].* Die Schwester muß über ihre Beobachtungen kurz und klar schriftlich berichten können.

Selbstverständlich brachten ambulante wie stationäre Krankenpflege für die Gemeinschaft auch ernstzunehmende Probleme mit sich: Chronische Überarbeitung der Schwestern, Beeinträchtigung des Lebens in der Kommunität, unzufriedene Patienten, mißtrauische Beobachter und nicht zuletzt neidische Nachbarn.
Zwei Beispiele:
Eines Tages schickte man eine junge Schwester [M. Evangelista Scheer (* 1847 – 1866 Eintritt – † 1869)] zur Krankenpflege nach Bonn am Rhein. Eine kranke Engländerin war mit einem Konzertsänger in größeren Städten zu Auftritten unterwegs. Da zu dieser Zeit in Bonn noch kein Kloster bestand, begab sie sich nach Vorgaben des Sängers in ein Gasthaus in einer entlegenen Straße. Da erhielt sie eines Tages von der Gründerin einen Brief, sie möge sofort zurück kommen. Als sie in der Niederlassung zu Neuwied ankam, erwartete Mutter Rosa sie dort und zeigte ihr einen Brief, den ein Priester aus Bonn an den Bischöflichen Kommissar gerichtet hatte: »Es ist eine Schwester aus Ihrer Genossenschaft hier in Pflege einer Patientin. Sie logiert in einem verrufenen Gasthaus. Rufen Sie die Schwester sofort ab«. Gelassen erkundigte sich die Oberin nach dem Sachverhalt und dem Verhalten der Schwester. Diese erteilte ihr Auskunft. »Wenn ich durch die Straßen ging in mein Kosthaus dann blickte ich gelegentlich ins Schaufenster. Ob man daran Anstoß genommen hat, weiß ich nicht. Sonst bin ich mir nichts unrechtes bewußt«. Mutter Rosa schickte die Schwester zum Kommissar nach Engers, damit sie ihm den wahren Sachverhalt mitteile. Er entließ sie gütig. Auch die Stifterin machte ihr keinen Vorwurf und sagte kein hartes Wort. Einer älteren Schwester wurde die Pflege anvertraut und das Problem war gelöst. Die Schwester leistete weiter individuelle Krankenpflege in Bendorf, Braubach und Breisig. *[ZOAWBB. Personalienbuch A / 0045. – ZOAWBB. 7 M ORIG. 42f. ; NR. 173.].*

In Türkismühle bei St. Wendel waren Frau und Tochter des Bürgermeisters an Typhus erkrankt. Schwester M. Agnes Fröbus und Schwester M. Laurentia Huberts (* 1848 – 1869 Eintritt – †1925) lösten sich in der Pflege ab. *[ZOAWBB. Personalienbuch B / 0055 – 1. – A / 0131. – ZOAWBB. AGNES FRÖBUS, Erinnerungen, 79ff.]*

Die Kandidatinnen, die während des Kulturkampfes Aufnahme erhielten, stellte man als Dienstmädchen mit dem üblichen Dienstbuch ein. Da der Genossenschaft jede Tätigkeit außer der Krankenpflege untersagt war, fehlten auch die Einkünfte zum Unterhalt. Für die ambulante Krankenpflege durften sie nach der Regel keine Bezahlung fordern. Eigentliche Krankenhäuser, in denen Kranke geringe Kosten bezahlten, waren in der jungen Genossenschaft erst im Entstehen. Es gab zwar einige Niederlassungen, die Kranke verpflegten; die Verhältnisse waren aber so bescheiden, daß die Einnahmen kaum reichten. So waren die Schwestern darauf angewiesen, sich mit ihrer Arbeit zu ernähren. Das waren in der Regel ihnen übertragene Auftragsarbeiten. *[Vgl. ZOAWBB.7 M ORIG. 80; NR. 313.]*
Mit dem 15. Juni 1883 trat das Gesetz zur sozialen Krankenversicherung für Arbeiter in Kraft und brachte auch für die Krankenpflege im ländlichen Raum spürbare Verbesserungen.

6.3. Religiöse Bildungsinhalte

Die religiösen Bildungsinhalte eines Klosters orientieren sich an der Ordensregel und am überlieferten Ideal des christlichen Menschenbildes. Es geht dabei aber keineswegs nur um theoretische Wissensvermittlung von biblischen, theologischen und liturgischen Texten. Vielmehr spielen die Einübung und Hinführung in betrachtendes Gebet und Meditation eine tragende Rolle.

Gottes Ebenbildlichkeit

Ein neues verändertes Verständnis und Verhalten zur menschlichen Natur und zur Gemeinschaft war durch die an der Universität München lehrenden Theologen der Schulen von Johann Michael Sailer (∗ 1751 – † 1832) und Johann Adam Möhler (∗ 1796 – † 1838) vermittelt worden. Dafür mußten sich »neue« Formen der Verkündigung erst entwickeln.
Der Mensch ist Geschöpf Gottes, geschaffen nach Seinem Bild und Gleichnis. Rosa Flesch wollte nach ihrer eigenen subjektiven Lebens-Erfahrung, den Menschen nicht erst den Weg zur Gotteserkenntnis und

dann den zur Selbsterkenntnis führen. Sie verknüpfte darum die beiden Wege zu dem Einen-Erkennen immer wieder miteinander.

Für Mutter Rosa »gab es keine Geringen, mochte auch die Außenseite etwas rauh sein, sie schätzte in jeder Schwester das Ebenbild Gottes, die unsterbliche Seele; als Gottgeweihte stand sie hoch in ihren Augen. Wenn sie in Folge ihrer zarten Auffassung der schwesterlichen Liebe eine Schwester durch ein Wort beleidigt zu haben glaubte, dann ließ sie keine Nacht darüber vergehen, ohne um Verzeihung gebeten zu haben«. *[ZOAWBB. 7 M ORIG. 134; NR. 523.].*

Rosa Flesch konnte mit ihrem gesunden Empfinden, ihrem realistischen Denken und ihrer einfachen, aber einprägsamen Sprache in einer Gemeinschaft als »Familie« neue Wege dazu eröffnen und so religiöse Energien freisetzen. Die kleine Gruppe war beseelt von eigener geistlicher Gestaltungskraft. Hier mögen auch Erfahrungen mit einer populären Areligiosität, einem rational orientierten Protestantismus oder einem kämpferischen Atheismus sowie und selbstverständlich praktizierter Ökumene beigetragen haben. Eines bleibt für Rosa Flesch klar:
Gotteserfahrung vollzieht sich für sie persönlich nicht allein durch Kopf und Intellekt sondern überwiegend durch das Herz und das Gemüt. Im Leben werden alle Sinne angesprochen: Sehen, Hören, Riechen, Schmecken.

Mutter Rosa Flesch sieht nach der Heiligen Schrift des Alten und des Neuen Testamentes und der zeitgemäßen Interpretation den Menschen als Ganzes. Der ganze Mensch mit Leib und Seele ist Gottes Abbild. Das Verständnis von dieser leiblich-seelischen Ganzheit des Menschen hat Konsequenzen:
Wenn der Mensch als Ganzer Bild Gottes ist, so ist jedem Menschen auch in seiner Leiblichkeit mit Ehrfurcht zu begegnen, angefangen vom Kind im Mutterleib bis hin zum kranken und gebrechlichen Menschen.
Vom biblischen Befund her ist die Gottesebenbildlichkeit des Menschen mit dem Auftrag zur Herrschaft über die Schöpfung verbunden *(Genesis 1, 26–28)*. So soll bei aller Verschiedenheit jeder Christ Frucht bringen – jeder nach seiner Art.

Die Menschen, in dieser Welt auf dem Weg, sind berufen, ihrem Bild ähnlich zu werden. Sie sollen nach dem streben, »was im Himmel ist, wo Christus zur Rechten Gottes sitzt«. Wenn Menschen sich an Gütern, die der Herr ihnen täglich schenkt, erfreuen können, machen sie eine Vorerfahrung von der Freude und dem Frieden, die sie – ganz beim Herrn – in Fülle erwartet. Diese Freude drängt zur Weitergabe.

Im irdischen Lebensabschnitt steht alles noch im Zeichen der Grenze. Dennoch hilft der Gedanke an die »letzten« Wirklichkeiten, um die »vorletzten« Wirklichkeiten redlich zu (er)leben. Das Gottvertrauen drückt sich eben darin aus, daß man alle eigenen Möglichkeiten in seinem Dienst einsetzt. Es gilt hier, was der hl. Ignatius (* 1491 – † 1556) empfahl: »Dieses sei die erste Regel für das, was zu tun ist: Vertraue so auf Gott, als hinge der Erfolg der Dinge ganz von dir, nichts von Gott ab; wende ihnen jedoch so alle deine Mühe zu, als werdest du nichts, Gott allein aber alles tun.« *[Thesaurus Spiritualis Societatis Jesu, Vatikanstadt 1948, 480; hier zitiert nach: IGNATIUS VON LOYOLA, Deutsche Werkausgabe, übers. v. PETER KNAUER, Würzburg 1998, S. 821. – GROETEKEN, Schatten, 205.]*

Für sich persönlich fand Rosa Flesch einen gangbaren Weg allein aus dem Glauben, den sie als Lösungsmöglichkeit – und zwar als die beste – mit andern leben und ihnen anbieten, nicht aufdrängen wollte. Dazu nutzte sie ihre ganz persönliche Lebenserfahrung für die Verkündigung.
Einige Beispiele:
Aus der Kindheit: Freud und Leid – Verbindung von Natur- und Gotteserfahrung; aus der Jugendzeit: Lernbereitschaft und Einsatz für andere Kranke und Waise und aus der gereiften Fraulichkeit: Durchsetzungsfähigkeit, Sparsamkeit, Großzügigkeit und Demut.

Geist und Freiheit

Nach Rosa Flesch ist das »Aus-dem-Geist-geboren«-Sein *(Johannes 3,8)* für jeden Christen ein erster Hinweis auf persönliche Freiheit. Dieser Geist Gottes läßt den Menschen erfahren und bezeugen »Abba, Vater« *(Römerbrief 8,15)*. Dieser Geist macht Menschen zu Söhnen und Töchtern, zu Brüdern und Schwestern. »Löscht den Geist nicht aus!« (*1 Thessalonicher* 5,19) Positiv ausgedrückt: Gebt dem Geist Gottes Raum! Der Heilige Geist überwindet jede Schwelle und jede Grenze! Eine besondere Andacht und eine Litanei zum Hl. Geist befinden sich im Ordensgebetbuch. *[WEILER, »So sollt ihr beten!«, 284–289.].*

Nicht Buchstaben und Schablonen waren für Mutter Rosa maßgebend, sondern der wahre innere Geist. Daher rügte sie, wenn bei der monatlichen Geistessammlung so viele mündliche Gebete und Lesungen vorgetragen wurden, daß nicht genügend Zeit zum Nachdenken blieb. Der Liturgie gab sie den Vorzug vor den privaten Andachten auch vor dem Breviergebet. Der Sonntag war frei. Einmal zur Erholung für die Schwestern, aber besonders für das kirchliche Leben an diesen Tagen, um den kirchlichen Gottesdienst besser pflegen zu können. Für die Schwestern eines jeden Hauses war es selbstverständlich, den Gottesdiensten in den Pfarrkirchen beizuwohnen, soweit ihre Pflichten es gestatteten. Das Breviergebet verrichtete man während der Heiligen Messe privatim. *[Vgl. ZOAWBB. 7 M ORIG. 155; NR. 582.].*

Das religiöse Denken – besser gesagt Empfinden – von Rosa Flesch war einfach und einprägsam. Es galt, Glaubenswahrheiten zu verkünden: Schöpfung aus der Hand Gottes, Heilswirken und Erlösung durch Jesus Christus, Heimkehr der Geschöpfe zum Vater.
Es waren überlieferte Wahrheiten des Katechismus, die in ihrer praktisch-sozialen Verkündigung mit Leben erfüllt waren und nicht unverständliche Abstraktionen oder nichtssagende Floskeln blieben.
Es gibt für Rosa Flesch einen höchsten, absoluten Wert. Nur in der Bezogenheit auf ihn hat der Mensch Gewähr für ein Leben in Fülle.
Selbstlos widmeten sich Mutter Rosas Schwestern dem Wohlergehen der Menschen »in dem Geiste den sie, erleuchtet vom Heiligen Geiste und erprobt durch eigene Erfahrung« in die Gemeinschaft pflanzte und durch Wort und Beispiel pflegte. Während das Werk sich nach Außen entfaltete, gedieh es auch im Innern vortrefflich. Die Schwestern wetteiferten im Streben nach Vollkommenheit. Sie übten die Demut und Selbstverleugnung. Die Armut in Kleidung, Nahrung, Wohnung übernahmen sie

mit Freuden. Ihre Bußgesinnung und ihr Opfergeist waren heroisch. In diesem Geiste brachten sie Wochen und Monate bei Tag und Nacht ununterbrochen am Krankenbett zu. Im Gebet fanden sie Kraft und Mut, diese Opfer freiwillig zu bringen, die ihr Stand und ihre Verhältnisse ihnen auflegten. *[Vgl. ZOAWBB. 7 M ORIG. 41; NR. 168.].*
Eine individuell-subjektive Auffassung von gläubigem Christsein – gleichsam isoliert und chemisch-rein –, konnte es darum für Rosa Flesch – auch aus der eigenen Lebenserfahrung – nicht geben. Die Schwestern sollen im Geiste des Evangeliums schlicht und einfach leben ohne Aufwand und Zier. Sie sollen wahrhaftig in Wort und Wandel sein und wirken. Die Regel führt sie zu jener schlichten Einfachheit, die eine Zierde geistlicher Personen ist. Nach eigener Aussage führte Mutter Rosa in ihrer Gemeinschaft keine Eigentümlichkeiten oder strenge Verhaltensweisen ein, wie sie in anderen geistlichen Gemeinschaften, je nach vom Gründer vorgegebenen Zielen und Zwecken üblich sind. *[Vgl. ZOAWBB. 7 M ORIG. 48; NR. 191.].*

So beklagte Mutter Rosa: »Welche Überlastung am Tage der Geistessammlung! Die am Abend vorhergehende Vorbereitung für die Betrachtung in der Frühe bietet reichlich Stoff zum Nachdenken für den ganzen Tag, ja für den Monat. Das Wort Gottes in Predigt und Christenlehre ergänzt, vervollständigt den Stoff. Wozu denn noch eine förmliche Überlastung mündlicher Gebete, woran aber auch unter keiner Bedingung auch nur ein Jota fehlen darf und wozu am Nachmittag unmittelbar nach dem christlichen Unterricht eine halbe Stunde Lesung aus einem Erbauungsbuch? Anstatt den Geist mit ersterem durch Nachdenken zu nähren, verdrängt man die Eindrücke durch minderwertiges Material. Was nützt dem Körper die beste Nahrung, wenn er sie nicht verdaut? Dies alles stützt sich auf die Erfüllung eines Gesetzbuches dem Buchstaben nach, das man willkürlich neben Regel und Statuten aufgestellt hat«. *[ZOAWBB. 7 M ORIG. 155f.; NR. 583.].*

Mutter Rosa Flesch richtete ihren Blick also nicht allein auf das Jenseits. Nach Gottes Bild geschaffen seien die Menschen auch fähig, ihren Schöpfer zu erkennen und anzuerkennen. Erste Pflicht des Menschen als Geschöpf Gottes sei darum dessen Verherrlichung durch Gebet, Dankbarkeit, Sakramentenempfang und Dienst am Nächsten. Reichlich verkürzt überlieferte Octavie de Lasalle zum 10. Mai 1875 die Auffassung von Mutter Rosa: »Die menschliche Gesellschaft besteht aus drei Klassen: die Judasse, die Pilatusse und die Jesusse«. *[BACKES, Lasalle, 121, 224. – BACKES, Testament, 116].*

Das Offensein für Gott bleibt nicht ohne Lohn – auch schon in diesem Leben. Der Geist Gottes macht frei.

Beten und Arbeiten

Von Mutter Rosa ist ein mit ihrem weltlichen Namen und mit ihrem Ordensnamen versehenes kleines 2,5 cm dickes Buch mit starken Benutzungsspuren erhalten. Das Bändchen ist 16,5 cm lang und 9,5 cm breit. Der Band enthält drei verschiedene Schriften, an denen sie selbst konzeptionell mitgearbeitet hatte:

1. [WEILER, MARTIN], »So sollt ihr beten!« Gebetbuch für die Brüder und Schwestern des Dritten Ordens des hl. Vaters Franziscus aus der Genossenschaft von Waldbreitbach, (Als Manuscript gedruckt), Linz am Rhein 1869.
2. O.V., GELÜBDE UND ORDENS-GELÜBDE. IHR WESEN UND INHALT. Linz am Rhein o.J. [1870].
3. STATUTEN DER FRANZISCANER-TERTIARIER-SCHWESTERN VON WALDBREITBACH, Linz am Rhein o. J. [1869].

Es hat wohl nur wenige Tage in ihrem Ordensleben gegeben, an denen sie den Band nicht in der Hand hatte: Zum täglichen liturgischen und persönlichen Gebet, zur Betrachtung und zur Vorbereitung ihrer Ansprachen vor den Schwestern.

Das Gebet ist für Rosa Flesch eine Sprachform der Religiosität auf der Ebene des persönlichen Dialogs. Dabei kann die philosophisch-erkenntnistheoretische Ebene ausgeschaltet bleiben. Ihre Theologie des Gebetes enthält eine Botschaft an jeden einzelnen, eine Summe der persönlichen aus dem Herzen kommenden Lebenssituationen (Mut – Demut), einen Blick in das eigene Innere, der im gewohnten Lebensalltag in der Regel verstellt ist.

Beten bedeutet für Mutter Rosa nicht nur Gespräch mit Gott oder ihm ein Anliegen oder eine Bitte vorzutragen. Beten war für sie sich seinem Heilsplan zu öffnen, sich ihm zu stellen.
Ein Beispiel:
In der Kapelle von Schloß Dagstuhl befand sich ein sogenanntes Heiliges Grab. »Mutter Rosa kniete dort nieder, versank angesichts der Reliquie vom Heiligen Grab in Jerusalem so tief ins Gebet, daß sie nicht merkte, wie durch eine von ihr umgestoßene Kerze ein Brand entstanden war«. *[ZOAWBB. LASALLE, Tagebuch 1.5.1865. – BACKES, Lasalle, 60.].* Helfer konnten das Feuer löschen.

Das felsenfeste Gottvertrauen »Wer auf Gott vertraut, der hat auf festen Grund gebaut« der Stifterin fand stets Erhörung und die Worte der Heiligen Schrift: »Gott leitet die Herzen der Menschen wie Wasserbäche« bewahrheiten sich vielfach in ihrem Leben. *[Vgl. ZOAWBB. 7 M ORIG. 25, 113; NR. 111f., 439.].*
»Margaretha und Gefährtinnen änderten ihre Lebensweise in den neuen Verhältnissen nicht im geringsten. Gebet, Arbeit und Werke tätiger Nächstenliebe bildeten ihr Tagewerk. Trotzdem entgingen sie nicht dem Gespötte der Menschen«. *[ZOAWBB. 7 M ORIG. 23; NR. 105.].*
Mutter Rosa versuchte den Hauptzweck ihres Werkes – die Selbstheiligung der Schwestern – besonders dadurch zu fördern, daß sie statt besonderer Rituale die Pflege des Gebetes und besonders des Gebetsgeistes als unterscheidendes Merkmal einführt. Dieser Gebetsgeist, ist ihrer Ansicht nach leichter ohne Eigenheiten zu erreichen, weil diese zu sehr die Aufmerksamkeit auf sich selbst ziehen und damit den Verkehr mit Gott stören. *[Vgl. ZOAWBB. 7 M ORIG. 48; NR. 192.].*
In ihrem Gebetsleben ging sie mit Gott um wie ein Freund mit dem Freunde und schöpfte die Gabe und Erleuchtung zu ihren Reden und Vorträgen über geistliche Themen: Der Mensch als Geschöpf Gottes, Schöpfung und Vorsehung, Tod und Erlösungsbedürftigkeit, Erlösung und Christusnachfolge sowie Berufung des Christen.
Die Heilige Schrift und Psalmen waren ihr so geläufig und ihr Sinn so klar, daß sie für jede Lage passende Stellen zur Hand hatte, um zu trösten oder zu belehren. *[Vgl. ZOAWBB. 7 M ORIG. 60; NR. 235.].*

Für sich persönlich fand Rosa Flesch einen gangbaren Weg allein aus dem Glauben, den sie als Lösungsmöglichkeit – und zwar als die beste – mit andern leben und wieder anderen anbieten – nicht aufdrängen wollte. Sie drückte ihr Verständnis von Nachfolge Christi auch in ihren Bildern aus.

Flesch richtete ihren Blick also nicht allein auf das Jenseits. Nach Gottes Bild geschaffen seien die Menschen auch fähig, ihren Schöpfer zu erkennen und anzuerkennen. Erste Pflicht des Menschen als Geschöpf Gottes sei darum dessen Verherrlichung durch Gebet, Dankbarkeit, Sakramentenempfang und Dienst am Nächsten. Dafür war Rosa Flesch selbst lebendiges Zeugnis für ihre Umwelt. Sie war eine fromme Frau und eine unermüdliche Beterin. Aus Gebet und Gottvertrauen nahm sie Kraft und Mut für ihr Leben. Frömmelei und Bigotterie lagen ihr nicht. Für Mutter Rosa gab es »nur« eine vom Glauben getragene innere Haltung, die jeder in seiner äußeren Lebensform zu verwirklichen berufen war und mit Gottes Gnade auch leisten konnte.
Der Auftrag zur Mitarbeit an der Schöpfung *(Genesis 1,28)* beinhaltete für sie, Heilsverkündigung und Weltdienst als Einheit zu sehen.
Man könnte es so zusammenfassen:
Das tägliche Gebet war für Rosa Flesch keine Routine, das Reden mit Gott gab ihr Kraft. Sie sah im persönlichen Gebet eine gewaltige Macht.

Allein aus diesem Vertrauen auf die Güte des Vaters läßt sich ihre Gebetsgesinnung verstehen: Da, wo sie durch eigene Tätigkeit und Anstrengung das, was sie für gut oder wünschenswert hielt, erreichen konnte, war ihr Gebet in der Regel kurz und bündig. Aber da, wo sie nichts direkt tun konnte, z.B. Leiden und Unglück von anderen fernhalten, dann half das Gebet; sie wußte aus Erfahrung, was man damit erreichen kann.
Mit ihrer kernigen Frömmigkeit, die sie seit ihrer Jugend geprägt hatte, eröffnete Rosa Flesch sich und anderen neue Perspektiven:
Das Übernatürliche und die sich daraus ergebenden Pflichten in dieser Welt: Um den Segen Gottes zu erlangen, hofft der Christ auf das Gebet.
Ein kritischer Punkt blieb auch für Mutter Rosa: Wer es nicht ernst meint mit dem Beten, bleibt unsicher, bleibt immer Anfänger.

Darum nahm sie auch besonders gern einfache Schwestern »mit zum Gebete, wenn sie in einem wichtigen Anliegen zu Gott ihre Zuflucht nahm. ›Die Gebete der Einfältigen erhört der liebe Gott; sie dringen durch die Wolken‹«. *[ZOAWBB. 7 M ORIG. 60; NR. 233.].*

Sie warnt aber vor einem immer wiederkehrenden Mißverständnis: Viele »Fromme« meinen nämlich, »ihre« Art von Frömmigkeit sei die einzig richtige. Sie sind unduldsam in Dingen, über die Gott die Menschen selbst frei gewähren läßt.

Dafür war Rosa Flesch selbst lebendiges Zeugnis für ihre Umwelt. Sie war eine fromme Frau und eine unermüdliche Beterin. Aus Gebet und Gottvertrauen nahm sie Kraft und Mut für ihr Leben. Frömmelei und Bigotterie lagen ihr nicht. Für Mutter Rosa gab es »nur« eine vom Glauben getragene innere Haltung, die jeder in ihrer äußeren Lebensform zu verwirklichen berufen war und mit Gottes Gnade auch konnte.

Und darum: Bei der Suche nach einem Leben mit Christus haben in einer geschwisterlichen Gemeinschaft, gemeinsame Riten und Symbole, gemeinsames Beten, die Beachtung von ethischen Normen und Werten, eine Weltsicht sowie ein Geschichtsverständnis mit Transzendenzbezug identitätsstiftenden Charakter. Nur so kann man der Wahrheit, dem Evangelium und damit der Kirche dienen.

Beten hatte im Lebensalltag für sie eine Schlüsselrolle. Es öffnete verhärtete Herzen und eröffnete schwierige Wege. Viele ihrer Begegnungen und wenige Briefe beinhalten die Zusicherung des persönlichen Gebetes und/oder die Bitte um das Gebet. Beten ist Gespräch mit Gott. Es schafft eine Atmosphäre des Vertrauens mit Gott.
Gebet als Dialog verlangt Übung und Stille. Mancher will das Ziel schon erreicht haben, bevor er richtig begonnen hat.
Fassen wir zusammen: Rosa Fleschs verantworteter Glaube, ihre große Hoffnung und ihr befreiendes Gebet waren Voraussetzungen und Grundlagen für ihr persönliches geistliches Leben ebenso wie für ihr persönliches und soziales Wirken.

Mit ihren eigenen Worten – für sie bezeichnend – in Gebetsform: »Herr, lehre sie dankbar sein!« Das heißt: Gib den Menschen Einsicht in ihre Erlösungsbedürftigkeit – aus Knechten werden Freunde – und lehre sie die »Umsetzung« der Gottebenbildlichkeit und der Eucharistie in den Lebensalltag! Aufrichtiges Danken – an jedem Tag und zu jeder Stunde!

Die Frömmigkeit von Rosa Flesch war immer auf die Eucharistie bezogen: Vorbereitet war dieser geistliche Weg eher bescheiden durch das Elternhaus, tiefer begründet durch Pater Johann Wilhelm Brauweiler, gestützt durch die Bischöfe Wilhelm Arnoldi, Matthias Eberhard, Michael Felix Korum und Pfarrer Gomm, sicher ganz besonders vertieft von Rektor Martin Weiler. Eucharistie war für sie Erinnerung, Gedächtnis, Gedenken und Verzeihung in der lebendigen Gegenwart Christi, der immer derselbe ist – »gestern, heute und in Ewigkeit«.

Herz und Gemüt

Margaretha Flesch hatte sich entschieden: Christus »besaß ihr ganzes Herz. In seinem Dienste wollte sie leben und sterben«. *[ZOAWBB. 7 M ORIG. 8; NR. 47.].* Der Schöpfer schenkte ihr »ein feines Gefühl für alles Gute und Schöne«. Mit dieser Gnade konnte »sie neben dem Nützlichen auch das Angenehme« pflegen. *[ZOAWBB. 7 M ORIG. 101; NR. 385.].*
Wie die Sorge für den Leib wichtig und notwendig ist, so bedarf auch das Herz einer besonderen Pflege – nämlich durch frei gewählte Armut, Askese und ganz besonders durch das Gebet. Sie gehörten für Flesch gleichsam zur Kultur des Herzens.

Dafür waren die Bergpredigt mit dem zentralen Gebet des »Vaterunser« *(Lukas 6,20–49; Matthäus 5,21–48)* und die zehn Gebote [Dekalog] *(Exodus 20.2–17; Deuteronomium 5, 6.21)* für Rosa Flesch Zielvorgaben als Grundlage des christlichen Menschenbildes mit Konsequenzen für den praktischen Lebensvollzug. Die Bergpredigt zeigt in anthropologisch-theologischer Sicht gangbare Wege zu umfassendem Menschsein und zu einem gelingenden Leben der Menschen mit Gott, der Schöpfung sowie untereinander auf. Sie haben unbedingten Vorrang vor jeder anderen Gesetzgebung, weil sie das Heil und das Wohl des Menschen in seinen individuellen und sozialen Beziehungen im Auge haben. So berichtete Schwester M. Agnes Fröbus: »Man sollte in keinem Kind, in keinem Kranken nur den Menschen sehen, sondern den lieben Gott. Dann wird die Pflege nicht zu schwer. ...Eine Schwester muß immer ein gutes Beispiel geben«. *[ZOAWBB. Vgl. AGNES FRÖBUS, Erinnerungen, 43, 49.]*.

Zu den Eckpfeilern ihres Handelns als Ordensfrau – abgeleitet aus der Hl. Schrift – und im Leben praktiziert – gehörten darum Personalität, Subsidiarität, Solidarität, Gemeinwohl und Nachhaltigkeit.

Die von der Religiosität – der Rückbindung des Menschen an Gott – begründete Wertschätzung menschlichen Lebens hat in der Festlegung auf die Unantastbarkeit der Menschenwürde als Grundrecht Ausdruck gefunden. Wo immer dagegen verstoßen wird, ist die Menschheit in ihrer Gesamtheit gefährdet.

Ihre »wirksame« Spiritualität hat Rosa Flesch auch offen gelebt. Persönliche Frömmigkeit und von Gottes Geist betroffen zu sein, ist zunächst immer Einzelgeschehen. Das Bemühen um eine angemessene und ausgewogene Beziehung des Menschen zu Gott (Mut und Demut) und der eigenen Umwelt bleibt also immer einmalig:
»Mit-Gott-und-sich-selbst-im-Einklang-Sein« ist Ziel. Im Vordergrund steht also die Innenwirkung. Aber sie bleibt in dieser Welt kein Selbstzweck.

Allgemeinwissen wie philosophisches Denken können zum Skeptizismus führen. Nur das Wissen des Herzens, geeinte Mitte inneren Lebens, führt den Menschen nach oben. Der zweifelnde und wahrheitssuchende Blaise Pascal (∗ 1623 – † 1662) war zu der Einsicht gelangt: »Wir erkennen die Wahrheit nicht bloß mit der Vernunft, sondern auch mit dem Herzen. Auf die letztere Art erkennen wir die obersten Prinzipien... Die Prinzipien werden gefühlt, die Folgerungen erschlossen, beides mit Gewißheit, wenn auch auf verschiedenem Wege«. *[PASCAL, Pensées, IV, 282.]*. Es ist das Herz, das Gott wahrnimmt, und nicht der Verstand.

Auch die Erkenntnis der eigenen Erlösungsbedürftigkeit kann den Menschen in die Verzweiflung treiben. Sie kann aber auch Anlaß sein, Hoffnung zu schöpfen, sich nach oben zu orientieren. Nur Christus befreit von der Verzweiflung, denn in ihm erkennen Menschen nicht nur ihre Not, sondern auch ihre Größe.
Verstandesbildung ohne Herzensbildung führt in eine Sackgasse, die für Mutter Rosa aus mehreren Gründen eben kein gangbarer Weg war. Darum läßt sich vereinfacht sagen, daß Rosa Fleschs religiöses Denken ein Denken und Gedenken im und durch das Gebet war.
Die Gespräche mit Octavie de Lasalle könnten Mutter Rosa auch mit religionsphilosophischen Fragen konfrontiert haben.
»Der Gott der Christen ist ein Gott der Liebe und des Trostes, es ist ein Gott, der die Seele und das Herz derer erfüllt, die Er besitzt. Er ist ein Gott, der sie in ihrem Inneren ihr Elend und Seine unendliche Barmherzigkeit fühlen läßt; der sich mit ihrem Seelengrunde vereint, der sie mit Demut erfüllt, mit Freude, mit Vertrauen, mit Liebe; der sie eines jeden andern Zieles als Seiner selbst unfähig macht.« *[PASCAL, Gedanken, 175, Nr. 341.].*

Das geistliche Leben und die Spiritualität von Rosa Flesch sind darum mit zwei Begriffen ihrer eigenen Sprache zu charakterisieren: Herz und Gebet. Herz steht bei ihr für das Ganze der Persönlichkeit: Denken, Empfinden, Fühlen und Handeln. Die Lebensmitte des Menschen ist sein Herz und sein Gemüt. Darum wird er nach seinem Herzen und nicht nach seinem Intellekt beurteilt und (ein-)geschätzt.
Das liebende Herz strebt nach Liebe und will im Austausch der Liebe glücklich sein. Das ist die Bestimmung des Menschen. Das Herz soll Gott lieben, soll in Liebe sich an Gott hingeben, sich mit allem, was es hat, Gott widmen und opfern. Gott ist das einzige würdige Ziel des Ebenbildes, wie der Gegenstand des Erkennens, so auch der Gegenstand der Liebe.

Das liebende und leidende Herz gilt Mutter Rosa Flesch als Sitz menschlichen aufrichtigen Empfindens. Für sie waren »Herzensbildung«, »Herz-Ausschütten«, »Sich-zu-Herzen-Nehmen« und »Ans-Herz-Legen« keine leeren Worthülsen sondern menschliche Grunderfahrungen mit Bezug zur Transzendenz.

Damit ein Gebet erhört wird, muß ein rechtschaffener Christ handeln. Ohne tätiges Mitwirken des Menschen kann der Segen Gottes sein Ziel nicht erreichen. Gott kann die Sonne scheinen, es regnen lassen, auf dem Acker wächst nichts Gescheites, wenn der Mensch nicht durch seine Arbeit die Frucht vorbereitet.

Im persönlichen und geistlichen Kontakt mit anderen Menschen geht Margaretha Flesch das auf, was sie mit Begriffen wie Empfinden und Gefühl, Erkennen, Glauben und Herz bezeichnete.

Leid und Schmerz – Heilung und Erlösung

Nach Marzella Schumann führte der Herrgott Mutter Rosa stufenweise zur Erkenntnis seines heiligen Willens. Wegen der großen Widersprüche, die sie darin sah, wurden sie Anlaß zu stetem inneren Leiden für sie. *[Vgl. ZOAWBB. 7 M ORIG. 21; NR. 96.].*
Schmerz besteht nicht nur als physisches Empfinden. Er beinhaltet ebenso individuelle Deutung und persönliche Be-Deutung. Das hatte Mutter Rosa in ihrem Leben zur Genüge erfahren. Die kulturelle Bewertung von Schmerz und Leid, von Krankheit und Tod macht einen Wandel des Welt- und Menschenbildes deutlich. Chronische Schmerzen und Diagnosen todbringender Krankheiten forderten Arzt und Patient besonders heraus. Aber Personal und Mittel fehlten. Diese Situation erweckte in Mutter Rosa ihre Kreativität.
Mutter Rosa pflegte darum nicht allein körperliche Wunden. Auch seelische Verletzungen versuchte sie zu heilen. Mit sanftem Zuspruch brachte sie die Leidenden dem Herzen Gottes näher. Sie legte ihnen nahe, ihre Schmerzen mit Ergebung in Gottes heiligen Willen zu ertragen und sich damit Verdienste für die Ewigkeit zu erwerben. Wenn Schwerkranke und Sterbende in ihrer Not von Sehnsucht getrieben nach Vater, Mutter, Frau oder Kindern verlangten, dann setzte sie sich zu ihnen und tröstete sie mit liebevollen Worten. *[Vgl. ZOAWBB. 7 M ORIG. 66f.; NR. 252.].*

Auch in moderner technisierter Medizin sind Fragen der Metaphysik (Transzendenz) fast immer gegenwärtig. Oft spielen sie eine entscheiden-

de Rolle sowohl für das Verhalten von Arzt und Pflegepersonal als auch für das Genesen des Patienten. Diese Erkenntnisse waren Mutter Rosa und ihren Schwestern nicht neu.
Medizin und Theologie standen und stehen angesichts solch existenzieller Fragen vor fast unlösbaren Herausforderungen.
Die Themenbereiche Krankheit und Leiden, Heil und Heilung bleiben immer aktuell und fast immer präsent. Das wird besonders auffällig, vor allem seit es als erwiesen gilt, dass es Heilung ohne Heil nicht geben kann und dass der Glaubende höhere Heilungschancen hat. Dabei scheint es bis heute keine entscheidende Rolle zu spielen, ob der Patient an Placebos oder an »himmlische« Medizin glaubt.

Der kulturelle Wandel im Verständnis von Leiden führte vielfach und in breiten »aufgeklärten« Kreisen dazu, es nur als Störung im Regelwerk der Biomaschine Mensch (Descartes) wahrzunehmen. Es wird ein Recht auf Schmerzfreiheit eingefordert, ohne die extreme Situation der chronischen Schmerzen überwinden oder meistern zu können.

Spirituelle und philosophische Konzepte beschäftigten sich seit »Urzeiten« mit dem Phänomen Schmerz. Er ist nicht nur Empfinden sondern auch Ausdruck (Laokoon–Darstellungen) und unterliegt wechselnden (Be-)Wertungen – anthropologisch und kosmologisch – und (Be-)Handlungen – spirituell und medikamentös.

Es wird deutlich, daß für das Sprechen über die physisch-psychische Doppelnatur und über ihre Wirkungen eine klare Begrifflichkeit fehlt.

Schmerz und Leid zerreissen nicht nur die subjektiv empfundene Einheit des Körpers, sie (zer-)stören auch Beziehungen zu Menschen und persönlicher Umwelt. Anders als akute sind chronische Schmerzen eben nicht nur Alarmsignale. Auch das waren Erfahrungen aus dem Alltagsleben der Schwestern – wie man an vielen Beispielen zeigen könnte. Schmerz und Leid können den Patienten an Leib und Seele zerbrechen lassen, ohne ihn direkt zum Tod zu führen. Die Antwort auf diese Herausforderung kann nur der Patient geben. Dazu ist er aber auf Hilfe angewiesen.

Eine Lösung, die Gott und das Leiden versöhnt, gibt es für die Medizin nicht. Auch die Theologie vermag nur Hinweise anzubieten: Gott sagte zu Hiob, er könne die Geheimnisse der Welt nicht ergründen und solle ihm gegen alle Erfahrungen vertrauen und auf ihn bauen. Hier wird eine (Er-)Lösung im Glauben angeboten.
Auch Schwerstkranken ermöglichen technisierte Medizin und lebhafter Humor mit dem Leiden zu leben und die Erfahrungen kreativ für sich und ihre Umwelt umzusetzen. Solche Erfahrungen belegen, daß Leidende oft mit der eigenen Krankheit besser umgehen können als das gesamte Umfeld und, dass Mitleid(en) kein geeigneter, Mitfühlen aber wohl ein adäquater Zugang sein kann.

Die Theologie verweist auf die Hl. Schrift und die Worte Jesu »Dein Glaube hat dich geheilt«. Sie hebt damit den dialogischen Prozess von Heil und Heilung hervor.
Sakramente sind geistlich-leibliche Vollzüge, die auf Seele und Geist einwirken: Heiligkeit steht vor der Heilung im therapeutischen Sinn. Versöhntes Sterben ist glückliches Sterben und ein Ziel des Glaubens. Die Verbindung von Seelsorge und Pflege konnte eben neben medizinischer Hilfe auch »spirituelle Ressourcen« freisetzen.

Ein nicht unbedeutender Hinweis ist dem Wirken der Schwestern zu entnehmen: Vertrauen des Patienten in professionelles physisches Handeln des Arztes und seiner Helfer sowie die (akzeptierte) Abhängigkeit von ihnen sind wichtige Faktoren. Das uneingeschränkte Vertrauen des Kranken gewinnt der Arzt aber erst dann, wenn sein handelndes Interesse auch als metaphysische Erfahrung begründet ist.

Spiritualität

Wenn man Rosa Flesch nach der Übersetzung des lateinischen Wortes »spiritualitas« hätte fragen können, wäre ihre Antwort sicher nicht »Spiritualität« gewesen. Sie hätte sich auch kaum zu den Begriffen »Geistigkeit« oder »Geistlichkeit« durchgerungen. »Frommsein« war für sie der Lebensinhalt schlechthin.

Im Mittelpunkt ihres Lebens standen nicht – wie bei anderen Ordensgründerinnen die Politik, die Pädagogik, die Kultur, sondern allein die Kirche und ihr von Gott gegebener Auftrag, allen Menschen in ihrer jeweiligen Lebenssituation in verständlicher Sprache und praktischem Handeln das Heil zu verkünden. Das Arbeiten, Denken und Empfinden mit den Menschen für die Menschen sowie mit der Kirche für die Kirche – auch wenn sie zeitweise mit ihr, in ihr und am meisten unter deren Führungskräften ihrer Umgebung (Priestern wie Mitschwestern) gelitten hat – ist das Ausschlaggebende im Leben von Rosa Flesch gewesen.
Lebensformen konnten unterschiedlich sein. Unverzichtbar und unaufgebbar war aber die »geistige« oder »geistliche« Ausrichtung der eigenen Lebensform. Anders ausgedrückt: Transzendenz ist sowohl im persönlich erarbeiteten und erfahrenen Weltbild als auch in der personalen Existenz erlebte Realität. Spiritualität bietet alternative und korrektive Lebensformen in einer aufgeklärten, materialistischen, mechanistischen und säkularisierten Welt und gibt Anhaltspunkte für eine persönliche innere Umkehr und damit für innere Reformen auch in der Kirche.
Zur Spiritualität gehören fraglos Eigenverantwortung und Selbständigkeit. Beides kann aber nur in Gemeinschaft gewonnen und gepflegt werden. Rosa Flesch wollte eine starke, selbständige Gemeinschaft in der Kirche, eine Gemeinschaft, – von der Öffentlichkeit wahrgenommen – von der man sagt, daß sie in Fragen gelebten Glaubens kompetent ist und Vorbildcharakter hat.
Durch ihre je eigene Spiritualität können Menschen Hoffnung schöpfen, ihr Leben aktiv zu gestalten. Sie können auf einer spirituellen Ebene kommunizieren, die Erkenntnisse vermittelt, die mit menschlichem Vorstellungsvermögen und wissenschaftlichen Kategorien nicht erfaßbar sind. Und diese Erfahrung hatte damals und hat auch heute Konsequenzen: Adolph Kolping drückte das so aus: »Tätige Liebe heilt alle Wunden, bloße Worte mehren nur den Schmerz«.

Der irdische Lebensweg und der geistliche Kreuzweg von Mutter Rosa sind nicht voneinander zu trennen, wenn man überhaupt versuchen wollte, diesen Lebensweg des Kreuzes anschaulich, einsichtig oder gar nachvollziehbar zu machen.

Ihre »Spiritualität« war seit Kindestagen gewachsen, im Scheuersack einer harten Jugend gereift und in Theorie und Praxis in der Kreuzkapelle geübt und erprobt. Die Themen ihrer »Spiritualität« waren nicht von außen aufgesetzt. Sie entsprachen den »Erste-Hilfe-Stationen« ihres Lebensweges und ihrer geistlichen Entwicklung, die sich aus eben dieser Praxis ergab.

So wundert es nicht, daß diese »Grundlagen« sich in Statuten und im Leben der Gemeinschaft wieder fanden.
Im Leben von Mutter Rosa spielen seit der frühen Jugendzeit das göttliche Herz und – davon abgeleitet – ihre persönliche Herzlichkeit eine tragende Rolle. In ihrer betont innerlichen Frömmigkeit steht das Kreuz Christi im Zentrum von Denken und Handeln. Herz und Kreuz sind die Schwerpunkte ihrer bewegten und bewegenden Lebensgeschichte.
Glaube, Hoffnung und Liebe – die drei göttlichen Tugenden – sind die geistlichen Grundkräfte der »Spiritualität« von Rosa Flesch.

Als Schwerpunkt der Spiritualität von Mutter Rosa ist darum auszumachen: von Herzen kommende Identifikation mit dem Schöpfer und Herrn, seiner Kirche und ihrer Sendung in der Welt – nicht durch Anpassung sondern durch Betonen des eigenen Charismas und durch persönliches Streben zum Erreichen der Zielvorgaben. Das erfordert Selbst- und Sendungsbewußtsein zur Erfüllung des christlichen Auftrages – ausgewogene Mitgestaltung von Kirche und Welt – ein Auftrag mit heute internationaler Tragweite, der an Attraktivität und Aktualität nichts eingebüßt hat sondern – wo auch immer – noch zunehmen wird.

Ihre »wirksame« Spiritualität hat Rosa Flesch auch offen gelebt. Persönliche Frömmigkeit und von Gottes Geist betroffen zu sein, ist zunächst immer Einzelgeschehen. Das Bemühen um eine angemessene und ausgewogene Beziehung des Menschen zu Gott (Mut und Demut) und der eigenen Umwelt bleibt also immer einmalig:
»Mit-Gott-und-sich-selbst-im-Einklang-Sein« ist Ziel. Im Vordergrund steht also die Innenwirkung. Aber sie bleibt in dieser Welt kein Selbstzweck. »Wende dein Ohr mir zu, erhöre mich, Herr; [...] hilf deinem

Knecht, der dir vertraut! [...] Sei mir gnädig, o Herr! Den ganzen Tag rufe ich zu dir« *(Psalm 86 [85] 1–3).*

An der Schwelle zur Moderne stand sie am Ende einer Epoche und an einem Anfang – einem Aufbruch, einem Neubeginn. Ihr Lebensweg war auch darum immer wieder von Schwellenüberschreitungen geprägt. Ihr darin bewiesenes, gelebtes Glaubenszeugnis steckte an. Eigene religiöse Erfahrungen wußte sie in Gespräche einzubringen, ohne ihnen Absolutheitsanspruch beizumessen.

In den vielfach variierten Marzella-Manuskripten wird immer wieder ein Lebens- und Schaffensproblem von Mutter Rosa thematisiert: Es ist der Widerspruch zwischen erfahrener Berufung als persönlicher Annahme mit allen Konsequenzen und der Unfähigkeit, die Grenzen ihrer Herkunft und Epoche zu überschreiten.
Zeit ihres Lebens wird sie davon gefesselt, sich mit Armen und Kranken zu solidarisieren – und das zu einer Zeit, als zwar viele davon sprachen aber wenige wirklich handelten.
Labile Gesundheit, eine kirchengeschichtlich geradezu klassische Tragödie aus Intrigen und Demütigungen von »Mitschwestern«, Priestern und Laien weisen sie zunächst in die innere Einsamkeit und dann auch in äußere Isolation. Bedrückende Schwermut und seelischer Schmerz bestimmen ihren Lebensalltag. Dieser Situation gewinnt sie aber auch durchaus Positives – und nicht nur für sich selbst – ab. Sie ist nicht mehr in Erwartungshaltungen und Konventionen eingebunden. Sie fühlt sich befreit und ist frei für ihr Leben in und mit Christus.
Sie konnte am Ende ihres Lebens mit dem hl. Paulus sagen: »Ich habe den guten Kampf gekämpft, den Lauf vollendet, den Glauben bewahrt«.
Denn Zeit ihres Lebens war sie sich bewußt: Wer Spiritualität auf Verwaltung und Expertentum reduziert, hat geistliches Leben schon aufgegeben.

Sie führte ein Leben, das nach der Verwirklichung der göttlichen Tugenden strebte. Glaube – Hoffnung – Liebe waren gleichsam ihr geistliches Alltagsverhalten. Aber ganz ausgezeichnet lebte sie die Tugend der Demut. Diese einfache, zielstrebige und fromme Frau des 19. Jahrhun-

derts erwies sich für Christus und die Kirche – inspiriert durch Ideengut und Spiritualität des hl. Franziskus von Assisi und orientiert an den praktisch-sozialen Gegebenheiten des beginnenden Industriezeitalters mit all seinen Vor und Nachteilen – als Dienerin und Verkünderin des »Wortes«, das Heilung brachte in Wort und Tat, vor allem in den ländlich strukturierten Gebieten.
Gelebte und praktizierte Spiritualität im Geiste von Mutter Rosa Flesch war – nicht nur um der Gemeinschaft willen – auf ein »Maximum von Nächstenliebe« hin angelegt.

Dienst am Wort – Dienst am Menschen

Die Profanisierung des Lebensalltags aufzugreifen, hat zu allen Zeiten bei religiösen Denkern zu einer gewissen Unabhängigkeit von der kirchlichen Hierarchie geführt. Neue Bewegungen oder Gemeinschaften entstanden »neben« oder »außerhalb« der verfaßten Kirche. Sie gerieten gelegentlich oder zeitweise sogar in Opposition zu Amtsträgern oder kirchlichen Behörden. Für Rosa Flesch lag das in der »Natur« der Sache und war Zeichen eines Reifungsprozesses. Vorauseilender Gehorsam war ihre Sache nicht.

Maria – Marienverehrung

Im 19. Jahrhundert ist die enge Verbindung von Marienfrömmigkeit und caritativer, erzieherischer und sozialer Arbeit vor allem in Neugründungen von Ordensgemeinschaften offenkundige Tatsache. Die Verehrung der Jungfrau und Gottesmutter trägt nicht nur zum geistlichen Leben dieser Gemeinschaften bei; sie wird sogar zu einem Großteil des Fundamentes von Existenz und Handeln. Das galt auch für die »Franziskanerinnen der allerseligsten Jungfrau Maria von den Engeln« (FBMVA). *[Vgl. ZOAWBB. 7 M ORIG. 159; NR. 595.]*

Es ist kein besonderer Grund erkennbar für die Tatsache, daß Maria als Jungfrau und Gottesmutter im Glauben und Gebetsleben von Mutter Rosa und ihrer Gemeinschaft eine ganz herausragende Stellung hat. Bei den 23 in den Jahren 1803 bis 1872 in Preußen gegründeten Frauenkongregationen war die Gottesmutter Maria in neun Fällen die erwählte Schutzpatronin, in vier weiteren gab es deutlich hervorgehobene Marienverehrung. *[Vgl. MEIWES, »Arbeiterinnen des Herrn«, 228. – SCHAMONI (HG.), Ordensstifterinnen, PASSIM.].*

Das Patrozinium der Pfarrkirche von Waldbreitbach, die »Aufnahme Mariens in den Himmel« – [volkstümlich: »Mariae Himmelfahrt«] – bestand schon seit Jahrhunderten. Es könnte zwar ein Hinweis aber kaum Grund für die Wahl der Ordenspatronin gewesen ein. Denn erst Papst Pius XII. erhob am 1. November 1950 diese altüberlieferte Lehrmeinung von der »unversehrten, leiblichen Aufnahme Mariens in den Himmel« *[Vgl. KKK, 278f., Nr. 966.]* zum Dogma.

Die Bibel berichtet nüchtern von Maria, der Mutter des Jesus von Nazareth. Die »Verkündigung durch den Engel Gabriel« und die »Empfängnis vom Heiligen Geist« *[Lukas 1, 26–38 par.]* müssen nicht sehr verwundern. In der Geschichte Israels hatte Gott bewiesen, daß er »Großes tun« *(Vgl. 2 Makkabäer 3, 36; Psalm 111, 6; 126, 2)* kann. Die Dogmen der ersten großen Konzilien von Nicäa (325), Konstantinopel (381), Ephesus (431) und Chalkedon (451) stellen Maria in den Vordergrund. An Maria – »Theotokos – Gottesgebärerin« *[KKK, 157, Nr. 495.]* – wird deutlich, was es mit Jesus Christus – wahrer Gott und wahrer Mensch – auf sich hatte. Auch Martin Luther (* 1483 – † 1556) schätzte die erste Frau des Christentums so sehr, daß er mit seinem »Magnifikat«-Kommentar (1521) einen der schönsten Marienlobgesänge schuf.

Marienfrömmigkeit und Marienverehrung waren für Mutter Rosa immer an Christus orientiert und auf ihn hin ausgerichtet. Die Gemeinschaft von Waldbreitbach betont ihre Marienverbundenheit ganz deutlich durch ihren Namen: »Franziskanerinnen der allerseligsten Jungfrau Maria von den Engeln« (FBMVA). Das erste ordenseigene Haus stellte die Gründerin unter den besonderen Schutz der Gottesmutter. Jedes Mitglied zeigt diese Zugehörigkeit dadurch an, daß das M. vor dem Ordensnamen das Kürzel für Maria ist.

Mutter Rosa hat sich das überlieferte Glaubensgut der katholischen Kirche nicht oberflächlich zu eigen gemacht. In ihrem Gebetbuch fand sich auf einem nach dem 1. Juli 1904 geschriebenen Notizzettel ein von ihr selbst niedergeschriebenes Gebet zur Gottesmutter:
»Maria, durch die glorreichen Triumphe deiner unbefleckten Empfängnis hilf uns, und tröste diese fromme Genossenschaft und alle unsere Familien«. *[ZOAWBB. Personalunterlagen. – BACKES, Flesch – Testament, 134].* Die Lauretanische Litanei – ein besonderes Marienlobgebet – leitet die Reihe der Litaneien im Ordensgebetbuch ein. *[WEILER, »So sollt ihr beten!«, 252f.].*

Am 8. Dezember 1854 – also knapp zehn Jahre vor der Gründung ihrer Gemeinschaft – hatte Papst Pius IX. das Dogma der »Unbefleckten Empfängnis Mariens« verkündet. Die Jungfrau Maria blieb »im ersten Augenblick ihrer Empfängnis durch die einzigartige Gnade und Bevorzugung des allmächtigen Gottes im Hinblick auf die Verdienste Christi Jesu, des Erlösers des Menschengeschlechtes, von jeglichem Makel der Urschuld [– der menschlichen Erbsünde –] unversehrt bewahrt«. *[KKK, 156, Nr. 491.].*

Von ihren bisher bekannten 16 künstlerischen Arbeiten – den gestickten Bildern – haben allein 5 die Gottesmutter zum Thema. Das macht etwa 30 Prozent ihres Schaffens aus. Damit fällt sie nicht aus dem quantitativen Rahmen, denn Maria ist mit Abstand das unerschöpflichste Thema der Kunstgeschichte überhaupt. Unter Mutter Rosas Bildstickereien lassen die »Mutter vom Guten Rat«, die »Mutter Gottes«, eine »Mutter Gottes mit Kind«, eine »Himmelfahrt Mariens« und mit aktuellem Bezug eine »Mutter Gottes von Lourdes« auch keine einseitige thematische Festlegung erkennen.

Am 11. Februar gedenkt die Kirche in der Liturgie der allerseligsten Jungfrau Maria von Lourdes. Am 11. Februar 1866 hatte sie ihre Künstler-Freundin Octavie de Lasalle brieflich gebeten, ein Bild der Gottesmutter für Adenau zu malen. Octavie hatte diesen Wunsch zum 3. September bereits erfüllt und notierte in ihrem Tagebuch, Mutter Rosa zeigte sich »so

dankbar für ›die Jungfrau‹, die ich ihr geschickt habe«. Das Bild sollte zunächst nach Adenau kommen; doch wurde es für die erste Kapelle des Mutterhauses bestimmt. *[BACKES, Lasalle, 64f., 181].* Von den Marienerscheinungen in Lourdes seit dem 11. Februar 1858 hatte Mutter Rosa wohl schon vor der Ordensgründung erfahren. In dem weit über die Grenzen Europas hinaus bekannt gewordenen französischen Wallfahrtsort war die Gottesmutter als »Unbefleckte Empfängnis« der hl. Bernadette Soubirous (* 1844 – † 1879) erschienen und hatte zu Buße und Umkehr aufgerufen. Die meisten der inzwischen jährlich mehr als 5 Millionen Pilger, die es nach Lourdes zog, beteten und baten inständig um Hilfe, Stärkung und Trost in jeglicher körperlichen und seelischen Not. Häufig bekannten sie nach ihrer Rückkehr, ihnen sei geholfen worden, oft anders als erwartet, aber nie enttäuschend.
Mutter Rosa verehrte in besonderer Weise die Gottesmutter von Lourdes. So war es ihr eine besonders große Freude, als ihr Neffe Johann Hertling ihr bei einem seiner Besuche an ihrem Krankenbett eine Holzstatue der Lourdesmadonna mitbrachte. Er hatte sie im Auftrag von Schwester M. Aquilina Lermen, von der als Generaloberin von 1905–1911 schon berichtet wurde, bei einem Kunsthändler erworben.

Marienerscheinungen waren in der Kirchengeschichte nicht gerade selten. Von Beteiligten sind durch Jahrhunderte mit Zeugnissen fast tausend Erscheinungen historisch belegt. Die oft daraus entstandenen Volksbewegungen lassen sich nicht einfach mit subjektiver Empfindung abtun. Andererseits bleiben aber auch berechtigte Zweifel.

Weder haben die Ereignisse von Marpingen im Jahre 1877 zur Gründung der dortigen Niederlassung im Jahre 1901 geführt noch hat die Gründungsoberin Schwester M. Zitta Seinheuer (* 1856 – Eintritt 1886 – † 1914) Mutter Rosa zu beeinflussen versucht. *[Vgl. BACKES, Lasalle, 130.].* Sie bildete sich ihr eigenes Urteil und hielt die Schwestern zur Zurückhaltung an. Schwester M. Agnes Fröbus berichtete dazu: »Drei Kinder wollten die Muttergottes gesehen haben, in einem Baum im Walde. Der Zulauf wurde sehr stark. ... Alle Sorten Kranken haben in der Stadt logiert. ... Es war aber keine Heilung. ... Eines Tages kam unerwartet Mutter Rosa in weltlichen Kleidern. ... Sie wäre 2 Tage in Marpingen gewesen, hatte ... alles wohl und gut angesehen. Sie würde uns nicht auferlegen, das zu glauben, wir sollten abwarten, bis die Kirche das bestätigt hätte. Sie würde ihr Urteil nicht abgeben. Es könnte aber sein, ... daß Zweifel angebracht wären«. *[ZOAWBB. AGNES FRÖBUS, Erinnerungen, 51, 57.].*

Eines aber hatte Mutter Rosa erlebt und verstanden: Maria – gab und gibt dem Eintritt Gottes in die Geschichte Raum.

Rosenkranz

Der hl. Dominikaner-Papst Pius V. (* 1504 – 1566 Papst – † 1572) empfahl am 17. September 1517 der ganzen Kirche und besonders allen Gläubigen das Rosenkranzgebet. Es galt als volkstümlicher Ersatz für das Stundengebet der Kirche *[KKK, 673; Nr. 2678.].*
Der Rosenkranz bewährte sich gleichsam als eine «Kurzfassung des gesamten Evangeliums« *[KKK, 280; Nr. 971]* vor allem als Hilfe zum Überleben von priesterlosen Gemeinden in Zeiten der Verfolgung.
»Zur Einführung des beständigen Rosenkranzgebetes im hiesigen Mutter-Hause wäre ein vom Hochwürdigsten Herrn zu genehmigender General-kapitels-Beschluß erforderlich. Dazu ist aber kein Grund vorhanden«. *[ZOAWBB. Beschlüsse des Generalrates, Bd. 1, 8.].*
Der Rosenkranz hatte in der Gemeinschaft der »Franziskanerinnen der allerseligsten Jungfrau Maria von den Engeln« (FBMVA) einen hohen Stellenwert. Das zeigen zwei Tatsachen: Ein großer Rosenkranz gehörte zum Ordenskleid. Das meditative Rosenkranzgebet war fester Bestandteil des täglichen Betens. *[WEILER, »So sollt ihr beten!«, 291f. – STATUTEN 1869, 14, Nr. 8.].* Diese Form betenden Nachdenkens soll die Erkenntnis Christi und die Vereinigung mit ihm nachdrücklich fördern. *[Vgl. KKK, 280; Nr. 2708.].* Den Rosenkranz betete die Kommunität an Sonn- und Feiertagen immer abends um 6 Uhr gemeinschaftlich in der Kirche, weil Kranke, Pflegebefohlene und Personal teilnehmen konnten. [Vgl. *ZOAWBB. 7 M ORIG. 119; NR. 461.].*

Hl. Josef

Das Bild des hl. Josef von Nazareth aus dem Geschlecht Davids, des »Nährvaters« Jesu, das Legenden von ihm als »gerechter Mann« und »Zimmermann« zeichnen, ist nicht historisch, hat aber seine Darstellung in der christlichen Kunst wesentlich beeinflußt. Ein Martyrologium von der Reichenau um 850 erwähnt ihn erstmals. Bernhard von Clairvaux, die Mystik und die Theologie des ausgehenden Mittelalters beginnen sich mit dem hl. Josef zu beschäftigen. Erst 1479 wurde sein Fest in das römische Brevier aufgenommen. Im Jahre 1847 schrieb Pius IX. das Fest für die Gesamtkirche vor. Mit dem Dekret »Quemadmodum Deus« vom 8. Dezember 1870 proklamierte derselbe Papst den hl. Josef zum Schutzpatron der ganzen Kirche. In der Kunst wird der Heilige dargestellt mit dem Jesuskind, mit einer Lilie, mit Wanderstab und Zimmermannsgeräten.

Bei den 23 in den Jahren 1803 bis 1872 in Preußen gegründeten Frauenkongregationen war der hl. Josef in zwei Gemeinschaften erwählter Schutzpatron, in mindestens acht weiteren gab es besondere Frömmigkeitsformen der Josefsverehrung. *[Vgl. MEIWES, »Arbeiterinnen des Herrn«, 228. – SCHAMONI (HG.), Ordensstifterinnen, PASSIM.].*

Aus ihrer großen Verehrung zum hl. Josef wählte Margaretha Flesch für sich bei der Profeß den Namen Schwester M. Rosa vom hl. Josef. Sie hat den Heiligen immer wieder um seine Fürbitte angerufen und durch seine Vermittlung oft wunderbare Hilfe erfahren.
Eine Schwester, die wegen Arbeitsüberlastung ihre morgendliche Betrachtung nicht halten konnte, fragte Mutter Rosa um Rat. Sie ließ die Schwester kommen, und erklärte ihr, wie sie Betrachtung halten und gleichzeitig ihre Pflicht bei den Kranken erfüllen könne: »Nun gehe mit mir ins Haus der hl. Familie zu Nazareth. Folge mir in die Werkstätte des hl. Josef, er sitzt an der Hobelbank und hobelt. Der Jesusknabe ist auch da, er amüsiert sich nach Kinderart. Während der hl. Josef hobelt, häufen sich die Späne auf der Hobelbank. Er steht nach einer Weile auf und entfernt diese. Dann hobelt er wieder. Siehe auch du bist beschäftigt. Du gehst aus einer Krankenzelle in die andere, dann begibst du dich in die Küche und

so weiter. Hier und da fällt auch ein Span ab. Laß sie nicht am Boden liegen, sondern hebe sie sorgfältig auf und stecke sie in die Tasche bis sie voll ist. Unterdessen bleibe im Geiste beim hl. Josef in der Werkstätte und bitte ihn, Fürbitte für dich beim lieben Gott einzulegen. Er ist ein besonderer Patron des inneren Lebens. »Wenn du auf diese Weise den Vormittag verbringst, dann hast du eine gute Betrachtung gehalten; eine bessere, als wenn du eine halbe Stunde niedersitzest und schläfst und träumst«. *[Vgl. ZOAWBB. 7 M ORIG., 144f.; NR. 581.].*

Den Schwestern auf Außenstationen und bei der externen Krankenpflege empfahl Mutter Rosa, »den hl. Josef als Quartiermacher vorauszuschicken.« *[Vgl. ZOAWBB. AGNES FRÖBUS, Erinnerungen, 44, 50.].*

Auch mindestens drei ihrer gestickten Bilder sind unübersehbare Zeichen für ihre besondere Verehrung des Heiligen. *[GROETEKEN, Schatten, 238. – BACKES, Testament, 42, 109.].* Die Litanei zum hl. Josef und eine besondere Andacht zum Bräutigam der Gottesmutter befinden sich im Ordensgebetbuch. *[WEILER, »So sollt ihr beten!«, 263–269.].*

Hl. Herz Jesu

Die Herz-Jesu-Verehrung in der Neuzeit geht auf den hl. Johannes Eudes (* 1601 – † 1680) und besonders auf die hl. Margareta Maria Alacoque (* 1647 – † 1690) zurück. Begnadet durch mystisches Schauen Jesu, Ruhen an seinem heiligsten Herzen und Miterleben seines Leidens, erhielt sie in Visionen der Jahre 1637–75 den Auftrag, die Herz-Jesu-Verehrung an jedem ersten Freitag im Monat und durch Einführung des Herz-Jesu-Festes zu fördern. Margareta Maria wird dargestellt in der Tracht der Salesianerinnen, das Herz Jesu betrachtend.

Erst 1765 gestattete Clemens XII. (* 1652 – 1730 Papst – † 1740) Messformular und Offizium vom Herzen Jesu. Pius IX. schrieb 1856 das Fest verbindlich für die gesamte Kirche vor.

Der Durchbruch der Herz-Jesu-Verehrung in Deutschland erhielt wichtige Impulse vom sozialen Bischof Wilhelm Emmanuel von Ketteler. Im Kriegsjahr 1866 schrieb er an seinen Bruder Wilderich: »Wir wollen uns

alle blind ins Herz Jesu legen; je trostloser vieles in der Welt, desto trostreicher ist es dort.« *[O. PFÜLF, Des Bischofs von Kettelers Beispiel und Belehrung für die Andacht zum göttlichen Herzen Jesu. Aus des Bischofs Nachlaß zusammengestellt, Mainz 1899.]*.
Bei den 23 in den Jahren 1803 bis 1872 in Preußen gegründeten Frauenkongregationen war die besondere Verehrung des Heiligsten Herzens Jesu in über dreißig Prozent der Gemeinschaften überdurchschnittlich häufige Frömmigkeitsform. *[Vgl. MEIWES, »Arbeiterinnen des Herrn«, 228. – SCHAMONI (HG.), Ordensstifterinnen, PASSIM.]*. »Das Gebet der Kirche ehrt und verehrt das Herz Jesu ... Die Kirche betet das menschgewordene Wort und sein Herz an, das sich aus Liebe zu den Menschen von unseren Sünden durchbohren ließ«. *[KKK, 670 Nr. 2669.]*.

»Hauptordensfest ist das Fest des heiligsten Herzens Jesu«. *[STATUTEN 1869, 3.]*. Mit bischöflicher Genehmigung wurde in der Kirche am Herz-Jesu-Fest, dem 19. Juni, das Allerheiligste ausgesetzt. In stiller Anbetung verehrten die Schwestern in der Kapelle das Hochwürdigste Gut. *[Vgl. ZOAWBB 7 M ORIG., 100; NR. 379.]*.
Die Litanei zum hl. Herzen Jesu befindet sich im Ordensgebetbuch. *[WEILER, »So sollt ihr beten!«, 260ff.]*. Auch ein von Mutter Rosa gesticktes Bild mit dieser Thematik bezeugt, daß sie ihre künstlerische Arbeit immer mit Meditation und Verkündigung verband. *[Vgl. BACKES, Testament, 36f., 106f.]*.

6.4. Äußerer Aufbau

Filialen unter Mutter Rosa

Fast gleichzeitig mit der Erweiterung des Mutterhauses erfolgte der Aufbau eines Netzes von Filialen. Besonders das Jahr 1867 setzte Akzente. Fünf Filialen wurden gegründet: Cochem, Bendorf, Neuwied, Niederbreisig und Andernach.

In den ersten zwölf Jahren seit der Gründung der Genossenschaft gründete Mutter Rosa 21 Niederlassungen. Bei ihrem Tod gab es 69 Filialen. Sie lagen zum Teil weit entfernt im Saarland, an der Mosel und in der Eifel. Bei den Verkehrsverhältnissen dieser Zeit waren sie oft nur zu Fuß über Berge und durch Wälder zu erreichen. Die in der Regel auf Anforderung hin gegründeten Häuser für Krankenpflege, Haushaltungs- und Handarbeitsunterricht sowie Kindergärten machten das Aussenden junger, oft gerade eingekleideter Schwestern erforderlich. Die Ordensfrauen trafen meist auf besonders schwierige soziale Verhältnisse.

Die von Mutter Rosa Flesch geplanten und z. T. persönlich gebauten bzw. eingerichteten Niederlassungen sollen aus mehreren Gründen näher vorgestellt werden.
Die Generaloberin legte großen Wert auf die individuelle Bildung und den sozialen Einsatz ihrer Schwestern. Deren persönliche und berufliche Weiterbildung war also häufig verbunden mit einem Wechsel des Einsatzortes und des Aufgabenbereiches. Dabei hatte Mutter Rosa natürlich auch erkannt, daß eine positive Außenwirkung ihrer Schwestern die beste Form der Nachwuchswerbung bedeutete.

Hausoberinnen

Die Filial-Oberinnen wurden von der Generaloberin und dem Rat – in der Regel – auf drei Jahre ernannt. Sie konnten aus wichtigen Gründen bis sechs Jahre in dieser Stellung belassen oder auch früher abberufen werden. *[Vgl. STATUTEN 1869, 19, NR. 29.].* Die Vorsteherinnen der Filialen hatten keinen besonderen Titel. Sie wurden nur mit ihrem Klosternamen genannt. *[Vgl. STATUTEN 1869, 15, NR. 2.].* Alle ankommenden und abgehenden Briefe soll die Oberin des Hauses lesen und kann sie begründeterweise zurückhalten. *[Vgl. STATUTEN 1869, 34, NR. 2.].*
Die Generaloberin bestimmte in jedem Hause eine Schwester zur »Wachschwester«. Sie hatte die Schwestern wie auch die Oberin auf ihre Fehler unter vier Augen aufmerksam zu machen. *[Vgl. STATUTEN 1869, 19, NR. 31.].* »Alle Briefe an die Filialoberin und von derselben soll die Wachschwester lesen«. *[Vgl. STATUTEN 1869, 19, NR. 35.].*

Die Hausoberinnen »verwalten das ihrem Hause zugehörige Vermögen in

Verantwortlichkeit gegenüber der Generaloberin. »Immobilien erwerben, Schulden aufnehmen oder Ausgaben machen, die nicht zur Führung der Haushaltung notwendig sind, dürfen sie nur mit Erlaubnis der Generaloberin«. *[STATUTEN 1869, 33, NR. 7f.].* Sie entscheiden über Aufnahme von Waisenkindern, Kranken und Alten. *[Vgl. STATUTEN 1869, 30, NR. 14.].* »Was zur Führung der Haushaltung notwendig ist, darüber kann jede Oberin frei verfügen. Über sämtliche Einnahmen und Ausgaben muß in jedem Haus Buch geführt werden und dieses alle halbe Jahre der Generaloberin vorgelegt werden«. *[STATUTEN 1869, 33, NR. 11f.].*

Der Arzt des Antonius–Krankenhauses in Waldbreitbach Dr. Johannes Schulten, der viele Jahre kranke Ordensschwestern behandelte, schilderte auf Grund eigener Erfahrungen realistisch die Belastungen der Schwestern in den Filialen: »Der Krankendienst, besonders in den armen, ländlichen Verhältnissen, stellt oft an die Leistungsfähigkeit und Selbstverleugnung der Schwestern geradezu unerhörte Anforderungen. Dort pflegt dieselbe Schwester oft wochenlang Tag und Nacht ohne nennenswerte Rast. Und sie pflegt nicht nur, sie muß oft auch die kranke Mutter im Hause ersetzen, kochen, waschen, flicken. Häufig genug beginnt sie ihr Werk damit, daß sie uralten Unrat ausfegt, Ordnung schafft ... und so wenigstens den dringendsten Forderungen der Gesundheitslehre zu ihrem Rechte verhilft. Dabei muß sie gewöhnlich die karge Kost der Armen ... teilen. Mit der Hauspflege in den Städten ist es im allgemeinen nur in bezug auf die Verpflegung besser gestellt, und auch die Hospitalpflege ist für unsere Schwestern ein harter, aufreibender Dienst. Meist üben sie ambulante Pflege noch neben letzterer aus«. *[J. SCHULTEN, »Soziale Hygiene«, 390–398; hier: 394.].*

Einrichtung der Häuser

»In jedem Hause soll eine Kapelle oder Betzimmer eingerichtet werden«. *[STATUTEN 1869, 14, NR. 9.].* Meist gestaltete sich der Ausbau erst nach und nach. Eine Schwester berichtete humorvoll über den Anfang ihrer Niederlassung: »In der Küche hatten wir keine andere Einrichtung, als den Herd, sodaß wir uns in der ersten Zeit mit dem Boden als Spülstein und Tisch begnügen mußten ... Ein Zimmer war Kapelle und Refektor zugleich. Drehten wir uns nach rechts, da stand ein kleines Altärchen, dies bedeutete unsere Kapelle; drehten wir uns nach links, so waren wir im Refektor. Unsere Klappstühle dienten uns in der Kapelle als Kniebänke, im Refektorium als Sitzstühle. Das Arbeitszimmer war auch unser Empfangszimmer. Es kamen mir damals die schönen Worte in den Sinn: ›Die Vollkommenheit besteht nicht im Haben, sondern im Entbehren‹«. *[BIERBAUM, Schlichte Blätter, 20.].*

Erste Gründung Adenau

Die Gründung der ersten Filiale Adenau in der Eifel am 24. April 1863 ging direkt auf den Gründungstag der Gemeinschaft zurück. Diese erste Filiale stellte Mutter Rosa, gerade zur Oberin ernannt, unter den Schutz des hl. Josef.

Der Pfarrer von Adenau Johann Hippolyth Parsch (* 1822 – † 1890), ein Freund von Pfarrer Gomm, war Gast bei der ersten Profeßfeier. Er erbat sich beim Festessen Schwestern für eine in seiner Pfarrei zu gründende Niederlassung. Mutter Rosa sandte Ende April 1863 ihre vertraute Gefährtin Schwester M. Theresia Beissel als Oberin dorthin (1863–65). Sie begann im Hause des Anton Kaiser und eröffnete zunächst mit Schwester M. Rosa II. Becker, die dann von 1865–66 Oberin war, zum Jahresende eine Kinder-Bewahr- und Handarbeitsschule mit etwa 10 Kindern.

Die aus der Eifel stammende Schwester M. Theresia hatte sich durch ihr Durchhaltevermögen in der »Zentrale« bereits bewährt. Der Anfang war ebenso schwierig wie im Waldbreitbacher Mutterhaus. Kleine, nicht vorherzusehende Nebenerfolge gab es auch hier. Zwei junge Frauen aus Adenau traten in die Gemeinschaft ein: 1864 ging Anna Maria Rademacher als Schwester M. Brigitta (* 1825 – † 1889) ins Marienhaus, zwei Jahre später Katharina Wirtz als Schwester M. Mechtildis (* 1838), die aber nur zwei Jahre im Orden blieb.

Der Aufbau in Adenau zog sich hin. Drei Jahre nach der Gründung nahm sich der Halbbruder von Mutter Rosa, Johann Flesch, des neuen Projektes an. Man kaufte von Rentmeister Kurt ein Haus am Steinweg. Er konnte

nur nach und nach die oft nicht gleich erkennbaren Hürden überwinden. Für die Bevölkerung waren die Aktivitäten der Fremden zunächst undurchsichtig. Skepsis überwog. Die Menschen nahmen Vertretern von Staat und Kirche selbstlose Hilfeleistung einfach nicht ab.
»In Adenau einer Kreisstadt in der Eifel, wo die Schwestern bis dahin in Miete wohnten ließ sie [M. Rosa Flesch] im Jahre 1866 ein Krankenhaus bauen vierzig Fuß lang und fünfundzwanzig Fuß breit; zwei Stock hoch: zur Bestreitung der Kosten hielten sie eine Kollekte ab. Nachdem das Haus fertig war – es [lag] außerhalb der Stadt auf einer Anhöhe – verwendete man sich an die Behörde um Bewilligung, Wasser aus der Stadt ins Krankenhaus zu leiten; diese verweigerte ihre Zustimmung; in dieser Verlegenheit begab sich die Stifterin eines Tages in Begleitung ihres Bruders, der im Mutterhaus Verwalter war, das heißt die Ökonomie verwaltete, zu den einzelnen Stadträten um sie zu bewegen, ihre Zusage zu geben. Nachdem sie überall abgewiesen wurden, begibt sie sich zum Vorsteher. Als dieser sich ebenfalls weigerte, ihrer Bitte zu willfahren, wendet sie sich zu ihrem Bruder mit den Worten: ›Komm, wir wollen gehn; es riecht nach Cholera hier‹ und sie entfernten sich«. *[ZOAWBB. 7 M ORIG. 52; NR. 208.].* »Bald darauf wurde die Kreisstadt wirklich von dieser Krankheit heimgesucht. Zuerst wurde der Gemeindevorsteher davon befallen und dann sämtliche Mitglieder des Rates und merkwürdig! sonst erkrankte niemand an der Cholera. Sie wurden von den Schwestern gepflegt und genasen wieder. Dieser Vorfall verfehlte seine Wirkung nicht. Die Stadträte gingen in sich und gestatteten, daß das Krankenhaus mit dem Wasser aus der Stadt versorgt würde«. *[ZOAWBB. 7 M ORIG. 52; NR. 209.].*

Private Förderer gab es schon: 1866 lieh Katharina Baur Mutter Rosa 114 Taler für den Bau; *[ZOAWBB. Schuldverschreibung, 2.12.1866]* im Januar 1867 schoß Augusta Preis weitere 49 Taler vor. *[ZOAWBB. Schuldverschreibung, 8.1.1867].* Die Pläne für das 1867 fertiggestellte St. Josef-Krankenhaus hatte Mutter Rosa selbst entworfen. Die Bauaufsicht hatte Johannes Flesch übernommen, der sich schon bald als Förderer der Neugründung erwies und schließlich sogar in Adenau seßhaft wurde. *[Vgl. ZOAWBB. 7 M ORIG. 52f; Vgl. ZOAWBB. 7 M ORIG. 52f; NR. 208–11.].*

»...Gegen den heftigen Widerstand der Gemeinde [entstand] das St. Josefskrankenhaus ... durch die erste Niederlassung der Genossenschaft der Franziskanerinnen vom Mutterhaus Waldbreitbach. Am Ende des Jahres 1867 konnte es bezogen werden. Zu verdanken war die notdürftige Vollendung des Baues nach Plänen und unter der Bauleitung von Mutter M. Rosa Flesch nur dem Umstand, daß durch eine Cholera-Epidemie die Stimmen nach einem Krankenhaus in der Bevölkerung wieder lauter geworden waren.« *[CH. HECKING, in: STADT ADENAU, 71.]*.
Zur Zeit der Fertigstellung des Krankenhauses (1866–1868) wirkte Schwester M. Gertrud Rieth als Oberin (∗ 1832 – 1864 Eintritt – † 1868). Zum Konvent gehörten während ihrer Amtszeit zeitweise: Schwester M. Agatha Simons, Schwester M. Aloysia Gonzaga Meckel, Schwester M. Angela Plag und Schwester M. Hildegard Wallenborn. Die beiden Schwestern M. Gregoria Bohs und M. Vincentia Lütz waren überwiegend in der Krankenpflege tätig. Dazu hatten sie die Verantwortung für Küche und Hausarbeit.
Schwester M. Vincentia Lütz übernahm im Oktober 1868 das Amt der Oberin, wurde aber nach einem Jahr abgesetzt.
Im Jahre 1874 – also zur Kulturkampfzeit – wird berichtet, die Franziskanerinnen von Waldbreitbach betrieben in ihrer ersten Niederlassung überhaupt unter Leitung von Schwester M. Angela Plag (1832–1882) ein Armen- und ein Waisenhaus. Diese Schwester hatte schon zwei Jahre Erfahrung vor Ort, ehe sie von 1874 bis 1881 als 5. Oberin wieder nach Adenau kam. Mit drei weiteren Schwestern: Schwester M. Cassilda Lingen (1846–1886 Austritt), Schwester M. Paula Kaseler (1841–1918) und Schwester M. Gregoria Geile (1845–1892) war es eine kleine Kommunität. Im Jahre 1878 trat dann in Adenau Katharina Schüller (1847–1920) als Schwester M. Euphrasia ein.
Sieben Jahre später (1885) gab es einen Kindergarten mit 40 Kindern. Als 6. Oberin stand Schwester M. Gregoria Geile, für die Adenau ebenfalls kein Neuland war, von 1881 bis 1888 dem Hause vor. In ihrer Amtszeit waren neun Ordensfrauen in verschiedenen Arbeitsbereichen tätig.
Die Filiale wirkte aber auch in sozialen Bereichen und für den Ordensnachwuchs, für die keine Schwester speziell eingesetzt war: Fünf aus Adenau stammende Frauen traten zu Lebzeiten von Mutter Rosa in die

Gemeinschaft ein; 33 kamen aus dem Kreis Adenau.
Im Jahre 1906 lebten in der Niederlassung 14 Profeßschwestern, je eine Novizin und Postulantin sowie 29 Hausangehörige und Pfleglinge.

Niederzissen

Mit der Aufnahme neuer Mitglieder war es möglich, in Niederzissen in der Eifel am 3. Mai 1864 eine zweite Filiale zu gründen. Anlaß für diese Gründung war der Eintritt zweier »nicht unbegüterter« Frauen aus diesem Dorf. Von den Geschwistern Jeup [Geib] war Anna Maria (1837–1870 Austritt) als Schwester M. Antonia 1863 eingetreten und nach mehrmonatiger Ausbildung in der Filiale Adenau zur Mitarbeit in Hauswirtschaft, Erziehung und Krankenpflege für ein Jahr in ihrer Heimat tätig. Ihre zwei Jahre ältere Schwester Magdalena trat ein Jahr später als Schwester M. Juliana ein. Aufgrund dieser Beziehungen konnte Mutter Rosa ein Haus mit Garten in Niederzissen erwerben. Weitere Schwestern zur Krankenpflege waren erbeten worden.
Hier leisteten die jungen Ordensfrauen ambulante Krankenpflege, errichteten eine Handarbeitsschule für die heranwachsende weibliche Jugend und einen Kindergarten. *[Vgl. ZOAWBB. 7 M ORIG. 37; 155].* Erste Oberin wurde Schwester M. Anastasia Diestelrath (1864–65). Ihre Nachfolgerinnen waren Schwester M. Agnes Kröll (1865–66), Schwester M. Crescentia Schmitz (1866–72), Schwester M. Franziska Bonner (1872–74) und als fünfte Schwester M. Hedwig Streit (1874–1883). Das gute Beispiel der Ordensfrauen auf religiöser Ebene, die aufopfernde Pflege der Kranken, ihre Zufriedenheit trotz vieler Entbehrungen und Demut wirkten sich positiv auf die soziale und religiöse Not in der Pfarrei aus. Die Geschwister Jeup verließen später die Gemeinschaft wieder.
Die Niederlassung Oberzissen verlegte man 1899 nach Niederzissen. Im Jahre 1906 lebten in der Filiale 5 Profeßschwestern und 2 Novizinnen.

Wadern

Neben »ihrem« Marienhaus in Waldbreitbach fühlte Mutter Rosa sich der Niederlassung in Wadern ganz besonders eng verbunden.

Der Pfarrer von Wadern Paul Flesch (1865–1888) hatte Ende 1866 Octavie de Lasallle vorgeschlagen, für die Gemeinschaft das alte Kapuzinerkloster zu erwerben. *[ZOAWBB. LASALLE, Tagebuch, 24.11.1866].* Die Niederlassung Wadern war auf Anregung der Familie de Lasalle errichtet worden. Diese Familie zählte zu den großen Förderern und Wohltätern der Genossenschaft.

Gründungsoberin war vom 5. Februar 1865 bis zum 1. Juni 1866 Schwester M. Theresia Beissel. Am 7. Februar 1865 notierte Octavie de Lasalle von Louisenthal in ihr Tagebuch: »Heute morgen während der Messe kam Schwester M. Theresia an, von Adenau nach hierher geschickt... sie scheint ein gutes Geschöpf zu sein«. *[BACKES, Lasalle, 54f.].*

In der Amtszeit der 3. Oberin Schwester M. Bibiana Stuppertz (1841–1909) erhielten im Jahre 1883 die Schwestern ein Grundstück und ein kleines Haus als Eigentum.

Im Jahre 1906 lebten in der Niederlassung 9 Profeßschwestern, eine Novizin sowie 20 Hausangehörige und Pfleglinge.

Ruwer

Drei Schwestern begannen 1866 im kleinen St. Josef-Krankenhaus in Ruwer mit Krankenpflege und einer Handarbeits- und Kinder-Bewahrschule, gefördert von Pfarrer Philipp Diel (1855–1886).

Als Gründungsoberin amtierte vom 11. Januar 1866 bis zum 20. Juni 1870 die schon mehrfach in Erscheinung getretene Schwester M. Rosa II. Becker. Die zweite, seit 1870 amtierende Oberin Schwester M. Ursula Wallenborn (1845–1905) konnte im Oktober 1878 im Kloster Rosa von Willmosky gegen Zahlung von 800 Talern lebenslänglich aufnehmen. Im November 1905 gab der Generalrat die Zusage für die Aufnahme eines Pfleglings.

Im März 1906 begann die sechste Hausoberin Schwester M. Mechtilde Wisser (1858–1913) nach Zustimmung der Ordensleitung mit der Vergrößerung des Klosters. Ein Beitrag des Mutterhauses zur Bausumme war garantiert. Im Jahre 1906 lebten in der Niederlassung 10 Profeßschwestern, zwei Novizinnen, eine Postulantin sowie 16 Hausangehörige und Pfleglinge.

Gründungen des Jahres 1867

Die Schwestern waren bereits vier Jahre nach der Gründung in der Lage, im Jahre 1867 in fünf neuen Filialen ihre Arbeit aufzunehmen. Das waren nicht nur sichtbare äußere Zeichen eines beachtlichen Aufschwungs. Mit diesen Neugründungen hatte auch die Personalentwicklung – mit Austritten und Entlassungen – sowie die damit verbundene »geistliche Konsolidierung« Schritt gehalten. Das »Marienhaus« hatte über die Enge des Wiedbachtales hinaus einen Namen und seine Schwestern genossen bei Bürgermeistern und Pfarrern, nicht nur an Rhein und Mosel, einen guten Ruf. Es war »dort ein neues Kloster entstanden«, das »Waisenkinder vorzüglich« aufnahm. *[Vgl. ZOAWBB. AGNES FRÖBUS, Erinnerungen, XIII, 1f.].*

Cochem

Auch in Cochem an der Mosel begann die Gründung mit drei Schwestern am 17. Februar 1867. Das St. Franziskus-Haus widmete sich der Krankenpflege und unterhielt eine Handarbeits- und Kinder-Bewahrschule.
Ortspfarrer war der 48jährige Peter Hartmann (1863–1889), der vorher drei Jahre Seelsorgserfahrung als Rektor im Ursulinenkloster auf dem Kalvarienberg bei Neuenahr gemacht hatte.
Als Gründungsoberin leitete von 1867 bis 1872 Schwester M. Veronika Heinen das Haus. Sie machte später als Generaloberin mehr erzwungene als gewollte Karriere in der Gemeinschaft. Ihre Nachfolgerin Schwester M. Dominica Brück (1844–???) hatte das Amt nur knapp zwei Jahre inne und trat 1876 aus dem Orden aus.
Im Jahre 1906 lebten in der Niederlassung 15 Profeßschwestern, 5 Novizinnen, eine Postulantin sowie 48 Hausangehörige und Pfleglinge.

Bendorf

In der ambulanten Krankenpflege und in einer Handarbeits- und Kinder-Bewahrschule wirkten zwei Schwestern seit dem 19. März 1867. Der Festtag des hl. Josef hat wohl auch die Namensgebung des Hauses mitbestimmt.

Pfarrer der Gemeinde war von 1852 fast ein halbes Jahrhundert der gebürtige Koblenzer Dr. Johann Friedrich Karl Fries (1852–1896). Er hatte 1840 die Priesterweihe in Rom empfangen und war den Waldbreitbacher Schwestern wohl sehr gewogen, denn er schenkte dem Konvent das Haus seines Bruders. Mehrfach besuchte der Geistliche Mutter Rosa in Andernach. Sie schenkte ihm ein selbstgesticktes Bild »Jesus am Ölberg«.

Schwester M. Theresia Beissel leitete die neue Filiale als Gründungsoberin nur wenige Monate im Jahre 1867. Ihre Nachfolgerin Schwester M. Salesia Fressmann (1828–1899) wurde nach vier Jahren ihres Amtes enthoben. Erst 1879 übernahm sie wieder eine Stelle als Oberin in Völklingen. Die dritte Hausoberin Schwester M. Felicitas Freilinger (1845–1924) leitete die Kommunität von 1871 bis 1883. Im Jahre 1878 gewährte sie Mutter Rosa mit einer Gefährtin nach Ablehnung in Engers bei verspäteter Ankunft Aufnahme im Kloster. Die Oberin bemühte sich, der Gründerin »ihren Aufenthalt möglichst angenehm zu gestalten und so erfreute sie sich hier einer guten Behandlung.« *[ZOAWBB. 7 M ORIG. 92; NR. 346.].* Schwester M. Felicitas Freilinger wurde 1890 Ratsschwester und schied erst 1911 aus diesem Leitungsgremium aus.

Am 16. Februar 1880 kamen bei der Einkleidung von vier Schwestern während des Kulturkampfes zwei aus den Bendorfer Konvent, die beide bereits 1874 eingetreten waren: Schwester M. Antonia Mienes (1844–1891) und Schwester M. Leokadia Pauli (1845–1893).

»Ich will in diesen Tagen an das Hochwürdigste Generalvikariat den Antrag stellen, daß für die Schwestern in Bendorf anstelle des kränklichen Pfarrers Gerz in Kaltenengers, welcher vielfach behindert ist, ein anderer »confessorius ordinarius« [ordentlicher Beichtvater] ernannt werde.«. *[BATRIER. Korum-Akten. Rektor Probst an Bischof Korum, 23.7.1885. – [Kopie ZOAWBB.].*

Eine Schwester, die zum Bendorfer Konvent zählte, verdient besondere Erwähnung. Schwester M. Franziska Tullius (1862–1938) legte auf dem Krankenbett am 27. Juni 1896 ihre Ewige Profeß ab.

Im Jahre 1906 lebten in der Niederlassung 16 Profeßschwestern, drei Novizinnen, eine Postulantin sowie 35 Hausangehörige und Pfleglinge.

Neuwied

In einem Mietshaus an der Neuwieder Marktstraße begannen drei Schwestern nach mehrmonatiger Vorbereitung am 6. April 1867 mit einem kleinen Waisenhaus, ambulanter Krankenpflege und einer Handarbeits- und Kinder-Bewahrschule.
Pfarrer der Gemeinde war von 1856–1901 der gebürtige Linzer Wilhelm Rademacher (1828–1901). Er hatte nach seiner Priesterweihe 1851 Seelsorgs– und Lehrerfahrung im konfessionell schwierigen Wetzlar gesammelt. Diese Erfahrung kam ihm in Neuwied sicher zu gute. In seiner knapp 50-jährigen Amtszeit waren die Wechsel der Oberinnen – im Vergleich zu anderen Filialen – überdurchschnittlich häufig. Von der Gründung bis zum Tod von Mutter Rosa waren zehn Oberinnen in Neuwied eingesetzt.
Das lag sicher auch an den ersten drei Oberinnen, die später die Gemeinschaft verließen. Die Gründungsoberin Schwester M. Christina Ewen (1829–???), bereits seit 1866 in Neuwied tätig und dann 1867 für ein Jahr Hausoberin, wurde aus nicht zu ermittelndem Grund abgesetzt und trat schließlich 1875 aus. Ihre Nachfolgerin Schwester M. Modesta von der Lahr (1845–???) gab nur eine kurze Gastrolle und wurde am 4. August 1869 mit bischöflicher Dispens wegen »Regelübertretung« und »Untauglichkeit« entlassen. Die dritte Oberin Schwester M. Dominica Brück (1844–???) war schon in Cochem gescheitert und trat 1876 aus.
Erst die als Gründungsoberin in Ruwer und Völklingen schon bewährte Schwester M. Elisabeth Eudenbach (1834–1890) konnte im Jahre 1871 die teilweise hausgemachten Startschwierigkeiten überwinden und eine geregelte Entwicklung einleiten.
Unter der fünften Oberin Schwester Pulcheria Ferger (1872–1883) konnten die Schwestern ein eigenes Haus erwerben, weil der Rat 1872 beschlossen hatte, eine Hypothek von 4000 Talern auf das Mutterhaus aufzunehmen. Die Filiale verfügte über keine Eigenmittel. *[Vgl. ZOAWBB. Beschlüsse des Generalrates, 5.11.1872, Bd. 1, 24.]*.
Im Jahre 1906 lebten in der Niederlassung 10 Profeßschwestern sowie je eine Postulantin und Novizin.

Niederbreisig

Die Angabe von unterschiedlichen Gründungsdaten ist leicht zu erklären. Oft begann eine einzelne Schwester damit, das Terrain zu sondieren. Man fand ein Haus und konnte das klösterliche Leben aufnehmen. So war es wohl auch in Niederbreisig. Am 25. Juli 1867 konnten drei Schwestern im St. Josefshaus mit der Krankenpflege und einer Handarbeits- und Kinder-Bewahrschule beginnen. Mutter Rosa hatte ihr Interesse deutlich dadurch gezeigt, daß sie am 10. September des Gründungsjahres das Haus in der Heerstraße von Josepha und Maximilian Elven zum Preis von 880 Talern erwarb.
Zu dieser Zeit war die Pfarrstelle in Niederbreisig unbesetzt. Mitte des folgenden Jahres kam als neuer Pfarrer der aus Ahrweiler stammende Franz Gottfried Zürn (1831–1922), der nach seiner Priesterweihe 1856 u.a. Kaplan in Boppard gewesen war. Er begleitete das Wirken der Schwestern während seiner langen Dienstzeit auch dann mit Wohlwollen, wenn es Schwierigkeiten gab.
Gründungsoberin war von 1867 bis 1870 Schwester M. Johanna Schmitt (1840–1884), die seit 1866 schon einzelne Patienten im Ort gepflegt hatte. Sie bewährte sich auch in weiteren Positionen und wurde schließlich 1880 zweite Oberin in Saarlouis. Ihre Nachfolgerin Schwester M. Notburga Endres (1840–1911) verwaltete das Amt der Oberin zweimal, nämlich von 1870 bis 1872 und wiederum von 1880 bis 1885. Bei ihrem zweiten Einsatz mußte sie wohl Dinge in Ordnung bringen, die Schwester M. Theodora Meckel (1837–1917), seit 1873 Oberin in Niederbreisig und 1880 wegen Untauglichkeit abgelöst, nicht in den Griff bekommen hatte. Mutter Rosa hatte sich nach ihrer Ablösung 1878 in Niederbreisig erholt, bevor sie an ihren neuen Bestimmungsort Niederwenigern abreiste. *[Vgl. ZOAWBB. 7 M ORIG. 91 ; NR. 344.]*. Im Jahre 1906 lebten in der Niederlassung 8 Profeßschwestern und zwei Novizinnen.

Andernach

Auch die letzte Gründung des Jahres 1867 begannen am 7. Dezember drei Schwestern im St. Josefshaus mit ambulanter Krankenpflege und einer

Handarbeits- und Kinder-Bewahrschule.
Amtierender Pfarrer war von 1863 bis 1866 der gebürtige Trierer und ehemalige Professor in Braunsberg, Dr. Johann Matthias Watterich (1826–1904). Der Wissenschaftler trat 1875 zum Altkatholizismus über und starb mit der Kirche versöhnt in der Abtei Beuron.
Gründungsoberin war von 1867 bis 1870 die von Mutter Rosa so geschätzte Schwester M. Theresia Beissel. Ihre im Mutterhaus erfahrene schlechte Behandlung veranlaßte die Gründerin, sich nach Andernach versetzen zu lassen. Sie hatte dort als Wachschwester nach der Regel die Oberin bei Abwesenheit oder Krankheit zu vertreten und Schwestern wie die Oberin auf ihre Fehler aufmerksam zu machen. *[ZOAWBB. 7 M ORIG. 95f.; NR. 362.].*
Aber schon im Jahre 1885 folgten die nächsten Schikanen. Die seit 1884 tätige Hausoberin in Andernach, Schwester M. Hyazinta Müller (1848–1911) erhielt vom Mutterhaus die Weisung, der Gründerin die gewährten Vorrechte zu entziehen. Im Jahre 1906 lebten in der Niederlassung 11 Profeßschwestern, 6 Novizinnen, eine Postulantin sowie 13 Hausangehörige und Pfleglinge.

Niederwenigern

Die erste Gründung außerhalb des Bistums Trier lag in der Erzdiözese Paderborn. In Niederwenigern im Kreis Hattingen an der Ruhr bereitete die am 15. Juli 1868 begonnene Filiale wohl größere Startschwierigkeiten. Die Gründung zog sich bis zum Jahre 1871 hin. Drei Schwestern begannen im St. Elisabeth-Krankenhaus mit der Krankenpflege. Gleichzeitig leiteten sie eine Handarbeits- und Kinder-Bewahrschule.
Pfarrer in dieser Gemeinde, in der Mutter Rosa nach ihrer Ablösung ihre »Verbannung« verbrachte, waren von 1854 bis 1882 der aus Hagen in Westfalen stammende Ludwig Franz Albert Struck (1815–1882) und von 1882 bis 1902 der gebürtige Paderborner Johann Konrad Dreps (1827–1902). Zu beiden fand die Gründerin wegen ihrer Einsatzbereitschaft und wegen ihrer eucharistisch ausgerichteten Frömmigkeit ein gutes Verhältnis.
Die Gründungsoberin von 1868 bis 1871 Schwester M. Ignazia Jansen (1844–???) setzte keine besonderen Akzente, drei Jahre später erfolgte

1874 in Neuwied ihre Entlassung.
Nachdem Mutter Rosa sich nach ihrer Amtsniederlegung in Niederbreisig erholt hatte, reiste sie an ihren Bestimmungsort Niederwenigern. Dort war die aus Stopperich stammende Schwester M. Rosa II. Becker von 1871 bis 1883 Oberin. In dem im Jahre 1868 gegründeten Krankenhaus wurden viele Knappschaftskranke gepflegt. Mutter Rosa war bei Kranken tätig und fertigte Paramente auch für die Pfarrkirche. Sie hatte von der Generaloberin Erlaubnis erhalten, Paramente für arme Kirchen anzufertigen. *[Vgl. ZOAWBB. 7 M ORIG. 91 ; NR. 344.].*
Mit der dritten Oberin der Niederlassung Schwester M. Anastasia Marks (1846–1905), die von 1883 bis zu ihrem Tod 1905 im Amt war, verband Mutter Rosa das gemeinsame Interesse an der Paramentenstickerei. Um die Kontrollberichte in der richtigen Form nach Waldbreitbach zu bekommen oder um der Gefahr einer künstlerischen Idylle vorzubeugen, gehörte von 1881 noch für zwei Jahre Schwester M. Alberta Becker (1861–1915) dem Konvent an. *[ZOAWBB. Personalienbuch B / 0126 – 2.].* Sie stammte aus Stopperich und war wohl mit der 30 Jahre älteren Schwester M. Rosa II. Becker verwandt.
Den Förderern der Niederlassung Niederwenigern, der Familie Mintrop, schenkte Mutter Rosa das Bild: »Jesus am Ölberg« – Nachfolge Christi.

Engers – Gründung des Klosterkommissars

Mit der Gründung der Niederlassung in Engers am 10. November 1868 hatte es eine ganz besondere Bewandtnis. Die Gründung ging ganz gezielt vom ehemaligen Waldbreitbacher Pfarrer aus. Jakob Gomm, 1863 zum Dechant von Engers und ein Jahr später auch zum Bischöflichen Kommissar der beiden Waldbreitbacher Gemeinschaften befördert, nahm mit weiten und offenen Armen die Schwestern auf, deren Zusammenschluß er in seiner ehemaligen Pfarrei am liebsten verhindert hätte. Wie in den meisten anderen Fällen begannen nicht drei, sondern vier Schwestern mit ambulanter Krankenpflege und einer Handarbeits- und Kinder-Bewahrschule.
Mit der Gründung dieser Niederlassung 1868 hatte Pfarrer Gomm ein wichtiges Ziel – effiziente subsidiäre Hilfe in der Seelsorge – erreicht. Daß

auch noch eine ihm ergebene Schwester Gründungsoberin wurde, erleichterte die Zusammenarbeit wesentlich.
Dieses Amt verwaltete vom 10. November 1868 bis zum 17. August 1883 Schwester M. Augustina Simons (1842–1883). Sie war eine leibliche Schwester der Generaloberin Mutter M. Agatha Simons.
Im Jahre 1872 ließ Dechant Gomm den Schwestern ein Haus bauen. Das Haus war so groß, daß 7 bis 8 Schwestern und 15 Kranke darin wohnen konnten. Als Novizin mit bischöflicher Dispens kam im Jahre 1875 Schwester M. Theophila Mohr (1850–1879) nach Engers und blieb dort, ohne Profeß abzulegen, bis zu ihrem Tod am 23. Oktober 1879. Die eigenwillige Oberin Schwester M. Augustina verwehrte Mutter Rosa mit Gefährtin im Jahre 1878 bei verspäteter Ankunft von einer Reise gar die Gastfreundschaft im Kloster.
Ihre Amtsdauer als Oberin verstieß eigentlich gegen die Satzung. Als ihre Zeit in Engers abgelaufen war, sollte sie ihr Amt an Schwester M. Petronella Weber (1835–1915) abgeben. Deren Versetzung in eine andere Filiale war wegen des Kulturkampfes nicht möglich. Schwester M. Augustina Simons übergab der ernannten Nachfolgerin einfach die Hausschlüssel nicht, verblieb so im Amt und fand auch noch die Zustimmung ihrer leiblichen Schwester, der Generaloberin. Eine Förderin des Marienhauses in Waldbreitbach, Traudchen Wittlich, lebte während des Kulturkampfes in Engers. »Durch sie konnte ... die Bewahrschule aufrechterhalten werden«. *[ZOAWBB. AGNES FRÖBUS, Erinnerungen, 3.].*
Im Jahre 1906 lebten in der Niederlassung 15 Profeßschwestern, drei Novizinnen, eine Postulantin sowie 27 Hausangehörige und Pfleglinge.

Völklingen

Die Gründung mit vier Schwestern in Völklingen im Oktober des Jahres 1868 im Knappschafts-Krankenhaus mit ambulanter Krankenpflege stand schon bald unter keinem guten Stern mehr. Obwohl die Gründungsoberin Schwester M. Elisabeth Eudenbach, die vom 26. Oktober 1868 bis zum 22. Juni 1870 in Völklingen blieb, eine erfahrene und kundige Persönlichkeit war, konnte sie und auch ihre Nachfolgerinnen keine Strukturen schaffen, die Bestand hatten. Es mag sein, daß der seit 1843 in

Völklingen tätige Pfarrer Matthias Uters (* 1808 – † 1873) aus Altersgründen nicht die notwendigen flankierenden Maßnahmen anbieten konnte. Durch Ratsbeschluß löste man die Niederlassung im Knappschafts-Krankenhaus zum 31. März 1885 auf.
Gut sieben Jahre später entschloß man sich unter veränderten Bedingungen zu einer Wiederbegründung der Niederlassung in Völklingen. Vier Schwestern eröffneten am 1. Dezember 1892 unter der Leitung der letzten Oberin der aufgegebenen Filiale, Schwester M. Leonilla Wilhelmi (1840–1920) das selbständige St. Josefs-Haus mit ambulanter Kranken- und Waisenpflege sowie Handarbeits- und Kinder-Bewahrschule. Schwester M. Leonilla Wilhelmi, die bereits von 1880 bis 1885 in Völklingen Erfahrungen gesammelt hatte, amtierte nun zum zweiten Mal als Oberin bis 1895. Der von 1891 bis zu seinem Tod amtierende Pfarrer Josef Stölben (1848–1894), ein gebürtiger Koblenzer, war in der Zeit des Kulturkampfes aus Deutschland ausgewiesen und konnte sieben Jahre Seelsorgserfahrung aus der englischen Industriestadt Manchester einbringen.

Lieser

Mit der Gründung des St. Josefshauses in Lieser für ambulante Krankenpflege und einer Handarbeits- und Kinder-Bewahrschule begannen zwei Schwestern im Februar 1869. Die Gründungsoberin Schwester M. Hildegard Wallenborn (1841–1907) leitete die Einrichtung bis zum 1. Dezember 1874. Der aus Vallendar stammende Georg Goeth (1826–1895), im gleichen Jahr wie Mutter Rosa geboren und 1851 zum Priester geweiht, war seit 1863 Pfarrer der Gemeinde Lieser.
Im Jahre 1906 lebten in der Niederlassung 9 Profeßschwestern, je eine Postulantin und Novizin sowie 19 Hausangehörige und Pfleglinge.

Hermeskeil

Am 16. Februar 1869 begannen drei Schwestern mit der Gründung des St. Josef-Krankenhauses, mit ambulanter Krankenpflege und einer Handarbeits- und Kinder-Bewahrschule.
Als Pfarrer von Hermeskeil in der Zeit von 1855 bis 1870 unterstützte

Johann Blum (1824–1891) das junge Unternehmen nach Kräften.
Gründungsoberin war bis zum 23. November 1874 Schwester M. Odilia Scheuerer (1832–1887).
Im Jahre 1906 lebten in der Niederlassung 10 Profeßschwestern, je eine Postulantin und Novizin sowie 13 Hausangehörige und Pfleglinge.

Farschweiler

Zwei Schwestern kamen am 1. Mai 1869 nach Farschweiler zur Gründung der Station für ambulante Krankenpflege. Pfarrer war von 1865 bis 1887 der in Vallendar geborene Johann Wilhelm Peter Staas (1832–1903).
Gründungsoberin war seit Beginn bis zum 23. Januar 1873 Schwester M. Johanna Schmitt (1840–1884), die uns bereits als Gründungsoberin von Niederbreisig begegnete.

Trier – St. Paulin

Auch die Trierer Gründung des Marienhauses in der Pfarrei St. Paulin am 14. Januar 1870 begann bescheiden mit drei Schwestern, die Krankenpflege und eine Kinder–Bewahrschule betrieben. Der seit 1863 als Pfarrer der Gemeinde tätige Friedrich von Kloschinsky (1827–1908) hatte nach Jura- und Theologiestudium 1850 die Priesterweihe empfangen. Seine Erfahrungen im Studium, als Kaplan in Koblenz und als Pfarrer von Trarbach hatten ihn aufgeschlossen gemacht für die Nöte und Sorgen der Menschen wie für die notwendige Erneuerung des Glaubenslebens. Seine Einsatzbereitschaft trug mit dazu bei, daß die Trierer Niederlassung der Schwestern eine herausragende Bedeutung unter den Filialen erreichte.
Im Jahre 1870 vermachte die Rentnerin Margaretha Kaulen der Pfarrgemeinde ein Haus mit Grundstück mit der Auflage es den Franziskanerinnen von Waldbreitbach zu überlassen. *[H. FRIELING / B. BERGMANN / A. SCHULZE (RED.), 100 Jahre Marienhaus GmbH Waldbreitbach, 2–12, hier, 5.].*
Als Gründungsoberin wirkte nur kurz vom 14. Januar 1870 bis zum 6. April 1870 Schwester M. Timothea Schmitt (1832–1873). Sie war am 19. Juni 1868 eingekleidet worden, dem Tag, an dem Mutter Rosa ihre

Ewige Profeß ablegte. Ihre Nachfolgerin Schwester M. Jucunda Scharpenseel (1842–1907) blieb dann aber zehn Jahre im Amt. Die dritte Oberin Schwester M. Pelagia Bommes (1840–1891) zeigte sich im Herbst 1885 ganz unfranziskanisch, als sie versuchte Mutter Rosa als Patientin des Hauses abzuweisen. Nur des tatkräftigen Eingreifens von Schwester M. Rosa II. Becker, Sekretärin und Ratsschwester, war es zu verdanken, daß sich die Oberin nicht durchsetzen konnte.

Eine zusätzliche, ehrenvolle Aufgabe übernahmen die Schwestern mit der Haushaltsführung der Bischofsresidenz. Es war zwar kein in der Satzung verankerter Aufgabenbereich. Doch konnte sich die Ordensleitung dieser Bitte kaum verschließen. Neben vielen anderen, die in dieser Vertrauensstellung tätig waren, seien die Schwestern mit den längsten Dienstzeiten im Bischofshaus wenigstens genannt:

Von 1890 bis 1892 und 1902 bis 1903 leistete diesen Dienst Schwester M. Wilhelmine Holzemer (1862–1935), die später ab 1918 als Oberin das Arbeiterheim in Beckingen leitete. Aus Frorath bei Waldbreitbach stammte Schwester M. Isfrieda Will (1874–1945), die von 1899–1901 und 1902–1904 in der Residenz wirkte. Von 1903 bis 1906 war zusätzlich Schwester M. Ancilla Nachtsheim (1869–1938) dort tätig sowie von 1904 bis 1906 Schwester M. Blandina Witthaut (* 1873), die 1920 den Orden verließ.

Im Oktober 1897 verzichtete das Kloster auf das Nutzungsrecht eines von der Stadt Trier angekauften Gartengrundstückes. Im Jahre 1906 lebten in der Niederlassung 26 Profeßschwestern, eine Postulantin, 5 Novizinnen sowie 56 Hausangehörige und Pfleglinge.

Trier-Euren

Die Filiale Trier-Euren, im Frühjahr 1870 als Krankenpflegestation mit drei Schwestern gegründet, löste man am 1. August 1870 wegen Ausbruch des Krieges und dadurch bedingtem Schwesternmangel wieder auf.

Ortspfarrer war von 1868 bis 1888 Hubert Bellinger (1830–1888).

Die Gründungsoberin Schwester M. Melania Lehmacher (1833–1915) leistete Kriegseinsatz in Pont-à-Mousson und kam danach in die Filiale Andernach.

St. Wendel

Auch aus St. Wendel an der Saar kam die Anfrage zu einer Gründung. Ob der dortige Pfarrer Theodor Creins (1823–1874) die Schwestern für eine Krankenpflegestation und Kinder-Bewahrschule erbat oder die Initiative von Laien oder von der bischöflichen Behörde direkt ausging, bleibt eine offene Frage. Am 10. September 1871 beschloß der Generalrat dazu: »Ob ... eine Filiale in St. Wendel gegründet werden kann, überlassen wir seiner Bischöflichen Gnaden. Sollte eine Filiale von unseren Schwestern dort gegründet werden, kann es doch nicht geschehen bis Januar 1872. Ob die Schwestern, die jetzt in St. Wendel sind, dort bleiben können, das können wir jetzt noch nicht bestimmen.« *[ZOAWBB. Beschlüsse des Generalrates, Bd. 1, 17.].*

Es kam tatsächlich am 19. Januar 1872 zur Gründung. »Neben anderen war es nicht zuletzt Johannes Staub (1812–1896) zu verdanken, daß 1872 ... die Franziskanerinnen ... kamen, um die Kranken zu pflegen und eine Niederlassung zu gründen. Aus dieser Krankenpflegestation entstand dann in späteren Jahren das Marienkrankenhaus«. *[Festschrift Einweihung Marienkrankenhaus 1988, 11.].* Mit dieser Gründung hat der Arzt sehr zur Verbesserung der sozialen Verhältnisse beigetragen. Auch er konnte wohl damals nicht ahnen, dass er oder sein Sohn 13 Jahre später Mutter Rosa als Patientin in Trier operieren würde.

Zur ersten Oberin bestellte Mutter Rosa Schwester M. Elisabeth Eudenbach, die in dieser Funktion bis November 1883 in der Filiale blieb. Ihre Mitschwestern dort waren 1872–1873 Schwester M. Johanna Schmitt und Schwester M. Gonzaga Klein. Ihnen folgten 1874–1875 Schwester M. Kunigundis Thiel und Schwester M. Emanuel Schmitt.

Im Jahre 1906 lebten in der Niederlassung 12 Profeßschwestern, eine Novizin sowie 28 Hausangehörige und Pfleglinge.

Gebhardshain

Ende des Jahres 1874 begannen unter der Oberin Schwester M. Engelberta Faber (1874–1879), die schon über Gründungserfahrungen in anderen Konventen verfügte, drei Schwestern mit der Krankenpflege in Geb-

hardshain bei Altenkirchen im Westerwald. Die Initiative dürfte wohl vom Ortspfarrer Michael Kröll (1839–1917) ausgegangen sein. Er stammte aus Stopperich, feierte 1864 in Waldbreitbach Primiz und war von 1868 bis 1884 Pfarrer in Gebhardshain.
Am 14. November 1874 schickte man drei Schwestern dorthin, vorläufig Schwester M. Engelberta Faber (1844–1894) als Gründungsoberin und mit ihr Schwester M. Monica Ruhlofs sowie Schwester M. Perpetua Braun, die beide 1881/82 die Gemeinschaft verließen.
In den Jahren 1880/81 kam es unter der 3. Oberin Schwester M. Luziana Kollet (1849–1910) zu erheblichen Schwierigkeiten, die zu Austritt bzw. Entlassung von Schwestern führte. Die Ordensleitung machte kurzen Prozeß: Man setzte die Oberin einfach ab und löste die Niederlassung auf.

Niederlassungen des Jahres 1875 – Mudersbach

Die beiden im Jahre 1875 gegründeten Niederlassungen Mudersbach im Siegerland und Saarlouis waren von Konzeption, Größe und Lage sehr unterschiedlich. Diese Voraussetzungen bestimmten darum entscheidend die weitere Entwicklung.
Der Ortspfarrer Gerhard Schütz (1832–1907), im gleichen Alter wie die Gründungsoberin, und von 1864 bis 1907 im Amt, konnte die Arbeit der Schwestern über 40 Jahre kontinuierlich begleiten. Drei Schwestern begannen die am 5. März 1875 in Mudersbach gegründete Filiale. Das spätere St. Josefshaus mit Krankenpflege und einer Handarbeitsschule leitete in den ersten acht Jahren die Gründungsoberin Schwester M. Odilia Scheerer (1832–1887). Auch die Erziehung von Waisenkindern gehörte zu den karitativen Aufgaben der Schwestern.
Im Jahre 1906 lebten in der Niederlassung 6 Profeßschwestern, zwei Novizinnen sowie zwei Hausangehörige und Pfleglinge.

Saarlouis – Letzte Gründung Mutter Rosas

Nach dem Mutterhaus und der Niederlassung in der Bischofstadt Trier war die letzte Gründung am 11. Mai 1875 von Mutter Rosa von den eingesetzten Schwestern her die größte.

In der am 11. Mai 1875 mit drei Schwestern gegründeten Filiale blieben die Umstände der Abberufung der 36jährigen Gründungsoberin Schwester M. Liliosa Lehmann (1843–1893) »wegen Untauglichkeit« am 9. Dezember 1879 Geheimnis der neuen Ordensleitung. Ob es Probleme mit dem 81 Jahre alten Pfarrer Franz Hecking (1798–1881) gab, der seit 1834 dort residierte und 1881 verstarb, ist aus Quellen nicht zu belegen.
Im Jahre 1889 erfolgte mit großzügiger Hilfe von Fräulein Delphine Motte der Umzug in ein größeres Haus in der Herrenstraße – heute: Friedensstraße Nr. 12. Am 23. Januar 1902 erhielt die Oberin Schwester M. Apollinaria Zerfaß (1859–1911) von der Bezirksregierung in Trier die Genehmigung, »eine Privatkrankenanstalt zu errichten und zu betreiben«. Als erster Chefarzt wirkte seit 1902 der aus Dillingen stammende Dr. Leopold Schuler (1868–1938).
Im Jahre 1906 lebten in der Niederlassung 17 Profeßschwestern, eine Postulantin, vier Novizinnen sowie 30 Hausangehörige und Pfleglinge. Der Ratsbeschluß vom 23. März 1906, eine Vergrößerung des Klosters in Saarlouis vorzunehmen, wirkt da offenkundig wie eine späte Anerkennung von Mutter Rosas Gründungs-Initiativen.

Gründungsbilanz

Versuchen wir einmal, die von Mutter Rosa gegründeten und immer wieder visitierten Niederlassungen mit ihren Schwestern in einen größeren Zusammenhang zu stellen:
Im Jahre 1907 gab es nach amtlichen Unterlagen in Preußen 1300 kleine Schwesternniederlassungen (3 bis 7 Mitglieder), von denen die Verteilung auf Stadt und Land nicht mitgeteilt wurde. In den Regierungsbezirken von Koblenz und Trier gab es »etwa 80 solcher Niederlassungen mit ungefähr 520 katholischen Schwestern«. *[Vgl. J. SCHULTEN, Schwesternniederlassungen, 504–513; hier: 505f.].*
Unter Berücksichtigung dieser Angaben hatte Mutter Rosa Flesch in ihrer Amtszeit bis 1878 fast 25 Prozent dieser Einrichtungen gegründet. Ein erstaunliches Ergebnis, das ihre Nachfolgerinnen bis zu ihrem Tode noch deutlich steigern konnten.

BELEGE UND LITERATUR:

6. KLOSTERLEBEN

Zu Innerer Aufbau

Zu Klosterleben:

ZOAWBB. Chroniken – Akten – Festschriften – Personalunterlagen. – SCHAMONI (HG.), Ordensstifterinnen, passim. – MEIWES, »Arbeiterinnen des Herrn«, passim.

Zu Grundlagen und Ziele

ZOAWBB. Chroniken – Akten – Festschriften – Personalunterlagen. – STATUTEN, 1869, passim. – GELÜBDE UND ORDENS-GELÜBDE, 6f., 20. – GREGOR D. GR., Regula pastoralis, 3, 21 – zitiert nach: KKK 616; NR. 2446. – OAWBB. FRANZISKANER V. HL. KREUZ, 17.1.1863, Bischof Arnoldi an Pfarrer Gomm. – ZOAWBB. 7 M ORIG. 16, 17, 32 ; NR. 77, 82, 139. – LEMMENS, Festschrift, 18, 62. – FESTSCHRIFT 100 JAHRE, 19 (o. S.). – H. POMPEY/ E. BALDAS, Caritas, in: LTHK 2 ([3]1994) 947–951. (LIT.). – BACKES, Lebensbild, 18–29. – KRACHT / SCHERER (HGG.), Flesch – Dokumente, REG.

Zu Statuten:

ZOAWBB. Chroniken – Akten – Festschriften – Personalunterlagen. – STATUTEN, 1869, passim. – REGEL UND STATUTEN 1894, passim.– GELÜBDE UND ORDENS-GELÜBDE, passim. – ZOAWBB. 7 M ORIG. 62, 82, 147; NR. 239, 305, 565. – BATRIER. Akten der Franziskanerinnen von ZOAWBB. – ZOAWBB. Kopie. – Druck: BACKES, Armut – Leben, 99, A. 195. – OAFRANZISKANERBRÜDER V. HL. KREUZ, Ansprache Gomm – Druck: BACKES, Armut – Leben, 50. – ZOAWBB. AGATHA SIMONS, Aufzeichnungen ... , 47a., 52/52/53. – ZOAWBB. AGNES FRÖBUS, Erinnerungen, 4f.,118f. – A. THOMAS, Matthias Eberhard, in: GATZ, Bischöfe 1785/1803 bis 1945, 155–157. (LIT.). – PROBST, Tagebuch: LEMMENS, Festschrift, 65f. – LEMMENS, Festschrift, 22, 25–29. – GROETEKEN, Schatten, 153–160. – BACKES, Lasalle, 68, 124f. – BÖCKELER, Macht, 117, 130ff. – MEIWES, »Arbeiterinnen des Herrn«, 117. – KRACHT / SCHERER (HGG.), Flesch – Dokumente, REG.

Zu Generaloberin:

ZOAWBB. Chroniken – Akten – Festschriften – Personalunterlagen. – STATUTEN 1869, passim. – KRACHT / SCHERER (HGG.), Flesch – Dokumente, REG.

Zu Ratsschwestern:

ZOAWBB. Chroniken – Akten – Festschriften – Personalunterlagen. – ZAOWBB. AGATHA SIMONS, Aufzeichnungen ..., 47/47a. – STATUTEN 1869, passim. – KRACHT / SCHERER (HGG.), Flesch – Dokumente, REG.

Zu Archiv – Registratur:
ZOAWBB. Chroniken – Akten – Festschriften – Personalunterlagen. – STATUTEN 1869, passim. – ZOAWBB. 7 M ORIG. 152; NR. 573. – KRACHT / SCHERER (HGG.), Flesch – Dokumente, REG.

Zu Novizenmeisterinnen:
ZOAWBB. Chroniken – Akten – Festschriften – Personalunterlagen. – STATUTEN 1869, passim. – KRACHT / SCHERER (HGG.), Flesch – Dokumente, REG.

Zu Schwester M. Germana Hens (1869–1875)
ZOAWBB. Personalienbuch B / 0026 – 1 – (A / 0069). – ZOAWBB. 7 M ORIG. 51; NR. 205. – KRACHT / SCHERER (HGG.), Flesch – Dokumente, REG.

Zu Schwester M. Aloysia Meckel (1875–1883)
ZOAWBB. Personalienbuch B / 0010. – ZOAWBB. 7 M ORIG. 51; NR. 204. – KRACHT / SCHERER (HGG.), Flesch – Dokumente, REG.

Zu Schwester M. Creszentia Bruch (1883–1902)
ZOAWBB. Personalienbuch B / 0098 – 1 – (A / 0185). – ZOAWBB. 7 M ORIG. 139; NR. 539. – ZOAWBB. Personalienbuch B / 0488 – 1. – KRACHT / SCHERER (HGG.), Flesch – Dokumente, REG.

Zu Schwester M. Rosa Woelke (1902–1915)
ZOAWBB. Personalienbuch B / 0410 – 1. – ZOAWBB. Personalienbuch B / 0415 – 2. – 20. Türbild von Prof. UNVERZAGT, in: SIMON, Felsgrund wird Quellgrund, 52. – KRACHT / SCHERER (HGG.), Flesch – Dokumente, REG.

Zu Lebensform:
STATUTEN 1869, passim. – KRACHT / SCHERER (HGG.), Flesch – Dokumente, REG.

Zu Habit:
ZOAWBB. Chroniken – Akten – Festschriften – Personalunterlagen. – STATUTEN 1869, passim. – ZOAWBB. 1 M 8f.; NR. 19ff. – Siehe auch: 9. Türbild von Prof. UNVERZAGT, in: SIMON, Felsgrund wird Quellgrund, 41. – ZOAWBB. 7 M ORIG. 28f., 77; NR. 123, 285. – ZOAWBB. Beschlüsse des Generalrates, Bd. 1, 9, 24. – ZOAWBB. AGNES FRÖBUS, Erinnerungen, XIII, 1f. – ZOAWBB. LASALLE, Tagebuch 14.5.1872. – E. V. SEVERUS, Habit, in: LTHK 4 (^{3}1995) 1128. (LIT.). – LEMMENS, Festschrift, 18. – BACKES, Kreuzkapelle, 41. – J. SCHULTEN, »Soziale Hygiene«, 390–398; hier: 394f. – KRACHT / SCHERER (HGG.), Flesch – Dokumente, REG.

Zu Postulat:
ZOAWBB. Chroniken – Akten – Festschriften – Personalunterlagen. – STATUTEN 1869, 5–7, NR. 1–9; 8, NR. 3; 18f., NR. 7f., NR. 24; 32, NR. 1. – ZOAWBB. Beschlüsse des Generalrates, 20.4.1875, Bd. 1, 29; 16.10.1875, Bd. 1, 29. – ZOAWBB. Beschlüsse des Generalrates, 30.4.1888, Bd. 1, 58.]. – ZOAWBB. 7 M ORIG. 51, 106, 139, 153; NR. 204f., 404, 539f., 577.

Zu Erste Einkleidung:
ZOAWBB. Chroniken – Akten – Festschriften – Personalunterlagen. – STATUTEN 1869, passim. – ZOAWBB. Personalienbuch A / 0010/0011.]. – ZOAWBB. Personalienbuch B / 0001–2 – [A / 0007] – [A / 0075–1 gestrichen]. – ZOAWBB. Personalienbuch B / 0003–1 – [A / 0009]. – ZOA WBB. Personalienbuch A / 0012.]. – ZOAWBB. Personalienbuch B / 0005 – [A / 0015].

Zu Noviziat:
ZOAWBB. Chroniken – Akten – Festschriften – Personalunterlagen. – STATUTEN 1869, passim. – D. M. MEIER, Noviziat, in: LTHK 7 (3. Aufl. 1998) 940f. (LIT.). – ZOAWBB. AGNES FRÖBUS, Erinnerungen, 22–33. – ZOAWBB. Personalienbuch A / 0164. – ZOAWBB. Beschlüsse des Generalrates, 16.10.1875, Bd. 1, 29. – ZOAWBB. Personalienbuch B / 0081 – 1 – [A / 0169]. – THOMAS, Weltklerus, 154. – GROETEKEN, Schatten, 104f. – BACKES, Armut – Leben, 74ff.

Zu Entlassungen:
STATUTEN 1869, passim. – ZOAWBB. Personalienbuch A / 0089. – BATRIER. Korum-Akten. Rektor Probst an Bischof Korum, 23.7.1885. – ZOAWBB. Personalienbuch B / 0118 – 1.– ZOAWBB. Beschlüsse des Generalrates, Bd. 1, 4, 23. – ZOAWBB. Beschlüsse des Generalrates, 22.7.1885, Bd. 1, 48. – KRACHT / SCHERER (HGG.), Flesch – Dokumente, REG.

Zu Profeß und Gelübdeablegung:
ZOAWBB. Chroniken – Akten – Festschriften – Personalunterlagen. – K. HOHEISEL / A. SCHENKER / K. DEMMER / R. HENSELER, Gelübde, in: LTHK 4 (3. Aufl. 1995) 414f. (LIT.). – GELÜBDE UND ORDENS-GELÜBDE, 1870, passim. – Vom den Versprechen bei der Profeß – STATUTEN 1869, 7–9. – WEILER, »So sollt ihr beten!«, 310. – STATUTEN, Einleitung u. 3. – KRACHT / SCHERER (HGG.), Flesch – Dokumente, REG.

Zu Religiöses Leben:
STATUTEN 1869, passim. – WEILER, »So sollt ihr beten!«, 231–244, hier 231.]. –

ZOAWBB. FRÖBUS, Erinnerungen, 68, 74. STATUTEN 1869, 9f., NR. 19f.; 10, 3. KAP.; 11f., NR. 4f.; 12, NR. 6.; 13, NR. 2.; 14, NR. 2, NR. 5f., NR. 10.; 19, NR. 19; 20, NR. 37; 21, NR. 1ff.; 22, NR. 5; 22f., NR. 1–14.; 23, NR. 12.; 24, NR. 1–6. 25, NR. 10.; 30, Nr. 37ff.; 33, NR. 5f., 8., 34, NR. 2. – KRACHT / SCHERER (HGG.), Flesch – Dokumente, REG.

Zu Lebens– und Arbeitsalltag:
ZOAWBB. Chroniken – Akten – Festschriften – Personalunterlagen. – ZOAWBB. 5 M 12. – KRACHT / SCHERER (HGG.), Flesch – Dokumente, REG.

Zu Klosterzelle:
ZOAWBB. AGNES FRÖBUS, Erinnerungen, 3. – STATUTEN 1869, passim.

Zu Mahlzeiten:
ZOAWBB. Chroniken – Akten – Festschriften – Personalunterlagen. – ZOAWBB. AGNES FRÖBUS, Erinnerungen, XIII, 1f. – GELÜBDE UND ORDENS-GELÜBDE, 9. – STATUTEN 1869, passim. – WEILER, »So sollt ihr beten!«, 187–193. – ZAOWBB. AGATHA SIMONS, Aufzeichnungen ..., 48. – PROBST, Tagebuch: LEMMENS, Festschrift, 65. – BIERBAUM, Schlichte Blätter, 21. – ZOAWBB. LASALLE, Tagebuch, 7.4.1866. – BACKES, Lasalle, 61. – ZOAWBB. AGNES FRÖBUS, Erinnerungen, 45, 51.

Zu Fasten:
ZOAWBB. Chroniken – Akten – Festschriften – Personalunterlagen. – STATUTEN 1869, passim. – ZOAWBB. AGATHA SIMONS, Aufzeichnungen ... , 50. – BATrier, Korum Akten. 23.7.1885, Rektor Probst an Bischof Korum. Auszug. – KRACHT / SCHERER (HGG.), Flesch – Dokumente, REG.

Zu Arbeit und Erholung:
GELÜBDE UND ORDENS-GELÜBDE, passim. – STATUTEN 1869, passim.

Zu Arbeitsbelastung und Krankheiten:
J. SCHULTEN, Schwesternniederlassungen, 504–513; hier: 508. – PROBST, Tagebuch: LEMMENS, Festschrift, 65.

Zu Erste Opfer des Berufes:
ZOAWBB. Personalienbuch A / 0025. – ZOAWBB. Personalienbuch A / 0034. – ZOAWBB. Personalienbuch A / 0010.

Zu Persönliches Auftreten:
STATUTEN 1869, passim. – WEILER, »So sollt ihr beten!«, 227–231; hier 227. – J. SCHULTEN, »Soziale Hygiene«, 390–398; hier: 396.

Zu Waisenkinder:
ZOAWBB. Chroniken – Akten – Festschriften – Personalunterlagen. – OAWBB. FRANZISKANER V. HL. KREUZ. – ZOAWBB. Kopie. – GAWBB. Gemeinde Niederbreitbach Protokollbuch 1846. – GAAMT NEUERBURG, Gemeindeakten NR. 378, Bl. 81, Bl. 94. – GAAMT NEUERBURG, Gemeindeakten NR. 378, Bl. 81, 93r., 94; NR. 391, Bll. 159f.; NR. 716, Bl. 31. – LHAKOBLENZ , Abt. 441, NR. 15218. – STATUTEN 1869, passim. – ZOAWBB. 7 M ORIG. 37; NR. 156. – ZOAWBB. 7 M ORIG. 32 f.; NR. 141. – ZOAWBB. 7 M ORIG. 33; NR. 142. – ZOAWBB. AGNES FRÖBUS, Erinnerungen, 7–13. – ZOAWBB. Beschlüsse des Generalrates, 18.10.1905, Bd. 2, 52. – ZOAWBB. Beschlüsse des Generalrates, 4.11.1905, Bd. 2, 53. – GROETEKEN, Schatten, 108. – ZOAWBB. Personalienbuch B / 0061 – 1. – (A / 0141). – ZOAWBB. AGNES FRÖBUS, Erinnerungen, passim. – Vgl. ZOAWBB. AGATHA SIMONS, Aufzeichnungen ..., 48. – Siehe auch: 7. Türbild von Prof. UNVERZAGT, in: SIMON, Felsgrund wird Quellgrund, 39. – W. ROESSLER, Die Entstehung des modernen Erziehungswesens in Deutschland, 36. – KRACHT / SCHERER (HGG.), Flesch – Dokumente, REG.

Zu Krankenpflege:
ZOAWBB. Chroniken – Akten – Festschriften – Personalunterlagen. – STATUTEN 1869, passim. – ZOAWBB. 7 M ORIG. 32; NR. 140. – ZOAWBB. 7 M ORIG. 42f. ; NR. 173. – ZOAWBB. Personalienbuch A / 0016. – ZOAWBB. Personalienbuch A / 0021. – ZOAWBB. Vgl. AGNES FRÖBUS, Erinnerungen, 44, 50. – GAAMT NEUERBURG, Gemeindeakten NR. 391, Bl. 3r., 53. – LHAKOBLENZ. BEST. 441, NR. 15169, Bl. 29. – J. SCHULTEN, Schwesternniederlassungen, 504–513; hier: 512. – ZOAWBB. Personalienbuch A / 0045. – ZOAWBB. 7 M ORIG. 42f. ; NR. 173. – ZOAWBB. Personalienbuch B / 0055 – 1. – (A / 0131). – ZOAWBB. AGNES FRÖBUS, Erinnerungen, 79ff. – Vgl. ZOAWBB.7 M ORIG. 80; NR. 313. – G. STRÄTER, Krankenpflege, in: LTHK 6 (3. Aufl. 1997) 416f. (LIT.). – KRACHT / SCHERER (HGG.), Flesch – Dokumente, REG.

Religiöse Bildungsinhalte:
Zu Gottes Ebenbildlichkeit
W. GROSS / J. ERNST / L. SCHEFFCZYK / K.–W. MERKS M. FIGURA, Gottebenbildlichkeit, in: LTHK 4 (3. Aufl. 1995) 871–878. (LIT.). –
Zu JOHANN MICHAEL SAILER (∗ 1751 – † 1832): M. WEITLAUFF, in: LTHK 8 (3. Aufl. 1999) 1431ff. (LIT.). –

Zu JOHANN ADAM MÖHLER (∗ 1796 – † 1838): H. WAGNER, in: LTHK 7 (3. Aufl. 1998) 374f. (LIT.). –
ZOAWBB. 7 M ORIG. 134; NR. 523. –
Thesaurus Spiritualis Societatis Jesu, Vatikanstadt 1948, 480; hier zitiert nach: IGNATIUS VON LOYOLA, Deutsche Werkausgabe, übers. v. PETER KNAUER, Würzburg 1998, 821. – Vgl. GROETEKEN, Schatten, 205. – Zu IGNATIUS VON LOYOLA (∗ 1491 – † 1556): G. SWITEK, in: LTHK 5 (3. Aufl. 1996) 410f. (LIT.).

Zu Geist und Freiheit:
ZOAWBB. Chroniken – Akten – Festschriften – Personalunterlagen. – Vgl. ZOAWBB. 7 M ORIG. 155; NR. 582. – Vgl. ZOAWBB. 7 M ORIG. 41; NR. 168. – Vgl. ZOAWBB. 7 M ORIG. 48; NR. 191. – ZOAWBB. 7 M ORIG. 155f.; NR. 585. – BACKES, Lasalle, 121, 224. – BACKES, Testament, 116.

Zu Beten und Arbeiten:
ZOAWBB. Chroniken – Akten – Festschriften – Personalunterlagen. – GROETEKEN, Schatten, 257–265. – MEIWES, »Arbeiterinnen des Herrn«, 110ff. u. REG. – SCHAMONI (HG.), Ordensstifterinnen. –

Zum Heiligen Grab:
H. MERKLEIN / K. BIEBERSTEIN / K. S. FRANK / M. RÜDIGER / J. BÄRSCH, Heiliges Grab, in: LTHK 4 (3. Aufl. 1995) 1319–1323; bes. 1322. (LIT.).
ZOAWBB. LASALLE, Tagebuch 1.5.1865. – BACKES, Lasalle, 60. – Vgl. ZOAWBB. AGNES FRÖBUS, Erinnerungen, 67, 73. – Siehe auch: 18. Türbild von Prof. UNVERZAGT, in: SIMON, Felsgrund wird Quellgrund, 50. – Vgl. ZOAWBB. 7 M ORIG. 25, 113; NR. 111f., 439. – ZOAWBB. 7 M ORIG. 23; NR. 105. – Vgl. ZOAWBB. 7 M ORIG. 48; NR. 192. – Vgl. ZOAWBB. 7 M ORIG. 60; NR. 235. – ZOAWBB. 7 M ORIG. 60; NR. 233. – KRACHT / SCHERER (HGG.), Flesch – Dokumente, REG.

Zu Herz und Gemüt:
ZOAWBB. Chroniken – Akten – Festschriften – Personalunterlagen. – ZOAWBB. 7 M ORIG. 8; NR. 47. – ZOAWBB. 7 M ORIG. 101; NR. 385. –

Zu Bergpredigt:
H. MERKLEIN / V. EID / L. RIDEZ, in: LTHK 2 (1994) 253–258. (LIT.). – KKK, 460f., NR. 1716–1719. –

Zu Zehn Gebote:
F.-L. HOSSFELD / H. MERKLEIN / G. STEMMBERGER / J. GRÜNDEL / W. LANGNER,

in: LTHK 3 (3. Aufl. 1995) 62–68. (LIT.). – KKK, 528–536, NR. 2052–2082. – ZOAWBB. Vgl. AGNES FRÖBUS, Erinnerungen, 43, 49. – PASCAL, Pensées, IV, 282. – PASCAL, Gedanken, 175, Nr. 341.– KRACHT / SCHERER (HGG.), Flesch – Dokumente, REG.

Zu Leid und Schmerz – Heil und Heilung:
ZOAWBB. Chroniken – Akten – Festschriften – Personalunterlagen. – G. STRÄTER, Krankenpflege, in: LTHK 6 (1997) 416f. (LIT.).GATZ (HG.), Caritas und soziale Dienste. – C. BISCHOFF, CLAUDIA, Frauen in der Krankenpflege. Zur Entwicklung von Frauenrolle und Frauenberufstätigkeit im 19. und 20. Jahrhundert, 3. überarb. Neuausgabe, Frankfurt/New York 1997. – MURKEN, Geschichte des Krankenhauses, 141–202. – CH. BRADL, Anfänge der Anstaltsfürsorge für Menschen mit geistiger Behinderung (»Idiotenanstaltswesen«. Ein Beitrag zur Sozial– und Ideengeschichte des Behindertenbetreuungswesens am Beispiel des Rheinlands im 19. Jahrhundert, Frankfurt a. M. 1991. – D. BLASIUS, »Einfache Seelenstörung«, Geschichte der deutschen Psychiatrie 1800–1945, Frankfurt a. M. 1994. – K. BERGDOLT, »Das Gewissen der Medizin«. Ärztliche Moral von der Antike bis heute, München 2004. – Vgl. ZOAWBB. 7 M ORIG. 21; NR. 96. – Vgl. ZOAWBB. 7 M ORIG. 66f.; NR. 252. – KRACHT / SCHERER (HGG.), Flesch – Dokumente, REG. –

Zu Spiritualität:
J. SUDBRACK / H. WALDENFELS / J. WEISMAYER / B. FRALING / G. FUCHS / H. TREMEL / S. BECKER, Spiritualität, in: LTHK 9 (32000) 852–860. (LIT.). – F. COURTH, Spiritualität, in: ML 6 (1994) 253ff. (LIT.). – KRACHT / SCHERER (HGG.), Flesch – Dokumente, REG.

Zu Maria – Marienverehrung
ZOAWBB. Chroniken – Akten – Festschriften – Personalunterlagen. R. BÄUMER / L. SCHEFFCZYK (HGG.), Marienlexikon, 6 Bde., St. Ottilien 1988ff. – K. SCHREINER, Maria – Jungfrau, Mutter, Herrscherin, dtv München 1996. – W. BEINERT / H. PETRI, (HGG.), Handbuch der Marienkunde, 2 Bde., Regensburg 2. Aufl. 1996f. – J. PELIKAN, Maria. 2000 Jahre in Religion, Kultur und Geschichte. Aus dem Englischen von B. SCHELLENBERGER, Originaltitel: Mary Through the Centuries. Her Place in the History of Culture, Freiburg 1999. – O.V., GELÜBDE UND ORDENS-GELÜBDE. IHR WESEN UND INHALT, Linz am Rhein o.J. [1870]. [20 Seiten, Imprimatur vom 19.Juli 1870 von Generalvikar de Lorenzi]. – STATUTEN DER FRANZISCANER-TERTIARIER-SCHWESTERN VON WALDBREITBACH, Linz am Rhein o. J. [1869]. – REGEL UND STATUTEN DER SCHWESTERN DES III. ORDENS DES HL. FRANZISKUS ZU MARIENHAUS BEI WALDBREITBACH in der Diözese Trier, Trier 1894.
O.V., Die Franziskanerinnen der allerseligsten Jungfrau Maria von den Engeln, St.

Marienhaus bei Waldbreitbach, in: KAMMER, CARL (HG.), Das Bistum Trier, Trier 1934, S. 116–126. – E. SCHNECK, in: M. PERSCH / B. SCHNEIDER, (HG.), Geschichte des Bistums Trier, Bd. 4, 409f.
Vgl. ZOAWBB. 7 M ORIG. 159; NR. 595. – Vgl. MEIWES, »Arbeiterinnen des Herrn«, 228. – SCHAMONI (HG.), Ordensstifterinnen, PASSIM. – Vgl. KKK, 278f., Nr. 966. – KKK, 156, Nr. 491. – KKK, 157, Nr. 495. – ZOAWBB. Personalunterlagen. – BACKES, Flesch – Testament, 134. –
Siehe auch: »Gestickte Bilder« – WEILER, »So sollt ihr beten!«, 252f. – BACKES, Lasalle, 64f., 181.

Zu Lourdes:
R. LAURENTIN: ML 4 (1992) 161ff. (LIT.). – M. DE ROTON, Lourdes, in: LTHK 6 (3. Aufl. 1997) 1068. (LIT.).
Zur HL. BERNADETTE SOUBIROUS (∗ 1844 – † 1879)
H. MOLL, in: LTHK 9 (3. Aufl. 2000)747. (LIT.).
Zu SCHWESTER M. ZITTA SEINHEUER (∗ 1856 – Eintritt 1886 – † 1914).
ZOAWBB. Personalienbuch B / 0223 – 1. – LEMMENS, Festschrift, Anhang Nr. 15, 69. – Vgl. BACKES, Lasalle, 130. – ZOAWBB. AGNES FRÖBUS, Erinnerungen, 51, 57. – KRACHT / SCHERER (HGG.), Flesch – Dokumente, REG.

Zu Rosenkranz:
ZOAWBB. Chroniken – Akten – Festschriften – Personalunterlagen. – ZOAWBB. 7 M ORIG. 22f., 119, 122; NR. 103, 461, 477. – A. HEINZ / M. LADSTÄTTER / M. RÜDIGER, in: LTHK 8 (3. Aufl. 1999) 1302–1306. (LIT.). – A. HEINZ / D. GERSTL U. A., in: ML 5 (1993) 553–559. (LIT.). – F. COURTH, Der Rosenkranz als marianische Christusmeditation, in: BEINERT / PETRI (HGG.), Handbuch der Marienkunde, 1 Bd., 542–548. (LIT.). – H. FINGER (HG.), Der heilige Rosenkranz. Eine Ausstellung der Diözesan- und Dombibliothek Köln zum Rosenkranzjahr 2003, (Libelli Rhenani Bd. 5), Köln 2003. – KKK, 673; Nr. 2678. – KKK, 280; Nr. 971. – ZOAWBB. Beschlüsse des Generalrates, Bd. 1, 8. – WEILER, »So sollt ihr beten!«, 291f. – STATUTEN 1869, 14, Nr. 8. – Vgl. KKK, 280; Nr. 2708. – Vgl. ZOAWBB. 7 M ORIG. 119; NR. 461. – BACKES, Flesch – Worte, 42f. – BACKES, Lebensbild, 19f. – KRACHT / SCHERER (HGG.), Flesch – Dokumente, REG.

Zum Hl. Josef:
ZOAWBB. Chroniken – Akten – Festschriften – Personalunterlagen. – T. STRAMATE / M.L. CASANOVA, in: BSS 6 (1966) 1251–1292. (LIT.). – G. KASTER, in: LCI 7 (1974) 210–221. (LIT.). – W. NOPPER / G. NITZ, in: LTHK 5 (3. Aufl. 1996) 999ff. (LIT.). – Nach wie vor wichtig: J. SEITZ, Die Verehrung des hl. Joseph in ihrer geschicht-

lichen Entwicklung, Freiburg 1908. – Vgl. MEIWES, »Arbeiterinnen des Herrn«, 228. – SCHAMONI (HG.), Ordensstifterinnen, PASSIM. – Vgl. ZOAWBB. 7 M ORIG., 144f.; NR. 581. – Vgl. ZOAWBB. AGNES FRÖBUS, Erinnerungen, 44, 50. – GROETEKEN, Schatten, 238. – BACKES, Testament, 42, 109. – Siehe auch: »Gestickte Bilder« – WEILER, »So sollt ihr beten!«, 262–267. – KRACHT / SCHERER (HGG.), Flesch – Dokumente, REG.

Zum Hl. Herz Jesu:
ZOAWBB. Chroniken – Akten – Festschriften – Personalunterlagen. – J. STIERLI, Die Entfaltung der kirchlichen Herz-Jesu-Verehrung in der Neuzeit, in: DERS. (HG.), Cor Salvatoris. Wege zur Herz-Jesu-Verehrung, Freiburg 2. Aufl. 1956, 137–165. – N. BUSCH, Die Feminisierung der ultramontanen Frömmigkeit, in: GÖTZ VON OLENHUSEN (HG.), Wunderbare Erscheinungen, 203–219. (LIT.). – A. WALZER, in: LCI 2 (1970) 250–254. (LIT.). – H.J. LIMBURG / L. SCHEFFCZYK / D. HARMENING, in: LTHK 5 (3. Aufl. 1996) 51–55. (LIT.). – O. PFÜLF, Des Bischofs von Kettelers Beispiel und Belehrung für die Andacht zum göttlichen Herzen Jesu. Aus des Bischofs Nachlaß zusammengestellt, Mainz 1899. – Vgl. MEIWES, »Arbeiterinnen des Herrn«, 228. – SCHAMONI (HG.), Ordensstifterinnen, PASSIM. – KKK, 670 Nr. 2669. – STATUTEN 1869, 3. – Vgl. ZOAWBB 7 M ORIG., 100; NR. 379. – WEILER, »So sollt ihr beten!«, 260ff. – Siehe auch: »Gestickte Bilder«. – Vgl. BACKES, Testament, 36f., 106f. – KRACHT / SCHERER (HGG.), Flesch – Dokumente, REG.

Zu Äußerer Aufbau:
ZOAWBB. Chroniken – Akten – Festschriften – Personalunterlagen. – ZOAWBB. 7 M ORIG. 37; NR. 157. – STATUTEN 1869, passim – G. STRÄTER, Krankenpflege, in: LTHK 6 (3. Aufl. 1997) 416f. (LIT.). – GATZ (HG.), Caritas und soziale Dienste. – C. BISCHOFF, Frauen in der Krankenpflege. Zur Entwicklung von Frauenrolle und Frauenberufstätigkeit im 19. und 20. Jahrhundert, 3. überarb. Neuausgabe, Frankfurt/New York 1997. – KRACHT / SCHERER (HGG.), Flesch – Dokumente, REG

Zu den Filialen:
Zu Adenau:
ZOAWBB. Chroniken – Akten – Personalunterlagen. – Handbuch des Bistums Trier, Trier 1906, 289–292. – LEMMENS, Festschrift, Anhang Nr. 1. (Nicht vollständig!). – Handbuch des Bistums Trier, Trier 1952, 129f. – M. PERSCH, Das Leben in der katholischen Pfarrei Adenau, in: STADT ADENAU (HG.), 1000 Jahre Adenau, 91–118, hier: 113, 118. – KRACHT / SCHERER (HGG.), Flesch – Dokumente, REG.

Zu Niederzissen:
ZOAWBB. Chroniken – Akten – Festschriften – Personalunterlagen. – Handbuch des Bistums Trier, Trier 1906, 289–292. – LEMMENS, Festschrift, Anhang Nr. 2. – Handbuch des Bistums Trier, Trier 1952, 247ff. – KRACHT / SCHERER (HGG.), Flesch – Dokumente, REG.
Zu Wadern:
ZOAWBB. Chroniken – Akten – Festschriften – Personalunterlagen. – Handbuch des Bistums Trier, Trier 1906, 289–292. – LEMMENS, Festschrift, Anhang Nr. 3. – Handbuch des Bistums Trier, Trier 1952, 853f. – G. MOLZ, Das Elisabeth-Krankenhaus in Wadern und seine Stiftung durch die Familie Lasalle von Louisenthal, in: Neues Trierisches Jahrbuch 1981, 78ff. – KRACHT / SCHERER (HGG.), Flesch – Dokumente, REG.
Zu Ruwer:
ZOAWBB. Chroniken – Akten – Festschriften – Personalunterlagen. – Handbuch des Bistums Trier, Trier 1906, 289–292. – LEMMENS, Festschrift, 41–44 u. Anhang Nr. 4. – Handbuch des Bistums Trier, Trier 1952, 713f. – KRACHT / SCHERER (HGG.), Flesch – Dokumente, REG.
Zu Cochem:
ZOAWBB. Chroniken – Akten – Festschriften – Personalunterlagen. – Handbuch des Bistums Trier, Trier 1906, 289–292. – LEMMENS, Festschrift, Anhang Nr. 5. – (nicht vollständig!). – Handbuch des Bistums Trier, Trier 1952, 256f. – KRACHT / SCHERER (HGG.), Flesch – Dokumente, REG.
Zu Bendorf:
ZOAWBB. Chroniken – Akten – Festschriften – Personalunterlagen. – Handbuch des Bistums Trier, Trier 1906, 289–292. – LEMMENS, Festschrift, 40 u. Anhang Nr. 6. – Handbuch des Bistums Trier, Trier 1952, 821f. – KRACHT / SCHERER (HGG.), Flesch – Dokumente, REG.
Zu Neuwied:
ZOAWBB. Chroniken – Akten – Festschriften – Personalunterlagen. – ZOAWBB. Beschlüsse des Generalrates, 5.11.1872, Bd. 1, 24. – Handbuch des Bistums Trier, Trier 1906, 289–292. – LEMMENS, Festschrift, Anhang Nr. 7. (nicht vollständig!). – Handbuch des Bistums Trier, Trier 1952, 317ff. – A. v. RENNENBERG, Pionierinnen der Caritas (1866–1950), in: FRAUENBÜRO NEUWIED (HG.), Von Frau zu Frau, 14–29. – KRACHT / SCHERER (HGG.), Flesch – Dokumente, REG.
Zu Niederbreisig:
ZOAWBB. Chroniken – Akten – Festschriften – Personalunterlagen. – Handbuch des Bistums Trier, Trier 1906, 289–292. – LEMMENS, Festschrift, Anhang Nr. 8. – Handbuch des Bistums Trier, Trier 1952, 694ff. – Festschrift 200 Jahre Pfarrei Maria Himmelfahrt, Bad-Breisig (1786–1986), 41ff. – KRACHT / SCHERER (HGG.), Flesch

– Dokumente, REG.
Zu Andernach:
ZOAWBB. Chroniken – Akten – Festschriften – Personalunterlagen. – Handbuch des Bistums Trier, Trier 1906, 289–292. – LEMMENS, Festschrift, Anhang Nr. 9. – Handbuch des Bistums Trier, Trier 1952, 164f. – KRACHT / SCHERER (HGG.), Flesch – Dokumente, REG.
Zu Niederwenigern:
ZOAWBB. Chroniken – Akten – Festschriften – Personalunterlagen. – LEMMENS, Festschrift, Anhang Nr. 10. – GROETEKEN, Schatten, 210. – BACKES, Testament, 59, 115, 64f. (Foto). – KRACHT / SCHERER (HGG.), Flesch – Dokumente, REG.
Zu Engers:
ZOAWBB. Chroniken – Akten – Festschriften – Personalunterlagen. – Handbuch des Bistums Trier, Trier 1906, 289–292. – LEMMENS, Festschrift, Anhang Nr. 11. – SCHUG, Engers, 114–132. (LIT.) – Handbuch des Bistums Trier, Trier 1952, 309. – KRACHT / SCHERER (HGG.), Flesch – Dokumente, REG.
Zu Völklingen:
ZOAWBB. Chroniken – Akten – Festschriften – Personalunterlagen. – LEMMENS, Festschrift, Anhang Nr. 12, 44. – Handbuch des Bistums Trier, Trier 1952, 840ff. – KRACHT / SCHERER (HGG.), Flesch – Dokumente, REG.
Zu Lieser:
ZOAWBB. Chroniken – Akten – Festschriften – Personalunterlagen. – Handbuch des Bistums Trier, Trier 1906, 289–292. – LEMMENS, Festschrift, Anhang Nr. 13. [unvollständig]. – Handbuch des Bistums Trier, Trier 1952, 190f. – KRACHT / SCHERER (HGG.), Flesch – Dokumente, REG.
Zu Hermeskeil:
ZOAWBB. Chroniken – Akten – Festschriften – Personalunterlagen. – Handbuch des Bistums Trier, Trier 1906, 289–292. – LEMMENS, Festschrift, Anhang Nr. 14. – Handbuch des Bistums Trier, Trier 1952, 349f. – KRACHT / SCHERER (HGG.), Flesch – Dokumente, REG.
Zu Farschweiler:
ZOAWBB. Chroniken – Akten – Festschriften – Personalunterlagen. – LEMMENS, Festschrift, Anhang Nr. 15. [Nicht vollständig!]. – Handbuch des Bistums Trier, Trier 1952, 703. – KRACHT / SCHERER (HGG.), Flesch – Dokumente, REG.
Zu Trier – St. Paulin:
ZOAWBB. Chroniken – Akten – Festschriften – Personalunterlagen. – Handbuch des Bistums Trier, Trier 1906, 289–292. – LEMMENS, Festschrift, Anhang Nr. 16. – Handbuch des Bistums Trier, Trier 1952, 115ff. – KRACHT / SCHERER (HGG.), Flesch – Dokumente, REG.

Zu Trier – Euren:
ZOAWBB. Chroniken – Akten – Festschriften – Personalunterlagen. – LEMMENS, Festschrift, Anhang Nr. 17. – Handbuch des Bistums Trier, Trier 1952, 122f. – KRACHT / SCHERER (HGG.), Flesch – Dokumente, REG.
Zu St. Wendel:
ZOAWBB. Chroniken – Akten – Festschriften – Personalunterlagen. – Handbuch des Bistums Trier, Trier 1906, 289–292. – LEMMENS, Festschrift, Anhang Nr. 18. – Handbuch des Bistums Trier, Trier 1952, 901ff. – KRACHT / SCHERER (HGG.), Flesch – Dokumente, REG.
Zu Gebhardshain:
ZOAWBB. Chroniken – Akten – Festschriften – Personalunterlagen. – LEMMENS, Festschrift, Anhang Nr. 19. – Handbuch des Bistums Trier, Trier 1952, 429f. – KRACHT / SCHERER (HGG.), Flesch – Dokumente, REG.
Zu Mudersbach:
ZOAWBB. Chroniken – Akten – Festschriften – Personalunterlagen. – Handbuch des Bistums Trier, Trier 1906, 289–292. – LEMMENS, Festschrift, Anhang Nr. 20. – Handbuch des Bistums Trier, Trier 1952, 435f. – KRACHT / SCHERER (HGG.), Flesch – Dokumente, REG.
Zu Saarlouis:
ZOAWBB. Chroniken – Akten – Festschriften – Personalunterlagen. – Handbuch des Bistums Trier, Trier 1906, 289–292. – LEMMENS, Festschrift, Anhang Nr. 21. – Handbuch des Bistums Trier, Trier 1952, 755f. – L. K. BALZER, Festschrift 100 Jahre St. Elisabeth–Klinik Saarlouis 1902–2002, Saarlouis 2002. – KRACHT / SCHERER (HGG.), Flesch – Dokumente, REG.
Zu Gründungsbilanz:
J. SCHULTEN, Schwesternniederlassungen, 504–513; hier: 505f.].

7. GENERALKAPITEL UND WAHLEN

Zu Lebzeiten von Mutter Rosa Flesch fanden insgesamt elf Generalkapitel statt. Seit dem ersten Kapitel im Jahre 1869 fanden sie alle drei Jahre statt. Im Jahre 1899 führte man mit neuer Satzung einen zeitlichen Abstand von sechs Jahren ein.

Die Generalkapitel und die Wahl der Generaloberin – vornehmstes Recht aller Profeßschwestern und zentraler Tagesordnungspunkt der Kapitel – waren durch klare Vorgaben geregelt und im 5. Kapitel »Von der Ordnung der Vorsteher und Ämter« *[STATUTEN 1869, 15–17, Nr. 1–19.]* festgelegt:

Die Schwestern in den Filialen bereiteten sich mit einer neuntägigen Andacht zum Heiligen Geist auf das Ereignis vor, die des Mutterhauses mit dreitägigen Exerzitien. Je drei Schwestern aus einer Filiale schickten eine Mitschwester zur Vornahme der Wahl ins Mutterhaus. Diese Delegierte hatte so viele Stimmen abzugeben als sie Profeßschwestern vertrat.

Das Amt des Vorsitzenden der Wahl, die in Stillschweigen zu vollziehen war, übernahm der Bischöfliche Kommissar. Dieser mußte einen vereidigten Zeugen oder zwei glaubwürdige Männer zur Protokollführung heranziehen. Gewählt wurde durch Abgabe von vorbereiteten Stimmzetteln. Sie waren mit dem Namen der zu Wählenden zu beschriften und dann gefaltet abzugeben. Nach dem Auszählen wurden sie verbrannt. Zur Gültigkeit der Wahl waren erforderlich:

1. Die Gewählte mußte eine Stimme mehr als die Hälfte der abgegebenen Stimmen erhalten.
2. Sie hatte das Glaubensbekenntnis vor dem Kommissar abzulegen.
3. Vor Amtsantritt war die Zustimmung des Bischofs einzuholen.

Die Protokolle und Unterlagen über die Generalkapitel im Archiv der Gemeinschaft sind – gegen diese Vorschriften – nicht vollständig und liegen teilweise nur in Abschriften vor.

Generalkapitel unter Mutter Rosa Flesch

Aus den Aufzeichnungen von Schwester M. Agatha Simons geht hervor, daß im Mai 1868 ein provisorischer Rat für die Zeit gewählt wurde, bis die vom Bischof bestätigte Regel zurückkam. Diese »provisorischen« Ratsschwestern waren Schwester M. Agatha Simons, Schwester M. Aloysia Meckel, Schwester M. Magdalena Andres und Schwester M. Juliana Jeup. Diese vier Schwestern standen der Generaloberin in der Verwaltung des Hauses zur Seite. *[ZOAWBB. AGATHA SIMONS, Aufzeichnungen ..., 47a.].*

Nachdem am 16. September 1869 von Bischof Mathias Eberhard die Regel der Franziskaner-Terziarier-Schwestern von Waldbreitbach genehmigt worden war, wurden sämtliche Profeßschwestern zum ersten Generalkapitel versammelt. Nach Regel und Statuten fand das Kapitel am 21. Oktober 1869 im Marienhaus zu Waldbreitbach statt.

Die Wahl der Generaloberin erbrachte folgendes Ergebnis:

Es waren 77 Schwestern aus 16 Häusern stimmberechtigt. Von ihnen waren 37 persönlich anwesend. Die übrigen wurden in zulässiger Weise durch gewählte Abgeordnete vertreten.

Es wurden 72 gültige und 5 ungültige Stimmen abgegeben. Die 72 gültigen Stimmen erhielt alle Schwester Maria Rosa I.

Das Protokoll unterschrieben Pfarrer Jakob Gomm als Bischöflicher Kommissar, der Waldbreitbacher Pfarrer Heinrich Jakob Hermes sowie Rektor Martin Weiler.

Der Kommissar nahm die kirchliche Einsetzung vor. Die Gründerin legte dabei das Glaubensbekenntnis ab.

Auch zwei Ratsschwestern wurden gewählt, nämlich Schwester M. Agatha Simons und Schwester M. Magdalena Andres. *[ZOAWBB. AGATHA SIMONS, Aufzeichnungen ..., 47, 47a.].*

Bischof Matthias Eberhard bestätigte unter dem 2. November 1869 die Wahl »der Schwester Maria Rosa I als General-Oberin der regulierten Schwestern vom 3. Orden des Hl. Franziskus zu Waldbreitbach«. Er bemerkte aber dazu, daß zukünftig das »Wahlprotokoll in duplo [doppelt] auszufertigen und ein Exemplar zur Aufbewahrung in unserer Registratur hierher zu senden ist«. Er bat darum um die Übersendung einer Abschrift des Wahlprotokolls. *[BATRIER, Akten Franziskanerinnen Waldbreitbach Bl. 36. – ZOAWBB. Beschlüsse des Generalrates (1869–1896), Bd. 1, 6f.].*

Die neue Generaloberin ernannte dann nach den Statuten *[STATUTEN, 1969, 17, NR. 20.]* noch zwei Ratsschwestern: Schwester M. Aloysia Meckel und Schwester M. Germana Hens.

Der Rat wählte aus seiner Mitte zur Stellvertreterin der Generaloberin Schwester M. Agatha Simons. Die Amtsdauer der Ratsschwestern war auf 4 Jahre begrenzt. So schied jedes Jahr am 4. Oktober eine Ratsschwester aus. Sie konnte dann nur noch einmal in den Rat gewählt werden. Die Reihenfolge des Ausscheidens war festgelegt: Schwester M. Agatha Simons 1870, Schwester M. Aloysia Meckel 1871, Schwester M. Magdalena 1872 und Schwester M. Germana Hens 1874. *[ZOAWBB. Beschlüsse des Generalrates (1869–1896), Bd. 1, 6f.]*.
Erstmals wurde auch ein Noviziat mit Novizenmeisterin eingerichtet. Die Generaloberin ernannte Schwester M. Germana Hens zur Novizenmeisterin. Die Novizinnen sollten von den Profeßschwestern räumlich getrennt werden.
Schwester M. Agatha kommentierte die Wahl etwas betroffen: »Also wieder die genannte Schwester Rosa Flesch weiter zur Generaloberin gewählt vom Jahre 1869 bis 1. Oktober 1872«. *[ZOAWBB. AGATHA SIMONS, Aufzeichnungen ..., 47.]*.

Die erste dreijährige Amtszeit der Gründerin endete am 1. Oktober 1872. Das Generalkapitel hatte die Neuwahl der Generaloberin und zweier Ratsschwestern vorzunehmen. Für die kommende Amtsperiode schieden nach der Regel die Schwestern aus dem Rat aus, deren vierjährige Amtszeit abgelaufen war.
Als Mutter Rosa ihre zweite Amtszeit begann, hatte der Kulturkampf mit Ausweisung von Ordensleuten bereits begonnen. Frauenklöster, die sich der Erziehung der weiblichen Jugend und der Krankenpflege widmeten, blieben zunächst noch verschont. *[Vgl. ZOAWBB. 7 M ORIG. 73f.; NR. 274.]*.
Von den Wahlen beim Generalkapitel Anfang September 1872 fanden sich weder ein Protokoll noch Unterlagen über die Stimmenauszählung.
Das Kapitel fand unter Vorsitz des Bischöflichen Kommissars, Pfarrer Gomm aus Engers statt. Beisitzer waren Rektor Probst und der Pfarrer von Waldbreitbach Hermes.
Es waren 93 Profeßschwestern aus 8 Filialen erschienen. Mutter Rosa wurde einstimmig wiedergewählt. Die Stimmenzahl teilte Schwester M. Agatha Simons mit. Über die Einstimmigkeit informierte nur Schwester

Marzella. *[ZOAWBB. 7 M ORIG. 73f.; NR. 272. – ZOAWBB. AGATHA SIMONS, Aufzeichnungen ..., 47a.].*
Am 29. Oktober 1872 teilte Generalvikar Philipp de Lorenzi Kommissar Gomm in Engers mit, der Bischof habe die Wahl der Generaloberin bestätigt. Er bitte in Zukunft darum, das Generalvikariat in Trier bereits vor der nächsten Wahl zu unterrichten. Ein Protokoll schickte der Generalvikar zurück. Es hat als verloren zu gelten. *[ZOAWBB. Kopie. de Lorenzi an Pfarrer Gomm, 29.10.1872.].*
Und es gab noch etwas für die ganze Gemeinschaft Erfreuliches:
Der Bischöfliche Kommissar Gomm sprach im Generalkapitel seine Bewunderung über die Pflegeleistungen der Schwestern besonders im deutsch-französischen Krieg aus. Er erklärte »dies als ein besonderes Privileg von oben. Auch in der Kriegskranken- und Verwundetenpflege wurde diese Gabe sowohl von der Behörde, Ärzten, als auch den Pfleglingen empfunden und anerkannt«. *[ZOAWBB. 7 M ORIG. 66; NR. 250.].*

Im Sommer 1875 wurde das dritte Generalkapitel unter dem Vorsitz des Bischöflichen Kommissars Pfarrer Gomm einberufen. Am 3. August 1875 waren bei der Wahl 40 Schwestern anwesend, die 86 Stimmen abzugeben hatten. Von den 86 abgegebenen Stimmen fielen 85 auf Mutter Rosa Flesch. Sie erhielt sämtliche Stimmen, eine einzige ungültige ausgenommen, wohl ihre eigene. Wie bei den früheren Wahlen war Mutter Rosa Flesch wieder zur Generaloberin gewählt. Die damit bewiesene Einheit und das Vertrauen der Schwestern sprachen für sich. *[ZOAWBB. 7 M ORIG. 81f.; NR. 304].* Schwester M. Agatha Simons berichtete von 91 abgegebenen Stimmen. *[ZOAWBB. AGATHA SIMONS, Aufzeichnungen ..., 47a/b.].* Hier werden bereits erste Unstimmigkeiten bei Wahlen erkennbar.
Es unterzeichneten das Wahlprotokoll Pfarrer Gomm als Bischöflicher Kommissar, Pfarrer Hermes und Rektor Probst als Sekretär.
Aus dem Wahlbestätigungsbrief des Generalvikars de Lorenzi vom 31. August 1875 an Pfarrer Gomm geht deutlich erste verhaltene Kritik an der Amtsführung Gomms als Bischöflicher Kommissar hervor. Der Generalvikar ließ nicht unerwähnt, daß Rektor Probst unter dem 9. August das Wahlprotokoll übersandte und in der Anlage eines zurückgesandt werde.

Er wies ausdrücklich darauf hin, daß die erbetene Anzeige vor der Wahl »unbeachtet geblieben ist«. *[ZOAWBB. de Lorenzi an Gomm, 31.08.1875.].*

Viertes Generalkapitel 1878

Die dritte dreijährige Amtsperiode von Mutter Rosa war im Jahre 1878 abgelaufen. Nach den Statuten, die sie selbst mitverfaßt hatte, konnte sie bei dieser Wahl nicht kandidieren.

Beim Generalkapitel am 16. August 1878 hatten die 49 – nach Schwester M. Agatha Simons 83 – anwesenden Schwestern 84 Stimmen abzugeben. Diese 84 abgegebenen Stimmen verteilten sich wie folgt:

Schwester M. Agatha erhielt 60 und Schwester M. Rosa II. Becker von Niederwenigern 12 Stimmen. Ebenfalls 12 Stimmen waren ungültig. *[ZOAWBB. Wahlprotokoll.].*

Die Wahl der neuen Generaloberin Schwester M. Agatha, der früheren Sekretärin Mutter Rosas, war kirchenrechtlich und nach den Statuten nicht zu beanstanden. Ob sie auch korrekt verlief, ist eine andere Frage, weil schon die genannten Zahlen differieren.

Schwester M. Agatha erreichte somit nicht nur die notwendige absolute Mehrheit von 43 Stimmen, sie verfügte über eine gute Zweidrittelmehrheit.

Es wurden zwei Ratsschwestern gewählt, nämlich Schwester M. Veronika Heinen und Schwester M. Germana Hens. Mutter Agatha Simons trat ihr Amt nach der Regel am 1. Oktober 1878 an. Sie ernannte zu Ratsschwestern M. Aloysia Meckel und M. Notburga Endres. Zugleich wurde Schwester M. Veronika Heinen vom Rat zur Stellvertreterin der Generaloberin gewählt. *[ZOAWBB. Wahlprotokoll.].*

Das Protokoll unterzeichneten in der angegebenen Reihenfolge Pfarrer Gomm als Bischöflicher Kommissar, Rektor Probst als Sekretär und Pfarrer Matthias Meiers von Aach. Das Fehlen von Pfarrer Hermes und dessen Vertretung durch den ehemaligen Kaplan Meiers der Gemeinde ist auffallend. Er empfing übrigens im gleichen Jahre wie Rektor Probst in Trier die Priesterweihe. *[ZOAWBB. Wahlprotokoll.].*

Nach den Statuten hätte Mutter Rosa 1878 als Ratsschwester gewählt oder auch von Mutter Agatha Simons zur Ratsschwester ernannt werden kön-

nen. Eine Wahl oder die Ernennung von Mutter Rosa zur Ratsschwester im Jahre 1878 wurde von Rektor Probst und Mutter Agatha hintertrieben bzw. verhindert. Nach Quellenlage und Aussagen von Schwestern hat Rektor Probst die Wahl in unzulässiger Weise stark beeinflußt.
Mutter Rosa blieb nun bis an ihr Lebensende »einfache« Schwester.

Das manipulierte fünfte Generalkapitel 1881

Als 1881 das Generalkapitel zur Neuwahl der Generaloberin einberufen wurde, waren die Schwestern nach Aussage von Zeitgenossen entschlossen, die Gründerin Mutter Rosa Flesch wieder zur Generaloberin zu wählen. Das wäre nicht nur theoretisch sondern auch praktisch durchaus möglich und kirchenrechtlich nicht zu beanstanden gewesen.
Doch es kam ganz anders:
Zum 5. Generalkapitel am 12. Juli 1881 waren die Schwestern ins Mutterhaus nach Waldbreitbach eingeladen. 57 Delegierte erschienen. »Da habe Rektor Probst sämtliche Wählerinnen vor der Wahl einzeln zu sich beschieden und habe ihnen verboten, die Stifterin wieder zu wählen. Er würde sie nicht annehmen, wenn sie dieselbe wählen würden. Diese Drohung in die Tat umzusetzen, lag nicht in seiner Macht. Allein die Schwestern ließen sich der Mehrzahl nach einschüchtern«. *[ZOAWBB. 7 M ORIG. 94; NR. 355.].*
Vorsitzender war der Bischöfliche Kommissar Pfarrer Gomm aus Engers, Rektor Probst fungierte als Beisitzer. Als Sekretär amtierte wieder der Waldbreitbacher Pfarrer Hermes.
Über die Wahl der Generaloberin berichtet das Protokoll: »Anwesen-de Profeßschwestern: 57 – Abzugebende Stimmen: 80 – Abgegebene Stimmen: 80 – Mutter Rosa: 5 – Mutter Agatha: 73 – Schwester M. Rosa: 2«. *[ZOAWBB. Wahlprotokoll. – ZOAWBB. AGATHA SIMONS, Aufzeichnungen..., 47b.].* Vorsitzender, Beisitzer und Sekretär unterschrieben das Protokoll.
Bei dieser Wahl konnte Schwester M. Agatha das Ergebnis der vorherigen Wahl übertreffen. Sie erhielt über 90 Prozent der Stimmen.
Zeugenaussagen bestätigen, daß die Wahl von 1881 nicht nur manipuliert, sondern regelrecht gefälscht wurde.

Rektor Probst bevorzugte Schwester M. Agatha als Generaloberin und hatte sie in Einzelgesprächen mit jeder Schwester zur Wiederwahl empfohlen. Auf Mutter Rosa ausgestellte Wahlzettel wurden an die Absender zurückgeschickt oder vernichtet. »Zudem hat man diese Wahl dadurch beeinflußt, daß zwei Schwestern, je eine an entgegengesetzten Enden der Bank sitzend vor der Wahlhandlung ein Täfelchen in der Hand hielten mit der Aufschrift: »Mutter Agatha« eine von den Beiden sagte mit lauter Stimme: »Die ich euch zeigen werde, die wählt. [Nach Aussage der Stifterin und Augenzeugen].«. *[ZOAWBB. 7 M ORIG. 94; NR. 356.– Siehe auch: 17. Türbild von Prof. UNVERZAGT, in: SIMON, Felsgrund wird Quellgrund, 49.].*

Der Bischöfliche Kommissar Pfarrer Gomm aus Engers fügte bei seinem Schreiben zur Einholung der bischöflichen Genehmigung der Wahl hinzu, »daß die wiederum zur Generaloberin gewählte Schwester M. Agatha die zur Leitung der Genossenschaft erforderlichen moralischen und intellektuellen Eigenschaften in hohem Grade besitzt«. *[BATRIER. Korum–Akten – Wahlprotokoll und Brief Gomm an Generalvikariat, 19.7.1881.].* Dabei hatte er selbst noch nicht lange zuvor, Mutter Rosa zurecht gewiesen, daß sie Schwester Agatha wieder zur Ratsschwester ernannt habe. *[ZOAWBB. 7 M ORIG. 73; NR. 273.].*

Zu Ratsschwestern waren gewählt: Schwester M. Veronika Heinen und Schwester M. Germana Hens; von der Generaloberin ernannt: Schwester M. Aloysia Meckel und Schwester M. Rosa II. Becker. Der Rat wählte Schwester M. Germana Hens zur Stellvertreterin der Generaloberin. *[ZOAWBB. AGATHA SIMONS, Aufzeichnungen..., 47b.].*
Man hätte auch bei diesem Kapitel Mutter Rosa zur Ratsschwester wählen oder ernennen können. Keines von beiden war der Fall, obwohl sie fünf Stimmen bei der Wahl zur Generaloberin erhalten hatte und Schwester M. Rosa II. Becker nur zwei.

Bei weitem waren nicht alle Wahlberechtigten mit dem Ausgang zufrieden. Schwestern, die eine Wiederwahl von Mutter Rosa zur Generaloberin erwartet hatten, fanden sich getäuscht. Die ungeheuerlichen Manipulationen und Unregelmäßigkeiten empfand auch die anwesende Mutter Rosa. Mit Wehmut verließ sie das Mutterhaus mit den andern Schwestern und begab sich wieder nach Bendorf. *[Vgl. ZOAWBB. 7 M ORIG. 94, 96; NR. 358, 364.]*.

Diese äußeren Tatsachen konnte man weder leugnen noch verbergen. Die inneren Folgen wurden nicht bekannt. Wenn man aber Pater Thomas Klaholz OFM (* 1829 – † 1894), der im Mutterhaus als Exerzitienmeister in dieser Zeit tätig war, Glauben schenkt, dann waren die meisten Schwestern der Stifterin zugetan. [*ZOAWBB. 7 M ORIG. 97; NR. 366.– Siehe auch: 16. Türbild von Prof. UNVERZAGT, in: SIMON, Felsgrund wird Quellgrund, 48.]*.

Die manipulierte Wahl löste ganz unterschiedliche Reaktionen aus: Einige Schwestern gingen in die innere Emigration, andere machten »eine Faust im Habit«, wieder andere verließen aus Protest – entweder still oder öffentlich – die Gemeinschaft.

Zwei eindrucksvolle Beispiele:

Eine Schwester machte sich auf den Weg nach Rom, um dort in einer Audienz Papst Leo XIII. ihre Beschwerden vorzutragen. Schwester M. Engratia Nurgens (* 1846) wurde nicht vorgelassen. Man sandte sie zurück in ihr Kloster mit einem Schreiben, das den Vorgesetzten der Genossenschaft die Weisung erteilte, sie nicht zu entlassen. Doch Schwester Engratia entschloß sich zum Austritt. *[ZOAWBB. 7 M ORIG. 96f.; NR. 365.]*.

Belastender und schmerzvoller für die Gemeinschaft – besonders aber für Mutter Rosa – war am 4. Oktober 1881 der länger reflektierte Austritt der Mitgründerin Schwester M. Theresia Beissel. Sie verließ aus Protest gegen die Wahl verbittert die Gemeinschaft, in der sie sich als Gründungsoberin von Niederlassungen große Verdienste erworben hatte. *[ZOAWBB. Personalienbuch A / 0005. – ZOAWBB. AGATHA SIMONS, Aufzeichnungen …, 48. – LEMMENS, Festschrift, 30, 85ff. u. Anhang Nr. 1, 3, 6, 9.]*.

Außer Schwester M. Theresia, deren Rückkehr man in der Gemeinschaft noch viele Jahre erwartete, verließen noch einige Schwestern das Kloster. Ob die Austritte oder Entlassungen wegen Kommentaren oder Reaktionen auf die manipulierte Wahl erfolgten, ist nicht sicher auszumachen. In Frage kämen jedenfalls Schwester M. Emanuel Schmitt (* 1841),

Schwester M. Luzia Suder (* 1849) und Schwester M. Monika Ruhlofs (* 1843).

Das völlige Versagen der Generaloberin und der Ratsschwestern, die Intrigen von Bischofssekretär Ägidius Ditscheid und Rektor Konrad Probst sowie das Fehlverhalten des Wahlvorsitzenden und Bischöflichen Kommissars Gomm und des Sekretärs Pfarrer Hermes haben das Wahlergebnis massiv beeinflußt und entscheidend bestimmt. Die manipulierte Wahl schwächte natürlich die Position von Schwester M. Agatha Simons und stärkte die Ambitionen von Rektor Probst. Diese Tatsachen bestimmten die weitere Geschichte der Gemeinschaft ganz erheblich. Weitaus folgenschwerer waren aber das verspielte Vertrauen der Schwestern in die geistliche Führung und das gesäte Mißtrauen der Schwestern untereinander.

Sechstes Generalkapitel 1884

Das sechste Generalkapitel war für den 30. September 1884 ins Marienhaus nach Waldbreitbach eingeladen. Die Wiederwahl von Schwester M. Agatha Simons zur Generaloberin wurde allgemein als Formsache angesehen. *[ZOAWBB. 7 M ORIG. 99f.; NR. 378.].* Ein offizielles Wahlprotokoll oder einschlägige Unterlagen waren in den Archiven nicht aufzufinden. Bei der üblichen dürftigen Aktenführung und der gezielten Vernichtung von Papieren verwundert das nicht. »Das, was schriftlich niedergelegt war, wurde in den achtziger Jahren verbrannt, was wohl auch die Ursache war, daß kein schriftlicher Ausweis ... vorhanden war«. *[ZOAWBB 7 M ORIG. 151f.; NR. 570.].*
Der Bischöfliche Kommissar Gomm leitete mit den Beisitzern Rektor Probst und dem Pfarrer von Waldbreitbach Hermes den Wahlvorgang.
Schwester M. Agatha Simons berichtete dazu: Anwesend waren 62 Schwestern, die 111 Stimmen abzugeben hatten. Davon fielen 108 Stimmen auf Schwester M. Agatha und sie war damit zum drittenmal zur Generaloberin gewählt.
Zu Ratsschwestern gewählt wurden Schwester M. Veronika Heinen und Schwester M. Rosa II. Becker. Die Generaloberin ernannte Schwester M.

Elisabeth Eudenbach und Schwester M. Aloysia Meckel, die auch zugleich Novizenmeisterin war.
Der Rat wählte Schwester M. Veronika Heinen zur Stellvertreterin der Generaloberin. *[ZOAWBB. AGATHA SIMONS, Aufzeichnungen ..., 49/50, 50.].*
Ein Wahlergebnis von 97 Prozent für Schwester M. Agatha Simons konnten weder die wiedergewählte Generaloberin noch die Wählerinnen und erst recht nicht die Gemeinschaft so verbuchen, wie es entstanden war. Für den Bischöflichen Kommissar Gomm war dieses Generalkapitel seine letzte Amtshandlung in dieser Funktion. Am 30. März 1885 starb er. Besonders auffallend ist bei fehlenden Akten die Tatsache, daß Pfarrer Hermes bereits am 11. August 1884 – also mehr als sechs Wochen vor der Wahl – zum Hausgeistlichen in Münstermaifeld und am 15. September zum dortigen Pfarrer und Dechant ernannt worden war. Für Rektor Probst waren damit für das nächste Generalkapitel zwei Mitglieder und Zeitzeugen des Leitungsgremiums ausgeschaltet und für ihn noch größerer Wirkungsraum absehbar.

Siebtes Generalkapitel 1887

Kein Generalkapitel war so gründlich und sorgfältig vorbereitet wie das von 1887. Rektor Probst hatte – wie aus den vorigen Generalkapiteln hervorgeht – gute Gründe dafür und richtete am 15. Juni 1887 ein Schreiben an Bischof Korum:
»Da nach Kapitel V. 17 unserer Regel mit dem 1. Oktober [1887] die Amtsdauer unserer gegenwärtigen Generaloberin, Schwester Agatha, abgeschlossen ist, so muß im Laufe des Sommers Neuwahl stattfinden. Diese Neuwahl hat für unsere Genossenschaft insofern erhöhte Bedeutung, als die jetzige Oberin, weil sie bereits neun Jahre in ihrem Amte ist, nach Kapitel V. 18 für diesmal nicht wiedergewählt werden kann.
[...] Dem Rat der Genossenschaft habe ich auf die Entschließung Bischöflicher Gnaden mitgeteilt, daß in Abänderung unserer jetzigen Regel mit der Neuwahl der Generaloberin die Neukonstitution des Rates (Wahl von 2 Ratsschwestern, Ernennung 2 anderer durch die neuerwählte Generaloberin) zugleich stattfinden soll. Der Rat hat sich damit ganz

einverstanden erklärt«. *[Auszug aus Original: BATrier, Korum-Akten. – ZOAWBB. Kopie.].*

Am 22. September 1887 fand dann das siebte Generalkapitel im Marienhaus zu Waldbreitbach statt. Der Bischöfliche Kommissar Gomm weilte nicht mehr unter den Lebenden. Der Trierer Bischof hatte keinen Nachfolger für ihn ernannt. Das Amt übernahm Bischof Michael Felix Korum selbst. Die Gründe dafür waren wohl vielschichtig. Von sehr unterschiedlichen Meinungsmachern – Geheimsekretär Ditscheid, Rektor Probst, Pfarrer Friedrich von Kloschinsky (∗ 1827 – † 1908) von St. Paulin, Schwester Pelagia Bommes (∗ 1840 – 1868 Eintritt – † 1913) sowie anderen Schwestern aus Trier – über das Geschehen in Waldbreitbach informiert, wollte der Bischof sich wohl auch selbst ein Bild von den Zuständen in der Gemeinschaft machen.
Es gab also mehrere Gründe für den Bischof, beim Generalkapitel persönlich den Vorsitz zu führen. Beisitzer waren Rektor Konrad Probst und Pater Ferdinand Kohlschreiber SJ (∗ 1823 – † 1898), der seit 1887 geistlicher Rektor der »Franziskanerbrüder vom Heiligen Kreuz« [FFSC] in Hausen war.

Beim diesem Generalkapitel wurde die bisherige Stellvertreterin, Schwester M. Veronika [Heinen] zur Generaloberin gewählt. Sie war aber aus gesundheitlichen Gründen der Last des Amtes nicht voll gewachsen. Nach dem Wahlergebnis trat die Neugewählte vor den Bischof und bat ihn kniend, sie wegen ihrer Kränklichkeit von der Annahme des Amtes zu entbinden. Doch der Bischof bestätigte die Wahl und setzte sie in ihr Amt ein. *[ZOAWBB. 7 M ORIG. 107; NR. 409.].*

Der Raum für die Zahlenangabe der anwesenden Schwestern ist freigelassen. Es wurden 162 Stimmen abgegeben. Davon erhielten: Schwester M. Veronika 145, Schwester M. Rosa II. [Becker] 8, Schwester [M.] Rosa Flesch 3 und Schwester M. Agatha 2. Sie wurden wegen der Nichtwählbarkeit zu Recht als ungültig bezeichnet. *[ZOAWBB. Wahlprotokoll mit Anlagen.].* Aus anderen Unterlagen ergeben sich leicht geänderte Zahlen: Danach erhielt Schwester M. Veronika Heinen von 164 Stimmen 145 Stimmen. *[ZOAWBB. AGATHA SIMONS, Aufzeichnungen ..., 48.].* Bei zwei ungültigen Stimmen errang Schwester M. Veronika mit gut 90 Prozent der Stimmen einen beachtlichen zahlenmäßigen Erfolg. Je eine Stimme erhielten die Schwestern: M. Leonilla, M. Liliosa, M. Elisabeth und M. Katharina. Auffällig ist, daß bei allen genannten Schwestern das M. vor dem Ordensnamen genannt, bei Schwester Agatha sicher nachträglich hinzugefügt wurde, bei Mutter Rosa aber fehlt. *[ZOAWBB. Wahlprotokoll mit Anlagen.].*

Zu den Wahlen für die erste und zweite Ratsschwester wurden jeweils 158 Stimmen abgegeben. Mit 134 Stimmen wurde Schwester M. Agatha Simons zur ersten, mit 81 Schwester M. Rosa II. Becker zur zweiten Ratsschwester gewählt. Rosa Flesch erhielt bei der ersten Wahl 4, bei der zweiten 16 Stimmen.
Ganz anders lautet der Bericht von Schwester M. Agatha Simons: Zugleich wurden zwei Ratsschwestern gewählt, die erste war Schwester M. Agatha Simons. Diese wurde mit 135 Stimmen gewählt, die zweite war Schwester M. Rosa II. Becker. Sie erhielt 158 Stimmen. Die Generaloberin ernannte danach zu Ratsschwestern M. Elisabeth Eudenbach und Schwester M. Ambrosia Müller. Der Rat wählte dann Schwester M. Agatha Simons zur Stellvertreterin der Generaloberin. *[Vgl. ZOAWBB. AGATHA SIMONS, Aufzeichnungen ..., 50/51.].*

Das Protokoll ist von Bischof Korum und Rektor Probst unterschrieben. Das Fehlen der Unterschrift von Pater Kohlschreiber ist entweder kein gutes Zeichen für die Amtsführung von Rektor Probst als Sekretär oder aber für die Unschlüssigkeit von Pater Kohlschreiber. *[ZOAWBB. Wahlprotokoll mit Anlagen.].*

Achtes Generalkapitel 1890

Die Amtszeit von Mutter Veronika Heinen fand im Jahre 1890 ihr Ende. In der Wahl beim Generalkapitel am 22. September 1890 vereinigten sich trotz ihrer Krankheit mehr als siebzig Stimmen auf sie. Vielfach hörte man die Worte: »Sie kann noch drei Jahre regieren«.

Doch wurde schließlich Schwester M. Agatha Simons mit über hundertzwanzig Stimmen gewählt. Sie genoß wie keine andere Schwester die Gunst von Rektor Probst. Das blieb selbstverständlich nicht ohne Einfluß auf die Wahl. Gelegentlich wiederholte die Gründerin Mutter Rosa den Ausspruch: »Man braucht nicht zu beten, daß der Wille Gottes geschieht; es sind hier so viele, die den Willen Gottes machen«. *[ZOAWBB. 7 M ORIG. 113; NR. 439.].*

Die Wahl der Generaloberin beim Generalkapitel am 22. September 1890 weist wiederum einige Besonderheiten auf und muß darum ausführlicher dargestellt werden. Den Vorsitz führte im Auftrag des Bischofs Rektor Probst, Beisitzer waren der Jesuit und spätere Benediktiner Johann Baptist Terhardt (∗ 1847 – † 1907) und Pfarrer Baulig von Waldbreitbach. Schwester M. Agatha Simons nennt an Stelle des ersteren Pater Meinrad Knaus SJ (∗ 1835 – † 1913). *[ZOAWBB. AGATHA SIMONS, Aufzeichnungen ..., 51/52.].* Rektor Konrad Probst, der frühere Sekretär der Wahlkapitel, war nun nach dem Tode des Bischöflichen Kommissars Pfarrer Gomm – und eines erst- und einmaligen Auftritts von Bischof Michael Felix Korum – zum Leiter des Wahlaktes aufgestiegen. Er nahm auch gleichzeitig das Amt des Protokollführers wahr. Den Beichtvater, Hausgeistlichen und Rektor der Schwestern plagten bei dieser Ämterhäufung keinerlei Gewissenskonflikte.

Zur Wahl waren 95 Schwestern anwesend. Sie hatten insgesamt für weitere Wahlberechtigte 235 Stimmen.
Für die Wahl der Generaloberin wurden 228 Stimmen abgegeben. Davon entfielen auf Schwester M. Agatha Simons 148, auf Schwester M. Veronika Heinen 76 und auf Schwester M. Rosa II. Becker 2 Stimmen. Je eine Stimme erhielten die Schwestern M. Aloysia Meckel und M. Pulcharia Ferger. Schwester M. Agatha Simons erhielt mit 64,9 Prozent also wieder eine deutliche Mehrheit. An ihre früheren Wahlerfolge reichte sie aber nicht heran.
Mit 128 von 233 Stimmen wurden Schwester M. Veronika Heinen zur ersten, Schwester M. Ursula Wallenborn mit 127 von 234 Stimmen zur zweiten Ratsschwester gewählt. Schwester M. Rosa Flesch erhielt bei der

ersten Wahl eine, bei der zweiten Wahl drei Stimmen. Bischof Felix bestätigte die Wahlen vier Tage später. Er ermächtigte Rektor Probst auch zur Entgegennahme des Glaubensbekenntnisses der neu- bzw. nach einer dreijährigen Zwischenzeit wiedergewählten Generaloberin. Ebenso sollte er auch ihre Amtseinführung vornehmen. Danach ernannte die neue Generaloberin die beiden weiteren Ratsschwestern M. Felizitas Freilinger und M. Aquilina Lermen. Der Rat wählte aus seiner Mitte Schwester M. Veronika als Stellvertreterin der Generaloberin und bestätigte Schwester M. Aloysia Meckel als Novizenmeisterin. *[ZOAWBB. Wahlprotokoll mit Anlagen.]*.

Von Mutter Rosa Flesch hatte man bei der Wahl des Jahres 1890 fast vollständig abgesehen. Ihre Töchter wurden wiederum von oben massiv beeinflußt. Sie wagten nicht, die Gründerin wieder an die Spitze der Gemeinschaft zu wählen. So geht es auch in dieser Welt. Nachdem man am Palmsonntag dem göttlichen Heiland wegen seiner Wohltaten »Hosanna« zugejubelt hatte, rief man am Karfreitag das »Kreuzige, kreuzige ihn«. Man wollte das Wohlwollen der Oberen nicht verlieren. Auch Mutter Rosa brachte man in drei Amtsperioden mit jeweils einstimmiger Wahl »Hosanna« entgegen. Aus Menschenfurcht folgte dann das »Kreuzige!«, wenn nicht in Worten dann doch durch die Tat. Da hieß es, »hinweg mit ihr«. Nur wenige Wählerinnen stimmten für sie. *[Vgl. ZOAWBB. 7 M ORIG. 113; NR. 439f.]*.

Die letzten drei Generalkapitel 1893 – 1899 –1905

Am 22. September 1893 fanden sich die Schwestern zu ihrem 9. Generalkapitel im Marienhaus zu Waldbreitbach ein. Die Wiederwahl von Schwester M. Agatha Simons zur Generaloberin war bestens vorbereitet. Den Vorsitz bei der Wahl führte der inzwischen in Wahlmanipulationen erfahrene Rektor Probst. So weit – so gut!
Die reguläre Amtszeit von Mutter Agatha Simons war 1893 abgelaufen und nach der Neuwahl am 23. September in diesem Jahre hätte sie weitere drei Jahre die Leitung der Genossenschaft bis zum Jahre 1896 übernehmen können. Da Rektor Probst aber mit kriminalistischen Spürsinn beabsichtigte, in dieser Zeit die Konstitutionen zu ändern, nahm man dies zum

Anlaß, die bischöfliche Genehmigung für eine sechsjährige Wahlperiode einzuholen, die auch erteilt wurde. *[Vgl. ZOAWBB. 7 M ORIG. 120f.; NR. 464.]*.

Nach der Neufassung der »REGEL UND STATUTEN DER SCHWESTERN DES III. ORDENS DES HL. FRANZISKUS ZU MARIENHAUS BEI WALDBREITBACH IN DER DIÖZESE TRIER, [TRIER 1894]«, die also während des Generalkapitels 1893 schon angewendet, aber erst im März des Folgejahres von Bischof Korum approbiert wurden, wählte man die Generaloberin Agatha Simons auf weitere sechs Jahre.

Die Vorbereitung der Wahlen weisen bereits Auffälligkeiten auf. Aus den Akten des Trierer Bistumsarchivs ist zu ersehen:

Rektor Probst fragte am 19. Juli 1893 an, ob die nächste Wahl nach der alten oder neuen Regel vorzunehmen sei. Zehn Tage später kam die für Probst und Schwester M. Agatha Simons positive Antwort. Am 19. September war Rektor Probst von Bischof Korum erneut zum Vorsitzenden bestellt worden. Die Wahlen fanden am 23. September 1893 statt. *[ZOAWBB. Wahlprotokoll.]*.

Diese Regel in ihrer Gesamtheit wurde aber erst nach dem 12. März 1894 mit einem Vorwort von Bischof Michael Felix Korum gedruckt und damit rechtsgültig.

Mit den Beisitzern werden die Ungereimtheiten noch deutlicher. Als Beisitzer fungierten Pfarrer Georg Baulig (∗ 1847 – † 1919) und Pater Ferdinand Kohlschreiber SJ, geistlicher Rektor der Brüder im Hausener St. Josefshaus, und unterschrieben das Protokoll. Zwei weitere Geistliche waren bei der Wahlhandlung anwesend. Heinrich Kröll (∗ 1830 – † 1901), seit 1884 Pfarrer und Dechant in Wittlich und Pater Isidor Brockmann OFM (∗ 1859 – † 1908), der am 28. September [!] das Protokoll unterzeichnete. Eine Begründung für deren Anwesenheit enthält das Protokoll nicht. *[ZOAWBB. Wahlprotokoll.]*.

Teile der »gebilligten« Satzung waren also jetzt Wahlgrundlage. Die Generaloberin sollte danach für 6 Jahre – statt bisher 3 Jahre – statt zwei sollten jetzt drei Ratsschwestern gewählt werden. Anwesend waren die Oberinnen von 40 Filialen und die Profeßschwestern des Mutterhauses. Die übrigen stimmberechtigten Schwestern hatten dem Vorsitzenden ihre Wahlzettel verschlossen und versiegelt übersandt.

Für die Wahl der Generaloberin wurden 296 Stimmen abgegeben. Davon erhielten: Schwester M. Agatha Simons 283, Schwester M. Veronika Heinen 9, Schwester M. Aloysia Meckel 3 und Schwester M. Rosa Flesch eine. *[ZOAWBB. Wahlprotokoll.].*

Damit war Schwester M. Agatha mit 95,6 Prozent der Stimmen für weitere sechs Jahre zur Generaloberin gewählt. Auch für die Wahl der Ratsschwestern war das Verfahren geändert. Es wurden 295 Stimmzettel mit je 3 Namen abgegeben.
Davon erhielten: Schwester M. Veronika Heinen 253, Schwester M. Ursula Wallenborn 226, Schwester M. Felicitas Freilinger 140 und Schwester M. Rosa 3 Stimmen. Dabei ist nicht klar: War es Schwester Rosa I. oder II.? *[ZOAWBB. Wahlprotokoll.].*
Sie waren damit für sechs Jahre zu Ratsschwestern gewählt. Das Protokoll ist vom Wahlvorsitzenden Rektor Probst unterschrieben. Am 30. September bestätigte Bischof Korum die Wahl. Mit rechten Dingen konnte es nicht zugegangen sein.
Die Generaloberin wurde am 2. Oktober in ihr Amt eingeführt. Sie ernannte die drei Ratsschwestern Schwester M. Aloysia Meckel, Schwester M. Aquilina Lermen und Schwester M. Basselisa Herrig. Dann wählte der Rat aus seiner Mitte Schwester M. Aloysia Meckel zur Stellvertreterin der Generaloberin. Schwester M. Creszentia Bruch wurde für 6 Jahre Novizenmeisterin. *[Vgl. ZOAWBB. AGATHA SIMONS, Aufzeichnungen ..., 52/52/53.].*

Am 28. September 1899 fand an bewährter Stätte das 10. Generalkapitel statt. Den Vorsitz führte wie gewohnt Rektor Probst. Die Wiederwahl von Schwester M. Agatha Simons zur Generaloberin war wiederum nur Formsache.
Auch das Wahlprotokoll des Generalkapitels vom 22. September 1899 ist von Merkwürdigkeiten nicht frei. Am 16. August wurde Rektor Probst bereits der Wahlvorsitz übertragen. Beisitzer waren der Pfarrer von Waldbreitbach, Georg Baulig, ab 1900 Pfarrer von Lay / Mosel und Pater Augustinus Klesing OFM (∗ 1858 – † 1926), Pfarrer von Ehrenstein. Das Wahlprotokoll unterschrieben nur der Rektor und Pfarrer Baulig. Die

Stimmenauszählung für die gewählte Generaloberin unterschrieb allein Pater Augustinus. Ein weiteres unpaginiertes Blatt unterschrieb allein Pfarrer Baulig.

Für die zu wählende Generaloberin wurden 482 Stimmen abgegeben. Davon erhielten:

Schwester M. Agatha Simons 456, Schwester M. Gervasia Bieneck 1, Schwester M. Aloysia Meckel 1, Schwester M. Hyacintha Lay 1, Schwester M. Aloysia Meckel 19, Schwester M. Crescentia Bruch 3. Die Summe ergibt nur 481 abgegebene Stimmen.

Die von Pater Augustinus unterschriebene Stimmenauszählung gibt 483 Wählerinnen an. Die von Pfarrer Baulig allein unterschriebene Auszählung kam auf 481 abgegebene Stimmen. Es könnten also 1 oder zwei Stimmen ungültig gewesen sein. *[ZOAWBB. Wahlprotokoll.].*

Mit absoluter Mehrheit entschied Mutter Agatha die Wahl für sich. Sie wurde am 28. September 1899 auf weitere sechs Jahre bestätigt. Das Protokoll ist erst vom 30. September gezeichnet. Damit war die Generaloberin Mutter Agatha zum sechstenmal gewählt.

Schwester M. Agatha erhielt also 94,6 Prozent der Stimmen und war damit für weitere 6 Jahre zur Generaloberin gewählt. Das Ergebnis der letzten Wahl war damit fast erreicht.

58 Filialoberinnen und die Profeßschwestern des Mutterhauses waren persönlich anwesend. Die übrigen hatten ihren Wahlzettel verschlossen dem Vorsitzenden übersandt. Aus der von Pater Augustinus unterschriebenen Anlage ist zu ersehen, daß die anwesenden Oberinnen und die Profeßschwestern des Mutterhauses zusammen 98 Stimmen abgaben. 384 Stimmen kamen also verschlossen, diesmal aber nicht versiegelt von außen direkt an den Wahlleiter. 79,6 Prozent der Stimmen kamen also ohne Siegel durch Briefwahl zustande.

Für die Wahl der Ratsschwestern wurden 480 Stimmzettel abgegeben, die je drei Namen enthielten. Schwester M. Veronika erhielt 436 Stimmen, Schwester M. Aloysia Meckel 408 und Schwester M. Felicitas Freilinger 195. Die Schwestern M. Veronika und M. Felicitas wurden also bestätigt. Schwester M. Ursula Wallenborn schied aus. Am 26. September bestätigte der Bischof von Trier die Wahlen. *[ZOAWBB. Wahlprotokoll.].*

Nachdem die Generaloberin in ihr Amt eingesetzt war, ernannte sie Schwester M. Aquilina Lermen, Schwester M. Hyazinta Müller und Schwester M. Baselissa Herrig zu Ratsschwestern. Der Rat wählte aus seiner Mitte Schwester M. Aloysia Meckel als Stellvertreterin der Generaloberin. Schwester M. Creszentia Bruch wurde wieder Novizenmeisterin. *[ZOAWBB. AGATHA SIMONS, Aufzeichnungen ..., 56.]*.

Am 6. September 1905 trat das letzte Wahlkapitel zu Rosa Fleschs Lebzeiten zusammen. Den Vorsitz führte zum zweiten Mal in der Geschichte der Gemeinschaft der zuständige Bischof von Trier, Michael Felix Korum. Beisitzer waren Rektor Probst und der Volksmissionar und Exerzitienmeister Pater Odericus Ries OFM (* 1855 – † 1933). Anwesend waren 124 Profeßschwestern.
23 kranke Schwestern aus dem Mutterhaus und 568 Schwestern aus den Filialen hatten ihre Stimmen schriftlich dem Vorsitzenden zukommen lassen. Es waren also 715 gültige Stimmen möglich. [*ZOAWBB. Wahlprotokoll.]*.
Die Zweidrittelmehrheit erforderte 476 Stimmen. Die Wahlen bei diesem Generalkapitel 1905 erbrachten erstmalig kein Ergebnis nach dem ersten Wahlgang. Es erhielten Schwester M. Aquilina Lermen 407 und Schwester M. Crescentia Bruch 134 Stimmen.
Beim zweiten Wahlgang wählten nur die inzwischen auf 127 angestiegenen anwesenden Schwestern. Schwester M. Aquilina Lermen erhielt 77, Schwester M. Crescentia Bruch 50 Stimmen.
Da die Zweidrittelmehrheit wiederum nicht erreicht war, wurde ein dritter Wahlgang erforderlich, bei dem die einfache Mehrheit genügte.
Schwester M. Aquilina Lermen erreichte zwei Stimmen weniger, Schwester M. Crescentia Bruch zwei Stimmen mehr als beim letzten Wahlgang. Mit 75 Stimmen war Schwester M. Aquilina Lermen also zur neuen Generaloberin gewählt. Sie hatte seit 1890 dem Rat angehört und war mit den Geschäften vertraut. Bischof Korum setzte die Neugewählte gleich in ihr Amt ein. *[ZOAWBB. Wahlprotokoll.]*.
Zu Ratsschwestern wurden gewählt Schwester M. Aloysia Meckel mit 561 Stimmen, Schwester M. Felicitas Freisinger mit 383 und Schwester M. Hyacintha Müller mit 276 Stimmen.

Die frühere Generaloberin Schwester M. Agatha Simons erhielt bei dieser Wahl 139 Stimmen und belegte damit bei 9 Kandidatinnen den 5. Platz. Schwester M. Rosa Flesch erhielt eine Stimme. Der Bischof unterschrieb das Protokoll allein und bestätigte damit auch gleichzeitig die Wahl. *[ZOAWBB. Wahlprotokoll.].*
Die Generaloberin ernannte dann nach einigen Tagen Schwester M. Agatha Simons, Schwester M. Mathildis Schneider und Schwester M. Basina Averdick zu Ratsschwestern. Der Rat wählte aus seinen Reihen Schwester M. Aloysia Meckel zur Stellvertreterin der Generaloberin. *[ZOAWBB. AGATHA SIMONS, Aufzeichnungen ..., 57.].*
Die Entwicklung ging unter der neuen Generaloberin ähnlich wie bei ihrer Vorgängerin voran. Die Zahl der Schwestern stieg an. Waren es bei ihrem Amtsantritt 1905 noch 976 Mitglieder, so überschritt die Genossenschaft bei ihrer Amtsaufgabe 1911 die Zahl 1065.

Ein Überblick über die Generalkapitel kommt nach den vorausgegangen Darlegungen zu der Feststellung, daß keines ohne Formfehler, Manipulationen oder Fälschungen verlaufen ist. Die Generalkapitel waren in ihrer Zusammensetzung sehr unterschiedlich. Von Mal zu Mal wuchs die Zahl der Schwestern, von denen niemals eine den Vorsitz führte. Der Vorsitzende – in der Regel der Bischöfliche Kommissar Gomm – mußte sich vom Generalvikariat nach den drei ersten Kapiteln jeweils Abmahnungen und Versäumnisse bei der Behandlung der Wahlprotokolle vorwerfen lassen.
Nur Mutter Rosa erreichte bei den ersten drei Wahlen unangefochten jeweils die absolute Mehrheit.
Eine nach den Statuten rechtmäßige und mögliche Wahl oder Ernennung von Mutter Rosa zur Ratsschwester beim Generalkapitel 1878 wurde von Rektor Probst und Mutter Agatha verhindert.
Wenn Schwester M. Agatha Simons ihre Zweidrittelmehrheit von 1878 beim Kapitel des Jahres 1881 auf über 90 Prozent ausbauen konnte, war das klar durch einen organisierten Wahlbetrug erkauft.
Das völlige Versagen des Wahlvorsitzenden und Bischöflichen Kommissars Gomm, der Generaloberin und Ratsschwestern und die massive Agitation von Rektor Konrad Probst hatten das manipulierte Wahlergeb-

nis zu verantworten. Besonders das schwer gestörte Vertrauensverhältnis der Schwestern in die geistliche Führung und untereinander wirkte in der Geschichte der Gemeinschaft noch sehr lange negativ nach.
Doch die Manipulationen gingen munter weiter: Beim Kapitel von 1884 erhielt Schwester M. Agatha Simons 97 Prozent der Stimmen. Alle Wahlunterlagen wurden vernichtet, nur aus den Aufzeichnungen der Wiedergewählten sind die Zahlen bekannt.

Diese Zustände und der Tod von Kommissar Gomm mögen Bischof Korum veranlaßt haben, beim Kapitel von 1887 nun persönlich einzugreifen. Großen Erfolg hatte er nicht: Die frühere Generaloberin tauschte mit ihrer früheren Stellvertreterin die Posten.
Beim Generalkapitel von 1890 hatte sich Rektor Probst eine derart unangefochtene Position als »Macher« – Vorsitzender und gleichzeitig Protokollführer – verschafft, dass die Schwestern erst gar nicht wagten, an eine Wiederwahl von Mutter Rosa zu denken. Schwester M. Agatha Simons trat als deutlich geschwächte »Handlangerin« des Rektors wieder das Amt der Generaloberin an.
Mit Wahlbriefen für die nicht abkömmlichen Schwestern, die an Rektor Probst einzusenden waren, »gewann« Sr. Agatha Simons auch bei den Generalkapiteln von 1893 und 1899 und übernahm das Amt der Generaloberin.
Im Jahre 1905 konnte die »Dauer–Generaloberin« satzungsgemäß nicht mehr gewählt werden. Bischof Korum leitete die Neuwahl, die nun erstmalig in der Geschichte der Gemeinschaft mehrere Wahlgänge erforderlich machte.

BELEGE UND LITERATUR:

7. Generalkapitel und Wahlen:

ZOAWBB. Chroniken – Akten – Festschriften – Personalunterlagen. – STATUTEN 1869, 15–17, Nr. 1–19. – K. S. FRANK, Generalkapitel, in: LTHK 4 (3. Aufl. 1995) 447. (LIT.). – KRACHT / SCHERER (HGG.), Flesch – Dokumente, REG.

Zum 1. Generalkapitel:

ZOAWBB. Akten – Wahlprotokoll – Personalunterlagen. – BATRIER, Akten Franziskanerinnen Waldbreitbach Bl. 36. – ZOAWBB. Beschlüsse des Generalrates (1869–1896), Bd. 1, 6f. – STATUTEN 1969, 17, NR. 20. – ZOAWBB. AGATHA SIMONS, Aufzeichnungen..., 47, 47a. – ZOAWBB. 7 M ORIG. 51f.; NR. 202–206. – LEMMENS, Festschrift, 29. – KRACHT / SCHERER (HGG.), Flesch – Dokumente, REG.

Zum 2. Generalkapitel:

ZOAWBB. Chroniken – Akten – Festschriften – Personalunterlagen. – ZOAWBB. Kopie de Lorenzi an Pfarrer Gomm, 29.10.1872. – ZOAWBB. SR. M. AGATHA SIMONS, Aufzeichnungen ... , 47a/b. – BATRIER, Abt. 40, Nr. 233, 873 – VISITATIONSPROTOKOLL Waldbreitbach, 19.8.1872. – ZOAWBB. 7 M ORIG. 66, 73; NR. 250, 272f. – GROETEKEN, Schatten, 183. – BÖCKELER, Macht, 172. – KRACHT / SCHERER (HGG.), Flesch – Dokumente, REG.

Zum 3. Generalkapitel:

ZOAWBB. Wahlprotokoll. – ZOAWBB. Akten – Personalunterlagen. – ZOAWBB. de Lorenzi an Gomm, 31.08.1875. – ZOAWBB. AGATHA SIMONS, Aufzeichnungen ... 47a/b. – ZOAWBB. 7 M ORIG., 81f.; NR. 304. – GROETEKEN, Schatten, 188f. – KRACHT / SCHERER (HGG.), Flesch – Dokumente, REG.

Zum 4. Generalkapitel:

ZOAWBB. Wahlprotokoll. – ZOAWBB. Protokollkopien. – ZOAWBB. Akten – Personalunterlagen. – ZOAWBB. AGATHA SIMONS, Aufzeichnungen ..., 47a/b. – ZOAWBB. 7 M ORIG. 85, 87f.; NR. 318, 326–332. – GROETEKEN, Schatten, 201ff., 204ff. – KRACHT / SCHERER (HGG.), Flesch – Dokumente, REG.

Zum 5. Generalkapitel:

ZOAWBB. Wahlprotokoll. – ZOAWBB. Akten – Personalunterlagen. – ZOAWBB. AGATHA SIMONS, Aufzeichnungen ..., 47b. – ZOAWBB. 7 M ORIG. 94, 96f.; NR. 356ff., 364ff. – GROETEKEN, Schatten, 212f. – KRACHT / SCHERER (HGG.), Flesch – Dokumente, REG.

Zum 6. Generalkapitel:

ZOAWBB. Akten – Personalunterlagen. – ZOAWBB. AGATHA SIMONS, Aufzeichnungen ... , 49/50, 50. – ZOAWBB. 7 M ORIG. 99f., 151f.; NR. 378, 570. – KRACHT / SCHERER (HGG.), Flesch – Dokumente, REG.

Zum 7. Generalkapitel:

ZOAWBB. Chroniken – Akten – Personalunterlagen. – ZOAWBB. Wahlprotokoll. –

ZOAWBB. AGATHA SIMONS, Aufzeichnungen ..., 48, 50/51. – ZOAWBB. 7 M ORIG. 107; NR. 409. – ZOAWBB AGNES . FRÖBUS, Erinnerungen, 79, 85. – KRACHT / SCHERER (HGG.), Flesch – Dokumente, REG.

Zum 8. Generalkapitel:

ZOAWBB. Akten – Personalunterlagen. – ZOAWBB. Wahlprotokoll mit Anlagen. – ZOAWBB. Personalunterlagen. – ZOAWBB. AGATHA SIMONS, Aufzeichnungen ... , 48, 51/52. Mit anderen Personenangaben ! – ZOAWBB. 7 M ORIG. 113; NR. 440. – KRACHT / SCHERER (HGG.), Flesch – Dokumente, REG.

Zum 9. Generalkapitel:

ZOAWBB. Akten – Personalunterlagen. – ZOAWBB. Wahlprotokoll. – ZOAWBB. AGATHA SIMONS, Aufzeichnungen ..., 52/52/53. – ZOAWBB. 7 M ORIG. 120f.; NR. 464. – ZOAWBB. Personalunterlagen. – KRACHT / SCHERER (HGG.), Flesch – Dokumente, REG.

Zum 10. Generalkapitel:

ZOAWBB. Akten – Personalunterlagen. – ZOAWBB. Wahlprotokoll. – ZOAWBB. AGATHA SIMONS, Aufzeichnungen ..., 56. – ZOAWBB. 7 M ORIG. 120.123f.; NR. 465, 483. – KRACHT / SCHERER (HGG.), Flesch – Dokumente, REG.

Zum 11. Generalkapitel:

ZOAWBB. Akten – Personalunterlagen. – ZOAWBB. Wahlprotokoll. – ZOAWBB. AGATHA SIMONS, Aufzeichnungen ..., 57. – KRACHT / SCHERER (HGG.), Flesch – Dokumente, REG.

8. AMTSNACHFOLGERINNEN

Nach ihrem Ausscheiden aus dem Amt der Generaloberin mußte Mutter Rosa Flesch als Gründerin unter demütigenden und z.T. unter statutenwidrigen Umständen bis zu ihrem Tod drei Amtsnachfolgerinnen erleben. Die beiden ersten stammten aus den Reihen ihrer frühen Gefährtinnen, die dritte war erst während des Kulturkampfes in die Gemeinschaft eingetreten.

8.1. Agatha Simons (1878–1887/1890–1905)

Schwester M. Agatha Simons war die zweite Generaloberin der Genossenschaft der Franziskanerinnenen FBMVA von 1878 bis 1887 und – nach der statutenmäßig vorgeschriebenen Unterbrechung – erneut von 1890 mit einer von Bischof Michael Felix Korum genehmigten Ausnahme und mit zwar geänderten, aber noch nicht in Kraft getretenen Statuten bis 1905.

Agatha Simons war am 20. Februar 1837 in Stopperich bei Waldbreitbach als Tochter der Eheleute Heinrich Simons und Anna Gertrud Kröll geboren und am selben Tag auf den Namen Elisabetha getauft worden. Am 14. Juli 1856 empfing sie das Sakrament der Firmung. Nach den [nicht sicheren] Quellen trat sie am 8. Februar 1864 – anders 1865 – in die kleine Gemeinschaft ein. Das Noviziat konnte Mutter Rosa wegen der vielen Verpflichtungen nur eingeschränkt leiten. Bei der Einkleidung am 29. April im gleichen Jahr erhielt sie den Namen Agatha. Am 1. August 1865 legte sie die Erste Profeß und fünf Jahre später die Ewige Profeß ab.

Ihre jüngere leibliche Schwester Katharina Simons – Sr. M. Augustina – fand ein Jahr später Aufnahme. Sie war [gegen die Satzung] fast 14 Jahre Oberin in Engers, wo der Bischöfliche Kommissar Jakob Gomm seit 1863 als Pfarrer wirkte, und starb dort – 41 Jahre alt – am 12. August 1883. Beide hatten den Rechtsanspruch auf Immobilien im Wert von je 800 Talern mitgebracht. *[Vgl. ZOAWBB. 7 M ORIG. 39f.; NR. 164.]*.

Die 5 Jahre ältere Sr. M. Agatha machte – wegen der Unmöglichkeit, sie aus Gesundheitgründen in Filialen einzusetzen und wohl auch wegen der noch dünnen Personaldecke der Gemeinschaft – zielstrebig und zügig in

der Zentrale Karriere: 1865 Stellvertreterin der Generaloberin, 1866 nach wenigen Monaten Tätigkeit in der Neugründung Adenau war sie drei Jahre später bereits Ratsschwester und Generalvikarin.
Die quellenmäßig nicht sicher belegte Ernennung zur Novizenmeisterin vom 25. Februar 1866 bleibt fragwürdig. Schon vor der Ewigen Profeß wurde sie am 21.10.1869 zur Ratsschwester gewählt und 1875 erneut Ratsschwester. Im Jahre 1872 schied sie satzungsgemäß als Ratsschwester aus. Wohl eine Ausnahme erwartend, fühlte sie sich zurückgesetzt und zeigte sich gekränkt und unwillig. Als nach einem Jahr Schwester M. Aloysia ausscheiden mußte, ernannte Mutter Rosa Schwester M. Agatha an deren Stelle wieder in den Rat.

Schwester M. Agatha hatte keine längere »Praxis« in den verschiedenen Arbeitsbereichen der Gemeinschaft. Erfahrungen als Ortsoberin fehlten ihr völlig. Schon fünf Jahre nach ihrem Eintritt kam sie durch Empfehlungen in die Führungsebene der Genossenschaft. Für Rektor Probst war die nachgiebige und leicht zu beeinflussende Generaloberin kein wirklicher Verhandlungspartner. Die Ordensfrau »von langsamer Entschlußkraft« *[BÖCKELER, MACHT, 159. – ohne Namensnennung.]* sowie ihre persönlichen Interessen und menschlichen Schwächen hatten auch andere – vor allem Konrad Probst – durchschaut und sie als ehrgeizig und geschäftstüchtig erkannt.

Amtsantritt für drei Wahlperioden

Am 1. Oktober 1878 – gewählt am 16. August – trat sie die Nachfolge von Mutter Rosa Flesch als Generaloberin an und verwaltete dieses Amt mit zweimaliger Wiederwahl bis zum 22. September 1887. In der ersten Amtszeit bis 1881 war ihre Tätigkeit nicht nur durch den Kulturkampf eingeschränkt.
Eine ihrer ersten – ziemlich umstrittenen – Amtshandlungen nach der Wahl war die Versetzung der Gründerin Rosa Flesch in die entfernte Filiale Niederwenigern. *[Vgl. ZOAWBB. 1 M 18f.; NR. 50.].* So verwundert es nicht sehr, daß Außenstehende – wie etwa Octavie de Lasalle – keine besondere persönliche Beziehung zu ihr aufzubauen vermochten. *[BACKES,*

Lasalle, 127f.]. Bereits im Januar 1879 nahm sie dann eine Anleihe von 2000 Talern auf, für deren Verwendung Belege fehlen. *[Vgl. ZOAWBB. Beschlüsse des Generalrates, 1.1879, Bd. 1, 32.].*

In die folgenden Jahre der Amtszeit der Generaloberin fielen einige für sie unerwartete aber folgenreiche Ereignisse:
Am 25. September 1881 übernahm der neue Trierer Bischof Felix Michael Korum (∗ 1840 – † 1921) die Leitung der Diözese. Der 40-jährige gebürtige Pfälzer, mehrsprachig und theologisch solide gebildet, hatte einen Monat vorher in Rom die Bischofsweihe empfangen. Damit zeichneten sich erste Änderungen nicht nur für das Bistum sondern auch für die Waldbreitbacher Schwestern ab. Bischof Korum wandte der Gemeinschaft seine besondere Aufmerksamkeit, sein aufrichtiges Interesse und eine bisher ungewohnte Sorgfalt zu. Bereits im folgenden Jahr kam der Bischof zur Visitation und Firmung nach Waldbreitbach. Für die Schwestern war die erste Begegnung mit einem residierenden Bischof etwas völlig Neues. Die Zeit war knapp: Der Bischof sprach kurz mit einzelnen Schwestern, ging aber nicht auf die Zellen. *[ZOAWBB. AGATHA SIMONS, Aufzeichnungen..., 49/50].*

Manche Schwierigkeiten in der Leitung der Genossenschaft blieben ihr nicht erspart. Sie erzählte selbst , daß Untergebene ihr unverhohlen sagten: »Sie waren als Schwester Agatha besser als sie es als Mutter Agatha sind«. Darauf entgegnete sie immer: »Im Amt der Generaloberin muß ich anders handeln«, als vorher, als ich einfache Schwester war. *[Vgl. ZOAWBB. 7 M ORIG. 94; NR. 354].* Schwester M. Agatha handelte immer so, wie Rektor Probst es wollte. *[Vgl. ZOAWBB. AGNES FRÖBUS, Erinnerungen, 8, 122.].*

In dieser Zeit legte sie das Personalbuch A an. Im Jahre 1885 berief man Sr. M. Rosa II. Becker ins Mutterhaus und übertrug ihr das Amt der Sekretärin. Sie schrieb »im Auftrag und nach Anleitung des Herrn Rektor Probst und der Generaloberin« ein neues Buch, in das sämtliche Schwestern seit der Gründung eingetragen wurden. Der Name der Stifterin »Mutter Rosa Flesch« ist nicht darin verzeichnet«. *[ZOAWBB. 7 M ORIG., 103, Nr. 393.].*

Als im März 1885 der Bischöfliche Kommissar, Dechant Jakob Gomm starb, übernahm Bischof Felix Michael Korum selbst die Leitung der Genossenschaft. Bereits vom 6. bis zum 9. Juli 1885 kam er zur bischöflichen Visitation ins Marienhaus. Seine persönliche Begegnung mit Mutter Rosa im Mutterhaus konnte die amtierende Generaloberin Agatha Simons nicht als erfreuliches Antrittsgeschenk für sich selbst verbuchen. Der Bischof »verkehrte überaus freundlich und liebevoll mit allen; er hat großen Segen und viele geistliche Anregungen zurückgelassen«. *[PROBST, Tagebuch: LEMMENS, Festschrift, 64.].*

Bei der ersten Wiederwahl von Sr. M. Agatha Simon im Jahre 1881 unterschrieb Rektor Probst als erster [!] das Wahlprotokoll. Es folgten die Unterschriften des Pfarrers von Waldbreitbach Heinrich Jakob Hermes, der auch außerordentlicher Beichtvater der Schwestern war, und dann erst die des Bischöflichen Kommissar Pfarrer Gomm. Für die Wiederwahl 1884 fehlen alle Unterlagen.

Während der ersten Amtsperiode von Mutter Agatha (1878–81) konnte die Gemeinschaft nur mäßig wachsen. Das beweisen die 44 neueingetretenen Mitglieder. Ihre Zahl stieg jedoch kontinuierlich an. Waren es 1878 nur 5 neue Mitglieder, 1879 zwölf, 1880 sechzehn, 1881 vierzehn und 1882 fünfzehn , so stieg die Zahl 1883 – durch die inzwischen milderen Gesetze – schon auf 22, 1884 auf 27, 1885 und 1886 verzeichneten 36 bzw. 35 Neuaufnahmen und 1887 endete schließlich mit der Aufnahme von 36 Mitgliedern. Im Jahre 1887 zählte die Gemeinschaft bereits etwa 270 Schwestern.

Intrigantes Zwischenspiel

Im Jahre 1887 war eine erneute Wiederwahl satzungsmäßig nicht möglich. Als der Bischof nach der Wahl von 1887 auch noch entschied, eine aus dem Amt geschiedene Generaloberin dürfe sich nicht mehr »Mutter« nennen lassen, und er dieses Recht nur der Gründerin Mutter Rosa Flesch lebenslänglich zusprach, konnte er die Konsequenzen selbst bei bestem Willen nicht absehen. Schwester M. Agatha – als wenig einsichtige und eitle »Zicke« – fühlte sich tief getroffen und setzte ihre subtilen Aktionen gegen Mutter Rosa erst recht im Verborgenen fort. Es sollte sich später noch deutlicher zeigen: Ihr Konto an Eitelkeit – auch auf Kosten ihrer Mitschwestern – hatte die 50-jährige noch nicht endgültig aufgefüllt. Die Delegierten wählten Schwester M. Agatha am 22. September 1887 gleichwohl wieder zur Ratsschwester und die Ratsmitglieder anschließend auch zur Stellvertreterin der Generaloberin.

Zwölf weitere Jahre an der Spitze der Gemeinschaft

Am 22. September erfolgte nach der dreijährigen statutenmäßigen Unterbrechung 1890 die von langer Hand vorbereitete erneute Wahl zur Generaloberin. Bei dieser Wahl fungierte Rektor Probst wieder als Vorsitzender [!]. Sr. M. Agatha Simons wurde mit deutlich geringerem Wahlerfolg als früher gewählt. Am 15. April 1891 und am 12. April 1893 autorisierte Mutter Rosa Flesch ihre Nachfolgerin, in ihrem Namen Rechtsgeschäfte vornehmen zu können.
Die Mitgliederzahlen der Gemeinschaft stiegen während der nächsten Amtszeit stetig an. Ende des Jahres 1900 waren es bereits 787 Schwestern. Neue Klausurräume mußten geschaffen werden. So ging es an die Bauplanung und Ausführung eines neuen Schwesternhauses.
Die am 23. September 1893 vollzogene Wiederwahl blieb nach den zwar eingereichten aber noch nicht genehmigten Statuten rechtlich fragwürdig. Auch bei dieser Wahl für weitere 6 Jahre war wiederum Rektor Probst Vorsitzender [!].
Nach der erneuten Wiederwahl zur Generaloberin am 22. September 1899 endete dieses Mandat nach den neuen Statuten im Jahre 1905.

Eine gutgemeinte Episode blieb das in dieser Amtszeit am 3. April 1900 begonnene und bereits Ende 1903 aufgelöste Heim »für die Fabrikarbeiter« in Sinzig am Rhein. Dem Unternehmen unter Leitung der Gründungsoberin Schwester M. Emilie Joras (∗ 1855–1883 Eintritt – † 1918) fehlten wohl Mitarbeiter mit fachlichen Qualifikationen der Erwachsenenbildung und politischer Einsicht in Fragen des Gewerkschaftsstreites. Von der Ordensleitung wären diese Vorgaben auch nicht zu leisten gewesen.

[Vgl. ZOAWbb. Beschlüsse des Generalrates, 8.8.1893, Bd. 1, 78f.; 22.1.1899, Bd. 2, 13; 30.5.1903, Bd. 2, 37.].
In ihre Amtszeit fiel am 19. Januar 1903 die für die Gemeinschaft bedeutende Gründung der »Marienhaus, Kranken- und Pflegeanstalt, Gesellschaft mit beschränkter Haftung«, von der in anderem Zusammenhang bereits die Rede war. *[FRIELING, H. / BERGMANN, B, / SCHULZE, A. (RED.), 100 Jahre Marienhaus GmbH Waldbreitbach, 2–12, hier, 2.].*

Nach der 1905 abgelaufenen Amtszeit gab es ernsthafte Versuche, eine erneute Wahl zu ermöglichen. Dazu reiste die Oberin des Antoniushauses Schwester M. Hyazintha Müller eigens nach Trier zu Bischof Korum, um eine Wiederwahl von Schwester M. Agatha Simons zu erbitten. Der Bischof lehnte das Anliegen höflich aber bestimmt ab. *[ZOAWBB. 7 M ORIG. 120; NR. 466.].*
Im September 1905 von ihrer Amtsnachfolgerin zur Ratsschwester ernannt, stand sie in dieser Eigenschaft am 25. März 1906, dem Todestag von Mutter Rosa, an deren Sterbebett.
Die Delegierten wählten sie am 20. September 1911 zum letzten Mal in den Rat der Gemeinschaft. Schwester M. Agatha Simons starb am 12. März 1915 im Marienhaus zu Waldbreitbach.

Im mitmenschlichen Bereich ist ihr auch eine gewisse Zickig- oder Stutenbissigkeit nicht abzusprechen. Auch unter Berücksichtigung der Tatsache, daß es schwierig war, Nachfolgerin einer begnadeten Persönlichkeit zu sein, die aus dem Nichts eine starke, blühende Gemeinschaft zu bilden vermochte, verblassen die »Leistungen« im Bau- und Finanzbereich auch deshalb, weil geistliche Führung ihre Sache nicht war.
Ohne Übertreibung läßt sich sagen: Mutter Rosa Flesch und ihre Amtsnachfolgerin waren vom Charakter her grundverschieden. Aber nicht nur darum war Sr. M. Agatha Simons der Gründerin in herzlicher Abneigung verbunden. Zwei schwer zu beantwortende Fragen müssen darum gestellt werden: Wollte Sr. M. Agatha als Generaloberin »fortschrittlicher« sein oder erscheinen als ihre Vorgängerin? Hat sie Rektor Probst deshalb für so wichtig gehalten, damit sie selbst noch um so wichtiger erscheinen konnte?

Vergegenwärtigen wir uns noch einmal:
Sr. M. Agatha Simon wurde 1878 dreimal auf drei Jahre bis 1887, dann nach einer Amtsperiode Pause einmal für 3 Jahre von 1890 bis 1893 und schließlich nach Anwendung der noch nicht rechtsgültigen Satzungsänderung zweimal für 6 Jahre 1893 bis 1905 zur Generaloberin gewählt. Sie war also insgesamt 24 Jahre – fast ein Drittel ihrer Lebenszeit – Generaloberin der Franziskanerinnen von Waldbreitbach. Nur die Amtszeit von Rektor Probst war noch länger. Er trat sein Amt als 26-jähriger an und war knapp 45 Jahre Rektor in Waldbreitbach.
Bei der Amtsniederlegung von Sr. M. Agatha Simons im Jahre 1905 gab es 967 Schwestern, die Filialen hatten sich auf 72 erhöht. *[LEMMENS, Festschrift, 56.].* 38 Neugründungen konnte sie während ihrer sehr langen Amtszeit vollziehen.

Die Lobeshymnen von zwei Insidern – Pfarrer Jakob Gomm und Pater Leonhard Lemmens OFM – klingen echt. Überzeugend wirken sie nicht: »Die ersten drei Jahre ... war Mutter Agatha durch den Kulturkampf gehemmt; an Fortschritte war kaum zu denken; und nur bisweilen zeigte sich in der Ferne die Morgenröte einer besseren Zeit. Daher mußte sich Mutter Agatha zunächst auf die Erhaltung des Bestehenden beschränken. Sie ging hier in glücklicher Weise vor. Durch ihr ruhiges und mütterliches Verhalten gewann sie bald die Herzen. Kam sie zur Visitation auf die Filialen, so merkten die Schwestern, wie die älteren noch heute erzählen, bald den Unterschied zwischen Mutter Agatha und ihrer Vorgängerin, Mutter Rosa«. *[LEMMENS, Festschrift, 56.].* Beim Einholen der bischöflichen Genehmigung nach der Wahl 1881 lobte der Bischöfliche Kommissar Gomm »die wiederum zur Generaloberin gewählte Schwester M. Agatha besitze »die zur Leitung der Genossenschaft erforderlichen moralisch und intellektuellen Eigenschaften in hohem Grade«. *[BATRIER. Wahlprotokoll und Brief Gomm an Generalvikariat, 19.7.1881.].*
Es ist unbestrittene Tatsache: Schwester M. Agatha Simons brachte »die Genossenschaft zur größten Entfaltung«. Mehr als fragwürdig bleibt aber die Feststellung, sie habe die Gemeinschaft »in echt franziskanischem Geiste nach dem Vorbild der Stifterin« geleitet. *[FESTSCHRIFT – 75 Jahre, 14.].*

8.2. Veronika Heinen (1887–1890)

Aus dem sorgfältig vorbereiteten und rechtzeitig manipulierten Wahlkapitel vom 22. September 1887 ging trotz Anwesenheit des Bischofs als dritte Generaloberin Schwester M. Veronika Heinen hervor. Für drei Jahre blieb sie höchste Amtsträgerin in der Genossenschaft.

Schwester M. Veronika hatte als Tochter des Johann Peter Heinen und der Magdalena Gemmel am 13. März 1839 in Kefersheim bei St. Wendel das Licht der Welt erblickt und bei der Taufe in der Pfarrkirche von Kirchbolenbach den Namen Anna Maria erhalten.
Die Eltern verdienten ihren Lebensunterhalt in der Landwirtschaft und verfügten über ein bescheidenes Vermögen.
Sie kam zunächst als Pflegebefohlene nach Waldbreitbach. Mutter Rosa erkannte bald die guten Eigenschaften der gesundheitlich Angeschlagenen und beschäftigte sie mit ihren Kräften entsprechenden Arbeiten. Sie wurde in Handarbeiten und Sticken ausgebildet. Dazu übertrug sie ihr die Sorge für die Garderobe.
Am 10. Januar 1865 als Postulantin eingetreten und am 1. August 1865 eingekleidet, kam sie bereits am 25. September 1865 nach Adenau. Bereits am 11. Januar 1866 war sie in der Filialgründung Ruwer tätig. Durch mehrmaligen Ortswechsel und Arbeit in Neugründungen hatte sie Einsatzbereitschaft, Flexibilität sowie Toleranz gegenüber Mitschwestern unter Beweis gestellt. Im August 1866 ins Marienhaus nach Waldbreitbach gerufen, bereitete sie sich im von Mutter Rosa selbst geleiteten Noviziat auf die am 18. Dezember 1866 abgelegte Erste Profeß vor. Vom 27. Februar 1867 bis zum 24. Januar 1872 wirkte sie als Gründungsoberin in Cochem. Sie kam dann wieder nach Waldbreitbach um am 14. Mai 1872 Ewige Profeß zu machen. Wohl wegen ihrer Integrationsfähigkeit wählten ihre Mitschwestern sie bereits am 4. Oktober 1872 zur Ratsschwester, 2 Jahre später zur Generalvikarin. Bis Oktober 1875 vertrat sie auch als Stellvertreterin die Generaloberin. Von 1876 bis zu ihrer Wahl zur Generaloberin wirkte sie mehrmals als Schwester im Rat mit oder als Stellvertreterin der Generaloberin. In einem undatierten von Mutter Rosa, Rektor Probst und dem sonst nicht erwähnten Pfarrer Philipp Diel (* 1827 –

† 1886) unterschriebenen Protokoll über die Wahl einer Ratsschwester wurden von 90 Stimmen 78 für Schwester Veronika abgegeben.

So kam ihre Wahl beim Generalkapitel von 1887 nicht ganz überraschend. Sie hatte sich aus gesundheitlichen Gründen gegen die Übernahme des Amtes gewehrt. Bischof Korum hatte ihren demütig vorgetragenen Bedenken nicht entsprochen und sie umgehend nach der Wahl als Generaloberin eingesetzt.
Schwester M. Agnes Fröbus ließ in ihrem Bericht an Deutlichkeit nichts zu wünschen übrig: »Man hat Mutter Veronika nur gewählt, so lange, bis Mutter Agatha wieder gewählt werden konnte. Das haben die Schwestern schon gewußt«. *[ZOAWBB. AGNES FRÖBUS, Erinnerungen, 2f.,116f.]*. Ob Schwester M. Veronika sich auch deshalb so zierte, die Wahl anzunehmen?
Während ihrer Amtszeit begann sie mit der Errichtung des Antoniushauses, einer Heil- und Pflegeanstalt für Nervenkranke in der Nähe des Mutterhauses. Neben der Gründung dieses Hauses konnte Mutter Veronika während ihrer Leitungstätigkeit drci Neugründungen, Neuerburg und Kyllburg im Bistum Trier und Worringen in der Erzdiözese Köln vornehmen. Die Zahl der Filialen stieg damit auf 38. Die Neuaufnahmen von Schwestern konnten sich ebenfalls sehen lassen: 1887 kamen 11, 1888 traten 34 ein, 1889 baten 26 und in ihrem letzten Amtsjahr noch 10 um das Ordenskleid. Mit 71 Neueintritten in drei Jahren erreichte sie einen beachtlichen Durchschnitt von fast 24 Schwestern pro Amtsjahr. Schließlich war die Amtszeit abgelaufen und Mutter Veronika konnte nach der Neuwahl 1890 die Leitung der Gemeinschaft wieder ihrer Vorgängerin überlassen. Doch wählten ihre Mitschwestern sie am 22. September 1890 gleich wieder zur Generalvikarin und Ratsschwester. Dazu mag ihr gutes Einvernehmen mit Mutter Rosa beigetragen haben. So konnte sie am 18. Dezember 1891 beliebt im Kreise ihrer Mitschwestern ihr Silbernes Ordensjubiläum feiern. »Sie war eine schlichte, einfache tieffromme Seele und den kranken Schwestern so gut«. *[Vgl. ZOAWBB. AGNES FRÖBUS, Erinnerungen, 2f.,116f.]*
Auch bei den folgenden Wahlen von 1893 und 1899 kam sie jeweils in das Führungsgremium der Gemeinschaft. So verwaltete sie bis zu ihrem

Tod am 25. Oktober 1901 mehrere Ämter, von ihren Mischwestern geschätzt als »Vorbild und Muster in der Übung des Gemeinschaftslebens, der Anspruchslosigkeit und Bescheidenheit«. *[FESTSCHRIFT – 75 Jahre, 14.]*.

8.3. Aquilina Lermen (1905–1911)

Als 1905 eine Wiederwahl von Mutter Agatha Simons weder mit Manipulationen noch mit mehr oder weniger diplomatischem Nachhaken möglich war, übernahm ein Jahr vor dem Tod von Mutter Rosa die 42 Jahre alte Schwester M. Aquilina Lermen nach je mehrjähriger »Front«- und Verwaltungserfahrung für sechs Jahre das Amt der Generaloberin.

Barbara Lermen, am 18. April 1863 in der Nähe von Tholey im Saarland geboren, trat am 25. Juni 1881 in die Gemeinschaft ein. Am 28. August des folgenden Jahres erhielt sie den Ordenshabit und nahm den Namen Schwester M. Aquilina an. Das Noviziat machte sie unter Leitung der fünfzehn Jahre älteren Schwester M. Aloysia Meckel.

Am 16. April 1884 begann sie ihr fünfjähriges Wirken in Neuenahr und legte am 27. Mai 1884 die Erste Profeß ab. In der 1883 gegründeten Niederlassung, die sich der Krankenpflege widmete, eine Handarbeitsschule betrieb und sich auch um Kurgäste kümmerte, leistete sie nicht nur Basisarbeit in diesen Bereichen. Sie erlebte auch drei bewährte Oberinnen: die 30 Jahre ältere, erfahrene Gründungsoberin Sr. M. Rosa II. Becker (1833–1889), die profilierte Novizenmeisterin und Oberin auf Zeit M. Crescentia Bruch sowie die ihr bereits seit 1883 bekannte Mit–Schwester und zur Oberin aufgestiegene M. Antonia Butz (∗ 1852 – 1878 Eintritt – † 1922), die auch in Neuenahr starb.

Am 19. Oktober 1889 kehrte sie ins Marienhaus zurück und legte nach 5 Tagen die Ewige Profeß ab. Gut ein Jahr später ernannte ihre Vorgängerin sie am 29. September 1890 zur Ratsschwester.

Nach drei Jahren im Amt bestätigt, übernahm sie gleichzeitig das Amt der Sekretärin. Sie hatte sich gründlich eingearbeitet, verfügte über profunde Kenntnisse der Verwaltung und war mit den Alltagsgeschäften im Generalat bestens vertraut. So wirkte sie 1903 entscheidend mit an dem Vertragsentwurf für die Gründung der »Marienhaus, Kranken- und Pflegeanstalt, Gesellschaft mit beschränkter Haftung« vor dem Koblenzer Notar Dr. Kockerols. *[FRIELING, H. / BERGMANN, B, / SCHULZE, A. (RED.), 100 Jahre Marienhaus GmbH Waldbreitbach, 2–12, hier, 2.].*

Aber auch in erkennbaren Urkundenfälschungen war sie versiert. Nach 1900/02 übertrug sie in das Personalienbuch B die Daten von Mutter Rosa auf die Rückseite des Deckblattes:

Abschrift aus dem Personalienbuch – Seite 1
Eingeklebtes, nachgetragenes Blatt [Handschrift: Schwester M. Aquilina Lermen]. »Auf die Bemerkung, daß Name und Angaben von der Stifterin fehle, meinte sie [M. Aquilina Lermen], das erste Blatt sei wohl herausgerissen«. *[ZOAWBB. 7 M ORIG. 152; NR. 573.].*

»Schwester Rosa Flesch die Erste

Margaretha Flesch, Tochter des Müllermeisters Georg Flesch und Agnes Breitbach, ist geboren zu Vallendar Kreis Coblenz den 24. Feb.[ruar] 1826, getauft zu Vallendar den ... gefirmt, zu ... den ... lebte als Ordens-Candidatin, resp.[ektive] als Stifterin mit anderen gleichgesinnten Jungfrauen vom ... 1856 an der Kreuzkapelle.

am 13. März 1863 wurde ihr von dem damaligen Bischof von Trier, dem Hochwürdigsten Herrn Wilh.[elm] Arnoldi das Ordenskleid des h[ei]l[igen] Franz von Assisi und die Ablegung der 3 Ordensgelübde auf 5 Jahre nach der Regel desselben Heiligen bewilligt. Der Hochwürdige Herr Jakob Gomm damals Pfarrer zu Waldbreitbach und Bischöflicher Commissar des Klosters reichte ihr mit noch zwei Genossinnen das Ordenskleid, gab ihr den Namen: Schwester Maria Rosa u.[nd] nahm am selben Tage ihre Gelübde für fünf Jahre entgegen; die ewigen Gelübde machte sie am 19. Juni 1868. Schw.[ester] Rosa war General-Oberin bis August 1878.
Der Vater ist geboren zu Burgen und zu Keltermühle Pfarrei Waldb.[reitbach] gestorben.

Die Mutter ist geboren zu Vallendar und zu Unkel a[m]/Rhein gestorben.
Schwester M[aria] Rosa ist am 25. März 1906 zu Marienhaus infolge Altersschwäche gestorben.
R. i. p.«
[Abschrift aus dem Personalienbuch B – Seite 1 – nachgetragenes Blatt (Handschrift: Schwester M. Aquilina Lermen)].

Von Schwester M. Marzella Schumann hätte sie leicht genauere Informationen bekommen können. Aus dem Eintrag ist leicht zu ersehen, daß ihre Beziehung zu Mutter Rosa wohl nur mit »höflich-reserviert« bezeichnet werden kann. Während der Krankheit der Gründerin scheint sich aber ein Wandel angebahnt zu haben.
Einige ihrer ersten Amtshandlungen waren:
Ernennung ihrer Vorgängerin zur Ratsschwester, obwohl das eigentlich gegen die neue Regel verstieß. Nicht gegen die Regel verstieß die wesentlich schwerwiegendere Entscheidung, Rektor Probst nicht mehr zu den Sitzungen des Rates zuzulassen. Damit waren spürbare Grenzen nach innen gezogen und unübersehbare Zeichen nach außen gesetzt. Schwester M. Aquilina setzte gegen den erklärten Willen von Rektor Probst auch durch, daß nach dem Tod von Mutter Rosa ein feierliches Totenamt gehalten wurde.
Als die Generaloberin – seit 1910 von einer schweren Herzkrankheit gezeichnet – im folgenden Jahr aus dem Amt schied, arbeitete sie noch bis 1925 im Rat mit. So war ihr die Möglichkeit gegeben, am 19. Mai 1915 Augenzeugin der Umbettung von Mutter Rosa Flesch zu sein. Vor ihrem Tod am 9. Oktober 1950 in Völklingen war sie noch jeweils mehrere Jahre Oberin in Engers, in Waldbreitbach im Rosa–Stift, in Wadern und schließlich in Völklingen.

Insgesamt entstanden 10 neue Filialen, unter ihnen die erste im Bistum Münster. Ein Dominikaner, der die Schwestern in Birkenfeld kennengelernt hatte, veranlaßte ihre Berufung an das von seinen Mitbrüdern geleitete Konvikt zu Vechta. Auch die Gebäude des Mutterhauses wurden unter Mutter Aquilina um einen größeren Bau erweitert: das Franziskushaus.

Bemerkenswertes Verdienst Mutter Aquilinas war die Ausbildung der Schwestern in allen durch das Vorbild von Mutter Rosa geforderten Bereichen. Darum sah sie ihre Haupttätigkeit für die Genossenschaft in der Krankenpflege und der weiteren beruflichen Qualifizierung der Schwestern. Auf diesem Gebiet versuchte sie den bewährten Forderungen der Neuzeit zu entsprechen. Dem Fortschritt in Medizin, Technik und Wissenschaft gab sie Raum in der Ausbildung von Schwestern und der Ausstattung der Einrichtungen des Ordens. Mit diesen Bemühungen um die Tätigkeit und Ausbildung der Schwestern war ihr unermüdliches Streben für das religiöse Leben der Gemeinschaft verbunden. Da man auf die 1894 nach Rom gesandten Statuten noch keine Antwort erhalten hatte, veranlaßte Mutter Aquilina Lermen im Einvernehmen mit Bischof Felix Michael Korum eine nochmalige Überarbeitung der Statuten, um die päpstliche Approbation voranzutreiben.

Die Entwicklung der Gemeinschaft machte unter ihr weitere Fortschritte. Sie gründete 10 neue Filialen – davon noch 2 zu Lebzeiten Mutter Rosas. Die letzte Gründung zu Mutter Rosas Lebzeiten war die Niederlassung Ensdorf im Kreis Saarlouis am 2. Dezember 1905. Die Gründungsoberin Sr. M. Wernera Göbel (* 1872 – 1894 Eintritt – † 1912) begann mit 3 Schwestern die Krankenpflege und eine Handarbeits- und Kinder-Bewahrschule.

Auch die Zahl der Schwestern stieg an. Waren es bei ihrem Amtsantritt 1905 noch knapp 1000 Mitglieder, so hatte die Genossenschaft bei ihrer Amtsaufgabe 1911 die Zahl 1000 deutlich überschritten.

BELEGE UND LITERATUR:

8. AMTSNACHFOLGERINNEN

Zu Agatha Simons (1878–1887/1890–1905):

ZOAWBB. Chroniken – Akten – Festschriften – Personalunterlagen.

ZOAWBB. 7 M ORIG. passim. ; NR. passim. – ZOAWBB. Personalienbuch B / 0005 – [A / 0015]. – ZOAWBB. Wahlprotokolle. – ZOAWBB. Beschlüsse des Generalrates, 15.10.1875, Bd. 1, 7. [Nachtrag ohne Unterschriften]., 1.1879, 32. – BATRIER, VISITATIONSPROTOKOLL Waldbreitbach 16.6.1882, Abt. 40, Nr. 249, 239. – 17.8.1885, Abt. 40, Nr. 260, 365. – SCHRIFTEN: Original: »Vom Berufe zum Ordensstande«, [unpaginiert, undatiert, fadengeheftet.] – Beglaubigte Abschrift eines (GROETEKEN: »frisierten«) Manuskriptes: Zur Geschichte der Genossenschaft. – »Aufzeichnungen unserer ehrwürdigen Mutter Agatha«. – zitiert: ZOAWBB. AGATHA SIMONS, Aufzeichnungen ... , 47, 47a, 56f. – ZOAWBB. 7 M ORIG. 39f., 51, 92ff., 131, 144f., 149f.; NR. 164, 203, 349, 353f., 511, 555, 569. – LEMMENS, Festschrift, 56–66 [Foto], 89/90, 91/92; Anhang Nr. 22–35; 39–77. – FESTSCHRIFT, 75 Jahre, 14. – GROETEKEN, SCHATTEN, 106f., 204ff. – BÖCKELER, MACHT, 159. [Ohne Namensnennung]. – BACKES, Flesch – Testament, 88, 137. – KRACHT / SCHERER (HGG.), Flesch – Dokumente, REG.

Zu Veronika Heinen (1887–1890)

ZOAWBB. Personalunterlagen. – ZOAWBB. Personalienbuch B / 0007–1. – [A / 0019]. – ZOAWBB. Undatiertes Wahlprotokoll. [Das Protokoll könnte in die Jahre 1872 / 1876 [?] zu datieren zu sein.]. – ZOAWBB. Beschlüsse des Generalrates, 4.10.1874, 4.10.1876, Bd. 1, 7. [Nachträge ohne Unterschriften]. – ZOAWBB. AGATHA SIMONS, Aufzeichnungen ... , 47a., 47a/b., 57. – ZOAWBB. Wahlprotokoll. – BATRIER. VISITATIONSPROTOKOLL Waldbreitbach 20.5.1888 – Abt. 40, Nr. 266, 78. – ZOAWBB. 7 M ORIG. 107f., 113, 149f., 151f.; NR. 409ff., 439f., 569, 573. – ZOAWBB. AGNES FRÖBUS, Erinnerungen, 2f.,116f. – LEMMENS, Festschrift, 56., Anhang Nr. 36–38. – FESTSCHRIFT, 75 Jahre, 15. – GROETEKEN, Schatten, 205. – KRACHT / SCHERER (HGG.), Flesch – Dokumente, REG.

Zu Aquilina Lermen (1905–1911)

ZOAWBB. Personalunterlagen. – ZOAWBB. Personalienbuch B / 0122. – ZOAWBB. Wahlprotokoll 1905. – ZOAWBB. Protokolle – Befragung durch Dr. Wink. – ZOAWBB. Chronik Mutterhaus, 1915. – ZOAWBB. 7 M ORIG. 152; NR. 573. – LEMMENS, Festschrift, 67/68, 97f. u. Anhang Nr. 78–87. – FESTSCHRIFT – 75 Jahre, 15. – H. FRIELING / B. BERGMANN / A. SCHULZE, (RED.), 100 Jahre Marienhaus GmbH Waldbreitbach, 2–12. – BÖCKELER, Macht, 307f., 316ff. – KRACHT / SCHERER (HGG.), Flesch – Dokumente, REG. und Schwesternverzeichnis.

9. DEUTSCH-FRANZÖSISCHER KRIEG

Am 19. Juli 1870 erklärte Frankreich Preußen den Krieg. Kaum waren die wehrpflichtigen Männer einberufen, da rief die Zentralstelle der Johanniter-Malteser-Genossenschaft alle »barmherzigen Schwestern« auf, sich für den Pflegedienst in den Lazaretten zu melden. *[GENERAL-BERICHT DER CENTRALSTELLE DER JOHANNITER-MALTESER-GENOSSENSCHAFT IN RHEINLAND-WESTFALEN, Krieg 1870–1871, Köln [o. J.], 2ff.].*
Zu Beginn des Krieges zählte die Gemeinschaft 88 Profeßschwestern, 16 Novizinnen und 8 Postulantinnen. Knapp fünfzig Schwestern, fast die Hälfte der gesamten Schwesternschaft, sandte Mutter Rosa zur Pflege der Verwundeten in Kriegslazarette in den beiden nahegelegenen Zentren Trier (23) und Völklingen (22). Die Durchschnittszahl der täglich verpflegten Soldaten lag in beiden Zentren bei 1526 Soldaten. Dem Zentrum in Trier waren ein Lazarett und zwei Kasernen in der Stadt, ein Lazarett in Cochem, ein Hospital in Cues, die Niederlassung der Schwestern in Hermeskeil sowie Privatpflegestellen in Hedersdorf und St. Goar zugeordnet. Zu Völklingen gehörten die Lazarette in Corny, Longeville und Pont-à-Mousson. Die ersten Schwestern begannen ihre Einsätze am 9. August 1870. Die letzten Schwestern kamen nach dem 11. April 1871 aus den Lazaretten zurück.

Mutter Rosa hatte den Maltesern bereits auf deren Anfrage geantwortet, sie sei bereit fünfzig Krankenschwestern zu entsenden. Sie rief nun die ausgesuchten Schwestern ins Mutterhaus, gab ihnen Hinweise für ihr Verhalten im neuen Wirkungskreis und gute Lehren mit auf den Weg. Besonders legte sie ihnen Pflichttreue und Demut ans Herz. Sie schickte sie, von ihrem Gebet und Segen begleitet, in Gruppen hinaus, unbekannten Orten und Gefahren entgegen. Ihre Devise war: »Mögen meine Töchter ihre Pflichten treu erfüllen und nicht geachtet werden, das heißt keine besondere Anerkennung finden«. *[ZOAWBB. 7 M ORIG. 65; NR. 247.].*
Nachdem die Schwestern sich bei Pfarrer Gomm in Engers den priesterlichen Segen erbeten hatten, entließ er sie mit Ermahnungen und den nötigen Dispensen. Vom täglichen Breviergebet waren sie befreit. Inhalt und Ziel ihrer Betrachtung sollte sein, in den Kranken und Verwundeten

den göttlichen Heiland zu sehen und ihre Arbeit in guter Meinung zu vollbringen. Es war ihnen gestattet, täglich die heilige Kommunion zu empfangen.
Alle Schwestern, die das Noviziat beendet hatten, sowie diejenigen, die vor den Ewigen Gelübden standen, legten ihre Gelübde vor dem Bischöfliche Kommissar Pfarrer Gomm in der Pfarrkirche zu Engers ab, bevor sie ihren Einsatz in der Kriegskrankenpflege zugewiesen erhielten. *[ZOAWBB. 7 M ORIG. 65; NR. 247f.].*

Am 11. August 1870 gelangten Schwestern nach Pont-à-Mousson. Dort begannen sie am folgenden Tag ihren opferbereiten Dienst im Kriegslazarett, das man in der ausgeräumten Pfarrkirche eingerichtet hatte. Tag und Nacht trafen die Schwerverletzten ein. Schwester M. Melania Lehmacher (∗ 1833 – 1868 Eintritt – † 1915) berichtete in ihren Erinnerungen: »Wenn ein Wagen voll Verwundeter in der Kirche untergebracht war, stand schon wieder ein anderer draußen. Es lagen auch solche darunter, die unterwegs gestorben waren. In der mit Stroh belegten Kirche wurden die Verwundeten von neuem verbunden und dann in andere Räumlichkeiten gebracht, um den folgenden Platz zu machen. Man sagte, daß in der ersten Woche jeden Tag durchschnittlich 600 in der Kirche verbunden wurden .... Ritter, Grafen und gewöhnliche Soldaten lagen nebeneinander in der Kirche auf Stroh. Da hatte jemand die Arme, dort einer ein Bein, ein anderer beide Beine verloren. Vielen Soldaten staken die Kugeln noch im Körper. Mehrere Ärzte waren in der Kirche mit der Untersuchung beschäftigt.... Da brach unter den Soldaten Ruhr und Typhus aus, und wir mußten in die Schulsäle pflegen gehen. Schwester [M.] Delphina [Jäger (∗ 1845 – 1868 Eintritt – † 1909)] ... hatte in einem Saale 29 Soldaten Tag und Nacht zu pflegen«. *[Zitiert nach: LEMMENS, Festschrift, 31f. – ZOAWBB. Personalienbuch B /0036–1 – A/0094.; B /0039–1 – A/0098. – GROETEKEN, Schatten, 171f.].*

Persönlicher Einsatz von Mutter Rosa

Mutter Rosa entließ die Schwestern mit guten Ratschlägen und der Zusicherung ihres Gebetes. Die Leitung im Mutterhaus übergab sie ihrer

Assistentin, Schwester M. Agatha Simons.
Dann wandte die Generaloberin sich auch selbst der Pflege von Verwundeten zu. Zunächst begab sie sich in das Knappschaftslazarett Völklingen. Dort waren seit 1868 einige Schwestern tätig. Hier informierte sie sich über das Herannahen französischer Truppen und pflegte einige Tage verwundete Soldaten. Bald machte sie sich auf den Weg nach Frankreich. Mutter Rosa leistete ihren Dienst in verschiedenen Lazaretten: 12.8.–23.8.1870 Völklingen / Kriegslazarett – 22.8.–22.9.1870 Trier / Bahnhofs–Lazarett – 22.9.–13.11.1870 Corny / Etappenlazarett – 3.–5.101870 Wadern – 10.10.1870 Pont-à-Mousson / Lazarett–Priesterseminar – am 20.10.1870 erkrankte sie in Pont-à-Mousson schwer an Ruhr – 4.11.1870 Novéant – 13.11.–21.12.1870 Longeville / Metz / Feldlazarett VI. *[ZOAWBB. LASALLE, Tagebuch, 3.–5.10.1870. – LEMMENS, Festschrift, 32. – BÖCKELER, Macht, 157–160. – Vgl. BACKES, Flesch – Spruch und Bild. 14. Relief.].*
Sie besuchte die Schwestern, um sie zu treuer Pflichterfüllung zu ermutigen. Viele Schwestern waren sehr jung. Doch erwarben sie sich durch ihr Verhalten sowie durch die selbstlose Pflege der Verwundeten bald Anerkennung. Sie hatten beachtlichen Erfolg in dieser Tätigkeit. Eine 1865 eingetretene Schwester äußerte sich dazu: »Wir waren einfache Mädchen ohne besondere Ausbildung und überall, wo wir Kranke pflegten bei vornehmen und geringen Familien war man zufrieden«. *[ZOAWBB. 7 M ORIG. 65f.; NR. 249f.].* Diese Aussage ist von den 1865 Eingetretenen wohl am ehesten der aus Carbach stammenden Schwester M. Johanna Schmitt (* 1840 – 1865 Eintritt – † 1884) zuzuschreiben, die vorher Gründungsoberin in Niederbreisig war. *[ZOAWBB. Personalienbuch A / 0023.].*
Ein nicht näher genannter Sanitäter, wohl der Bruder der Postulantin Agnes Fröbus, erinnerte sich an den Einsatz von Mutter Rosa: »Dabei war sie so gütig, suchte jedem zu helfen und versorgte die Soldaten gut mit Essen und Trinken. Wir haben sie alle so lieb gehabt auf dem Schlachtfeld. Ihr könnt stolz sein auf eine solche Mutter!« *[BOECKELER, Macht, 164.].*

Aufreibender Dienst

Mutter Rosa arbeitete Tag und Nacht. Sie hatte besonderes Talent, Verwundete zu pflegen. Wenn Patienten einen Verband erhielten und über

Schmerzen klagten, untersuchte sie die Wunde und entfernte den Fremdkörper. So rettete sie manchem Soldaten das Leben. Sie pflegte nicht nur körperliche Wunden. Auch seelische Wunden suchte sie zu heilen. Mit vertrauensvollem Zuspruch brachte sie die Verwundeten Gott näher. Wenn Schwerverwundete und Sterbende vom Heimweh betroffen nach Vater, Mutter, Gattin und Kindern riefen, setzte sie sich zu ihnen und tröstete sie mit liebevollen Worten. Bedachtsam hielt sie Schädliches fern. Sie duldete keine unziemlichen Worte weder von Verwundeten noch von Pflegern oder Ärzten. *[ZOAWBB. 7 M ORIG. 66f.; NR. 251ff.].*
Nachdem Mutter Rosa in französischen oder vielmehr deutschen Lazaretten in Frankreich gewirkt hatte, begab sie sich nach Trier. Dort hatte man ein Lazarett errichtet, in dem hundert verwundete Soldaten verpflegt wurden. Durch Pfarrer Philipp Diehl (* 1827 – † 1886) von Ruwer wurde die Pflege der Verwundeten dort sechs Schwestern aus Waldbreitbach übertragen. Nach vierzehn Tagen kam Mutter Rosa aus Frankreich, um dort in der Pflege zu helfen. Schwester M. Ursula Wallenborn, seit 1870 Oberin in Ruwer, war mit der Leitung beauftragt. Sie begleitete als Leiterin die Ärzte bei den Besuchen, nahm Verordnungen entgegen und wies den Schwestern ihren Wirkungskreis zu.
Die Gründerin unterstellte sich im Gehorsam der Oberin. Sie ließ Schwester M. Ursula Wallenborn die Pflegeanweisungen und ärztlichen Verordnungen geben. Wie in allen Lazaretten, so gebot sie auch hier den Schwestern, keinem mitzuteilen, daß sie die Generaloberin sei. Mutter Rosa wollte weder Ehre noch Anerkennung. Diese Bescheidenheit machte nachhaltigen Eindruck. *[ZOAWBB. 7 M ORIG. 67f.; NR. 254f.].*

Als der Krieg beendet war, erwartete Mutter Rosa die Schwestern nach Vereinbarung in einer Filiale, um von dort ins Mutterhaus zu reisen. Einige Schwestern blieben bis zum Frühjahr 1871 in Frankreich zur Pflege der Kranken zurück. Rosa Flesch kehrte mit den andern Schwestern nach Waldbreitbach ins Marienhaus zurück. Zur glücklichen Heimkehr gab es ein herzliches Empfangsfest. Begrüßungen und Glückwünsche nahmen kein Ende. Besonders freuten sich die zurückgebliebenen Schwestern die Mutter Oberin und die Mitschwestern nach langer Abwesenheit gesund und wohlbehalten wieder zu sehen. Nach kurzer Erholung kehrten die

Schwestern in die Filialen zu ihrer Berufstätigkeit zurück. *[ZOAWBB. 7 M ORIG. 68f.; NR. 259.].*

Kaiserliche Auszeichnungen

Überall wo die Schwestern tätig waren, rühmte man ihre Geschicklichkeit und Selbstlosigkeit. Behörden, Ärzte sowie die geheilten Verwundeten bekundeten Anerkennung über ihre Leistungen. Außer den Zeugnissen der Behörde erhielten sie Ehrenzeichen: Schwester M. Ursula Wallenborn das Verdienstkreuz und Mutter Rosa das »Eiserne Kreuz für Heimatverdienste am weiß-schwarzen Bande«, das ihr Kaiserin Augusta am 31. Dezember 1871 mit einem Dankschreiben zuschickte. Zudem wurde die Generaloberin Mitglied des Veteranenvereins in Neuwied. Andere Schwestern erhielten ebenfalls – wenn auch geringere – Auszeichnungen. *[Vgl. ZOAWBB. 7 M ORIG. 69; NR. 260.].*

Kaiserin Augusta, deutsche Kaiserin und Königin von Preußen (* 1811 – † 1890), Prinzessin von Sachsen-Weimar, war seit 1829 mit dem späteren Kaiser Wilhelm I. (1871–1888) verheiratet. Ihr salbungsvoller Brief an Mutter Rosa überforderte wohl den aktiven Sprachschatz der Schwestern: »In dem, unter Gottes gnädigem Schutze zu unvergänglichem Ruhme des deutschen Volkes für dessen höchste Güter siegreich durchkämpften, nunmehr durch einen Frieden, den Gott in gleichem Maße segnen möge, beendeten Kriege haben, hochwürdige Oberin, auch Schwestern Ihres Ordens den Kriegern auf den Schlachtfeldern wie auf den Krankenlagern in Not und Tod helfend und tröstend, pflegend und aufrichtend mit wahrhaft christlicher Liebe und opfervollster Hingebung zur Seite gestanden. Wie das deutsche Volk solch edles Wirken dankbaren Herzens ehrt, so haben auch Seine Majestät der Kaiser und König in gleicher Würdigung der frommen Vaterlandsliebe und unermüdlichen Opferwilligkeit der Ordensschwestern die großen Erfolge dankend anerkannt, welche deren, in gottvertrauender Demut auf dem Kriegsfelde wie in der Heimat geübte Tätigkeit zur Linderung jeglicher Not gehabt hat. Solche Taten finden Lohn nur im eigenen Herzen und vor diesem Gotteslohn treten alle, auch noch so wohlverdiente äußere Ehren für das zurück, was die einzelnen Schwestern geleistet haben, geleitet von dem Bewußtsein, daß sie dabei

nicht für sich, sondern in voller Selbstlosigkeit nur als Glieder der Genossenschaft handelten, deren heiligem Berufe sie geweiht sind. Dafür steht Mir nur anerkennender Dank zu Gebote und den sage Ich Ihnen, hochwürdige Oberin, und Ihrer Genossenschaft und ebenso auch den in gleicher Weise tätig gewesenen Tochteranstalten Ihres Mutterhauses, aus vollem Herzen; Ich beauftrage Sie, jeder Einzelnen der Letzteren in Meinem Namen solchen Dank auszusprechen. Als ein äußeres Gedenkzeichen segensreichen Wirkens für das Vaterland übergebe Ich Ihnen zugleich, nach Anordnung Seiner Majestät des Kaisers und Königs das Verdienstkreuz, mit welchem Allerhöchst derselbe die hervorragenden Taten deutscher Frauen und Jungfrauen während des jüngsten Krieges ausgezeichnet hat, mit der Bestimmung, dasselbe bei Ihrer Genossenschaft bewahren zu wollen zur dauernden Erinnerung an deren Wirken in großer Zeit, aber auch an den Dank, den Ich als des deutschen Reiches Kaiserin, wie als Preußens Königin ihr schulde und mit Freuden darbrachte.
Berlin, den 31. Dezember 1871 – gez. Augusta«. *[ZOAWBB. Original. Kaiserin Augusta an Mutter Rosa Flesch, 31.12.1871.].*

Man behauptete später Mutter Rosa habe nicht das »Eiserne Kreuz« sondern nur das Verdienstkreuz erhalten. Schwester M. Marzella hielt diesen Irrtum deshalb für möglich, da die Generaloberin das »Eiserne Kreuz« bereits ihrem Neffen Johann Hertling gegeben hatte. Im Mutterhaus befanden sich nur das Verdienstkreuz der Schwester M. Ursula und die Medaillen der übrigen Schwestern. *[ZOAWBB. 7 M ORIG. 69; NR. 260.].* Das »Eiserne Kreuz« von Mutter Rosa befindet sich mit der Originalschachtel im Zentralen Ordensarchiv Waldbreitbach.

Zwei von den vielen heldenhaften Schwestern, die ohne Rücksicht auf das eigene Wohl, Verwundete pflegten und Kranke versorgten, sollen beispielhaft für die vielen anderen kurz vorgestellt werden.
Schwester M. Anastasia Diestelrath, als Maria Anna am 31. März 1830 in Niederlützingen geboren, war die erste an den Pocken verstorbene Schwester der Gemeinschaft. Sie erlag dieser Krankheit am 20. Februar 1871 in Neuwied und wurde »mit militärischen Ehren bestattet«. Sie war

Oberin in Niederzissen und in Wadern, bevor sie am 1. August 1870 – dem Tag ihrer Ewigen Profeß zur Pflege von Kriegsverwundeten auszog. Sie wirkte in Wiesbaden, Homburg und Zweibrücken. Am 8. Februar 1871 nahm sie im Reserve-Lazarett Neuwied ihren Dienst auf, den sie nur wenige Wochen leisten konnte. *[Vgl. GROETEKEN, Schatten, 174f.].*

Schwester M. Begga [Becka] Böllinger, geboren am 8. Januar 1833 als Susanna in Maring / Kreis Bernkastel starb am 27. November 1908 in Trier. Man bestattete sie am 2. Dezember 1908 »mit militärischen Ehren«. Kurz nach ihrem Ordenseintritt und der Ersten Profeß leistete sie vom 17. September bis zum 7. November 1870 ihren Pflegediensteinsatz im Lazarett von Novéant. Nach Aushilfen in Andernach, Waldbreitbach, Zissen und Niederwenigern kam sie am 26. Juni 1875 nach Trier St. Paulin. Dort wirkte sie über dreißig Jahre erfolgreich und bei der Bevölkerung überaus beliebt. Das zeigt der Nachruf, den ihr die »TRIERISCHE LANDESZEITUNG« vom 2.12.1908 widmete: »Als 1870 (ein Jahr nach ihrem Eintritt in den Orden) der Krieg gegen Frankreich ausbrach, da wurde sie mit einer großen Anzahl anderer Waldbreitbacher Schwestern, an ihrer Spitze Mutter Rosa, die Stifterin der Waldbreitbacher Franziskanerinnen, in den Dienst der militärischen Kranken- und Verwundetenpflege gestellt. Sie zog mit nach Frankreich und war in verschiedenen Lazaretten in ihrer wunderbar ruhigen, unermüdlichen, hingebungsvollen Weise tätig. Mit den anderen Schwestern gemeinsam waltete sie als Engel der Barmherzigkeit an dem Lager der verwundeten und sterbenden Krieger, [...] Wenn unsere Soldaten auf dem Schlachtfeld Helden gewesen sind, Schwester Begga war eine Heldin im Lazarett«. *[Kopie des Nachrufes »Trierische Landeszeitung«. – ZOAWBB. Personalienbuch B / 0063 –1 – A/0116. – LEMMENS, Festschrift, 32. – GROETEKEN, Schatten, 174.].*

Mutter Rosa und ihre Schwestern [VERZEICHNIS BEI BELEGE UND LITERATUR] hatten die gestellte Bewährungsprobe mit Bravour bestanden. Ärzte und Behörden bestätigten die fachliche Kompetenz, die aufopfernde Hilfsbereitschaft und die menschliche Wärme bei der Pflege. An der Gemeinschaft der Schwestern gingen die damit verbundenen Belastungen durch den Krieg selbstverständlich nicht spurlos vorüber.

Todesfälle

Schwere Verluste für die Genossenschaft brachten die Jahre 1870 bis 1871: 17 Neueintritten standen 8 Austritte bzw. Entlassungen gegenüber. An den Folgen der überaus anstrengenden Pflegedienste oder im Kriegspflegeeinsatz starben – in der Regel durch ansteckende Krankheiten – vierzehn Schwestern, deren Namen wenigstens genannt werden sollen. [VERZEICHNIS BEI BELEGE UND LITERATUR.].
Mit dem Ende des Krieges begann dann aber auch – wenigstens vorerst – neues Wachstum für die Genossenschaft. Zehn Kandidatinnen baten 1872 um Aufnahme.

BELEGE UND LITERATUR:

9. DEUTSCH-FRANZÖSISCHER KRIEG

ZOAWBB. Chroniken – Akten – Festschriften – Personalunterlagen. – ZOAWBB. 7 M ORIG. 64–71; NR. 243–262. – ZOAWBB. Personalienbücher. – MALTESERARCHIV Münster: Organisation der Seelsorge 11 – Convolut Nr. 10.: Briefe von Rektor Weiler 21.7.1870 u. 8.8.1870. – Kopien im ZOAWBB. Kriegsakten 1870/71. – ZOAWBB. Personalienbuch A / 0023.; B / 0036 –1 – [A / 0094.]; B / 0039 –1 – [A / 0098].; B / 0063 – 1 – [A/0116]; A / 0014. – ZOAWBB. LASALLE, Tagebuch, 3.–5.10.1870. – ZOAWBB. SR. M. AGATHA SIMONS, Aufzeichnungen ... , 48. – ZOAWBB. 1 M 15; NR. 40. – ZOAWBB. 7 M ORIG. 65f., 67f., 68f.; Nr. 247f., 249f., 254f., 259f. – GENERAL-BERICHT DER CENTRALSTELLE DER JOHANNITER-MALTESER-GENOSSENSCHAFT IN RHEINLAND-WESTFALEN, Krieg 1870–1871, Köln [o. J.], 2ff., 48f.

Zu Kaiserliche Auszeichnungen:

Vgl. ZOAWBB. 7 M ORIG. 69; NR. 260. – ZOAWBB. Original. Kaiserin Augusta an Mutter Rosa Flesch, 31.12.1871. – ZOAWBB. 7 M ORIG. 69; NR. 260. – Vgl. GROETEKEN, Schatten, 174f. – Kopie des Nachrufes »Trierische Landeszeitung«. – ZOAWBB. Personalienbuch B / 0063 –1 – (A/0116). – LEMMENS, Festschrift, 32. – GROETEKEN, Schatten, 174. – ZOAWBB. AGNES FRÖBUS, Erinnerungen, 48ff, 54ff. – L. SCHNEIDER, Das Verdienst-Kreuz für Frauen und Jungfrauen, Berlin 1872. – LEMMENS, Festschrift, 30–36. – GROETEKEN, Schatten, 170–177. – BÖCKELER, Macht, 157–167. – BACKES, Flesch – Spruch und Bild. 14. Relief. – BACKES, Lebensbild, 42f. – A. v. RENNENBERG, Pionierinnen der Caritas (1866–1950), in: FRAUENBÜRO NEUWIED (HG.), Von Frau zu Frau, 14–29. – H.-J. BRAND / P. HÄGER (HGG.), Biographisches Lexikon der Katholischen Militärseelsorge Deutschlands 1848–1945, Paderborn 2002, 208. – CH. RAK, Krieg, Nation und Konfession. Die Erfahrung des deutsch-französischen Krieges von 1870/71, (Veröffentlichungen der Kommission für Zeitgeschichte, Reihe B. Forschungen Bd. 97), Paderborn / München / Wien / Zürich, 2004. – KRACHT / SCHERER (HGG.), Flesch – Dokumente, REG.

Nachweisbare Schwestern im Kriegseinsatz

1. SCHWESTER M. PAULA KASELER (∗ 1841 – 1870 Eintritt – † 1918).
ZOAWBB. Personalienbuch B /0057–1 [A / 0133].
2. SCHWESTER M. BEGGA [BECKA] BÖLLINGER (∗ 1833 – 1869 Eintritt – † 1908).
ZOAWBB. Personalienbuch B / 0063 –1 – [A/0116].
3. SCHWESTER M. ROSA II. BECKER (∗ 1833 – 1863 Eintritt – † 1889).
ZOAWBB. Personalienbuch B / 0003–1 – [A / 0009].
4. SCHWESTER M. ELISABETH EUDENBACH (∗ 1834 – 1863 Eintritt – † 1890).
5. SCHWESTER M. ANASTASIA DIESTELRATH (∗ 1830 – 1863 Eintritt – † 1871).

ZOAWBB. Personalienbuch A / 0014.
6. SCHWESTER M. JOHANNA SCHMITT (∗ 1840 – 1865 Eintritt – † 1884).
ZOAWBB. Personalienbuch A / 0023.
7. ∗SCHWESTER M. ENGRATIA NURGENS (∗ 1846 – 1866 Eintritt – † [???]).
– 7.1881 Austritt / Entlassung.
ZOAWBB. Personalienbuch A / 0111.
8. SCHWESTER M. JUSTINA BARES (∗ 1839 – 1869 Eintritt – † (1872).
ZOAWBB. Personalienbuch A / 0117.
9. ∗SCHWESTER M. LUCRETIA SPRANG (∗ 1850 – 1869 Eintritt – † (???).
– 17.2.1871 Austritt.
ZOAWBB. Personalienbuch A / 0120.
10. SCHWESTER M. FELICITAS FREILINGER (∗ 1845 – 1867 Eintritt – † 1924).
ZOAWBB. Personalienbuch B / 0029–1 – [A / 0072].
11. SCHWESTER M. PULCHERIA FERGER (∗ 1844 – 1868 Eintritt – † 1901).
ZOAWBB. Personalienbuch B / 0047–1 – [A / 0110].
12. SCHWESTER M. APOLLONIA GAUER (∗ 1836 – 1869 Eintritt – † 1910).
ZOAWBB. Personalienbuch B / 0056–1 – [A/0132].
13. SCHWESTER M. ALOISIA GONZAGA MECKEL (∗ 1848 – 1866 Eintritt – † 1927).
ZOAWBB. Personalienbuch B /0010.
14. SCHWESTER M. PELAGIA BOMMES (∗ 1840 – 1868 Eintritt – † 1913).
ZOAWBB. Personalienbuch B / 0043–1 – [A / 0054–2].
15. SCHWESTER M. DELPHINA JÄGER (∗ 1845 – 1868 Eintritt – † 1909).
ZOAWBB. Personalienbuch B /0036–1 – [A/0094].
16. SCHWESTER M. JULIANA JUNG (∗ 1835 – 1864 Eintritt – † ([???]).
ZOAWBB. Personalienbuch A / 0017.
17. SCHWESTER M. MELANIA LEHMACHER (∗ 1833 – 1868 Eintritt – † 1915).
ZOAWBB. Personalienbuch B /0039–1 – [A/0098].
18. SCHWESTER M. ALPHONSA SCHMITT (∗ [???] – 1867 Eintritt – † 1871).
ZOAWBB. Personalienbuch A / 0048.
19. SCHWESTER M. VINCENTIA LÜTZ (∗ 1837 – 1867 Eintritt – † [???]).
18.11.1873 Ewige Profeß – anders: entlassen.
ZOAWBB. Personalienbuch A / 0044.
20. ∗ SCHWESTER M. THERESIA VOM HL. FRANZISKUS BEISSEL
(∗ 1833 – 1859 Eintritt – † [???]). – 4.10.1881 Austritt aus Protest gegen die Wahl von 1881.
ZOAWBB. Personalienbuch A / 0005.
21. SCHWESTER M. LEONILLA WILHELMI (∗ 1840 – 1869 Eintritt – † 1920).
ZOAWBB. Personalienbuch B / 0052–1 [A / 0122].
22. SCHWESTER M. LIOBA FRIEDERICH (∗ 1837 – 1867 Eintritt – † 1900).

ZOAWBB. Personalienbuch B / 0030–1 – [A / 0076–2].
23. SCHWESTER M. MATHILDIS DRIEß (* 1836 – 1868 Eintritt – † 1871).
ZOAWBB. Personalienbuch A / 0099.
24. SCHWESTER M. PETRONILLA WEBER (* 1835 – 1868 Eintritt – † 1915).
ZOAWBB. Personalienbuch B / 0033–1 – [A / 0083].
25. SCHWESTER M. BIBIANA STUPPERTS (* 1841 – 1868 Eintritt – † 1909).
ZOAWBB. Personalienbuch B /0049–1 – [A / 0073–2].
26. SCHWESTER M. SEVERA HÖLLER (* 1838 – 1866 Eintritt – † 1878).
ZOAWBB. Personalienbuch A/0039.
27. SCHWESTER M. BRIGITTA RADEMACHER (* 1825 – 1864 Eintritt – † 1889).
ZOAWBB. Personalienbuch B / 0006–1 – [A/0018].
28. SCHWESTER M. URSULA WALLENBORN [WELLENBORN] (* 1845 – 1867 Eintritt – † 1905).
ZOAWBB. Personalienbuch B / 0016–1– [A / 0050].
29. SCHWESTER M. JUCUNDA SCHARPENSEEL [SCHARGENSEEL] (* 1842 – 1869 Eintritt – † (1907).
ZOAWBB. Personalienbuch B / 0050 – 1.
30. SCHWESTER M. LUCRETIA SPANG (* 1850 – 1869 Eintritt – † ([???]). – 17.2.1871 Austritt.
ZOAWBB. Personalienbuch A / 0120.
31. SCHWESTER M. LAURENTIA HUBERT (* 1848 – 1869 Eintritt – † 1925).
ZOAWBB. Personalienbuch B / 0055 – 1 – [A / 0131].
32. SCHWESTER M. VICTORIA SERVANNE [SERWANE] (* 1835 – 1868 Eintritt – † 1905).
ZOAWBB. Personalienbuch B / 0042 – 1 – [A / 0106].
33. SCHWESTER M. GONZAGA KLEIN (* 1844 – 1867 Eintritt – † 1901).
ZOAWBB. Personalienbuch B / 0014 – 1 – [A / 0047].

Zu Todesfälle:
1. SCHWESTER M. EUSEBIA BAUER (* 1841 – 1867 Eintritt – † 1870). – [Tuberkulose].
ZOAWBB. Personalienbuch A / 0082.
2. SCHWESTER M. HILARIA NEUS (* 1846 – 1868 Eintritt – † 1870). – [Tuberkulose].
ZOAWBB. Personalienbuch A / 0084.
3. SCHWESTER M. GREGORIA BOHS (* 1842 – 1866 Eintritt – † 1870).
ZOAWBB. Personalienbuch A / 0075 – 2.
4. SCHWESTER M. BATHILDE MEYER (* 1847 – 1869 Eintritt – † 1870). – [Nervenfieber].
ZOAWBB. Personalienbuch A / 0126.

5. SCHWESTER M. ADELHEID HENNECKE (* 1840 – 1867 Eintritt – † 1870). – [Tuberkulose].
ZOAWBB. Personalienbuch A / 0064.
6. SCHWESTER M. GUNDENIS SPANG (* 1847 – 1869 Eintritt – † 1870). – [Nervenfieber].
ZOAWBB. Personalienbuch A / 0119.
7. SCHWESTER M. BONA BÖLLINGER (* 1834 – 1863 Eintritt – † 1870). – [Tuberkulose].
ZOAWBB. Personalienbuch B / 0064 – 1 [A / 0124].
8. SCHWESTER M. ANASTASIA DIESTELRATH (* 1830 – 1863 Eintritt – † 1871). – [1. an den Pocken verstorbene Schwester.]
ZOAWBB. Personalienbuch A / 0014.
9. SCHWESTER M. BERNARDIN FRINGS (* 1830 – 1865 Eintritt – † 1871). – [Tuberkulose].
ZOAWBB. Personalienbuch A / 0024.
10. SCHWESTER M. ALPHONSA SCHMITT (* ????– 1867 Eintritt – † 1871). – [2. an den Pocken verstorbene Schwester].
ZOAWBB. Personalienbuch A / 0048.
11. SCHWESTER M. LEOCADIA WIRTZ (* 1831 – 1866 Eintritt – † 1871). – [3. an den Pocken verstorbene Schwester].
ZOAWBB. Personalienbuch A / 0102.
12. SCHWESTER M. LUZIANA GERTEN (* 1845 – 1869 Eintritt – † 1871). – [Tuberkulose].
ZOAWBB. Personalienbuch A / 0113.
13. SCHWESTER M. MARGARETHA HAPPENKOTTE (* 1838 – 1865 Eintritt – † 1871).
ZOAWBB. Personalienbuch A / 0028.
14. SCHWESTER M. MATHILDIS DRIEß (* 1836 – 1868 Eintritt – † 1871). – [Tuberkulose].
ZOAWBB. Personalienbuch A / 0099.

10. KULTURKAMPF

Handel und Wandel hatten wieder Gestalt gewonnen. In die junge vom Stillstand gezeichnete Genossenschaft kam wieder Bewegung. Kandidatinnen traten ein, Niederlassungen wurden gegründet. Aber es sollte schon bald anders kommen. Der Krieg 1870/71 war kaum vorbei, da zogen die ersten Wolken des Kulturkampfes auf. Die Auseinandersetzungen zwischen dem 1871 gegründeten Deutschen Reich und der katholischen Kirche nahmen bald an Schärfe zu.

Ministerpräsident Otto von Bismarck betrachtete die Zentrumspartei, wie sich die katholische Fraktion im preußischen Landtag seit 1858 nannte, wegen ihrer Beziehung zum Papst als staatsfeindlich. Auf dem Ersten Vatikanischen Konzil verkündete Papst Pius IX. am 18. Juli 1870 das Dogma von der »Unfehlbarkeit des Papstes in Glaubens- und Sittenlehre«. Daraufhin trennten sich 1871 die Altkatholiken von der Kirche. Bismarck, selbst Protestant, unterstützte sie und leitete erste antikatholische Maßnahmen ein. Sein – gemeinsam mit den Liberalen – erklärtes Ziel war das Errichten einer deutschen Nationalkirche und der Zerfall der Zentrumspartei. Im Juli 1871 wurde die katholische Abteilung im Kultusministerium aufgelöst und im Dezember 1871 der sogenannte »Kanzelparagraph« in das Strafgesetzbuch eingefügt. Er betraf hauptsächlich die Priester und ihre ordentliche Seelsorgstätigkeit. Im März 1872 folgte das Schulaufsichtsgesetz, das katholische Ordensleute von der Lehrtätigkeit an öffentlichen Schulen ausschloß und im Juli 1872, wurden die Jesuiten und ihnen vergleichbare Ordensgemeinschaften des Landes verwiesen. Bürgermeister Prestinari von Waldbreitbach notierte dazu: »Das Gesetz über die Jesuiten gefällt den Klerikern schlecht, da hier alles von Geistlichen abhängig oder – besser gesagt – von alters her die Geistlichen verfüg[en], so ist es natürlich, daß auch das Volk sich mit dieser Gesetzgebung nicht einverstanden erklärt«. *[KATHOLISCHE PFARRGEMEINDE WALDBREITBACH (HG.), 750 Jahre »Maria Himmelfahrt« Waldbreitbach, 26.].*
Höhepunkt waren die Mai-Gesetze von 1873, die nur noch in der Krankenpflege tätige religiöse Gemeinschaften in Preußen zuliessen. Der Kulturkampf brachte also für religiöse Gemeinschaften und Orden erheb-

liche Einschränkungen und schwere Konflikte mit sich. Hartnäckige Verweigerung und entschlossener Widerstand der Katholiken führten zu Absetzungen und Verhaftungen von Bischöfen und Priestern. Die Vertraute von Mutter Rosa, Octavie de Lasalle notierte in ihrem Tagebuch: »Die armen Bischöfe Preußens werden gehetzt durch die kaiserliche Regierung und die Liberalen«. *[ZOAWBB. LASALLE, Tagebuch, 8.12.1873].*

Skeptische Vorahnungen Mutter Rosas

Mutter Rosa sah jedenfalls Schwierigkeiten für die Kirche voraus.
»Eines Tages traf sie einen Pater auf der Reise, der sich ihr gegenüber äußerte, die Ordensleute würden wegen ihrer Leistungen im Kriege von Seiten der Regierung Beifall und besondere Berücksichtigung finden, da sie sich die Gunst (des Kaisers) erworben habe(n). Die Stifterin erwiderte ihm: ›Im Gegenteil, man wird sie verfolgen, ja sogar aus dem Lande vertreiben. ›O‹, meinte der Pater, ›das wird doch nicht geschehen‹. Worauf sie sagte: ›Sie werden die Wahrheit meiner Worte erfahren.‹ Später während des Kulturkampfes begegnete ihr eines Tages dieser Pater in Zivil gekleidet bei Koblenz auf der Rheinbrücke. An dem Blick, den er ihr zuwarf, erkannte sie, daß er sich ihres Gespräches von damals erinnerte«. *[ZOAWBB. 1 M 15; NR. 41. – Vgl. ZOAWBB. 7 M ORIG. 69f.; NR. 261.].*

Die Generaloberin litt förmlich unter den Ereignissen, die über die Kirche kommen sollten. Ihre Sorgen teilte sie dem Pfarrer von Völklingen Nikolaus Siehr (* 1836 – 1873 – † 1899) an der Saar mit. *[THOMAS, Weltklerus, 327.]* »›Ein heftiger Sturm steht der Kirche bevor, und niemand regt sich, ihn abzuhalten. Die Feinde sind tätig, und die Kinder der Kirche tun nichts dagegen‹, sagte sie. Der Priester wollte sie beruhigen, indem er ihre Unruhe aufgeregten Nerven zuschreiben wollte. Als der Kulturkampf ausgebrochen war, fragte der betreffende Priester sie, wie es jetzt mit ihrer Unruhe sei, worauf sie erwiderte: ›Es ist besser damit, weil die Katholiken alles aufbieten, die Kirche zu verteidigen‹«. *[ZOAWBB. 1 M 16; NR. 42f. – Vgl. ZOAWBB. 7 M ORIG. 70; NR. 262. – Vgl. BACKES, Lasalle, 117f.].*

Lage im Bistum Trier

Für das Bistum Trier sah die Situation in der Tat fast hoffnungslos aus: 230 Pfarreien – das entsprach etwa einem Drittel der Diözese – waren offiziell vakant. Sie hatten keinen rechtsgültig eingesetzten Pfarrer. Von 1874 bis 1886 blieb das Trierer Priesterseminar – die einzige Ausbildungsstätte für künftigen Klerus beschlagnahmt. Die Kandidaten mußten entweder in Bonn, Münster, Eichstätt oder in anderen außerpreußischen Diözesen studieren. Über 200 Priester waren nie im Dienst des Bistums Trier tätig. *[Vgl. J. STEINRUCK, in: PERSCH / SCHNEIDER (HGG.), Geschichte des Bistums Trier, Bd. 4, 609–636.].*
Von starken Einschränkungen waren auch die beiden Klöster in Waldbreitbach und ihre Niederlassungen betroffen. Sie wurden kritisch beobachtet und mit Erkundungen und Verhören belästigt. Auch Filialen mußten mehr oder weniger strenge Kontrollen über sich ergehen lassen.

Bischof Matthias Eberhard

Die persönliche und politische Situation von Bischof Matthias Eberhard, 1815 in Trier geboren, dort 1862 zum Bischof geweiht und fünf Jahre später inthronisiert, machte Mutter Rosa Flesch ganz besondere Sorge. Hatte er doch zwei Jahre nach seinem Amtsantritt die »STATUTEN DER FRANCISCANER-TERTIARIER-SCHWESTERN VON WALDBREITBACH« und 1869 sowie 1872 ihre Wahl zur Generaloberin bestätigt. Als Teilnehmer am I. Vatikan. Konzil 1869/70 gehörte er zwar zur Minderheitsfraktion, verkündete aber noch im selben Jahr die Konzilsbeschlüsse. Im Dezember 1873 malte Octavie de Lasalle nach Angaben von Mutter Rosa ein Bild mit allegorischer Darstellung, auf dem der 1874 verhaftete Bischof Eberhard als Gefesselter zu sehen ist. Im Jahre 1873 war er wegen Nichtbeachtung der Kulturkampfgesetze bereits zu Geldstrafen verurteilt worden. Wegen Zahlungsverweigerung mußte er vom 6. März bis 31. Dezember 1874 eine Gefängnisstrafe verbüßen. »Unter großer Anteilnahme der Bevölkerung, die er noch zu beruhigen suchte, trat er seine Haftstrafe an«. *[J. STEINRUCK, in: PERSCH / SCHNEIDER (HGG.), Geschichte des Bistums Trier, Bd. 4, 621].* Der in der Bevölkerung beliebte Bischof starb am 30. Mai 1876 in Trier.

Schwester Marzella berichtete über Mutter Rosas Erinnerung: »Trotz der unruhigen Zeit, worin sich Wiege und Kindheit der Genossenschaft befand, hatte die Genossenschaft ihre Zweige schon ausgebreitet. Der Krieg 1870–71 hatte seinen Abschluß gefunden, ohne daß die junge Pflanze dadurch Einbuße erlitten hätte. Da trat der Kulturkampf auf, der das Werk zu vernichten drohte. Im Jahre 1875 gründete die Stifterin das 22. Haus in Saarlouis, das letzte. Die Zeitverhältnisse geboten ihr von nun an Einhalt. Die Stürme, die die hl. Kirche schon einige Jahre zu bestehen hatte, fingen jetzt an, sich gegen sie und ihr Werk zu wenden. Mit Mut und Klugheit verteidigte sie die Genossenschaft gegen alle Angriffe. In vertrauensvollen Gebeten fand sie in jedem Verhör und allen Untersuchungen, denen die weltliche Obrigkeit sie unterwarf, die richtigen Worte. Die Akten eines vierstündigen Verhörs der Stifterin durch Landrat von Runkel – Neuwied und (des) Bürgermeisters aus Waldbreitbach, der das Protokoll niederschrieb, enthalten Tatsachen ihres Lebens von frühester Jugend an, die mit der Gründung in Verbindung stehen. Nach ihrer Aussage werden sie an der Regierung aufbewahrt«. *[ZOAWBB. 1 M 16f.; NR. 44.].*

Nach den Notizen von Schwester M. Agatha Simons erstreckten sich die Schikanen auf mehrere Bereiche.
Im Kulturkampf war den Schwestern untersagt, neue Mitglieder aufzunehmen. Auch die Krankenpflege machte man ihnen damit schwer, weil sie keine neuen Kräfte mehr aufnehmen durften. So überarbeiteten sich manche Schwestern im Laufe der Jahre. Es wurden immer weniger. Im Laufe der Jahre meldeten sich manche, die aber zunächst nicht aufgenommen werden konnten. Da sich jedoch später verschiedene meldeten, »so nahm man sie als Dienstmädchen auf, was ja auch noch sehr bedenklich war«. *[Vgl. ZOAWBB. AGATHA SIMONS, Aufzeichnungen ..., 48.].*

Schwester Marzella berichtete: »Es war keine kleine Aufgabe, die Genossenschaft in allen Untersuchungen zu verteidigen. Die Erhaltung derselben stand auf dem Spiele. Wiewohl ihr der Herr deren Fortbestand in einem Gesichte anzeigte, so litt sie doch sehr in dieser Zeit. Sie sah eine große Volksschar versammelt, darunter viele Priester und Ordensleute. Jetzt erschien der deutsche Kaiser Wilhelm I. Ernst und unwillig überschaute er die Menge. Die Stifterin befand sich etwas abseits, ängstlich bemüht, sich dem Blicke des Monarchen zu entziehen, was ihr auch eine Zeitlang gelungen ist. Da, mit einem Male streifte dessen Blick zu ihr hinüber und begegnete dem ihrigen. Mit Güte und Wohlwollen sah er sie an, woran sie erkannte, daß ihr Werk nicht zerstört würde«. *[ZOAWBB. 1 M 17; NR. 45.].*

Als am 31. Mai 1875 per Gesetz Orden und Kongregationen der katholischen Kirche aus Preußen vertrieben wurden, sah Mutter Rosa auch ihr Werk gefährdet. Sie begab sich nach Engers, um sich vom Bischöflichen Kommissar Pfarrer Gomm beraten zu lassen. Dieser antwortete ihr nur kurz und knapp: »Ich kümmere mich nicht um diese Sache. Du kannst sehen wie du fertig wirst mit dieser Sache, dem, was Du angefangen hast«. *[ZOAWBB. 7 M ORIG. 74f.; NR. 278.].* Die Gründerin machte sich betroffen auf den Heimweg und versuchte, ihren Schock zu überwinden.
In den Jahren 1873 bis zu ihrem Amtsende 1878 hatte sie noch 15 Kandidatinnen aufnehmen können.

Befragungen und Verhöre

Der Landrat von Neuwied, Eduard Justus von Runkel (∗ 1801 – † 1882) gab sich betont kämpferisch: »Ich zähle keineswegs zu denen, welche dem Staat Großmut gegen seine Feinde empfehlen, vielmehr kann ich nur wünschen und bitten, daß diesen gerade in den Tagesfragen recht streng entgegengetreten werde«. *[BÖCKELER, Macht, 31.].* Bereits 1869 wollte der eifrige Spitzenbeamte wissen, ob die Klöster in Waldbreitbach Beziehungen zu den Jesuiten pflegten. Am 9. Juli 1872 kam die nächste Anfrage der Regierung in Berlin über den Dienstweg – Landrat Runkel – die am 17. Juli Bürgermeister Reusch erreichte. Er stellte dabei den Klöstern ein gutes Zeugnis aus und nannte sie, da sie die Krankenpflege in der ganzen Umgebung übernommen hatten, ›sehr nützliche Glieder der Menschheit‹. Die Waisenkinder besuchen die Gemeindeschulen. Genau diese positive Antwort wollte Landrat von Runkel aber nicht hören und er bezeichnete am 18. August 1872 den Bericht als »ungenügend«.

Am 29. und 31. August kam der Bürgermeister ins Mutterhaus. Mutter Rosa war verreist und so mußte Schwester M. Agatha Simons ihm Rede und Antwort stehen und die vorbereiteten Fragen beantworten.
Am 10. September wurde dann Mutter Rosa und alle anwesenden Schwestern von Bürgermeister Reusch vorgeladen und vernommen. Sie hatten Auskunft über Herkunft, Eintritt, Regel und Besonderheiten zu geben. Der Bericht des Bürgermeisters war diesmal den Wünschen des Landrates angepaßt. Was die Krankenpflege anging, blieb er bei seinem früheren Lob. Politisch wurden sie als unzuverlässig eingestuft: Die »Insassen der Klöster [sind] selbst bei Wahlen ... offenbar nur die Werkzeuge der Geistlichkeit«. *[GAWBB. NR. 373 – Einzelvernehmungen. – NR. 378 – Protokollbericht. – ZOAWBB. 7 M ORIG. 77f.; NR. 279–287. – Kopien im ZOAWBB.].*

Durch die härteren Bestimmungen seit 1874 war zur Errichtung neuer Niederlassungen eine staatliche Genehmigung erforderlich. Für längere Zeit mußte die Ordensleitung die Regierung über Versetzungen der Schwestern benachrichtigen. Neuaufnahmen von Schwestern waren erschwert oder ganz unmöglich. Mutter Rosa hielt sich in der Regel an die Weisungen des Kommissars Gomm, der in Verbindung mit der Bischöflichen Behörde in Trier blieb. Aber die Generaloberin handelte besonnen und klug. Octavie de Lasalle schrieb am 26. Januar 1874 in ihr Tagebuch, die Leute würden immer katholischer und berichtete über Wadern: »Ein Franziskaner aus Waldbreitbach kam zur Heiligen Messe; er muß sammeln und diesen Abend, sagt man, daß der Bürgermeister ihn ins Gefängnis einsperren ließ – diese Leute sind ohne Verstand«. *[ZOAWBB. LASALLE, Tagebuch, 27.2.1875 – Vgl. auch 26.1.1874.].*

Am 28. Mai 1875 beauftragte Landrat von Runkel den neuen Bürgermeister mit dem gleichen Familiennamen Prestinari erneut Erkundigungen einzuziehen.

Wegen der »Maigesetze« von 1875 mußten nun am 1. Mai 1876 Waisenkinder das Haus verlassen. Nur wenige geistig- und körperlich Behinderte durften bleiben. Der Bürgermeister kam zweimal, um den Vollzug der

Anordnung zu kontrollieren. *[GAWBB. NR. 373 – Einzelvernehmungen. – NR. 378 – Protokollbericht. – Kopien im ZOAWBB.].*

Am 28. Juli 1875 kamen Landrat von Runkel und Bürgermeister Prestinari ins Marienhaus zum Verhör. Die Angelegenheit hielten sie für wichtig. Denn bereits am 3. August und am 6. August kamen sie wieder. Aus dem Bericht vom 11. August 1875 des Landrats an die Regierung ist zu ersehen, daß das Verhör für Mutter Rosa sehr hart gewesen sein muß. Der Landrat empfahl der Regierung die Auflösung der Gemeinschaft in zwei bis drei Jahren. Im Beisein Mutter Rosas wurde auch eine Liste mit allen Schwestern der Gemeinschaft erstellt, woraus außer den Personalien und Eintrittsdaten auch die Mitgiften zu ersehen sind. Da das Verhör sich über drei Tage hinzog, ist wohl anzunehmen, daß die Schwestern, soweit sie anwesend waren, mehrmals vorgeladen wurden. Es heißt ausdrücklich, daß die Liste im Beisein »der Oberin Flesch« aufgestellt wurde. Das Protokoll selbst ist nicht mehr vorhanden, nur der Bericht des Landrats von Runkel und die Schwesternliste. *[LHAKOBLENZ. BEST. 441, NR. 15 218. – GAWBB. NR. 378. – Vgl. BACKES, Flesch – Spruch und Bild. 14. Relief.].*
Am 3. August 1876 berichtete die Generaloberin ihrer Freundin Octavie. Freiin Lasalle notierte sich: »Besuch der Generaloberin von Waldbreitbach. Interessanter Bericht über ihr Verhör durch den Landrat und Bürgermeister, ihre Antworten«. *[ZOAWBB. LASALLE, Tagebuch, 3.8.1876 – BACKES, Lasalle, 123, 224.].*

Auch die Presse nahm Notiz von den Begegnungen, beschränkte sich aber darauf die Verhandlungspartner zu nennen: »Die Oberin des Klosters Marienhaus bei Waldbreitbach wurde von dem Landrat von Runkel, Neuwied und Bürgermeister in Waldbreitbach einem vierstündigen Verhör unterzogen; was verhandelt wurde ist unbekannt«. *[ZOAWBB. 7 M ORIG. 79f.; NR. 289.].*

Konflikte in den Filialen

Natürlich waren außer Waldbreitbach auch die Filialen betroffen. Nicht nur das Mutterhaus, auch die Niederlassungen wurden zum Teil streng kontrolliert. Von allen Seiten kamen Briefe von Oberinnen der verschiedenen Filialen an die Generaloberin, um Rat in den Verwicklungen der Kulturkampfgesetze zu erbitten. Auch dort wurden amtliche Untersuchungen vorgenommen. Überall war die Situation gespannt. *[Vgl. ZOAWBB. 7 M ORIG. 82; NR. 302. – ZOAWBB. AGNES FRÖBUS, Erinnerungen, 73/79.].* Die Generaloberin konnte alle bestehenden Niederlassungen vor der Aufhebung bewahren. Sie schonte sich nicht, um die Schwestern zu ermutigen und zu stärken. *[LHAKOBLENZ. BEST. 442, NR. 5051., NR. 8511; ABT. 441, NR. 15105 u. NR. 15213.].*

Ein Beispiel aus Wadern: »Schwester M. Bibiana rechnet damit, die Mutter Generaloberin treffen zu können, um von ihr zu erfahren, was sie machen soll, um dem Bürgermeister auf die Fragen zu antworten: sie sollte der Regierung über den Vermögensstand und die Statuten des Ordens berichten. Wadern ist darüber empört, daß man die Armen [aus dem Hospiz] zurückgezogen hat«. *[ZOAWBB. LASALLE, Tagebuch, 18. u. 23.12.1875].* Wohl auch aus solchen Erfahrungen ließ die Gründerin Mutter Rosa keine Einkleidungen und Gelübdeablegungen zu.

Einsatz für verfolgte Priester

Mutter Rosa versuchte durch Gebet und Tat zu helfen, wo immer sie konnte. Flüchtige Priester, die ins Marienhaus kamen, um sich vor ihren Verfolgern in Sicherheit zu bringen, fanden bereitwillig Auf-nahme. Die Generaloberin entwickelte eine Vorsichtsmaßnahme, damit niemand entdeckt wurde. Sie zog sich persönlich zurück und ließ den Dienst von Schwestern leisten. An der nächtlichen Messfeier nahm sie an einer Stelle teil, wo sie den Zelebranten nicht sah, Wenn dann der Polizist von Waldbreitbach im Marienhaus erschien, um sich nach dem Flüchtling zu erkundigen, sagte Mutter Rosa fest und bestimmt »Ich habe keinen hier gesehen«. Wenn dann der Polizist insistierte, erwiderte sie: »Wenn er hier wäre, dann hätte ich ihn doch sehen müssen«. So blieb dem Gesetzeshüter nichts anderes übrig, als sich erfolglos zu entfernen. Auf diese Weise wurde von allen Priestern auf der Flucht auch nicht ein einziger entdeckt. *[VGL. ZOAWBB. 7 M ORIG. 82; NR. 306.].*

Eingeschränkte Aufnahme neuer Schwestern

Am 4. April 1878 riet der Generalvikar Philipp de Lorenzi, keine offiziellen Aufnahmen von Kandidatinnen mehr zu vollziehen, sondern »Dienerinnen« und »Volontäre für Krankenpflege« aufzunehmen. *[BATrier. Korum-Akten.]*.
Mutter Agatha Simons hatte seit ihrem Amtsantritt 1878 bis zum Jahresende 1880 fast problemlos 31 Postulantinnen aufgenommen. Erst im Jahre 1881 fragte man mit Erlaubnis der geistlichen Behörde an, neue Mitglieder aufnehmen zu dürfen. 1882 kam dann die Antwort, wir könnten vierzig aufnehmen, wenn es wohl notwendig wäre. Die in den Jahren 1878 bis 1881 als Dienstmädchen aufgenommenen 24 Aspirantinnen machten alle klösterlichen Übungen mit. Sie konnten am 2. Mai 1882 eingekleidet werden. *[VERZEICHNIS BEI BELEGE UND LITERATUR.]*.
Eine zweite Einkleidung folgte mit 10 Novizinnen am 28. August 1882. Zu ihnen gehörten die spätere Generaloberin Schwester M. Aquilina Lermen und Schwester M. Marzella Schumann. *[VERZEICHNIS BEI BELEGE UND LITERATUR.]*.

Heimliche Einkleidungen

Die Generaloberin M. Agatha Simons, seit 1878 Nachfolgerin von Mutter Rosa, nahm in den Jahren 1880 und 1881 dagegen heimlich Einkleidungen vor, ohne damit öffentliches Aufsehen zu erregen. Sie konnten dort schon helfen, wo die Not allzu groß war. Sie trugen aber [noch] nicht das Ordenskleid.

Im Jahre 1880 kamen sechs, die zunächst in aller Stille Aufnahme fanden. Am 16. Februar 1880 waren die Schwestern M. Antonia I. Mienes (∗ 1844 – 1874 Eintritt – † 1891), M. Leokadia Pauli (∗ 1845 – 1874 Eintritt – † 1893) und M. Josepha Freilinger (∗ 1847 – 1875 Eintritt – † 1901) heimlich aufgenommen und »eingekleidet« worden. Sie legten beim Silbernen Ordensjubiläum von Mutter Rosa am 13. März 1888 ihre Ewige Profeß ab. Auch Schwester M. Colletta Ditsch – [Disch] – (∗ 1846 – 1875 Eintritt –

† 1880) wurde am 16. Februar 1880 heimlich aufgenommen. Alle hatten über fünf Jahre auf diesen Tag warten müssen.
Schwester M. Antonia II. Butz (* 1852 – 1878 Eintritt – † 1922) sowie Schwester M. Michaela Schmitt (* 1852 – 1878 Eintritt – † 1925) kamen am 4. Juni 1880 heimlich dazu. *[VERZEICHNIS BEI BELEGE UND LITERATUR.].*

Auch im Jahre 1881 kam es zu vier nicht öffentlichen »Neuaufnahmen«. Am 12. Juni 1881 war Schwester M. Martina Bruch (* 1850 – 1879 Eintritt – † 1924) heimlich – offiziell erst am 2. Mai 1882 – eingekleidet worden. Einen Monat später war auch Schwester M. Creszentia Bruch, die spätere Novizenmeisterin, (* 1848 – 1879 Eintritt – † 1909) heimlich – offiziell am 2. Mai 1882 – eingekleidet worden. An diesem 12. Juli 1881 fanden noch zwei weitere heimliche Einkleidungen statt: Schwester M. Coletta Adams (* 1857 – 1878 Eintritt – † 1924) und die noch unter Mutter Rosa eingetretene Schwester M. Thimothea Efkemann (* 1855 – 1877 Eintritt – † 1949). Offiziell holte man die Feste am 2. Mai 1882 und am 28. August 1882 nach.

Bald durften wir nur so viele aufnehmen, wie nach jeweiliger Anfrage beim Minister erlaubt wurde. Dann mußten wir jeden Monat ein Formular mit den Namen der versetzten Schwestern einreichen. Dann kam die Genehmigung von Berlin. Im Jahr 1883 wurde nun um 50 neue Mitglieder nachgesucht. Am 1. Juni kam die Zusage zurück, wir könnten in Jahresfrist 50 aufnehmen unter der Bedingung, sie jedes viertel Jahr anzumelden. Im Jahr 1884 wurde wieder ein Gesuch eingereicht, um 100 neue Mitglieder aufzunehmen. Am 17. November kam unter den vorgenannten Bedingungen die Zusage zurück.
Minderjährige mußten die von der Polizeibehörde beglaubigte Erlaubnis der Eltern oder des Vormundes vorlegen. Ausländer durften nicht aufgenommen werden. Am 15. September 1886 kam die Zusage, daß wir hundert Mitglieder aufnehmen dürften. Im Februar 1887 kam schließlich von der Regierung der Bescheid, nur jedes Jahr am 31. Dezember den Nachweis von Namen, Aufnahme und Versetzung der Schwestern zu erbringen. Vom 1. Mai 1887 konnten mit Genehmigung für jeden Einzelfall auch

wieder Handarbeits- und Bewahrschule gehalten werden. *[ZOAWBB. AGATHA SIMONS, Aufzeichnungen ..., 48f., 49/50.].*

Übertritte aus aufgelösten Klöstern

In Schweich an der Mosel bestand lange ein Franziskanerinnenkloster, das während des Kulturkampfes aufgelöst wurde; die Ordensfrauen wurden vertrieben. Fünf Schwestern wandelten es um in eine Filiale der »Franziskanerinnen der allerseligsten Jungfrau Maria von den Engeln« (FBMVA) und widmeten sich der Krankenpflege und betrieben eine Handarbeits- und Kinder-Bewahrschule. Hilfsgeistlicher der Gemeinde war von 1884 bis 1892 der spätere Pfarrer Martin Wilhelm Münch (∗ 1842 – † 1894). Als Gründungsoberin von Schweich wirkte von 1886 bis 1888 Schwester M. Paulina Steinmetz (∗ 1859 – 1881 Eintritt – † 1936). Zwei Schwestern aus dem aufgelösten Kloster traten 1886 in die Neugründung über:
Schwester M. Josepha Bach (∗ 1842 – 1886 Eintritt – † 1915) und Schwester M. Magdalena Rößle (∗ 1844 – 1886 Eintritt – † 1887). *[VERZEICHNIS BEI BELEGE UND LITERATUR.].*

Bei einer Zusammenfassung der Ereignisse ist festzuhalten, daß die unbegründeten Ressentiments der Regierung gegenüber der kirchlichen Hierarchie und ebenso die gepflegten Ressentiments kirchlich-konservativer Kreise und Teilen des deutschen Katholizismus gegenüber dem »modernen« Staat im Kulturkampf für alle Parteien mehr Nach- als Vorteile mit sich brachten.

Auch den »Franziskanerinnen der allerseligsten Jungfrau Maria von den Engeln« (FBMVA) von Waldbreitbach gelang es, »in zahlreichen Einzelfällen die restriktive Gesetzgebung des Jahres 1875 zu umgehen oder von Amts wegen Milderungen zu erreichen. Da sie jedoch auf die staatliche Genehmigung zur Aufnahme neuer Mitglieder verzichteten, wirkte sich der ausbleibende Nachwuchs bald sehr hindernd auf ihre Arbeit aus.... Infolge des Kulturkampfes stagnierte die Arbeit fast ein Jahrzehnt lang.« [GATZ, Krankenpflege, 590.]. Diese Feststellung erscheint in Anbetracht der vorangehenden Darstellung doch etwas überspitzt.

Wie alles Irdische einem Wandel unterliegt, so hatte auch der Kulturkampf an Heftigkeit nachgelassen. Verhöre und Untersuchungen durch staatliche Behörden fanden nicht mehr statt. Mit der Erhebung von Leo XIII. auf den Stuhl Petri im Jahre 1878 wurden die antikirchlichen Gesetze entweder gemildert oder aufgehoben. *[VGL. ZOAWBB. 7 M ORIG. 85; NR. 319.].*

Erbitterung in der katholischen Bevölkerung und Stimmenzuwachs der Zentrumspartei veranlaßten Bismarck Verhandlungen mit dem Hl. Stuhl und Papst Leo XIII. aufzunehmen. Mit den Friedensgesetzen von 1886/87 fand der Kulturkampf formell sein Ende.
So konnte Mutter Rosa ihr Silbernes Ordensjubiläum zusammen mit Schwester M. Franziska Bonner am 13. März 1888 in größerem Kreis feiern. Davon wird an anderer Stelle zu berichten sein.

Papst Leo XIII. – Wegbereiter Katholischer Soziallehre

Gioacchino Vincenzo Pecci wurde am 2. März 1810 als jüngstes von sechs Geschwistern in einer dem einfachen Landadel angehörenden Familie in der Kleinstadt Carpineto in den Volskerbergen geboren. Zusammen mit seinem älteren Bruder Giuseppe (* 1807 – † 1890) erhielt der hochbegabte Schüler eine ausgezeichnete Ausbildung bei den Jesuiten in Viterbo und am Römischen Seminar. Gioacchino Pecci setzte seine Studien an der »Accademia dei nobili« fort und schloß sie im Jahr seiner Priesterweihe 1837 mit der theologischen Promotion ab. 1843 war er Titular-Erzbischof von Damietta und Apostolischer Nuntius in Belgien. 1846 übernahm er die Leitung der Diözese Perugia. Am 19. Dezember 1853 ernannte Pius IX. den 43-Jährigen zum Kardinal. Nach dreißig Bischofsjahren in Umbrien berief Pius IX. den fähigen Seelsorger zum Camerlengo der Kirche. In dieser Eigenschaft organisierte Pecci auch das Konklave, das den gesundheitlich angeschlagenen Endsechziger am 20. Februar 1878 nach nur 3 Skrutinien mit 44 Stimmen von den 61 anwesenden Kardinälen – davon zwei Drittel Italiener – zum Papst wählte.
Auch bei dieser Wahl hatte Mutter Rosa ihr Opfer erneuert und »beklagte, daß sie es wegen Abnahme ihre körperlichen Kräfte nicht mehr in

demselben Maße vermochte« mitzuleiden wie bei seinem Vorgänger. *[ZOAWBB. 7 M ORIG. 129; NR. 504.].*
Er übernahm im Gedenken an seinen Förderer Leo XII. dessen Namen. Am 3. März fand in der Sixtinischen Kapelle die Krönung statt. Bescheidenheit und Zurückhaltung beim Amtsantritt waren äußere Zeichen für die Erfahrungen und die Erkenntnis des Neugewählten, daß er für die auf ihn und die Kirche zukommenden Fragen und Probleme ohne qualifizierte und motivierte Mitarbeiter keine Lösungsmöglichkeiten anbieten konnte.
Leo XIII. kreierte in 27 Konsistorien 147 Kardinäle. Unter den sechs deutschen Kardinälen ist hier besonders hervorzuheben der aus dem Bistum Trier stammende Kölner Erzbischof: Philipp Krementz (∗ 1819 – † 1899), den der Papst zusätzlich dadurch ehrte, daß er ihm seine ehemalige Titelkirche S. Crisogono in Trastevere übertrug. In den von ihm einberufenen Konsistorien setzte er die vom seinem Vorgänger schon eingeleitete Internationalisierung des Kardinalskollegiums fort. Seine Kreationen haben das weltkirchliche Denken von Leo XIII. besonders deutlich gemacht.

Mit weitsichtiger Politik erreichte Leo XIII. seit 1880 nach und nach die Beilegung des für Kirche und Staat in Deutschland und Europa so verhängnisvollen »Kulturkampfes«.
Es ist daher verständlich, daß der Papst im Jahre 1881 der später ausgetretenen Schwester M. Engratia Nurgens [Sturges] (∗ 1846 – 1868 Eintritt – † [???]) keine Audienz gewährte. Sie war zu Fuß von Andernach aus ohne Empfehlungsschreiben und ohne Wissen der Oberen nach Rom gepilgert, um gegen die manipulierte Wahl der Generaloberin von 1881 zu protestieren. *[ZOAWBB. 7 M ORIG. 96f; NR. 365.].*
Im Jahre 1882 konnte die Gesandtschaft Preußens beim Hl. Stuhl eröffnet werden. Am 18. Dezember 1883 gewährte der Papst dem deutschen Kronprinzen Friedrich eine Audienz.

Unter den Enzykliken Leos XIII. ist eine besonders hervorzuheben: Der »Sozialen Frage« und der »Arbeiter–Frage« widmete der Papst – wohl auch aus persönlicher Erfahrung als Diplomat im vorindustriellen Belgien – am 15. Mai 1891 eine eigene Enzyklika: »Rerum Novarum« sollte schon bald als »Charta der Arbeiter« in der Sozialgeschichte Europas eine bis heute unvergessene Rolle spielen. Der Seelsorger und Theologe verurteilte in seinem Schreiben die Auswüchse der Industriegesellschaft, forderte gerechten Lohn für alle Arbeiter und motivierte sie persönlich, Vereine zur Verteidigung ihrer Rechte zu bilden. Zugleich legte Leo XIII. in diesem Lehrschreiben eine christlich begründete Gesellschaftsauffassung vor, die geregelte Beziehungen von Einzelpersönlichkeit und Gemeinschaft, von Eigentum und Arbeit, von Mensch und Wirtschaft zueinander betonte.

Papst Leo XIII. starb am 20. Juli 1903 im Alter von 93 Jahren und wurde zunächst in St. Peter bestattet. Sein Wunsch, in S. Giovanni im Lateran beigesetzt zu werden ging erst am 25. Oktober 1925 mit der Translation in Erfüllung.
Als Leo XIII. starb, äußerte Mutter Rosa Flesch »ein tiefes seelisches Empfinden und gab zu verstehen, ›sie habe bereits drei Päpste überlebt‹. Diese hatten ihre Aufgabe in der hl. Kirche vollendet und waren zur ewigen Ruhe eingegangen«. *[ZOAWBB. 7 M ORIG. 141; NR. 548.].*

Philosophisch und theologisch hochgebildet hat Papst Leo XIII. mit Weitsicht und Zielstrebigkeit – freilich ohne alle zeitbedingten Fragen klären zu können – der Kirche Tore geöffnet und Wege aufgezeigt, die sie zu einem angesehenen Dialogpartner der neueren Zeit werden ließ.

BELEGE UND LITERATUR:

10. KULTURKAMPF

ZOAWBB. Chroniken – Akten – Festschriften – Personalunterlagen. – ZOAWBB. 7 M ORIG. 71–87; NR. 263–325.

W. BECKER, Kulturkampf, in: LTHK 6 (3. Aufl. 1997) 517ff. (LIT.). – CH. WEBER, Kirchliche Politik zwischen Rom, Berlin und Trier 1876–1888. Die Beilegung des preußischen Kulturkampfes, (Veröffentlichungen der Kommission für Zeitgeschichte, Reihe B: Forschungen, Bd. 7), Mainz 1970. – R. LILL, Der Kulturkampf in Preußen und im Deutschen Reich (bis 1878), in: JEDIN (HG.), Handbuch der Kirchengeschichte, Bd. VI: Die Kirche in der Gegenwart, 2. Halbband: Die Kirche zwischen Anpassung und Widerstand (1878 bis 1914), Freiburg/Br.-Basel-Wien 1973, 28–48. – R. LILL, Die Wende im Kulturkampf – Leo XIII., Bismarck und die Zentrumspartei 1878–1880 (= Sonderausgabe aus: Quellen und Forschungen aus italienischen Archiven und Bibliotheken, Bd. 50 u. 52 – Für Gerd Tellenbach zum 17. September 1973), Tübingen 1973. – W. LOTH, Katholiken im Kaiserreich. Der politische Katholizismus in der Krise des wilhelminischen Deutschlands, (Beiträge zur Geschichte des Parlamentarismus und der politischen Parteien, Bd.75), Düsseldorf [1984]. – J. B. KISSLING, Geschichte des Kulturkampfes im Deutschen Reiche, 3 Bde., Freiburg/Br. 1911, 1913, 1916. – W. BECKER, Der Kulturkampf als europäisches und als deutsches Phänomen, in: Historisches Jahrbuch 101 (1981) 422–446. – W. DIETZ, Die Auswirkungen des Kuıturkampfes im Regierungsbezirk Koblenz, phil. Diss Bonn, Galenherg 1992. – J. STEINRUCK, in: PERSCH / SCHNEIDER (HGG.), Geschichte des Bistums Trier, Bd. 4, 609–636.

ZOAWBB. Chroniken – Akten – Festschriften – Personalunterlagen. – LEMMENS, Festschrift, 46–55. – KATHOLISCHE PFARRGEMEINDE WALDBREITBACH (HG.), 750 Jahre »Maria Himmelfahrt« Waldbreitbach, 26. – ZOAWBB. LASALLE, Tagebuch, 8.12.1873. – ZOAWBB. 7 M ORIG. 71–87; NR. 263–325.

– GROETEKEN, Schatten, 186–193.

– GATZ, Krankenpflege, 590 u. passim, REG. – BÖCKELER, Macht, 168–196. – BACKES, Lebensbild, 43ff. – KRACHT / SCHERER (HGG.), Flesch – Dokumente, REG.

Zu Skeptische Vorahnungen Mutter Rosas:

ZOAWBB. Chroniken – Akten – Festschriften – Personalunterlagen. – ZOAWBB. 1 M 15f.; NR. 41, 42f. – ZOAWBB. 7 M ORIG. 69f.; NR. 261f. – BACKES, Lasalle, 117f. – KRACHT / SCHERER (HGG.), Flesch – Dokumente, REG.

Zu Nikolaus Siehr (∗ 1836 – 1873 – †1899).

THOMAS, Weltklerus, 327.

Zur Lage im Bistum Trier:
J. STEINRUCK, in: PERSCH / SCHNEIDER (HGG.), Geschichte des Bistums Trier, Bd. 4, 609–636.

Zu Bischof Matthias Eberhard:
A. THOMAS, in: GATZ, Bischöfe 1785/1803 bis 1945, 155–157. (LIT.). – J. STEINRUCK, in: PERSCH /EMBACH (HGG.), Bischöfe von Trier, 123–140. – J. STEINRUCK, in: PERSCH / SCHNEIDER, (HGG.), Geschichte des Bistums Trier, Bd. 4, 91–100, 621. – K. GANZER, Bischof Matthias Eberhard von Trier und das 1. Vatikanische Konzil, in: Trierer Theologische Zeitschrift – Pastor Bonus (1970) 208–229. – J. STEINRUCK, in: MONZ (HG.), Trierer Lexikon, 92. (LIT.). ZOAWBB. Chroniken – Akten – Festschriften – Personalunterlagen. – ZOAWBB. AGATHA SIMONS, Aufzeichnungen ..., 47a. – ZOAWBB. 7 M ORIG. 73, 82, 100; NR. 272, 305, 378. – FESTSCHRIFT – 75 Jahre, 12. – KRACHT / SCHERER (HGG.), Flesch – Dokumente, REG.

Zur Situation Mutter Rosas:
ZOAWBB. Chroniken – Akten – Festschriften – Personalunterlagen. – ZOAWBB. 1 M 16f.; NR. 44f. – ZOAWBB. 7 M ORIG. 74f.; NR. 278. – ZOAWBB. AGATHA SIMONS, Aufzeichnungen ..., 48. – ZOAWBB. AGNES FRÖBUS, Erinnerungen, 71f., 77f. – KRACHT / SCHERER (HGG.), Flesch – Dokumente, REG.

Zu Befragungen und Verhöre:
Zu EDUARD JUSTUS VON RUNKEL (* 1801–† 1882):
ROMEYK, Leitende Verwaltungsbeamte, 704. (LIT.).
BÖCKELER, Macht, 31. – GAWBB. NR. 373 – Einzelvernehmungen. – NR. 378 – Protokollbericht. – ZOAWBB. 7 M ORIG. 77f.; NR. 279–287. – Kopien im ZOAWBB. – ZOAWBB. LASALLE, Tagebuch, 27.2.1875 – Vgl. auch 26.1.1874. – GAWBB. NR. 373 – Einzelvernehmungen. – NR. 378 – Protokollbericht. – Kopien im ZOAWBB. – LHA-KOBLENZ. BEST. 441, NR. 15 218. – GAWBB. NR. 378. – Vgl. BACKES, Flesch – Spruch und Bild. 14. Relief. – ZOAWBB. LASALLE, Tagebuch, 3.8.1876 – BACKES, Lasalle, 123, 224. – ZOAWBB. 7 M ORIG. 79f.; NR. 289.

Zu Konflikte in den Filialen:
ZOAWBB. 7 M ORIG. 82; NR. 302. – ZOAWBB. AGNES FRÖBUS, Erinnerungen, 73/79. – ZOAWBB. LASALLE, Tagebuch, 18. u. 23.12.1875. – LHAKOBLENZ. BEST. 442, NR. 5051., NR. 8511; ABT. 441, NR. 15105 u. NR. 15213.

Zu Einsatz für verfolgte Priester:
ZOAWBB. 7 M ORIG. 82; NR. 306.

Zu Eingeschränkte Aufnahme neuer Schwestern:
ZOAWBB. Chroniken – Akten – Festschriften – Personalunterlagen. –
BATrier. Korum-Akten.

2. Mai 1882 – 24 Einkleidungen während des Kulturkampfes
1. SCHWESTER M. DYONISIA GERSTNER (∗ 1859 – 1878 Eintritt – † 1927). ZOAWBB. Personalienbuch B / 0090–1 [A / 0178].
2. SCHWESTER M. BEATRIX MARX (∗ 1862 – 1878 Eintritt – † 1887). ZOAWBB. Personalienbuch B / 0091–1 – [A / 0179].
3. SCHWESTER M. CAMILLA WENIGMANN (∗ 1852 – 1879 Eintritt – † 1914). ZOAWBB. Personalienbuch B / 0097–1 – [A / 0184].
4. SCHWESTER M. SEBASTIANA SCHWUNK (∗ 1856 – 1879 Eintritt – † 1910). ZOAWBB. Personalienbuch B / 0100 – 1. [A/0187].
5. SCHWESTER M. IGNATIA BRÜCK [BRINCK] (∗ 1856 – 1879 Eintritt – † 1914). ZOAWBB. Personalienbuch B /0101–1 – [A / 0188].
6. SCHWESTER M. CORNELIA BRUCH∗ (∗ 1856 – 1879 Eintritt – † [???]) – 1886 Entlassung. ZOAWBB. Personalienbuch B / 0096 – 1.
7. SCHWESTER M. MARGARETHA ROSENBAUR (∗ 1858 – 1880 Eintritt – † 1896). ZOAWBB. Personalienbuch B / 0102 – 1.
8. SCHWESTER M. THEOPHILA HEINZ (∗ 1856 – 1880 Eintritt – † 1935). ZOAWBB. Personalienbuch B / 0105–1 – [A / 0192].
9. SCHWESTER M. CLEMENTINE SANDER (∗ 1857 – 1880 Eintritt – † 1938). ZOAWBB. Personalienbuch B / 0103–1 – [A / 0190].
10. SCHWESTER M. MACARIA MÜLLER (∗ 1858 – 1880 Eintritt – † 1917). ZOAWBB. Personalienbuch B / 0104–1 – [A / 191].
11. SCHWESTER M. MECHTILDIS DRUCKS (∗ 1854 – 1880 Eintritt – † 1931). ZOAWBB. Personalienbuch B / 0106 – 1 – [A / 0194].
12. SCHWESTER M. STEPHANE SAUER (∗ 1848 – 1880 Eintritt – † 1905). ZOAWBB. Personalienbuch B / 0107 –1 – [A / 0195].
13. SCHWESTER M. ALPHONSA REIPLINGER (∗ 1859 – 1880 Eintritt – † 1928). ZOAWBB. Personalienbuch B /0109–1 [A/0197].
14. SCHWESTER M. HELENA MOHR (∗ 1848 – 1880 Eintritt – † 1884). ZOAWBB. Personalienbuch A / 0198.
15. SCHWESTER M. AUGUSTE THOMAS (∗ 1861 – 1880 Eintritt – † 1927). ZOAWBB. Personalienbuch B / 0108–1 – [A / 0196].
16. SCHWESTER M. MATHILDE SIMON (∗ 1861 – 1880 Eintritt – † 1885). ZOAWBB. Personalienbuch B / 0110 – 1 [A / 0199].
17. SCHWESTER M. CLOTILDE LENZEN (∗ 1852 – 1880 Eintritt – † 1911). ZOAWBB. Personalienbuch B / 0111 – 1 – [A / 0200].

18. SCHWESTER M. HILARIA MOOS (∗ 1854 – 1880 Eintritt – † 1922). ZOAWBB. Personalienbuch B / 0112 –1 – [A / 0201].
19. SCHWESTER M. GERTRUD TORNER (∗ 1859 – 1880 Eintritt – † 1885). ZOAWBB. Personalienbuch A / 0203.
20. SCHWESTER M. EUSEBIA PELZER (∗ 1857 – 1880 Eintritt – † 1897). ZOAWBB. Personalienbuch B / 0113–1 – [A / 0202].
21. SCHWESTER M. NATALIE MERTES (∗ 1860 – 1880 Eintritt – † 1887). ZOAWBB. Personalienbuch B / 0114–1 – [A / 0204].
22. SCHWESTER M. BASILISSA HERRIG (∗ 1846 – 1881 Eintritt – † 1906). ZOAWBB. Personalienbuch B / 0115–1 – [A / 0205].
23. SCHWESTER M. CLAUDIA PEES∗ (∗ 1854 – 1881 Eintritt – † [???]). 1885 Entlassung. ZOAWBB. Personalienbuch B / 0118 – 1.
24. SCHWESTER M. PAULINA STEINMETZ (∗ 1859 – 1881 Eintritt – † 1936). ZOAWBB. Personalienbuch B / 0117 – 1.

28. August 1882 – 10 Einkleidungen während des Kulturkampfes
1. SCHWESTER M. LIDWINA PAGUET∗ (∗ 1853 – 1878 Eintritt – † [???]) – 8.10.1883 Entlassung. ZOAWBB. Personalienbuch A / 0175.
2. SCHWESTER M. ALEXIA RÖHDIGER [RÜDIGER] (∗ 1859 – 1879 Eintritt – † 1925). ZOAWBB. Personalienbuch B / 0094 –1 – [A / 0181].
3. SCHWESTER M. JULITTA REITER (∗ 1800 – 1800 Eintritt – † 1900). ZOAWBB. Personalienbuch A / 0193.
4. SCHWESTER M. REGINA SCHÜPPING (∗ 1853 – 1881 Eintritt – † 1915). ZOAWBB. Personalienbuch B / 0116 – 1.
5. SCHWESTER M. COELESTINA SCHMITZ (∗ 1851 – 1881 Eintritt – † 1915). ZOAWBB. Personalienbuch B / 0119 – 1.
6. SCHWESTER M. HIEROYMA BECKER (∗ 1863 – 1881 Eintritt – † 1887). ZOAWBB. Personalienbuch B / 0121 – 1.
7. SCHWESTER M. AQUILINA LERMEN (∗ 1863 – 1881 Eintritt – † 1950). ZOAWBB. Personalienbuch B / 0122.
8. SCHWESTER M. AURELIA ADENAU (∗ 1860 – 1881 Eintritt – † 1890). ZOAWBB. Personalienbuch B / 0124 – 1.
9. SCHWESTER M. EUDOXIA STÜRMER (∗ 1858 – 1881 Eintritt – † 1918). ZOAWBB. Personalienbuch B / 0123 – 1.
10. SCHWESTER M. MARZELLA SCHUMANN (∗ 1859 – 1881 Eintritt – † 1927). ZOAWBB.Personalienbuch B / 0125 –1.
– KRACHT / SCHERER (HGG.), Flesch – Dokumente, REG.

Zu Heimliche Einkleidungen:

16. Februar 1880 bzw. 4. Juni 1880:

1. SCHWESTER M. ANTONIA I. MIENES (∗ 1844 – 1874 Eintritt – † 1891). ZOAWBB. Personalienbuch B / 0078 – 1. – [A / 0165.
2. SCHWESTER M. LEOKADIA PAULI (∗ 1845 – 1874 Eintritt – † 1893). ZOAWBB. Personalienbuch B / 0079 –1. – A / 0166. –
3. SCHWESTER M. JOSEPHA FREILINGER (∗ 1847 – 1875 Eintritt – † 1901). ZOAWBB. Personalienbuch B / 0080–1 – A / 0168.
4. SCHWESTER M. COLLETTA DITSCH [DISCH] (∗ 1846 – 1875 Eintritt – † 1880). ZOAWBB. Personalienbuch A / 0167.
5. SCHWESTER M. ANTONIA II. BUTZ (∗ 1852 – 1878 Eintritt – † 1922). ZOAWBB. Personalienbuch B / 0084 – 1 – A / 0172.
6. SCHWESTER M. MICHAELA SCHMITT (∗ 1852 – 1878 Eintritt – † 1925). ZOAWBB. Personalienbuch B / 0085 – 1. – A / 0173.

– KRACHT / SCHERER (HGG.), Flesch – Dokumente, REG.

12. Juni 1881 bzw. 12. Juli 1881:

1. SCHWESTER M. MARTINA BRUCH (∗ 1850 – 1879 Eintritt – † 1924). ZOAWBB. Personalienbuch B / 0099 – 1– A / 0186. –
2. SCHWESTER M. CRESZENTIA BRUCH (∗ 1848 – 1879 Eintritt – † 1909). ZOAWBB. Personalienbuch B / 0098 – 1 – [A / 0185]. –
3. SCHWESTER M. COLETTA ADAMS (∗ 1857 – 1878 Eintritt – † 1924) ZOAWBB. Personalienbuch B / 0092 – 1 – [A / 205].
4. SCHWESTER M. THIMOTHEA EFKEMANN (∗ 1855 – 1877 Eintritt – † 1949). ZOAWBB. Personalienbuch B / 0081 – 1 – [A / 0169].

ZOAWBB. AGATHA SIMONS, Aufzeichnungen ... , 48f., 49/50. – KRACHT / SCHERER (HGG.), Flesch – Dokumente, REG.

Zu Übertritte aus aufgelösten Klöstern

LEMMENS, Festschrift, Anhang Nr. 29. – HANDBUCH DES BISTUMS TRIER, Trier 1952, 772f. –

SCHWESTER M. PAULINA STEINMETZ (∗ 1859 Saarburg – 1881 Eintritt – † 1936). ZOAWBB. Personalienbuch B / 0117 – 1. – MARTIN WILHELM MÜNCH (∗ 1842 – † 1894). THOMAS, Weltklerus, 244. – SCHWESTER M. JOSEPHA BACH (∗ 1842 – 1886 Eintritt – † 1915). ZOAWBB. Personalienbuch B / 0231 – 2. – SCHWESTER M. MAGDALENA RÖßLE (∗ 1844 – 1886 Eintritt – † 1887). ZOAWBB. Personalienbuch B / 0231 – 3. – KRACHT / SCHERER (HGG.), Flesch – Dokumente, REG.

Zu Papst Leo XIII. – Wegbereiter Katholischer Soziallehre

PH. LEVILLAIN (ED.) DICTIONNAIRE HISTORIQUE DE LA PAPAUTÉ, Paris 1994,

1035ff. (LIT.). – O. KÖHLER, Leo XIII., in: LThK 6 (3. Aufl. 1997)828f. (LIT.). – F. MALGERI, in: ENCICLOPEDIA DEI PAPI, EDD. M. SIMONETTI, G. ARNALDI, M. CARAVALE, G. MARTINA, 3 Vol. Roma 2000, hier Bd. 3, 575–592. (LIT.). – [J. M. MAYEUR], in: NCE, 2 Ed., Bd. 8 (2003) 490ff. (LIT.). – CH. WEBER, Kardinäle und Prälaten in den letzten Jahrzehnten des Kirchenstaates: Elite-Rekrutierung, Karriere-Muster und soziale Zusammensetzung der kurialen Führungsschicht zur Zeit Pius' IX. (1846–1878), (Päpste und Papsttum, 13, 1 u. 2), Stuttgart 1978, hier Bd. II, 251ff. (LIT.). – H. JEDIN (HG.), Handbuch der Kirchengeschichte, Bd. VI/2, 3–28. – K. SCHATZ, Vaticanum I, 2 Bde., REG. – G. SCHWAIGER, Papsttum, 45–104.
ZOAWBB. 7 M ORIG. 85, 96f., 129f.,141; NR. 319, 365, 504, 548.
SCHWESTER M. ENGRATIA NURGENS [STURGES] – (∗ 1846 – 1868 Eintritt – † [???]).
ZOAWBB. 7 M ORIG. 96f; NR. 365. – ZOAWBB. Personalienbuch A / 0111. – KRACHT / SCHERER (HGG.), Flesch – Dokumente, REG.

11. PERSÖNLICHE LEBENSGESTALTUNG

11.1. Lebensalltag

Margaretha Rosa Flesch war persönlich und sozial an ihre Heimat – das Wiedbachtal gebunden. Die geographisch bedingte Begrenztheit steht nur in scheinbarem Gegensatz zu ihrer geistlichen Offenheit. Das hat in der Geschichte der von ihr gegründeten Gemeinschaft beredten Ausdruck gefunden.

Wenn ihr Blick auch nach außen ging und die politischen, sozialen und kirchlichen Umstände ihrer Zeit wahrnahm, so war sie doch in »ihrer Welt« im kleinen Waldbreitbach am glücklichsten.

»Nicht wie *ich* vorhatte, ist es gekommen... *Ich* habe nie daran gedacht, eine Genossenschaft zu gründen. Was ich sollte, wußte ich nicht. *Er* hat mich geführt. So ist der liebe Gott: Er sucht sich das Kleine und Schwache aus, wenn Er etwas Großes vorhat!« *[BÖCKELER, Macht, 133.]*. Diese Mutter Rosa zugeschriebenen – aber so nicht sicher belegten – Worte sind bezeichnend für ihr ganzes Leben.

Für Mutter Rosas einfachen Lebensstil, ihr kluges und besonnenes Auftreten bei Vorgesetzten, Mitarbeitern und Schwestern gibt es zahlreiche Zeugnisse, die hier nicht alle aufgeführt werden können.

Ein ständig eigenes Zimmer mit persönlichem Bett hat sie mit Sicherheit frühestens mit dem Einzug in das halbfertige Marienhaus beziehen können. Ständiger Ortswechsel war wegen der vielen Gründungs- und Visitationsreisen ohnehin an der Tagesordnung. Für das Jahr 1886 ist belegt, Mutter Rosa habe im Marienhaus in einem dunklen Zimmer in St. Klara, später auf St. Ludwig gewohnt. *[ZOAWBB. AGNES FRÖBUS, Erinnerungen, 67, 73.]*. Privilegien in Unterbringung und Verpflegung schätzte sie ohnehin nicht.

Der Neuwieder Landrat Runkel ist sicher ein unverdächtiger Zeuge, wenn er die Klugheit von Mutter Rosa bewunderte. Er äußerte nach einer längeren Unterredung, sie habe so klug geantwortet, als wenn sie studiert hätte. *[ZOAWBB. 7 M ORIG. 78f.; NR. 288.]*.

Auch die Gründungsoberin des Antoniushauses und ehemalige Mitschwester in Niederwenigern, Schwester M. Scholastica Müller (∗ 1860 – 1881 Eintritt – † 1938) charakterisierte Mutter Rosa einfühlsam und zutreffend: »Sie schaute weit in die Ferne; sie hatte einen hohen Geist – sie war vom Geiste Gottes durchdrungen. In ihren Gesprächen bezog sie alles auf den lieben Gott. Die Arbeit war nur für ihn und das Heil der Menschen...Ihre ganze Erscheinung strahlte nach außen, was sie innerlich war, wiewohl sie demütig, die demütigste unter allen war«. *[BACKES, Lasalle, 124. – ZOAWBB. Personalienbuch B / 0127 – 1.]*. Ähnliches bestätigte auch ihre Mitschwester M. Amalia Wallenborn (∗ 1870 – 1890 Eintritt – † 1954), seit 1902 im Antoniushaus. Sie beschrieb die Augen von Mutter Rosa als »schön, hellsehend«. *[BACKES, Lasalle, 135, – ZOAWBB. Personalienbuch B / 0343 – 1.]*. Der Geistliche Paul Flesch (∗ 1831 – † 1907), von 1865 bis 1888 Pfarrer von Wadern, machte ihr 1866 ein ganz besonderes – sicher nicht alltägliches Kompliment. Er bezeichnete die Generaloberin sehr beziehungsreich als »schöne Rose«. *[ZOAWBB. LASALLE, Tagebuch, 24.11.1866 – BACKES, Lasalle, 65.]*.

Mutter Rosa war aufmerksam und strebsam. Sie nutzte jede Gelegenheit zur Weiterbildung. Mit großem Eifer und mit Vorliebe las sie Lebensbeschreibungen von Heiligen, den »Paulinus« – das Trierer Kirchenblatt –, Berichte aus den Missionen und Zeitungen zur Information. *[LEMMENS, Festschrift, 74. – BÖCKELER, Macht, 315. – Vgl. MEIWES, »Arbeiterinnen des Herrn«, 112.]*. Vor allem bemühte die Generaloberin sich, genauere Kenntnisse über die Zustände ihrer Zeit zu erwerben. Auf Reisen benutzte sie darum gern die Eisenbahn und verfolgte Gespräche der Mitreisenden über Politik, um Profit für die Leitung der Genossenschaft daraus ziehen zu können. *[Vgl. ZOAWBB. 7 M ORIG. 79; NR. 311.]*.

Reisen

Über die Wallfahrten Mutter Rosas ist bereits in anderem Zusammenhang berichtet. Wie oft sie ihr Weg nach Engers in Ordensangelegenheiten zum Klosterkommissar Jakob Gomm geführt hat, ist leider nicht mehr zu er-

mitteln. In den ersten Jahren war sie oft auf Reisen. Dabei gehörte Wadern sicher zu ihren Lieblingszielen.
Reisen zu den Visitationen der Filialen gehörten zu den wichtigen Aufgaben der Gründerin. Dabei begleitete sie stets ein Waisenmädchen oder eine Schwester aus dem Mutterhaus. Schwester M. Agnes Fröbus schilderte eine solche Kurzreise: »Ich bin oft mit ihr gereist. Wenn ich müde war, hat sie allein gebetet: Ach du bist müde, hör auf ich bete allein. ... In einer Tour sind wir aus dem Mutterhaus in Niederbreisig eingekehrt, haben dort Kaffee getrunken, dann bis Oberzissen zu Fuß. Da eine Nacht geschlafen. Mutter Rosa hat ihre Angelegenheiten erledigt. Anderntags zu Fuß bis Adenau gegangen. Dort eine Nacht geschlafen. Anderntags zurückgegangen«. *[Vgl. ZOAWBB. AGNES FRÖBUS, Erinnerungen, 48, 54.].*

Die Generaloberin indessen merkte, daß nicht alles nach ihrem Willen ging. Sie selbst hatte nämlich diese Entwicklung eingeleitet. Die Verselbständigung der eingeleiteten Maßnahmen hatte sie selbst wohl unterschätzt.
»Mutter Rosa war nur unglücklich, daß das Kloster sich so verbreitert hat. Sie hätte es gern arm und klein gehalten. Sie hat sich immer so ausgedrückt, sie habe nicht gewollt, daß es so groß werden sollte. Sie hätte sich immer gedacht, still und verborgen leben zu können mit wenigen Schwestern. Schließlich war sie doch froh, daß die Filialen sich vermehrten. *[ZOAWBB. AGNES FRÖBUS, Erinnerungen, 68, 74.]*

Mutter Rosas wohl unangenehmste und schwierigste Reise kann hier nicht unerwähnt bleiben: Am 4. Oktober 1881 fuhr sie der unter schweigendem Protest ausgetretenen Schwester M. Theresia Beissel nach in deren Heimatort Dernau. Sie wollte sie bewegen zurückzukommen. Sie bat Schwester Theresia zum Bahnhof zu kommen. Sie wagte nämlich nicht, sie in ihrer Wohnung aufzusuchen, da sie deren heftigen Charakter kannte. Schwester Theresia weigerte sich. So kehrte die Gründerin schweren Herzens zurück, ohne wenigstens ein Gespräch geführt zu haben. *[Vgl. ZOAWBB. 7 M ORIG. 96f.; NR. 363.].*

Humor

Eine wirklich geistliche Persönlichkeit ist ohne ein gerütteltes Maß an Humor nur schwer vorstellbar. Sicher war es auch im Leben Mutter Rosas so, daß außer dem unerschütterlichen Glauben an ihren Herrgott und die Kirche manchmal eine gewaltige Portion Humor ihr Leben erträglicher machte.

Hier müssen einige Beispiele aus dem Klosterleben genügen: Anläßlich einer prekären Situation im Marienhaus, von der schon berichtet wurde, meinte die Gründerin gelassen: »Man braucht nicht zu beten, daß der Wille Gottes geschieht. Es sind hier so viele, die den Willen Gottes machen«. *[MUTTER ROSA FLESCH – ZOAWBB. 7 M ORIG. 113; NR. 439. – GROETEKEN, Schatten, 201.].*

Auch wenn die Schwerkranke an körperlichen und seelischen Beschwerden zu leiden hatte, so verbreitete sie doch viel Sonnenschein. Sie ertrug es nicht, eine Schwester traurig zu sehen. Sie wußte durch geschickte, kluge Einfälle, alle zu erheitern, die sich bei ihr einfanden. So zum Beispiel war an ihrem Lager neben dem Weihwasserbecken, ein ähnliches mit klarem Wasser, das sie zu kleinen Wasseranwendungen nutzte. Wenn abends nun Schwestern kamen, bat sie diese, reichlich Weihwasser in die Zelle zu sprengen, um den teuflischen Nachstellungen zu entgehen. Wenn die Schwester es erledigt hatte, dann stellte sich gelegentlich heraus, daß sie irrtümlich kein geweihtes Wasser, sondern das ungeweihte benutzt hatte. Dieses Versehen veranlaßte dann ein Gaudium. Die Stifterin lachte recht herzlich darüber und alle anderen stimmten ein. *[Vgl. ZOAWBB. 7 M ORIG. 157; NR. 588.].*

Noch bis auf das Totenbett bewahrte sie sich diesen Humor. Schwester M. Mamerta Marquet (∗ 1881 – 1899 Eintritt – † 1927) berichtete von einer Situation, in der sie der schwerkranken Mutter Rosa versprach, jedesmal, wenn sie ihm Mutterhaus sei, ihr Grab aufzusuchen. Darauf habe Mutter Rosa geantwortet: »Dann bringe mir aber jedesmal einen Korb voll Rosenkränze mit«. *[GROETEKEN, Schatten, 252. – ZOAWBB. Personalienbuch B / 0135 – 2.].*

Im Jahre 1922 machte Schwester M. Jucunda Schwarz (* 1879 – 1907 Eintritt – † 1959) bei einem Besuch auf Schloß Dagstuhl eine sensationelle Entdeckung: Sie fand zwei bildliche Darstellungen der Gründerin. Octavie de Lasalle hatte von Mutter Rosa 1866 ein Ölgemälde angefertigt und 1870 auch ein Foto von Mutter Rosa mit Sanitäter-Binde aufgenommen. Außer den beiden verstorbenen Betroffenen konnte von diesen Bildern so gut wie keiner etwas wissen. *[BACKES, Lasalle, 230.].*

Octavie de Lasalle hatte dieses 1866 gemalte 21 cm x 30 cm große Porträt in Ölfarbe auf Zinkblech geschaffen. Es befindet sich heute im Mutterhaus. Es zeigt die Gründerin in einem Sessel sitzend. Sie trägt das braune Franziskanerinnenhabit mit schwarzem Schleier und weißem Kragen. Die Arme auf die Sessellehnen gestützt, hat sie die Hände gefaltet. Ein Brustkreuz ist kaum zu erkennen. Das weiße Zingulum mit den drei Knoten fällt rechts seitlich herunter. An der linken Seite trägt sie den am Zingulum befestigten Rosenkranz. *[MOLZ, Lasalle, Teil 2., 175. – FOTO: BACKES, Lasalle, 208.].* Als Studie hatte die Künstlerin zuvor eine Bleistiftskizze gefertigt. Sie zeigt die junge Ordensfrau, die »mit der linken ein offenes Skizzenheft« hält und »mit der rechten Hand den Bleistift führt. Stille Zufriedenheit liegt auf dem ebenmäßigen, abwärts schauenden Antlitz«. *[ZOAWBB. LASALLE, Skizzenbuch. – GROETEKEN, Schatten, 234.].* Das Antlitz Mutter Rosas auf der Skizze gleicht dem des Ölgemäldes. »Octavie verlieh Mutter Rosa die frischen Züge, die sie als Ausdruck ihrer seelischen Frische und Schönheit ansah«. *[BACKES, Lasalle, 229.].*

Von den wenigen erhaltenen Bildern dürfte das um 1863 nach der ersten Profeß entstandene Foto wohl das älteste sein. *[ZOAWBB. – BACKES, Lebensbild, 5 [Titel–Innenfoto].*

Das Foto aus dem Jahre 1870 von Mutter Rosa mit Rot-Kreuz-Binde, hatte Octavie de Lasalle im Krieg aufgenommen. Ihr kritischer Blick ist besonders auffallend. *[BACKES, Lasalle, 230. – FOTO: BACKES, Lebensbild, 33].*

Auf den letzten beiden Bildern, die ihr Neffe Johann Hertling im Jahre 1905 fotografierte, hält Mutter Rosa ein Buch in der Linken. Es dürfte sich um ihr Brevier [Stundengebet] mit der Regel handeln. *[BACKES, Flesch – Testament, 80ff.]* »Auf dem einen Foto, das Mutter Rosa mit der Generaloberin zeigt, blickt Mutter Rosa lächelnd zu dieser hin; doch ist das Lächeln mit Bitterkeit gemischt«. *[FOTO: BACKES, Testament, 82, 132f].*
Dazu im Kontrast: »Das andere Foto, auf dem sie allein ist, zeigt Mutter Rosa mit großen, in die Ferne schauenden, fragenden Augen; ihr strichförmiger Mund und die weiten Nasenflügel verraten eine große Energie und einen unbeugsamen Willen der fast Achtzigjährigen«. *[BACKES, Testament, 82, 132f. – BACKES, Lasalle, 136.].*
Auf diesen letzten Fotos trägt Mutter Rosa das franziskanische Ordenshabit mit weißem Kragen und schwarzem Schleier sowie ein Kreuz auf der Brust. Der weiße Doppel-Gürtel rechts mit drei Knoten bietet deutlich sichtbar den Halt für den Rosenkranz.

Familie – Verwandte

Die geographische und emotionale Bindung an Heimat, Elternhaus und Familie waren und blieben für Mutter Rosa durch ihr ganzes Leben tragfähige Erlebnisse: Für ihre große Doppel-Familie, auch ihre ferneren Angehörigen und deren Probleme hatte Mutter Rosa stets ein offenes Ohr. Sie leistete Hilfe bei der Arbeitsplatzsuche und bei der Lösung von Konflikten. Auch an freudigen und traurigen Familienereignissen fehlte es in dieser so schwierigen Zeit nicht:

Von ihrer bereits am 31. März 1862 verstorbenen epilepsiekranken Schwester Maria Anna Flesch, die sie viele Jahre gepflegt hatte, war bereits die Rede.

Ihre Familie wurde größer. Margaretha wurde schon vor der Klostergründung gleich mehrmals Schwägerin und Tante.
Am 27. Januar 1852 heiratete der Stiefbruder Peter Richarz die aus Over stammende Christina Homberg. Margaretha wurde am 5. Februar 1853

zum erstenmal Patentante. Ihr Patensohn Peter starb aber schon mit 3 Jahren. Schon ein Jahr früher war die Schwägerin gestorben.
Am 28. November 1854 heiratete ihre Schwester Christine den aus Kurtscheid stammenden Wilhelm Hertling. Das junge Paar zog nach Meiderich. Am 22. Oktober 1855 erblickte ihr dort geborenes Patenkind Peter Hertling das Licht der Welt. Auch er starb wohl schon als Kleinkind. Die Mutter starb knapp zehn Jahre nach der Hochzeit am 3. September 1864 in Duisburg-Meiderich.
Im Jahre 1876 kam als Patenkind noch der Sohn Dominik ihres Halbbruders Johann hinzu.

Ägidius Johann Flesch

Die beiden jüngeren Halbbrüder von Margarete Flesch, von denen schon kurz die Rede war, hatten im Leben Margarethas eine Bedeutung, die nicht hoch genug eingeschätzt werden kann. Beide waren um Jahre jünger als sie. Der 8 Jahre jüngere Ägidius Johann verdiente seinen Lebensunterhalt als Ackerer und Tagelöhner. So verfügte er auch immer wieder über etwas Zeit, seiner Schwester bei schwierigeren und kraftfordernden Arbeiten zur Hand zur gehen. So half er bereits im Fockenbachtal, Material zum Bau der kleinen Einsiedelei heran zu schaffen. Wenn er ihr Vorhaben auch nicht in allen Konsequenzen verstand, sie gelegentlich für naiv oder religiös etwas »überspannt« hielt, übte er doch eine geschwisterliche Loyalität, die Anerkennung verdiente. Eines Tages begab Ägidius sich zu einem Arzt nach Linz, um ihn über die Krankheit seiner Schwester Margaretha zu informieren. Da die verordneten Medikamente keine Besserung brachten, erklärte der erfahrene Arzt, der Krankheit Margarethas müssten seelische Leiden zu Grunde liegen. *[Vgl. ZOAWBB. 7 M ORIG. 16; NR. 79.]*

Am 6. August 1858 vermählte sich der 24-Jährige mit Anna Tibi aus Breitscheid. Die Trauung vollzog Pfarrer Gomm in der Pfarrkirche Maria Himmelfahrt zu Waldbreitbach. Als Trauzeugen fungierten die nicht näher bekannten Michael Schneider aus Breitscheid und Anton Holl aus Kurtenacker. Das Paar nahm seien Wohnsitz offenbar in Breitscheid.

Mindestens sieben Kinder, davon zwei Jungen, wurden dem Ehepaar geboren. Es wird darüber hinaus glaubwürdig berichtet, Ägidius habe bei der Klostergründung tatkräftig mit geholfen, obwohl er in Breitscheid wohnte. Nachweislich trug er seit dem 24. August 1862 Felsen auf dem Kapellenberg ab, um das Baugelände zu vergrößern.

Im Oktober 1871 hatte Octavie de Lasalle von Louisenthal für M. Rosa Flesch zwei kleine Ölbilder gemalt, die eine Herz-Jesu-Vision der Gründerin mit einigen Unterschieden darstellten. Eines davon schenkte sie ihrem Halbbruder Ägidius.
Im November 1881 verließ Ägidius nach bereits beschriebenen Querelen mit der neuen Ordensleitung das Marienhaus und eröffnete in Breitscheid ein Kurzwarengeschäft und betrieb nebenbei Ackerbau. Dieser Abschied war wohl vorbereitet. *[Vgl. ZOAWBB. 7 M ORIG. 137f.; NR. 535.]*

Ägidius Johann Flesch starb als Vater einer großen Familie und als geachteter Bürger im Alter von 80 Jahren am 3. April 1914 in Breitscheid. Die Goldene Hochzeit ihres Halbbruders und ihrer Schwägerin am 8 Juni 1908 mit zahlreichen Kindern und Enkeln hat Mutter Rosa nicht mehr erlebt.

Schwester Marzella Schumann, die Ägidius persönlich gut kannte und viel von ihm über Mutter Rosa erfahren hatte, bezeichnete ihn als vernünftigen und gewissenhaften Mann. *[Vgl. ZOAWBB. 7 M ORIG. II ; NR. 5.]*
In einer von Männern dominierten sozialen Umgebung leistete er seiner Schwester und der jungen Gemeinschaft wertvolle Dienste im Bau- und Verwaltungsbereich. Ohne den wirkungsvollen Einsatz seiner technischen Begabung und seiner immensen physischen Arbeitskraft wären die Gründungsbauten des Klosters sicher bescheidener ausgefallen.

Johann Flesch

Auch der gut zehn Jahre jüngere Halbbruder Johann von Margaretha Flesch ließ sich mehr oder weniger bereitwillig in das Vorhaben seiner Schwester einbinden.

In den Jahren von 1861 bis 1875 wirkte er als umsichtiger Bauaufseher und dann als talentierter, gewissenhafter und humorvoller Verwalter im Marienhaus. Er stand seiner Schwester in der Leitung und Entwicklung des Mutterhauses mit Rat und Tat zur Seite. »Ich kann mit den Schwestern machen, was ich will. Wenn unsere Margaretha sagt, legt die Blätter in die Erde, statt der Wurzeln, dann machen sie das«. [*ZOAWBB. AGNES FRÖBUS, Erinnerungen, 6.]*. Seit 1866 nahm er sich verstärkt der drei Jahre vorher gegründeten Niederlassung Adenau an. Er beaufsichtigte den von Mutter Rosa entworfenen und ein Jahr später fertiggestellten Bau. Im Jahre 1875 ließ er sich endgültig in Adenau nieder und heiratete am 16. November 1875 Anna Katharina Arenz aus Herschbroich. Sie gebar ein gutes Jahr später den einzigen Sohn Dominik, über den Mutter Rosa wie selbstverständlich die Patenschaft übernahm. Nach dem frühen Tod seiner Frau im Jahre 1879 schloß Johann im Jahr darauf eine zweite Ehe mit Katharina Lohr, einem Mädchen aus Adenau.
Am 28. Oktober 1871 hatte Octavie de Lasalle von Louisenthal M. Rosa Flesch zwei kleine verschiedene Ölbilder geschenkt, die eine Herz-Jesu-Vision Mutter Rosas darstellen. Eines davon erhielt ihr Halbbruder Johann. Johann Flesch kann mit Recht seit 1866 der Förderer der Niederlassung Adenau genannt werden. Er starb am 13. Januar 1905 in Adenau, das ihm durch seine zweite Ehefrau Katharina Lohr zur zweiten Heimat geworden war. Seine Schwester M. Rosa, der er zeitlebens verbunden blieb, überlebte sowohl ihn als auch ihre zweite Schwägerin.
Die beiden Brüder Ägidius und Johann Flesch investierten viel Zeit und Kraft, um den das Haus umgebenden Felsgrund abzutragen, zu planieren und die gebrochenen Felsen als Baumaterial zu formen. Dabei entfernten sie Felsen bis zu sechs Meter Höhe, um so mehr Bauplatz zu gewinnen. Für beide Halbbrüder ist darum aber auch in Rechnung zu stellen, dass sie mit ihrem fachlichen Einsatz für die Gründung auch persönlich einen beachtlichen sozialen Aufstieg erreichen konnten.

Stiefmutter und Stiefschwester

Ihre Pflegemutter Anna Helene, die sich selbst, Margaretha und ihrer Umgebung manchen Kummer bereitet hatte, sah endlich ihre Lebensirrtümer ein. Sie zeigte Reue und versuchte vieles wieder gut zu machen, indem sie ein zurückgezogenes Leben vorzog. Mutter Rosa nahm sie nach der Gründung, als die Raumverhältnisse es um 1868 zuließen, ins Marienhaus auf. Dort kümmerte sie sich als »Großmutter« um die kleinen Waisenkinder. Mehr als ein Jahrzehnt führte sie bis zum Jahre 1878 ein erfülltes Leben. Sie betete viel und starb eines erbaulichen Todes. *[Vgl. ZOAWBB. 7 M ORIG. 137; NR. 532.].*

Kurz vor der Stiefmutter war auch deren uneheliche Tochter Maria Elisabeth Fuchs – also eine Stiefschwester von Margaretha – am 23. Januar 1867 als Schwester M. Arsenia – im Marienhaus eingetreten. Am 19. Juni 1868 – am Tage der Ewigen Profeß von Mutter Rosa – legte sie die Erste Profeß ab. Knapp drei Jahre später verließ sie nachts ohne Wissen der Vorgesetzten das Kloster und begab sich aus Anhänglichkeit an eine Schwester, die entlassen worden war, nach Andernach. Am 22. April 1888 heiratete sie Peter Hoffmann aus Waldbreitbach und wohnte in der Nähe der Apotheke. Sie verstarb kinderlos am 2. März 1889. *[ZOAWBB. Personalienbuch A / 0043.].*

Josef und Johann Hertling

Die beiden Söhne ihrer am 3. September 1864 in Duisburg-Meiderich verstorbenen Schwester Christine, die 10 Jahre vorher in Waldbreitbach den aus Kurtscheid stammenden Wilhelm Hertling geheiratet hatte, nahm Mutter Rosa als Waisenkinder noch im Jahre 1864 ins Marienhaus auf. Die beiden Neffen waren:
Josef Hertling war sechs, sein jüngerer Bruder Johann gerade drei Jahre alt, als sie ins Marienhaus einzogen. Josef Hertling erhielt 1888 zu seiner Hochzeit ein von seiner Tante selbstgesticktes Bild. Sie hatte das »Herz-Jesu«-Bild 1866 angefertigt. Das Bild zeigt den Auferstandenen mit gekreuzten Armen und durchbohrten Händen. Josef Hertling starb 1921 im Alter von 63 Jahren in Trier.
Johann Hertling, am 10. Juli 1861 in Duisburg-Meiderich geboren, starb am 27. September 1959 in Waldbreitbach. Nach seiner Schulzeit absolvierte er eine Schreinerlehre, half beim Bau des Marienhauses und

hielt immer wieder Kontakt zu seiner Tante. Nach 1881 kam er auch einmal zu Mutter Rosa nach Andernach. In den Jahren 1904 bis 1906 besuchte er seine Tante häufiger während ihrer Krankheit. 1905 fertigte er gar einige der seltenen Fotos von Mutter Rosa an. *[Druck: BACKES, Testament, 80f.].* Einmal kaufte er sogar im Auftrag von Mutter M. Aquilina eine »Lourdes-Madonna« für Mutter Rosa. Sein langes Leben und seine robuste Gesundheit ließen es zu, daß er nicht nur an der Beerdigung von Mutter Rosa teilnahm. Er war auch 1915 bei der Umbettung und 1957 bei der Exhumierung zugegen. *[ZOAWBB. 7 M ORIG., 69; NR. 209. – ZOAWBB. Chronik Antoniushaus, 37. – GROETEKEN, Schatten, 55 u. 79, 110f., 256.].*

Vertraute und Nahestehende

Ihrer Familie blieb sie – wie wir sahen – zeit ihres Lebens eng verbunden. Außer von ihren Angehörigen in Waldbreitbach und Adenau erfuhr Margaretha Flesch gezielte Förderung von den schon genannten Priestern Pater Brauweiler, Pfarrer Gomm sowie Rektor Weiler. Das Tagebuch von Octavie de Lasalle ist beredtes Zeugnis für eine Freundschaft, die nicht nur räumliche Distanzen überwandt. Während ihrer Tätigkeit als Generaloberin war Mutter Rosa häufig Gast auf Schloß Dagstuhl.
Als Freund aus der Schulzeit ist Peter Wirth hervorzuheben, weil sie später auch zusammenarbeiteten. Zum Kreis der Freunde und Förderer sind auch die Mitglieder der Familie des Rentmeisters Peter Leonhard Wiegand [† 1888] zu zählen. *[ZOAWBB. 7 M ORIG. 86; NR. 323.]*

Über alles, was innerhalb der Gemeinschaft vor sich ging, sprach Mutter Rosa fast mit keinem. Außer dem damals in Waldbreitbach tätigen Rentmeister Wiegand besaßen nur wenige ihr Vertrauen. Als Fachmann der Verwaltung stand er der Gründerin in äußeren Angelegenheiten mit Rat und Tat zur Seite. Er hatte – wie Mutter Rosa – Waldbreitbach zur zeitweisen Wahlheimat gemacht und war ihr in dieser schwierigen Situation Freund, Berater und Helfer. Zeitlebens behielt sie ihn in dankbarer Erinnerung und hob stets die Güte und Zuvorkommenheit hervor, mit der er ihr entgegenkam.

Die Tochter des Rentmeisters Maria Katharina Susanne Wiegand trat als Schwester M. Mathilde (∗ 1861 – 1886 Eintritt – † 1936) ins Marienhaus ein. »Seine älteste Tochter, der er besonders zugetan war, trat in die Genossenschaft, der er so gewogen war, ein und es war ihm der Trost beschieden, daß sie in seiner letzten Krankheit ihm beistand, im Sterben durch Gebet und sanften Zuspruch dasselbe erleichterte und im Tode die Augen zudrückte und zwar als barmherzige Schwester, Tochter des hl. Franziskus und als geistliche Tochter der ehrwürdigen Stifterin Mutter Rosa Flesch«. *[ZOAWBB. 7 M ORIG. 86f.; NR. 324.].*
Ihr jüngerer Bruder Johannes Wiegand (∗ 1872 – † 1924) empfing 1897 in Rom die Priesterweihe und wurde am 29. März 1923 Bischöflicher Kommissar der »Franziskanerinnen der allerseligsten Jungfrau Maria von den Engeln« (FBMVA) von Waldbreitbach. *[ZOAWBB. 7 M ORIG. 87; NR. 325.].*

Keinesfalls können hier unerwähnt bleiben vier vertraute Mitschwestern: Schwester M. Agnes Fröbus (∗ 1855 – 1870 Eintritt – † 1938), deren Erinnerungen viele Charakterzüge der Gründerin enthalten. *[ZOAWBB. Personalienbuch B / 0061 – 1. – A / 0141. – ZOAWBB. AGNES FRÖBUS, Erinnerungen, passim. – LEMMENS, Festschrift, Anhang Nr. 32. – GROETEKEN, Schatten, 108.].*
Auch die schon mehrfach genannten Schwestern M. Marzella Schumann als Geschichtsschreiberin der Gemeinschaft und M. Theresia vom hl. Franziskus Beissel als Mitgründerin der Gemeinschaft sind hier zu nennen.
Dazu kommt die aus dem Sauerland stammende Schwester M. Wiborada Hövelmann (∗ 1863 – 1887 Eintritt – † 1946), die einen Bericht über das Alltagsleben der Gründerin hinterlassen hat. *[ZOAWBB. Personalienbuch B / 0280–1. – ZOAWBB. Alltagslebensbericht Mutter Rosa.].*

11.2. Last und Leid in der eigenen Gemeinschaft

Labile Gesundheit, eine kirchengeschichtlich geradezu klassische Tragödie aus Intrigen und Demütigungen von »Mitschwestern«, Priestern und Laien weisen Mutter Rosa zunächst in die innere Einsamkeit und dann auch in äußere Isolation. Bedrückende Schwermut und seelischer

Schmerz bestimmen ihren Lebensalltag. Als sie ihr Amt niedergelegt hatte, trafen sie auch große Leiden. Sie hoffte, daß sie als Gründerin nach drei Jahren zur Generaloberin wiedergewählt und dadurch ihre Lage verbessert würde. So führte sie ein strenges abgetötetes Leben. Nach der ursprünglichen Regel des hl. Franziskus nahm sie nur zweimal am Tage Nahrung zu sich. Ihre von den Schwestern abweichende Lebensweise bereitete ihr manche Ungelegenheit. Diesen Weg des Außergewöhnlichen lehnte der Rektor damals stets ab. Den gewöhnlichen Weg hielt er für den sichersten. Darum bekämpfte er, was mit diesem nicht übereinstimmte. *[Vgl. ZOAWBB. 7 M ORIG. 96f.; NR. 364.]*. Vielfach von denen verkannt, die ihrer Stellung wegen Einfluß und Gewalt ausübten, wurde sie zum Opfer von Demütigungen und Leiden aller Art. Dazu kam die Sorge für ihre Stiftung. *[Vgl. ZOAWBB. 7 M ORIG. 108; NR. 442.]*.

Demütigungen und Konflikte

Daß Mutter Rosa immer wieder tiefe Demütigungen, provozierte Konflikten und »Reibereien« mit Priestern, Mitschwestern und Beamten ausgesetzt war, hat sie zwar gelassen ertragen, zu einem Teil aber auch selbst[bewußt] provoziert und dann auch darunter gelitten. Der oft von verschiedenen Gruppierungen geschürte Neid unter den Schwestern tat ein Übriges.

Nur zwei Beispiele:

Als die ehemalige Generaloberin beschlossen hatte, ins Mutterhaus zu ziehen, um dort ihre Tage zu beschließen, dauerte es nicht lange, bis sie die nächste Enttäuschung hinnehmen mußte. Die Behandlung, die man ihr hier zukommen ließ, nötigten sie, ihr Marienhaus zu verlassen. Man versetzte sie nun als Wachschwester nach Andernach. In diesem Amt hatte sie dort nach der Regel die Pflicht, die Oberin bei Abwesenheit oder Krankheit zu vertreten und die Schwestern – auch die Oberin – auf ihre Fehler aufmerksam zu machen. Die vierte dortige Oberin Schwester M. Hyazintha Müller (∗ 1848 – 1871 Eintritt – † 1911), von 1884 bis 1891 im Amt, bekam bereits 1885 aus dem Mutterhaus den Auftrag, Mutter Rosa alle diese gewährten Privilegien zu entziehen. *[Vgl. ZOAWBB. 7 M ORIG. 95; NR. 362. – ZOAWBB. Personalienbuch B / 0065 – 1. – A / 0144]*.

Eine von den besonders eifrigen Gefolgsleuten von Schwester M. Agatha Simons bei der Abwertung und Ausschaltung von Mutter Rosa war die des Lesens und Schreibens unkundige Schwester M. Pelagia Bommes (* 1840 – 1869 Eintritt – † 1913). Sie war »bei Mutter Agatha in besonderer Gunst. Ihre Günstlinge zählten zu Gegnerinnen der Stifterin«. *[ZOAWBB. Personalienbuch B / 0043–1 – A / 0054–2. – ZOAWBB. 7 M ORIG. 101f.; NR. 386.].* Vom 10. November 1880 bis zum 5. März 1892 leitete sie als dritte Oberin die Filiale Trier – St. Paulin mit dem angeschlossenen Krankenhaus. Im Jahre 1885 versuchte sie Mutter Rosa als Patientin der bevorstehenden Operation abzuweisen. Schwester M. Rosa II. Becker legte massiven Einspruch dagegen ein. Die Behandlung der Gründerin seitens ihrer dortigen Mitschwestern ließ daraufhin stark zu wünschen übrig.

Prüfung einer Neugründung

Einer Versuchung widerstand sie nach schweren inneren Auseinandersetzungen mit Bravour: So begann nach dem Ausscheiden aus dem Amt der Generaloberin für Mutter Rosa eine schwierige Zeit. Größtes Problem nach der manipulierten Wahl von 1881 für sie war, daß man ihr von verschiedensten Seiten den Vorschlag einer Neugründung unterbreitete.
In dieser Situation suchte sie fachkundigen Rat bei dem ihr bekannten Franziskanerpater Thomas Klaholz (* 1828 – † 1894). Nach seiner Priesterweihe 1854 hatte er als Volksmissionar vielfältige Erfahrungen in der praktischen Seelsorge gemacht. Er war auf dem Apollinarisberg bei Remagen stationiert und hielt mehrmals die Exerzitien in Waldbreitbach. Aus Anlaß der Vorträge, die er im Mutterhaus hielt, war er mit den Verhältnissen dort vertraut.
So besuchte er die Gründerin von Zeit zu Zeit. Pater Thomas erteilte Mutter Rosa den Rat, eine neue Genossenschaft zu gründen, oder »neu anzufangen«. Dabei versicherte er ihr, er sei fest davon überzeugt, daß ihr die meisten Schwestern nachfolgen würden. Das, was sie leide, sei einfach zuviel für ein Menschenherz. *[Vgl. ZOAWBB. 7 M ORIG. 97f.; NR. 371f.].*
Die Anregung zu einer Neugründung, die Pater Klaholz Mutter Rosa gab, wurde auch von Schwester M. Philomena Höllen (* 1855 – 1869 Eintritt – † 1925) bestätigt mit dem Zusatz: »Die meisten Schwestern würden ihr

doch nachkommen«. *[ZOAWBB. Personalienbuch B / 0060 – 1. – A / 0140. – ZOAWBB. AGNES FRÖBUS, Erinnerungen, 10, 124.].*
Auch überkam sie die Versuchung, die Genossenschaft zu verlassen, um Gott an anderer Stelle in Frieden zu dienen. Als sie diesen Gedanken als erlebte Versuchung bei der Visitation Bischof Korum mitteilte, erwiderte er ihr: »Sie haben die Genossenschaft gegründet und tragen sich mit dem Gedanken, auszutreten?« *[ZOAWBB. 7 M ORIG. 108; NR. 442.].*

»Es wäre für sie ein leichtes gewesen, den wohlgemeinten Rat zu befolgen, da die liegenden Güter der Genossenschaft ihr zugeschrieben waren. Sie war nicht abgeneigt, denselben anzunehmen. Sie wendete sich im Gebet zu Gott um Erleuchtung, da sie nichts anderes wollte als den Willen Gottes erfüllen. Da sie nun hierin den Willen Gottes nicht erkannte, gab sie Pater Thomas das Geld, das sie [zu] diesem Zweck besaß mit dem Bedeuten, er möge es der Genossenschaft zuwenden; sie sei entschlossen, darin zu verbleiben. ›Ich überlegte und dachte ... du hast diese Gründung unternommen – halte aus‹. ... Um Klarheit zu erhalten, ob es nicht der Wille Gottes war, eine Neugründung vorzunehmen? erwiderte sie rasch: ›Nein so nicht! ich habe hierin den Willen Gottes nicht erkannt‹«. *[ZOAWBB. 7 M ORIG. 98f.; NR. 372.].*
Die Angelegenheit erregte natürlich nicht nur in der Genossenschaft öffentliches Interesse. Nachdem Kommissar Gomm in Engers von diesem – auch für ihn persönlich – peinlichen Sachverhalt erfahren hatte, reiste er nach Andernach, um mit Mutter Rosa über die Problematik zu sprechen. Doch der Einfluß kam nicht von außen, sondern sie selbst hatte die Entscheidung gefällt. Als diese in die Öffentlichkeit kam, war ihr Entschluß bereits gefaßt. *[Vgl. ZOAWBB. 7 M ORIG. 98f.; NR. 373.].* Diese Versuchung einer Neugründung belastete sie bis ins hohe Alter.

Silbernes Profeßjubiläum – 13. März 1888

Am 13. März 1888 konnte Mutter Rosa zusammen mit Schwester M. Franziska Bonner ihr Silbernes Ordensjubiläum feiern. »Von nah und fern waren die Schwestern zur Feier herbeigeeilt. Exerzitien gingen derselben voraus; am Feste selbst wurden eine Anzahl Postulantinnen eingekleidet,

andere legten zeitliche oder die ewigen Gelübde ab. Die Schwestern brachten der Stifterin ihre Glückwünsche entgegen. Geschmückt mit dem Silberkranz brachte sie voll Dank gegen Gott, der so großes an ihr getan, diesen Tag in seliger Freude zu«. *[ZOAWBB. 7 M ORIG. 108; NR. 416.].*
Nach Aussage von Augenzeugen hatte Rektor Probst abfällige Bemerkungen gemacht und sie daran hindern wollen, den Silberkranz zur Festfeier zu tragen. Er konnte aber ihre in Gott begründete Freude nicht trüben und sie trug den Kranz aus Überzeugung. Sie ließ ihn einrahmen, mit Namen und Daten versehen und wies dem teuren Andenken im Sprechzimmer einen Ehrenplatz zu. *[Vgl. ZOA WBB. 7 M ORIG. 108; NR. 417.].*
Das Glück, das Mutter Rosa an ihrem Ehrentage genoß, war getrübt durch einen bitteren Wermutstropfen: Die sieben Jahre jüngere Schwester M. Theresia Beissel, eine ihrer beiden ersten Gefährtinnen, fehlte unter den Teilnehmern. Nach zwei Jahrzehnten eines erfüllten Ordenslebens war sie nach der Wahl von 1881 – »ermüdet ... im Ertragen unvorhergesehener Prüfungen – in die Welt zurückgekehrt«. *[Vgl. ZOA WBB. 7 M ORIG. 108; NR. 417.].* Ihr Austritt aus Protest gegen die Wahl machte Mutter Rosa schwer zu schaffen. Sie hatten Freud und Leid miteinander geteilt und gemeinsam die Sorgen des Alltags und des Aufbaus getragen.

Dafür hatte Mutter Rosa die übergroße Freude, daß an ihrem Ehrentage, der ja mit dem Tag des 25-jährigen Bestehens der Gemeinschaft zusammenfiel, sieben Schwestern ihre Ewige, siebzehn ihre Erste Profeß ablegen konnten. 21 junge Frauen empfingen das Ordenskleid. *[VERZEICHNIS BEI BELEGE UND LITERATUR.].*

Doch diese Freude währte wahrlich nicht lange: Als die Gründerin wegen Altersschwäche ihre Zelle nicht mehr verlassen und das Sprechzimmer nicht mehr betreten konnte, brachte man ihren Silberkranz ins Telefonzimmer. Nach ihrem Tod duldete man das Andenken des Silbernen Profeßkranzes von Mutter Rosa auch dort nicht mehr lange. So wurde er dem Gesichtskreis der Genossenschaft ganz entzogen. *[Vgl. ZOA WBB. 7 M ORIG. 108; NR. 417.].*

Zu Anfang des vorigen Jahrhunderts – also noch zu Lebzeiten Mutter Rosas – veröffentlichte der Regensburger Diözesanpriester Josef Mathes (∗ 1841 – † 1905) anonym ein Buch mit dem Titel »Tugendsterne Deutschlands«. Thema waren die Ordensgründerinnen des 19. Jahrhunderts, die in Kurzbiographien und Bild der Öffentlichkeit vorgestellt wurden.

Der Autor bat die Ordensleitung um einen Artikel über die Gründerin des Marienhauses in Waldbreitbach und ihr Werk. Er blieb ohne Antwort. Nach längerer Zeit wiederholte er seine Bitte und fügte hinzu, alle Neugründungen hätten die erbetenen Unterlagen zugesandt, nur Waldbreitbach habe nicht reagiert. Daraufhin schickte man einen kurzen Artikel ein. Jedoch zögerte man, das Portrait von Mutter Rosa Flesch beizufügen. Da der Verfasser aber nicht nachgab, kam man in große Verlegenheit. Die Generaloberin [Mutter M. Agatha Simons] mußte den Oberinnen, die zu Exerzitien im Mutterhaus weilten, davon berichten. Schwester M. Bibiana Stuppertz (∗ 1841 – 1868 Eintritt – † 1909) berichtete über ein Gespräch von Oberinnen, wie man diese Forderung abweisen könne. Eine von ihnen habe gar vorgeschlagen: man solle das Bild einer anderen Schwester schicken. Man konnte die Angelegenheit nicht auf sich beruhen lassen. So verschaffte man sich ein Bild der Gründerin von ihren Verwandten und sandte es dem Autor zu. Im Mutterhaus war kein Bild von Mutter Rosa Flesch aufzutreiben! *[Vgl. ZOAWBB. 7 M ORIG. 140; NR. 542. – ZOAWBB. Personalienbuch B / 0049–1 – A / 0073–2].*

Der wohl von Rektor Probst bearbeitete Text lautet:

»Wie aus kleinen Anfängen Großes wird, wofern Gott seinen Segen zu gibt, zeigt die Geschichte der Franziskanerinnen von Waldbreitbach bei Neuwied am Rhein. Stifterin derselben ist die Tochter eines Mühlenmeisters Flesch. Sie erblickte zu Vallendar am Rhein am 24. Februar 1824 [Sic! – richtig: 1826] das Licht der Welt und wurde ihren einfachen Verhältnissen gemäß erzogen. Später kam sie mit ihren Eltern in die Pfarrei Waldbreitbach, und hier reifte ihr Entschluß, ein zurückgezogenes Leben zu führen, arme Kranke aus Liebe zu Gott zu pflegen und auch andere gleichgesinnte Jungfrauen zu gewinnen. Nachdem sie längere Zeit mit den größten Schwierigkeiten gekämpft hatte, empfing sie mit noch zwei Jungfrauen im März 1863 das Ordenskleid des hl. Franziskus und gelobte gleichzeitig in klösterlicher Abgeschiedenheit ein Leben nach den drei evangelischen Räten zu führen. Gänzlich mittellos, begann sie nun im Vertrauen auf Gott ihr erstes Klösterchen zu bauen, indem sie mit ihren Gefährtinnen die Steine einen steilen Berg hinan zur Baustelle trug. Mit Gottes Hilfe stieg das Häuschen immer mehr in die Höhe. Bald kamen noch Jungfrauen, um sich ihrer Leitung zu unterstellen. Nachdem sie das Vorsteheramt im Jahre 1878 niedergelegt und die vielen Opfer ihre Gesundheit geschädigt hatten, beschäftigte sie sich mit Anfertigen von Paramenten für arme Kirchen und Gebet für das weitere Gedeihen ihres Klösterchens. Sie hatte die Freude zu sehen, daß an Stelle ihres ersten kleinen Häuschens das Mutterhaus von 63 Filialen mit nahezu 1000 Schwestern steht, verbunden mit einem Krankenhause für etwa 300 Kranke.«

Das dem Text beigefügte Foto von Mutter Rosa trägt die Unterschrift: »Stifterin Schwester M. Rosa Flesch«. *[MATHES, JOSEPH, Tugendsterne Deutschlands seit der Glaubenspaltung. Ein Beitrag zur »Germania sacra«, von einem Priester der Diözese Regensburg, Missionsdruckerei Steyl 1902, 254f.].*

»Nachdem die Ausgabe erfolgt war, bezog auch Marienhaus ein Exemplar derselben, und am Ende ihres Lebens stellte man es der Stifterin einige Zeit zur Verfügung, die den Inhalt mit regem Interesse verfolgte. Denn es handelte ja ausschließlich von Taten und Schöpfungen ihr geistig verwandter Zeitgenossen, die sie teilweise persönlich, zum Teil aus ihren Werken wohl kannte. Dieses Buch leuchtete noch wie ein lichter Sonnenstrahl in die Leidensnacht in der letzten Zeit ihres tatenreichen Lebens, gereichte es doch zur Ehre Gottes. Alles was zur Verherrlichung des Allerhöchsten diente, erfüllte sie mit Freude«. *[ZOAWBB. 7 M ORIG. 140; NR. 542.].*

Mutter Rosa konnte damals noch nicht ahnen, daß die fehlerhaften, unvollständigen und unwahren Behauptungen dieses Artikels als Vorlage für viele der ihr gewidmeten Nachrufe dienten. *[BÖCKELER, Macht, 302ff.]*

Diesen Situationen gewann sie aber auch durchaus Positives – und nicht nur für sich selbst – ab. Sie ist nicht mehr in Erwartungshaltungen und Konventionen eingebunden. Sie fühlte sich befreit und ist frei für ihr Leben in und mit Christus.
Sie kann am Ende ihres Lebens mit dem hl. Paulus sagen. »Ich habe den guten Kampf gekämpft, den Lauf vollendet, den Glauben bewahrt«.

Tagebuchnotizen

Mutter Rosa selbst hatte im letzten Jahrzehnt des 19. Jahrhunderts über ihr Leben und die Entstehung der Genossenschaft persönliche Aufzeichnungen gemacht. Es handelte sich wohl um zwei Notizbücher. *[BACKES, Lebensbild, 69.].* Auf Veranlassung von Rektor Probst wurden sie vernichtet. *[BÖCKELER, 50. Todestag Mutter M. Rosa Flesch, Anmerkungen.].* Nun wird glaubhaft berichtet, eine Schwester M. Liliosa Lehmann (∗ 1843 – 1869 Eintritt – † 1893), die seit 1884 in Waldbreitbach lebte, habe den Gründungsbericht von Mutter Rosa eigenhändig vernichtet. Ob sie auch andere vermißte Aufzeichnungen entsorgte, entzieht sich unserer Kenntnis. *[ZOAWBB. Personalunterlagen. – ZOAWBB. Personalienbuch B / 0051 – 1 – A / 0121].*

11.3. Kunst im Dienst der Verkündigung

Für Mutter Rosa stand Kunst immer im Dienst der Verkündigung.
Bei ihrer Firmung spätestens aber bei der Wallfahrt nach Trier hat Margaretha wohl von der neuen Kirche in Remagen gehört: In den Jahren 1839 bis 1843 wurde die neugotische Kirche auf dem Apollinarisberg bei Remagen nach den Plänen des Kölner Dombaumeisters Ernst Friedrich Zwirner (∗ 1802 – † 1861) erbaut. Die Innenausmalung schufen Meister der Düsseldorfer Malerschule.
In dieser Zeit hatte Mutter Rosa mit Rektor Weiler wegen der Regel auch Kontakte zu Provinzialminister Pater Gregorius Janknecht OFM (∗ 1829 – † 1896), der die Gründungsgeschichte des Klosters Remagen bestens kannte. Seit 1859 übernahmen Franziskaner die Seelsorge. *[Handbuch des Bistums Trier, Trier 1952, 741f. (LIT.)].*

Marienbilder seit 1800 – vor allem die der Nazarener und der Düsseldorfer Malerschule – orientieren sich wieder an der Früh- und Hochrenaissance, vor allem an Raffael (∗ 1483 – † 1520), Maler und Baumeister der Hochrenaissance. Die Vermittlung des Gedankengutes und von Bildvorlagen der Nazarener kam wohl von Octavie de Lasalle.

Künstlerische Handarbeiten

Nach ihrem Ausscheiden aus dem Amt hatte Mutter Rosa von ihrer Nachfolgerin die Erlaubnis erhalten, Paramente für arme Kirchen anzufertigen. Mutter Rosas Liebe zum eucharistischen Heiland hatte sie dazu bewogen. Ihr Wunsch, daß diese tätige Liebe zum Hl. Sakrament in der Gemeinschaft immer geübt würde, veranlaßte sie, Mitschwestern in dieser Kunst auszubilden. Erste Anregungen zur Beschäftigung mit Fragen religiöser Kunst mag Rosa Flesch von Pater Brauweiler erhalten haben.
Die ersten Mitglieder besaßen darin einige Fertigkeit. Diese Praxis beschränkte sich aber nur auf die Zeit, in der die Gründerin die Genossenschaft leitete. Andere Pflichten wie Krankenpflege u. a., welche die Schwestern zu sehr in Anspruch nahmen, ließen dieses Ideal mehr und mehr verblassen. Es ging schließlich ganz verloren, wie man so manchen Geist und Herz erhebenden Brauch im Laufe der Jahrzehnte aufgab, weil er nicht zeitgemäß war. *[Vgl. ZOAWBB. 7 M ORIG. 91 ; NR. 344.].*

Das Sticken von religiösen Bildern, Paramenten, Altartüchern und Kelchgarnituren war eine von Mutter Rosas Lieblingsbeschäftigungen in ihrer knappen Freizeit. Sie hatte schon bei ihrer Lehrerinnentätigkeit beachtliche Erfolge erzielt. ... Mutter Rosa hat die Muster selbst entworfen. ... Wenn sie mit einem Stickmuster Probleme hatte, suchte sie in Neuwied das Schaufenster eines Fachgeschäftes auf und machte sich nach genauer Beobachtung die für ihre Arbeiten erforderlichen Notizen. *[Vgl. ZOAWBB. AGNES FRÖBUS, Erinnerungen, 42, 47, 48, 53.].* Die erforderliche Aufmerksamkeit in der Wahl und Anwendung der Farben lenkte Mutter Rosa ab, so daß der Schmerz über ihre Erlebnisse dadurch erträglicher wurde. Besonders die Farbenwahl beim Sticken der Gesichter erfüllten vortrefflich diesen Zweck. *[Vgl. ZOAWBB. 7 M ORIG. 95; NR. 360.].*

Die von Mutter Rosa geschaffenen Werke wurden alle für (teil)öffentliche Räume oder Gebäude geschaffen. Nur die wenigsten waren Geschenke zum privaten Gebrauch. Im Besitz des Marienhauses Waldbreitbach befinden sich folgende Bilder:

1. »Die Herabkunft des Jesuskindes auf die Erde«. – Drei Engel bei der Herabkunft des Göttlichen Kindes auf die Erde – (71 cm x 72 cm).
»Auch stickte sie ... Bilder in Lebensgröße, wie: die Menschwerdung Christi, wie er in Begleitung von Engel den Himmel verläßt«. *[ZOAWBB. 7 M ORIG. 95; NR. 360.].* Der erste Engel [Erzengel Gabriel ?] im wallenden roten Gewand trägt das Jesuskind mit Siegespalme. Der mittlere [Erzengel Raphael ?] – grüngewandet – hält ein Buch, der dritte [Erzengel Michael ?] im blauen Gewand das Kreuz Christi. – Die drei Engel könnten auch als Symbole für die drei göttlichen Tugenden stehen. Diese Tugenden: Glaube, Hoffnung und Liebe hatten im Leben Mutter Rosas eine lebenswichtige Bedeutung. *[ZOAWBB. BILDERSAMMLUNG. B 3.].*

2. Himmelfahrt Mariens – (61 cm x 83 cm).
»Auch stickte sie ... Bilder in Lebensgröße, wie: die Krönung der Allerseligsten Jungfrau«. *[ZOAWBB. 7 M ORIG. 95; NR. 360.].* Es war angeregt durch ein Gemälde der Octavie de Lasalle in Dagstuhl als Geschenk für Pfarrer Gomm.
Die Aufnahme Mariens in den Himmel ist das Patrozinium der Pfarrkirche von Waldbreitbach. *[ZOAWBB. BILDERSAMMLUNG. B 2.].*

3. »Maria – Mutter vom Guten Rat« – (51 cm x 70 cm) – Entstehung: 1864.
Möglicherweise ist das Bild in Erinnerung an den Redemptoristen-Pater Brauweiler bzw. an die Aufenthalte von Mutter Rosa in Bornhofen gestickt. *[ZOAWBB. BILDERSAMMLUNG. B 5.].*

4. Hl. Josef – »Muster der Liebe« – (72 cm x 114 cm) – Entstehung: 1867.
»Auch stickte sie ... Bilder in Lebensgröße, wie: Der hl. Josef und viele

andere. Letzteres schmückte das Empfangszimmer des Herrn Gomm in Engers«. *[ZOAWBB. 7 M ORIG. 95; NR. 360.].*
Das göttliche Kind krönt den hl. Josef. Das Jesuskind steht auf einem Thron mit acht Stufen mit der Rechten will es seinem Pflegevater einen Blumenkranz aufsetzen, mit der Linken streckt es eine Lilie aus. Die mit verschiedenen Blumen verzierten Stufen tragen von oben nach unten die Namen wesentlicher Tugenden; »Liebe und Beharrlichkeit, Keuschheit, Sanftmut, Glauben, Vertrauen, Weisheit, Gehorsam, Demut«. Die Reihenfolge ist kein Zufall. Die Tugend der Demut im Geist des hl. Josef war für Rosa Flesch das Fundament aller Tugenden. Das Bild trägt die Unterschrift: »H[eiliger] Josef, Muster der göttlichen [heiligen] Liebe. Bitte für uns. A[nno] 1867«.
Mutter Rosa schenkte das Bild Pfarrer Gomm. Durch seine Schwester kam es an die Ordensfrauen zurück. *[ZOAWBB. BILDERSAMMLUNG. A 2.].*

5. Das Opfer der armen Witwe im Tempel – (68 cm x 82 cm).
»Sehr sinnig ist die Witwe im Tempel dargestellt, wie sie ihr Söhnchen an der Hand ihre kleine Gabe in den Opferstock legt; in einiger Entfernung befindet sich der göttliche Heiland mit seinen Aposteln und eine andere Gruppe bilden einige Pharisäer«. *[ZOAWBB. 7 M ORIG. 95; NR. 360.].* Das Bild mit dieser Thematik (Luk 21, 1–4) entstand nach der Aufschrift 1876. Es war ein Geschenk für Pfarrer Gomm. Nach dessen Tod kam es über seine Schwester ans Mutterhaus zurück. *[ZOAWBB. BILDERSAMMLUNG. B 1.].*

6. Jesus am Ölberg – (44 cm x 49 cm) – Entstehung 1876.
Die Darstellung ist geschaffen in Anlehnung an ein Bild in der Kreuzkapelle. Jesus am Ölberg wird von einem Engel gestärkt. Das Bild ist ein Geschenk von Mutter Rosa an Pfarrer Heinrich Jakob Hermes (* 1841 – † 1891). Über dessen Neffen Franz Hermes kam es am 16. Juni 1967 ins Mutterhaus zurück. *[ZOAWBB. BILDERSAMMLUNG. B 9.].*

7. Jesus am Ölberg – »Die Nachfolge Christi« – (52 cm x 61 cm) – Entstehung 1879.

Jesus am Ölberg wird von einem Engel gestärkt. Die im Hintergrund schreitende kleine Franziskanerin ist wohl als eine Selbstdarstellung anzusehen. Mutter Rosa stickte das Bild in Niederwenigern, nachdem sie aus der Leitung der von ihr gegründeten Gemeinschaft ausgeschaltet war. Mit künstlerischen Mitteln drückt sie damit ihr Verständnis von der Nachfolge Christi aus und bietet eine persönliche Positionsbestimmung. Es war ein Geschenk an Familie Mintrop, die Förderer der Niederlassung Niederwenigern waren. Über deren Erben kam es auf Vermittlung von Schwester M. Mirjam Kreidt am 1. Oktober 1953 an das Mutterhaus zurück. *[ZOAWBB. BILDERSAMMLUNG. B 7.].*

8. Jesus am Ölberg mit Baummotiv – (54 cm x 56 cm) – Entstehung: 1878. Jesus am Ölberg wird von einem Engel gestärkt. Der im Hintergrund stehende Baum ist als ein Symbol für die Ordensgemeinschaft zu sehen. Mutter Rosa stickte das Bild vermutlich in Bendorf. Es war ein Geschenk an Pfarrer Dr. Johann Friedrich Karl Fries, Pfarrer in Bendorf. Das Bild kam 1944 durch Schwester M. Edmunda Klein ins Mutterhaus Waldbreitbach. *[ZOAWBB. BILDERSAMMLUNG. B 8.].*

9. »Ecce Homo« – (31 cm x 38 cm) – vor 1871.
Mutter Rosa schenkte das Portrait Christi mit Dornenkrone und der Unterschrift »Ecce Homo« dem ersten Rektor Martin Weiler.
[BILDERSAMMLUNG. A 1.].

10. »Der gute Hirte«.
Mutter Rosa stickte das Portrait Christi mit grüner Dornenkrone. Darum bleibt die Titelbezeichnung von Unbekannt problematisch.
[BILDERSAMMLUNG. B 11.].

In Privatbesitz befinden sich noch folgende Arbeiten:
1. Hl. Josef mit der Lilie in der Hand – (53 cm x 59 cm) – vor 1867
Der hl. Josef hält eine Lilie als Zeichen der Unschuld in der Hand und auf dem Arm das Jesuskind, das ihm einen Blumenkranz aufsetzt. Es bleibt fraglich, ob Mutter Rosa das Bild ihrem Neffen Josef Hertling zur Hochzeit geschenkt hat. Es war wohl entstanden als Dank dafür, daß sie die Söhne

ihrer verstorbenen Schwester aus Meiderich holen konnte. – Privatbesitz: Fam. Girnstein in Waldbreitbach. *[ZOAWBB. BILDERSAMMLUNG. B 6.].*

2. Der Auferstandene – Heiligstes Herz Jesu – Entstehung: 1866,
Das Bild zeigt den Auferstandenen mit gekreuzten Armen und durchbohrten Händen. Das Lamm ist in der Bildmitte unter den gekreuzten Armen. Neben dem verklärten Herrn steht das Kreuz mit einer mit Edelsteinen besetzten Krone.
Mutter Rosa erinnert mit den eingestickten Worten die Schwestern an den Auftrag Jesu, das Kreuz des Alltags täglich auf sich zu nehmen (*Lk.* 9, 23). Dann werden auch sie gekrönt.
Die Schrift ist in zwei Zeilen aufgegliedert:
»Sieh meine Braut, geduldig, wie ein Lamm in
Kreuz und Leiden erwirbt uns die himmlische Krone«
Die erste Zeile ist in Gold-Gelb gestickt; die zweite in silber-weiß. Das Wort »er-wirbt« ist zweifarbig gehalten; die erste Silbe in Gold, die zweite in Silber. Die Jahreszahl 1866 ist auf das Bild aufgestickt. Ihr Monogramm mit den verschlungenen ganz kleinen Buchstaben MRf am Ende der ersten Zeile ist bezeichnend. Mutter Rosa schenkte dieses Bild 1888 ihrem Neffen Josef Hertling zur Hochzeit. – Privatbesitz: Familie Lamberty in Trier. Am 9. Juni 2005 überließen die Besitzer das Bild der Ordensgemeinschaft als Dauerleihgabe. *[Vgl. BACKES, Testament, 36f., 106f.].*

3. »Kelch des Lebens« – Entstehung: ca. 1868,
Die Bildmitte bildet ein Altar mit einem hervorgehobenen relativ großen Kelch. Daneben befinden sich rechts und links je eine Kerze. Neben dem Altar steht auf jeder Seite auf Stufen ein Blumenkreuz. Die Beschriftung lautet: »Kelch des Lebens«.
Privatbesitz: Familie Jungbluth, Niederbreitbach.

Verluste und unbekannter Verbleib

1. Ein Engel trägt das Jesuskind auf die Erde. – (43 cm x 46 cm). Das Bild wurde vermutlich in Bendorf gestickt.
2. Mutter Gottes von Lourdes. Das Bild ging im zweiten Weltkrieg verloren.

3. Mutter Gottes mit Kind. Es handelt sich um ein 1864 entstandenes Medaillon, das als ein mögliches Primizgeschenk für Michael Kröll gedacht war und sich ursprünglich im Familienbesitz befand.
4. Mutter Gottes.
5. Hl. Josef – (46 cm x 64 cm).
Auch wenn die hier zusammengestellten Arbeiten Mutter Rosas keinen Anspruch auf Vollständigkeit erheben können, verwundert es nicht, daß nach Lage der Dinge Rektor Probst und Pfarrer Hormisch von der Gründerin nicht mit Bildgeschenken bedacht wurden.

11.4. Worte und Gedanken

Mutter Rosas Briefe und persönliche Schriften haben – wie berichtet – als verloren oder vernichtet zu gelten. Sie schrieb sicher mehr Texte auf äußere Veranlassung als auf inneren Drang. Sie war einfach keine Frau vieler Worte. Aber meist fand sie zur rechten Zeit das rechte Wort. Das galt vor allem von frei und fließend gehaltenen Ansprachen und Reden etwa dann, wenn sie vor den Schwestern zur Regel oder zur Spiritualität des Ordenslebens sprach. *[Vgl. ZOAWBB. AGNES FRÖBUS, Erinnerungen, 42, 48.].*
Es galt aber auch für unzählbare Einzelgespräche. Was und wieviel verloren gegangen ist, ist wegen der Quellenlage nicht einmal ungefähr anzugeben. Rückschlüsse aus Nachlässen anderer Ordensoberinnen ihrer Zeit führen auch deshalb nicht weiter, weil die Voraussetzungen zu unterschiedlich sind.
Wenige Gedanken und Worte sind überliefert: Eines – das für ihr Leben bezeichnend und ganz besonders wichtig war – hat sie selbst in das Bild »Heiligstes Herz Jesu« eingestickt:
»Kreuz und Leiden erwirbt [sic!] uns die himmlische Krone«. *[BACKES, Flesch – Worte, 37f.].*

Andere Gedanken sind von ihrer vertrauten Sekretärin Schwester M. Marzella Schumann, von der bereits die Rede war, in größeren Zusammenhängen aufgezeichnet. An ihrer Authentizität gibt es keine berechtigten Zweifel:

»Alles tun aus Liebe zu Gott, für Gott, mit Gott, um zu Gott zu kommen. *[WAHLSPRUCH MUTTER ROSAS – ZOAWBB. TOTENZETTEL NR. 1. – BACKES, Flesch – Worte, 12ff.].*
»Nur in der Armut ist mir die Hilfe Gottes versprochen«. *[MUTTER ROSA FLESCH – ZOAWBB. TOTENZETTEL MUTTER ROSA NR. 2. – ZOAWBB. 1 M 10f., NR. 28.].*

»Solange die Schwestern den Geist der Armut und Einfachheit pflegen, so lange ist Gottes Segen bei unserer Genossenschaft, so lange kommen auch neue Mitglieder«. *[ZOAWBB. TOTENZETTEL MUTTER ROSA NR. 1.].*
»Der liebe Gott sucht sich das Kleine [und Schwache] aus, wenn er Großes vorhat«. *[ZOAWBB. TOTENZETTEL NR. 1. – BACKES, Flesch – Worte, 32ff. – Vgl. BACKES, Flesch – Spruch und Bild. 3. Relief.].*
»Ich bete zu Gott, daß du demütig und klein bleibst und daß Leiden und Kreuz dein Anteil sind«..Auch um die größte aller Gnaden bitte ich zu Gott, daß du ihm treu bleibest bis zum Ende!« *[ZOAWBB. TOTENZETTEL MUTTER ROSA NR. 1. – Vgl. GROETEKEN, Schatten, 252f.].*

»Die Leiden sind die Pflastersteine auf dem Weg zum Himmel«. *[ZOAWBB. TOTENZETTEL MUTTER ROSA NR. 1.].*
»Der liebe Gott ist so gut, man braucht nicht traurig zu sein«. *[ZOAWBB. TOTENZETTEL MUTTER ROSA NR. 1.].*
»Vom Stolzen entfernt sich Gott, er vollbringt nichts Großes für Gott. Dem Demütigen nähert er sich und befähigt ihn Großes zu seiner Ehre und zum Wohl des Nächsten zu vollbringen«. *[MUTTER ROSA FLESCH – ZOAWBB. 7 M ORIG. 60; NR. 233.].*
»Die Gebete der Einfältigen erhört der liebe Gott; sie dringen durch die Wolken«. *[MUTTER ROSA FLESCH – ZOAWBB. 7 M ORIG. 60; NR. 233.].*
»Gott leitet die Herzen der Menschen wie Wasserbäche! In vertrauensvollem Gebet kann man alles erlangen«. *[MUTTER ROSA FLESCH – ZOAWBB. 7 M ORIG. 113; NR. 439.].*
»Man braucht nicht zu beten, daß der Wille Gottes geschieht. Es sind hier so viele, die den Willen Gottes machen«. *[MUTTER ROSA FLESCH – ZOAWBB. 7 M ORIG. 113; NR. 441.].*

Der größte Teil der überlieferten Worte der Gründerin ist einer ihrer jüngeren Mitschwestern zu verdanken. Schwester M. Eunomia Thies (* 1875 – 1899 Eintritt – † 1938) gehörte seit 1902 zu den abgeordneten Novizinnen, die Mutter Rosa pflegten. Bei diesen Begegnungen schrieb sie sich aus deren persönlichem Notizbuch einige der aufgezeichneten Worte ab. Das Büchlein selbst wurde von Unbekannten vernichtet. Die Schwester übergab ihre Abschrift später an die schon mehrfach erwähnte Schwester M. Mirjam Kreidt, die zuverlässig über mehrere Jahre an einer Biographie über Mutter Rosa arbeitete – schließlich erfolglos, weil ihr nicht alle Quellen gegeben und man von ihr gesammelte Texte heimlich wegnahm. Diese Notizen konnte sie aber für das Archiv erhalten. Diese Worte sollen hier wiedergegeben werden mit dem Hinweis, daß ihre Inhalte durchgehend in den Schriften von Schwester M. Marzella Schumann in anderen Zusammenhängen bestätigt werden:

»Das Stillschweigen ist die Mutter heiliger Gedanken und die Ernährerin des Gebetes«. *[MUTTER ROSA FLESCH – ZOAWBB. EUNOMIA THIES, Notizen. – BACKES, Flesch – Worte, 21ff. – BACKES, Flesch – Spruch und Bild. 3. Relief.].*

»Vieles für Christus leiden und verachtet werden für Christus – das sind die Wundertaten einer wahren Braut Christi«. *[MUTTER ROSA FLESCH – ZOAWBB. EUNOMIA THIES, Notizen. – FESTSCHRIFT 100 Jahre, 63.].*

»Das Hinwegsetzen über manches heilt oft mehr Übel in einer Stunde, als die Empfindlichkeit in einem Jahr«. *[MUTTER ROSA FLESCH – ZOAWBB. EUNOMIA THIES, Notizen. – BACKES, Flesch – Worte, 23ff.].*

»Die Demütigungen und Beleidigungen sind die Perlen der Bräute Christi«. *[MUTTER ROSA FLESCH – ZOAWBB. EUNOMIA THIES, Notizen. – BACKES, Flesch – Worte, 7ff.].*

»Das Gebet ist der Schlüssel zur Schatzkammer Gottes«. *[MUTTER ROSA FLESCH – ZOAWBB. EUNOMIA THIES, Notizen. – BACKES, Flesch – Worte, 9ff.].*

»Der Gehorsam ist die Mutter der Wunderwerke«. *[MUTTER ROSA FLESCH – ZOAWBB. EUNOMIA THIES, Notizen. – BACKES, Flesch – Worte, 18ff.].*

»Großmut ist der kürzeste Weg zur Vollkommenheit, Beharrlichkeit die Krone der Tugenden«. *[MUTTER ROSA FLESCH – ZOAWBB. EUNOMIA THIES, Notizen. – BACKES, Flesch – Worte, 15ff.].*
»Mein JESUS, schenke mir Geduld, Liebe, Stärke, Demut und die Gnade der Beharrlichkeit«. *[MUTTER ROSA FLESCH – ZOAWBB. EUNOMIA THIES, Notizen. – Vgl. ZOAWBB. 1 M 18; ZOAWBB. 7 M 60, 115, 147; Nr. 232, 449, 563.].*

Es gibt wohl noch weitere Überlieferungswege von Worten der Gründerin (z. B. Pfarrchroniken und Pfarrarchive), denen im Rahmen dieser Arbeit aus einsichtigen Gründen nicht nachgegangen werden kann.

Geistliche Unternehmerin

Zunächst hatte Margaretha Flesch unter erschwerten Bedingungen einen ordentlichen Schulabschluß in Niederbreitbach gemacht, der wohl über dem damaligen Durchschnitt lag. Mit der Kenntnis des Rechtschreibens, der Grundrechenarten, der üblichen Kenntnisse in Naturkunde und Geographie sowie der Grundkenntnis ihres Glaubens war sie vertraut. Einfachheit, Beständigkeit, Großherzigkeit und Zuverlässigkeit hatte sie als selbstverständliche, tugendhafte Lebenshaltungen bewiesen.

Gründliche »Berufs-« und Erfahrungskenntnisse hatte sie sich bereits als junge Frau in Kinder- und Krankenpflege, Hauswirtschaft, Seelsorgshilfe, Handarbeitslehre und als Bauherrin und Architektin erworben. Der »klassenübergreifende« Umgang mit Priestern, Bischöfen, Bürgermeistern und Landräten blieb für sie nur kurze Zeit wirkliches Neuland.

Das »Wort Gottes« bezieht sich darum eben nicht nur auf die Liturgie als Gottesdienst, sondern ist – wie wir gesehen haben – »Wort« für den Lebensalltag. Es fordert Antwort heraus. Anteil an Gottes Herrschaft zu haben, heißt: Verantwortung ist gefragt – als Antwort auf das menschgewordene Wort.
Anteil an Gottes Herrschaft zu haben, kann aber nicht als Freibrief für die Ausbeutung oder Zerstörung der Schöpfung gedeutet werden.

Ethik oder Religion und Wirtschaft müssen darum keine Gegensätze oder Widersprüche sein. Die Zehn Gebote sowie die Seligpreisungen der Bergpredigt können sehr wohl Handlungsanleitung für verantwortungsvolle Entscheidungen sein.

Spagat zwischen Nächstenliebe und Wirtschaftlichkeit

Zu diesen Inhalten, Methoden und Zielen bekannte sich Mutter Rosa. Ihre Leistungen und ihr Wirken bestätigten das.
Dabei wußte sie aus Erfahrung: Nur mit wirtschaftlichem Arbeiten sind soziale Ansprüche zu erfüllen. Sie wollte in beiden Bereichen – Nächstenliebe und Wirtschaftlichkeit – erfolgreich sein. An erster Stelle stand für sie aber der soziale Anspruch.
Wirtschaftlich erfolgreich zu sein bedeutete dabei für sie, nicht alles, was zu tun ist, muß sich »rentieren«. Spenden sollten in den Bereichen investiert werden, für die Wohltäter sich einsetzten und die auch Außenwirkung zeigten. Das dient schließlich auch der Werbung des eigenen Nachwuchses.

Schwester Rosa hatte als inspirierte und inspirierende Unternehmerpersönlichkeit »Marktlücken« ermittelt, innovative Dienstleistungen mit Herz und Verstand angeboten. Für diese Ziele fand sie auch Menschen und Mitarbeiter, denen sie als »Mitunternehmern« spirituelle Motivationen und eine Wertekultur zu vermitteln vermochte, die auch im Lebensalltag ihre Tragfähigkeit bewiesen. Oberflächliche und kurzlebige Erfolge waren ihre Sache nicht:

1. Nachhaltiger Erfolg ist nur gemeinsam mit Mitarbeiterinnen möglich, die keine Produktionsfaktoren und Patienten, die keine Behandlungsobjekte sind – sondern Ebenbilder Gottes.

2. Darum wird der Mensch in seiner Ganzheitlichkeit wahrgenommen: Geist, Seele, Gefühl und Körper. Dynamik und Entwicklung einer Gemeinschaft erfordern neben Identität, Flexibilität in Bezug auf Inhalte und Orte.

3. Zukunftslösungen erfordern Konsens- und Kooperationsmodelle: Mitarbeiter werden Mitunternehmer. Sie entwickeln ein anderes Kostenbewußtsein, mehr Kreativität und eine höhere Leistungsfähigkeit und -bereitschaft.

4. Dann können Erfolgsstrategien auch nichtmaterielle Dimensionen berücksichtigen und nicht nur ein geistlich orientiertes Unternehmen fromm und erfolgreich machen. Nämlich in dem Sinne – wie sie von ihrer Gründung sprach: Werkzeug für Gottes Werk. Nicht die Gründerin steht am Anfang und im Mittelpunkt. Diese Aussage bedeutete: Die »Sache Jesu Christi« hat immer Vorrang.

Alle Anregungen, Planungen und Projekte, die die Gründerin gegeben und angestoßen hatte, wurden ihr genommen, als sie die Lebensmitte gerade überschritten hatte.

Mutter Rosa wirkte also in vielen geistlichen und professionellen Bereichen als geistliche Unternehmerin. Der Geist hatte immer Vorrang vor jedem Projekt. »Sie hatte gute Übersicht«, war voraussehend und umsichtig. *[Vgl. ZOAWBB. AGNES FRÖBUS, Erinnerungen, 6.].*
Was sie am Marienhaus und in Adenau geleistet hat, traute man einer Frau damals einfach nicht zu. Ihr Neffe Johann Hertling berichtete später, sie habe »mit der Schürze gemessen! Hier miß ... so lang ... so breit«. *[ZOAWBB. AGNES FRÖBUS, Erinnerungen, 6.].*

Träume und Visionen

Viele Ereignisse wie Träume, Wunder und Visionen aus einem Leben – nicht nur aus einem gottgeweihten – bleiben für die einen subjektive Erfahrungen, andere halten sie für reales Geschehen. Ungeprüften Berichten über solche wunderbaren Ereignisse steht die Kirche kritisch gegenüber. Sie macht sie darum auch nicht zum Glaubensgegenstand.
Es gilt aber auch: Gott ist größer als menschliche Begriffe. Seine Allmacht, Freiheit und Souveränität sind grenzenlos, daß er auch als Verborgener

Wunder wirken kann und wirkt, zu denene einige Zugang finden können, andere aber nicht.
Häufig werden wohl auch aus Gründen des Schweigens oder der »Sprachlosigkeit« von Betroffenen Berichte über solche außergewöhnlichen Geschehen bildnerisch (Octavie de Lasalle) oder literarisch (Schwester M. Marzella Schumann) aufbereitet.

Mutter Rosa betete und litt für die Kirche und für ihre Mitmenschen. Und »der Herr gewährte ihr zuweilen einen Blick in die Zukunft«. *[ZOAWBB. 7 M ORIG. 10; NR. 55.].*
Octavie de Lasalle schrieb dazu in ihrem Tagebuch 1865, 147:
»Ich glaube an diese geheimnisvollen Tatsachen, die man Wunder nennt. Ich glaube an Ahnungen, weil ich in ihnen Bekundungen der Harmonie zwischen Geschöpf und Schöpfer erkenne, Beweise der Empfindsamkeit und ... der Göttlichkeit der Seele«. *[BACKES, Lasalle, 96.].*
Mutter Rosa hatte der Freundin wohl von ihrem Lebensideal als Jungfrau und von der Erscheinung des heiligsten Herzen Jesu erzählt. Der Herr habe ihr das Modell eines Klosters reichen wollen. Als sie es annehmen wollte, sei die Erscheinung zu Ende gewesen. *[Vgl. BACKES, Lasalle, 80].*
Schwester M. Marzella Schumann berichtete: »Da erschien an ihrer Seite der göttliche Heiland, griff mit der rechten Hand in den Busen und nahm von seinem Herzen ein Päckchen blendend weißes Linnen im Format eines Buches. Auf seiner flachen Hand bildet sich daraus allmählich ein kleiner Hügel, dann ein Klösterchen mit anstoßendem Kirchlein, das mit einem kleinen Turm versehen war. Begeistert greift sie mit beiden Händen danach, und die Erscheinung verschwand. Wegen dieser Tatsache wurde auf der Stifterin Wunsch das Fest des hl. Herzens Jesu in der Genossenschaft als Hauptordensfest eingesetzt«. *[ZOAWBB. 1 M 4; NR. 9. – Siehe dazu die Beschreibung des Bildes von Octavie de Lasalle Nr. 3.].*

Wie bereits mehrfach angedeutet, suchte Mutter Rosa bei Zweifeln und außergewöhnlichen Ereignissen Rat bei erfahrenen Priestern. Diese Begegnungen trugen dazu bei, ihre reichen Geistesgaben zu erhöhen. Der Herr führte sie besonders unmittelbar durch Erleuchtungen, geistliche Zusprüche und Visionen ins innere Leben ein. Er würdigte sie seines vertrauten Umganges im Gebet. »Er führte sie in die Schule der Leiden, in der sie die Nichtigkeit der irdischen Güter und den Wert der Gnade und all jener Güter, die den Menschen Gott und seiner Bestimmung näher bringen, kennenlernte«. *[ZOAWBB. 7 M ORIG. 19f.; NR. 91.]*

Die Gründerin war besorgt, daß der sich gegen die Kirche erhobene Sturm Verwüstungen in den Klöstern anrichtete, auch ihr Werk nicht verschonen würde. Der Herrgott zeigte ihr in einer Vision, daß es nicht zerstört würde. Aber ihre Sorge blieb. Sie sah eine Schar von Ordensleuten, sie selbst befand sich unter ihnen. Der deutsche Kaiser stand in der Mitte unter ihnen und seine Blicke spähten nach allen Richtungen hin. Wilhelm I. (* 1797 – † 1888) war seit 1861 König von Preußen und seit 1871 deutscher Kaiser. Mutter Rosa nahm Stellung in der Ferne, um sich den Augen des Monarchen zu entziehen. »Eine Zeitlang gelang ihr dies. Er schien sie zu übersehen. Doch nach einer Weile ruhte sein Blick auch auf ihr. Sie erschrak: nun bemerkte sie zu ihrer Beruhigung, daß die strengen ernsten Züge des Monarchen sich in Milde verwandeln und wohlwollend ruht dessen Auge auf ihr. In dieser Vision erkannte sie, daß ihre Genossenschaft nicht ausgewiesen würde«. *[Vgl. ZOAWBB. 7 M ORIG. 74f.; NR. 276.].* Oktavie de Lasalle hat diese Vision – von der schon bei ihren Gemälden (Nr. 6) schon die Rede war – im Bilde festgehalten. Im Vordergrund sitzt Bischof Matthias Eberhard gefesselt. Am 6. März 1874 wurde der Bischof verhaftet. Oktavie aber hat diese Vision bereits 1873/74 gemalt, wie aus dem Tagebuch eindeutig hervorgeht.

Kurz vor ihrem Tod empfand Mutter Rosa quälende Unsicherheit über die von ihr gewählten Begriffe »Traum« und »Vision«. Sie bedrängte Schwester M. Marzella geradezu, die Begriffe auszutauschen: »Das, was als Träume aufgeschrieben ist, waren keine Träume; wenn das nicht geändert wird, dann ist die Sache nicht richtig«. *[ZOAWBB. 7 M ORIG. 150f.; NR. 570.].* Die Schwester nahm die Änderungen vor. Mutter Rosa war voll zufrieden. »Aus Bescheidenheit und Demut gab sie diese außergewöhnlichen Vorkommnisse ihres Lebens als Träume an«. Angesichts des Todes wollte sie der Nachwelt kein unklares Bild der Gnaden und Begünstigungen hinterlassen, mit denen Gott sie ausgezeichnet hatte. Mit dem

Niederschreiben der Gründung wollte sie die Ehre Gottes fördern. Dieser Zweck wäre nicht voll und ganz erfüllt, wenn die Sache nicht möglichst klar aufgezeichnet ist. *[Vgl. ZOAWBB. 7 M ORIG. 150f.; NR. 570.].*

Der Religionsphilosoph Romano Guardini (∗ 1885 – † 1968) faßte die von ihm im Geiste der »Geheimen Offenbarung« reflektierte Problematik unter dem Titel »Zeit und Ewigkeit« so zusammen: » Der »von ›oben‹, von Gott her« bestimmte Zustand »besteht nicht in der Entspannung des Schlafes, worin der Verstand und seine Kritik, der Wille und seine Herrschaft ausgeschaltet sind; sondern der Gottesgeist bemächtigt sich des Menschen, hebt ihn aus sich selbst heraus und macht ihn zum Organ für etwas, das über sein menschliches Urteilen und Wollen hinausgeht. Dieser von Gott kommende Sinn nimmt aber die Stoffe des allgemeinen Daseins wie des persönlichen Lebens des Propheten in seinen Dienst, um sich in ihnen auszudrücken; Dinge, Vorgänge, Bilder. Im Traum arbeitet die Phantasie des Lebens, um dessen verborgenen Drang zu dienen; in der Vision waltet der Geist Gottes und formt die Bilder der Welt zu neuen Gestalten, um in ihnen einen göttlichen Sinngehalt darzustellen. ... Die Bilder der Vision stehen in einer strömenden Mächtigkeit. Sie tauchen aus ihr auf, wandeln sich, gehen ineinander über, versinken. Was da aber geoffenbart wird, ist das Geheimnis eines heilig–unersättlichen Lebens.« *[GUARDINI, Der Herr, 591f.].*

Versuch einer Charakteristik

Alle Beurteilungen und Zeugnisse über Mutter Rosa – gleich ob positiv oder negativ – heben vier charakteristische Merkmale hervor:
Franziskanische Einfachheit, überdurchschnittliche Lernwilligkeit, durchdachte Risikobereitschaft und zielgerichtete Strebsamkeit. Unstrittig ist auch – wie wir sahen – das Gebet gab ihr immer wieder die Kraft dazu.
Zeit ihres Lebens wird sie davon gefesselt, sich mit Armen und Kranken zu solidarisieren – und das zu einer Zeit, als noch keiner davon sprach.

In ihren vielfach variierten von Schwester M. Marzella Schumann aufgezeichneten Erinnerungen thematisierte Rosa Flesch u. a. auch ihr Lebens–

und Schaffensproblem: Es ist der Widerspruch zwischen erfahrener Berufung als persönlicher Annahme mit allen Konsequenzen und der Unfähigkeit, die Grenzen ihrer Herkunft und Epoche zu überschreiten, um wenigstens die berechtigte Hoffnung zu haben, das angestrebte Ziel auch sicher zu erreichen.
Nachdem Mutter Rosa 1878 ihr Amt niedergelegt hatte und versetzt worden war, erscheint sie in keinem offiziellen Nachweis mehr. Erst 1894 wird Mutter Rosa nach der Generaloberin und Hausoberin als Krankenschwester an dritter Stelle angeführt.
Ein »Anti-Mutter-Rosa-Komplex« wurde – nicht nur im Marienhaus – offen gepflegt und über Jahre latent weiter vermittelt. Mutter Rosa wußte das. Sie hat diese schwierige Situation ihrerseits mit großer Geduld und tiefem Schweigen ertragen, um die junge Gründung nicht zu belasten und zu gefährden. Die Konkurrenz von Mutter Rosas Gegnern (Rektor Probst und Anhängerinnen) und ihren wenigen Befürwortern (etwa Schwester M. Marzella Schumann, Schwester M. Eunomia Thies) in ihren menschlich allzu menschlichen Formen belastete die Geschichte der Kongregation über Schwestern-Generationen.

Mutter Rosa hat nicht versucht, mit ihren Fehlern und Schwächen aus eigener Kraft fertig zu werden. Sie stellte sich in ihrer »Christusnachfolge« immer wieder vor Gott – als Sünderin und Erlöste. In ihr rangen auch Strenge gegen sich selbst und verheißene Versöhnung miteinander.

Sie vermochte es, persönliche Schuld einzugestehen, Sühne zu leisten, Versöhnung denen anzubieten, die sie getroffen hatte. Ihren Herrgott konnte sie inständig um Verzeihung bitten.
Sie hat ihre innere – vom Leben aufgebürdete – Härte vor allem durch Güte und Liebe zu überwinden versucht. Sie hatte ein großes Herz, das empfangen, leiden und geben konnte. So ist ihre Hilfsbereitschaft zu erklären: mutig und unerschrocken trat sie hoch und niedrig, arm und reich gegenüber als Schicksalsgefährtin der Menschlichkeit.

Es ist unbestritten: Mutter Rosa besaß als Gründerin ihrer Genossenschaft unter den besonders schwierigen Umständen (Anfeindungen von Außen

– Gegnerschaft von Innen) ein ganz besonderes Charisma, dessen besondere Eigenart im Rückblick auf Grundlagen und Entwicklung ihres religiös-caritativen Werkes und ihrer Gemeinschaft deutlich wurde.

Sie führte ein Leben, das nach der Verwirklichung der göttlichen Tugenden strebte. Glaube – Hoffnung – Liebe waren gleichsam ihr geistliches Alltagsverhalten. Aber ganz ausgezeichnet lebte sie die Tugend der Demut. Diese einfache, zielstrebige und fromme Frau des 19. Jahrhunderts erwies sich für Christus und die Kirche – inspiriert durch Ideengut und Spiritualität des hl. Franziskus von Assisi und orientiert an den praktisch-sozialen Gegebenheiten des beginnenden Industriezeitalters mit all seinen Vor- und Nachteilen – als Dienerin und Verkünderin des »Wortes«, das Heil und Heilung brachte in Wort und Tat, vor allem in den ländlich strukturierten Gebieten.
Wenn man abschließend fragt, in welcher Hinsicht Berufung und Sendung von Rosa Flesch auch für die moderne Zeit aktuell sind, seien einige wenige Stichworte genannt, die durch das Vorgelegte genügend dokumentiert und abgesichert sind.
Mutter Rosa, die lange tot geschwiegene Gründerin der »Franziskanerinnen der allerseligsten Jungfrau Maria von den Engeln« (FBMVA) von Waldbreitbach, war eine Frau, die – wie auch andere Ordensgründerinnen ihres Jahrhunderts – zeigt, auf welche Weise und mit welcher Motivation eine Frau ganz Unternehmerin und gleichzeitig Dienerin sein kann und diese »Einheit« nicht nur überzeugend zu leben sondern auch glaubwürdig zu vermitteln vermochte.

Ihr reiches Gebetsleben und ihre Liebe zur Mitfeier der Heiligen Messe waren auch wichtige Fundamente für ihre charismatische Persönlichkeit. Ihr geistlicher Reichtum, genährt von selbstloser Nächstenliebe, unerschöpflicher Geduld, grenzenloser Demut, betrachtendem Schweigen und schöpferischer Einsamkeit bereicherte auch ihre Mitschwestern und ihr ganzes soziales Umfeld.

Mit ihren eigenen Worten – für sie bezeichnend – in Gebetsform: »Herr, lehre sie dankbar sein!« Das heißt: Gib den Menschen Einsicht in ihre

Erlösungsbedürftigkeit – aus Knechten werden Freunde – und lehre sie die »Umsetzung« der Gottebenbildlichkeit und der Eucharistie in den Lebensalltag! Aufrichtiges Danken – an jedem Tag und zu jeder Stunde!

»Der vertraute innige Verkehr mit Gott begleitete sie ihr ganzes Leben hindurch ... Was sie alles zur Ehre Gottes und zum Wohle der Menschheit leistete, ist Gott allein bekannt, Gott erwählte das Schwache, um das Starke zu beschämen«. *[Nachruf: »Rhein- und Wied-Zeitung«, Samstag 31.3.1906.].*

BELEGE UND LITERATUR:

11. PERSÖNLICHE LEBENSGESTALTUNG

Zu Lebensalltag:

ZOAWBB. Chroniken – Akten – Festschriften – Personalunterlagen. – ZOAWBB. 7 M ORIG. passim; NR. passim. – BÖCKELER, Macht, 133. – Vgl. MEIWES, »Arbeiterinnen des Herrn«, 218. – ZOAWBB. AGNES FRÖBUS, Erinnerungen, 67, 73. – ZOAWBB. 7 M ORIG. 78f.; NR. 288. – BACKES, Lasalle, 124. – ZOAWBB. Personalienbuch B / 0127 – 1. – BACKES, Lasalle, 135. – ZOA WBB. Personalienbuch B / 0343 – 1. – ZOAWBB. LASALLE, Tagebuch, 24.11.1866. – BACKES, Lasalle, 65. – LEMMENS, Festschrift, 74. – BÖCKELER, Macht, 315. – Vgl. MEIWES, »Arbeiterinnen des Herrn«, 112. – Vgl. ZOAWBB. 7 M ORIG. 79; NR. 311. –

Zu Reisen:

ZOAWBB. Chroniken – Akten – Festschriften – Personalunterlagen. Vgl. ZOAWBB. AGNES FRÖBUS, Erinnerungen, 48, 54. – ZOAWBB. AGNES FRÖBUS, Erinnerungen, 68, 74. – Vgl. ZOAWBB. 7 M ORIG. 96f.; NR. 363.

Zu Humor:

MUTTER ROSA FLESCH – ZOAWBB. 7 M ORIG. 113; NR. 439. – GROETEKEN, Schatten, 201. – Vgl. ZOAWBB. 7 M ORIG. 157; NR. 588. – GROETEKEN, Schatten, 252. – ZOAWBB. Personalienbuch B / 0135 – 2.

Zu Bilder und Fotos:

ZOAWBB. Chroniken – Akten – Festschriften – Personalunterlagen. – GROETEKEN, Schatten, 234. – BACKES, Lasalle, 230. – ZOAWBB. Personalienbuch B 0469 – 2. – MOLZ, Lasalle, Teil 2., 175. – FOTO: BACKES, Lasalle, 208. – ZOAWBB. LASALLE, Skizzenbuch. – Vgl. ZOAWBB. 1 M 4; NR. 9; 4 M 53f.; 5 M 20f.; 6 M 84; 7 M 92f.; 6 M 186. – GROETEKEN, Schatten, 234 u. 229. – ZOAWBB. – BACKES, Lebensbild, 5. – Titel-Innenfoto. – BACKES, Lasalle, 230. – FOTO: BACKES, Lebensbild, 33. – BACKES, Flesch – Testament, 80ff., 82, 132ff. – BACKES, Lasalle, 136.

Zu Familie – Verwandte:

ZOAWBB. Personalunterlagen. – ZOAWBB. Stammbaum Familie Flesch. – ZOAWBB. Schriftwechsel. – Siehe dazu: GROETEKEN, Schatten, 55, 72, 79, 98, 270.

Zu Ägidius Flesch:

Ägidius Johann Flesch (∗ 1834 – † 1914)

Halbbruder von Margarete Flesch – Ackerer – Tagelöhner –

∗ 7.2.1834 Linzhausen – † 3.4.1914 Breitscheid – Taufe in Linz: Pfarrer: Johann

Heinrich Josef Nolden [OP] (1763–1834) – Johannes Ägidius Bagrath und Gertrud Stoffels. [STALINZ, Kb 14, 51.]. – »vernünftiger und gewissenhafter Mann« [ZOAWBB. 7 M ORIG. II ; NR. 5.] half bei der Gründung – oo 8.6.1858 Anna Tibi aus Breitscheid / Waldbreitbach, St. Mariae Himmelfahrt – Traupriester Pfarrer Gomm – Zeugen: Michael Schneider aus Breitscheid – Anton Holl aus Kurtenacker –
1. * 11.3.1867 Tochter: Helena Elisabeth – [???] oo Ferdinand Paganetti – † 8.6.1956 Hochscheid –
Paten: Johannes Flesch und Anna Maria Tibi aus Breitscheid – [???]
2. * [???] Tochter: Gertrud – [???] oo Matthias Weissenfels – † [???] –
3. * [???] Tochter: [???] –
4. * [???] Sohn [???] –
5. * 5.12.1869 Sohn: Johannes [5. Kind – 2. Sohn] –
6. * 2.5.1874 Bocholt – Sohn: Wilhelm – † 4.4.1964 Breitscheid –
7. * 21.4.1883 Tochter: Katharina – [???] oo Wilhelm Effert – † 25.4.1964 Breitscheid –
Taufpriester Pfarrer Hermes –
Ägidius Flesch trug am 24. August 1862 Felsen ab, obwohl er schon in Breitscheid wohnte . – Am 28.10.1871 hatte Octavie de Lasalle von Louisenthal (1811–1890) M. Rosa Flesch zwei kleine Ölbilder geschenkt, die eine Herz-Jesu-Vision von Mutter Rosas darstellen. Eines verschenkte sie an ihren Halbbruder Ägidius –
11.1881 verließ das Marienhaus und eröffnete in Breitscheid ein Kurzwarengeschäft und betrieb Ackerbau.
ZOAWBB. Personalunterlagen. – ZOAWBB. Stammbaum Familie Flesch. – STALINZ, Kb 14, 51.– GAAMT NEUERBURG, Wegebauakten, Bl. 114., 208r, 191v. – GAAMT NEUERBURG, Gemeinderolle Waldbreitbach, 1853–1892. – ZOAWBB. 7 M ORIG. II, 16, 33f., 137f.; NR. 5, 79, 145, 534f. – GROETEKEN, Schatten, 13, 72. – KRACHT / SCHERER (HGG.), Flesch – Dokumente, REG.

Zu Johann Flesch:
Johann Flesch (* 1837 – † 1905)
Halbbruder von Margarete Flesch –
* 3.6.1837 Wollendorf / Pfr. Irlich – † 13.1.1905 Adenau –
Taufe in Irlich: Pfarrer: Johann Peter Thiel (1802–1876). – 1861–1875 Verwalter im Marienhaus – 14.4.1875 Adenau –
1. oo 16.11.1875 Anna Katharina Arenz aus Herschbroich – (* 21.10.1838 – † 19.11.1878) –
Sohn: Dominik – * 29.11.1876 – Patin: Margarete Flesch –
2. oo 22.4.1879 Katharina Lohr aus Adenau (* 16.2.1853 – † 27.3.1903) –
Helfer bei den Bauarbeiten des Klosters – 1866 Förderer der Niederlassung Adenau –

Am 28.10.1871 hatte Octavie de Lasalle von Louisenthal (1811–1890) M. Rosa Flesch zwei kleine Ölbilder geschenkt, die eine Herz-Jesu-Vision von Mutter Rosas darstellen. Eines verschenkte sie an ihren Halbbruder Johann.
ZOAWBB. Personalunterlagen. – ZOAWBB. Stammbaum Familie Flesch – STA-KOBLENZ, Abt. 600, 2, NR. 226, Bl. 113, NR. 536. – GAAMT NEUERBURG, Wegebauakten, Bl. 114, 208r, 191v. – GAAMT NEUERBURG, Gemeinderolle Waldbreitbach, 1853–1892. – AMTSGERICHT NEUWIED, Grundbuch Waldbreitbach, Bd. III, Art. 123, 187. – ZOAWBB. FRÖBUS, Erinnerungen, 6. – PAADENAU, Trauungsbuch. – ZOAWBB. 7 M ORIG. 33f., 37, 137; NR. 145, 156, 534. – GROETEKEN, Schatten, 72, 98, 270. – KRACHT / SCHERER (HGG.), Flesch – Dokumente, REG.

Zu Stiefmutter und Stiefschwester:
Anna Helene Flesch, geb. Fuchs, verw. Richarz (∗ 1798 – † 1877).
ZOAWBB. Personalunterlagen. – ZOAWBB. Stammbaum Familie Flesch – Vgl. ZOAWBB. 7 M ORIG. 137; NR. 532. –
Schwester M. Arsenia Fuchs (∗ 1844 – 1867 Eintritt – 1870 Austritt – † 1904).
ZOAWBB. Personalunterlagen. – ZOAWBB. Personalienbuch A / 0043. – ZOAWBB. AGNES FRÖBUS, Erinnerungen, 62, 68.

Zu Josef und Johann Hertling:
Joseph Hertling
Neffe von Margarete Flesch – Sohn ihrer Schwester – Bauschreiner –
∗ 1858 Duisburg–Meiderich – † 1921 Trier – St. Mathias –
1864 nach dem Tod seiner Mutter von Mutter Rosa in Waldbreitbach aufgezogen.
ZOAWBB. Personalunterlagen. – ZOAWBB. Stammbaum Familie Flesch. – ZOAWBB. FRÖBUS, Erinnerungen, 63, 69. – GROETEKEN, Schatten, 55 u. 79, 110f.– BACKES, Testament, 36f., 106f. – KRACHT / SCHERER (HGG.), Flesch – Dokumente, REG.

Johann Hertling
Neffe von Margarete Flesch – Sohn ihrer Schwester – Schreiner –
∗ 10.7.1861 Duisburg-Meiderich – † 27.9.1959 Waldbreitbach –
1864 nach dem Tod seiner Mutter von Mutter Rosa in Waldbreitbach aufgezogen – Hilfe bei den Bauarbeiten des ersten Hauses –
ZOAWBB. Personalunterlagen. – ZOAWBB. Stammbaum Familie Flesch. – ZOAWBB. 7 M ORIG., 69; NR. 209. – ZOAWBB. FRÖBUS, Erinnerungen, 6, 63, 69. – ZOAWBB. Chronik Antoniushaus, 37. – GROETEKEN, Schatten, 55 u. 79, 110f., 256. – BOECKELER, Macht, 318. – BACKES, Testament, 80f. – KRACHT / SCHERER (HGG.), Flesch – Dokumente, REG.

Zu Vertraute und Nahestehende:
ZOAWBB. Personalunterlagen. – ZOAWBB. Personalienbuch A / 0005. – LEMMENS, Festschrift, 30, 85ff. – GROETEKEN, Schatten, 96f., 174. – BACKES, Lebensbild, 17f. – Zu Familie PETER LEONHARD WIEGAND [† 1888].
ZOAWBB. 7 M ORIG. 86f.; NR. 323ff. – Freundl. Auskunft STALINZ, 5.4.2005, ANDREA RÖNZ. –
SCHWESTER M. MATHILDE WIEGAND (* 1861 – 1886 Eintritt – † 1936).
ZOA WBB. Personalienbuch B / 0221 – 1. – ZOA WBB. 7 M ORIG. 86f.; NR. 323ff.
Zu DR. THEOL. JOHANNES WIEGAND (* 1872 – † 1924).
THOMAS, Weltklerus, 371. – ZOAWBB. 7 M ORIG. 87; NR. 325. –

SCHWESTER M. AGNES FRÖBUS (* 1855 – 1870 Eintritt – † 1938).
ZOAWBB. Personalienbuch B / 0061 – 1. – A / 0141. – ZOAWBB. AGNES FRÖBUS, Erinnerungen, passim. – LEMMENS, Festschrift, Anhang Nr. 32. – GROETEKEN, Schatten, 108.

SCHWESTER M. WIBORADA HÖVELMANN (* 1863 – 1887 Eintritt – † 1946).
ZOAWBB. Personalienbuch B / 0280–1. – ZOAWBB. Alltagslebensbericht Mutter Rosa. – KRACHT / SCHERER (HGG.), Flesch – Dokumente, REG.

Zu Last und Leid in der eigenen Gemeinschaft
ZOAWBB. Chroniken – Akten – Festschriften – Personalunterlagen. –
Vgl. ZOAWBB. 7 M ORIG. 96f,; NR. 364. – Vgl. ZOAWBB. 7 M ORIG. 108; NR. 442.

Zu Demütigungen und Konflikte:
SCHWESTER M. HYAZINTHA MÜLLER (* 1848 – 1871 Eintritt – † 1911).
ZOAWBB. Personalienbuch B / 0065 – 1. – A / 0144. – Vgl. ZOAWBB. 7 M ORIG. 95; NR. 362.
SCHWESTER M. PELAGIA BOMMES (* 1840 – 1869 Eintritt – † 1913).
ZOAWBB. Personalienbuch B / 0043–1 – A / 0054–2. – ZOAWBB. 7 M ORIG. 101f.; NR. 386.

Zu Prüfung einer Neugründung:
ZOAWBB. Chroniken – Akten – Festschriften – Personalunterlagen. –
ZOAWBB. 7 M ORIG. 97f.; NR. 371f.
KLAHOLZ, KASPAR – ON: THOMAS OFM
* 24.1.1829 Brilon – † 29.5.1894 Remagen –
13.11.1850 Eintritt OFM – [Ordo Fratrum Minorum] – Franziskaner – Warendorf – 21.11.1851 Ewige Profeß – 5.4.1854 Priesterweihe – Volksmissionar – hielt mehr-

mals Exerzitien in Waldbreitbach – Remagen – Apollinarisberg – riet Mutter Rosa nach 1881 zu einer Neugründung.
ZOAWBB. Personalunterlagen. – ZOAWBB. 7 M ORIG. 97f., 109; NR. 366, 371f., 419. – P. SCHLAGER OFM / B. PETERS OFM, Totenbuch der Sächsischen Franziskaner Ordensprovinz vom Hl. Kreuz, Werl 1945, 165. – Freundl. Auskunft P. ENGELHARD KUTZNER OFM, Werl. FLECKENSTEIN, Franziskaner, 50. (LIT.). – GROETEKEN, Schatten, 214. – KRACHT, Flesch – Leben und Wirken, REG.
Zu SCHWESTER M. PHILOMENA HÖLLEN (∗ 1855 – 1869 Eintritt – † 1925).
ZOAWBB. Personalienbuch B / 0060 – 1. – A / 0140. – ZOAWBB. AGNES FRÖBUS, Erinnerungen, 10, 124. –
ZOAWBB. 7 M ORIG. 108; NR. 442. – ZOAWBB. 7 M ORIG. 98f.; NR. 372. – Vgl. ZOAWBB. 7 M ORIG. 98f.; NR. 373.

Zu Silbernes Ordensjubläum:
ZOAWBB. Chroniken – Akten – Festschriften – Personalunterlagen. –
ZOA WBB. 7 M ORIG. 108; NR. 416f. –
13. März 1888 Silbernes Jubiläum Mutter Rosa zusammen mit Sr. M. Franziska Bonner.

7 Ewige Professen

1. SCHWESTER M. COLETTA ADAMS (∗ 1857 – 1878 Eintritt – † 1924).
ZOAWBB. Personalienbuch B / 0092 – 1 – [A / 205].
2. SCHWESTER M. JOSEPHA FREILINGER (∗ 1847 – 1875 Eintritt – † 1901).
ZOAWBB. Personalienbuch B / 0080 – 1 – [A / 0168].
3. SCHWESTER M. ANTONIA MIENES (∗ 1844 – 1874 Eintritt – † 1891).
ZOAWBB. Personalienbuch B / 0078 – 1 – [A / 0165].
4. SCHWESTER M. LEOKADIA PAULI (∗ 1845 – 1874 Eintritt – † 1893).
ZOAWBB. Personalienbuch B / 0079 – 1 – [A / 0166].
5. SCHWESTER M. RAPHAELA REGNERI [RENGNERI] (∗ 1858 – 1879 Eintritt – † 1939).
ZOAWBB. Personalienbuch B / 0087–1 – [A / 0175 – 2. Eintrag – nicht gezählt].
6. SCHWESTER M. EUPHRASIA SCHÜLLER (∗ 1847 – 1879 Eintritt – † 1920).
ZOAWBB. Personalienbuch B / 0089–1 – [A / 0177].
7. SCHWESTER M. HORTULANA WILWERSCH (∗ 1844 – 1877 Eintritt – † 1920).
ZOAWBB. Personalienbuch B / 0092–1 – ZOAWBB. Personalienbuch B / 0082–1 – [A / 0170].

18 Erste Professen

1. SCHWESTER M. ATHANASIA BECKER (∗ 1853 – 1885 Eintritt – † 1935).
ZOA WBB. Personalienbuch B / 0217 – 1.
2. SCHWESTER M. PACHOMIA CORDEL (∗ 1849 – 1886 Eintritt – † 1918).
ZOAWBB. Personalienbuch B / 0207 – 2.
3. SCHWESTER M. PLAZIDA FILZ (∗ 1858 – 1885 Eintritt – † 1890).
ZOAWBB. Personalienbuch B / 0202 – 1.
4. SCHWESTER M. CYPRIANA HARDT (∗ 1866 – 1884 Eintritt – † 1947).
ZOAWBB. Personalienbuch B / 0182 – 1.
5. SCHWESTER M. EUGENIA HEINRICH (∗ 1862 – 1885 Eintritt – † 1916).
ZOAWBB. Personalienbuch B / 0200 – 1.
6. SCHWESTER M. BARTHOLOMÄA HUBERT (∗ 1852 – 1885 Eintritt – † 1900).
ZOAWBB. Personalienbuch B / 0196 – 1.
7. SCHWESTER M. BLASIA LINK (∗ 1862 – 1884 Eintritt – † 1908).
ZOAWBB. Personalienbuch B / 0185 – 1.
8. SCHWESTER M. CYRIACA LOCH (∗ 1861 – 1884 Eintritt – † 1927).
ZOAWBB. Personalienbuch B / 0191 – 1.
9. SCHWESTER M. ENGRATIA NONNWEILER (∗ 1853 – 1885 Eintritt – † 1914).
ZOAWBB. Personalienbuch B / 0209 – 1.
10. SCHWESTER M. ARSENIA PFÜTZENREITER (∗ 1860 – 1884 Eintritt – † 1935).
ZOAWBB. Personalienbuch B / 0188 – 1.
11. SCHWESTER M. VINZENTIA SCHMITZ (∗ 1853 – 1879 Eintritt – † 1931).
ZOAWBB. Personalienbuch B / 0093 – 1 – [A / 0180].
12. SCHWESTER M. ANGELA STRÄßNER (∗ 1859 – 1884 Eintritt – † 1918).
ZOAWBB. Personalienbuch B / 0190 – 1.
13. SCHWESTER M. INNOCENTIA TAUSCH (∗ 1856 – 1885 Eintritt – † 1931).
ZOAWBB. Personalienbuch B /0197–1.
14. SCHWESTER M. ISIDORA THOMET (∗ 1859 – 1885 Eintritt – † 1890).
ZOAWBB. Personalienbuch B / 0206 – 1.
15. SCHWESTER M. HUBERTA TING (∗ 1861 – 1884 Eintritt – † 1892).
ZOA WBB. Personalienbuch B / 0167 – 1.
16. SCHWESTER M. LUZIA ZIEGLER (∗ 1859 – 1884 Eintritt – † 1906).
ZOAWBB. Personalienbuch B / 0189 – 1.
17. SCHWESTER M. GORDIANA ZILLINGEN (∗ 1851 – 1885 Eintritt – † 1895).
ZOAWBB. Personalienbuch B / 0208 – 1.
18. SCHWESTER M. JOHANNA ZINGSHEIM (∗ 1853 – 1885 Eintritt – † [???]). – 21.10.1893 Entlassung.
ZOAWBB. Personalienbuch B / 0213 – 1.

22 Einkleidungen

1. SCHWESTER M. JOSEPHINA BALLMANN (∗ 1865 – 1887 Eintritt – † 1947).
ZOAWBB. Personalienbuch B / 0252 – 1.
2. SCHWESTER M. ANSCHARIA BASEL (∗ 1864 – 1886 Eintritt – † [???]). – 22.7.1905 Austritt.
ZOAWBB. Personalienbuch B / 0239 –1.
3. SCHWESTER M. EHRENTRUDIS BICKER (∗ 1857 – 1886 Eintritt – † 1891).
ZOA WBB. Personalienbuch B / 0202 – 2.
4. SCHWESTER M. CASIMIRA BÖRSCH (∗ 1865 – 1887 Eintritt – † 1917).
ZOA WBB. Personalienbuch B / 0248 – 1.
5. SCHWESTER M. PIA BRACK (∗ 1865 – 1886 Eintritt – † 1927).
ZOA WBB. Personalienbuch B / 0243 – 1.
6. SCHWESTER M. LEONARDA BUCHHEIT (∗ 1868 – 1886 Eintritt – † 1946).
ZOAWBB. Personalienbuch B / 0233 – 1.
7. SCHWESTER M. Maximina Cordel (∗ 1862 – 1886 Eintritt – † 1899).
ZOAWBB. Personalienbuch B / 0241 – 1.
8. SCHWESTER M. HIERONIMA DEVES (∗ 1864 – 1886 Eintritt – † [???]).
– 15.5.1908 Entlassung [wegen Krankheit].
ZOA WBB. Personalienbuch B / 0235 – 1.
9. SCHWESTER M. FABIANA ESCHER (∗ 1864 – 1886 Eintritt – † 1918).
ZOAWBB. Personalienbuch B /0238–1.
10. SCHWESTER M. THEODOTA HERMANN (∗ 1865 – 1886 Eintritt – † 1896).
ZOAWBB. Personalienbuch B / 0236 – 1.
11. SCHWESTER M. KILIANA HOFFMANN (∗ 1859 – 1886 Eintritt – † 1913).
ZOAWBB. Personalienbuch B / 0244 – 1.
12. SCHWESTER M. OTILIA KEUL (∗ 1867 – 1887 Eintritt – † 1944).
ZOAWBB. Personalienbuch B / 0253–1.
13. SCHWESTER M. BAPTISTA KONDER (∗ 1864 – 1886 Eintritt – † 1930).
ZOAWBB. Personalienbuch B / 0242 – 1.
14. SCHWESTER M. LEOPOLDINE LANDMANN [LANDSMANN] (∗ 1862 – 1887 Eintritt – † 1928).
ZOAWBB. Personalienbuch B /0249 – 1.
15. SCHWESTER M. ÄGIDIA SCHÄFER (∗ 1863 – 1886 Eintritt – † 1904).
ZOAWBB. Personalienbuch B / 0245 – 1.
16. SCHWESTER M. URBANA SCHMITT (∗ 1863 – 1886 Eintritt – † 1914).
ZOAWBB. Personalienbuch B / 0246 – 1.
17. SCHWESTER M. BALBINA STEFFES (∗ 1858 – 1887 Eintritt – † 1936).
ZOAWBB. Personalienbuch B / 0247 – 1.

18. SCHWESTER M. WINFRIEDA SCHOLL (∗ 1863 – 1887 Eintritt – † 1905).
ZOAWBB. Personalienbuch B / 0251 – 1.
19. SCHWESTER M. HILDEGUNDE THÖMES [THÖNIS – THÖNNES] (∗ 1861 – 1886 Eintritt – † 1943).
ZOAWBB. Personalienbuch B / 0234 – 1.
20. SCHWESTER M. HILDEGARDIS WEIAND (∗ 1856 – 1886 Eintritt – † 1935).
ZOA WBB. Personalienbuch B / 0237 – 1.
21. SCHWESTER M. EPHRÄM [???] (∗ 1863 – 1887 Eintritt – † 1943).
ZOAWBB. Personalienbuch B / 0250 – 1.
– GROETEKEN, Schatten, 219ff. – Vgl. ZOAWBB. 7 M ORIG. 108; NR. 417. – KRACHT / SCHERER (HGG.), Flesch – Dokumente, REG.

Zu »Tugendsterne Deutschlands« – Krimi im Marienhaus:
Der vollständige Titel lautet: MATHES, JOSEPH, Tugendsterne Deutschlands seit der Glaubenspaltung. Ein Beitrag zur »Germania sacra«, von einem Priester der Diözese Regensbug, Missionsdruckerei Steyl 1902, 254f.

JOSEPH MATHES (1841 – 1905)
∗ 27.4.1841 Vohburg –† 25.1.1905 Hofendorf –
14.6.1868 Priesterweihe / Regensburg – Benefiziat Bayerbach – 8.1881 Pfarrer Veitsbuch – 3.1889 Pfarrer Pötmes / Mainburg – 7.1899 Pfarrer Hofendorf.
Frdl. Mitteilung BISCHÖFL. ZENTRALARCHIV REGENSBURG, Archivdirektor DR. PAUL MAI, vom 24.8.2004. – KRACHT / SCHERER (HGG.), Flesch – Dokumente, REG.
Zu SCHWESTER M. BIBIANA STUPPERTZ (∗ 1841 – 1868 Eintritt – † 1909).
Vgl. ZOAWBB. 7 M ORIG. 140; NR. 542. – ZOAWBB. Personalienbuch B / 0049–1 – A / 0073–2. – ZOAWBB. 7 M ORIG. 140; NR. 542. – BÖCKELER, Macht, 302ff.

Zu Tagebuchnotizen:
ZOAWBB. Chroniken – Akten – Festschriften – Personalunterlagen. – BACKES, Lebensbild, 69. – BÖCKELER, 50. Todestag Mutter M. Rosa Flesch, Anmerkungen. – ZOAWBB. Personalunterlagen. – ZOAWBB. Personalienbuch B / 0051 – 1 [A / 0121]. – ZOAWBB. Beschlüsse des Generalrates, 9.12.1879, Bd. 1, 33. – LEMMENS, Festschrift, Anhang Nr. 21.

Zu Kunst im Dienst der Verkündigung:
J. KERN, Nazarener, in: LTHK 7 (3. Aufl. 1998) 708f. (LIT.) – Ferner: TRIER / WEYRES (HGG.), Kunst des 19. Jahrhunderts im Rheinland. – Eine Übersicht über Künstler und Themen der Nazarener bietet: STAHLSTICHE DES VEREINS ZUR VERBREI-

TUNG RELIGIÖSER BILDER IN DÜSSELDORF. 1896, in: H. DETZEL, Christliche Ikonographie. Ein Handbuch zum Verständnis der christlichen Kunst, 2 Bde, Freiburg 1896; hier: Bd. 2, 709–713.
Zur Düsseldorfer Malerschule: W. HÜTT, Die Düsseldorfer Malerschule 1819–1869, Leipzig 1995. –
Über Raffael und sein Werk: B. SANTI, in: Die großen Künstler Italiens, Florenz 2001, 322–374. – BAYERISCHE STAATSGEMÄLDESAMMLUNGEN (HG.), Alte Pinakothek München, München 2. Aufl. 1986, 402–405.

Zu Künstlerische Handarbeiten:
ZOAWBB. Chroniken – Akten – Festschriften – Personalunterlagen. – Vgl. ZOAWBB. 7 M ORIG. 91 ; NR. 344. – Fotos von Handarbeiten siehe: BACKES, Flesch – Testament, 65f. – Vgl. ZOAWBB. AGNES FRÖBUS, Erinnerungen, 42, 47, 48, 53. – GROETEKEN, Schatten, 234f. – Handbuch des Bistums Trier, Trier 1952, 741f. (LIT.).

THEODOR JANKNECHT – ON: GREGORIUS OFM
* 29.9.1829 Kirchhellen / Recklinghausen – † 1.3.1896 Paderborn –
25.1.1850 Einkleidung – 7.3.1853 Priesterweihe – 1854 Lektor Philosophie – 4.9.1855–1861 Provinzialminister OFM – 1857 Gründung Kloster Remagen–Apollinarisberg – Mitarbeiter von Mutter Rosa und Rektor Weiler bei der Abfassung der Statuten – 1862 Generaldefinitor OFM – 25.8.1868 Billigung der überarbeiteten Statuten der Schwestern von Waldbreitbach – 1870–1879 u. 1888–1891 Provinzialminister OFM – lenkte die Geschicke der Provinz während der Kulturkampfzeit – Kommissar des Hl. Landes – 1895/96 Provinzkommissar Brasilien.
P. SCHLAGER, Totenbuch der Sächsischen Franziskaner Ordensprovinz vom Hl. Kreuz, Düsseldorf 1915, 35. – FLECKENSTEIN, Franziskaner, 119f. u. passim. (REG./FOTO/LIT.).

Zu Gestickte Bilder:
Im Besitz des Marienhauses Waldbreitbach:
1. »Die Herabkunft des Jesuskindes auf die Erde«. Drei Engel bei der Herabkunft des Göttlichen Kindes auf die Erde – (71 cm x 72 cm).
ZOAWBB. BILDERSAMMLUNG. B 3. – ZOAWBB. 7 M ORIG. 95; NR. 360. – GROETEKEN, Schatten, 236. – Die drei Erzengel gehören zu den Schutzpatronen der Gemeinschaft – Vgl. STATUTEN 1869, VORWORT.
2. Himmelfahrt Mariens – (61 cm x 83 cm).
ZOAWBB. BILDERSAMMLUNG. B 2. – ZOAWBB. 7 M ORIG. 95; NR. 360. – Vgl. A. ZIEGENAUS / H. BÜRKLE / TH. MAAS-EWERD / A. MASSER / U. LIEBL, Himmelfahrt Mariae, in: ML 3 (1991) 199–208. (LIT.).

3. »Maria – Mutter vom Guten Rat« – (51 cm x 70 cm) – Entstehung: 1864.
ZOAWBB. BILDERSAMMLUNG. B 5. – GROETEKEN, Schatten, 238. – BACKES, Flesch – Worte, 41. – BACKES, Flesch – Testament, 29.
4. Hl. Josef – »Muster der Liebe« – (72 cm x 114 cm) – Entstehung: 1867.
ZOAWBB. BILDERSAMMLUNG. A 2. – ZOAWBB. 7 M ORIG. 95; NR. 360. – GROETEKEN, Schatten, 238. – BACKES, Testament, 42, 109.
5. Das Opfer der armen Witwe im Tempel – (68 cm x 82 cm).
ZOAWBB. BILDERSAMMLUNG. B 1. – ZOAWBB. 7 M ORIG. 95; NR. 360. – GROETEKEN, Schatten, 236f. – BACKES, Testament, 40, 108.
6. Jesus am Ölberg – (44 cm x 49 cm) – Entstehung 1876.
ZOAWBB. BILDERSAMMLUNG. B 9. – GROETEKEN, Schatten, 236. – BACKES, Testament, 58, 113; Foto: 64f.
7. Jesus am Ölberg – »Die Nachfolge Christi« – (52 cm x 61 cm) – Entstehung 1879.
ZOAWBB. BILDERSAMMLUNG. B 7. – BACKES, Testament, 59, 115, 64f. (Foto).
8. Jesus am Ölberg mit Baummotiv – (54 cm x 56 cm) – Entstehung: 1878.
ZOAWBB. BILDERSAMMLUNG. B 8. – BACKES, Testament, 61f., 115f.
9. »Ecce Homo« – (31 cm x 38 cm) – vor 1871.
ZOAWBB. BILDERSAMMLUNG. A 1. – GROETEKEN, Schatten, 236.
10. »Der gute Hirte«.
ZOAWBB. BILDERSAMMLUNG. B 11. – GROETEKEN, Schatten, 210, 235–240. – BÖCKELER, Macht, passim. – KRACHT / SCHERER (HGG.), Flesch – Dokumente, REG.

Zu Worte und Gedanken:
ZOAWBB. Personalunterlagen. – ZOAWBB. TOTENZETTEL MUTTER ROSA NR. 1 und 2. – BACKES, Flesch – Spruch und Bild.
BACKES, Flesch – Worte. – ZOAWBB. AGNES FRÖBUS, Erinnerungen, 42, 48. – Eingestickte Worte Mutter Rosas in das Bild »Heiligstes Herz Jesu« von 1866. – BACKES, Flesch – Worte, 37f.
WAHLSPRUCH MUTTER ROSAS – ZOAWBB. TOTENZETTEL MUTTER ROSA NR. 1. – BACKES, Flesch – Worte, 12ff. – BACKES, Flesch – Spruch und Bild, o. S. u. 12. Relief. –
MUTTER ROSA FLESCH – ZOAWBB. TOTENZETTEL MUTTER ROSA NR. 2. – ZOAWBB. 1 M 10f., NR. 28. – Vgl. ZOAWBB. 3 M 53; 5 M 18; 6 M 67; 7 M ORIG. 23, 59; NR. 104, 232. – BACKES, Flesch – Worte, 30ff. – BACKES, Flesch – Spruch und Bild. 7. Relief. –
ZOAWBB. TOTENZETTEL MUTTER ROSA NR. 1. – BACKES, Flesch – Worte, 32ff. – Vgl. BACKES, Flesch – Spruch und Bild. 3. Relief. – ZOAWBB. TOTENZETTEL MUTTER ROSA NR. 1. – Vgl. GROETEKEN, Schatten, 252f. – ZOAWBB. TOTEN-

ZETTEL MUTTER ROSA NR. 1. – MUTTER ROSA FLESCH – ZOAWBB. 7 M ORIG. 60; NR. 233. – MUTTER ROSA FLESCH – ZOAWBB. 7 M ORIG. 113; NR. 439. – MUTTER ROSA FLESCH – ZOAWBB. 7 M ORIG. 113; NR. 441. – Vgl. GROETEKEN, Schatten, 201.

SCHWESTER EUNOMIA THIES

* 19.1.1875 Bettenfeld / Krs. Wittlich – † 11.2.1938 Völklingen – Krankenhaus – St. Michael – 20.11.1899 Eintritt – 22.5.1900 St. Wendel – 18.9.1900 Einkleidung – 19.9.1900 Mudersbach – 28.10.1902 Noviziat – Waldbreitbach – Marienhaus – pflegte Mutter Rosa – schrieb sich aus dem persönlichen Notizbuch einige Sprüche ab – übermittelte sie Sr. Mirjam Kreidt – Das Notizbuch ist abhanden gekommen – 26.4.1904 Erste Profeß – 27.4.1904 Oberstein – 29.4.1909 Ewige Profeß – 26.6.1915 Oberwesel – 4.10.1915 Inor / Frankreich – Krankenpflege – Seuchenlazarett – 25.11.1918 Hillesheim – 4.1919 Trier – 10.11.1931 Adenau – 19.8.1932 Cochem – 9.6.1934 Engers – 20.1.1936 Völklingen – Krankenhaus – St. Michael.

ZOAWBB. Personalunterlagen. – ZOAWBB. Personalienbuch B / 0147 – 2. – ZOAWBB. Erinnerungen an M. Rosa. – ZOAWBB. Notizen von M. Rosa. – BACKES, Lebensbild, 69.

MUTTER ROSA FLESCH – ZOAWBB. EUNOMIA THIES, Notizen. – BACKES, Flesch – Worte, 21ff. – BACKES, Flesch – Spruch und Bild. 3. Relief.

MUTTER ROSA FLESCH – ZOAWBB. EUNOMIA THIES, Notizen. – FESTSCHRIFT 100 Jahre, 63.

MUTTER ROSA FLESCH – ZOAWBB. EUNOMIA THIES, Notizen. – BACKES, Flesch – Worte, 23ff. – Vgl. BACKES, Flesch – Spruch und Bild. 14. Relief.

MUTTER ROSA FLESCH – ZOAWBB. EUNOMIA THIES, Notizen. – BACKES, Flesch – Worte, 7ff. – Vgl. BACKES, Flesch – Spruch und Bild. 16. Relief.

MUTTER ROSA FLESCH – ZOAWBB. EUNOMIA THIES, Notizen. – BACKES, Flesch – Worte, 9ff. – Vgl. BACKES, Flesch – Spruch und Bild. 18. Relief.

MUTTER ROSA FLESCH – ZOAWBB. EUNOMIA THIES, Notizen. – BACKES, Flesch – Worte, 18ff. – Vgl. BACKES, Flesch – Spruch und Bild. 21. Relief.

MUTTER ROSA FLESCH – ZOAWBB. EUNOMIA THIES, Notizen. – BACKES, Flesch – Worte, 15ff. – Vgl. BACKES, Flesch – Spruch und Bild. 23. Relief.

MUTTER ROSA FLESCH – ZOAWBB. EUNOMIA THIES, Notizen. – Vgl. ZOAWBB. 1 M 18; ZOAWBB. 7 M 60, 115, 147; Nr. 232, 449, 563.

GROETEKEN, Schatten, 201. – BÖCKELER, Macht, passim. – KRACHT / SCHERER (HGG.), Flesch – Dokumente, REG.

Zu Geistliche Unternehmerin:

ZOAWBB. Chroniken – Akten – Festschriften – Personalunterlagen. – ZOAWBB. AGNES FRÖBUS, Erinnerungen, 6.

Zu Spagat zwischen Nächstenliebe und Wirtschaftlichkeit:
GROETEKEN, Schatten, 233f. – BÖCKELER, Macht, passim. – KRACHT / SCHERER (HGG.), Flesch – Dokumente, REG.

Zu Träume und Visionen:
ZOAWBB. Chroniken – Akten – Festschriften – Personalunterlagen. – A. BUCHER / H. F. FUHS / U. B. MÜLLER / H. KESSLER / P. DESELAERS / K. BAUMGARTNER, Vision, in: LTHK 10 (32001) 810–815. (LIT.). – Siehe zu Träumen, Visionen und Erscheinungen: K. RAHNER / TH. BAUMANN, Visionen und Prophezeiungen, (Questiones disputatae 4), Basel/Freiburg/Wien 1960; Neuausgabe 1989. – Wichtig bleibt: O. V., Einiges über Visionen und Erscheinungen, in: Pastoralblatt. Unter Mitwirkung eines Vereines von Curatgeistlichen der Erzdiöcese Köln hg. von M(ATTHIAS) JOS(EPH) SCHEEBEN 11 (1877) 32–34, 38–41 u. 49–51. – W. SCHAMONI, Wunder sind Tatsachen. Eine Dokumentation aus Heiligsprechungsakten, Würzburg / Stein / Linz 4. Aufl. 1976. – L. SCHEFFCZYK, Die theologischen Grundlagen von Erscheinungen und Prophezeiungen, Leutesdorf 1982. – GÖTZ VON OLENHUSEN (HG.), Wunderbare Erscheinungen. – J. HANAUER, Wunder oder Wundersucht? Erscheinungen, Visionen, Prophezeiungen, Besessenheit, Aachen 2. Aufl. 1992. ZOAWBB. 1 M 17; Nr. 45. – ZOAWBB. 7 M ORIG. 10, 19f., 20f., 74, 150f.; NR. 55, 74f. ,91, 92f., 276, 570. – BACKES, Lasalle, 96. – Vgl. BACKES, Lasalle, 80. – Vgl. weiter die Arbeiten von BACKES zu den Berichten über Visionen Mutter Rosas: ZOAWBB. 1 M 4; NR. 9. – Siehe dazu die Beschreibung des Bildes von Octavie de Lasalle Nr. 3. – Vgl. ZOAWBB. 3 M 5f.; ZOAWBB. 4 M 7, 53f.; ZOAWBB. 5 M 6, 20f.; ZOAWBB. 6 M 84, 186; ZOAWBB. 6 M 186. – LASALLE, Tagebuch, 1.4.1871. GROETEKEN, Schatten, passim. – BÖCKELER, Macht, passim. – BACKES, Lasalle, 80. – GUARDINI, Der Herr, 591f. – Zu ROMANO GUARDINI (∗ 1885 – † 1968): E.-M. FABER, in: LTHK 4 (3. Aufl. 1995) 1087f. (LIT.). – KRACHT / SCHERER (HGG.), Flesch – Dokumente, REG.

Zu Versuch einer Charakteristik:
ZOAWBB. Chroniken – Akten – Festschriften – Personalunterlagen. – ZOAWBB. 7 M ORIG. 129–149; NR. 501–564. – GROETEKEN, Schatten, 257–262. – BÖCKELER, Macht, 294–330. – BACKES, Lebensbild, 64f. – BACKES, Testament, passim. – GATZ (HG.), Caritas und soziale Dienste. – ROCCA, G., Francescane di Santa Maria degli Angeli, in: G. PELLICIA / G. ROCCA (EDD.), Dizionario degli instituti di perfezione, Roma 1977, Vol. 4, 431f. – Nachruf: »Rhein– und Wied–Zeitung«, Samstag 31.3.1906. – KRACHT / SCHERER (HGG.), Flesch – Dokumente, REG.

12. KRANKHEIT UND STERBEN

12.1. Krankheiten

Krankheiten gehörten schon für Margaretha Flesch zur Alltagserfahrung in ihrer Kindheit und Jugend. Mit kindlichem und jugendlichem Verständnis hat sie Mutter und Vater leidend und sterbend gepflegt. Im Jahre 1841 erkrankte die 15–Jährige selbst an Typhus, nachdem sie alle Familienmitglieder im Fockenbachtal bestens und mit Erfolg versorgt hatte. Eines Tages brach sie selbst ohnmächtig in der Nähe der Mühle zusammen. Sie mußte dann selbst sechzehn Wochen das Bett hüten. *[Vgl. ZOAWBB. 7 M ORIG. 6; NR. 42.].*

Im Oktober 1870 erkrankte sie während des deutsch-französischen Krieges in Pont-á-Mousson schwer an Ruhr.
Die Behauptung, bei einem Beinschuß während des Krieges 1870/71, sei eine Kugel im Bein zurückgeblieben, ist nicht sicher zu belegen. Im Bericht der Rekognoszierung vom 19. Februar 1957 heißt es: »... im linken Schienbein fand sich ein Loch, das von einer Kugel herrühren konnte; ...« *[o.V., Rekognoszierung Mutter Maria Rosas. Stifterin der Franziskanerinnen der allerseligsten Jungfrau Maria von den Engeln, Waldbreitbach o.J. (1960)].*

Im Jahre 1885 entdeckte Mutter Rosa ein Geschwulst am rechten Unterschenkel, das zunehmend anwuchs. Der untersuchende Hausarzt riet dazu, umgehend eine Operation vornehmen zu lassen. *[Vgl. ZOAWBB. 7 M ORIG. 101f.; NR. 386.].* Die Operation nahm Dr. Staub in Trier vor. Sie verlief gut, aber ein starkes Wundfieber stellte sich ein und brachte sie beinahe an den Rand des Todes. Schwester Rosa II. Becker, die Mutter Rosa nach Trier begleitet hatte, kehrte bald ins Mutterhaus zurück. Die Gründerin mußte mehrere Wochen in St. Paulin in Trier in nicht eben gastfreundlicher Umgebung verweilen. *[Vgl. ZOAWBB. 7 M ORIG. 101f.; NR. 387.].*

Zum 1. Oktober berichtete die Freundin Octavie de Lasalle von Louisenthal kurz über den chirurgischen Eingriff: »Dort hat man ein Bein der

Oberin Rosa operiert. Dr. Staub chloroformierte sie und hat Erfolg gehabt«. *[ZOAWBB. LASALLE, Tagebuch, 1.10.1885.].* Dafür hatte sie mehrere Motive: Das Mitfühlen mit Mutter Rosa, von deren unglaublicher Geschichte über die Einlieferung ins Krankenhaus sie sicher erfahren hatte und die persönliche Bekanntschaft mit dem Arzt.
Als Operateure kamen in Frage: Der seit 1875 in Trier als Sanitätsrat tätige Dr. Johannes Staub (∗ 1812 – † 1896) war seit 1837 Distrikt-Arzt St. Wendel und kam 1864 als Arzt Trier. Auch sein Sohn Hermann Heinrich Johann Staub (∗ 1839 – † 1910) wirkte als Arzt und Sanitätsrat in der Moselstadt. *[Frdl. Auskunft STATRIER, FRAU SCHÖMER, 28.2.2005.].*

Im Jahre 1896 befiel Mutter Rosa ein starker Kräfteverfall. Dazu kamen mit zunehmendem Alter mehrfach schmerzhafte Gesichtsrose und Wundsein wegen langen Krankenlagers. *[Vgl. ZOAWBB. 7 M ORIG. 125; NR. 489.].*
So lange Mutter Rosa noch tätig sein konnte, machte sie sich zunächst in verschiedenen Filialen nützlich. Seit 1886 fertigte sie im Mutterhaus geschmackvolle Paramente. Im Sommer pflegte sie liebevoll die Anlagen im Garten des Marienhauses. Sie setzte diese Arbeiten fort, bis ihre Körperkräfte so nachließen, daß sie sich seit 1898 auf das Haus beschränken mußte. *[Vgl. LEMMENS, Festschrift, 70f.].*

Neben Gesichtsrose, die sie öfters befiel, brachte sie eine ernste Krankheit an den Rand des Grabes. Sie empfing das Sakrament der letzten Ölung. Der Tod schien nicht mehr fern. *[Vgl. ZOAWBB. 7 M ORIG. 118; NR. 457.].*
In den Nachweisen vom 30. Dezember 1902 bis 1905 einschließlich wird Mutter Rosa als »krank« geführt, und zwar nach der Wahl der Schwester M. Aquilina zur Generaloberin erst an vierter Stelle. Einige Jahre beschäftigte sie sich noch so gut sie konnte mit Handarbeiten. Die letzten vier Jahre mußte sie aber fast ständig im Bett verbringen. *[Vgl. LEMMENS, Festschrift, 73.].*

Als man eines Tages bei Abwesenheit des Hausarztes für die schwer kranke Gründerin den Arzt aus Waldbreitbach kommen ließ, erkundigte sie sich zuerst eingehend nach dessen Angehörigen. Er wunderte sich sehr über das Interesse der Kranken für das Befinden seiner Angehörigen. *[Vgl. ZOAWBB. 7 M ORIG. 125; NR. 489.].*

Vorbereitung auf Sterben und Tod

Krankheit, Sterben, Tod und Auferstehung in Jesus Christus befähigen den Menschen zum einem »Dasein für Gott und für die anderen«. Darum waren sie für Mutter Rosa Flesch während ihres ganzen Lebens Alltagserfahrungen. Bei der Vorbereitung auf ihren eigenen Tod wurden sie existenziell-zentrale Themen ihrer persönlichen »geistlichen Pilgerschaft«. Als deren Ziel war ihr das himmlische Vaterland vorgegeben. Das Leben dieser Ordensfrau war ein Weg mit und zu Jesus Christus.
Im Gebetbuch Mutter Rosas fand sich ein nach dem 1. Juli 1904 von ihr selbst niedergeschriebenes Gebet:
»Herr, mein Gott, schon jetzt nehme ich jede Art des Todes, wie es dir gefallen wird, mit allen Ängsten, Strafen und Schmerzen in Ergebung und Bereitwilligkeit an«. *[ZOAWBB. Personalunterlagen. – BACKES, Flesch – Testament, 87.].*

Betreuerinnen und Pflegerinnen

Das Ende ihrer Leidenszeit war noch nicht abzusehen. So wünschte sie sich mehr Unterstützung und Hilfe für andere Kranke als für sich selbst. Am 31. Mai 1904 starb ihre langjährige Pflegerin. Der Tod von Schwester M. Blandina Reifenschneider (∗ 1841 – 1869 Eintritt – † 1904), die mit Mutter Rosa einen großen Teil der Ordensgeschichte geteilt hatte, ging ihr sehr nahe. Diese Schwester hatte die Gründerin fast zwanzig Jahre betreut. Ihrem Begräbnis mußte sie vom Fenster aus zusehen. *[GROETEKEN, Schatten, 250.].*
In den Jahren 1903 bis 1906 durfte Schwester M. Wilhelma Weißenfels (∗ 1867 – 1893 Eintritt – † 1957) die kranke Mutter Rosa jeweils am Sonntag besuchen, wochentags war sie durch Küchenarbeit gebunden. »Von Sonntag bis Sonntag freute Mutter Rosa sich darauf«. *[BOECKELER, MACHT, 307.].* Ihre Mutter war eine Freundin von Mutter Rosa. Ihr Vater hatte beim ersten Bau durch den Transport von Sand geholfen.

Sterbende können zu ihren Pflegern besondere Beziehungen entwickeln. Sie empfinden Wiedergutmachung und Dankbarkeit. Auch dafür gibt es einige Beisiele:
Schwester M. Eudoxia Stürmer (* 1858 – 1881 Eintritt – † 1918), von 1902–1905 Ratsschwester und Bürokraft besuchte die Schwerkranke. *[BÖCKELER, Macht, 310f.].* Schwester M. Fidelis Escher (* 1866 – 1891 Eintritt – † 1937) betreute Mutter Rosa im Jahre 1893. *[ZOAWBB. AGNES FRÖBUS, Erinnerungen.].* Die schon genannte Schwester M. Eunomia Thies notierte sich ihr wichtig erscheinende Worte aus Handschriften Mutter Rosas.

Schwester M. Mamerta Marquet (* 1881 – 1899 Eintritt – † 1927), gelegentliche Besucherin und Pflegerin der Kranken erinnerte sich wehmütig: »Es kam gar bald der Tag der Profeß und der Abschied vom lieben Mutterhause. Doch ohne Mutter Rosas Segen wollte ich nicht hinausziehen. So kniete ich vor ihrem Bette, und Mutter Rosa segnete mich. Sie sagte: ›Ich bete zu Gott, daß du demütig und klein bleibest und daß Kreuz und Leiden dein Anteil sind. Auch um die größte aller Gnaden bitte ich zu Gott, daß du ihm treu bleibest bis zum Ende!‹ Noch einmal sah ich ihre klaren Augen tief in meinen Blick versenkt. Dann eilte ich fort«. *[GROETEKEN, Schatten, 252f. – Vgl. ZOAWBB. TOTENZETTEL MUTTER ROSA NR. 1.].*
Die Besuche des schon genannten Bruders Antonius Weber bei Mutter Rosa wurden von der Ordensleitung dagegen während ihrer Krankheit verboten. *[GROETEKEN, Schatten, 256. – BÖCKELER, Macht, 310f.].*

Bald war Mutter Rosa ans Bett gefesselt. »Jedoch saß sie fast täglich einige Stunden in ihrem ärmlichen hölzernen Lehnstuhl, der am Kopfende ihres Bettes stand.« *[ZOAWBB. 7 M ORIG. 150; NR. 571.].* Sie beschäftigte sich mit Handarbeit für die Kapelle. Stets hatte sie ein arbeitsreiches Leben geführt. »Sie hat viel gearbeitet und viel gelitten«, schrieb Bischof Korum anläßlich ihres Todes mit Recht. *[ZOAWBB. 7 M ORIG. 150; NR. 571.].*

12.2. Sterben

Anfang März des Jahres 1906 empfing Mutter Rosa die Sterbesakramente. Rektor Probst hatte sich dazu bereit erklärt.

Korrekt teilte die staatliche Sterbeurkunde mit: »Schwester Rosa Flesch starb am Sonntag, dem 25. März 1906 um 9.30 Uhr im Marienhaus in Waldbreitbach«. *[GAWBB. Auszug aus dem Sterberegister von Waldbreitbach 33/1906.].* Im Schwesternnachweis von 1906 wird ihr nicht einmal die amtliche Nüchternheit zuteil: »Abgang durch Tod: Margaretha Flesch, Schwester Rosa«. Daß sie nicht einmal bei ihrem Tode als Gründerin genannt wird, geht auf das Konto der diese Liste eigenständig führenden Generaloberin Schwester M. Aquilina Lermen.

Ob Mutter Rosa wohl noch erfahren hat, daß der Rat zwei Tage vorher beschlossen hatte, ihre letzte Gründung Saarlouis zu vergrößern? *[ZOAWBB. Beschlüsse des Generalrates, 23.3.1906, Bd. 2, 57.].*

Beim Tod Mutter Rosas waren nur die Schwestern Agatha, Aloysia und Marzella zugegen. Die seit Oktober 1905 als erste Hausoberin wirkende Schwester M. Aloysia Meckel (∗ 1848 – 1866 Eintritt – † 1927) wies in der Sterbestunde der Gründerin andere Mitschwestern ab – selbst die letzten Pflegerinnen der Schwerstkranken.
Weder die Tages- noch die Nachtschwestern, die sich vom 23. März bis zur Todesstunde liebevoll um Mutter Rosa kümmerten, konnten diese Entscheidung fassen, hatten sich aber zu fügen:
Die Tagespflegerinnen Schwester M. Jutta Schäfer (∗ 1879 – 1902 Eintritt – † 1958), Schwester M. Adilia Alflen (∗ 1875 – 1902 Eintritt – † 1929) und Schwester M. Flozella Jochum (∗ 1873 – 1899 Eintritt – † 1906) waren natürlich sehr betroffen. *[BACKES, Flesch – Testament, 88f., 137f. – GROETEKEN, Schatten, 253f.].*
Auch die Nachtschwestern Schwester M. Romadia Schlothane (∗ 1876 – 1902 Eintritt – † 1956) und Schwester M. Homobona Reichert (∗ 1878 – 1902 Eintritt – † 1945) litten unter dieser Entscheidung sehr. *[BACKES, Flesch – Testament, 88f., 137f.].*

Diese Schwestern hatten die Begegnungen mit Mutter Rosa fraglos als Höhepunkt ihres Noviziates erlebt. Man kann sich leicht vorstellen, wie traurig sie waren, daß ihnen auch die Teilnahme an der Beerdigung verwehrt war.
Diese spirituell-emotionale »Bildungsarbeit«, die Mutter Rosa sterbend mit diesen Novizinnen leistete, erlebte sie als Aufbruch einer neuen Ordensjugend, der ihr den Heimgang sicher leichter machte.

Diese äußeren Umstände ihres persönlich wohlvorbereiteten Heimgangs nahm Mutter Rosa mit vollem Bewußtsein wahr. Die Liturgie des 4. Fastensonntags hatte die des Festes »Mariä Verkündigung« verdrängt. Sinnreich wird für sie selbst aber diese Tages-Liturgie des Sonntags »Laetare« [»Freue Dich«] gewesen sein. Im »Graduale« – dem Psalmtext nach der Lesung – hieß es: »Voll Freude war ich, da sie mir sagten: Zum Hause des Herrn wollen wir ziehn!«. *[Psalm 122,1.]*.

Mutter Rosa, deren ganzes Leben Kampf gewesen war, schlief ohne Todeskampf ganz ruhig ein. Ihre Züge waren entspannt. Ihr Antlitz wirkte verjüngt. Es nahm den Ausdruck inniger Geborgenheit an. *[Vgl. dazu: BÖCKELER, 50. Todestag Mutter M. Rosa Flesch, 11.]*.

Sie war im Ringen mit dem Leid und im Beten mit der Kirche Jesu Christi gereift und zu ihrer Lebenseinsicht gekommen: Der Gott, der das Leiden zuläßt, ist in Wahrheit der erlösende Gott, dessen Liebe mich durch Leiden und Tod trägt.

Für den Todesfall einer Schwester hatten Regel und Statuten der Gemeinschaft festgeschrieben: »Die verstorbene Schwester soll mit ihrem Ordensgewande bekleidet werden; der Rosenkranz wird ihr mitgegeben und in den gefalteten Händen hält sie das Kreuz desselben. Ihr Haupt soll geschmückt werden mit einem Kranze, wie sie ihn am Tage ihrer Gelübdeablegung oder Einkleidung getragen hat. Der Sarg soll einfach sein aus Tannenbrettern von brauner Farbe. Auf demselben soll ein schwarzes Kreuz von Holz sich befinden«. *[REGEL UND STATUTEN 1894, 51.]*. Alle Mitschwestern opferten für die Verstorbene innerhalb von acht Tagen einmal die heilige Kommunion auf und beteten das Totenoffizium und drei Nokturnen.

Wie ein Lauffeuer verbreitete sich die Kunde vom Tode Margaretha Fleschs – Mutter Rosas – über Waldbreitbach und das Wiedbachtal hinaus.
Schmerz und Trauer sowie Freude und Genugtuung waren die überwiegenden Gefühle in den Herzen der Schwestern und der anderen vom Tode unterschiedlich Betroffenen. Alles Aufsehen wollte Rektor Probst bei den Bestattungsfeierlichkeiten vermieden wissen. Todesanzeigen und Totenbildchen gab es nicht. Es sollte zugehen wie beim Begräbnis einer einfachen Schwester: Aufbahrung in einem einfachen Sarg in der Totenkammer, einfache Exequien [Messe für Verstorbene], Reihengrab ohne besondere Inschrift.
Doch es kam alles anders: Das Totschweigen der Verstorbenen in der Gemeinschaft und ihr Ausschalten von der Öffentlichkeit waren gebrochen. An die Bahre von Mutter Rosa brachten Schwestern die ersten Frühlingblumen. Prominente und einfache Menschen drängten betend, bittend und vertrauensvoll zum schlichten Sarg. In einer stillen Stunde wurde auch Rektor Probst weinend dort gesehen.

Beisetzungsfeierlichkeiten

Die Beisetzungsfeierlichkeiten waren auf Mittwoch, den 28. März um 8 Uhr angesetzt. Aus allen Richtungen kamen die Menschen: Arme, die Mutter Rosa beschenkt hatte; Arbeiter, denen sie Verdienstmöglichkeiten gegeben hatte; Kranke, denen sie Pflege hatte zukommen lassen und Waisen, die ihr ihre Erziehung zu verdanken hatten.
Als Familienmitglieder kamen der einzige noch lebende Halbbruder Aegidius Flesch aus Breitscheid, durch seinen tatkräftigen Einsatz beim Klosterbau bekannt; der Neffe Johann Hertling, Sohn der 1864 verstorbenen Schwester Christine, den Mutter Rosa erzogen hatte, brachte das kaiserliche Verdienstkreuz von 1870 aus dem Familienbesitz.
Zahlreich erschienen auch die Vertreter der »Franziskanerbrüder vom Heiligen Kreuz« [FFSC] – bestens mit der Lebens- und Leidengeschichte

von Mutter Rosa vertraut. Die Kriegs-Veteranen von 1870 aus Neuwied, die Mutter Rosa als eine der Ihren betrachteten, ließen mitteilen, sie könnten erst gegen 10 Uhr mit ihren Wagen eintreffen. Auch Landrat Friedrich Wilhelm von Runkel von Neuwied, Sohn und Amtsnachfolger des kulturkampfbegeisterten Klosterstürmers Eduard Justus von Runkel, wollte persönlich der verstorbenen Ordensfrau seine Hochachtung bekunden.
Nur den eigenen geistlichen Töchtern der Heimgegangenen blieb die Teilnahme an den Trauerfeierlichkeiten versagt. Selbst aus den »näheren« Filialen Neuwied und Asbach war keine Schwester erschienen. Beim Tod ihrer Gründerin hatte die Gemeinschaft immerhin in 67 Niederlassungen 690 Profeßschwestern, 196 Novizinnen und 41 Postulantinnen. Viele hätten sich gern auf den Weg gemacht. Rektor Probst hatte ihr aufrichtiges Begehren abgelehnt. Sein strenges Verbot wurde strikt eingehalten. Die in Waldbreitbach anwesenden Novizinnen konnten auch nicht teilnehmen, weil sie für die Gäste der Beerdigung den notwendigen Imbiß vorzubereiten hatten. *[Vgl. dazu: BÖCKELER, 50. Todestag Mutter M. Rosa Flesch, 12.].*

Requiem

In einer Sache aber konnte der verstockte Rektor sich gegen die Generaloberin M. Aquilina Lermen nicht durchsetzen. Sie bestand auf der Zelebration eines feierlichen Requiems [Hochamt für Verstorbene]. Hauptzelebrant war der Rektor. Ihm assistierten als Diakon der Pfarrer von Waldbreitbach Heinrich Josef Schenk (* 1864 – † 1944) und als Subdiakon der Geistl. Rektor der »Franziskanerbrüder vom Heiligen Kreuz« Pater Meinrad Knaus SJ (* 1835 – † 1913). Man trug den Sarg in feierlicher Prozession in die völlig überfüllte Kirche.
Diese publizistisch nicht vorbereitete, ja fast unterdrückte, spontane und allgemeine Verehrung für Mutter Rosa und ihr »Heldentum der Demut« machten einen überwältigenden Eindruck. Dem Rektor, der Gründe und Motive dafür kannte wie kein anderer, verschlug es die Sprache. Beim »Libera«, dem Gebet zur Einsegnung der Toten mußte der Pfarrer von Waldbreitbach seine Rolle übernehmen.

Mutter Rosa wurde selbstverständlich auf dem 1894 angelegten Mutterhausfriedhof in Waldbreitbach beigesetzt. Mitglieder des Veteranenvereins Neuwied nahmen an der Beerdigung teil. Einer von ihnen trug auf einem Kissen das Eiserne Kreuz dem Sarg voran.

Auf dem Friedhof fand sie ihre Ruhestätte inmitten ihrer verstorbenen Mitschwestern und Kranken. In seiner Ansprache am Grab rang sich Rektor Probst nach anfänglicher Unsicherheit doch zur Feststellung durch, Mutter Rosa habe aus bitterer Armut ihr Werk auf Armut gegründet, um den Armen stets Mutter zu sein. »Sie hatte ein weites Herz, das die ganze Welt umfaßte«. *[BÖCKELER, 50. Todestag Mutter M. Rosa Flesch, 13.]*. Landrat Runkel von Neuwied fand anerkennende Worte für den Einsatz der Verstorbenen in Krieg und Frieden, die angesichts seines schwachen persönlichen Einsatzes eher peinlich wirkten. Die wirklichen Verdienste von Mutter Rosa herauszustellen, blieben also zunächst verbale Pflichtübungen.

Auch ihr schlichtes Grab blieb lange Zeit geradezu unbekannt. Ein einfaches Holzkreuz mit Namen und Lebensdaten war nur unwesentlich größer als die anderen. Hatte jemand heimlich das Wort »Stifterin« auf das Kreuz geschrieben, war es bald wieder »getilgt«.

Hier wird deutlich, daß auch ein Klosterfriedhof nicht nur eine Stätte der Toten sondern auch ein Ort der Lebenden ist. Er wird gelegentlich zum öffentlichen Platz religiösen Lebens in Gebeten und Predigt sowie gesellschaftspolitischen Handelns in Gesten und Reden. Kurz: Ort der Verkündigung, der Trauer, des Klagens, des Richtens, des Lobens und – des Lügens.

Über die Beerdigung berichtete am Freitag, dem 30. März 1906 die »Rhein- und Wied-Zeitung«:

»Am vorgestrigen Tage fand unter großer Trauer die Beerdigung der Gründerin des Franziskanerinnenklosters, der Mutter Rosa, statt. Die Beteiligung an dem Begräbnis war stark. Viele Fremde und hiesige Einwohner... waren erschienen, um ihr die letzte Ehre zu erweisen. Requiescat in pace! [Sie ruhe in Frieden!]«.

12.3. Nachrufe

Reichlich spät und wenig einfühlsam reagierte der wohl die Intrigen ahnende Bischof Michael Felix Korum in seinem Kondolenzschreiben vom 9. April 1906 an die Generaloberin Aquilina:
»Entschuldigen Sie gütigst die Verspätung dieser Zeilen. Um diese Zeit häufen sich die Arbeiten.
Ich habe innigen Anteil genommen an dem Leid, das Sie und Ihre geistliche Familie im verflossenen Monat getroffen hat, und bin im heiligen Meßopfer der unsterblichen Seele Ihrer Stifterin Mutter Rosa, eingedenk geblieben. [...] Der Herr verlieh ihr den großen Trost, das herrliche Aufblühen der Genossenschaft zu schauen, die sie, im Vertrauen auf seine allmächtige Hülfe, unter großen Schwierigkeiten begonnen hatte. [...] Gewiß hat die gute Mutter Agatha durch Gottes Gnade den Baum in gefährlicher Sturmeszeit verteidigt, das Werk gehütet und vor Gefahr geschützt. Der ersten Gründerin bleibt aber dennoch ihr Verdienst. [...] Möge nach dem Wunsch der Kirche das ewige Licht ihr leuchten und der Friede ohne Ende ihr zuteil werden«. *[BATRIER. Korum-Akten. – Druck: BÖCKELER, 50. Todestag Mutter M. Rosa Flesch, 13f.].* Ließ das Schreiben wohl deshalb so lange auf sich warten, weil so schnell der geeignete »Ghostwrighter« nicht zur Verfügung stand?

Die ersten Nachrufe in der regionalen und überregionalen Presse waren deutlich schneller und vor allem ausführlicher – aber nicht eben wahrheitsgetreu.
Die Morgenausgabe der »Kölnischen Volkszeitung« vom Montag, dem 26. März 1906 berichtete als erste:
»Am 25. März starb im Mutterhaus der Franziskanerinnen von Waldbreitbach die ehrwürdige Mutter Rosa, mit weltlichem Namen Margaret[h]a Flesch, die Stifterin der jetzt weitverzweigten Genossenschaft der Franziskanerinnen. Sie selbst war Generaloberin vom Jahre 1863–1878.
Mit zwei gleichgesinnten Freundinnen legte sie 1860 den Grund zum Kloster, Auf ihren Schultern begannen sie Baumaterial den steilen Kapellenberg hinaufzutragen, um sich auf stiller Bergeshöh ein Klösterlein zu bauen. Kaum war es unter unsäglichen Mühen geglückt, ein leichtes

Bauwerk aus Holz aufzuzimmern, als über Nacht der Sturm dasselbe den Berg hinab wehte. Mit Hilfe mitleidiger Leute gelang es jetzt, ein Haus fertigzustellen, und hier führten die drei ein stilles, zurückgezogenes Leben und ernährten sich von ihrer Hände Arbeit. Drei Jahre waren seit dem Bau des Häuschens vergangen. Nach eingehender Prüfung wurde den dreien gestattet, ein einfaches braunes Franziskanerkleid anzulegen, und der Pfarrer von Waldbreitbach, Gomm, nahm im Jahre 1863 die erste Einkleidung vor. Die drei erhielten nun eine Regel, die dem klösterlichen Leben entsprach. Die bescheidenen Anfänge zu einem wirklichen Kloster waren gemacht. Nach fünfzehn Jahren war aus dem Klösterlein ein recht bedeutendes Kloster geworden, so daß die durch so viel Arbeit und Mühe erschöpfte Mutter Rosa sich genötigt sah, das Amt einer Generaloberin auf jüngere Schultern zu legen. Von da an lebte sie in treuer Pflege derer, die bei ihr im Kloster ihr Glück gefunden. Und sie durfte sehen, wie sich diese Zahl von Tag zu Tag bedeutend vermehrte«.

Weitere Nachrufe sind vom 28. März bis Juni 1906 in lokalen Zeitungen und im »St. Franziskus-Blatt« erschienen. Sie sind z. T. textlich identisch. Keine Zeitung berichtete von den Wahlen nach 1878.

Umbettung

Nachdem im Frühjahr 1915 die erste Nachfolgerin Mutter Rosas und der langjährige Rektor Probst gestorben waren, errichtete die Gemeinschaft eine eigene Gruft am Ende des Schwesternfriedhofes für Generaloberinnen und Rektoren. Es ging dabei auch darum, künstlerische Ausdrucksformen für einen Friedhof zu finden, die dem theologischen Verständnis von Tod und Auferstehung sowie dem Denken und Empfinden der Ordensschwestern entsprachen. Anders ausgedrückt: Stätte gelebter Ordens- und verheißener Heilsgeschichte. In diese großzügige, neugeschaffene Grabkapelle übertrug man nun nach neun Jahren auch die sterblichen Überreste von Mutter Rosa am 19. Mai 1915. Auf Betreiben des Subrektors Hugo Sabel (* 1882 – † 1934) wurde der Sarg mit den Gebeinen in aller Stille in Anwesenheit des Priesters und des schon genannten Neffen Johann Hertling erhoben, in einen anderen Sarg gelegt und neben Rektor

Probst in der Gruft beigesetzt. Schwester M. Aloysia Meckel (* 1848 – 1866 Eintritt – † 1927) war Augenzeugin bei der Umbettung. *[ZOAWBB. Chronik Mutterhaus, 1915. – ZOAWBB. Chronik Antoniushaus, 37.].*

Exhumierung – Rekognoszierung

Am 19. Februar 1957 nahm die vom Bischof von Trier eingesetzte Kommission zur Vorbereitung zur Seligsprechung die Arbeiten an der Exhumierung auf. Der Sarg mit den sterblichen Überresten von Mutter Rosa wurde aus dem Mamorsarkophag gehoben und in die Aula des Franziskushauses getragen. Die Gebeine von Mutter Rosa Flesch exhumierte und rekognoszierte man nach den kanonischen Vorschriften. Man reinigte die Überreste und nahm eine medizinische Untersuchung und Rekognoszierung vor. Am 25. Februar 1957 legte man die Gebeine in einen neuen Sarg, dessen vier Ecken mit dem Siegel des Bistums verschlossen wurden. Der Sarg wurde wieder in den Marmorsarkophag gegeben. Nach einem festlichen Requiem fand die Wiederbestattung in der Friedhofskapelle statt. *[o.V., Rekognoszierung Mutter Maria Rosas.].*

Translation

Am 4. Oktober 1987 fand die feierliche Translation [Übertragung] der sterblichen Überreste von Rosa Flesch im versiegelten Sarg in die Kirche des Mutterhauses Waldbreitbach statt. Der neu geschaffene Bronze-Sarkophag mit den Gebeinen der Ordensgründerin fand im linken hinteren Teil der Mutterhauskirche einen Platz, der auch das Gebet am Grab von Mutter Rosa für die Kirchenbesucher erleichtert. Den Entwurf des Sarkophages schuf der Waldbreitbacher Künstler Hans Rams (* 1952). *[SIMON, Felsgrund wird Quellgrund. Übertragung des versiegelten Zinksarges der Dienerin Gottes, Mutter M. Rosa Flesch.].*

BELEGE UND LITERATUR:

12. KRANKHEIT UND STERBEN

Zu Krankheiten:

ZOAWBB. Chroniken – Akten – Festschriften – Personalunterlagen. – ZOAWBB. 7 M ORIG. 149–169; NR. 565–597.

ZOAWBB. 7 M ORIG. 6, 101f., 118, 125; NR. 42, 386f., 457, 489. – ZOAWBB. LASALLE, Tagebuch, 1.10.1885. – O.V., Rekognoszierung Mutter Maria Rosas. Stifterin der Franziskanerinnen der allerseligsten Jungfrau Maria von den Engeln, Waldbreitbach o.J. [1960]. – GROETEKEN, Schatten, 215.

DR. JOHANNES STAUB

∗ 8.2.1812 St. Wendel – † 3.12.1896 Trier – Vater von Dr. Hermann Heinrich Johannes Staub (1839–1910) – 1837 Distrikt–Arzt St. Wendel – 1860 Kreisphysikus – 1864 Arzt – Trier – 1875 Sanitätsrat – 1890 Geheimer Sanitätsrat.

HERMANN HEINRICH JOHANN STAUB

∗ 1839 St. Wendel – † 10.8.1910 Trier – Sohn von Dr. Johann Staub (1812–1896) – 00 mit Regina Franken – Arzt – Geheimer Sanitätsrat.

ZOAWBB. Personalunterlagen. – ZOAWBB. LASALLE, Tagebuch, 1.10.1885. – GROETEKEN, Schatten, 215. – FRANZ J. GRÄFF, Kreisphysikus Dr. Johannes Staub. Ein St. Wendeler Arzt und Kommunalpolitiker, in: Zeitschrift für die Geschichte der Saargegend 41 (1993) 179–184. (LIT.). – Frdl. Auskunft STATRIER, FRAU SCHÖMER, 28.2.2005. – LEMMENS, Festschrift, 70ff.

Zu Vorbereitung auf Sterben und Tod:

ZOAWBB. Chroniken – Akten – Festschriften – Personalunterlagen. – ZOAWBB. 7 M ORIG. 149–169; NR. 565–597. – PH. ARIÈS, Geschichte des Todes. Aus dem Französischen von H.-H. HENSCHEN und U. PFAU; Originaltitel: L'homme devant la mort, München / Wien 1980; 2. Aufl. 1985. – ZOAWBB. Personalunterlagen. – BACKES, Flesch – Testament, 87.

Zu Betreuerinnen und Pflegerinnen:

ZOAWBB. Chroniken – Akten – Festschriften – Personalunterlagen.

SCHWESTER M. BLANDINA REIFENSCHNEIDER (∗ 1841 – 1869 Eintritt – † 1904).

ZOAWBB. Personalienbuch B / 0053 – 1. – A / 0125. – GROETEKEN, Schatten, 250.

SCHWESTER M. WILHELMA WEIßENFELS (∗ 1867 – 1893 Eintritt – † 1957).

ZOAWBB. Personalienbuch B /0441–1. – BOECKELER, Macht, 307.

SCHWESTER M. EUDOXIA STÜRMER (∗ 1858 – 1881 Eintritt – † 1918).

ZOAWBB. Personalienbuch B / 0123 – 1. – BÖCKELER, Macht, 310f.

SCHWESTER M. FIDELIS ESCHER (∗ 1866 – 1891 Eintritt – † 1937).
ZOAWBB. Personalienbuch B / 0366 – 1. – ZOAWBB. AGNES FRÖBUS, Erinnerungen, passim.
SCHWESTER M. MAMERTA MARQUET (∗ 1881 – 1899 Eintritt – † 1927).
ZOAWBB. Personalienbuch B / 0135 – 2. – GROETEKEN, Schatten, 252f. – GROETEKEN, Schatten, 256. – BÖCKELER, Macht, 310f. – ZOAWBB. 7 M ORIG. 150; NR. 571.

Zu Sterben:
ZOAWBB. Chroniken – Akten – Festschriften – Personalunterlagen. – ZOAWBB. 7 M ORIG. 149–169; NR. 565–597. – ZOAWBB. Auszug aus dem Personalienbuch B – GAWBB. Auszug aus dem Sterberegister von Waldbreitbach 33/1906. – ZOAWBB. Beschlüsse des Generalrates, 23.3.1906, Bd. 2, 57. – LEMMENS, Festschrift, 70–74. – GROETEKEN, Schatten, 249–257. – BÖCKELER, Macht, 294–331. – BACKES, Lebensbild, 61ff. – BÖCKELER, 50. Todestag Mutter M. Rosa Flesch.
SCHWESTER M. JUTTA SCHÄFER (∗ 1879 – 1902 Eintritt – † 1958).
ZOAWBB. Personalienbuch B / 0279 – 2. – ZOAWBB. Erinnerungen an M. Rosa. – BACKES, Flesch – Testament, 88f., 137f.
SCHWESTER M. ADILIA ALFLEN (∗ 1875 – 1902 Eintritt – † 1929).
ZOAWBB. Personalienbuch B / 0288 – 2. – GROETEKEN, Schatten, 253f.
SCHWESTER M. FLOZELLA JOCHUM (∗ 1873 – 1899 Eintritt – † 1906).
ZOAWBB. Aussteuerbuch v. 22.2.1896–28.12.1903.
SCHWESTER M. ROMADIA SCHLOTHANE (∗ 1876 – 1902 Eintritt – † 1956).
ZOAWBB. Personalienbuch B / 0284–2. – BACKES, Flesch – Testament, 88f., 137f.
SCHWESTER M. HOMOBONA REICHERT (∗ 1878 – 1902 Eintritt – † 1945).
ZOAWBB. Personalienbuch B /0267–2. – BACKES, Flesch – Testament, 88f., 137f. – BÖCKELER, 50. Todestag Mutter M. Rosa Flesch, 11. – REGEL UND STATUTEN 1894, 51.

Zu Beisetzungsfeierlichkeiten:
BÖCKELER, 50. Todestag Mutter M. Rosa Flesch, 12.

Zu Requiem:
LEMMENS, Festschrift, 70–74. – GROETEKEN, Schatten, 249–257. – BÖCKELER, Macht, 294–331. –

HEINRICH JOSEPH SCHENK
∗ 13.2.1864 Saarwellingen – † 20.6.1944 Koblenz – 22.3.1890 Priesterweihe Trier – 22.3.1890 Vikar Trier – St. Paulin – 18.3.1893 Kaplan Bernkastel – 3.9.1894 Pfarrer

Uexheim – 12.4.1900 Waldbreitbach – 2.6.1910 Pfarrer Gondorf – und 22.3.1924–1.3.1937 Dechant Kobern.
THOMAS, Weltklerus, 292f. – FRENZ, Kreuz-Kapelle, 60. – ZOAWBB. Personalunterlagen. – KRACHT / SCHERER (HGG.), Flesch – Dokumente, REG.

MEINRADUS KNAUS SJ
* 20.1.1835 Benzingen / Hohenzollern – † 21.9.1913 Ebernach – 5.4.1856 Eintritt in die Gesellschaft Jesu – [SJ – Jesuiten] – 13.9.1868 Priesterweihe Maria Laach – 2.2.1870 Letzte Gelübde – 1896 Geistl. Rektor der »Franziskanerbrüder vom Heiligen Kreuz« [FFSC] Hausen / Wied – Ebernach.
Freundl. Auskunft, DR. CLEMENS BRODKORB, Archiv der Jesuiten, München, 11.3.2005. – MITTEILUNGEN AUS DER DEUTSCHEN PROVINZ, Bd. 6 (1912–1914), 425ff. – ZOAWBB. Personalunterlagen. – KRACHT / SCHERER (HGG.), Flesch – Dokumente, REG.

Zu Bestattung:
A. HEINZ, in: PERSCH / SCHNEIDER (HGG.), Geschichte des Bistums Trier, Bd. 4, 269f. – BACKES, Lebensbild, 61ff. – BÖCKELER, 50. Todestag Mutter M. Rosa Flesch, 13. – MUTTER AGATHA, Aufzeichnungen ... , 53. – »Rhein- und Wied-Zeitung«, Freitag 30.3.1906.

Zu Nachrufe:
Bischof Korum, Kondolenzschreiben, 9.4.1906, BATRIER. Korum-Akten. – Druck: Auswahl: ZOAWBB. – Andere hier benutzte Auswahl: BÖCKELER, 50. Todestag Mutter M. Rosa Flesch, 13f. – »Kölnische Volkszeitung. Morgenausgabe«, Montag 26.3.1906. – Original Universitäts-Archiv Köln – ZOAWBB. Beglaubigte Abschrift. – Im ZOAWBB. befinden sich beglaubigte Abschriften von: »Coblenzer Volkszeitung«, Mittwoch 28.3.1906; »Trierische Landeszeitung«, Mittwoch 28.3.1906; »Rhein- und Wied-Zeitung«, Dienstag 27.3.1906; »Rhein- und Wied-Zeitung«, Freitag 30.3.1906; »Rhein- und Wied-Zeitung«, Samstag 31.3.1906; »Zeitung der Region Trier«, 28.3.1906; »St. Franziskus-Blatt«, Nr. 6, Juni 1906. Monatsschrift für die Mitglieder des III. Ordens des hl. Franziskus, Hg. und redigiert von M. MÜLLER, Geistl. Rat, Direktor der St. Josefs-Anstalt zu Marienhausen b. Aßmannshausen. – stellenweise identisch mit: »Trierische Landeszeitung«, Mittwoch 28.3.1906; »Ahrweiler Weinberge«, 1906. – stellenweise identisch mit: »Rhein- und Wied-Zeitung«, Dienstag 27.3.1906.

Zu Umbettung:
ZOAWBB. Chronik Mutterhaus, 1915. – ZOAWBB. Chronik Antoniushaus, 37. – O.V.,

Rekognoszierung Mutter Maria Rosas. Stifterin der Franziskanerinnen der allerseligsten Jungfrau Maria von den Engeln, Waldbreitbach o.J. [1960], 5. Foto des Sarges von 1952, in: BACKES, Lebensbild, 64.

Zu Exhumierung – Rekognoszierung:
O.V., Rekognoszierung Mutter Maria Rosas. Stifterin der Franziskanerinnen der allerseligsten Jungfrau Maria von den Engeln, Waldbreitbach o.J. [1960].

Zu Translation:
[SIMON, M.], Felsgrund wird Quellgrund. Übertragung des versiegelten Zinksarges der Dienerin Gottes, Mutter M. Rosa Flesch, Stifterin der Franziskanerinnen der allerseligsten Jungfrau Maria von den Engeln am 4. Oktober 1987 in die Mutterhauskirche des Marienhauses Waldbreitbach, Neuwied 1988.
HANS RAMS
* 1952 Waldbreitbach – 1971 Abitur Linz/Rhein – 1974 –78 Studium Universität Mainz – Kunst– und Werkerziehung – 1979 freier Bildhauer. Ausgewählte Arbeiten: Waldbreitbach – Pfarrkirche – Klosterkirche Renovierung – Bronze-Sarkophag Mutter Rosa – Fenster – Tabernakelstele – Wandplastik »Maria-Engelkönigin« – Neuwied Renovierung – Elisabeth-Krankenhaus – Kapelle – Wallfahrtskirche Vallendar – Mehrfache Einzel- und Sammel-Ausstellungen. ZOAWBB. Personalangaben. [Eigene Angaben.].

13. NACHLEBEN – WIRKUNGEN

13.1. Siegel der Gemeinschaft

Die Gemeinschaft benutzte ein eigenes Siegel: Aus den Buchstaben M[aria] und A[ngelorum] war ein auf einem Sockel stehendes Kreuz gebildet. Rechts und links davon befand sich je ein Dornzweig und eine Lilie. Die Aufschrift lautete »Deus meus et omnia« [Mein Gott und mein Alles]. Kreuz, Lilie und Dornzweig werden als Symbole für die Gelübde von Armut, Keuschheit und Gehorsam gedeutet.
In leicht abgeänderter Form existiert das Siegel auch als Stempel. Eine erste Form findet sich im Maßwerk des Portals der Klosterkirche. *[BACKES, Klosterkirche, 46.].*

13.2. Päpstliche Approbation

Beim Generalkapitel von 1893 wurde entschieden, die »verbesserte« Satzung, mit den notwendigen Anlagen zur Prüfung nach Rom zu schicken. Die Angelegenheit blieb aber aus nicht zu ermittelnden Gründen unbearbeitet. Erst im Jahre 1911 nahm sich Mutter M. Aquilina Lermen der Sache wieder an. *[LEMMENS, Festschrift, 65f.]*.
Gestützt auf die Empfehlungen der Bischöfe Michael Felix Korum von Trier, Carl Joseph Schulte, von 1910–1920 Bischof von Paderborn, und des Kölner Generalvikars Peter Karl Aloys Kreutzwald (* 1850 – † 1918), in deren Diözesen die Schwestern wirkten, beschloß die vatikanische Kongregation für die Ordensleute in ihrer Plenarsitzung vom 6. Dezember 1912, den Waldbreitbacher Schwestern das »Decretum laudis« und die Approbation des Institutes unter dem Titel: »Franziskanerinnen von der allerseligsten Jungfrau Maria von den Engeln« zu gewähren. Am 12. Dezember 1912 bestätigte Papst Pius X. die Entscheidung in einer Audienz für den aus Spanien stammenden Joseph Calasanz Kardinal Vives y Tutó OFMCap., von 1908 bis 1913 Präfekt der Kongregation für die Religiosen. *[Sacra Congregazione dei Religiosi: T 51 FBMVA. – Lemmens, Festschrift, 70.].*

13.3. Literatur

Ältere Literatur ist verständlicherweise selten und nicht sehr umfangreich. Es bestand wenig Interesse der Ordensleitung, ein Lebensbild ihrer Gründerin zu publizieren. Nach dem von Joseph Mathes (∗ 1841 – † 1905) im Jahre 1902 veröffentlichten Buch »Tugendsterne Deutschlands seit der Glaubenspaltung« war man zunächst erst recht zurückhaltend. Als aber zum 50. Jubiläum der Gemeinschaft eine Festschrift erschien, durfte natürlich ein Beitrag über Mutter Rosa nicht fehlen.

LEMMENS: »Geschichte der Franziskanerinnen von Waldbreitbach«

Pater LEONHARD LEMMENS OFM (∗ 1864 – † 1929) war in seiner 1913 erschienen Festschrift »Geschichte der Franziskanerinnen von Waldbreitbach« noch in der Lage, auf Quellen zurückzugreifen, die heute nicht mehr verfügbar sind. Er konnte Personen befragen, was der »Arbeit zu gute kam«. Es waren aber »auch manche Rücksichten geboten und Schranken gezogen«. *[Vgl. LEMMENS, Festschrift. Vorwort.]*. Aus Rücksicht gegenüber noch lebenden Verwandten von Rektor Probst und Schwester M. Agatha Simons sollte alles verschwiegen werden, was diese verletzen könnte. Für die unreflektierte und polemische Beurteilung Mutter Rosas und ihrer Angehörigen galten diese Prinzipien nicht:

»Mit dieser erfolgreichen Tätigkeit der Mutter Rosa in Ausbreitung der Genossenschaft hielt aber ihr Wirken in der inneren Leitung nicht den gleichen Stand. Mutter Rosa hatte einen schwierigen Charakter, ein hartes und herbes Benehmen, das wohl zum Teil die Folge ihrer eigenen harten und freudlosen Jugend gewesen sein mag. Auch dürfte der viele Widerspruch, den sie anfangs bei ihrem Werke erfahren hatte, und die mannigfaltigen Hindernisse, die in ihren Weg geworfen waren, mit eine Ursache gewesen sein, warum es ihr schwer fiel, sich nach dem ersten Gelingen dem Rate und Urteile anderer unterzuordnen. Als Mutter Rosa nach neun Jahren ihres Amtes den Statuten gemäß für die Neuwahl ausscheiden mußte, wurde sie nicht wieder zur Oberin gewählt.

Über diesen Charakterfehlern dürfen wir jedoch ihre guten Eigenschaften nicht vergessen, ihre Willensstärke, ihr Gottvertrauen, ihren Mut.
Es war ein Glück, daß sie anfangs nicht jedem Rat gefolgt war, sonst wäre wohl nichts zustande gekommen. Unter großen Schwierigkeiten hat sie den Anfang gemacht, die Grundlage gelegt, die Richtung bestimmt, in der andere dann weiter fuhren. Sie hat die ihr gestellte Aufgabe mutig gelöst«. *[LEMMENS, Festschrift, 45.].*

LIESE: »Geschichte der Caritas«

Der Caritaswissenschaftler WILHELM LIESE (∗ 1876 – † 1956) skizzierte neun Jahre später in seiner zweibändigen »Geschichte der Caritas« die kurze Geschichte der Gemeinschaft und ihrer Gründerin: »Die Franziskanerinnen von Waldbreitbach sammelten sich unter Leitung von Marg[garetha] Flesch auf ähnliche Weise wie die Franziskanerbrüder und wohnten anfangs in kleinen Zellen an der dortigen Kreuzkapelle; 1863 legten die ersten Schwestern die Gelübde ab; dann errichteten sie mit großer Mühe (selbst die Steine schleppend) ein Haus auf dem Berge. Von 87 Niederlassungen mit 1200 Schwestern sind 79 mit 1120 im Bistum Trier. Sie sollten ebenfalls nach Meinung des Pfarrers Gomm sich der Erziehung widmen, übernahmen aber im Kulturkampf zur Sicherung ihrer Anstalten immer mehr Krankenpflege. Die Anfänge dieser Genossenschaft waren so armselig, daß die Schwestern erst lange Zeit bei den Bauern in Taglohn arbeiteten, um den nötigsten Unterhalt zu gewinnen«. *[LIESE, Caritas, Bd. 2, 70.].*

CONCETTI: »L'Osservattore Romano«

Im »L'Osservattore Romano«, der vom Heiligen Stuhl herausgegebenen Tageszeitung in italienischer Sprache veröffentlichte der Franziskanerpater Gino Concetti zum 100. Gründungstag der »Franziskanerinnen der allerseligsten Jungfrau Maria von den Engeln« am 11. Mai 1963 einen Artikel mit einen Foto der Gründerin. Der Autor stellte das Lebenswerk von Mutter Rosa ganz in die kirchliche Situation der Diözese Trier. Der Text folgt hier in deutscher Übersetzung:

»Die Diözese Trier im Westen Deutschlands war seit den ersten christlichen Jahrhunderten ein wichtiges Zentrum zur Verbreitung des Christentums, und zahlreiche bedeutende Persönlichkeiten beehrten diese Gegend. Aus dieser Region stammte der hl. Ambrosius, die hll. Hieronymus, Augustinus und Martin von Tours waren dort zu Besuch, und der hl. Athanasius wählte sie als seine Exilheimat. Trotz wechselhafter geschichtlicher Umstände wurde die blühende christliche Tradition hier nie unterbrochen, und noch heute bringt Trier wahre Meister des Glaubens hervor. Unter den Berühmtheiten des vergangenen Jahrhunderts, von denen in Deutschland und anderswo so oft die Rede ist, tritt besonders Maria Rosa Flesch hervor. Diese bescheidene Schwester, die im Ruf der Heiligkeit starb und für die der Seligsprechungsprozeß im Gange ist, wäre vielleicht unbemerkt geblieben, wenn die göttliche Vorsehung in ihren unergründlichen Vorhaben ihr nicht einen besonderen Auftrag in der Geschichte des Christentums zugeteilt hätte. Mit Sicherheit hat auch sie eine lebendige Seite dieser Geschichte geschrieben.
Maria Rosa Flesch wurde am 24. Februar 1826 in Schönstatt aus einer einfachen Familie geboren und musste schon in früher Kindheit Leid und Entbehrungen erfahren. Als sie sechs Jahre alt war, starb ihre Mutter, und mit 16 war sie Vollwaise. Der Verlust der Eltern wirkte sich jedoch nicht negativ auf ihr Leben aus, im Gegenteil: Nicht nur unterwarf sich Maria Rosa dem Willen Gottes, sie bezog sogar aus dem Schmerz die Voraussetzungen und Anregungen, um ihren Werdegang entschlossen auf die Liebe zu Gott und auf den Dienst am Nächsten auszurichten. Die vielen heißen Tränen, die sich mit ihren leidenschaftlichen Äußerungen der Hingabe an den Herrn vermengten, glätteten ihre Seele bis zur kristallklaren Reinheit des Himmels und machten ihr Herz zu härteren Opfern bereit.
Mit 26 Jahren legte sie in Waldbreitbach, ebenfalls in der Diözese Trier, den konkreten Grundstein zu einer neuen Lebensart. Zusammen mit zwei Gefährtinnen und einigen Waisenkindern eröffnete sie eine neue religiöse Genossenschaft. Das gemeinschaftliche Leben festigte ihren Glauben und belebte ihre Liebe. Gebet und Meditation waren ihr täglich Brot. Als Außentätigkeit beschloß Maria Rosa, sich dem Dienst für die Kranken, Armen und Vereinsamten zu widmen. Es bestand damals ein großer

Bedarf nach Hilfe und Trost dieser Seelen, die oft aus der bürgerlichen Genußgesellschaft ausgeschlossen waren. Maria Rosa verstand sowohl die Botschaft des Evangeliums als auch den wundervollen Inhalt der Bergpredigt und den unvergleichlichen Wert der Seligpreisungen in ihrer ganzen Tragweite. Jesus kam arm zur Welt, er wollte arm sein und war ein Freund der Armen. Der Dienst an den Armen kam also einem Dienst an Jesus gleich. Maria Rosa widmete sich diesem Dienst mit unerschöpflicher Begeisterung und reichlichem Eifer. Aus dieser bescheidenen, stillen Tätigkeit schöpfte sie die Nahrung für ihr spirituelles Leben, das sich nach dem Vorbild Christi jeden Tag vervollkommnete und weiter wuchs.

Inzwischen konnten weder ihr Einsatz noch ihre Außentätigkeit in vorläufige, begrenzte Strukturen gezwängt werden. Zur Ausweitung bedurfte es jedoch dringend einer angemessenen Organisation. Maria Rosa überwand zum Teil erhebliche Schwierigkeiten und gründete eine weibliche Kongregation. Der damalige Bischof von Trier, Wilhelm Arnoldi, bestätigte und segnete sie. Bei der Wahl des Namens und der Lebensform inspirierte sich Maria Rosa am hl. Franziskus. Die Schwestern trugen das franziskanische Habit der Allerseligsten Jungfrau Maria von den Engeln, in Erinnerung an das Kirchlein der Porziunkula in Assisi, das dem hl. Franziskus so sehr am Herzen lag und als die Wiege des Franziskanertums gilt. Unter der weisen, aufgeklärten Direktion der Stifterin, die dem Institut ganze 28 [sic!: richtig: 15 Jahre, seit 1863] Jahre (bis 1878) vorstand, konnte dieses sich entwickeln und seine Tätigkeit mit regem, bewunderungswürdigem Engagement ausweiten. Die Leitung bestand nach Ansicht von Maria Rosa nicht darin, am Schreibtisch zu sitzen, um Probleme zu erörtern und Anweisungen zu erteilen: Als erste unter den Mitschwestern gab sie sich ganz der gemeinschaftlichen Tätigkeit hin; sie litt, betete und spendete sich selbst in einer ständigen und stets wachsenden Opfergabe. Sie starb achtzigjährig in Erfüllung ihrer Pflicht am 25. März 1906. Das Institut, das sich aus einem Sproß von drei Schwestern verzweigt hatte, zählte schon tausend Mitglieder.

Die beiden Weltkriege und die restriktiven, oft feindseligen Maßnahmen aus politischen Beweggründen führten zu einem Stillstand. Nach dem Zweiten Weltkrieg blühte das Institut jedoch sofort wieder auf. Heute,

hundert Jahre nach der Gründung, gibt es 1.300 Schwestern. Das zahlenmäßige Wachstum erlaubte auch eine geografische Ausdehnung, nämlich von Deutschland aus in die Niederlande, in die Vereinigten Staaten und nach Brasilien. An allen diesen Orten setzten die Franziskanerinnen der Allerseligsten Jungfrau das Werk ihrer Gründerin fort: Sie widmen sich der Betreuung von Waisen und Armen, der Erziehung von Kindergartenkindern und jungen Mädchen, der Pflege von Kranken in Hospitälern und Heimen.
Am 30. April 1929 [sic!: richtig: 12.12.1912] wurde die Kongregation durch die Genehmigung der Konstitutionen seitens des Hl. Stuhls zu einem Institut päpstlichen Rechts, und 1957 eröffnete der Bischof von Trier Matthias Wehr in aller Form den Seligsprechungsprozeß für Schwester Maria Rosa Flesch. Die Wunder und die durch die Fürsprache der Dienerin Gottes erhaltenen Gnaden sind der stichhaltigste Beweis, um vor der Kirche zu belegen, daß der Herr die heldenhaften Tugenden von Maria Rosa offiziell anerkennen möchte. »Alles aus Liebe zu Gott, mit Gott, für Gott und um zu Gott zu gelangen«, so lautete ihr Motto. Am 100. Jubiläum weht dieses Motto, gleichsam eine Zusammenfassung des Geistes der Gründerin, immer noch im Institut und prägt dessen Tätigkeit. Aus dem Himmel setzt Maria Rosa ihr Werk durch die Mitschwestern fort und sät Güte, verbreitet Liebe zu den Armen und Enterbten und tröstet die Kranken. In Maria Rosa wird das Evangelium zu Tat und Leben«.

13.4. Biographien

Die drei über Rosa Flesch verfaßten und hier vorgestellten Biographien stammen alle von kompetenten Autoren. Aber jede hatte ihre eigene Geschichte und ihr je eigenes Schicksal.

GROETEKEN: »Im Schatten des Kreuzes«

ALBERT FRIEDRICH GROETEKEN (* 1878 – † 1961), Exfranziskaner, Priester des Erzbistums Paderborn und später Professor an der Bonner Lehrerbildungsanstalt, verfaßte eine Biographie im Auftrag der Ordensleitung: »Im Schatten des Kreuzes. Mutter Maria Rosa Flesch 1826–1906.

Ihr Leben und ihre Stiftung«. Groeteken arbeitete in den Jahren 1926 bis 1940 an diesem Werk. Er konnte die einschlägigen Archive in Trier, Koblenz und Waldbreitbach leider nicht uneingeschränkt benutzen.
In neunundzwanzig Kapiteln mit kurzen Quellenangaben und ohne Verschweigen von Namen und Sachverhalten stellte er die Gründerin als eine »große und starke Persönlichkeit« vor, die »in der Geschichte der Caritas einen Ehrenplatz« *[Vorwort]* verdient.
Die 1940 fertig gestellte Arbeit erschien erst nach einem kanonischen Prozeß zwischen Autor und Ordensleitung als Manuskript von 227 Seiten gedruckt im Jahre 1956. Das Buch gelangte aber nie in den Buchhandel. Dem Autor bleibt aber das Verdienst, die innerkirchliche Diskussion um eine mögliche Seligsprechung erheblich gefördert zu haben.

BOECKELER: »Die Macht der Ohnmacht«

MAURA BOECKELER (∗ 1890 – † 1971), am Lehrerinnenseminar in Aachen ausgebildete Lehrerin und später Benediktinerin der Abtei Eibingen, konnte im Waldbreitbacher Archiv bereits auf einige Vorarbeiten und auf das Werk von ALBERT FRIEDRICH GROETEKEN zurückgreifen. Auch die fachliche Unterstützung von Rektor JAKOB ALBERT BACKES (∗ 1910 – † 1988) war ihr sicher. Nach der Aufhebung ihrer Abtei durch die Nationalsozialisten fand sie von 1941 bis zu ihrer Rückkehr am 13. Juli 1945 nach Eibingen Aufnahme bei den Waldbreitbacher Franziskanerinnen in Völklingen und im Marienhaus Waldbreitbach. Seit 1949 arbeitete die Ordensfrau im Auftrag der Ordensleitung FBMVA an ihrem späteren »Bestseller« von 340 Seiten: »Die Macht der Ohnmacht. Mutter Maria Rosa Flesch Stifterin der Franziskanerinnen BMVA von Waldbreitbach«.
Dieses spannend zu lesende Lebensbild ist von Quellentexten und Zeugenaussagen so durchsetzt, daß auf Anmerkungen und Belege wegen der besseren Lesbarkeit verzichtet wurde. »Dieses Buch ist ein Bekenntnis; nicht eines einzelnen, sondern einer Gemeinschaft. Ein Bekenntnis zur Wahrheit. Zugleich ein Bekenntnis zur Persönlichkeit, derer, die diese Gemeinschaft ins Leben rief«. *[Vorwort]*. Das Buch erschien erstmals 1960 und als letzter Nachdruck 2003 im Matthias-Grünewald-Verlag in Mainz.

Es liest sich wie ein »Kriminalstück« der deutschen Kirchengeschichte im 19. Jahrhundert. Eine englische Übersetzung erschien ohne Jahresangabe in St. Paul / Minnesota / Vereinigte Staaten von Amerika, eine portugiesische in Bacabal / Brasilien 1983.

BACKES: »Wenn das Weizenkorn nicht stirbt«

JAKOB ALBERT BACKES (∗ 1910 – † 1988) wirkte in den Jahren 1952 bis 1972 als geistlicher Rektor der Waldbreitbacher Franziskanerinnen. Er bereitete im Auftrag des Bischofs und der Ordensleitung für das bischöfliche Offizialat in Trier sorgfältig und gewissenhaft die Unterlagen für den Diözesan-Seligsprechungsprozess im Jahre 1957 vor. Im Auftrag der Ordensleitung verfaßte er mehrere Bücher zu Teilaspekten aus dem Leben Mutter Rosas. Hier interessiert besonders sein kleines Taschenbuch von 72 Seiten mit 10 Fotos: »Wenn das Weizenkorn nicht stirbt *(Joh. 12, 24)* – Lebensbild der Mutter Maria Rosa Flesch«, Werl 1967, 1987, 1999 und 2004. Die angegebenen Erscheinungsjahre und Übersetzungen zeigen, daß der Autor sein Ziel, das Leben Mutter Rosas »weiteren Kreisen bekanntzumachen« *[Vorwort]* voll erreicht hat. Er gibt ihr Leben »in großen wesentlichen Zielen wieder und stützt sich dabei auf schriftliche und mündliche Quellen«. *[Vorwort].* Eine englische Übersetzung erschien 1964 in Chicago, eine französische 1967 in Bar-le-Duc und schließlich eine portugiesische 1974 in Petropolis / Brasilien.

13.5. Würdigungen

Die Würdigungen über Mutter Rosa Flesch waren weitaus zahlreicher. Hier ist nur eine kleine – auch nicht repräsentative – Auswahl möglich. Hinzuweisen ist nur auf die regional begrenzten amerikanischen und brasilianischen Publikationen.

Wertschätzung in Wadern

Zu ihren Lebzeiten genoß Mutter Rosa eine überaus große Wertschätzung in Wadern. Bei der Familie de Lasalle von Louisenthal auf Schloß Dagstuhl und den meisten der dort tätigen Schwestern war sie immer ein gern gesehener Gast. Als Schwester M. Bibiana Stuppertz (* 1841 – 1868 Eintritt – † 1909) ihre letzten Lebensjahre im Mutterhaus verbrachte, bedauerte sie, daß die Gründerin so unbeachtet und verlassen sei und äußerte: »Wenn man auf Schloß Dagstuhl bei Wadern, Kreis Merzig, wo man die Stifterin als eine Heilige verehre, dies wüßte, würde man dort darüber entrüstet sein«. *[ZOAWBB. 7 M ORIG. 139; NR. 538.].*

BISCHOF KORUM: »Der Geist Gottes führt die Schwachen«

Bischof Michael Felix Korum, dem Mutter Rosa Flesch keine Unbekannte war, sagte in seiner Ansprache zum 50-jährigen Stiftungsfest der Gemeinschaft: »Dieser Ort ist berühmt geworden durch einige heldenmütige Seelen, die sich ganz dem Dienst der Nächstenliebe geweiht. Sie haben nie daran gedacht, daß man nach 50 Jahren ihren Namen mit Ruhm erwähnen werde. Sie sind einfach nur dem Drange ihres Herzens gefolgt, was ihnen der Herr in Gebet, am Tische des Herrn eingab. Denn der Geist Gottes führt die Schwachen. Ein kleines Reis ist hier in steinigen Boden gesenkt worden, und das Reis hat Wurzeln gefaßt und ist zu einem starken Baum geworden«. *[zitiert nach: FESTSCHRIFT 100 JAHRE, 19. (o.A.].* Mutter Rosa weilte zwar nicht mehr unter den Lebenden. Der Bischof mußte ihren Namen nicht nennen. Aber es ist kaum wahrscheinlich, daß er die Gründerin deshalb nicht erwähnte, weil sie in ihrer Demut »Lobeshymnen« nicht sonderlich mochte. Traute der Oberhirte sich nicht, die ganze Wahrheit zu sagen?

Verspäteter Totenzettel

Zum Abfassen eines kleinen Totengedenkbildes – wie es sie etwa für die Rektoren Weiler und Probst gab – konnte die Ordensleitung sich nicht durchringen. Ein Glücksfall, wie sich erst viel später herausstellte: Das Versäumnis wurde in den dreißiger Jahren nachgeholt. Am 5. April 1930 erteilte der in Neuwied geborene Generalvikar Franz Tilmann (* 1865 – † 1936) das »Imprimatur« – die kirchliche Druckgenehmigung – für zwei Totenzettel. Die Publikation der »verspäteten« Totenbildchen in vielen

Auflagen leitete eine »Mutter-Rosa-Renaissance« innerhalb und außerhalb der Gemeinschaft ein, die kaum jemand für möglich gehalten hätte. *[ZOAWBB. Totenzettel – Akten.].* Beide Totenbilder sind auf der Vorderseite mit einem Foto der Verstorbenen versehen. Der größere Totenzettel ist gefaltet und vierseitig. Er enthält den üblichen, »gereinigten« Lebenslauf, Auszüge aus dem Beileidsschreiben von Bischof Korum sowie eine Auswahl der Aussprüche Mutter Rosas.
Der kleinere Zettel ist zweiseitig bedruckt. Er enthält keine Lebensdaten und ist wohl mehr als Gebetsbild gedacht. Beide Bilder tragen unter dem Foto die Bezeichnung: »Ehrw.[ürdige] Mutter M. Rosa Flesch, Stifterin der Genossenschaft der Franziskanerinnen der allerseligsten Jungfrau Maria von den Engeln zu Marienhaus bei Waldbreitbach«.

Dankgebet

Auf dem kleineren Bild ist ein wohl offiziöses Dankgebet wiedergegeben. Es soll hier, weil es wohl zu den ersten veröffentlichten Texten gehört, – ohne Wertung von Inhalt und Stil – wiedergegeben werden:

»Blume Du in Gottes Garten,
Im Verborg'nen still verblüht,
Veilchengleich in tiefer Demut,
Wie die Rose lieberglüht.

Lilienweiß in Herzensreine,
Gott Dein Vater, Du sein Kind!
Jesu Kreuzesbraut hienieden;
Wie Franziskus hochgesinnt.

Lebst im Herzen Deiner Töchter,
Gottgeweihter Seelen fort;
O, Dein Bild ist ihnen teuer,
Teuer ist der Mutter Wort;

Teuer ist uns Dein Vermächtnis:
Heil'ger Armut glücklich los;
Heldenmüt'ge Nächstenliebe,
Wahrhaft machte sie Dich groß!

Folgst im Himmel nun dem Lamme
Mit der Palme in der Hand,
All Dein Mühen, all Dein Opfern
Überreich Vergeltung fand.

Segne, Mutter, Deine Kinder,
Die auf Dich in Liebe schaun,
Deinem Tugendbeispiel folgen,
Froh auf Deine Hilfe baun!

BISCHOF SPITAL: »Demut – Fundament für die Kongregation«

Am 4. Oktober 1987 hielt der Bischof von Trier, Dr. Hermann Josef Spital, bei den Feierlichkeiten der Übertragung des Sarges von Mutter Rosa in die Mutterhauskirche die Predigt. Vor über 2000 Gottesdienstbesuchern würdigte er die Gründerin in Anlehnung an den ersten *Petrusbrief 2,4:*
»War Mutter Rosa nicht auch ein Stein, der von den Menschen, wenn nicht verworfen, so doch in die Ecke gestellt worden ist? Der Prediger, der die Festpredigt zur Einweihung dieser Kirche vor hundert Jahren gehalten hat [Heinrich Jakob Hermes], hat sie, die Stifterin ihrer Kongregation überhaupt nicht erwähnt. Deshalb sah Bischof Michael Felix Korum sich veranlaßt, vor dem Schlußsegen noch hinzuweisen auf die Demut, welche in die Fundamente dieser Kirche hineingegeben worden sei und welche auch in Zukunft das einzige und sicherste Fundament für die Kongregation der Waldbreitbacher Schwestern sein würde. Das hat man mit Recht verstanden als einen Hinweis auf Mutter Rosa, die in aller Demut ihre Zurücksetzung angenommen hatte. Sie war wirklich ein lebendiger Stein, der Grundstein, auf den ihre Genossenschaft gegründet ist; Gott hat von ihr ein geistiges Opfer gefordert, das fast Menschenkräfte überstieg. Aber Mutter Rosa hat es auf sich genommen und hat es getragen. Der Segen, der

von diesem Ort in den vergangenen hundert Jahren ausgegangen ist, hat sicher auch darin seine Quelle und seinen Ursprung«. *[zitiert nach: SIMON, Felsgrund wird Quellgrund, 25 u. 28].*

Seligsprechungsprozeß

Die Diözese Trier eröffnete am 18. März 1957 auf Antrag des Generalates der Franziskanerinnen den diözesanen Seligsprechungsprozeß. Dieser war mit mehrjährigen historischen Studien verbunden sowie mit Vernehmungen von Zeugen und deren beeidigten Aussagen. Die Ergebnisse wurden zur kritischen Überprüfung an die Kongregation für Selig- und Heiligsprechungen im Vatikan weitergeleitet. Seit 1972 erarbeitete diese Kongregation die offiziellen Prozeßakten. Diese Arbeit wurde 1999 abgeschlossen. Nach Gutheißung durch eine historische und eine theologische Kommission wird das Ergebnis dem Papst zur Entscheidung vorgelegt. Am 19. April 2005 hat die Theologen–Kommission ihr positives Urteil abgegeben.

13.6. Bildwerke und Darstellungen

Die Bildwerke und Darstellungen, auf die hier hinzuweisen ist, befinden sich fast alle in Waldbreitbach, nur eines findet sich in der Stadt Koblenz. Dafür kommen aber die Künstler als Schöpfer dieser Werke überwiegend nicht aus dem Wiedbachtal.

Fenster in der Pfarrkirche Waldbreitbach

In der im Jahre 1956 renovierten Waldbreitbacher Pfarrkirche stellt ein vom Waldbreitbacher Künstler Helmut Rams (∗ 1924 – † 1975) geschaffenes Fenster die Kreuzkapelle dar. In zwei Reihen kommen Ordensleute aus der Kreuzkapelle und ziehen dem Lamm entgegen. Es sind die »Franziskanerbrüder vom Heiligen Kreuz« [FFSC] mit ihrem Gründer Peter Wirth und die »Franziskanerinnen der allerseligsten Jungfrau Maria von den Engeln« [FBMVA] mit ihrer Gründerin Margaretha Flesch.

Zerstörte Wanddenkmäler in Waldbreitbach

Am 10. März 1963 wurden anläßlich der 100-Jahrfeier der Genossenschaft 22 Tonreliefs zu Leben und Wirken von Mutter Rosa enthüllt. Der Trierer Bildhauer Heinrich Sausen (∗ 1911 – † 1987) hatte sie entworfen und in Keramik plastisch ausgeführt. Szenen aus dem Leben der Gründerin und ihre überlieferten Worte deuteten den Sinn der ansprechenden Bilder. Diese Kunstwerke fielen zum großen Teil leider den Sicherungsmaßnamen für die Klosterkirche in den Jahren 1978–1980 zum Opfer.

Türbilder im Marienhaus

Der Graphiker und Lithograph Prof. Karl Unverzagt (∗ 1915) schuf im Jahre 1980 Großzeichnungen für 21 Türbilder zum Leben von M. Rosa Flesch im Bildungshaus Waldbreitbach. Der Künstler meinte, »nicht ein zur Verehrung anregendes Bild könne einer solchen Frau gerecht werden, ... sondern Darstellungen auf Türen: Sie beanspruchen keinen zusätzlichen Platz, sie öffnen und verschließen Räume, sind ständig präsent; man kommt an ihnen und damit an Mutter Rosa im Bildungshaus nicht vorbei«. *[FRANZISKANERINNEN VON WALDBREITBACH (HG.), Mutter M. Rosa Flesch. Türbilder im Bildungshaus von Prof. Karl Unverzagt, Waldbreitbach 1983; 6. Aufl. 2003, o. S.].* Mehr als auffällig ist die Tatsache, daß kein Türbild dem Sterben und Tod der Gründerin gewidmet ist. Das ist ein unausgesprochenes Empfinden des Künstlers: Mutter Rosa lebt.

Chorfenster der Koblenzer Liebfrauenkirche

»Nur wenige der großen gestaltenden Persönlichkeiten haben das Erscheinungsbild der Glasmalerei unserer Zeit so nachhaltig geprägt« wie der Glasmaler und Graphiker Prof. Hans Gottfried von Stockhausen (∗ 1920). »In mehr als hundert Kirchen ... vom Konstanzer Münster ... bis hin zu Lübeck St. Marien«, aber auch in Großbritannien und den Vereinigten Staaten von Amerika »sind seine Glasgestaltungen integrierender Bestandteil bedeutender Architekturen geworden«.

Eine sorgfältig vorbereitete und reich bebilderte Publikation ist den

Chorfenstern in der Koblenzer Liebfrauenkirche gewidmet. Die Texte schrieb HERMANN MANDERSCHEID. Die Fotografien stammen von RUTH KAISER. Das Konzept und die Gestaltung der Fenster schufen LINNING UND PARTNER in Koblenz 1992. Unter dem Thema »Frauen in der Heilsgeschichte« greifen die drei neuen Chorfenster die Rolle der Frau in Kirche und Gesellschaft auf. »Die dargestellten Frauengestalten repräsentieren beispielhaft die vielfältige, von Gott gewollte Teilhabe der Frau an der Heilsgeschichte«. Das mittlere Fenster ist dem Heiligen Geist, der Gottesmutter Maria mit Kind sowie Gestalten des Alten Testamentes gewidmet. Die unteren Hälften des linken und rechten Fensters gelten den wichtigsten Szenen aus dem Leben Jesu. In den oberen Hälften dieser Fenster sind berühmte Frauen der Kirchengeschichte dargestellt: z B. Hildegard von Bingen, Klara von Assisi, Elisabeth von Thüringen und u.a. auch Edith Stein und die damals noch lebende Mutter Theresa von Kalkutta. *[KATHOLISCHE KIRCHENGEMEINDE UNSERER LIEBEN FRAUEN KOBLENZ (HG.), Die Chorfenster in der Koblenzer Liebfrauenkirche, 2, 9 u. passim.].* Das Feld 14 des oberen rechten blaugrundigen Fensters zeigt fünf Ordensgründerinnen vor einem goldenen Kreuzbaum, deren Gemeinschaften sich im Großraum Koblenz besonders der Linderung sozialer Not angenommen haben: Irmina Hoelscher (∗ 1835 – † 1858), Katharina Kasper (∗ 1800 – † 1800), Franziska Schervier (∗ 1819 – † 1876), Blandine Merten (∗ 1883 – † 1918) und Mutter Rosa Flesch. Prof. Stockhausen beschrieb das persönliche Werden dieser Frauen in der Heilsgeschichte: »Über ihr ›ich‹ und ›selbst‹ hinauswachsend haben sie sehr gleichnishaft ihren sehr persönlichen Weg durch das ›Nadelöhr‹ gefunden, sind sie ebenso gleichnishaft, der ›gute Boden‹ des ... Ackerfeldes«. *[KATHOLISCHE KIRCHENGEMEINDE UNSERER LIEBEN FRAUEN KOBLENZ (HG.), Vom Platz der Frau in der Kirche, 8.].*

Medien in Bild und Ton

Schon bald erkannte die Ordensleitung, daß der Zugang zu vielen Menschen in unserer Zeit eher über Medien in Bild und Ton zu erreichen ist als über noch so gelungene Bücher oder eindrucksvolle Bildwerke, die meist auch schwerer zugänglich sind.

Schallplatte mit Textblatt

Schwester EDITH MARIA MAGAR und Schwester M. HELMTRUDIS MENZENBACH, zwei Franziskanerinnen der allerseligsten Jungfrau Maria von den Engeln [FBMVA] nahmen die Tradition ihrer Gemeinschaft, das gemeinsame Singen, von der schon Schwester M. Agnes Fröbus berichtete, wieder auf. Sie veröffentlichten bereits 1980 unter dem programmatischen Titel »Gottes Liebe sucht das Kleine. Dank sei Gott dem Herrn« im Studio-Union-Lahn-Verlag in Limburg eine Schallplatte mit Textblatt. Die auf das Leben Mutter Rosas bezogenen, eingängigen Texte verfaßte Schwester M. Edith Maria Magar. Die Musik schrieb Schwester M. Helmtrudis Menzenbach. Hier nur ein Textbeispiel – die erste Strophe eines 5-strophigen Liedes:

»Dank sei Gott dem Herrn, der uns Mutter Rosa vorangestellt;
an ihr zeigt er, daß seine Liebe das Niedrige auserwählt.
Refrain: Laßt wie sie uns Gottes Auftrag sehn, den unsre Welt uns stellt.
Und voll Liebe zu den Menschen ganz zum Zeugnis für die Welt«.

Videokassetten mit Textheft

Ohne genannte Verfasser erschienen Videokassetten mit Textheft unter dem Titel »Unser Leitbild. Ein christliches Gütesiegel. St. Elisabeth-Stiftung, Dernbach/Waldbreitbach bei der media impulse gmbh, Aachen, [1995?].

Compact-Disc und Musikkassette

Eine Compact-Disc und eine Musikkassette mit dem Titel »Die Rose und der Clown. Ein Liederzyklus über Mutter Rosa« erschien in erster Auflage 1994 im Kontakte-Musikverlag in Lippstadt. Als Herausgeber zeichnen die Franziskanerinnen BMVA Waldbreitbach. Das Titelbild des beiliegenden kleinen Begleitheftes, das auch die Texte der zwölf Lieder enthält, stellt einen Clown mit einer Rose dar. Die Liedtexte verfaßte MARIA GÖRGES. Die Musik schrieb REINHARD HORN.

Ausstellungen

Als ein Beispiel für viele Ausstellungen aus jüngerer Zeit sei eine Veranstaltung in der Bischofsstadt Trier genannt:
Unter dem Titel »Botin der Freude – Mutter Rosa Flesch« fand vom 22. Februar bis 25. März 2002 in Trier im Begegnungsforum Haus Franziskus eine vielbeachtete Ausstellung statt. Die Schwestern M. IRMGARDIS MICHELS und M. ANTONIE HAMM stellten die Gründerin ihrer Gemeinschaft und ihre Persönlichkeit in einer bisher nicht gewagten Themenvielfalt dar. Dieser gelungene Versuch, verbunden mit Seminar- und Vortragsveranstaltungen fachkundiger Referenten, brachte Mutter Rosa und ihr Wirken den Menschen von heute näher.

13.7. Stiftung

Das Marienhaus in Waldbreitbach ist – wie schon berichtet – das Mutterhaus und die Zentralstelle der Gemeinschaft. Seit 1903 waren die Einrichtungen bereits in der Marienhaus GmbH zusammengeschlossen. Die handelnden Personen, Gesellschafter und Geschäftsführer, waren in der Regel Schwestern des Generalrates. Bis zum Gründungsjahr des Franziskanerinnen e.V. 1974 als Rechtsperson der Ordensgemeinschaft, bildete die Marienhaus GmbH auch die Juristische Person der Gemeinschaft. Die Marienhaus GmbH wurde zurückgeführt auf die Funktion einer Betriebsgesellschaft für die Einrichtungen. In diesem Zusammenhang fand auch eine Vermögensentflechtung statt. Die handelnden Personen, die auch den Vereinsvorstand bilden, sind identisch mit den Mitgliedern der Ordensleitung. Mit Wirkung vom 1. Januar 1994 gründeten die »Armen Dienstmägde Jesu Christi« – volkstümlich »Dernbacher Schwestern« genannt – zusammen mit den »Franziskanerinnen der allerseligsten Jungfrau Maria von den Engeln« – FBMVA die St. Elisabeth-Stiftung in Dernbach. Als Betriebsgesellschaft gründete man die St. Elisabeth Kranken- und Pflege GmbH, in die die Marienhaus GmbH, als Trägerin der Waldbreitbacher Franziskanerinnen, überführt wurde. Die Dernbacher Schwestern gründeten für ihre Einrichtungen die Maria Hilf GmbH, die ebenfalls Tochtergesellschaft der Elisabeth GmbH wurde.

Diese Gesellschafterstruktur wurde mit Wirkung zum 1. Januar 2003 dahingehend geändert, dass die St. Elisabeth GmbH Tochtergesellschaft des Waldbreitbacher Franziskanerinnen e. V. wurde und die Maria Hilf GmbH wieder unter die Verwaltung der Armen Dienstmägde Jesu Christi [ADJC] in Dernbach kam. Heute ist die St. Elisabeth GmbH Gesellschafter der Marienhaus GmbH und Träger verschiedener Einrichtungen.

BELEGE UND LITERATUR:
13. NACHLEBEN – WIRKUNGEN
Zu Siegel der Gemeinschaft:
BACKES, Klosterkirche, 46.

Zu Päpstliche Approbation:
Archivio Sacra Congregazione dei Religiosi, Città del Vaticano: [zitiert: ASCR T51 FBMVA] – ASCR T51 FBMVA: Akten – ASCR T51 FBMVA: Gutachten Bischof Korum, 22.8. u. 3.9.1912, – ASCR T51 FBMVA: Gutachten Bischof Schulte, 15.4.1912 – ASCR T51 FBMVA: Gutachten Generalvikar Kreutzwald, 20.4.1912. –
LEMMENS, Festschrift, 65f., 70.

Zu Pius X.:
M. GUASCO: EP III, 593–608. (LIT.). – N. VIAN: BSS 10 (1968) 907–919. (LIT./FOTO). – R. AUBERT, Pius X., in: LTHK 8 (3. Aufl. 1999) 333ff. (LIT.). – [C. LEDRÉ/R. FASTIGGI]: NCE 11 (2003) 387–392. (LIT./FOTO). – LA BELLA, GIANNI (ED.), Pio X. e il suo tempo. Bologna 2003. – JEDIN (ED.), HKG, V, 463, 599; VI/2, 391–434. – SCHWAIGER, Papsttum, 105–160. – ASCR T51 FBMVA.

Zu Joseph Calasanz Kardinal Vives y Tutó OFMCap. (1854–1913):
K. HAUSBERGER: BBKL 12 (1997) 1535–1545. (LIT.). – DEL RE, Curia Romana, 182. – SCHWAIGER, Papsttum, 117f. – JEDIN, HKG, VI/2, 100, 133, 341, 402, 478. – ASCR T51 FBMVA.

Zu Carl Joseph Kardinal Schulte (1871–1941):
U. VON HEHL: GATZ (ED.), Bischöfe 1785/1803, 680ff. (LIT./FOTO). – U. VON HEHL, Schulte, in: LTHK 9 (32000) 301. (LIT.). – JEDIN (ED.), HKG, VI/2, 212; VII, 26. – SCHWAIGER, Papsttum, 197, 248. ASCR T51 FBMVA.

Zu Generalvikar Kreutzwald (1850–1918):
E. HEGEL: GATZ (ED.), Bischöfe 1785/1803, 415f. (LIT.). – ASCR T51 FBMVA.

Zu Literatur:
LEONHARD LEMMENS OFM, »Geschichte der Franzikanerinnen von Waldbreitbach 1863–1913«.
LEMMENS, Festschrift. Vorwort. passim u. 45.
VINCENZ LEMMENS – ON: LEONHARD OFM:
∗ 1864 Bocklet bei Heinsberg – † 1929 Rom – 1888 Priesterweihe Paderborn – 1899–1901 Wissenschaftl. Tätigkeit Ordenskurie Rom – Dr. theol. hc. Münster – 1903–

1907 Studienpräfekt Karatchi – 1912 Prof. Seminar Nepi / Italien – 1915 Guardian – Bonn Kreuzberg – 1924 Ordensarchivar Rom. Er schrieb ein Gutachten für das »Decretum laudis« und die Approbation des Institutes unter dem Titel: »Franziskanerinnen von der allerseligsten Jungfrau Maria von den Engeln« – 1913 benutzte für seine [tendenziöse] Festschrift das zweite Manuskript [ZOAWBB. 2 M] von Marzella Schumann und das seitdem verschollene Tagebuch von Konrad Probst. Lemmens hat nicht alle noch verfügbaren Quellen benutzt, manche verwechselt oder einfach ignoriert .

LEMMENS, LEONHARD, OFM, Geschichte der Franziskanerinnen von Waldbreitbach 1863–1913. Festschrift zum 50jährigen Jubiläum der Genossenschaft, Trier, o. J. [1913].

ASCR T51 FBMVA. – ZOAWBB. 7 M ORIG. 151f.; NR. 573. – ZOAWBB. Personalunterlagen – Akten. – DEUTSCHE BIOGRAPHISCHE ENZYKLOPÄDIE (DBE) 6 (1997) 316. – Nachruf und Schriftenverzeichnis, in: Antonianum 4 (1929) 337–350 – FLECKENSTEIN, Franziskaner, 249, 254 u. passim. – KRACHT / SCHERER (HGG.), Flesch – Dokumente, REG.

Zu Wilhelm Liese (1876–1956):

WILHELM LIESE, »Geschichte der Caritas« , Freiburg 1922, Bd. 2, 70.

R. BÄUMER, in: LTHK 6 (2. Aufl. 1961) 1048f. (LIT.).

Zu »L'Osservattore Romano«

GINO CONCETTI [OFM], Nel Primo Centenario di Fondazione. Le Francescane della Ssma. Vergine degli Angeli, in: L'OSSERVATTORE ROMANO, 11. MAGGIO 1963 – NR. 109 (31.281) –7 [MIT FOTO]. – Die deutsche Übersetzung verdanke ich Frau FRANZISKA DÖRR–MILITELLO, Rom.

Zu Biographien:

ALBERT FRIEDRICH GROETEKEN

* 12.5.1878 Bochum – † 26.10.1961 Bad-Godesberg –

1899 Eintritt Franziskanerorden Kerkrade / Holland ON: Autbert – Studium Paderborn – Münster – Giessen – 12.8.1904 Priesterweihe für OFM – 15.4.1913 Kaplan Siegen – 1.4.1914 Präparanden–Lehrer Hamm – 23.12.1914 Dr. phil. – 31.3.1915 Inkardination Erzbistum Paderborn – 1.4.1915 Rektor Mädchen-Mittelschule Dortmund – 1.4.1916 Rektor Lyzeum Fredeburg – 13.5.1925 Dr. theol. – 1.4.1930 Ruhestand – 1932 Prof. Godesberg – Lehrerbildungsanstalt – 1926–1940 Arbeit am Buch: »Im Schatten des Kreuzes. Mutter Maria Rosa Flesch 1826–1906. Ihr Leben und ihre Stiftung.« – im Auftrag der Ordensleitung [als Manuskript gedruckt 1956] – 19.11.1960 Päpstlicher Geheimkämmerer.

ZOAWBB. Personalunterlagen – Akten. – FLECKENSTEIN, Franziskaner, 249, 256, 259, 263f., 275. (LIT.) – Totenkalendarium, Paderborn 2001, 127. – Freundl. Auskunft EBA PADERBORN, GERHARD SANDER vom 19.1.2005. – KRACHT / SCHERER (HGG.), Flesch – Dokumente, REG.

THERESE BOECKELER – ON: MAURA OSB
* 6.1.1890 Aachen – † 29.10.1971 Rüdesheim–Eibingen – St. Hildegard – Lehrerinnenseminar Aachen – 28.3.1913 Eintritt Benediktinerinnenabtei – Rüdesheim-Eibingen – St. Hildegard – 23.10.1913 Einkleidung – 17.11.1914 Profeß – 17.11.1917 Feierliche Gelübde – 1.7.1941 Aufhebung der Abtei durch die Nationalsozialisten – 1941–43 Völklingen – 1943 Waldbreitbach Marienhaus – 13.7.1945 Rückkehr Eibingen – Novizenmeisterin – 1949 im Auftrag der Ordensleitung FBMVA Arbeit am Buch: »Macht der Ohnmacht« – 19.2.–25.2.1957 anwesend bei der Exhumierung und Rekognoszierung von Mutter Rosa Flesch.
BÖCKELER, MAURA, OSB, Die Macht der Ohnmacht. Mutter Maria Rosa Flesch. Stifterin der Franziskanerinnen BMVA von Waldbreitbach, Mainz 1962; 1980; 1987; 1993; 2003.
– engl. Übers.: The power of powerlessness. Translaters: H. SCHAUSTEN / I. MUELLER, St. Paul / Minnesota o.J.
– portug. Übers.: A Força na Faqueza. Madre Maria Rosa Flesch. Fundadora das Irmãs Franciscana BMVA de Waldbreitbach. Tradutores: O. SCHNEIDER / A. WEIL, Bacabal 1983.
BÖCKELER, MAURA OSB, Zum 50. Todestag unserer ehrwürdigen Stifterin Mutter M. Rosa Flesch 25. März 1956. – ZOAWBB. Personalunterlagen – Akten. – ZOAWBB. SR. EDMUNDA KLEIN, Über das Zustandekommen des Buches »Die Macht der Ohnmacht« [o. O. u. J.]. – Freundl. Auskunft SR. MATTHIA EIBEN OSB, Rüdesheim–Eibingen – Abtei St. Hildegard vom 10.12.2004. – Bibliographie in: Bibliographie der deutschsprachigen Benediktiner 1880–1980, (Studien und Mitteilungen zur Geschichte des Benediktinerordens und seiner Zweige; 29. Ergänzungsband II), St. Ottilien 1987, 726. – KRACHT / SCHERER (HGG.), Flesch – Dokumente, REG.

JAKOB ALBERT BACKES
* 23.10.1910 Jägersfreude / Dudweiler – † 19.12.1988 Waldbreitbach – Grab: Waldbreitbach – Klosterfriedhof –
13.3.1937 Priesterweihe – 30.7.1937 Kaplan Merzig – 1.9.1939 Diasporaseelsorger – 16.6.1941 Kaplan Trier – St. Matthias – 7.7.1942 Saarbrücken – St. Johann – 3.1.1948 Studium Aszetik – 8.3.1848 Subregens Trier – Rudolfinum – 11.12.1951 Studium Aszetik – 5.1.1952 Rektor Remagen – Kloster St. Anna – 8.8.1952 Rektor Waldbreitbach FBMVA – 1.12.1972 emeritiert.

Bücher im Auftrag der Ordensleitung:
Leben, Tugenden und Ruf der Dienerin Gottes Mutter Maria Rosa Flesch, (Artikel zum Trierer Seligsprechungsprozeß), Trier 1958.
Zu den Schriften der Sr. M. Marzella Schumann, Waldbreitbach o. J. (1966).
Aus der Armut – Leben, Leutesdorf, 2. Aufl. 1962; Neuwied 4. Aufl. 1993.
Bruder Jakobus Wirth. Stifter der Franziskanerbrüder vom Hl. Kreuz in Hausen/Wied. Das Programm, Werl 1976.
Wenn das Weizenkorn nicht stirbt – Mutter Maria Rosa Flesch, Werl 1967, 1987 und 1999.
– engl. Übers.: If the grain does not die, Chicago 1964.
– franz. Übers.: Meule de préssoir: mère Rose, Bar-le-Duc 1967.
– portug. Übers.: A força da humildade, Petropolis 1974.
Die Kreuzkapelle, Werl 1969.
Oktavie de Lasalle von Louisenthal und Mutter Maria Rosa Flesch, Paderborn 1972; Waldbreitbach 1983.
Die Kirche des Mutterhauses der Waldbreitbacher Franziskanerinnen, Waldbreitbach 1972.
Mutter Maria Rosa Flesch. Worte – Gedanken, Werl 1983.
Mutter Maria Rosa Flesch. Das Testament einer Stifterin, Werl 1999.
ZOAWBB. Personalunterlagen – Akten. – BATRIER. Abt. 85 Personalakten. – Nachruf in: PAULINUS 15.1.1989. – KRACHT / SCHERER (HGG.), Flesch – Dokumente, REG.

Zu Würdigungen:
Zu Wertschätzung in Wadern:
ZOAWBB. 7 M ORIG. 139; NR. 538.
SCHWESTER BIBIANA STUPPERTS (∗ 1841 – 1868 Eintritt – † 1909), von 1870 bis 1885 Oberin in Wadern.
ZOAWBB. Personalienbuch B / 0049 – 1. – A / 0073 – 2. – ZOAWBB. 7 M ORIG. 139f.; NR. 538, 542.

Zum 50-jährigen Stiftungsfest:
»Der Geist Gottes führt die Schwachen«. Auszug aus Ansprache von Bischof Korum. – zitiert nach: FESTSCHRIFT 100 JAHRE, 19. (o.A.).

Zu Verspäteter Totenzettel:
ZOAWBB. Akten. – Zwei Totenzettel mit »Imprimatur« vom 5. April 1930 von Generalvikar Franz Tilmann.
Zu Generalvikar Franz Tilmann (∗ 1865 – † 1936)
A. THOMAS, in: GATZ (HG.), Bischöfe, 1785/1803, 763f.

ZOAWBB. TOTENZETTEL MUTTER ROSA. – Am 5. April 1930 erteilte Generalvikar Franz Tilmann (* 1865 – † 1936) das »Imprimatur« – die kirchliche Druckgenehmigung – für zwei Totenzettel:
Beide Totenbilder sind auf der Vorderseite mit einem Foto der Verstorbenen versehen. Der größere – im folgenden: ZOAWBB. TOTENZETTEL MUTTER ROSA NR. 1 – ist gefaltet und vierseitig.
Der kleinere – im folgenden: ZOAWBB. TOTENZETTEL MUTTER ROSA NR. 2 – ist zweiseitig bedruckt.
Im ZOAWBB. befindet sich noch das Maschinenmanuskript eines 9-strophigen Gedichtes – ohne Signatur – vom 24.2.1926 – also dem 100. Geburtstag von Mutter Rosa. Es beschreibt den Lebensweg der Gründerin vom zerfallenen Kloster Vallendar bis zum gegründeten Marienhaus in Waldbreitbach.

Zu »Demut – Fundament für die Kongregation«
Predigt von Bischof Dr. Hermann Joseph Spital bei der Übertragung des Sarges von Mutter Rosa Flesch in die Mutterhauskirche am 4. Oktober 1987. – Auszug zitiert nach: SIMON, Felsgrund wird Quellgrund, 25 u. 28.

Zu Seligsprechungsprozeß:
F. VERAJA, Le cause di canonizzazione dei santi. Commento alla legislazione e guida pratica, Città del Vaticano 1992. – deutsche Übersetz. von A. RESCH, Innsbruck 1998. – Am 22. März 1957 wurden die ersten Totenbildchen mit Kurzlebenslauf von Mutter Rosa und einem Gebet für die Seligsprechung herausgegeben. – CONGREGATIO DE CAUSIS SANCTORUM, Beatificationis et Canonizationis Servae Dei Mariae Rosae (in saec.: Margaritae Flesch). Fundatricis sororum franciscalium a B.M.V. angelorum (Waldbreitbach). Positio super vita, virtutibus et fama sanctitatis, Roma 1999ff. – CONGREGATIO DE CAUSIS SANCTORUM, Index ac status causarum, Città del Vaticano 1999, 292. ZOAWBB. Personalunterlagen – Akten.

Zu Bildwerke und Darstellungen:
Zu Fenster in der Pfarrkirche Waldbreitbach
KATHOLISCHE PFARRGEMEINDE WALDBREITBACH (HG.), 750 Jahre »Maria Himmelfahrt« Waldbreitbach, hier, 11.
HELMUT RAMS
* 15.9.1924 Waldbreitbach – † 15.11.1975 Waldbreitbach –
1930 Volksschule Rheinbreitbach – 1938 Malerlehre – 1941 Kölner Werkschulen bis zur Einberufung – nach Gefangenschaft Weiterstudium bis 1949 bei Prof. Teuwen [Kirchen- und Glasmalerei] – 1949 selbständiger Maler und Bildhauer – 1961–1964 Kustos Neuwied Kreismuseum – dann selbständiger Maler und Bildhauer. Ausge-

wählte Arbeiten: Waldbreitbach – Pfarrkirche – Fenster [Kreuz-Kapelle] – Kreuzweg in Stein – Klosterkirche Renovierung – Fenster – Tabernakelstele – Wandplastik »Maria-Engelkönigin« – Neuwied Renovierung – Elisabeth-Krankenhaus-Kapelle. ZOAWBB. Personalunterlagen [nach Angaben der Familie] – Akten.

Zu Zerstörte Wanddenkmäler im Klosterbereich:
Festschrift 100 Jahre, 65. – [BACKES, JAKOB], Mutter Maria Rosa Flesch. Ihr Leben in Spruch und Bild, [Neuwied 1963]. – ZOAWBB. Akten.
HEINRICH SAUSEN
* 18.10.1911 Bengel – † 21.7.1987 Trier –
1929 Bildhauerlehre bei Breidenbach / Wittlich – 1935 Militärdienst – Kriegsdienst – 1941 Dienstuntauglichkeit – 1941–44 Meisterschule des Deutschen Handwerks Trier – 1944/45 Akademie für Bildende Künste München – 1946 Dozent Meisterschule Trier – freischaffender Bildhauer Trier.
ZOAWBB. Akten und Personalunterlagen. – Biographisches Verzeichnis der Lehrkräfte der Werkkunstschule Trier 1900–1971, in: B. SCHULTE (HG.), »Zur Formveredelung und Geschmackserziehung« – die Werkkunstschule Trier, Ausstellungskatalog, Trier 2003, 432.

Zu Türbilder in Waldbreitbach:
FRANZISKANERINNEN VON WALDBREITBACH (HG.), Mutter M. Rosa Flesch. Türbilder im Bildungshaus von Prof. Karl Unverzagt, Waldbreitbach 1983; 6. Aufl. 2003., o. S. – Bildbeschreibungen auch in: SIMON, Felsgrund wird Quellgrund, 33–53. – ZOAWBB. Akten. –
Zu PROF. KARL UNVERZAGT:
H. VOLLMER (HG.), Allgemeines Lexikon der bildenden Künstler des XX. Jahrhunderts, Leipzig 1999, Bd. 4, 496. (LIT).

Zu Chorfenster in der Koblenzer Liebfrauenkirche:
KATHOLISCHE KIRCHENGEMEINDE UNSERER LIEBEN FRAUEN KOBLENZ (HG.), Die Chorfenster in der Koblenzer Liebfrauenkirche, Text: HERMANN MANDERSCHEID; Fotographie: RUTH KAISER, Viersen; Konzept ung Gestaltung: LINNING UND PARTNER, Koblenz; Koblenz 1992, 2, 9 u. passim. – KATHOLISCHE KIRCHENGEMEINDE UNSERER LIEBEN FRAUEN KOBLENZ (HG.), Vom Platz der Frau in der Kirche. Festakt anläßlich der Übergabe der Chorfenster von Prof. Hans Gottfried von Stockhausen in der Koblenzer Liebfrauenkirche am 12. September 1992, 8.
Zu HANS GOTTFRIED VON STOCKHAUSEN:
Glasmaler und Graphiker – Studium Akademie Karlsruhe.

H. VOLLMER (HG.), Allgemeines Lexikon der bildenden Künstler des XX. Jahrhunderts, Leipzig 1999, Bd. 6, 434. (LIT). –
Zu IRMINA HOELSCHER (∗ 1835 – † 1858)
J. TORSY, Lexikon der deutschen Heiligen, 255. (LIT.).
Zur SEL. KATHARINA KASPER – ON: MARIA (∗ 1800 – † 1800)
K. S. FRANK, in: LTHK 5 (3. Aufl. 1996) 1284. (LIT.).
Zur SEL. FRANZISKA SCHERVIER (∗ 1819 – † 1876)
J. LANG, in: LTHK 9 (3. Aufl. 2000) 132. (LIT.).
Zur SEL. BLANDINE MERTEN (∗ 1883 – † 1918)
G. FLECKENSTEIN, in: LTHK 7 (3. Aufl. 1998) 151. (LIT.).

Zu Medien in Bild und Ton:
Zu Schallplatte mit Textblatt:
ZOAWBB.: »Gottes Liebe sucht das Kleine. Dank sei Gott dem Herrn«. – Texte: Schwester M. EDITH MARIA MAGAR – Musik: Schwester M. HELMTRUDIS MENZENBACH – Studio Union Lahn-Verlag, Limburg 1980.

Zu Videokassetten mit Textheft:
ZOAWBB.: o. V., UNSER LEITBILD. EIN CHRISTLICHES GÜTESIEGEL. ST. ELISABETH-STIFTUNG, DERNBACH/WALDBREITBACH,
MEDIA IMPULSE GMBH, AACHEN, [1995?]. – Siehe dazu auch: MAGAR / FRIELING (HGG.), Christliches Gütesiegel. Der Leitbildprozeß in der St. Elisabeth-Stiftung.

Compact–Disc und Musikkassette
ZOAWBB.: »Die Rose und der Clown. Ein Lieder–Zyklus über Mutter Rosa«. – Texte: MARIA GÖRGES – Musik: REINHARD HORN – Kontakte Musikverlag, Lippstadt, 1. Auflage 1994.

Zu Ausstellungen:
ZOAWBB.: Faltblatt Trier 2002: »Botin der Freude. Mutter Rosa Flesch«. Begegnungsforum Haus Franziskus, Christophstr. 12, 54290 Trier.

Zu Stiftung:
Freundl. Auskunft: ZOWBB., 31.5.2005, Herr WOLFGANG W. SCHERER: Das Überlieferungsprofil einer Ordensgemeinschaft am Beispiel der Franziskanerinnen BMVA von Waldbreitbach, REFERAT. Fachtagung der Ordensarchivarinnen und -archivare, Würzburg 26./27. MAI 1997. – E. GATZ, Krise und Wandel der sozial-caritativ tätigen Orden, in: GATZ (HG.), Caritas und soziale Dienste, 431–437; hier 437. – Vgl.: B. KLOOS, Aufgaben und künftige Möglichkeiten von Ordensgemeinschaften

in der Caritas, in: Caritas 91 (1990) 398–404. – H. FRIELING / B. BERGMANN / A. SCHULZE (RED.), 100 Jahre Marienhaus GmbH Waldbreitbach, 2–12. – MAGAR / FRIELING (HGG.), Christliches Gütesiegel. Der Leitbildprozeß in der St. Elisabeth-Stiftung.

14. SCHLUSSWORT

Margaretha Rosa Flesch war ganz eine Frau ihrer Zeit. Es ist unbestritten: Sie ist nur in ihrer Menschlichkeit zu verstehen. Sie war eine Frau mit Ecken und Kanten, voller Spannungen und auch voller Widersprüche. Trotz ihrer grenzenlosen Friedfertigkeit konnte sie unbeherrscht und unbeugsam sein. Sie hat sicher manchen weh getan und verletzt. Sie wußte aber auch um ihre Fehler und bemühte sich, sie abzustellen. Sie hat sie weder – wie es menschlich ist – entschuldigt oder gar verherrlicht.

Mutter Rosa besaß als Gründerin ihrer Genossenschaft unter den äußerst schwierigen Umständen (Anfeindungen von Außen – Gegnerschaft von Innen) ein ganz besonderes Charisma, dessen attraktive Eigenart im Rückblick auf Grundlagen und Entwicklung ihres religiös-caritativen Werkes und ihrer Gemeinschaft deutlich wurde.
Sie führte ein Leben, das nach der Verwirklichung der göttlichen Tugenden strebte. Glaube – Hoffnung – Liebe waren gleichsam ihr geistliches Alltagsverhalten. Aber ganz ausgezeichnet lebte sie die Tugend der Demut – als erfolgreich bekämpfte Eitelkeit und Selbstüberschätzung. Diese einfache, zielstrebige und fromme Frau des 19. Jahrhunderts erwies sich für Christus und die Kirche – inspiriert durch Ideengut und Spiritualität des hl. Franziskus von Assisi und orientiert an den praktisch-sozialen Gegebenheiten des beginnenden Industriezeitalters mit all seinen Vor- und Nachteilen – als Dienerin und Verkünderin des »Wortes«, das Heilung brachte in Wort und Tat, vor allem in den ländlich strukturierten Gebieten.

Mutter Rosa hat sich den nicht einfachen Anforderungen ihrer Zeit gestellt. Sie stand – trotz aller Widerwärtigkeiten ihres Lebens – nicht pessimistisch am Rande der Gesellschaft. Sie sah nicht frustriert zu, was sich öffentlich abspielte. Sie überwand Grenzen und war mitten in der Gesellschaft ihrer Zeit präsent – immer als »Sauerteig« gelegentlich aber auch als Sprengstoff. Denn wer sich in der damaligen Zeit den wirklichen Problemen von Gesellschaft, Staat und Kirche stellte, setzte sich auch persönlichen Unwägbarkeiten aus. Ihr überzeugendes Leben als Ordensfrau mußte – ob sie es wollte oder nicht – in ihrem begrenzten und engen Umfeld zu Konflikten führen. So war sie für die einen zu radikal, für die anderen nicht radikal genug. Die damit verbundene Spannung und ihr ungeheures Arbeitspensum trug sie mit der Gelassenheit ihres Glaubens.

Wenn man abschließend fragt, in welcher Hinsicht Berufung und Sendung von Rosa Flesch auch für die moderne Zeit aktuell sind, seien einige wenige Stichworte genannt, die durch das Vorgelegte genügend dokumentiert und abgesichert sind.
Mutter Rosa Flesch, die lange tot geschwiegene Gründerin der »Franziskanerinnen der allerseligsten Jungfrau Maria von den Engeln« (FBMVA) von Waldbreitbach, war eine Frau, die – wie auch andere Ordensgründerinnen ihres Jahrhunderts – zeigte, auf welche Weise und mit welcher Motivation eine kluge Frau erfolgreiche Unternehmerin und gleichzeitig hingebungsbereite Dienerin sein kann und diese »Einheit« nicht nur überzeugend zu leben sondern auch glaubwürdig zu vermitteln vermochte.

Rosa Flesch war früh selbständig, plante, diente und führte, war (selbst)kritisch und mutig, immer bereit zum vollen Engagement, eine Verbindung herzustellen und zu leben – zwischen Gebet, Betrachtung und Wirken an der Front sozialen Elends und sittlicher Verrohung.
Sie wirkte das alles als geistliche Unternehmerin Gottes – mit anderen Worten: Geistliche und organisatorische Führungskraft mit der Berufung und Motivation, »Magd des Herrn« zu sein.
Neben dem franziskanischen Gedankengut wird hier eine marianische Komponente deutlich: Zum Dienen bereit, ohne Wenn und Aber. Sie lebte und gestaltete ihr Leben aus Liebe zum Herrn, der sie berufen und gesandt hatte zu denen, die auf der Schattenseite des Daseins standen. Ihr waren nicht die eigenen Bedürfnisse wichtig, sondern die »Sache des Herrn« und derer, zu denen sie gesandt war: »Für die Menschen bestellt, damit Ihr Zeugen seid!«

Weil Rosa Flesch eine aus Freiheit dienende Frau mit Leib und Seele, mit Geist und Herz war, gab sie all ihre Kräfte und ihre Zeit nicht aus, wie man Geld ausgibt, schon gar nicht mit Berechnung. Sie gab sich dem Herrn und

ihrer Sendung hin – in diesem Sinne verausgabte sie sich selbst. Am Maß ihrer außergewöhnlichen Demut und ihres Dienstes läßt sich ihre Frauen– und Menschenwürde, ihre Freiheit in Christus und ihre Liebe erahnen. Denn sie fragte nie nach der Größe des ihr auferlegten Maßes, sondern sie versuchte immer und immer wieder, dieses Maß zu füllen. Emanzipatorische und feministische Positionen werden durch Frauen und Persönlichkeiten wie Rosa Flesch gründlich widerlegt.
Mutter Rosa war genau eine solche Frau: Jungfrau als Christus und dem Herrn geweihte Ordens-Frau, Magd und Dienerin der von ihr angenommenen Kranken und Sterbenden, geistliche Mutter ihrer Schwestern, auch dann, wenn einige von ihnen diese selbst gewählte geistliche Mutterschaft später nicht mehr anerkennen wollten oder konnten.

Das 19. Jahrhundert der Kirche in Deutschland ist teilweise von leidenschaftlichen Konflikten bestimmt. Sie waren oft Folgen von Nachstellungen durch politische Institutionen oder durch voreingenommene Personen. Solch äußerer Druck brachte oft inneren Druck mit sich. Häufig stellte sich bei Verfolgung auch eine gewisse Tendenz zum Fanatismus ein.
So versuchten übereifrige Priester nicht selten, Ideen und Vorstellungen einfacher, frommer, theologisch nicht vorgebildeter Frauen zu unterdrücken. Religiös eingestellte Frauen wurden von Priestern oft wie unmündige Kinder behandelt. So erging es auch Mutter Rosa Flesch, die von einem geistlichen »Rektor« verfolgt wurde, der mit einer »damnatio memoriae« [Auslöschen bzw. Schädigen der Erinnerung] dafür sorgte, daß neu eingetretene Schwestern ihre noch lebende Gründerin nicht kannten. So konnte Margaretha Flesch zum »Mühlstein des Anstoßens« werden.
Man kann Rosa Flesch einen auf Gottvertrauen gegründeten Optimismus bescheinigen, der auch vor den Härten des Lebens und bitteren Erfahrungen nicht kapituliert. Aber ihre persönliche Berufung und konsequent befolgte Sendung stand für sie immer in der Spannung von der Lust und der Last, katholisch zu sein.

Rosa Flesch ist nicht nur darum eine »moderne« Frau zu nennen, weil sie die Widersprüche des nach-mittelalterlichen Weltbildes erkannt und für sich und ihre Gemeinschaft aufgearbeitet hätte, sondern weil sie sich bewußt und ohne Ausweg in die neuen Widersprüche stürzt: zwischen »ratio« und »amor«, zwischen Demokratie und Autorität, zwischen Bildung und Frömmigkeit, zwischen Liebesideal und Lebenswirklichkeit. Anstatt zu fragen, wie »modern« diese vor hundert Jahren verstorbene Frau doch gewesen ist, lohnt es sich mehr, darüber nachzudenken, wie wenig der Gelassenheit und dem Transzendenzbezug, der Lebensfreude und der Weltzugewandtheit sowie der unterscheidenden Weisheit dieser wenig mitteilsamen, friedliebenden Frau biografisch hinzuzufügen war.

»Ich habe dich bei deinem Namen gerufen – spricht der Herr – Du bist mein«. Diese Berufung mit all ihren Konsequenzen war ihr Lebensziel – und sie hat wohl zu keinem Zeitpunkt ihres Lebens diese Berufung selbst ernsthaft in Frage gestellt, noch von andern – Klerikern oder Mitschwestern – in Frage stellen lassen.

Kurz zusammengefasst: Margaretha Rosa Flesch hatte nicht das Lebensziel, sich einen Namen zu machen. Sie verstand ihr Leben im Rückblick betrachtet in der Heilzusage durch das Kreuz Christi. Sie hatte ihr Leben vorausschauend nach oben gerichtet in der Heilserwartung der Erlösung gelebt. – Anders formuliert: Ihr Leben ist nicht zu erklären und nicht zu verstehen, ohne das Verständnis für die radikal gelebte Nachfolge der verheißenen Berufung. Wie bei vielen Großen in der Kirche waren es weniger ihre Ideen, mit denen sie Erfolg hatten, sondern vor allem ihre Persönlichkeit: ihre Standfestigkeit und Flexibilität, ihr feinfühlendes Gemüt und ihre beharrliche Zielstrebigkeit – am meisten aber ihre überzeugende Glaubwürdigkeit.

ABKÜRZUNGEN

a. a. o.	am angegebenen Ort (zuletzt genannte Quelle)
Abt.	Abteilung
BA	Bistumsarchiv
Bd(e).	Band, Bände
Bl.(	Blatt
bes.	besonders
bzw.	beziehungsweise
CSSR	Congregatio Sanctissimi Redemptoris – [Redemptoristen]
ders.	derselbe
dies.	dieselbe
ebd.	ebenda (gleiche Quelle, gleiche Seite)
FBMVA	Sorores Franciscanae Beatae Mariae Virginis Angelorum – [Franziskanerinnen der allerseligsten Jungfrau Maria von den Engeln]
FFSC	Fratres Franciscani a sanctissima cruce – [Franziskanerbrüder vom Heiligen Kreuz]
f.	folgende
ff.	folgenden
fol.	folio
GA	Gemeindearchiv
Hg.	herausgegeben, Herausgeber
LHA	Landeshauptarchiv
Lit.	Literatur
M.	Maria
N. F.	Neue Folge
OA	Ordensarchiv
o. J.	ohne Jahresangabe
o.O.	ohne Ortsangabe
OFM	Ordo Fratrum Minorum – [Franziskaner]
OSB	Ordo Sancti Benedicti – [Benediktiner]
PA	Pfarrarchiv
Q.	Quelle(n)
r.	recto – Vorderseite des Blattes
S.	Seite
SJ	Societas Jesu – [Gesellschaft Jesu – Jesuiten].
Sp.	Spalte
Sr.	Soror – [Schwester]
StA	Staatsarchiv

u. a.	und andere
v.	von
v.	verso – Rückseite des Blattes
vgl.	vergleiche
vol.	volumen
z. B.	zum Beispiel
z. Z.	zur Zeit

SIGLEN

ADB	Allgemeine Deutsche Biographie.
AEK, Übersicht	Das Historische Archiv des Erzbistums Köln. Übersicht über seine Geschichte, Aufgaben und Bestände.
AHVN	Annalen des Historischen Vereins für den Niederrhein insbesondere für das alte Erzbistum Köln
ASCR	Archivio Sacra Congregazione dei Religiosi – [Archiv der Kongregation für die Gemeinschaften des gottgeweihten Lebens und die Gemeinschaften des apostolischen Lebens]
BBKL	Biographisches-bibliographisches Kirchen-Lexikon
BSS	Biblioteca Sanctorum
DBE	Deutsche Biographische Enzyklopädie
DBF	Dictionnaire de biographie francaise
DBI	Dizionnario biografico degli Italiani
DHGE	Dictionnaire historique e biographie ecclesiastique
HAEK	Historisches Archiv des Erzbistums Köln
HJ	Historisches Jahrbuch der Görresgesellschaft
HZ	Historische Zeitschrift
KKK	Katechismus der Katholischen Kirche
LCI	Lexikon der Christlichen Ikonographie
LMA	Lexikon des Mittelalters
LPP	Lexikon der Päpste und des Papsttums
LThK	Lexikon für Theologie und Kirche
NCE	New Catholic Encyclopedia
NDB	Neue Deutsche Biographie
UB	Urkundenbuch
ZOAWBB	Zentrales Ordensarchiv Waldbreitbach der Franziskanerinnen der allerseligsten Jungfrau Maria von den Engeln (FBMVA)

QUELLEN

Die Quellenlage zur Vita der Margareta Rosa Flesch ist nicht besonders günstig. Diese Tatsache hat mehrere Gründe:
Zunächst entstammte sie sehr einfachen Verhältnissen, in denen persönliches Schriftgut keine größere Rolle spielte. Amtliche Schriftstücke aus der Gründungszeit der Genossenschaft sind ausgesprochen rar, weil ihre Amtsnachfolgerinnen Andenken und Erinnerungen an die Gründerin systematisch auszulöschen versuchten, eindeutig fälschten und zum Teil sogar vernichteten.
Nicht gebührend berücksichtigt wurden bisher die Schriften von Schwester Marzella Schumann, die auf Diktate der Gründerin zurückgehen und im Archiv der Genossenschaft aufbewahrt werden. Die Aufzeichnungen unterscheiden sich stark in ihrer Ausführlichkeit. Die Ungereimtheiten in den verschiedenen Fassungen halten sich in vertretbaren Grenzen. Sie sind durch Umstände und Zeit der jeweiligen Niederschrift zu erklären. Die Schreibweise ist selbst bei Namen nicht immer einheitlich. Das dürfte u. a. auf das Schreiben nach Gehör bzw. Erinnerung sowie übliche Gewohnheiten (Margareta – Margaretha; Talend – Talent; Dinte – Tinte; Kommissar – Comissar) zurückzuführen sein.
Sieben verschiedene Fassungen liegen vor:

1. Außergewöhnliche Begebenheiten aus dem Leben der Stifterin Mutter Rosa Flesch.
Zentrales Ordens-Archiv Waldbreitbach – [Im Folgenden: ZOAWBB.].
ZOAWBB. 1 M
Rechenheft – 19 beschriebene Seiten – Darstellung der Entwicklung der Genossenschaft – Lebensskizze der Gründerin seit 1878 – von Mutter Rosa korrigiert – Tod und Beisetzung finden keine Erwähnung – [Entstehungszeit: spätestens 1902].
Dieses Manuskript, das Sr. Marzella ihrem geistlichen Bruder Johann (1879–1914) anvertraut hatte und wohl im Sommer 1902 an Bischof Franz Xaver Geyer (1859–1943 Banz) übergeben wurde, kam 1927 ins Mutterhaus zurück.

2. Ohne Titelblatt.
ZOAWBB. 2 M
Rechenheft – 28 beschriebene Seiten – Seiten 1 bis 4 fehlen – Mitte von Blatt 5 bis 10, und 25–28 durch Ausrisse beschädigt – Korrekturen von späterer Hand – Gedruckte Ergänzungen aus dem PAULINUS [Kirchenzeitung des Bistums Trier]. – Lebensskizze der Gründerin einschließlich Tod und Begräbnis – Mystische Gegebenheiten und Visionen sind nicht dargestellt – [Entstehungszeit: spätestens 1913] – diente als

Vorlage für die von LEMMENS im Jahre 1913 verfaßte [tendenziöse] Festschrift. – Schwester M. Marzella schrieb am 11.1.1927 an Bischof Bornewasser: »Diese Schrift änderte man nach Belieben«. Sie übergab es der Familie Effert–Flesch, Verwandten von Mutter Rosa in Breitscheid. JOSEF HOFMANN veröffentlichte es im Mai/Juni 1930 im PAULINUS [Kirchenzeitung für das Bistum Trier].

3. Außerordentliche Ereignisse im Leben der Stifterin des Marienhauses bei Waldbreitbach, Mutterhaus der Franziskanerinnen, Mutter Rosa Flesch.
ZOAWBB. 3 M
Blätter eines Schulheftes – 48 beschriebene Seiten – Vollständige Lebensskizze der Gründerin – Teilweise Darstellung der mystischen Gegebenheiten – [Entstehungszeit: spätestens 1915] – im Auftrag für Bischof Michael Felix Korum geschrieben.

4. Leben der ehrwürdigen Stifterin der Franziskanerinnen des Marienhauses bei Waldbreitbach Mutter Maria Rosa Flesch vom hl. Joseph.
ZOAWBB. 4 M
Etwa DIN A 4 Blattgröße – 64 beschriebene Seiten – davon 1 Titelblatt und 5 Seiten Vorwort – Darstellung des Lebens der Stifterin bis zum Jahre 1878 – [Entstehungszeit: nach eigenen Angaben 1918] – also 40 Jahre nach den letzten Schilderungen geschrieben – Vorwort berichtet über das Zustandekommen der Schrift.

5. Aus dem Leben der Stifterin des Marienhauses bei Waldbreitbach.
ZOAWBB. 5 M
Blätter eines Schulheftes – 46 beschriebene Seiten – Einlage: 1 loses Blatt – Vorwort – geschrieben nach 1918 bis 1920 – Darstellung der ersten Lebenshälfte der Stifterin – [Entstehungszeit: zwischen 1918–1925].

6. Leben der ehrwürdigen Mutter Maria Rosa Flesch Stifterin der Genossenschaft der Franziskanerinnen Maria von den Engeln von Waldbreitbach.
ZOAWBB. 6 M
Schreibheft – 96 beschriebene Seiten – 3 Seiten Vorwort – Beginn des Manuskriptes am 5.1.1920 – Darstellung der ersten Lebenshälfte der Stifterin – [Entstehungszeit: 1920 vollendet].

7. Lebensbeschreibung der ehrwürdigen Stifterin der Genossenschaft der Franziskanerinnen von Waldbreitbach Mutter Rosa Flesch. Geschichte der Genossenschaft.
ZOAWBB. 7 M
Etwa DIN A 4 Blattgröße – 164 beschriebene Seiten [umfangreichstes Manuskript] –

davon 4 Seiten Vorwort – Darstellung des Lebens der Stifterin – Tod und Begräbnis werden nicht dargestellt – [Entstehungszeit: 1915–1927 unvollendet].

8.1 Personalbuch A (1863–1881)
ZOAWBB. 102 Blätter – 205 Seiten.
Das Personalbuch A enthält die Namen aller Schwestern der Jahre 1863–1881. Das erste Blatt mit den Lebensdaten Mutter Rosas ist herausgerissen. Die Handschrift der nicht immer chronologischen und sorgfältigen Eintragungen ist die von Sr. M. Agatha Simons. Nach Personalbuch B ist am 22. Dezember 1878 Schwester M. Coletta Adams eingetreten, die im Personalbuch A nicht aufgeführt ist.
Das Personalbuch A gibt als Datum des Einzuges in das neuerbaute Kloster den 11. November 1862 bei den beiden Schwestern M. Franziska Bonner und M. Theresia Beißel an. Das richtige Datum ist der 11. November 1861.

8.2 Personalbuch B (1885–1911 ?)
ZOAWBB. – 596 Seiten.
Das Personalbuch B enthält die Namen aller Schwestern des Personalbuches A, die bis zu seiner Anlage noch nicht verstorben oder ausgetreten waren, nur wurde die Reihenfolge der einen oder anderen Schwester vertauscht. Als einzige Ausnahme ist Schwester M. Bona Böllinger anzusehen, die »Nr. 118« im Personalbuch A und die »Nr. 64« im Personalbuch B. Sie war bereits am 15. Oktober 1870 verstorben.
Die Übertragung der Personalien aus dem ersten Verzeichnis in das neue wurde von Seite 2 bis 255 von einer Hand durchgehend [?] geschrieben, wie die Einheitlichkeit der Schrift zeigt. Die Eintragungen von Seite 256 bis 589 auf der oberen Blatthälfte und der unteren Blatthälfte von Seite 2 bis 589 sind von anderer Hand. Aus der Tatsache, daß die verstorbenen Schwestern nicht mehr in das neue Personalverzeichnis eingetragen wurden, ist zu schließen, daß es zwischen Ende April und September 1885 angelegt wurde, denn Schwester M. Mathilde Simon, die im April 1885 nach Engers versetzt wurde, dort aber am 16. September des gleichen Jahres starb, ist noch unter »Nr. 110« in das neue Personalverzeichnis eingetragen.
Als einzige wurde Mutter Rosa in das neue Personalbuch nicht eingetragen, obwohl sie noch lebte.
Die Ratsschwester Maria Aloisia Meckel (1848–1927) – nach anderen Angaben Sr. M. Rosa II. Becker (1833–1889) – hat die Namen der Schwestern in das neue Buch übertragen, wie die Handschrift belegt. Nach 1900 übertrug Sr. M. Aquilina Lermen (1863–1950) nach Ausweis der Handschrift die Lebensdaten von Mutter Rosas in dieses Buch, und zwar auf die Rückseite (1) des Schmuckblattes.

9. Generalkapitel 1869–1906
ZOAWBB. Wahlprotokolle. [Unvollständig].

10. Beschlüsse des Generalrates, Bd. 1, 1869–1896.
ZOAWBB. – [vom 16.2.1876–26.4.1878 fehlen die Protokolle. Es sind einige Blätter herausgetrennt].

11. Beschlüsse des Generalrates, Bd. 2, 1896–1906.
ZOAWBB.

12. Visitationsprotokolle Waldbreitbach
BATRIER. Abt. 40.

13. Tagebücher Octavie de Lasalle
ZOAWBB.
Rudolf von Lasalle schenkte seiner Schwester die »Landwirtschaftlicher Frauenkalender« der Jahre 1863–1888 und 1889 an ihrem Geburtstag am 16. Dezember. Eintragungen der Beschenkten.
Der »LandwirtschaftlicherFrauenkalender« erschien bei Paul Parey in Berlin im Format 8,5cm x 13,6 cm. Octavie von Lasalle besaß die Exemplare der Jahre 1863–1889. Der Jahrgang 1886 ist verloren gegangen. – zitiert: LASALLE, Tagebuch.

14. Aufzeichnungen unserer Ehrwürdigen Mutter Agatha.
ZOAWBB. – 57 Folioseiten. – zitiert: ZOAWBB. AGATHA SIMONS, Aufzeichnungen.

15. Tagebuch von Konrad Probst.
1884–1893, [mindestens 440 Seiten – seit 1913 verschollen. Vgl. dazu: LEMMENS, Festschrift, 63 u. 66.

16. Archivio Sacra Congregazione dei Religiosi, Città del Vaticano: [zitiert: ASCR T51 FBMVA]

17. AGNES FRÖBUS, Aussagen und Erläuterungen. Aufgenommen von Sr. M. Mirjam Kreidt, Waldbreitbach 1926. – Gebundenes Exemplar mit neuer – nicht immer fortlaufender – Paginierung [131 Seiten]. – zitiert: ZOAWBB. AGNES FRÖBUS, Erinnerungen.

18. Aussagen von Schwestern, Priestern und Laien, gesammelt in den Jahren 1926 bis 1937 und zur Vorbereitung des am 16.3.1957 eröffneten Diözesanprozesses zur Seligsprechung.

19. STATUTEN DER FRANZISCANER–TERTIARIER-SCHWESTERN VON WALDBREITBACH, Linz am Rhein o. J. [1869].[34 Seiten: Vorstehenden Statuten der Tertiarier–Schwestern von Waldbreitbach ertheilen wir Unsere Genehmigung. Trier, den 16. September 1869. (L. S.) Der Bischof von Trier + Matthias. Ditscheid, Geheimsekretär.]. – zitiert: STATUTEN.

20. o.V., GELÜBDE UND ORDENS-GELÜBDE. IHR WESEN UND INHALT. Linz am Rhein o.J. [1870]. [20 Seiten: Imprimatur vom 19.Juli 1870 von Generalvikar de Lorenzi]. – zitiert: GELÜBDE UND ORDENS-GELÜBDE.

21. REGEL UND STATUTEN DER SCHWESTERN DES III. ORDENS DES HL. FRANZISKUS ZU MARIENHAUS BEI WALDBREITBACH in der Diözese Trier, Trier 1894. – zitiert: REGEL UND STATUTEN.

22. REGEL UND KONSTITUTIONEN DER FRANZISKANERINNEN DER HL. MARIA VON DEN ENGELN (Mai 1915), Trier 1915.

23. DIREKTORIUM der Franziskanerinnen der Allerseligsten Jungfrau Maria von den Engeln zu St. Marien-Haus bei Waldbreitbach [als Manuskript gedruckt], Trier 1932.

24. [WEILER, MARTIN], »So sollt ihr beten!« Gebetbuch für die Brüder und Schwestern des Dritten Ordens des hl. Vaters Franziscus aus der Genossenschaft von Waldbreitbach, (Als Manuscript gedruckt), Linz am Rhein 1869, (Selbstverlag der Genossenschaft). [312 Seiten u. 2]. zitiert: WEILER, »So sollt ihr beten!«.

25. ZOAWBB. TOTENZETTEL MUTTER ROSA. – Am 5. April 1930 erteilte Generalvikar Franz Tilmann (∗ 1865 – † 1936) das »Imprimatur« – die kirchliche Druckgenehmigung – für zwei Totenzettel.
Beide Totenbilder sind auf der Vorderseite mit einem Foto der Verstorbenen versehen. Der größere – im folgenden als ZOAWBB. TOTENZETTEL NR. 1 – ist gefaltet und vierseitig. Er enthält einen Lebenslauf, Auszüge aus dem Beileidsschreiben von Bischof Korum sowie eine Auswahl der Aussprüche Mutter Rosas.
Der kleinere – im folgenden als ZOAWBB. TOTENZETTEL NR. 2 – ist zweiseitig bedruckt. Er enthält keine Lebensdaten und ist wohl mehr als Gebetsbild gedacht. Beide Bilder tragen unter dem Foto die Bezeichnung: »Ehrw.[ürdige] Mutter M. Rosa Flesch, Stifterin der Genossenschaft der Franziskanerinnen der allerseligsten Jungfrau Maria von den Engeln zu Marienhaus bei Waldbreitbach«.

LITERATUR

ARIÈS, PHILIPPE, Geschichte der Kindheit. Mit einem Vorwort von HARTMUT VON HENTIG. Aus dem Französischen von CAROLINE NEUBAUR und KARIN KERSTEN; Originaltitel: L'enfant et la vie familiale sous l'ancien régime, München / Wien 1975.

ARIÈS, PHILIPPE, Geschichte des Todes. Aus dem Französischen von HANS-HORST HENSCHEN und UNNA PFAU; Originaltitel: L'homme devant la mort, München / Wien 1980; 21985.

AUBIN, HERMANN / ZORN, WOLFGANG (HGG.), Handbuch der deutschen Wirtschafts- und Sozialgeschichte, Bd. 2, Stuttgart 1976.

BACHEM, KARL, Vorgeschichte, Geschichte und Politik der Deutschen Zentrumspartei. Zugleich ein Beitrag zur Geschichte der katholischen Bewegung, sowie zur allgemeinen Geschichte des neueren und neuesten Deutschland 1815–1914, Bd. 1–9, Neudr. d. Ausg. Köln 1927–1932, Aalen 1968.

BACKES, J[AKOB] A[DAM], Leben, Tugenden und Ruf der Dienerin Gottes Mutter Maria Rosa Flesch, (Artikel zum Trierer Seligsprechungsprozeß), Trier 1958.

O. V. [BACKES, J[AKOB] A[DAM], Mutter Rosa Flesch. Ihr Leben in Spruch und Bild, O. O., O. J. [Neuwied 1963]. – zitiert: BACKES, Flesch – Spruch und Bild.

BACKES, J[AKOB] A[DAM], Zu den Schriften der Sr. M. Marzella Schumann, Waldbreitbach o. J. (1966).

BACKES, JAKOB A[DAM], Aus der Armut – Leben, Leutesdorf, 21962; Neuwied 41993.

BACKES, J[AKOB] A[DAM], Bruder Jakobus Wirth. Stifter der Franziskanerbrüder vom Hl. Kreuz in Hausen/Wied. Das Programm, Werl 1976.

BACKES, J[AKOB] A[DAM], Wenn das Weizenkorn nicht stirbt – Mutter Maria Rosa Flesch, Werl 1967, 1987 und 1999.
– engl. Übers.: If the grain does not die, Chicago 1964.
– franz. Übers.: Meule de préssoir: mère Rose, Bar-le-Duc 1967.
– portug. Übers.: A força da humildade, Petropolis 1974.

BACKES, J[AKOB] A[DAM], Die Kreuzkapelle, Werl 1969.

BACKES, J[AKOB] A[DAM], Oktavie de Lasalle von Louisenthal und Mutter Maria Rosa Flesch, Paderborn 1972; Waldbreitbach 1983.

BACKES, J[AKOB] A[DAM], Die Kirche des Mutterhauses der Waldbreitbacher Franziskanerinnen, Waldbreitbach 1972. – zitiert: BACKES, Kirche des Mutterhauses.

BACKES, J[AKOB] A[DAM], Mutter Maria Rosa Flesch. Worte – Gedanken, Werl 1983. – zitiert: BACKES, Flesch – Worte.

BACKES, J[AKOB] A[DAM], Mutter Maria Rosa Flesch. Das Testament einer Stifterin, Werl 1999.– zitiert: BACKES, Flesch – Testament.
BACKMUND, NORBERT, in: BAUDRILLART, ALFRED / AUBERT, ROGER (EDD.), (ED.), Dictionnaire d' Historie et di Géographie Ecclésiastique 17 (1971) 433f. (LIT.).
BÄR, MAX, Die Behördenverfassung der Rheinprovinz seit 1815, (Publikationen der Gesellschaft für Rheinische Geschichtskunde 5), Bonn 1919.
BÄUMER, REMIGIUS / SCHEFFCZYK, LEO (HGG.), Marienlexikon, 6 Bde., St. Ottilien 1988ff.
BAIER, HELMUT (HG.), Kirche in Staat und Gesellschaft im 19. Jahrhundert, (Veröffentlichungen der Arbeitsgemeinschaft der Archive und Bibliotheken in der evangelischen Kirche 17), Neustadt/Aisch 1992.
BALLING, ADALBERT LUDWIG / RIEBARTSCH NORBERT (HGG.), Liebe macht keinen Lärm. Eine Ordensfrau, ein Ordensmann für jeden Tag, Würzburg, 1998, 88.
BECKER, KURT (HG.), Heimatchronik des Kreises Neuwied. (Heimatchroniken der Städte und Kreise des Bundesgebietes Bd. 31), Köln 1966.
BECKER, WINFRIED, Der Kulturkampf als europäisches und als deutsches Phänomen, in: Historisches Jahrbuch 101 (1981) 422–446.
BECKER, WINFRIED (HG.), Die Minderheit als Mitte. Die Deutsche Zentrumspartei in der Innenpolitik des Reiches 1871 – 1933, (Beitrage zur Katholizismusforschung, Reihe B: Abhandlungen), Paderborn (u.a.) 1986.
BEINERT, WOLFGANG / PETRI, HEINRICH (HGG.), Handbuch der Marienkunde, 2 Bde., Regensburg 21996f.
BERGDOLT, KLAUS, »Das Gewissen der Medizin«. Ärztliche Moral von der Antike bis heute, München 2004.
BIERBAUM, ATHANASIUS OFM, Schlichte Blätter aus der Geschichte der Franziskanerinnen der hl. Maria von den Engeln zu Waldbreitbach. Als Manuskript gedruckt, Werl, o. J. – zitiert: BIERBAUM, Schlichte Blätter.
BISCHOFF, CLAUDIA, Frauen in der Krankenpflege. Zur Entwicklung von Frauenrolle und Frauenberufstätigkeit im 19. und 20. Jahrhundert, 3. überarb. Neuausgabe, Frankfurt/New York 1997.
BLASIUS, DIRK, »Einfache Seelenstörung«, Geschichte der deutschen Psychiatrie 1800–1945, Frankfurt a. M. 1994.
BÖCKELER, MAURA OSB [O.V.], Zum 50. Todestag unserer ehrwürdigen Stifterin Mutter M. Rosa Flesch 25. März 1956. – zitiert: BÖCKELER, 50. Todestag Rosa Flesch.
BÖCKELER, MAURA, OSB, Die Macht der Ohnmacht. Mutter Maria Rosa Flesch. Stifterin der Franziskanerinnen BMVA von Waldbreitbach, Mainz 1962; 1980; 1987; 1993; 2003.
– engl. Übers.: The power of powerlessness. Translaters: HELMINE SCHAUSTEN / ILSE MUELLER, St. Paul / Minnesota o.J.

– portug. Übers.: A Força na Faqueza. Madre Maria Rosa Flesch. Fundadora das Irmãs Franciscana BMVA de Waldbreitbach. Tradutores: OTÁVIO SCHNEIDER / APOLÔNIO WEIL, Bacabal 1983.
BODEN, JOHANN, Chronik der Pfarrgemeinde Kurtscheid, Kurtscheid 1949.
BOHN, THOMAS, Gräfin Mechthild von Sayn (1200/03–1285). Eine Studie zur rheinischen Geschichte und Kultur, (Rheinisches Archiv Bd. 140), Köln / Weimar Wien 2002.
BOLLNOW, OTTO FRIEDRICH, Mensch und Raum, Stuttgart 102004. zitiert: BOLLNOW, Mensch und Raum.
BORK, HEINZ-GÜNTHER / DORFEY, BEATE, Die Bestände des Landeshauptarchivs Koblenz. Gesamtverzeichnis, (Veröffentlichungen der Landesarchivverwaltung Rheinland-Pfalz Bd. 81), Koblenz 1999.
BRACK, RUDOLF, Deutscher Episkopat und Gewerkschaftsstreit 1900–1914, (Bonner Beiträge zur Kirchengeschichte, Bd. 9), Köln–Wien 1976.
BRADL, CHRISTIAN, Anfänge der Anstaltsfürsorge für Menschen mit geistiger Behinderung (»Idiotenanstaltswesen«. Ein Beitrag zur Sozial- und Ideengeschichte des Behindertenbetreuungswesens am Beispiel des Rheinlands im 19. Jahrhundert, Frankfurt a. M. 1991.
BÜSCH, OTTO / NEUGEBAUER, WOLFGANG (HGG.), Moderne preußische Geschichte 1648–1947. Eine Anthologie. (Veröffentlichungen der Historischen Kommission zu Berlin, Bd. 52, 1–3), 3 Bde., Berlin / New York 1981.

CARITAS IM BISTUM TRIER. Festschrift zum 75-jährigen Jubiläum des Diözesan-Caritasverbandes Trier, Trier 1991, 16.
CARITAS IM TRIERER LAND. Festschrift zum 27 deutschen Caritastag 1926, [Trier 1926], 77, 98f.

DEETERS, DOROTHEA E., Sie lebten mit uns. Zur Geschichte der Wied-Neuwiedschen Landjuden ... dargestellt an Dorf und Synagogenbezirk Oberbieber, Neuwied 1983.
DEL RE, NICCOLÒ, in: Bibliotheca Sanctorum, Prima Appendice, Roma 1987, 494f.
DEHIO, GEORG / GALL, ERNST (HGG.), Handbuch der deutschen Kunstdenkmäler. Rheinland Pfalz. Saarland, bearb. von HANS CASPARY, WOLFGANG GÖTZ und EKKHART KLINGEN, o.O., 1972. zitiert: DEHIO / GALL (HGG.), Kunstdenkmäler. Rheinland Pfalz. Saarland.
DIETZ, WOLFGANG, Die Auswirkungen des Kulturkampfes im Regierungsbezirk Koblenz, Galenberg 1992.
DITSCHEID, AEGIDIUS, Matthias Eberhard, Bischof von Trier im Kulturkampf, Trier 1900.

DIÖZESE TRIER (HG.), Schematismus des Bistums Trier für das Jahr 1873, Trier 1873.
DIÖZESE TRIER (HG.), Handbuch des Bistums Trier 1906, Trier 1906.
DIÖZESE TRIER (HG.), Handbuch des Bistums Trier 1952, Trier 1952.
DOYÉ, FRANZ VON SALES, Heilige und Selige der römisch-katholischen Kirche. Deren Erkennungszeichen, Patronate und lebensgeschichtliche Bemerkungen, 2 Bde. Leipzig, o.J. [1929]

ERZBISCHÖFLICHES GENERALVIKARIAT KÖLN (HG.), Handbuch des Erzbistums Köln, 26. Ausg., Bd. 1, Geschichtlicher Teil, Köln 1966. – zitiert: Handbuch des Erzbistums Köln 1966, Bd. 1.
ESSER, KAJETAN, Anfänge und ursprüngliche Zielsetzung des Ordens der Minderbrüder, Leiden 1966.
ENGEL, Doris, Das Fockenbachtal, in: Heimat-Jahrbuch des Kreises Neuwied 1977, 123–126. zitiert: ENGEL, Fockenbachtal.
ENGELBERT, HEINRICH, Die evangelische Gemeinde in Vallendar. Zugleich ein Beitrag zur Geschichte der Stadt Vallendar, (Veröffentlichungen des Vereins für rheinische Kirchengeschichte, Heft 1), o. O. u. o.J. [Düsseldorf 1953].

FEINE, HANS ERICH, Kirchliche Rechtsgeschichte, Bd. 1; Die Katholische Kirche, neubearb. u. erw. Aufl., Köln-Graz 1964.
FELD, HELMUT, Franziskus von Assisi und seine Bewegung, Darmstadt 1994.
FESTSCHRIFT zum 75jährigen Bestehen der Genossenschaft der Franziskanerinnen B.M.V.A. [Beatae Mariae Virginis Angelorum], Waldbreitbach, o. J. [1938].
FESTSCHRIFT. 100 Jahre Kongregation der Franziskanerinnen der allerseligsten Jungfrau Maria von den Engeln St. Marienhaus, Neuwied 1963.
FESTSCHRIFT. 125 Jahre Franziskanerinnen von Waldbreitbach, Neuwied 1988.
FINGER, HEINZ (HG.), Der heilige Rosenkranz. Eine Ausstellung der Diözesan- und Dombibliothek Köln zum Rosenkranzjahr 2003, (Libelli Rhenani Bd. 5), Köln 2003. – zitiert: FINGER HG.), Rosenkranz.
FLECKENSTEIN, GISELA, Die Franziskaner im Rheinland 1875–1918, (Franziskanische Forschungen , Heft 38), Werl 1992. – zitiert: FLECKENSTEIN, Franziskaner im Rheinland.
FOHRMANN, ULRICH, Presskaplan und Agitator: Georg Friedrich Dasbach – Biographie eines Ultramontanen, Trier 1977.
FORSTER, W., in: Neue Deutsche Biographie 5 (1961) 243. (LIT.).
FRANZISKANERINNEN BMVA (HG.), Mutter M. Rosa Flesch. Türbilder im Bildungshaus von Prof. Karl Unverzagt, Hausen 62003.
FRANZISKANISCHE QUELLENSCHRIFTEN, Bd. 1ff, Werl 1994ff.

FRAUENBÜRO NEUWIED (HG.), Von Frau zu Frau. Auf der Suche nach der verschütteten Geschichte bedeutender Frauen in und um Neuwied, Neuwied 1993; zitiert: FRAUENBÜRO NEUWIED (HG.), Von Frau zu Frau.

FREI, URS-BEAT / BÜHLER, FREDY (HGG.), Der Rosenkranz. Andacht, Geschichte, Kunst, Wabern / Bern 2003.

FREYTAG, NILS, Zauber-, Wunder-, Geister- und sonstiger Aberglauben. Preußen und seine Rheinprovinz zwischen Tradition und Moderne (1815–1918), phil. Diss. masch. schrftl., Trier 1991.

FRENZ, HYGINUS OFM, Die Kapelle zum Heiligen Kreuz bei Waldbreitbach an der Wied, Neuwied 1928.

FRIELING, HERIBERT / BERGMANN, BERNHARD / SCHULZE, ANDREA (RED.), 1903–2003. 100 Jahre Marienhaus GmbH Waldbreitbach. Ein Streifzug durch die Geschichte der Marienhaus GmbH, in: Marienhaus Echo Nr. 2, April 2003, 2–12. – zitiert: FRIELING, H. / BERGMANN, B. / SCHULZE, A. (RED.), 100 Jahre Marienhaus GmbH Waldbreitbach.

GANZER, KLAUS, Bischof Matthias Eberhard von Trier und das 1. Vatikanische Konzil, in: Trierer Theologische Zeitschrift – Pastor Bonus 1970, 208–229.

GANZER, KLAUS, Reaktionen gegen das 1. Vatikanische Konzil im Bistum Trier, in: Archiv für mittelrheinische Kirchengeschichte 23 (1971) 209–231.

GATZ, ERWIN, Rheinische Volksmission im 19. Jahrhundert. Dargestellt am Beispiel des Erzbistums Köln, (Studien zur Kölner Kirchengeschichte Bd. 7), Düsseldorf 1963. – zitiert: GATZ, Volksmission.

GATZ, ERWIN, Kirche und Krankenpflege im 19. Jahrhundert. Katholische Bewegung und karitativer Aufbruch in den preussischen Provinzen Rheinland und Westfalen, Paderborn 1971. – zitiert: GATZ, Krankenpflege.

GATZ, ERWIN (HG.), Akten der Fuldaer Bischofskonferenz, I: 1871–1887 (= Veröffentlichung der Kommission für Zeitgeschichte, Reihe A: Quellen, Bd. 27), Mainz 1971.

GATZ, ERWIN (HG.), Die Akten der Fuldaer Bischofskonferenz, II: 1888–1899, (Veröffentlichungen der Kommission für Zeitgeschichte, Reihe A: Quellen, Bd. 27), Mainz 1979.

GATZ, ERWIN (HG.), Die Bischöfe der deutschsprachigen Länder 1785/1803–1945. Ein biographisches Lexikon, Berlin (1983).

GATZ, ERWIN (HG.), Die Bistümer und ihre Pfarreien, (Geschichte des kirchlichen Leben, Bd. 1), Freiburg 1991.

GATZ, ERWIN (HG.), Caritas und soziale Dienste, (Geschichte des kirchlichen Leben, Bd. 5), Freiburg 1997. – zitiert: GATZ (HG.), Caritas und soziale Dienste.

[O. V.], Genossenschaft der Franziskanerbrüder von Waldbreitbach / Diözese Trier, Waldbreitbach 1928.

GENERAL-BERICHT DER CENTRALSTELLE DER JOHANNITER-MALTESER-GENOSSENSCHAFT IN RHEINLAND-WESTFALEN, Krieg 1870–1871, Köln [o. J.].
GNILKA, JOACHIM, Wie das Christentum entstand, 3 Bde., Bd. 1: Jesus von Nazareth, Bd. 2: Paulus von Tarsus, Bd. 3: Theologie des Neuen Testamentes, Freiburg 2004.
GÖTZ VON OLENHUSEN, IRMTRAUD (HG.), Wunderbare Erscheinungen. Frauen und katholische Frömmigkeit im 19. und 20. Jahrhundert, Paderborn / München / Wien / Zürich 1995. – zitiert: GÖTZ VON OLENHUSEN, Wunderbare Erscheinungen.
GRANDERATH, THEODOR, Geschichte des Vatikanischen Konzils von seiner ersten Ankündigung bis zu seiner Vertagung, HG. von KONRAD KIRCH, 3. Vol., Freiburg 1903–1906. – Verzeichnis der Teilnehmer: Bd. I, 463–509.
GROETEKEN, FRIEDRICH ALBERT, Die Volksmissionen der norddeutschen Franziskaner vor dem Kulturkampf (1849–1871), Münster 1909. – zitiert: GROETEKEN, Volksmissionen.
GROETEKEN, FRIEDRICH ALBERT, Im Schatten des Kreuzes. Mutter Maria Rosa Flesch 1826–1906. Ihr Leben und ihre Stiftung. Als Manuskript gedruckt. [Bigge/ Sauerland 1956]. – zitiert: GROETEKEN, Schatten.
GUARDINI, ROMANO, Der Herr. Betrachtungen über die Person und das Leben Jesu Christi, Mainz / Paderborn 1997. – zitiert: GUARDINI, Der Herr.

HANAUER, JOSEF, Wunder oder Wundersucht? Erscheinungen, Visionen, Prophezeiungen, Besessenheit, Aachen 2. Aufl. 1992.
Handbuch der Kirchengeschichte. HG. V. JEDIN, HUBERT (BD. VI/1: Die Kirche zwischen Revolution und Restauration; u. REPGEN, KONRAD), Bd. VI/2: Die Kirche zwischen Anpassung und Widerstand (1878 bis 1914); Bd. VII: Die Weltkirche im 20. Jahrhundert, Freiburg-Basel-Wien 1973 u. 1979. – zitiert: JEDIN (HG.), Handbuch der Kirchengeschichte.
HARDT, ALBERT, Im Lande der Neuerburg an der Wied, Neuwied 1987. – zitiert: HARDT, Land an der Wied.
HEGEL, EDUARD, Die katholische Kirche in den Rheinlanden 1815 bis 1945, in: PETRI, FRANZ / DROEGE, GEORG (HGG.), Rheinische Geschichte, Bd. 3: Wirtschaft und Kultur im 19. und 20. Jahrhundert, Düsseldorf 1979, 329–412.
HEIMBUCHER, MAX, Die Orden und Kongregationen der katholischen Kirche, Bd. 2, Paderborn 1934, 510.
politischen Katholizismus von seinen Anfängen bis 1867; Bd. II: Dokumente des politischen Katholizismus von 1867 bis 1914, (Sammlung Schöningh zur Geschichte und Gegenwart), Paderborn (1969) u. (1979).
HEINTZ, A., Flesch, in: LTHK 4 (2. Aufl. 1960) 166f.
HEISEL, MONIKA, Die Franziskanerinnen von Waldbreitbach, Koblenz 1988.

HOFFMANN, JOSEF, Land an der Wied. Geschichte, Sagen und Landschaft des Wiedtales und seiner Nachbargebiete, Breitscheid 1929, 88–92. – zitiert: HOFFMANN, Land an der Wied.
HOPPE, WOLFGANG, Die Kreuzkapelle an der Wied. (SCHNELL, Kunstführer Nr. 2169), Regensburg 1994.
HUBER, ERNST RUDOLF / HUBER, WOLFGANG (HGG.), Staat und Kirche im 19. und 20. Jahrhundert – Dokumente zur Geschichte des deutschen Staatskirchenrechts, Bd. 2, Staat und Kirche im Zeitalter des Hochkonstitutionalismus und des Kulturkampfes, Berlin 1976.
HUBER, ERNST RUDOLF, Verfassungsgeschichte seit 1789, Bd. 3: Bismarck und das Reich, Bd. 4: Struktur und Krise des Kaiserreichs; Bd. 5: Weltkrieg, Revolution und Reichserneuerung 1914–1919, Stuttgart [u.a.] (1963), (1969) u. (1978).
HÜRTEN, HEINZ, Kurze Geschichte des deutschen Katholizismus 1800 – 1960, Mainz (1986).
HÜTT, WOLFGANG, Die Düsseldorfer Malerschule 1819–1869, Leipzig 1995.

KAMMER, CARL, Trierer Kulturkampfpriester – Auswahl einiger markanten Priester-Gestalten aus den Zeiten des preußischen Kulturkampfes (nach authentischen Berichten mit einem kurzen Leben des seligen Bischofs Matthias Eberhard und einer Einleitung), Trier 1926.
KATHOLISCHE PFARRGEMEINDE WALDBREITBACH (HG.), 750 Jahre katholische Pfarrgemeinde »Maria Himmelfahrt« Waldbreitbach – 125 Jahre Franziskanerbrüder vom Heiligen Kreuz, Hausen – 100 Jahre Klosterkirche der Franziskanerinnen der allerseligsten Jungfrau Maria von den Engeln, Waldbreitbach, Neuwied 1987. – zitiert: KATHOLISCHE PFARRGEMEINDE WALDBREITBACH (HG.), 750 Jahre »Maria Himmelfahrt« Waldbreitbach.
KISSLING, JOHANNES BAPTIST, Geschichte des Kulturkampfes im Deutschen Reiche, hg. im Auftrage des Zentralkomitees für die General-Versammlungen der Katholiken Deutschlands, 3 Bde., Freiburg/Br. 1911, 1913, 1916. – zitiert: KISSLING, Kulturkampf.
KISSLING, JOHANNES BAPTIST, Geschichte der deutschen Katholikentage, 2 Bde., Münster 1920–1923.– zitiert: KISSLING, Katholikentage.
KLEIN, SUSANNE, Maria Rosa Flesch: (1826–1906). Stifterin der Ordensgemeinschaft der Waldbreitbacher Franziskanerinnen, in: FRAUENBÜRO NEUWIED (HG.), Von Frau zu Frau, 148–159.
KOCH, LUDWIG S.J., Jesuiten-Lexikon, Paderborn 1934.
KOHL, ANDREAS, Schönstatt, das alte Kloster zu Vallendar, Limburg 1903.
KOSCH, WILHELM, Das katholische Deutschland, Bd. 1–3 [Schlüter], Augsburg 1933–1939.

KRACHT, HANS-JOACHIM, Adolph Kolping. Priester, Pädagoge, Publizist im Dienst christlicher Sozialreform, Freiburg 1993.
KRACHT, HANS-JOACHIM, Nächstenliebe – Ökonomie – Heilsverheissung. Das Erbe von Rosa Flesch im Spannungsfeld von Tradition und Fortschritt, in: MARIENHAUS GMBH WALDBREITBACH (HG.), Vertrauenssache. 100 Jahre Marienhaus GmbH Waldbreitbach. Ein Streifzug durch die Geschichte – Momentaufnahmen eines Festjahres, Waldbreitbach 2003, 29–33.
KRACHT, HANS-JOACHIM (HG.) unter Mitarbeit von WOLFGANG W. SCHERER und ULRIKE KLAES, Margaretha Rosa Flesch. Dokumente zu ihrem Leben, Trier (im Druck). – zitiert: KRACHT / SCHERER (HGG.), Flesch – Dokumente.

LANG, JUSTINUS, Flesch, in: LTHK 3 (3. Aufl. 1995) 1319.
LEMMENS, LEONHARD, OFM, Geschichte der Franziskanerinnen von Waldbreitbach 1863–1913. Festschrift zum 50jährigen Jubiläum der Genossenschaft, Trier, o. J. [1913]. – zitiert: LEMMENS, Festschrift.
LEXIKON FÜR THEOLOGIE UND KIRCHE. Neubearbeitete Auflage des Kirchlichen Handlexikons, hg. v. MICHAEL BUCHBERGER, 10 Bde., Freiburg 1930–1939.
2., völlig neu bearbeitete Auflage, hg. v. JOSEF HÖFER u. KARL RAHNER, 10 Vol., Registerband, 3 Ergänzungsbände (Das Zweite Vatikanische Konzil), Freiburg/Basel/Rom/Wien 1957–1968.
3., völlig neu bearbeitete Auflage, hg. v. WALTER KASPER, 11 Bde., Freiburg/Basel/Rom/Wien 1993ff.
LIESE, WILHELM, Geschichte der Caritas, 2 Bde., Freiburg 1922.
LIESE, WILHELM, Necrologium Paderbornense. Totenbuch Paderborner Priester (1822–1930), Paderborn 1934.
LILL, RUDOLF, Der Kulturkampf in Preußen und im Deutschen Reich (bis 1878), in: H. Jedin (HG.), Handbuch der Kirchengeschichte, Bd. VI: Die Kirche in der Gegenwart, 2. Halbband: Die Kirche zwischen Anpassung und Widerstand (1878 bis 1914), Freiburg/Br.-Basel-Wien 1973, 28–48.
LILL, RUDOLF, Die Wende im Kulturkampf – Leo XIII., Bismarck und die Zentrumspartei 1878–1880 (= Sonderausgabe aus: Quellen und Forschungen aus italienischen Archiven und Bibliotheken, Bd. 50 u. 52 – Für Gerd Tellenbach zum 17. September 1973), Tübingen 1973.
LORENZI, PHILIPP DE, Beiträge zur Geschichte sämtlicher Pfarreien der Diözese Trier, Bd. 1, Regierungsbezirk Trier; Bd. 2, Regierungsbezirk Koblenz, Trier 1887.
LOTH, WILFRIED, Katholiken im Kaiserreich. Der politische Katholizismus in der Krise des wilhelminischen Deutschlands, (Beiträge zur Geschichte des Parlamentarismus und der politischen Parteien, Bd.75), Düsseldorf (1984).
LÜTTGEN, FRANZ, Kolping auf den deutschen Katholikentagen, (Libelli Rhenani

Bd. 8, hg. von HEINZ FINGER), Köln 2004. – zitiert LÜTTGEN, Kolping – Katholikentage.
MAGAR, M. EDITH MARIA / MENZENBACH, M. HELMTRUDIS (HGG.), Gottes Liebe sucht das Kleine. Dank sei Gott dem Herrn, (Schallplatte), Studio Union Lahn-Verlag, Limburg 1980.
MAGAR, M. EDITH MARIA / FRIELING, HERIBERT {HGG.}, Ein christliches Gütesiegel. Der Leitbildprozeß in der St. Elisabeth-Stiftung Dernbach, Waldbreitbach 2000. – zitiert: MAGAR / FRIELING {HGG.}, Christliches Gütesiegel. Der Leitbildprozeß in der St. Elisabeth-Stiftung.
MATHES, Joseph, Tugendsterne Deutschlands seit der Glaubenspaltung. Ein Beitrag zur »Germania sacra«, von einem Priester der Diözese Regensburg, Missionsdruckerei Steyl 1902, 254/255.[Foto].
MEIßNER, GERHARD, Die Geschichte der Deutschordenskommende Waldbreitbach im Verbund der Ballei Koblenz 1602–1809. Dargestellt anhand der Visitationsakten der Ballei Koblenz im Landeshauptarchiv Koblenz, Typoskript Bonn 1989. [KOPIE GEMEINDEARCHIV WALDBREITBACH].
MEIWES, RELINDE, »Arbeiterinnen des Herrn«. Katholische Frauenkongregationen im 19. Jahrhundert, Frankfurt 2000. – zitiert: MEIWES, »Arbeiterinnen des Herrn«.
MEYER, WENDELIN OFM, Festpredigt zum 75jährigen Stiftungsfest am 13.3.1938, Waldbreitbach 1938.
MÖLICH, GEORG / OEPEN, JOACHIM / ROSEN, WOLFGANG (HGG.), Klosterkultur und Säkularisation im Rheinland. Eine Publikation des Landschaftsverbandes Rheinland, Essen 2002.
MÖNCKMEIER, FRIEDRICH, Die Rhein- und Moselzeitung. Ein Beitrag zur Entstehungsgeschichte der katholischen Presse und des politischen Katholizismus in den Rheinlanden, (Studien zur Rheinischen Geschichte 4), Bonn 1912.
MOLZ, GÜNTHER, Die »Malergräfin« Octavie de Lasalle von Louisenthal, Teil 1: Ihr künstlerischer Werdegang, in: VEREIN FÜR HEIMATKUNDE NONNWEILER E. V. (HG.), Beiträge zur Heimatgeschichte I, Völklingen 2003, 73–112. – zitiert: MOLZ, Lasalle, Teil 1.
MOLZ, GÜNTHER, Die »Malergräfin« Octavie de Lasalle von Louisenthal, Teil 2: Ihr künstlerischer Nachlaß, in: VEREIN FÜR HEIMATKUNDE NONNWEILER E. V. (HG.), Beiträge zur Heimatgeschichte II, Völklingen 2004, 129–183. – zitiert: MOLZ, Lasalle, Teil 2.
MONZ, HEINZ (HG.) Trierer Biographisches Lexikon, Trier 2000. – zitiert: MONZ (HG.), Trierer Lexikon.
MURKEN, AXEL HINRICH, Vom Armenhospital zum Großklinikum. Die Geschichte des Krankenhauses vom 18. Jahrhundert bis zur Gegenwart, Köln 3. Aufl. 1995. – zitiert: MURKEN, Geschichte des Krankenhauses.

NASSEN, FRIEDRICH, Die Kreuzkapelle bei Waldbreitbach an der Wied. Einiges über die Entstehung und Ausbreitung der beiden Franziskaner-Terziarier-Genossenschaften von Waldbreitbach. Mit zwei Abbildungen, Koblenz 1898.
NEU, HEINRICH / WEIGERT, HANS, Die Kunstdenkmäler des Kreises Neuwied, (CLEMEN, PAUL (HG.), Die Kunstdenkmäler der Rheinprovinz, Bd. 16) Düsseldorf 1940. – zitiert: NEU / WEIGERT, Kunstdenkmäler Neuwied.
NIGGEL, GÜNTER (HG.), Die Autobiographie. Zu Form und Geschichte einer literarischen Gattung, Darmstadt 1998.

o.V., in: BAUTZ (HG.), Biographisch-Bibliographisches Kirchenlexikon 2 (1993) 55 (LIT.).
o.V., Die Franziskanerinnen der allerseligsten Jungfrau Maria von den Engeln, St. Marienhaus bei Waldbreitbach, in: KAMMER, CARL (HG.), Das Bistum Trier, Trier 1934, 116–126.
o.V., Rekognoszierung Mutter Maria Rosas. Stifterin der Franziskanerinnen der allerseligsten Jungfrau Maria von den Engeln, Waldbreitbach o.J. [1960].

PASCAL, BLAISE, Gedanken. Nach der endgültigen Ausgabe übertragen von WOLFGANG RÜTTENAUER, Einführung von ROMANO GUARDINI, Bremen / Stuttgart 1937 u. ö. – zitiert: PASCAL, Gedanken.
PASCAL, BLAISE, Pensées et opuscules, ed. LÉON BRUNSCHVICG, Paris 1947. – zitiert: PASCAL, Pensées.
PELIKAN, JAROSLAV, Maria. 2000 Jahre in Religion, Kultur und Geschichte. Aus dem Englischen von BERNARDIN SCHELLENBERGER, Originaltitel: Mary Through the Centuries. Her Place in the History of Culture, Freiburg 1999.
PERSCH, MARTIN / EMBACH, MICHAEL (HGG.), Die Bischöfe von Trier seit 1803. Festgabe für Bischof Hermann Josef Spital, (Veröffentlichungen des Bistumsarchivs Trier Bd. 30), Trier 1996.
PERSCH, MARTIN / SCHNEIDER, BERNHARD (HGG.), Geschichte des Bistums Trier, Bd. 4, Auf dem Weg in die Moderne 1802–1880, (Veröffentlichungen des Bistumsarchivs Trier, Bd. 38), Trier 2000. – zitiert: PERSCH / SCHNEIDER (HGG.), Geschichte des Bistums Trier, Bd. 4.
PETRI, FRANZ / DROEGE, GEORG (HGG.), Rheinische Geschichte, Bd. 2: Neuzeit, Düsseldorf 1976.
PETRI, FRANZ / DROEGE, GEORG (HGG.), Rheinische Geschichte, Bd. 3: Wirtschaft und Kultur im 19. und 20. Jahrhundert, Düsseldorf 1979.
PETRI, HANS PETER (HG.), 1100 Jahre Linz am Rhein 874–1974, Linz 1974. – zitiert: PETRI (HG.), 1100 Jahre Linz.
PETRY, LUDWIG (HG.), Handbuch der historischen Stätten Deutschlands, Bd. 5,

Rheinland Pfalz und Saarland, Stuttgart 1959. – zitiert: PETRY (HG), Historischen Stätten, Bd. 5,
PICK, PAUL, Vallendar und seine Umgebung in Geschichte und Sage, o. J. [1903].
PLUM, HUBERT, Klosterschematismus aller selbständigen männlichen und weiblichen Ordensniederlassungen Deutschlands, Paderborn 1926, 82f.
POTTHOFF, A., Waldbreitbach, in: LThK 10 (2. Aufl. 1965) 929. (LIT.).

QUARDT, ROBERT, Das Buch vom guten Beispiel. Vom Leben und Wirken der Ordensschwestern, Bd. 1, Kevelaer 1961, 169–171.

REGEL UND STATUTEN der Schwestern des III. Ordens des hl. Franziskus zu Marienhaus bei Waldbreitbach in der Diözese Trier, Trier 1894.
RENNENBERG, ANGELA VON, Pionierinnen der Caritas (1866–1950), in: FRAUENBÜRO NEUWIED (HG.), Von Frau zu Frau, 14–29.
RENNENBERG, ANGELA VON, Matrona Brand (1865–1941), in: FRAUENBÜRO NEUWIED (HG.), Von Frau zu Frau, 77–87.
RENNENBERG, ANGELA VON, »...Schlicht und einfach unter den Menschen Leben...«, in: Festschrift 125 Jahre Waldbreitbacher Franziskanerinnen in der Region Trier, 1870–1995, Trier 1995, 21–27.
RICHTER, KLAUS, Neuwied am Rhein, gegründet 1653, Koblenz 2003.
ROCCA, G., Francescane di Santa Maria degli Angeli, in: G. PELLICIA / G. ROCCA (EDD.), Dizionario degli instituti di perfezione, Roma 1977, Vol. 4, 431f.
ROMEYK, HORST, Die leitenden staatlichen und kommunalen Verwaltungsbeamten der Rheinprovinz 1816–1945, (Publikationen der Gesellschaft für rheinische Geschichtskunde 69), Düsseldorf 1994. – zitiert: ROMEYK, Leitende Verwaltungsbeamte.

SANDER, MICHAEL, Katholische Arbeitervereine Berliner Richtung, in: Archiv für mittelrheinische Kirchengeschichte 37 (1985)115–135. (LIT.). – Zitiert: SANDER, Katholische Arbeitervereine.
SCHAMONI, WILHELM, Wunder sind Tatsachen. Eine Dokumentation aus Heiligsprechungsakten, Würzburg / Stein / Linz 4. Aufl. 1976.
SCHAMONI, WILHELM (HG.), Die seligen deutschen Ordensstifterinnen des 19. Jahrhunderts, Abensberg 1984. – zitiert: SCHAMONI (HG.), Ordensstifterinnen.
SCHATZ, KLAUS, Vaticanum I, 2 Bde, Paderborn / München / Wien / Zürich 1992f.
SCHEFFCZYK, LEO, Die theologischen Grundlagen von Erscheinungen und Prophezeiungen, Leutesdorf 1982.
SCHIFFLER, LOTTE, Die Antwort der Frau in der sich ändernden Welt, Münster 2. erw. Aufl. 1969, 43–46.

SCHNEIDER, BERNHARD / PERSCH, MARTIN (HGG.), Geschichte des Bistums Trier, Bd. 5, Beharrung und Erneuerung 1881–1981, (Veröffentlichungen des Bistumsarchivs Trier, Bd. 39), Trier 2004. (REG./LIT.)

SCHREINER, KLAUS, Maria – Jungfrau, Mutter, Herrscherin, dtv München 1996.

SCHUG, PETER, Dekanat Engers. (Pfarreien an der Wied und auf den Wiedhöhen), Neuwied 1950. – SCHUG, Engers.

SCHÜTZ, GERHARD, Waldbreitbach und seine Klöster, Neunkirchen 1906; Wiebelskirchen 21907.

SCHUTH, J., Aus der Frühzeit der katholischen Presse der Rheinlande (»Rhein- und Moselzeitung« und »Rhein- und Moselbote«), in: Archiv für mittelrheinische Kirchengeschichte 9 (1957) 148–165.

SCHLAGETER, JOHANNES, Franziskaner, in: Theologische Real-Enzyklopädie 11 (1983) 389–397.

SCHULTEN, JOHANNES, »Soziale Hygiene«. Buchrezension von ALFRED VON LINDHEIM, Saluti aegrorum – Aufgabe und Bedeutung der Krankenpflege im modernen Staate. Eine sozialstatistische Untersuchung, Leipzig 1905, in: Soziale Kultur 25 (1905) 390–398. – zitiert: SCHULTEN, »Soziale Hygiene«.

SCHULTEN, JOHANNES, Die kleinen ländlichen Schwesternniederlassungen und ihre Bedeutung für die Volksgesundheit, in: Soziale Kultur 27 (1907) 504–513. – zitiert: SCHULTEN, Schwesternniederlassungen.

SCHÜTZ, JACOB HUBERT, Das segensreiche Wirken der Orden und Kongregationen der katholischen Kirche in Deutschland, Paderborn 1926, 218—220.

SCHWAIGER, GEORG, Papsttum und Päpste im 20. Jahrhundert. Von Leo XIII. zu Johannes Paul II, München 1999.

[SIMON, MATRONA / HENNEKEN, EMANUELA], Mutter M. Rosa Flesch. Türbilder im Bildungshaus von Prof. KARL UNVERZAGT, Waldbreitbach, 1. Aufl. 1983; 6. Aufl. 2003.

[SIMON, MATRONA], Die Mutterhauskirche der Franziskanerinnen von Waldbreitbach, Waldbreitbach, o.J. – zitiert: SIMON, Mutterhauskirche.

[SIMON, MATRONA], Felsgrund wird Quellgrund. Übertragung des versiegelten Zinksarges der Dienerin Gottes, Mutter M. Rosa Flesch, Stifterin der Franziskanerinnen der allerseligsten Jungfrau Maria von den Engeln am 4. Oktober 1987 in die Mutterhauskirche des Marienhauses Waldbreitbach, Neuwied 1988.

SINNIGEN, ANSGAR OP, Katholische Frauengenossenschaften Deutschlands, (Deutsche Schwestern-Genossenschaften), Düsseldorf 2. Aufl. 1933, 161–164.

STADT ADENAU (HG.), 1000 Jahre Stadt Adenau. Aus der Geschichte der Johanniterstadt, Adenau 1992.

STATUTEN DER FRANZISCANER-TERTIARIER-SCHWESTERN von Waldbreitbach, Linz am Rhein o. J. [1869].

STEGMANN, FRANZ JOSEF, Geschichte der sozialen Ideen im deutschen Katholizismus; in: GREBING, HELGA (HG.), Geschichte der sozialen Ideen in Deutschland, (Deutsches Handbuch der Politik, Bd. 3), München-Wien 1969, 327–560.
STIERLI, JOSEF, Die Entfaltung der kirchlichen Herz-Jesu-Verehrung in der Neuzeit, in: DERS. (HG.), Cor Salvatoris. Wege zur Herz-Jesu-Verehrung, Freiburg 2. Aufl. 1956, 137–165.

THOMAS, ALOYS, Der Weltklerus der Diözese Trier seit 1800, Trier 1941. – zitiert: THOMAS, Weltklerus.
TORSY, JAKOB, Lexikon der deutschen Heiligen, Seligen, Ehrwürdigen und Gottseligen, Köln 1959, 381.
TORSY, JAKOB / KRACHT, HANS–JOACHIM, Der große Namentagskalender, Freiburg / Basel / Wien 2002, 107.
TREITZ, JAKOB, Michael Felix Korum. Bischof von Trier 1840–1921. Ein Lebens- und Zeitbild, München / Rom 1925. – zitiert: TREITZ, Korum.
TRIER, EDUARD / WEYRES, WILLY (HGG.), Kunst des 19. Jahrhunderts im Rheinland, 5 Bde., Düsseldorf 1979–1981. – zitiert: TRIER / WEYRES (HGG.), Kunst des 19. Jahrhunderts im Rheinland.

VOLLMER, RUDOLF (HG.), Unkel am Rhein. Chronik einer Stadt, Unkel 1995.

WEBER, CHRISTOPH, Kirchliche Politik zwischen Rom, Berlin und Trier 1876–1888. Die Beilegung des preußischen Kulturkampfes, (Veröffentlichungen der Kommission für Zeitgeschichte, Reihe B: Forschungen, Bd. 7), Mainz 1970.
WENDLANDT, HANS CARL, Die weiblichen Orden und Kongregationender katholischen Kirche und ihre Wirksamkeit in Preußen von 1818 bis 1918, Paaderborn 1934.
WENDLANDT, HANS CARL, Waldbreitbach, in: LTHK 10 (1. Aufl. 1938) 723.
WIENAND, ADAM (HG.), Das Wirken der Orden und Klöster in Deutschland, Bd. 2: Die weiblichen Orden, Kongregationen und Klöster, Säkularistitute/Weltgemeinschaften, Köln 1964, 448–452.
WIESEN, WILHELM / PEERENBOOM, ELSE, Die Entwicklung der Caritas während des 19. Jahrhunderts im Rheinland, Freiburg 1925, 36.
WIMMER, OTTO / MELZER, HARTMANN, Lexikon der Namen und Heiligen, Innsbruck/Wien/München, 4. erw. Aufl. 1982.
ZIMMERMANN, WILHELM, Die Anfänge und der Aufbau des Lehrerbildungs- und Volksschulwesens am Rhein, Bd. 3: Der Aufbau des Lehrerbildungs- und Volksschulwesens unter der preußischen Verwaltung 1814–1840 (1846), Köln 1963. – zitiert: ZIMMERMANN, Volksschulwesen.

BIOGRAMM MARGARETHA ROSA FLESCH

24.2.1826 – *Margaretha Flesch als erstes Kind der Eheleute Johann Georg Flesch (* 11.3.1793 Urbar / Niederberg – † 2.4.1842 Waldbreitbach und Agnes Breitbach (* 26.2.1797 Vallendar – † 3.4.1832 Orsbach) in Schönstatt / Vallendar geboren.*
Taufpate: Peter Demond.
1827 – Einteilung der Erzdiözese Köln in 44 und der Diözese Trier in 26 Dekanate nach der kirchlichen Neuordnung durch die päpstliche Bulle »De salute animarum« von 1821.
1927 – *Geburt der Schwester Maria Anna Flesch in Schönstatt / Vallendar – † 31.3.1862 Waldbreitbach / Keltermühle.*
1829 – *Geburt der Schwester Christine Flesch.*
3.4.1832 – *Tod der Mutter in Orsbach / Unkel.*
21.11.1832 *Wiederheirat des Vaters mit Anna Helene Richarz, geb. Fuchs (* 10.3.1798 Orsberg / Erpel – † 9.12.1877 Waldbreitbach / Marienhaus).*
1834 – *in Linzhausen bei Linz / Rhein.*
Geburt des Bruders Ägidius.
1837 – *in der Fahrer Mühle bei Irlich / Rhein.*
Geburt des Bruders Johann.
20.11.1837 – »Kölner Ereignis« – Erzbischof Klemens August von Droste Vischering wegen seiner Haltung im Mischehenstreit von der preußischen Regierung verhaftet und bis 1839 auf der Festung Minden festgesetzt.
Gegen diesen Übergriff des Staates protestiert der Koblenzer Johann Joseph von Görres (1776–1848) mit großem Erfolg durch seine Schrift »Athanasius«.
Der Pädagoge Friedrich Fröbel (1782–1852) hatte 1837 in Blankenburg in Thüringen – auf Ideen Pestalozzis basierend – den ersten Kindergarten gegründet. In Preußen waren seine Einrichtungen von 1851–1860 verboten. [H. HEILAND, Friedrich Fröbel in Selbstzeugnissen und Bilddokumenten, Reinbek 1995.].
1838 – *Umzug der Familie nach Waldbreitbach – Fockenbachtal – Pacht der Keltermühle im Fockenbachtal – 30.5.1853 Kauf der Keltermühle durch Anna Helene Flesch, verw. Richarz, geb. Fuchs. – 10.5.1878 Rosa Flesch und ihre Geschwister verkaufen die Mühle an den Fürsten zu Wied. Sie mußten die Mühle selbst abreißen. Einziges Erinnerungsstück: Mühlstein im Mutterhaus.*
1839 – Neugotische Kirche auf dem Apollinarisberg bei Remagen nach den Plänen des Kölner Dombaumeisters Ernst Friedrich Zwirner (1802–1861) bis 1843 erbaut.

1840

1840 – *Erste Hl. Kommunion – Waldbreitbach.*
2.4.1842 – *Tod des Vaters – Verpflichtung Margarethas zum Unterhaltsbeitrag für die Familie.*
1.4.1844 – *Geburt der Stiefschwester Elisabeth Fuchs.*
9.7.1844 – *Firmung in Waldbreitbach [Bischof Wilhem Arnoldi] – mit ihren Schwestern Marianne, Christine, Stiefbruder Peter Richarz und Petrus Wirth.*
18.8.1844–6.10.1844 – Hl.-Rock-Wallfahrt - Bischof Arnoldi in Trier – Proteste des Historikers und Politikers Heinrich von Sybel (1817–1895).
1845 Verbreitung der Doppelstich–Nähmaschine in Deutschland –
16.6.1846 – Wahl von Papst Pius IX.
1848 – Revolution.

1850

1851 – *Aufenthalt bei Verwandten in Vallendar.*
31.10./1.11.1851 – Umzug von Margaretha Flesch in eine der beiden Klause an der Kreuzkapelle.
27.1.1852 – *Heirat des Stiefbruders Peter Richarz mit Christina Homberg aus Over.*
1852–1863 – *Tätigkeit als Handarbeitslehrerin.*
5.2.1853 – *Geburt Patenkind Peter Richarz – † 13.5.1856.*
1853 – *Kontakte zum dritten Orden des Hl. Franzikus.*
28.11.1854 – *Heirat der Schwester Christine Flesch mit Wilhelm Hertling aus Kurtscheid in Waldbreitbach, St. Mariae Himmelfahrt – Traupriester Pfr. Gomm.*
8.12.1854 – Dogma: »Unbefleckte Empfängnis Mariens«.

1855

22.10.1855 – *Geburt Patenkind Peter Hertling – † [???].*
1856 – Erste Gefährtin schließt sich an: Maria Bonner.
1856 – Zweite Gefährtin schließt sich an: Gertrud Beißel.
19.3.1857 – Kauf eines Ackers auf dem Kapellenberg für 45 Taler.
10.6.1857 – Kauf eines Ackers auf dem Kapellenberg für 35 Taler.
8.6.1858 – *Hochzeit des Halbbruders Ägidius Johann Flesch mit Anna Tibi aus Breitscheid in Waldbreitbach, St. Mariae Himmelfahrt – Traupriester Pfr. Gomm.*

vor 8.5.1860 – Auszug von Margaretha Flesch und ihren Gefährtinnen aus der Klause an der Kreuzkapelle und Mieten einer Wohnung von Witwe Lay in Hausen – Überlassung der Gebäude an Peter Wirth und Anton Weber.
10.1861 – Baubeginn des ersten Hauses auf dem Kapellenberg.
31.3.1862 – *Tod der Schwester Maria Anna Flesch in Waldbreitbach / Keltermühle.*
12.6.1862 – Gründung der Gemeinschaft der »Franziskanerbrüder vom Heiligen Kreuz« [FFSC] in der Kreuzkapelle – Erste Profeß: Petrus Wirth und Anton Weber.
17.1.1863 – Genehmigung von Bischof Arnoldi zur Gründung der Genossenschaft und zum Ablegen der Gelübde.
13.3.1863 – 1. EINKLEIDUNG:
In der Kreuzkapelle vor Pfarrer Jakob Gomm Übergabe des Ordenskleides und Ablegen der Gelübde von Armut, Keuschheit und Gehorsam:
Margaretha Flesch – ON: Schwester M. Maria Rosa vom hl. Josef,
Margaretha Bonner – ON: Schwester M. Maria Franziska vom hl. Aloysius und
Gertrud Beissel – ON: Schwester M. Maria Teresia vom hl. Franziskus – Gründung der Ordensgemeinschaft und Anschluß an den Franziskanerorden.
24.4.1863 – 1. FILIALE ADENAU –
St. Josef–Krankenhaus – Kinder–Bewahr– und Handarbeitsschule mit ca. 10 Kindern – Haus: Anton Kaiser – Gründung 24.4.1863 – Schwestern: 1.
Pfarrer Johann Hippolyth Parsch, (1822–1890)
Gründungsoberin: Sr. M. Theresia Beissel – 24.4.1863
2. Oberin: Sr. M. Rosa II. Becker – 5.2.1865 –
3. Oberin: Sr. M. Gertrud Rieth – 25.2.1866 –
4. Oberin: Sr. M. Hedwig Streit – 17.4.1868 –
5. Oberin: Sr. M. Vincentia Lütz – 8.10.1868–10.1869 [abgesetzt] –
6. Oberin: Sr. M. Angela Plag – 28.5.1874 –
7. Oberin: Sr. M. Gregoria Geile – 7.1881 –
8. Oberin: Sr. M. Crescentia Bruch – 27.12.1888 –
9. Oberin: Sr. M. Evangelista Stumm – 11.10.1893 –
6.10.1863 – 2. EINKLEIDUNG:
In der Kreuzkapelle vor Pfarrer Jakob Gomm Übergabe des Ordenskleides und Ablegen der Gelübde von Armut, Keuschheit und Gehorsam:
Elisabeth Becker – ON: Sr. M. Rosa II.
Sophia Kröll – ON: Sr. M. Agnes
Christina Kröll – ON: Sr. M. Klara
Katharina Andres – ON: Sr. M. Magdalena.
Anna Maria Jung – ON: Sr. M. Antonia

Mitgift der Geschwister Kröll: Fruchtbare Ackergrundstücke im Wiedbachtal.
29.4.1864 – 3. EINKLEIDUNG:
In der Kreuzkapelle Übergabe des Ordenskleides und Ablegen der Gelübde von Armut, Keuschheit und Gehorsam:
Katharina Eudenbach – ON: Sr. M. Elisabeth
Maria Anna Diestelrath – ON: Sr. M. Anastasia
Elisabeth Simons – ON: Sr. M. Agatha
Margaretha Rieht – ON: Sr. M. Gertrud
3.5.1864 – 2. FILIALE OBERZISSEN –
St. Josefs-Haus – Krankenpflege – Haushaltungs- Handarbeits- und Kinder-Bewahrschule – Gründung: 3.5.1864 – Schwestern: 3 –
Pfarrer Johann Wilhelm Nöhren (1802–1865) –
Pfarrer Leonhard Pellio (1857–1926) –
Gründungsoberin: 3.5.1864–4.11.1865 Sr. M. Anastasia Diestelrath –
2. Oberin: 4.11.1865–9.7.1866 Sr. M. Agnes Kröll –
3. Oberin: 9.7.1866–24.10.1872 Sr. M. Crescentia Schmitz –
4. Oberin: 24.10.1872–27.5.1874 Sr. M. Franziska Bonner –
5. Oberin: 27.5.1874–1.7.1883 Sr. M. Hedwig Streit –
6. Oberin: 2.7.1883–1.8.1887 Sr. M. Gudulla Schmidt –
7. Oberin: 2.11.1887–12.12.1888 Sr. M. Leocadia Pauli
8. Oberin: 12.12.1888–31.8.1905 Sr. M. Isabella Christen –
9. Oberin: 31.8.1905–5.10.1908 Sr. M. Liberta Kolles –
6.6.1864 – 4. EINKLEIDUNG:
Magdalena Jung – ON: Sr. M. Juliana
Anna Maria Rademacher – ON: Sr. M. Brigitta
3.9.1864 – *Tod der Schwester Christine Hertling – Flesch Meiderich / Pfr. Hamborn.*
18.11.1864 – Pfarrer Gomm – erster bischöflicher Kommissar.
1864 – Friedrich Wilhelm Raiffeisen (1818–1888) gründet in Neuwied die erste Spar- und Darlehnskasse.
1864 – Kauf von zwei Äckern und einer Wiese.
1864–1874 – Erweiterungsbauten Mutterhaus.

1865

1865 – Katholikentag Trier.
5.2.1865 – 3. FILIALE WADERN / Krs. Merzig –
St. Elisabeth–Krankenhaus – Krankenpflege – Gründung: 5.2.1865 –
Schwestern: 1 –

Der Pfarrer von Wadern Paul Flesch (1831–1907) hatte Ende 1866 Octavie de Lasalle vorgeschlagen, für die Gemeinschaft das alte Kapuzinerkloster zu erwerben.
Gründungsoberin: 5.2.1865–1.6.1866 Sr. M. Theresia Beissel –
2. Oberin: 21.6.1866–29.7.1870 Sr. M. Anastasia Diestelrath –
3. Oberin: 20.7.1870–1.5.1885 Sr. M. Bibiana Stuppertz –
4. Oberin: 1.5.1885–28.7.1898 Sr. M. Apollonia Gauer –
5. Oberin: 28.7.1898–1919 Sr. M. Martina Bruch.
1866 – Entsendung von Schwestern in das Kriegslazarett Andernach.
11.1.1866 – 4. FILIALE RUWER / Trier –
St. Josef–Krankenhaus – Krankenpflege – Handarbeits- und Kinder-Bewahrschule –
Gründung: 11.1.1866 – Schwestern: 3 –
Pfarrer Philipp Diel (1827–1886) –
Gründungsoberin: 11.1.1866–20.6.1870 Sr. M. Rosa II. Becker –
2. Oberin: 22.6.1870–24.9.1883 Sr. M. Ursula Wallenborn –
3. Oberin: 24.9.1883–26.9.1898 Sr. M. Bernardin Plein –
4. Oberin: 28.9.1898–23.5.1899 Sr. M. Claudia Eschweiler –
5. Oberin: 23.5.1899–25.6.1903 Sr. M. Petra Schläder –
6. Oberin: 1.7.1903–16.4.1913 Sr. M. Mechtilde Wisser –
17.2.1867 – 5. FILIALE COCHEM / Mosel –
St. Franziskus–Haus Krankenpflege – Handarbeits- und Kinder-Bewahrschule –
Gründung: 17.2.1867 – Schwestern: 3.
Pfarrer Peter Hartmann (1815–1889) –
Gründungsoberin: 27.2.1867–24.1.1872 Sr. M. Veronika Heinen –
2. Oberin: 26.1.1872–27.10.1873 Sr. M. Dominica Brück – [Austritt] –
3. Oberin: 24.1.1872–10.4.181881 Sr. M. Bertha Holzinger –
4. Oberin: 23.4.1881–8.1885 Sr. M. Apollonia Gauer –
5. Oberin: 2.9.1885–3.2.1901 Sr. M. Pulcheria Ferger –
6. Oberin: 24.10.1902–14.2.1918 Sr. M. Eberharda Theis.
19.3.1867 – 6. FILIALE BENDORF / Koblenz –
St. Josephshaus Krankenpflege – Handarbeits– und Kinder–Bewahrschule –
Gründung: 19.3.1867 – anders: 15.3. – Schwestern: 2 –
Pfarrer Dr. Johann Friedrich Karl Fries (1816–1901).
Gründungsoberin: 15.3.1867–16.7.1867 Sr. M. Theresia Beissel –
2. Oberin: 16.7.1867–25.4.1871 Sr. M. Salesia Fresmann –
[als Oberin abgesetzt] –
3. Oberin: 14.11.1871–28.11.1883 Sr. M. Felicitas Freilinger –
4. Oberin: 28.11.1883–23.12.1886 Sr. M. Josephine Braun –
5. Oberin: 10.1.1883–31.7.1891 Sr. M. Dorothea Breuer –
6. Oberin: 3.7.1891–17.9.1901 Sr. M. Apollinaria Zerfaß –

7. Oberin: 26.9.1901–1.4.1918 Sr. M. Emilia Joras.
6.4.1867 – 7. FILIALE NEUWIED –
Waisenhaus – Krankenpflege – Handarbeits- und Kinder-Bewahrschule –
Haus: Mietshaus Marktstr. – Gründung: 6.4.1867 – anders: 25.12.1866 – Schwestern: 3 –
[5.11.1872] »Um den Schwestern in Neuwied ein Haus zu kaufen, wurde beschlossen, eine Hypothek von 4000 Talern hier aufs Mutterhaus zu machen, weil auf dieser Filiale keine Mittel dafür sind«.
Pfarrer Wilhelm Rademacher (1828–1901) –
Gründungsoberin: 6.4.1867–5.4.1868 Sr. M. Christine Ewen –
2. Oberin: 6.4.1868–12.7.1871 Sr. M. Modesta von der Lahr –
3. Oberin: 1.3.1869–26.1.1872 Sr. M. Dominica Brück [Austritt] –
4. Oberin: 13.7.1871–19.1.1872 Sr. M. Elisabeth Eudenbach –
5. Oberin: 19.1.1872–11.1883 Sr. M. Pulcheria Ferger –
6. Oberin: 5.11.1883–22.9.1894 Sr. M. Ursula Wallenborn –
7. Oberin: 24.9.1894–21.7.1896 Sr. M. Clotilde Lenzen –
8. Oberin: 21.7.1896–19.11.1901 Sr. M. Lidwina Mertes –
9. Oberin: 1901–6.11.1904 Sr. M. Angelina Christen –
10. Oberin: 14.11.1904–27.9.1912 Sr. M. Onufria Hehnen.
vor 4.6.1867 – Martin Weiler wird Rektor der Franziskaner-Gemeinschaften von Waldbreitbach.
2.7.1867 – Ewige Profeß in der Kreuzkapelle der »Franziskanerbrüder vom Heiligen Kreuz« [FFSC]: Petrus Wirth und Anton Weber.
19.7.1867 – Kirchliche Genehmigung zur Zelebration und Aufbewahrung des Allerheiligsten in der Hauskapelle.
25.7.1867 – 8. FILIALE NIEDERBREISIG
St. Josefshaus – Gründung: 25.7.1867 – anders: 25.1.1867 – Krankenpflege – Handarbeits- und Kinder-Bewahrschule – Schwestern: 3 –
Pfarrer Bartholomäus Gommelshausen (1815–1868) –
Pfarrer Franz Gottfried Zürn (1868–1913) –
Gründungsoberin: 25.7.1867–1.8.1870 Sr. M. Johanna Schmitt –
2. Oberin: 2.8.1870–9.1.1872 Sr. M. Notburga Endres –
3. Oberin: 10.1.1872–4.4.1873 Sr. M. Josepha Thelen –
4. Oberin: 5.4.1873–6.1.1880 Sr. M. Theodora Meckel –
[abgelöst wegen Untauglichkeit] –
5. Oberin: 6.1.1880–2.9.1885 Sr. M. Notburga Endres –
6. Oberin: 2.9.1885–22.11.1888 Sr. M. Germana Hens –
7. Oberin: 22.11.1888–2.6.1889 Sr. M. Clotilde Lenzen –
8. Oberin: 13.6.1889–1.8.1894 Sr. M. Auguste Thomas –

9. Oberin: 2.8.1894–7.9.1896 Sr. M. Hildegundis Thönis –
10. Oberin: 9.9.1896–5.10.1908 Sr. M. Leonilla Wilhelmi.
13.11.1867 – Inthronisation von Bischof Matthias Eberhard in Trier.
1867 – 39 Schwestern eingetreten.
7.12.1867 – 9. FILIALE ANDERNACH –
St, Josefshaus – Gründung: 7.12.1867 – Krankenpflege – Handarbeits- und Kinder-Bewahrschule – Schwestern: 3 –
Pfarrer Dr. Johann Matthias Watterich (1826–1904) –
Gründungsoberin: 7.12.1867–[?].4.1870 Sr. M. Theresia Beissel –
2. Oberin: 25.4.1870–1.5.1881 Sr. M. Ambrosia Müller –
3. Oberin: 18.5.1881–8.8.1884 Sr. M. Dorothea Breuer –
4. Oberin: 8.8.1884–12.8.1891 Sr. M. Hyazintha Müller –
5. Oberin: 12.8.1891–11.2.1893 Sr. M. Raphaela Regneri –
6. Oberin: 11.2.1893–17.7.1896 Sr. M. Vinzentia Schmitz –
7. Oberin: 21.7.1896–6.10.1908 Sr. M. Clotilde Lenzen.
1868 – Philipp de Lorenzi wird Generalvikar in Trier.
15.7.1868–21.6.1871 – 10. FILIALE NIEDERWENIGERN / Krs. Hattingen
St. Elisabeth-Krankenhaus – Gründung: 15.7.1868–21.6.1871 – Krankenpflege – Handarbeits- und Kinder-Bewahrschule – Schwestern: 3.
Pfarrer Ludwig Franz Albert Struck (1815–1882) –
Pfarrer Johann Konrad Dreps (1827–1902) –
Gründungsoberin: 15.7.1868–21.6.1871 Sr. M. Ignazia Jansen –
2. Oberin: 21.6.1871–7.1883 Sr. M. Rosa II. Becker –
3. Oberin: 4.8.1883–17.3.1903 Sr. M. Anastasia Marks –
4. Oberin: 20.3.1905– 1917 Sr. M. Eucharia Ley –
10.11.1868 – 11. FILIALE ENGERS –
Krankenhaus St. Augustin – Gründung: 10.11.1868 – Krankenpflege – Handarbeits- und Kinder-Bewahrschule – Schwestern: 3 –
Pfarrer und Dechant Jakob Gomm
Gründungsoberin: 10.11.1868–17.8.1883 Sr. M. Augustina Simons –
[Dauer gegen die Satzung] –
2. Oberin: 17.8.1883–25.4.1894 Sr. M. Rosalia Adams –
3. Oberin: 26.4.1894–17.5.1919 Sr. M. Coletta Adams.
26.10.1868 – 12. FILIALE VÖLKLINGEN / Krs. Saarbrücken –
Knappschafts-Krankenhaus – Gründung: 26.10.1868 – anders: 22.10. – Krankenpflege – Schwestern: 4 –
4.8.1884 Ratsbeschluß – Auflösung –
1.12.1892 Wiedergründung –
Pfarrer Matthias Uters (1808–1873) –

Gründungsoberin: 26.10.1868–22.6.1870 Sr. M. Elisabeth Eudenbach
2. Oberin: 23.6.1870–11.4.1874 Sr. M. Engratia Nurgens –
3. Oberin: 11.4.1874–8.1879 Sr. M. Crescentia Schmitz –
4. Oberin: 8.1879–11.1880 Sr. M. Salesia Freesmann –
5. Oberin: 11.1880–31.3.1885 Sr. M. Leonilla Wilhelmi.
Pfarrer Josef Stölben (1848–1899) –
Gründungsoberin – [Wieder–Gründung] 1.12.1892 – 28.10.1895 Sr. M. Rosina Wilhelmi.
19.6.1868 – EWIGE PROFEß MUTTER ROSA –
3 Ewige Professen
Sr. M. Theresia Beißel – Sr. M. Franziska Bonner
3 Erste Professen
Sr. M. Josepha Thensen – Sr. M. Arsenia Fuchs [Stiefschwester von Mutter Rosa] – Sr. M. Gonzaga Klein –
5 Einkleidungen
Sr. M. Sabina Thonnia – Sr. M. Monica Ruhlofs – Sr. M. Zitta Graf – Sr. M. Timothea Schmitt – Sr. M. Eulalia Küpper –
2.2.1869 – 13. FILIALE LIESER –
St. Josefshaus – Gründung: 2.2.1869 – anders: 14.2. – Krankenpflege – Handarbeits- und Kinder-Bewahrschule – Schwestern: 2 –
Pfarrer Georg Goeth (1826–1895) –
Gründungsoberin: 14.2.1869–1.12.1874 Sr. M. Hildegard Wallenborn –
2. Oberin: 6.12.1874–8.1882 Sr. M. Josephine Braun –
3. Oberin: 30.8.1882–7.5.1883 Sr. M. Evangelista Stumm – [abgesetzt] –
4. Oberin: 8.1882–24.9.1894 Sr. M. Sophie Gerhards –
5. Oberin: 24.9.1894–10.10.1905 Sr. M. Germana Hens –
6. Oberin: 10.10.1905–9.1917 Sr. M. Sebalda Schmitz –
16.2.1869 – 14. FILIALE HERMESKEIL –
St. Josef-Krankenhaus – Gründung: 16.2.1869 – Krankenpflege – Handarbeits- und Bewahrschule – Schwestern: 3 –
Pfarrer Johann Blum (1824–1891) –
Gründungsoberin: 16.2.1869–23.11.1874 Sr. M. Ottilia Scheerer –
2. Oberin: 24.11.1874–7.5.1883 Sr. M. Antonia Mienes –
3. Oberin: 7.5.1883–3.9.1885 Sr. M. Sophia Gerhards –
4. Oberin: 3.9.1885–18.8.1890 Sr. M. Paula Kaseler –
5. Oberin: 18.8.1890 –19.10.1916 Sr. M. Pankratia Henrich –
1.5.1869 – 15. FILIALE FARSCHWEILER / Krs. Trier –
Gründung: 1.5.1869 – Krankenpflege – Schwestern: 2 –
Pfarrer Johann Wilhelm Peter Staas (1892–1903) –

Gründungsoberin: 1.5.1869–23.1.1872 Sr. M. Johanna Schmitt –
2. Oberin: 4.2.1872–1.7.1883 Sr. M. Blandina Reifenschneider –
3. Oberin: 15.11.1872–3.1875 Sr. M. Regina Brücken [Austritt] –
4. Oberin: 1.7.1883 –28.2.1896 Sr. M. Hedwig Streit –
5. Oberin: 28.2.1896–5.10.1898 Sr. M. Severina Theisen –
6. Oberin: 5.10.1898–26.10.1901 Sr. M. Zitta Steinheuer –
16.9.1869 – Bestätigung der Statuten der Genossenschaft durch Bischof Mathias Eberhard
21.10.1869 – 1. GENERALKAPITEL:
Abgegebene Stimmen: 72 gültige; 5 ungültige. Die 72 gültigen Stimmen fielen sämtlich auf Schwester Maria Rosa I.
8.12.1869 – Eröffnung des I. Vatikan. Konzils – 18.7.1870 Dogma: »Unfehlbarkeit des Papstes in Fragen der Glaubens- und Sittenlehre der Kirche« –

1870

14.1.1870 – 16. FILIALE TRIER – St. Paulin –
Marienkrankenhaus – Gründung: 14.1.1870 – Krankenpflege – Kinder-Bewahrschule – Schwestern: 3 –
Pfarrer Friedrich von Kloschinsky (1827–1908) –
Gründungsoberin: 14.1.1870–6.4.1870 Sr. M. Timothea Schmitt –
2. Oberin: 6.4.1870–9.11.1880 Sr. M. Jucunda Scharpenseel –
3. Oberin: 10.11.1880–5.3.1892 Sr. M. Pelagia Bommes –
4. Oberin: 5.3.1892–20.6.1902 Sr. M. Ignatia Brück –
5. Oberin: 23.9.1902–2.8.1909 Sr. M. Crescentia Bruch –
21.2.1870 – 17. FILIALE TRIER–EUREN –
Gründung: 21.2. – anders: 7.3.1870 – Auflösung: 1.8.1870 wegen Ausbruch des Krieges und Schwesternmangel – Krankenpflegestation – Schwestern: 3 –
Pfarrer Hubert Bellinger (1830–1888)
Gründungsoberin: Sr. M. Melania Lehmacher.
29.7.1870 – Versetzung von Rektor Martin Weiler als Pfarrer nach Kreuzweiler.
1870–1871 – Im Deutsch-französischen Krieg Dienst von Mutter Rosa Flesch in verschiedenen Lazaretten: 12.8.–23.8. Völklingen Kriegslazarett – 22.8.–22.9. Trier / Bahnhofs-Lazarett – 22.9.–13.11. Corny / Etappenlazarett – 10.10. Pont-á-Mousson / Lazarett-Priesterseminar – 20.10. in Pont-á-Mousson schwer an Ruhr erkrankt – 4.11. Novéant – 13.11.–21.12. Longeville / Metz / Feldlazarett VI.
1870 – Gründung der Zentrumspartei unter Mitwirkung der Koblenzer Brüder August und Peter Reichensperger (1810–1892).
17.9.1870 – Konrad Probst wird Rektor der Klöster in Waldbreitbach († 8.5.1915).

1871–1887 – Kulturkampf, der den Gegensatz zwischen Preußen und dem rheinischen Katholizismus wieder aufbrechen läßt.
28.3.1871 – Tod des Gründers der Franziskanerbrüder vom Heiligen Kreuz Bruder Jakobus Wirth
28.10.1871 – schenkte Octavie de Lasalle von Louisenthal (1811–1890) M. Rosa Flesch zwei kleine Ölbilder, die eine Herz-Jesu-Vision Mutter Rosas darstellen – Mutter Rosa verschenkte sie an ihre Halbbrüder Johann und Ägidius.
31.12.1871 – Verleihung des Eisernen Kreuzes für Heimatverdienste am weiß-schwarzen Bande durch Kaiserin Augusta – Mitglied des Veteranenvereins Neuwied.
10.1872 – 2. GENERALKAPITEL:
1872 – ERSTER BESUCH EINES BISCHOFS – WEIHBISCHOF JOHANN JAKOB KRAFT
19.1.1872 – 18. FILIALE ST. WENDEL
Marienkrankenhaus St. Wendel – Krankenpflege – Kinder-Bewahrschule – Gründung: 19.1.1872 – Schwestern: 3 –
Pfarrer Theodor Creins (1789–1874)
Gründungsoberin: 19.1.1872–4.10.1883 Sr. M. Elisabeth Eudenbach –
2. Oberin: 4.10.1883–21.9.1904 Sr. M. Calista Schmitz –
3. Oberin: 21.9.1904–5.8.1914 Sr. M. Severina Theisen –
13.3.1873 – 10. JÄHRIGES BESTEHEN DER GEMEINSCHAFT
22.11.1873 – Genehmigung der Regierung in Koblenz für Mutter Rosa für eine »Privat- Kranken- und Irrenanstalt«.
12.1873 – malte Octavie de Lasalle von Louisenthal (1811–1890) für M. Rosa Flesch das Allegorie-Gemälde, auf der der 1874 verhaftete Bischof Eberhard von Trier als Gefesselter zu sehen ist.
1874 – Umzug von Rektor Probst von Hausen ins Mutterhaus Waldbreitbach –
März 1874 – Im Kulturkampf werden Erzbischof Paulus Melchers (1813–1895) von Köln und Bischof Matthias Eberhard (1815–1876) von Trier wegen Nichtbeachten der Mai-Gesetze inhaftiert.
14.11.1874 – 19. FILIALE GEBHARDSHAIN / Krs. Altenkirchen –
Gründung: 14.11.1874 – anders: 14.12. – Krankenpflege – Schwestern: 3 –
Pfarrer Kröll, Michael (1839 –1917) –
Gründungsoberin: 14.12.1874–27.10.1879 Sr. M. Engelberta Faber –
2. Oberin: 27.10.1879–5.7.1880 Sr. M. Perpetua Braun –
3. Oberin: 6.7.1880–1881 Sr. M. Luziana Collet.

5.3.1875 – 20. FILIALE MUDERSBACH / Krs. Altenkirchen
St. Josefshaus – Krankenpflege – Handarbeitsschule – Gründung: 5.3.1875 – Schwestern: 3
Pfarrer Gerhard Schütz (1832–1907) –
Gründungsoberin: 5.3.1875–1.6.1883 Sr. M. Ottilia Scheerer –
2. Oberin: 8.6.1883–2.9.1885 Sr. M. Germana Hens –
3. Oberin: 2.9.1885–3.7.1897 Sr. M. Rufina Mihlen–
4. Oberin: 4.7.1897–27.9.1901 Sr. M. Fabiana Escher –
5. Oberin: 28.9.1901–14.4.1903 Sr. M. Aquila Buhr –
6. Oberin: 14.4.1903–1.4.1907 Sr. M. Justina Esser –
7. Oberin: 15.4. – anders: 23.9. – 1907–18.8.1916 Sr. M. Eliazar Peters.
11.5.1875 – 21. FILIALE SAARLOUIS –
[Letzte Gründung Mutter Rosas]
St. Elisabeth-Krankenhaus –Krankenpflege – Gründung: 11.5.1875 – Schwestern: 3
Pfarrer Franz Hecking (1798–1881)
Gründungsoberin: 11.5.1875–9.12.1879 Sr. M. Liliosa Lehmann –
[wegen Untauglichkeit abberufen – vernichtete um 1885 den Gründungsbericht von Mutter Rosa] –
2. Oberin: 2.1.1880–27.12.1883 Sr. M. Johanna Schmitt –
3. Oberin: 27.12.1883–28.1.1887 Sr. M. Modesta Probst–
4. Oberin: 15.2.1887–3.8.1890 Sr. M. Elisabeth Eudenbach –
5. Oberin: 8.1890–15.12.1901 Sr. M. Maura Jungblut –
6. Oberin: 17.12.1901–23.3.1908 Sr. M. Apollinaria Zerfaß.
3.8.1875 – 3. GENERALKAPITEL:
Wahl 40 Schwestern anwesend, die 86 Stimmen abzugeben hatten. Von den 86 abgegebenen Stimmen fielen 85 auf Mutter Rosa Flesch; eine Stimme war ungültig.
16.11.1875 *Hochzeit des Halbbruders Johann Flesch mit Anna Katharina Arenz aus Herschbroich – (∗ 21.10.1838 –† 19.11.1878) –*
30.5.1876 – Tod von Bischof Matthias Eberhard in Trier.
29.11.1876 – *Geburt des Patenkindes Dominik.*
9.12.1877 – *Tod der Stiefmutter Anna Helene Richarz, geb. Fuchs in Waldbreitbach / Marienhaus.*
16.8.1878 – 4. GENERALKAPITEL:
Wahl von Sr. M. Agatha Simons zur Generaloberin – Die 49 anwesenden Schwestern hatten 84 Stimmen abzugeben. Von diesen 84 abgegebenen Stimmen erhielten: Schwester M. Agatha: 60 – Schwester M. Rosa von Niederwenigern: 12 – Ungültige Stimmen: 12.

1878 – Mutter Rosa einfache Schwester in Niederwenigern.
19.11.1878 – *Tod der Frau des Bruders Johann: Anna Katharina Arenz aus Herschbroich.*
20.2.1879 – Wahl von Papst Leo XIII. – 3.3.1878 Krönung.
22.4.1879 – *2. Hochzeit des Halbbruders Johann Flesch mit Katharina Lohr aus Adenau (*16.2.1853 – † 27.3.1903).*

1880

1880–1884 – Mutter Rosa Schwester in Bendorf und Andernach.
16.2.1880 – Einkleidung während des Kulturkampfes:
Sr. M. Colletta Ditsch (1846–1880) – eingetreten 29.2.1875
Sr. M. Antonia Mienes (1844–1891) – eingetreten 2.7.1874
Sr. M. Leokadia Pauli (1845–1893) – eingetreten 4.10.1874
Sr. M. Josepha Freilinger (1847–1901) – eingetreten 2.2.1875.
15.10.1880 – Feier der Vollendung des Kölner Dombaus.
12.7.1881 – 5. GENERALKAPITEL:
Vereitelung der Wiederwahl von M. Rosa Flesch zur Generaloberin – Wiederwahl von Sr. M. Agatha Simons zur Generaloberin.
25.9.1881 – Nach 5-jähriger Vakanz des Bistum Trier Inthronisation von Bischof Michael Felix Korum in Trier.
1882 Visitation Bischof Korum.
15.6.1883 – Gesetz zur sozialen Krankenversicherung für Arbeiter.
30.9.1884 – 6. GENERALKAPITEL:
Wiederwahl von Sr. M. Agatha Simons zur Generaloberin.

1885

1885 – Beendigung des Kulturkampfes im Rheinland – Philipp Krementz (1819–1899) wird Erzbischof von Köln – Erzbischof Melchers geht als Kurienkardinal nach Rom.
30.3.1885 – Tod des bischöflichen Klosterkommissars Jakob Gomm – Übernahme des Kommissariates durch Bischof Korum.
6.7.–9.7.1885 – BISCHÖFLICHE VISITATION – Begegnung von Mutter Rosa mit Bischof Michael Felix Korum im Mutterhaus Waldbreitbach.
21.9.1887 – Konsekration der Kirche des Mutterhauses durch Bischof Korum auf den Titel der seligen Jungfrau Maria von den Engeln – »Beatae Mariae Virginis Angelorum«.
22.9.1887 – 7. GENERALKAPITEL:
Vorsitz Bischof Korum – Wahl von Sr. M. Veronika Heinen zur Generaloberin.

13.3.1888 – SILBERNES JUBILÄUM MUTTER ROSA FLESCH zusammen mit Sr. M. Franziska Bonner –
7 Ewige Professen – 17 Erste Professen – 21 Einkleidungen.

1890

22.9.1890 – 8. GENERALKAPITEL:
Erneute Wahl von Sr. M. Agatha Simons zur Generaloberin.
19.2.1891 – 40. FILIALE WALDBREITBACH – St. Antoniushaus –
Heil- und Pflege-Anstalt für gemüts- und geisteskranke Frauen –
Gründung: 19.2.1891 –
1. Oberin – 9.12.1891–7.8.1894 Sr. M. Scholastica Müller –
2. Oberin – 10.8.1894–22.3.1911 Sr. M. Hyazintha Müller –
3. Oberin – 29.4.1911– 27.4.1921 Sr. M. Amalia Wallenborn–
14.4.1891 – *Notarielle Regelung der bürgerlichen Rechte Mutter Rosas.*
15.5.1891 – Enzyklika Leo XIII. »Rerum novarum« – [Zur Sozialen Frage] –
27.5.1892 – BISCHÖFLICHE VISITATION –
22.9.1893 – 9. GENERALKAPITEL:
Wiederwahl von Sr. M. Agatha Simons zur Generaloberin Vorsitz: Rektor Probst. –
1893 Statutenänderung von Rektor Konrad Probst – Gutachten Kardinal Krementz und Bischof Simar –
12.3.1894 – Vorläufige Approbation der neuen Regel.
28.9.1899 – 10. GENERALKAPITEL:
Wiederwahl von Sr. M. Agatha Simons zur Generaloberin Vorsitz: Rektor Probst.

1900

1900 – *Schwere Erkrankung Mutter Rosa Flesch.*
3.8.1903 – Tod des Generaloberen der Franziskanerbrüder vom Heiligen Kreuz Bruder Joseph Kröll.
6.9.1905 – 11. GENERALKAPITEL:
Vorsitz Bischof Michael Felix Korum – Wahl von Sr. M. Aquilina Lermen zur Generaloberin.
25.3.1906 – 9.30 *M. Rosa Flesch im Marienhaus in Waldbreitbach verstorben* – Beim Tod der Gründerin hatte die Gemeinschaft in 67 Niederlassungen 690 Profeßschwestern, 196 Novizinnen und 41 Postulantinnen.
6.4.1906 – Kondolenzschreiben von Bischof Korum.
12.12.1912 Pius X. Päpstliche Anerkennung der Gemeinschaft unter dem Titel: »Franziskanerinnen der allerseligsten Jungfrau Maria von den Engeln« (FBMVA).

19.5.1915 – Umbettung der sterblichen Überreste Mutter Rosas in die Friedhofskapelle.
28.2.1918 – Sr. M. Marzella Schumann äußert an Bischof Korum die Bitte, »ein wahrheitsgetreues Lebensbild der Stifterin« zu veranlassen.
19.2.–25.2.1957 – Exhumierung, Rekognoszierung und Wiederbestattung in der Friedhofskapelle.
4.10.1987 – Translation der sterblichen Überreste von Rosa Flesch in die Kirche des Mutterhauses Waldbreitbach.

NACHSCHLAGEWERKE UND BIOGRAPHISCHE LITERATUR

A. HEINTZ, Flesch, in: LTHK 4 (2. Aufl. 1960) 166f. –
W. FORSTER, Flesch, in: NDB 5 (1961) 243. –
[N. BACKMUND], Flesch, in: NCE 5 (1967) 961. –
N. BACKMUND, Flesch, in: DHGE 17 (1971) 433f. –
G. ROCCA, Francescane di Santa Maria degli Angeli, in: G. PELLICIA / G. ROCCA (EDD.), Dizionario degli instituti di perfezione, Roma 1977, Vol. 4, 431f. –
N. DEL RE, Flesch, in: BSS, Prima Appendice, Roma 1987, 494f. –
O.V., Flesch, in: BBKL 2 (1993) 55. –
J. LANG, Flesch, in: LTHK 3 (3. Aufl. 1995) 1319. –
J. TORSY / H.-J. KRACHT, Der große Namentagskalender, Freiburg / Basel / Wien 2002, 107. –
H-J. BRAND / P. HÄGER (HGG.), Biographisches Lexikon der Katholischen Militärseelsorge Deutschlands 1848–1945, Paderborn 2002, 208.

F. A. GROETEKEN, Im Schatten des Kreuzes. Mutter Maria Rosa Flesch 1826–1906. Ihr Leben und ihre Stiftung. Als Manuskript gedruckt. [Bigge/Sauerland 1956]. –
M. BÖCKELER OSB, Die Macht der Ohnmacht. Mutter Maria Rosa Flesch. Stifterin der Franziskanerinnen FBMVA von Waldbreitbach, Mainz 1962; 1980; 1987; 1993; 2003.
– engl. Übers.: The power of powerlessness. Translaters: H. SCHAUSTEN / I. MUELLER, St. Paul / Minnesota o.J.
– portug. Übers.: A Força na Faqueza. Madre Maria Rosa Flesch. Fundadora das Irmãs Franciscana FBMVA de Waldbreitbach. Tradutores: O. SCHNEIDER / A. WEIL, Bacabal 1983. –
J. A. BACKES, Wenn das Weizenkorn nicht stirbt – Mutter Maria Rosa Flesch, Werl 1967, 1987 und 1999.
– engl. Übers.: If the grain does not die, Chicago 1964.
– franz. Übers.: Meule de préssoir: mère Rose, Bar-le–Duc 1967.
– portug. Übers.: A força da humildade, Petropolis 1974.
– W. SEIBRICH, in: PERSCH / SCHNEIDER, (HGG.), Geschichte des Bistums Trier, Bd. 4, 226f.

Waldbreitbach, St. Marienhaus vor 1930

Waldbreitbach, St. Marienhaus um 1997

Ehem. Klostermühle in Schönstatt/Vallendar, Geburtshaus von Mutter Rosa, in den 70er Jahren des 20. Jhdts. abgerissen.

Erweiterung der Gebäude auf dem Klosterberg um 1866. Im Hintergrund der Wiederaufbau der „Hohn'schen Scheune". Links neben Mutter Rosa (etwa Bildmitte) ihr Halbbruder Johann Flesch.

Waldbreitbach, Kreuzkapelle im Wiedtal mit Stationenweg zum St. Marienhaus, um 1910.

Jakob Gomm – 1. Bischöfl. Kommissar der Gemeinschaft nach einer Zeichnung (um 1850)

Martin Weiler – 1. Rektor der Gemeinschaft nach einem Gemälde von Octavie de Lasalle (um 1868)

Skizzenbuch von Octavie de Lasalle, S. 21, Skizze zur Vision von Mutter Rosa, vgl. S. 128. (Original in ZOAWBB)

Mutter Rosa, gemalt von Octavie de Lasalle, Öl auf Zinkblech, 1866
(Original im Mutterhaus in Waldbreitbach)

Mutter Rosa als Lazarettschwester im Dt.-Frz. Krieg 1870/71
Aufnahme: Octavie de Lasalle, 1870 (Original im ZOAWBB)

Mutter Rosa im Rollstuhl, neben Mutter Rosa stehend ihre Nachfolgerin Schwester M. Agatha Simons. Aufnahme: Johann Hertling (Neffe von Mutter Rosa) 1905 (Original im ZOAWBB)